Siegfried Kreuzer
Geschichte, Sprache und Text

Beihefte zur Zeitschrift für die alttestamentliche Wissenschaft

———

Herausgegeben von
John Barton, Ronald Hendel,
Reinhard G. Kratz und Markus Witte

Band 479

Siegfried Kreuzer

Geschichte, Sprache und Text

Studien zum Alten Testament und seiner Umwelt

DE GRUYTER

ISBN 978-3-11-041735-7
e-ISBN (PDF) 978-3-11-041829-3
e-ISBN (EPUB) 978-3-11-041835-4
ISSN 0934-2575

Library of Congress Cataloging-in-Publication Data
A CIP catalog record for this book has been applied for at the Library of Congress.

Bibliografische Information der Deutschen Nationalbibliothek
Die Deutsche Nationalbibliothek verzeichnet diese Publikation in der Deutschen
Nationalbibliografie; detaillierte bibliografische Daten sind im Internet
über http://dnb.dnb.de abrufbar.

© 2015 Walter de Gruyter GmbH, Berlin/Boston
Druck und Bindung: CPI books GmbH, Leck
♾ Gedruckt auf säurefreiem Papier
Printed in Germany

www.degruyter.com

MIX
Papier aus verantwor-
tungsvollen Quellen
FSC® C083411

Vorwort

Geschichte, Sprache und Text sind wichtige Dimensionen des Alten Testaments und auch wichtige Fragestellungen der alttestamentlichen Wissenschaft. Die hier zusammengestellten Beiträge widmen sich diesen Fragen. Sie erstrecken sich – abgesehen von den Beiträgen zu Taanach und zur Amarnazeit – geschichtlich von Beiträgen zur älteren Königszeit, d. h. zu Saul und David sowie ihren ersten Nachfolgern, bis zur hellenistischen Zeit und bis zu den ältesten Handschriften, in denen der Text des Alten Testaments überliefert ist.

Auch wenn ich den Quellenwert des Alten Testaments höher einschätze, als es derzeit weithin geschieht, so bin ich mir doch voll bewusst, dass wir die Geschichte immer nur in Verbindung mit ihrer damaligen und unserer heutigen Deutung haben. Daher trägt der erste Abschnitt die Überschrift „Geschichte und ihre Deutung". Zur historischen Analyse gehören klare Unterscheidungen, wie etwa die Unterscheidung zwischen den meist im Vordergrund stehenden Ereignissen und den meist längerfristigen Verhältnissen, die gewisse Ereignisse erst verständlich oder plausibel (oder manchmal auch unwahrscheinlich) erscheinen lassen; aber auch die Unterscheidung zwischen absichtlicher und unabsichtlicher Überlieferung.

Dass archäologische Quellen, insbesondere Textfunde, von großer Bedeutung sind, ist seit langem eine Selbstverständlichkeit. Dass ein Textfund mit Namenslisten nicht nur alttestamentliche Namen erhellt, sondern auch Schlüsse auf die Sozial- bzw. Verwaltungsstruktur erlaubt, ist jedoch ein seltenerer Fall. Wie sehr Deutung auch Geschichte machen kann, zeigen die unterschiedlichen Aussagen zu Ebal und Garizim aber auch die Interpretationen von Exklusivität und Fremdheit in der ägyptischen Geschichte.

Der Abschnitt „Archäologisches" beschäftigt sich vor allem mit den Ausgrabungen in Tell Taʻanach, die in mehreren Anläufen erfolgten, und mit den dort gefundenen Keilschrifttexten, die trotz ihrer vergleichsweise kleinen Zahl noch immer den bis dato umfangreichsten zusammenhängenden Fund von Keilschrifttafeln in Israel/Palästina darstellen.

Unter „Sprache und Text" geht es einerseits um hebraistische bzw. lexikalische Fragen, andererseits um Forschungen zu Textgeschichte und Textkritik, wobei die Textfunde von Qumran aber auch die neueren Forschungen zur Septuaginta die wichtigsten Impulse liefern. Schließlich folgt ein Blick auf zwei wichtige Textzeugen, die, wenn auch in Griechisch und nicht in Hebräisch, nicht nur wichtige Erkenntnisse zur Textgeschichte sondern auch zur Entstehung des Kodex und nicht zuletzt zur Entwicklung und Überlieferung des alttestamentlichen Kanons erlauben.

Gerne danke ich Herrn Prof. Dr. Markus Witte und den übrigen Herausgebern für die Aufnahme dieses Bandes in die „Beihefte" sowie Herrn Dr. Albrecht Döhnert, Frau Dr. Sophie Wagenhofer und Frau Angelika Hermann für die gute verlegerische Betreuung; Herrn Prof. Dr. Matthias Millard und Herrn Dr. Marcus Sigismund für Hilfe beim Korrekturlesen und meinen Hilfskräften Katharina Weiß und Malte Würzbach für Hilfe beim Erstellen der Register.

Wuppertal/Wien im April 2015   Siegfried Kreuzer

Inhalt

II. Archäologisches

III. Sprache und Text des Alten Testaments

I. Geschichte und Deutung der Geschichte

„War Saul auch unter den Philistern?" –
Die Anfänge des Königtums in Israel

Die folgenden Erörterungen wollen zu einem neuen Bild der Anfänge des Königtums in Israel, d. h. der Herrschaft Sauls als des ersten Königs in Israel, beitragen. Dazu zunächst drei methodische Vorbemerkungen:

1) Saul wird in der biblischen Tradition als König bezeichnet. Die Strukturen seines Königtums waren allerdings noch wenig ausgebildet und beruhten – wie etwa die Angaben in 1Sam 13,3.16; 14,50 im Vergleich zu den späteren Ämterlisten 2Sam 8,15–18 u. a. zeigen – noch wesentlich auf familiären Gegebenheiten. In soziologischen Kategorien wäre das eher ein Häuptlingtum bzw. der Übergang zu einem erst beginnenden Staat. Im Bewußtsein dieses Problems wird im Folgenden die neutralere Bezeichnung „Herrschaft Sauls" verwendet. Andererseits ist in der Eigenbegrifflichkeit des Alten Testaments signalisiert, daß bei Saul doch etwas Neues beginnt; in diesem Sinn[1] werden in den entsprechenden Zusammenhängen auch die Begriffe König und Königtum verwendet.

2) Die alttestamentlichen Texte aber auch die meisten Darstellungen der Geschichte Israels sind vor allem an den Ereignissen interessiert. Demgegenüber ist es aber für die historische Analyse und Rekonstruktion wichtig, die Verhältnisse zu untersuchen. Erst auf dem Hintergrund der *Verhältnisse* lassen sich Entwicklungen beschreiben und werden *Ereignisse* plausibel und relevant. Bei den folgenden Überlegungen liegt diese Unterscheidung zwischen Verhältnissen und Ereignissen zu Grunde.

3) Die für die Analyse und Rekonstruktion verwendeten Quellen – zum gegebenen Thema im Wesentlichen die alttestamentlichen Texte – sind kritisch auf ihre Aussagekraft zu prüfen. Wichtige Kriterien sind die Analyse der literarischen Entstehung und der Intention der Texte. Diese Vorarbeiten und die einschlägigen Diskussionen sind im Folgenden vorausgesetzt und können nur vereinzelt näher benannt werden.[2] Ein wichtiges Kriterium ist aber auch die Plausibilität der Aussagen, wobei, wegen der primären Orientierung der Texte an den Ereignissen

---

[1] Die Eigenbegrifflichkeit zu berücksichtigen, ist ein wichtiges Anliegen der kognitiven Soziologie, auch wenn die kritische Interpretation und Rekonstruktion weitergehende Gesichtspunkte und vergleichende Kategorien heranziehen muss.

[2] Für einen Überblick zu den einschlägigen Diskussionen und zum Forschungsstand siehe besonders: W. Dietrich, Die frühe Königszeit in Israel. 10. Jahrhundert v. Chr., BE 3, 1997, und ders. / Th. Naumann, Die Samuelbücher, EdF 287, 1995; weiter die Kommentare zum Richterbuch und zu den Samuelbüchern.

(s. o., 2), gerade den implizierten bzw. den *unabsichtlichen Informationen* zu den Verhältnissen besonderes Gewicht zukommt.[3]

1. Verhältnisse und Ereignisse bei der Entstehung des Königtums in Israel

1.1 Das herkömmliche Bild des Königtums Sauls

Die Anfänge des Königtums in Israel werden – bei aller Verschiedenheit in den Details und trotz verschiedener methodischer Zugänge – mit zwei Feststellungen verbunden, nämlich 1.), daß das Königtum in Israel erst vergleichsweise spät entstand und 2.), daß die Entstehung des Königtums auf dem Hintergrund der andauernden Auseinandersetzung mit den Philistern erfolgte. Die späte Entstehung des Königtums wird mit den besonderen religiösen und/oder soziologischen Gegebenheiten der israelitischen Stammesgesellschaft erklärt; dass es schließlich doch zum Königtum kam, wird mit der andauernden und gefährlichen Bedrohung durch die Philister begründet.

In der Geschichte Israels von Herbert Donner lautet die entsprechende Feststellung: „wenn ... aber ... die Bildung eines israelitischen Nationalstaates nicht mit Notwendigkeit aus den Lebensformen der vorstaatlichen Stämme erwuchs, dann müssen äußere Zwänge wirksam geworden sein. ... Das ist der Fall, und in diesem Sinne ist das erste israelitische Staatswesen in der Tat ein Notprodukt gewesen ... Die Bedrohung kam von den Philistern".[4]

Diese verbreitete Annahme kann sich auf die zahlreichen Berichte über Kämpfe mit den Philistern berufen. Nach 1Sam 4 erlitt Israel bei der Schlacht von Afek – allerdings schon längere Zeit vor dem Auftreten Sauls – eine große Niederlage; in den Saulerzählungen wird immer wieder von Kämpfen mit den Philistern berichtet, und schließlich fand Saul im Kampf mit den Philistern den Tod (1Sam 31,7; 2Sam 1,19 – 25).

Die Herkunft und Geschichte der Philister bzw. der sog. Seevölker ist vielfach dargestellt und braucht hier nicht näher erörtert zu werden.[5] Jedenfalls hatten sie

---

3 Vgl. dazu auch die Unterscheidung zwischen beabsichtigter und unabsichtlicher Überlieferung; siehe dazu H. Seiffert, Einführung in die Wissenschaftstheorie, Bd. 2, [9]1991.

4 H. Donner, Geschichte des Volkes Israel und seiner Nachbarn in Grundzügen, GAT 4,1, [2]1995, 197.

5 Siehe dazu vor allem: T. Dothan / M. Dothan, People of the Sea. The Search for the Philistines, 1992; E. Noort, Die Seevölker in Palästina, 1994; C.S. Ehrlich, The Philistines in Transition. A History from ca. 1000 – 730 B.C.E, 1996.

sich im Lauf des 12. Jh. in der südlichen Küstenebene festgesetzt und diese unter ihre Kontrolle gebracht. Gewiss in eigenem Interesse, vielleicht aber auch im Interesse der Ägypter begannen sie im 11. Jh. ihre Kontrolle ins Bergland auszudehnen. Archäologische Untersuchungen zeigen für das 11. Jh. eine starke Ausdehnung der Siedlungen und dementsprechende Zunahme der Bevölkerung in der Küstenebene.[6] Der philistäische Druck auf das Bergland wird auch mit diesem Bevölkerungswachstum und dem daraus resultierenden Bedarf zusammenhängen.

1Sam 4 berichtet von der Schlacht bei Afek, in der die Israeliten eine empfindliche Niederlage erlitten und bei der sie ihr vielleicht wichtigstes Kultobjekt, nämlich die Lade, verloren. Damit stand zumindest in dieser Region den Philistern der Zugang ins Bergland offen.[7]

Es ist naheliegend, daß die Philister nicht nur das von ihnen aus nordöstlich gelegene, sondern auch das unmittelbar im Osten angrenzende und auch das südöstliche Bergland beherrschen wollten. Nach entsprechenden Bemerkungen im Samuelbuch gelang ihnen das auch weithin: Sie richteten Stützpunkte auf der Höhe des Gebirges, vor allem entlang der dortigen Nord-Süd-Verbindung („Weg über das Gebirge") ein, und zwar in Gibea bzw. in Geba (1Sam 10,5; 13,3)[8] und am Paß von Michmas (1Sam 13,23); weiter nach Süden hin im judäischen Benjamin und nicht zuletzt auch in Kegila, d. h. im südlichen Randgebiet zwischen Juda und der Küstenebene.[9] Von diesen Stützpunkten aus und durch Streifscharen (vgl. 1Sam 13,17; 14,15; 23,1) kontrollierten sie das Gebiet in militärischer und wohl auch in ökonomischer Hinsicht. Für eine – zumindest regional – relativ gründliche

---

6 Siehe dazu Ehrlich (Anm. 5), 1996, 19 f. für Tel-Miqne-Ekron und Aschdod. Die Bevölkerung der Küstenebene ist nicht pauschal als Philister zu bezeichnen. Die Philister bildeten zunächst die herrschende Schicht gegenüber der einheimischen kanaanäischen Bevölkerung. Die Vermischung und Identifikation erfolgte erst allmählich; vgl. ebd., 10 – 13.20 f.

7 Ob bei dieser Gelegenheit auch Silo zerstört wurde, ist umstritten, aber auf Grund von Jer 7 und im Licht des archäologischen Befundes wahrscheinlich. Siehe dazu S. Kreuzer, Schilo, NBL III, 2001, 474 – 476.

8 Die neuerdings wieder umstrittene Frage der genaueren Identifikation von Gibea macht für die folgenden Erörterungen kaum einen Unterschied. Gegenüber der verbreiteten und für viele Autoren selbstverständlichen Identifikation des „Gibea Sauls" mit Tell el-Ful (z. B. M. Görg, Gibea, NBL I, 1991, 839 f.) vertritt neuerdings P. M. Arnold, Gibeah. The Search for a Biblical City, JSOT.S 79, 1990, (wieder) die Identifikation mit el-Gib; vgl. ders., Geba, ABD II, 921 f. und ders., Gibeah, ABD II, 1007–1009. Mit überzeugenden Gründen und unter Berücksichtigung von Jes 10,28 f. und Jos 18,24.28 vertritt N. Naaman, The Pre-deuteronomistic Story of King Saul and Its Historical Significance, CBQ 54 (1992), 638 – 658. 649 – 652 die verbreitete Identifizierung von Gibea (Sauls) mit Tell el-Ful.

9 Donner, Geschichte Israels, 198.

Kontrolle spricht auch die Erwähnung des sogenannten Eisenmonopols der Philister in 1Sam 13,19 f.[10] Im Sinne des klassischen Bildes über die Entstehung des israelitischen Königtums folgert Donner: „Aus dieser im Gegensatz zu früheren Gefahren nicht mehr ... punktuellen, sondern chronischen Bedrohung ist die israelitische Staatenbildung erwachsen."[11]

1.2 Neuere soziologische und archäologische Beobachtungen

Neben den aus der Analyse der alttestamentlichen Quellen (und älteren, auf einzelne Ortslagen konzentrierten archäologischen Erkenntnissen[12]) gewonnenen Faktoren werden in jüngerer Zeit auch Ergebnisse der neueren archäologischen Forschung, insbesondere der Surveys, und soziologische Überlegungen[13] zur Entstehung des Königtums bzw. des israelitischen Staates berücksichtigt.

Die soziologischen Modelle für die Entstehung eines – bzw. eben des israelitischen – Staates beschreiben verschiedene Stadien, angefangen von einem Häuptlingtum über den frühen Staat bis hin zum reifen Staat.[14] In der Entwicklung zu einem Staat spielen verschiedene Faktoren eine Rolle z. B. wirtschaftliche Entwicklung, interne oder externe Konflikte oder die Bedeutung des Handels. In der Anwendung der Modelle auf Israel werden die Faktoren unterschiedlich gewichtet: So hebt z. B.

---

10 Zur „philistäische[n] Kontrolle über das israelitische Siedlungsgebiet westlich des Jordan" siehe auch K.-D. Schunck, König Saul – Etappen seines Weges zum Aufbau eines israelitischen Staates, BZ 36 (1992), 195–206; 196 f.

11 Donner, Geschichte Israels, 198.

12 Konkret ist nur Tell-el Ful zu nennen, wo bei den Ausgrabungen eine festungsartige, rechteckige Anlage mit Ecktürmen (von denen allerdings nur einer ausgegraben werden konnte) zutage kam. Die ältere Phase dieser Anlage könnte in die Zeit Sauls gehören und wurde dementsprechend als Sauls Residenz angesprochen. Das Problem ist jedoch die Zuordnung des Gebäudes zu bestimmten Benutzern, wofür der archäologische Befund nicht ausreicht. Die Interpretation als Stützpunkt der Philister ist ebensogut möglich; sie wurde von A. Alt und B. Mazar vorgeschlagen und wird in neuerer Zeit zunehmend vertreten. Vgl. N. L. Lapp, Ful, Tell el-, NEAEHL II, 1993, 445–448. Insgesamt ist mit A Mazar, Archeology of the Land of the Bible. 10.000–586 BCE, 1990=1992, 371, festzustellen: „The time of Saul hardly finds any expression in the archeological record."

13 Siehe dazu vor allem die Beiträge in Semeia 37, 1986; weiter: C. Schäfer-Lichtenberger, Sociological and Biblical Views of the Early State, JSOT.S 228, 1996, 78–105.

14 Grundlegend E.R. Service, Origins of State and Civilisation, 1975; dt.: Ursprünge des Staates und der Zivilisation. Der Prozess der kulturellen Evolution, übers. von H. Fliessbach, 1977. Für die Anwendung auf die Geschichte Israels siehe: F.S. Frick, Social Science Methods and Theories of Significance für the Study of the Israelite Monarchy: A Critical Review Essay, Semeia 37 (1986), 9–52.

Chaney[15] die ökonomische Seite besonders hervor, nämlich den äußeren Druck der Philister auf die Wirtschaft bzw. auf die wirtschaftlichen Möglichkeiten der Israeliten einerseits und die Entstehung einer innerisraelitischen wirtschaftlichen Elite andererseits. Beide Faktoren seien durch technische Entwicklungen wie Terrassierung, wasserdichte Zisternen und Verwendung eiserner Werkzeuge hervorgerufen und vorangetrieben worden.

Coote und Whitelam betonten besonders die inneren Faktoren der Entwicklung, wobei sie in ihrer Publikation von 1986[16] den Druck der Philister als auslösendes Moment betrachteten, während sie 1987[17] stärker das Bevölkerungswachstum und die Notwendigkeit der Organisation der Ressourcen in den Vordergrund stellten. Frick hält zwar die äußeren und die inneren Faktoren zusammen, gibt aber ebenfalls den inneren Entwicklungen, besonders den landwirtschaftlichen Entwicklungen und dem Bevölkerungswachstum den Vorrang. Er betrachtet die Philister als notwendigen, jedoch für sich allein nicht ausreichenden Faktor für den Übergang zum Staat.[18]

Diese allgemeinen soziologischen Überlegungen verbindet Finkelstein mit den Ergebnissen von Surveys, insbesondere mit seinem Survey des mittelpalästinischen Berglandes.[19] Diese zeigen eine zwar regional unterschiedliche, aber insgesamt beträchtliche Zunahme der Siedlungen und der Bevölkerung im Lauf der E1-Zeit, d. h. zwischen 1200 und 1000 v. Chr. Die Entwicklung ging Hand in Hand mit einer erheblichen Expansion in die westlichen und südlichen Randgebiete, d. h. am Westrand des samarischen und des judäischen Berglandes und am Rand zum Negev. Die Gebiete sind topographisch sehr verschieden und unterscheiden sich in ihren landwirtschaftlichen Möglichkeiten und in der Bevölkerungsdichte. Aus der unterschiedlichen landwirtschaftlichen Eignung ist auf eine entsprechend

---

15 M.L. Chaney, Ancient Palestinian Peasants Movements and the Formation of Premonarchic Israel, in: D.N. Freedman / D.F. Graf, Palestine in Transition, 1983, 39–94.
16 R.B. Coote / K.W. Whitelam, The Emergence of Israel. Social Transformation and State Formation Following the Decline in Late Bronze Age Trade, Semeia 37 (1986), 107–147.
17 R.B. Coote / K.W. Whitelam, The Emergence of Early Israel in Historical Perspective, 1987.
18 F.S. Frick, The Formation of the State in Ancient Israel, 1985, 191–204; vgl. Finkelstein (Anm. 20), 53. Frick nennt etwa die Terrassierung und bessere Nutzung des Landes, was eine verstärkte Organisation erfordert. Faktisch laufen die beschriebenen Faktoren auf das Bevölkerungswachstum als wesentliches Moment hinaus. Inwiefern und in welcher Weise die Philister dabei wirklich relevant sind, bleibt offen.
19 Nach Vorberichten jetzt publiziert: I. Finkelstein / Z. Lederman / S. Bunimovitz, Highlands of Many Cultures. The Southern Samaria Survey, 2 vols., 1997.

unterschiedliche landwirtschaftliche Produktion zu schließen, z. B. Viehzucht und Weidewirtschaft mit Kleinvieh oder mit Rindern, Getreideanbau, Ölbäume.[20]

„What is the significance of this demographic process for the emergence of the monarchy? The westward expansion meant a struggle with harsh topography, difficult rock formations and a dense vegetation cover. Furthermore, certain areas were devoid of stable watersources. Economically speaking, dwelling in the western units means practising an unbalanced economy, since this part of the region is suitable mainly for horticulture, while it is almost hostile to cereal growing and animal husbandry. The westward expansion required the clearing of rocky terrain and of forest, hewing water cisterns, and the terracing of slopes. It also necessitated contact with neighbouring areas – surplus orchard products were exchanged for the grain and animal products not easily raised in the western zone."[21] Ähnliche Entwicklungen wie hier für den Bereich von Ephraim dargestellt zeigten auch die Surveys im Gebiet von Manasse und auch von Juda.[22]

"The patterns of settlement described above explain, in my opinion, both the internal and the external conditions for the emergence of the Israelite monarchy." ... "This situation which developed mainly in the eleventh century, helped the population to overcome the geographical barriers between the various subregions of the hill country and to establish a strong intra-regional flow of goods. An economic system of this type necessitated a certain level of organization, which served as the springboard for public administration."[23]

Die Bevölkerungszunahme und die verstärkte Besiedlung und Nutzung der unterschiedlichen Zonen führt somit zu verstärktem Austausch und Handel, und dies führt wiederum zu einem höheren Grad an Organisation und Verwaltung. Andererseits ermöglichte der höhere Grad an Organisation und Austausch – und wohl auch an Sicherheit! – eine Wirtschaft, die über den unmittelbaren Bedarf hinausging, m.a.W. die Entwicklung von einer bloßen Subsistenz-Wirtschaft hin zu einer surplus-Wirtschaft. Eben diese Entwicklung ging Hand in Hand mit der

---

20 I. Finkelstein, The Emergence of the Monarchy in Israel. The Environmental and Socio-economic Aspects, JSOT 44 (1989), 43–74: 54f., unterscheidet sechs geographische Bereiche mit spezifischen ökologischen und ökonomischen Gegebenheiten.

21 Finkelstein, Emergence (Anm. 20), 58.

22 A. Zertal, The Israelite Settlement in the Hill Country of Manasseh, 1986; M. Kochavi (ed.), Judea, Samaria and the Golan. Archeological Survey 1967–1968, 1972. Beide berücksichtigt bei Finkelstein, 1989, 58–63.

23 Finkelstein, Emergence (Anm. 20), 59f.

Entstehung und Existenz einer nicht mehr unmittelbar produzierenden, sondern organisierenden und konsumierenden Elite.[24]

Hinweise auf solche Elitenbildung und regionale Herrschaftsstrukturen finden sich im Alten Testament bei der Erwähnung der Gebieter Israels (חוקקי ישראל), die auf weißen Eseln reiten und auf Teppichen sitzen (Jdc 5,9 f.) und in der Liste der kleinen Richter, bei denen nicht nur eine länger dauernde und zumindest regionale Bedeutung vorausgesetzt ist, sondern auch ein gewisser Reichtum (besonders Jdc 10,4 und 12,9.14),[25] und nicht zuletzt bei der Richterin Debora. Ihr Ehrentitel als „Mutter in Israel" signalisiert eine weitreichende und für das Volk förderliche Tätigkeit. Von zentraler Stelle im Bergland aus trifft sie Rechtsentscheide zwischen den Israeliten, d. h. sie sorgt für Ausgleich und Verläßlichkeit; sie initiiert aber auch eine militärische Aktion, wenn die Verkehrswege in Israel blockiert sind (Jdc 4,5 f.; 5,6 f.).

Diese wirtschaftlichen Entwicklungen machten das Bergland gewiß auch für die Philister interessanter. Sie konnten von dort, insbesondere von den westlichen Hängen, landwirtschaftliche Produkte besorgen und Vorteile aus der Kontrolle des Handels ziehen. Ein anschauliches Beispiel ist das sog. Eisenmonopol der Philister (1Sam 13,19 f.). Auch wenn dieses Eisen-, besser gesagt: Metallmonopol[26] in

---

24 So sehr diese Entwicklung anzunehmen ist, so ist doch die genauere zeitliche Einordnung der Entwicklungsstufen äußerst schwierig. Sie setzte sich jedenfalls bis weit in die israelitische Königszeit hinein fort. Die Schwierigkeit der genaueren zeitlichen Einordnung wird auch von Finkelstein angesprochen und zeigt sich darin, daß er verschiedentlich die E 2-Zeit mit zum Vergleich heranzieht; Finkelstein, 1989, 56–59. Im Sinne der „longue durée" sind die Entwicklungen der E 1-Zeit Teil eines nach dem Zusammenbruch am Ende der Spätbronzezeit einsetzenden, sich über mehrere Jahrhunderte erstreckenden Entwicklungsprozesses.
25 Die Erwähnung der zahlreichen, auf weißen Eseln reitenden Söhne (und z.T. auch der Töchter) in der Liste der kleinen Richter wurde schon bisher auf größeren Reichtum dieser Familien gedeutet; vgl. aber auch die Erwähnung der auf weißen Eselinnen reitenden und auf Teppichen sitzenden Gebieter Israels (חוקקי ישראל) in Jdc 5,9 f. Vgl. dazu die überzeugenden Erörterungen bei H.W. Hertzberg, Josua, Richter, Ruth, ATD 9, [4]1969, 209 f.219. Als Beleg für eine Elitenbildung herangezogen werden die kleinen Richter jetzt auch bei Coote/Whitelam, 1986, 137 f.
26 Genaugenommen spricht 1Sam 13,19 ff. nicht von Eisen oder einem bestimmten Metall, sondern vom Fehlen der Schmiede in Israel; es wird nicht gesagt, aus welchem Metall die erwähnten Werkzeuge waren. Auch von Schwert und Spieß (V. 19.22 f.) wird nur der Sache und der Funktion nach gesprochen, nicht nach dem Material.
Dies entspricht der Beobachtung, dass Eisenwerkzeuge zunächst noch keineswegs den Bronzegeräten überlegen waren, sondern beide lange Zeit nebeneinander in Gebrauch waren. Vgl. H. Weippert, Palästina in vorhellenistischer Zeit, Handbuch der Archäologie: Vorderasien 2, Bd. 1, 1988, 352: „Die Bezeichnung ‚Eisenzeit' leitet sich davon ab, daß die zunächst nur ganz sporadisch vorkommenden eisernen Gegenstände ab etwa 1200 v.Chr. häufiger auftraten und man seit dem

der Konfliktsituation ein Mittel militärischer Kontrolle war, so war es zunächst vor allem eine wichtige Einnahmequelle. Die Israeliten brauchten das Metall für die landwirtschaftlichen Arbeiten, denn es ermöglichte ihnen eine höhere Produktivität, andererseits schöpften die Philister durch die Kosten für das Metall und die Metallbearbeitung, etwa das in 1Sam 13,20 f. erwähnte Schärfen der Pflugscharen, der Beile und der Gabeln, einen Teil des zusätzlichen Ertrags wieder ab.

Diese Verhältnisse mögen gelegentlich zu Spannungen und Konflikten geführt haben. Zunächst aber war dieser Austausch von Produkten und Dienstleistungen durchaus zum beiderseitigen Vorteil und es ist anzunehmen, dass dieser Austausch, um nicht zu sagen diese Symbiose, über längere Zeit friedlich verlief. Der Konflikt entsteht in der Regel erst dort, wo eine Abhängigkeit zu einseitig ausgenützt wird oder wo man sie als nicht mehr den Kräfteverhältnissen entsprechend erlebt.

Für unsere Fragestellung ist festzuhalten, daß in der Zeit der Entstehung des israelitischen Königtums längerfristige Entwicklungen anzunehmen sind und dass das Verhältnis zu den Philistern höchstwahrscheinlich nicht nur ein negatives, von kriegerischen Auseinandersetzungen geprägtes war. Den kriegerischen Konflikten gingen Phasen der Koexistenz und des Austausches voran. Gerade daß die Israeliten und die Philister verschieden waren, in verschiedenen Zonen lebten und Verschiedenes zu bieten hatten, erlaubte den Austausch, auch wenn dieser zweifellos von einem Machtgefälle geprägt war. Ob die Konflikte dann durch das zunehmende Vordringen der Israeliten nach Westen oder durch das verstärkte Kontrollinteresse der Philister (vielleicht in Verbindung mit eigenen Entwicklungen bei den Philistern)[27] entstanden, ist eine Frage, die vermutlich gar nicht alternativ zu beantworten ist.

---

10. Jahrhundert v. Chr. Eisen so zu bearbeiten verstand, daß aus ihm produzierte Geräte bronzenen gleichrangig und schließlich überlegen wurden."

Allerdings ist damit Eisen nicht ausgeschlossen, wie gerade der Fund einer eisernen Pflugspitze in der Festung von Tell el-Ful zeigt: „In the fortress proper, an iron plough tip came to light. This and a similar plow tip from Beth-Shemesh are among the earliest known iron objects from the Israelite period." N.L. Lapp, 1993, 446.

27 Die archäologischen Funde zeigen, daß auch bei den Philistern die Bevölkerungszahl in der E1-Zeit erheblich zunahm (vgl. Ehrlich [Anm. 5], 19–21). Dadurch muss auch der Bedarf an Lebensmitteln und Handelsgütern entsprechend gestiegen sein. Damit entstand gewiß auch ein stärkeres Interesse an der Nutzung und Kontrolle des Berglandes.

1.2.1 Bemerkung zur Methodik

Die vorgetragenen Erwägungen führen zu einer wichtigen methodischen Modifikation der soziologischen Analysen: Die klassische Anschauung vom durchgehenden Konflikt mit den Philistern ist auch bei den soziologischen Modellen so prägend, daß der ökonomische Austausch nur als innerisraelitischer Handel und Austausch gesehen wird. Hier dominieren alttestamentliche Aussagen über Ereignisse, die zudem wahrscheinlich erst aus einer gewissen zeitlicher Distanz formuliert sind,[28] die Analyse und Beschreibung der Verhältnisse. Demgegenüber ist die soziologische Beschreibung zunächst dafür offen zu halten, daß der Austausch von Gütern und Dienstleistungen jedenfalls in den Grenzregionen auch mit den philistäischen Nachbarn erfolgte, auch wenn es dabei ein Macht- und Kulturgefälle gegeben haben wird.

1.3 Die Dauer der Herrschaft Sauls

In der Forschung besteht bis auf wenige Ausnahmen Konsens darüber, daß die Herrschaft Sauls längere Zeit gedauert haben muß. Das ergibt sich aus den verschiedenen Kriegszügen Sauls, angefangen von der Befreiung von Jabesch in Gilead bis hin zur abschließenden Auseinandersetzung mit den Philistern; das ergibt sich aber auch aus der Herausbildung einer gewissen Infrastruktur einschließlich der Errichtung einer wenn auch bescheidenen Residenz, und nicht zuletzt hat Saul am Ende seiner Zeit erwachsene Söhne neben sich. Zudem hatte die Herrschaft Sauls immerhin einen solchen Grad an Stabilität und Institutionalisierung erreicht, daß sie nach seinem Tod in der Person Ischbaals weitergeführt werden konnte.

Auf Grund dieser Beobachtungen wurde schon in der Antike, angefangen von der Septuaginta und den frühen jüdischen Historikern, die in 1Sam 13,1 genannte Zahl von 2 Jahren häufig emendiert, und zwar meistens zu 20.[29] Auch die moderne Forschung bewegt sich etwa in diesem Bereich.[30]

---

28 Eine besondere Rolle für diese Sicht spielt die Notiz in1 Sam 14,52, daß der Kampf mit den Philistern „alle Tage Sauls" dauerte. Diese zu 14,47 in einer gewissen Spannung stehende Notiz könnte sich auf die von 1Sam 13 f. aus gesehen weitere Zeit beziehen. In diesem Sinn übersetzt F. Stolz, Das erste und zweite Buch Samuel, ZBK 9, 1981, 96 „Der Kampf gegen die Philister dauerte in aller Schwere während der ganzen Lebenszeit Sauls fort". Aus dem weiteren Argument „Schon aus diesem Grund ist es unwahrscheinlich, daß Saul allzu viel Energie übrig gehabt hätte für Kämpfe mit anderen Feinden" (97), ist umgekehrt zu schließen, daß die in 14,47 genannten Kämpfe, die allerdings ebenfalls verallgemeinert sind, vorher stattgefunden haben müßten."
29 Siehe dazu und zum Folgenden: S. Kreuzer, „Saul war noch zwei Jahre König …" – Textgeschichtliche, literarische und historische Beobachtungen zu 1 Sam 13,1, BZ 40 (1996), 263–270.

Der bedeutendste Autor, der in neuerer Zeit die Richtigkeit der 2 Jahre verteidigte, ist Martin Noth.[31] Noth verweist darauf, dass die Berichte über die Philisterkämpfe Sauls, vor allem jene, die jetzt im Kontext der Aufstiegsgeschichte Davids stehen, im Lauf der Überlieferung erheblich erweitert wurden.[32] Der zugrundeliegende historische Vorgang sei demgegenüber wesentlich rascher abgelaufen. Der Erfolg bei der Befreiung von Jabesch in Gilead (1Sam 11) habe dazu geführt, daß sich Saul sogleich auch gegen die Philister wandte. Die Israeliten errangen jenen Sieg, der in 1Sam 13 – 14 berichtet ist, und die Dynamik des Erfolgs führte zur Vertreibung der Philister aus dem Bergland.

Meines Erachtens hat Noth richtig gesehen, dass der Sieg der Israeliten nach 1Sam 13 – 14 – sofern er sich wirklich so ereignet hat – von den Philistern nicht mit einem jahrelangen Kleinkrieg beantwortet wurde. Sie ließen sich nicht auf mühsame Auseinandersetzungen auf den westlichen Abhängen oder im für sie schwierigen Bergland ein, sondern sie reagierten offensichtlich im folgenden Jahr mit einer großangelegten Unternehmung, bei der sie über die Küstenebene und durch die Ebene Jesreel von hinten her in das saulidische Herrschaftsgebiet vorstießen, und bei der es bekanntlich zur Niederlage der Israeliten und zum Tod Sauls am Gebirge Gilboa kam.

Die Angabe bezüglich der zwei Jahre Sauls ist in Bezug auf diesen großen Konflikt zu verstehen und historisch durchaus plausibel. Allerdings bezieht sie sich – gegen Noth – nicht auf die gesamte Wirksamkeit Sauls, sondern nur auf die von

---

30 Siehe dazu zusammenfassend D.V. Edelman, Saul, ABD V, 1992, 992 f.

Die vor allem in Zeittafeln zu findende Angabe von 9 Jahren geht auf eine Konjektur von A. Jepsen / R. Hanhart, Untersuchungen zur israelitisch-jüdischen Chronologie, BZAW 88, 1964, zurück, der eine Buchstabenvertauschung, zwischen שתי, zwei, und תשע, neun, vermutete. Allerdings handelt es sich auch hierbei um eine bloße Konjektur. Fragt man zur Kontrolle, wie und warum 20 oder auch 9 Jahre zu 2 Jahre geändert worden sein soll, ist eine plausible Antwort nicht zu finden. Andererseits ist es äußerst unwahrscheinlich, daß ein bloßes Abschreibversehen die gesamte Texttradition geändert haben soll. Die 2 Jahre des masoretischen Textes haben in textkritischer Hinsicht eindeutig Priorität und sind nicht zu ändern.

31 „Wenn in der allerdings wohl erst deuteronomistischen Rahmennotiz in 1Sam 13,1 Saul zwei Regierungsjahre zugesprochen werden, so ist das nicht nur vom Gesichtspunkt der Textüberlieferung aus unanfechtbar, sondern es hat auch alle historische Wahrscheinlichkeit für sich, so daß wir hier beim Deuteronomisten ein Element alter guter Überlieferung annehmen müssen." M. Noth, Geschichte Israels, 1950, 153.

32 Für die Beobachtungen zu Wachstum und Grundbestand der Erzählungen siehe besonders O. Kaiser, David und Jonatan. Tradition, Redaktion und Geschichte in 1Sam 16–20. Ein Versuch, EThL 66 (1990), 281–296, und die leider ungedruckt gebliebene Arbeit von F. Mildenberger, Die vordeuteronomistische Saul-Davidüberlieferung, Diss. ev.theol. Tübingen 1962; siehe auch das Referat bei Dietrich/Naumann, 1995, 66–79.

1Sam 13,1 aus gesehen bevorstehenden Ereignisse.[33] Die Gesamtdauer der Wirksamkeit Sauls muß dagegen größer gewesen sein und hat wohl ca. 15 bis 20 Jahre umfaßt. Das bedeutet aber andererseits, daß das Verhältnis Sauls zu den Philistern kein durchgehend negatives war, sondern neu zu beurteilen ist.

2. Beobachtungen für das Verhältnis Sauls zu den Philistern

2.1 Der Standort Sauls und der Standort der Philister

Das Gebiet der Herrschaft Sauls erstreckte sich vom Gebiet seines Stammes Benjamin bis hinüber nach Gilead im Ostjordanland und gewiß beherrschte Saul zumindest wichtige Teile des dazwischen liegenden manassitischen und ephraimitischen Gebietes, auch wenn man bei der Liste in 2Sam 2,9 einige Abstriche machen muß. Andererseits besteht weitgehender Konsens darüber, dass das Gebiet von Juda nicht dazu gehörte, sondern daß Saul – sofern überhaupt – nur einzelne Vorstöße in den Süden unternahm. Sauls Herrschaftsgebiet reichte somit etwa von der Höhe Jerusalems nach Norden und vom Rand des mittelpalästinischen Berglandes nach Osten.[34]

Es fällt nun auf, dass die Residenz Sauls im äußersten Südwesten dieses Gebietes liegt (s. Abb.). Eine solche Randlage ist alleine schon im Blick auf die innerisraelitischen Gegebenheiten äußerst unpraktisch. Nicht nur unpraktisch, sondern sehr problematisch ist es aber, dass Saul seine Residenz in unmittelbarer Nähe und direkt unter den Augen der Philister hat. Wie oben unter 1.1 dargestellt, waren in unmittelbarer Nähe von Sauls Residenz in Gibea philistäische Kontrollposten stationiert, nämlich in Michmas und sogar in Gibea selbst. Wenn man von einem permanenten Konflikt und andauernden Kriegen mit den Philistern ausgeht, dann ist doch eine Residenz in dieser exponierten Lage äußerst problematisch, ja schlicht gefährlich.[35] Ein Ort wie Gilgal, wo bezeichnenderweise die

---

33 In diesem Sinn habe ich (Anm. 29) vorgeschlagen, dass 1Sam 13,1b zu übersetzen ist: „Saul regierte noch zwei Jahre". Eine genau entsprechende, ebenfalls auf die Zukunft weisende Angabe über die Dauer der bevorstehenden Ereignisse findet sich übrigens in einem eng verwandten Text, nämlich bei der Angabe über die bevorstehenden Ereignisse um Ischbaal in 2Sam 2,10.

34 Für eine Karte siehe etwa G. Ahlström, The History of Ancient Palestine from the Palaeolothic Period to Alexander's Conquest, 1993, JSOT.S 146, übernommen bei Dietrich, 1997 (Anm. 2), 158.

35 Aus diesem Grunde wurde wiederholt die Annahme vertreten, daß die Befreiung von Jabesch in Gilead (1Sam 11) erst nach seinem Sieg über die Philister (1Sam 13 f.) einzuordnen sei, weil Saul sich unter der Bedrohung durch die Philister unmöglich so weit von seiner Residenz entfernt haben könnte. „It is improbable ... that Saul would have abandoned the Gibeah region while it still lay under Philistine control in order to mount an attack in the distant Transjordan... The Jabesh-

Jarmuk

Megiddo

Beth-Schean

Jabesch

Jordan

Aphek

Sichem

Jabbok

Silo

Bethel

Gilgal

Rabbat Ammon

Mittelmeer

Gibea

Jericho

Jerusalem

Philister

Bethlehem

Totes Meer

Hebron

Amon

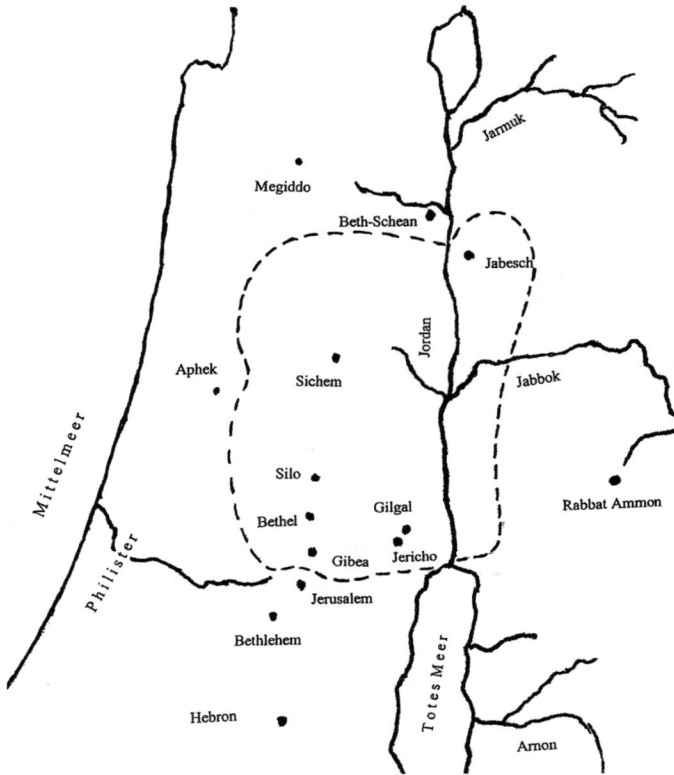

Das Herrschaftsgebiet Sauls

Königserhebung stattgefunden haben soll, wäre auf jeden Fall wesentlich sicherer. Es muß also einen Grund gegeben haben, daß Saul seine Residenz binnenisraelitisch gesehen in einer extremen Randposition und direkt unter den Augen der Philister hatte bzw. dass Saul trotz dieser Randlage seines Wohnortes seine Aufgaben als König der Israeliten ausführen konnte.

Der Standort Sauls erklärt sich am besten, wenn man von einer zunächst längere Zeit positiven, wenn auch vermutlich nicht immer spannungsfreien Beziehung zu den Philistern ausgeht. Saul beherrschte Israel, bzw. zumindest Teile davon, und immerhin bis hinüber ins Ostjordanland. Diese Herrschaft Sauls war

Gilead campaign surely occured well after Saul's victories over the Philistines in the Benjamite heartland", P.M. Arnold, 1990 (Anm. 8), 96; ähnlich bereits H.J. Stoebe, Das erste Buch Samuelis, 1973, 207.241 und D.V. Edelman, Sauls Rescue of Jabesh-Gilead (1Sam 11,1–15). Sorting Story from History, ZAW 96 (1984), 195–209.

von den Philistern akzeptiert und zugleich durch die philistäischen Posten in der Nähe seiner Residenz auch kontrolliert. In dieser Konstellation war es wahrscheinlich durchaus im Sinn der Philister, wenn Saul die Gebiete nach Osten und Nordosten bis hinüber ins Jordantal und nach Gilead kontrollierte und zudem nach außen hin schützte. So gesehen liegt dann Sauls Residenz zwar am Rande des israelitischen Gebietes, aber an der wesentlichen Vermittlungsstelle zwischen den Philistern im Westen und den Wegen ins israelitische Bergland und in das Ostjordanland. Diese Konstellation führte zu einer Stärkung und überregionalen Aufwertung des Benjaminiten Saul, wobei wahrscheinlich auch gewisse Errungenschaften und Strukturen der Philister, etwa eine Söldnertruppe,[36] auf die Herrschaft Sauls einwirkten.

2.2 Das Metallmonopol der Philister

An dieser Stelle ist nochmals auf das bereits erwähnte Metallmonopol der Philister zurückzukommen. An der Nachricht von 1Sam 13,19 – 21 ist eigentlich nicht zu zweifeln und auch die zeitliche Einordung ist nur für diese Zeit sinnvoll. Wenn aber die Israeliten mit ihren Geräten, insbesondere zum Schärfen der Pflugscharen, Beile und Gabeln, zu den Philistern gingen, dann muß die Beziehung eine friedliche gewesen sein. In der Konfliktsituation hätten die Philister den Israeliten gewiß nicht geholfen, ihre landwirtschaftliche Produktion zu steigern. Andererseits hätten die Israeliten bei einem länger andauernden Konflikt nach Ersatz, etwa durch Handelsbeziehungen zu den Phöniziern Ausschau halten müssen.

---

36 A. Alt, Die Staatenbildung der Israeliten in Palästina, 1930, KS II, 26 f. beschreibt überzeugend die Bildung einer Söldnertruppe nach dem Vorbild der Philister: „Aber auf einem anderen Gebiet …, nämlich im Heerwesen, scheint mir eine unmittelbare Einwirkung der philistäischen Einrichtungen auf das Reich Israel so ziemlich vom Augenblick seiner Entstehung an deutlich erkennbar. … So ist es wohl begreiflich, daß Saul bald dazu überging, den Heerbann durch eine schlagfertigere und besonders für den Kleinkrieg besser geeignete Truppe zu ergänzen; die Überlieferung weiß davon, wie er sich eine ständig verfügbare Gefolgschaft heranbildete und zu Unternehmungen verwendete, an denen das Aufgebot der Stämme nicht beteiligt war."

Die Sammlung einer Söldnertruppe nach dem Vorbild der philistäischen Truppen ist auf dem Hintergrund einer vasallenartigen Beziehung zu den Philistern ebenso denkbar und sinnvoll, wie beim dauernden Gegensatz zu den Philistern, denn Saul hatte ja durchaus militärische Aufgaben zu erfüllen. Bezeichnenderweise setzt Alt zwar voraus, daß es Saul mit Hilfe dieser Truppe gelungen sein soll, die Philister von seinem Territorium fernzuhalten, die konkreten Auseinandersetzungen, die er benennt, beziehen sich aber gerade nicht auf die Philister und Alt verweist ausdrücklich darauf, daß die Söldnertruppe „bei Sauls letzter Schlacht nicht ausdrücklich erwähnt" wird (S. 27 Anm. 1).

Dies ist nicht geschehen, sondern 1Sam 13 berichtet ausdrücklich von der Inanspruchnahme und Bezahlung der philistäischen Dienstleistung.[37] Auch diese Beobachtungen führen somit zur Annahme einer längeren Periode des friedlichen Nebeneinanders, wobei allerdings die Philister überlegen und die Israeliten abhängig waren.

2.3 David und die Philister

Es ist sehr wahrscheinlich historisch zutreffend, daß David zunächst als militärischer Anführer am Königshof Sauls tätig war. Zwar gehört das in 1Sam 18,7 zitierte Siegeslied der Frauen „Saul hat tausend erschlagen, David hat zehntausend erschlagen" wahrscheinlich erst in eine spätere Zeit und ist aus dem Rückblick formuliert.[38] Wenn aber Saul zeitlebens mit den Philistern im Konflikt gelegen haben soll, dann muß auch David als Anführer israelitischer Truppen an diesen Kämpfen beteiligt gewesen sein. Zudem war er mit Michal, der Tochter Sauls verheiratet und gehörte damit zum engsten Kreis der Herrscherfamilie.

Auf diesem Hintergrund ist der anscheinend so problemlose Übertritt Davids zu den Philistern sehr erstaunlich. Die alttestamentliche Überlieferung begründet und entschuldigt diesen befremdlichen Schritt Davids mit der Verfolgung durch Saul. Aber wie ist er historisch zu betrachten?

Nun ist zwar eine Flucht Davids zu den Philistern in einer Zeit andauernder Konflikte zwischen Saul und den Philistern durchaus denkbar. Den militärischen Anführer und Schwiegersohn des feindlichen Königs aufzunehmen, mag durchaus nützlich sein. Beispiele für die Aufnahme von in Ungnade gefallenen oder verfolgten Personen beim Gegner oder bei einer Großmacht gibt es immer wieder, auch im Bereich des Alten Israel.[39] Aber daß man diesem Dissidenten aus dem feindlichen Lager, der sich als erfolgreicher Kämpfer hervorgetan hatte, einen wichtigen militärischen Stützpunkt und damit die Kontrolle über den Süden des

---

37 Wahrscheinlich ging man nicht von jeder Region des Berglandes aus zu den Philistern, sondern vor allem im westlichen Randgebiet, aber dort waren die Metallwerkzeuge besonders wichtig.

38 „Natürlich setzt das Sprichwort das Königtum Davids voraus… Geschickt baut der Erzähler das in seiner Zeit gewiß geläufige Sprichwort in eine von ihm konstruierte Szene ein", F. Stolz (Anm. 28), 1981, 123.

39 Markantestes Beispiel ist der, aus innenpolitischen Gründen geflohene, spätere König Jerobeam, der in Ägypten Zuflucht fand (I Reg 11,26 – 40); zu nennen ist auch Hadad von Edom, der ebenfalls in Ägypten Zuflucht fand und später – wohl mit ägyptischer Billigung und Unterstützung Herrscher über Edom wurde (I Reg 11,14 – 22.25b.).

judäischen Berglandes und das Becken von Beerscheba sowie den Weg zum Roten Meer[40] anvertraute, ist äußerst unwahrscheinlich.

Nachdem die Philister aber genau das getan haben, müssen die Voraussetzungen anders gewesen sein. Anders gesagt: Es muß noch Frieden zwischen Saul und den Philistern geherrscht haben. Der persönliche Konflikt zwischen David und Saul mag zwar die – oder eine der – Ursachen für den Übergang Davids zu den Philistern gewesen sein, die militärische und administrative Funktion Davids bei den Philistern setzt aber eine friedliche Situation voraus.

M. E. wurde David durch seinen Übergang zu den Philistern im Süden das, was Saul seinerseits im Norden war: Er kontrollierte das Gebiet des südlichen Juda und des angrenzenden Negev und verteidigte es gegen Eindringlinge von außen. Aus philistäischer Sicht war er der verlängerte Arm der Philister, der das offensichtlich zunehmend besiedelte, wirtschaftlich ertragreiche und für den Fernhandel wichtige Gebiet kontrollierte und nach außen hin gegen Überfälle schützte bzw. seinerseits Beutezüge unternahm.[41]

Auf diesem Hintergrund läßt sich auch der Zeitpunkt des anscheinend so problemlosen Übergangs Davids zu den Philistern erklären: Die Herrschaft Sauls hatte offensichtlich schon einige Zeit gedauert und sich zunehmend konsolidiert. Damit war auch das Selbstbewußtsein der Israeliten ebenso wie jenes des Saul und seiner unmittelbaren Umgebung gewachsen. Während eine gewisse Mindeststärke Sauls auch im Interesse der Philister nötig war, sollte er aber nicht zu stark werden. In dieser Situation wird das Zerwürfnis zwischen Saul und David den Philistern durchaus willkommen gewesen sein. Durch die Etablierung Davids im Süden hatte man einen Konkurrenten für Saul und zugleich eine Begrenzung seiner Ausdehnungsmöglichkeit in den Süden.[42]

Das paßt gut in die spätere Zeit der Herrschaft Sauls, d. h. in die Zeit, als Israel bereits soweit konsolidiert und erstarkt war, daß die Abhängigkeit von den Philistern in der bisherigen Form nicht mehr akzeptiert wurde und ein größerer Konflikt bevorstand. Trotz des Schachzugs, mit David einen Konkurrenten Sauls

---

40 Das ist – unabhängig von der genauen Lage Ziklags – jedenfalls der Bereich, den die Erzählungen als Davids Operations- und Einflußgebiet betrachten. Zu den Lokalisierungsvorschlägen für Ziklag siehe W.R. Kotter, Ziklag, ABD VI, 1993, 1090 und besonders V. Fritz, Der Beitrag der Archäologie zur historischen topographie Palästinas am Beispiel von Ziklag, ZDPV 106 (1990), 78 – 85.

41 Die Nachricht, daß er sich dabei mit den einheimischen Eliten gut stellte (1Sam 27) bestätigt zunächst das Vorhandensein solcher Eliten und war nicht nur eine für seine Funktion notwendige Maßnahme, sondern zugleich eine kluge Vorgangsweise im Blick auf Davids eigene Zukunft.

42 Die verschiedenen Vorstöße Sauls in das judäische Gebiet würden gut in diese Situation passen. Sie wären dann jedoch nicht oder nicht nur Vorstöße Sauls zur Verfolgung Davids, sondern Vorstöße zur Expansion seines Herrschaftsgebietes nach Süden hin.

im Süden zu etablieren, kam es aber dann doch zu jenen Kriegen, bei denen zunächst die Israeliten erfolgreich waren, die aber schließlich Saul und seinen älteren Söhnen das Leben kostete.

3. Ergebnis: Die Entwicklung der Herrschaft Sauls

3.1 Die Entwicklung im 11. Jahrhundert

Im Lauf des 11. Jh. nahm die Zahl der Siedlungen und der Bevölkerung im palästinischen Bergland erheblich zu. Mit der Expansion in die westlichen und südlichen Randgebiete ergab sich eine Diversifizierung der wirtschaftlichen Grundlagen. Es entwickelte sich ein zunehmender überregionaler Austausch und eine entsprechende Organisation. Für diese Organisation bildeten sich lokale Eliten heraus, die für Planung und Koordination und wohl auch für Sicherheit sorgten.

Hinweise auf solche Elitenbildung und regionale Herrschaftsstrukturen finden sich im Alten Testament bei der Erwähnung der Gebieter Israels, die auf weißen Eseln reiten und auf Teppichen sitzen, in der Liste der kleinen Richter, bei denen nicht nur eine länger dauernde und zumindest regionale Bedeutung vorausgesetzt ist, sondern auch ein gewisser Reichtum,[43] und nicht zuletzt auch bei der Richterin Debora, die von zentraler Stelle im Bergland aus die israelitischen Stämme moderierte und nötigenfalls auch eine militärische Unternehmung initiierte.

Den Versuch einer weitergehenden Herrschaftsbildung zeigt die Geschichte von der Errichtung eines Königtums in Sichem durch Abimelech (Jdc 9). Sichem wäre auf Grund seiner zentralen Lage der geeignete Ort für eine solche Zentralinstanz im samarischen Bergland gewesen.[44] Das Scheitern Abimelechs zeigt, dass die innere Entwicklung und die äußeren Notwendigkeiten hier noch nicht so weit waren.

---

43 Vgl. Anm. 25.
44 Bekanntlich hatte A. Alt, Jerusalems Aufstieg, KS III, 243–257: 246, aus diesem Grund Sichem als „die ungekrönte Königin Palästinas" bezeichnet.

3.2 Saul und die Philister

Zur Zeit von Saul, dem Sohn des Kisch, aus einer bedeutenden Familie des Stammes Benjamin, hatten sich die Dinge weiter entwickelt. Das Gebiet, in dem Saul lebte, war für Israel weniger zentral als Sichem, aber es lag ebenfalls an einer wichtigen Wegkreuzung, die zudem eine überregionale Bedeutung hatte, nämlich an der Nord-Süd-Verbindung über das Gebirge einerseits und vor allem an der Ost-West-Verbindung von der Küstenebene nach Jericho und ins Ostjordanland andererseits. Vor allem durch diese Ost-West-Verbindung durch das Sorektal und über die nördlich anschließenden Höhenzüge[45] war es hier den Philistern möglich, ihre Kontrolle bis hinauf auf die Höhe des Gebirges auszudehnen. Das bedeutete, dass die benjaminitische Elite sich mit den Philistern arrangieren musste und es offensichtlich auch konnte. Die Herrschaft Sauls erwuchs somit unter den Augen der Philister.

In diese Konstellation passt sehr gut die Befreiung der Stadt Jabesch in Gilead. Die Befreiungs- und Schutzfunktion, die Saul hier ausübte, war eine willkommene Leistung, die auch andere Gruppierungen, d. h. andere israelitische Stämme, gerne in Anspruch nahmen. In diesem Sinn wurde Saul König in Israel. Die mit diesen Ereignissen verbundene Ausdehnung des Einflußgebietes Sauls war wohl durchaus auch im Sinne der Philister. Sie gewannen ein Vorfeld für ihr Herrschaftsgebiet und eine erweiterte Kontrolle bis hinüber ins Ostjordanland. Dass sich die Entwicklung unter den Augen und mit Billigung der Philister vollzog, ergibt sich aus der Lage der philistäischen Militärstützpunkte in unmittelbarer Nähe der Residenz Sauls. – Insofern war „auch Saul unter den Philistern".

Die relativ stabile und auch sichere Lage unter der Herrschaft Sauls förderte die landwirtschaftliche Produktion und den Güteraustausch. Das beginnende Königtum trug sich gewissermaßen selbst. Der verbesserte Austausch und Handel war nicht auf die israelitischen Regionen beschränkt, sondern lief auch nach außen hin, insbesondere mit den Philistern. Mit den von den Philistern stammenden aber auch kontrollierten Metallwerkzeugen konnten die Israeliten ihre landwirtschaftliche Produktion verbessern. Andererseits konnten sie mit ihren landwirtschaftlichen Produkten die Anschaffung und Wartung der Werkzeuge bezahlen.

---

45 Zum Verlauf der Wege in dieser Region siehe M. Noth, Die Welt des Alten Testaments, 1992 (= ⁴1962), 81.

3.3 Der Konflikt und seine Überwindung

Im Lauf der ca. 15 bis 20 Jahre der Herrschaft Sauls ergab sich eine beachtliche Entwicklung und Konsolidierung Israels. Dadurch änderte sich das Kräfteverhältnis gegenüber den Philistern. Die in Folge der früheren Auseinandersetzungen (1Sam 4) entstandenen Abhängigkeiten entsprachen nicht mehr den neuen Gegebenheiten und wurden offensichtlich als unberechtigt und untragbar empfunden. Es entstand eine zunehmende Tendenz zu israelitischer Autonomie.

Eine der Reaktionen der Philister war vermutlich die Verstärkung der militärischen Kontrolle.[46] Eine andere Reaktion war es, den Konflikt zwischen David und Saul dahingehend auszunützen, dass man durch die Etablierung Davids in Ziklag ein südliches Gegengewicht und eine Begrenzung der Expansion Sauls schuf. Strukturell war diese regionale Herrschaft Davids eine Entsprechung zur Anfangsphase der Herrschaft Sauls.

Schließlich kam es aber doch zum großen Konflikt zwischen Israel und den Philistern. Dieser Konflikt wurde vielleicht nicht von Saul selbst, sondern von Jonathan ausgelöst. In 1Sam 13,3 heißt es: „Da erschlug Jonathan die Wache der Philister". Auch in 1Sam 14 wird die Initiative auf Jonathan zurückgeführt. Möglicherweise war es die Ungeduld des Kronprinzen Jonathan, die den Stein ins Rollen brachte. Wie auch immer, jedenfalls konnte sich Saul dem Konflikt nicht entziehen. 13,4 beschreibt die neue Lage: „Israel hatte sich stinkend gemacht bei den Philistern".

Die Gewichte hatten sich jedoch so weit verschoben, dass Israel die Philister besiegen und aus dem Gebirge vertreiben konnte. Das wurden die letzten zwei Jahre der Herrschaft Sauls. Die Philister ließen sich offensichtlich nicht auf mühsame Auseinandersetzungen im Bergland ein, sondern stießen im folgenden Jahr in einer großräumigen, kraftvollen Aktion über die Ebene Jesreel von hinten in das Kerngebiet Israels vor. Saul und seine Söhne fanden bei der Schlacht am Gebirge Gilboa den Tod.

Die inzwischen erreichte Phase der Entwicklung Israels und die Konsolidierung eines israelitischen Königtums konnten zwar zurückgeworfen, aber nicht mehr rückgängig gemacht werden. Sauls Sohn Ischbaal konnte das Königtum Sauls in begrenztem Maß weiterführen. David, Sauls einstiger Gefolgsmann und späterer Konkurrent, konnte auf den Leistungen des Hauses Saul aufbauen und schließlich das Abhängigkeitsverhältnis gegenüber den Philistern umkehren (vgl. 2Sam 5,17–25; 8,1).

---

46 Diese Reaktion ist prinzipiell anzunehmen. Die Bemerkungen über die Wachen und Streifscharen der Philister und die Flucht der Israeliten vor ihnen passen gut in dieses Bild.

Somit läßt sich zusammenfassend sagen: Auch Saul war unter den Philistern, und dieses zunächst friedliche, wenn auch militärisch und kulturell einseitige Verhältnis trug in verschiedener Weise zur Entstehung des Königtums bei, aber gerade durch das Königtum blieb Israel nicht unter den Philistern.

4. Summary

Even though there are many different aspects in the scholarly view of the beginning of the monarchy in ancient Israel, there is a common emphasis on the basic situation of war with the Philistines. This paper takes up recent archeological and sociological insights about the demographic and economic factors in the development of the Israelite monarchy and opens them up to include the relations to the Philistines. It is argued that besides the times of military clashes (1Sam 4; 13f; 31; 2Sam 5) there were long phases of exchange and cooperation, e. g. exchange of cultural products and services of craftsmen (1Sam 13,20 f.), and that the very position of Saul's residence in the southwestern corner of his kingdom and in close neighbourhood to the Philistine garrisons is best explained by a relation that was basically peaceful, although dominated by the Philistines. In all probability, Saul resp. the Israelites took over not only the idea of a mercenary force (cf. A. Alt), but also cultural and economic ideas and techniques. Politically Saul in these years was probably in a similar situation in the north as later on David was in the south, affiliated with the Philistines but also developing his area of influence and dominion (cf. 1Sam 27; 30,26 – 31).

During the reign of Saul Israel grew stronger; the old dependency seemed no longer justified. The changes repeatedly led to conflicts. Even though Saul lost his life in the battle at mount Gilboa, the development was going on and David as his successor was able to complete the change to Israelite independence and even dominance.

„Saul war noch zwei Jahre König ...“
Textgeschichtliche, literarische und historische Beobachtungen zu 1Sam 13,1

1. Das Problem von 1 Samuel 13,1

Die Angaben über das Alter und die Herrschaft Sauls als König in 1Sam 13,1 sind unsicher und umstritten. Der hebräische Text *bn-šnh š'wl bmlkw wštj šnjm mlk 'l-jsr'l* wird in seinem ersten Teil meist mit einer Auslassung wiedergegeben: „Saul war ... Jahre alt". Die Annahme einer Auslassung wird durch Vergleich mit der üblichen Form der chronologischen Angaben (2Sam 2,10; 5,4; 1Kön 14,21 u.ö.)[1] begründet. Der zweite Teil „und zwei Jahre war er König" wird zwar im Wortlaut belassen, aber der Sache nach aufgrund historischer Überlegungen meistens bezweifelt.

Beide Probleme hinterließen bereits sehr früh ihre Spuren in der Textgeschichte. Die Beobachtungen aus der Textgeschichte (1.1) und der Forschungsgeschichte (1.2) zeigen jedoch, dass sämtliche Änderungen die im masoretischen Text (MT) erhaltene Angabe voraussetzen und somit bestätigen. Ausgehend von dieser Erkenntnis wird daher anschließend eine literarisch (2.1) und historisch (2.2) begründete Erklärung zumindest von V. 1b vorgetragen.

1.1 Zur Textgeschichte

Die Schwierigkeit des Textes spiegelt sich bereits in der LXX, wo der Vers in den älteren Textzeugen überhaupt fehlt und später teilweise in Anlehnung an MT und teilweise mit anderen Zahlen wiedergegeben wurde. Die Angabe zum Lebensalter Sauls wurde erst vergleichsweise spät in verschiedener Weise ergänzt: In Teilen der alexandrinischen und der antiochenischen Texttradition findet sich die Angabe, dass Saul zu Beginn seiner Regierung 30 bzw. 31 Jahre alt gewesen sei. Ein Alter von 31 Jahren findet sich auch in Handschriften der Vetus Latina und von da aus in manchen Vulgatahandschriften.[2] Die Angabe mit 30 Jahren erklärt sich als

---

[1] Zu den Belegen siehe Sh. R. Bin-Nun, Formulas from Royal Records of Israel and Judah, VT 18, 1968, 414–432, die auch die Verschiedenheiten im Detail und der Zuordnung zu den Berichten aufzeigt.

[2] Zur Textkritik vgl. auch die Angaben und Diskussion bei H.J. Stoebe, Das erste Buch Samuelis (KAT 8/1), Gütersloh 1973 z.St., und O. Barthélemy, Critique textuelle de l'Ancien Testament (CTAT)

Analogieschluss zum Alter Davids, der nach 2Sam 5,4 bei Beginn seines Königtums 30 Jahre alt war.[3] Die Zahl 31 spiegelt wohl zusätzlich die Bekanntheit und
Berücksichtigung des einen Jahres des MT.

Auch die übrige Überlieferung setzt weithin MT voraus. Dass Saul einjährig
war (so Sym), bedurfte aber einer (Um)deutung: Nach dem Targum einerseits und
Theodoret und Pseudo-Hieronymus andererseits war Saul unschuldig wie ein
einjähriges Kind.[4] Diese offensichtlichen Verlegenheitslösungen bestätigen jedoch, ebenso wie die Kombinationen 31 und 21 (s.u.) das Gewicht des MT.

Die Angabe über die Dauer des Königtums[5] Sauls fand verständlicherweise
noch größeres Interesse und verschiedene Antworten. Für das 1. Jh. n.Chr. liegen
verschiedene Traditionen vor: Act 13,21 erwähnt eine 40jährige Dauer. – Bei dieser
Tradition handelt es sich wohl um einen Analogieschluss zu den Angaben über
David und Salomo (2Sam 5,4; 1Kön 11,42).

Bei Josephus liegen die Dinge komplizierter. In Antiquitates 10 § 143 (= 10/8/4)
erwähnt er eher beiläufig eine 20jährige Wirksamkeit Sauls. Bei der ausführlichen
Darstellung der Saulgeschichte dagegen nennt er keine Gesamtdauer, sondern er
unterteilt diese Zeit in 18 Jahre zu Lebzeiten Samuels und 22 (so die griechischen
Handschriften) bzw. 2 Jahre (so die lateinischen Handschriften) nach Samuels Tod.
Wahrscheinlich liegt hier jedoch kein Widerspruch innerhalb von Josephus vor,
sondern ist 18 + 2 Jahre ursprünglich und liegt bei den 22 Jahren eine spätere
Anpassung an die aus Act bekannte und auch bei Euseb, Präp. Evang. IX, 30,
übernommene Angabe mit insgesamt 40 Jahren vor.[6]

(OBO 50/1), Fribourg/Göttingen 1982, 175 f. Bei S. Pisano, Additions or Omissions in the Books of
Samuel (OBO 57), Fribourg/Göttingen 1984, fehlt unsere Stelle.

3 Die Zahl 30 ist also nicht „geraten", wie H.W. Hertzberg, Die Samuelbücher (ATD 10), Göttingen
1952/1986, 81, behauptet, und sie ist auch nicht nur „a figure representing responsible adulthood",
D. V. Edelman, Saul, in: ABO V, 1992, 992.

4 Pseudo-Hieronymus wendet sich damit gegen eine andere Verlegenheitslösung, nämlich dass
sich die Angabe auf Ischboschet bezöge, der damals ein Jahr alt gewesen wäre. „Non de Ishboshet
filio Saul sed de eodem Saulo hoc dictum est. Sic erat enim innocens quando regnare coepit sicut
filius unius anni est, et in eadem innocentia duobus regnare annis dicitur." A. Saltman, Pseudo-
Jerome. Quaestiones on the Book of Samuel (SPB 26), Leiden 1975, 84.

5 Die Begriffe König und Königtum werden hier in Anlehnung an die Texte verwendet, auch wenn
man historisch vielleicht eher noch von einem Stammesführertum sprechen könnte.

6 Ein ähnlicher Einschnitt (beim Tod Samuels und nicht – wie zu erwarten – bei der Verwerfung
Sauls) ist bei Pseudo-Philo, Antiquitates Biblicae (um 100 n.Chr., zwischen 1. und 2. Jüdischem
Krieg, vgl. C. Dietzfelbinger, JSHRZ 11,2, Gütersloh 1979, 91.95–99) vorausgesetzt: In LVII,5 heißt es
nach dem Bericht über die Abdankung Samuels: „Und danach kämpfte Saul gegen die Philister ein
Jahr lang in einem sehr erfolgreichen Kampf". Dieser Feststellung folgen unmittelbar die Beschreibung des Versagens und der Verwerfung Sauls im Zusammenhang der Amalekiterschlacht,
die Salbung Davids, das Kommen des bösen Geistes über Saul und die Flucht Davids. Der ei-

Die 2 Jahre sind offensichtlich von 1Sam 13,1 b bestimmt. Diese Tatsache der Aufteilung der Regierungszeit Sauls in zwei Phasen ist nicht uninteressant, denn sie berücksichtigt und bestätigt einerseits die 2 Jahre des MT, andererseits zeigt sie die Unzufriedenheit mit dieser Angabe und die Existenz einer alternativen Tradition. Für deren Gestaltung lassen sich einige Linien aufzeigen: Vorauszusetzen ist das Ungenügen an der sehr knappen Angabe „2 Jahre" für den doch umfangreichen Inhalt der Saulgeschichte. Vor allem aber liegen die Angaben für vergleichbare Sachverhalte wesentlich höher. Zu nennen sind die bereits erwähnten je 40 Jahre für David und Salomo und andererseits die 40 bzw. 20 Jahre bei der Wirksamkeit der Richter.[7] Die Analogiebildung war auch bei der in Apg 13,21 belegten Tradition zu beobachten. Der geringere Ansatz mit 20 Jahren könnte der geringeren Bedeutung Sauls gegenüber David und Salomo entsprechen. Darüber hinaus hatte jener Richter, dessen Gegner ebenfalls die Philister waren, und durch den Jahwe die Israeliten von den Philistern zu befreien begann (Ri 13,5), nämlich Simson, ebenfalls eine 20jährige Wirksamkeit (Ri 15,20; 16,31). Nicht zuletzt ergab sich damit die runde Zahl von 100 Jahren für die Zeit des Königtums über ganz Israel. Der älteste Beleg für diese Sicht liegt ziemlich sicher beim jüdischen Historiker Eupolemos vor, dessen Werk (mit dem wahrscheinlichen Titel) „Über die Könige von Judäa" etwa 158 v.Chr. entstand, und wo es in Fragment 2 heißt: „Danach sei nach dem Willen Gottes Saulos von Samuel zum König erwählt worden; dieser sei nach einer Regierung von 21 Jahren gestorben."[8] Zwar ist „die Quelle für die Angabe ‚21 Jahre' ... unbekannt",[9] aber die Zahl lässt sich mit großer Wahrscheinlichkeit erklären, nämlich als Kombination aus dem einen Jahr von 1Sam 13,1a und der bei Josephus belegten und oben diskutierten Angabe 20 Jahre. Eupolemos bestätigt damit indirekt das Vorhandensein von

---

gentliche Einschnitt ist aber der Tod Samuels, wodurch Israel keinen Fürbitter mehr hatte, was die Philister zu ihrem Angriff ermutigte (LXIV,2). Leider ist die Schrift des chronologisch sehr interessierten Autors nur fragmentarisch erhalten. Es fehlen der letzte Teil der Saulgeschichte und die zusammenfassende Zeitangabe. Pseudo-Philo setzt mit dem Einschnitt beim Tod Samuels die gleiche Zweiteilung wie Josephus voraus. Die ausdrückliche Angabe „1 Jahr" für die erste Phase ist am ehesten als Berücksichtigung des masoretischen Textes von 1Sam 13,1 zu erklären, was gut zur Abfassungszeit passen würde (Verbreitung und Dominanz des MT am Ende des 1. Jh. n.Chr.).

7 Zu diesen Angaben: M. Noth, Überlieferungsgeschichtliche Studien (= ÜSt), Halle 1943 = Darmstadt 1967, § 4. Das chronologische Gerüst (18–27); G. Sauer, Die chronologischen Angaben in den Büchern Deut bis 2. Kön, ThZ 24 (1968), 1–24.

8 Angaben und Übersetzung nach N. Walter, Fragmente jüdisch-hellenistischer Historiker, JSHRZ 1,2, Gütersloh 1980, 93–99. Das Werk ist erhalten bei Euseb, Praep. Evang. IX 30,1–34,18, und zwar als Zitat aus dem Werk „Über die Juden" des Alexander Polyhistor (Mitte 1. Jh. v.Chr.), der seine Quellen leider in den Stil des indirekten Referats umschrieb.

9 Ebd. 99, Anm. z. St.

1Sam 13,1a und dass die Septuaginta den Vers wegen divergierender Angaben ausließ.[10]

Die breite Bezeugung von Angaben über eine 20- bis 40jährige Regierungszeit bestätigt zugleich die Ursprünglichkeit der 2 Jahre von 1Sam 13,1, weil eine Änderung von 20 bzw. 40 zu 2 Jahren in diesem Umfeld undenkbar ist und keinen Anhalt hat.[11]. Damit stellt sich die Aufgabe, die 2 Jahre als *lectio difficilior* zu belassen und nach ihrem (ursprünglichen) Sinn zu fragen.

1.2 Zur Forschungsgeschichte

Die Textgeschichte zeigte, dass das Fehlen einer Altersangabe in V. 1a die älteste erreichbare Textgestalt ist. Zwar ist es merkwürdig, dass der Satz von Haus aus ohne Altersangabe formuliert worden sein soll. Trotzdem ist diese von Judah ibn Balaam (ca. 1075) und später von Hitzig, Thenius, Wellhausen u. a. vertretene Lösung[12] wahrscheinlicher als der Ausfall der Angabe. Der Verlust einer ursprünglich vorhandenen Zahl[13] würde voraussetzen, dass die Regierungsdauer des ersten israelitischen Königs sonst nicht bekannt war und durch einen einzigen Abschreibfehler verloren gehen konnte.

Die sich ergebende Konsequenz, dass der Verfasser die Formel verwendete, obwohl er sie nicht inhaltlich füllen konnte (und sie auch nicht aus eigenen Überlegungen ergänzen wollte),[14] bleibt aber doch misslich. Auf mögliche Analogien wurde von G. Buccelati und A.K. Grayson hingewiesen: Neben anscheinend

---

10 B.Z. Wacholder, Biblical Chronology and Hellenistic World Chronicles, in: HThR 61 (1968), 451–481, zeigte sehr schön das geistige Umfeld der frühen jüdischen Historiker und ihr Bemühen, die biblische Chronologie mit den hellenistischen Geschichtsanschauungen in Verbindung zu bringen. Dazu gehört auch eine den Leistungen eines Herrschers entsprechende Regierungszeit. M. E. wurde V. 1 in diesem Umfeld als unzutreffend und unpassend ausgelassen und wurde die Lücke dann durch Analogieschlüsse überbrückt.

11 Die verschiedenen Konjekturen, die von einer Verschreibung von Buchstaben als Zahlzeichen ausgehen (*b* „2" zu *k* „20") oder Verlesung (z. B. *šnh* = Jahr aus nh = 52), sind zwar „geistvoll, aber nicht überzeugend", so mit Recht Stoebe, KAT 8/1, 242 Anm. 1. Außerdem ist die Verwendung der hebräischen Buchstaben als Zahlzeichen erstmals um 100 v. Chr. belegt, J. Friberg; Numbers and Counting, ABD IV, 1992, 1145. Im 2. oder auch 3. Jh. v. Chr. wäre eine eventuell vorhandene chronologische Angabe zu Saul gewiss bekannt und verbreitet gewesen. Dass eine solche bekannte Angabe durch bloßes Abschreibversehen oder Fehllesung verloren ging, ist undenkbar.

12 Vgl. Barthelemy, CTAT, 176; Stoebe, KAT 8/1, 242.

13 So z. B. F. Stolz, Das erste und zweite Buch Samuel (ZBK.AT 9), Zürich 1981, 81.

14 So z. B. M. Noth, ÜSt, 24 Anm. 3: „Zu dieser Formel gehörte nun einmal die Mitteilung des Antrittsalters der Könige. Da Dtr für Saul keine diesbezügliche Angabe zur Verfügung stand, ließ er an dieser Stelle das Formular unausgefüllt."

absichtlich gelassenen Lücken in Wirtschaftstexten aus der Ur-III- und aus der altbabylonischen Zeit ist vor allem die Lücke in einem Exemplar der sumerischen Königsliste aus der Zeit um 1500 v. Chr. interessant, weil dort ebenfalls einmal die Regierungszeit eines Königs fehlt.[15] Zeitlich näher liegt ein Beispiel aus der babylonischen Chronik, wo auf einer Tafel bei der Angabe über die Dauer der Herrschaft Tiglatpilesers die Zahl fehlt. Aber es handelt sich dabei nur um eine einzelne Tafel, und man muss annehmen, dass der Schreiber beim (Ab)schreiben nicht die richtige Zahl zur Verfügung hatte und später vergaß, sie einzutragen.[16] Bei diesen Beispielen handelt es sich aber doch lediglich um Abschreibversehen auf einzelnen Tontafeln.

Wenig überzeugend ist auch der Versuch von R. Althann, *bn* unter Verweis auf das Ugaritische in komparatives *b* mit *n* paragogicum aufzulösen und V. 1 als poetischen Zweizeiler mit der Steigerung „More than a year had Saul been reigning, even two years had he been reigning over Israel" zu verstehen.[17]

Wie die genauere Untersuchung der in den Königebüchern für Juda bzw. Israel verwendeten Formeln durch Sh. R. Bin-Nun (s. o., Anm. 1) zeigt, gab es gewisse Unterschiede zwischen den Königslisten in Juda und in Israel. Daraus ergibt sich aber auch, dass sie vordtr sind und vermutlich relativ früh begonnen worden waren. Wenn aber diese Listen älter sind und – wie auch Noth vermutet – die 2 Jahre von 1Sam 13,1 b eine alte, vordtr. Angabe darstellen, dann kann auch V. 1a alt sein. Es müsste auch nicht unbedingt etwas fehlen oder verloren gegangen sein, sondern der Satz könnte so gemeint sein, wie er dasteht. Dazu machte F. Stolz eine interessante Bemerkung: „Will man den jetzt vorliegenden Text übersetzen, so lautet er: „Saul war ziemlich alt", als er König wurde …".[18] Wenn man sich darüber hinaus mit der fehlenden Altersangabe auch von der damit verbundenen Interpretation von *bmlkw* als Herrschaftsbeginn löst, so könnte man auch übersetzen: „Saul war bei seinem Königsein schon ziemlich alt geworden".[19]

Noch mehr Diskussion erfuhr, wie schon in der frühen Textgeschichte, das Problem der zwei Jahre von V. 1b. Können Sie wirklich die Zeit von Sauls Königtum abdecken? Einer der prominentesten Vertreter dieser Sicht ist M. Noth: „Wenn in der allerdings wohl erst deuteronomistischen Rahmennotiz in 1Sam 13,1 Saul zwei

15 G. Buccelati, 1 Sam 13,1, in: Bibbia e Oriente 5 (1963), 29.

16 A.K. Grayson, Ancora 1 Sam 13.1, in: Bibbia e Oriente 5 (1963), 86.110.

17 R. Althann, 1Sam 13,1: A Poetic Couplet, in: Bibi 62 (1981), 241–246.

18 F Stolz, ZBK.AT 9, 81 Anm. 29, ohne weitere Begründung.

19 Für diese Übersetzung könnte man anführen, dass *bn šnh* im Sinn von einjährig nur in den priesterschriftlichen Opferbestimmungen für Tiere (Ex 12,5; ähnlich in Lev 12,6; 14,10; Num 6,12 u. ö.) vorkommt, und dass der Terminus in älteren Texten eine eigene Bedeutung haben könnte.

Regierungsjahre zugesprochen werden, so ist das nicht nur vom Gesichtspunkt der Textüberlieferung aus unanfechtbar, sondern es hat auch alle historische Wahrscheinlichkeit für sich, so dass wir hier beim Deuteronomisten ein Element alter guter Überlieferung annehmen müssen".[20] Der „Gesichtspunkt der Textüberlieferung" ist für Noth nicht der textkritische, sondern der chronologische Rahmen des deuteronomistischen Geschichtswerkes: „Der Deuteronomist hat hier aber sicher <zwei Jahre> geschrieben, da nur diese Zahl in sein chronologisches System paßt".[21] Dieser Überlegung ist bezüglich der literarischen Seite durchaus zuzustimmen. Sie wird auch von Autoren geteilt, die in weiterer Folge anders votieren.[22,23]

In historischer Hinsicht sind dagegen 2 Jahre für die Herrschaft Sauls wenig wahrscheinlich. Außer den oben bei der Textgeschichte bereits genannten alternativen Traditionen ist hier noch die – über die Zeittafeln in verschiedenen Bibelausgaben weit verbreitete – Annahme von Alfred Jepsen zu nennen. Auch für Jepsen ergibt sich aus dem, „was wir von der Herrschaft Sauls wissen",[24] dass diese offensichtlich länger dauerte als zwei Jahre, und er vermutet: „Für seine Regierungsdauer läge wohl am nächsten, eine Änderung von *štj* in *tš'* (1Sam 13,1) vorzunehmen".[25] – Bei aller Berechtigung der historischen Überlegungen ist die Zahl „9" jedoch bloße Konjektur.[26]

---

20 M. Noth, Geschichte Israels, Göttingen 1950,153.

21 Ebd., Anm. 2, unter Verweis auf Martin Noth, ÜSt, 18fl.

22 Z. B. V.Ph. Lang, The Reign and Rejection of King Saul. A Case for Literary and Theological Coherence (SBLDiss.Ser 118), Cambridge/Atlanta 1989,74.

23 Für das verschiedentlich diskutierte Problem der Schreibung als cs.-Verbindung kann hier auf D. Barthelemy, CTAT, 176, hingewiesen werden. Sowohl für die cs.– als auch für die abs.-Form des Zahlwortes gibt es mehrere Belege und in Ez 41,24 stehen beide Formen nebeneinander. Andererseits weicht die Schreibung auch von der in den Königsbüchern üblichen Form ab, was oft beobachtet und von M. Noth, ÜSt, 25, als Hinweis auf eine eigenständige Quelle verstanden wurde: „Der gewichtigste Einwand gegen die Ursprünglichkeit der Zahlangabe ist der Hinweis darauf, <zwei Jahre> in den chronologischen Angaben der Königsbücher regelmäßig durch den Dual von <Jahr>, hier dagegen durch das Zahlwort <zwei> ausgedrückt wird (so S.R. Driver, Notes on the Hebrew text and the topography of the Books of Samuel [1913], S. 97). Doch kann die Verschiedenheit ohne weiteres auf der Verschiedenheit der von Dtr benutzten Quellen beruhen (vgl. auch 2Sam 2,10)."

24 Mit Verweis auf K.D. Schunck, Benjamin [(BZAW 86), Berlin 1963, 108–138].

25 A. Jepsen, Zur Chronologie der Könige von Israel und Juda (BZAW 88), Berlin 1964, 44.

26 Jetzt auch zustimmend aufgenommen bei G. Hentschel, 1 Samuel (NEB 33), Würzburg 1994, 90.

2. Historische Beobachtungen

Für die historischen Überlegungen sind zunächst seine in der Überlieferung beschriebenen Leistungen zu nennen. Immerhin gelang es Saul, ein wenn auch noch kleines Heer aufzubauen, wofür er Versorgungsstrukturen brauchte. Parallel dazu und in Verbindung mit der sich ebenfalls entwickelnden Residenz gab es wohl auch Verwaltungsstrukturen. Dass das Königtum Sauls trotz der Unterlegenheit gegenüber den Philistern einen gewissen Grad von Institutionalisierung und Stabilität erlangt hatte, zeigt nicht zuletzt seine Nachgeschichte unter Ischbaal und Abner. Von Bedeutung sind auch die aus den genealogischen und biographischen Angaben zu gewinnenden Beobachtungen, insbesondere die Angaben über Sauls Sohn Jonathan und Enkel Meribbaal.[27] Neben diesen Überlegungen könnte noch – wenn auch m. E. mit weniger Gewicht – auf die für die berichteten Kriegszüge nötige, vielleicht ebenso große Zahl an Jahren[28] und auf den archäologischen Befund in Sauls Residenz Gibea[29] hingewiesen werden.

Die Angabe von zwei Jahren für die Wirksamkeit Sauls ist somit historisch und literarisch, d.h. angesichts des Umfangs der Erzählungen, unwahrscheinlich. Ebenso unwahrscheinlich ist aber auch eine Änderung von einer größeren Zahl wie etwa 20 Jahre hin zur sehr kleinen Zahl von zwei Jahren, die dem Umfang der vorliegenden Berichte von 1Sam 9 bis 31 und den darin enthaltenen Angaben einfach nicht gerecht wird.[30] Somit stellt sich die Aufgabe, die zwei Jahre in ihrer vorfindlichen Form auf Entstehung und Bedeutung hin zu überprüfen.

2.1 Der literarische Zusammenhang von 1Samuel 13,1b

Für die Angabe von zwei Jahren ist zunächst auf die parallele, ebenfalls mit dem saulidischen Haus verbundene Angabe in 2Sam 2,10 hinzuweisen. Diese Angabe findet sich am Anfang der Beschreibung der Nachgeschichte des saulidischen Königshauses und der folgenden Konflikte zwischen Ischbaal, dem Sohn Sauls, und David bzw. deren Generälen Abner und Joab. „Abner, der Sohn des Ner,

---

27 A. Jepsen, Chronologie, 44.

28 So D. V Edelman, Saul, ABD V, 992 f. Dagegen behandelt sie in: King Saul in the Historiography of Judah (JSOT.SS 121), Sheffield 1991, nur literarische, keine historischen Fragen.

29 Allerdings ist der archäologische Befund in seiner Interpretation umstritten. Vgl. P.M. Arnold, Gibeah in Israelite History and Tradition, 1987; ders., Gibeah, ABO 11, 1007–1009.

30 Die gelegentlich behaupteten „geschichtsdogmatischen Gründe" (z. B. H.W. Hertzberg, ATD 10, 81) bleiben ein bloßes Postulat und entsprechen weder der Tendenz der Textgeschichte noch der Beobachtung, dass dtrG die zwei Jahre höchstwahrscheinlich bereits vorfand (vgl. o. Anm. 21).

Sauls General, hatte den Ischbaal, den Sohn Sauls genommen und ihn nach Machanajim gebracht, und er hatte ihn zum König gemacht... Ischbaal, Sauls Sohn, war 40 Jahre alt, als er König wurde und zwei Jahre war er König; nur das Haus Juda hing David an. Und die Zeit, die David in Hebron König war, – über das Haus Juda – betrug sieben Jahre und sechs Monate" (2Sam 2,8–11). Beide Angaben, sowohl die zwei Jahre für Ischbaal als auch die siebeneinhalb Jahre für David, liegen aus der Sicht des Erzählers in der Vergangenheit und sind daher mit Erzähltempora formuliert. Innerhalb der Erzählfolge beziehen sie sich aber auf die bevorstehenden Ereignisse und geben deren Dauer an, d.h. sie haben prospektiven Sinn. Es liegt nun nahe, für 1Sam 13,1b in ähnlicher Weise einen prospektiven Sinn anzunehmen. D.h. 1Sam 13,1b ist keine Aussage über die Gesamtdauer der Wirksamkeit Sauls, sondern bezieht sich auf die noch bevorstehenden Ereignisse.

Damit ist eine wesentliche Erleichterung für die Interpretation der Saulgeschichte gegeben, insbesondere wenn man bedenkt, dass der nunmehrige Umfang der Erzählungen zwischen 1Sam 13 f. und 31 durch verschiedene Einfügungen und Ergänzungen stark erweitert wurde.[31] So erklärt sich auch, warum die chronologische Notiz nicht am Anfang, d.h. spätestens bei 1Sam 11 oder am Ende, d.h. beim Tod Sauls steht, sondern hier in 1Sam 13. Die Notiz von 1Sam 13,1 b(ff.) wäre somit sinngemäß wiederzugeben: „Saul war noch zwei Jahre König. Und er hatte sich 3000 Mann aus Israel ausgewählt, davon waren 2000 bei Saul in Michmas und 1000 waren bei Jonathan in Geba, Benjamin. Das übrige Volk hatte er entlassen, jeden in seine Heimat. Da erschlug Jonathan den Vogt der Philister ..."

2.2 Der geschichtliche Kontext von 1 Samuel 13,1b

Diese zunächst literarischen Gegebenheiten können daraufhin befragt werden, ob sie auch historisch Sinn machen bzw. ob der anzunehmende Erzählzusammenhang plausibel ist. Der Erzählzusammenhang, in dem Saul und Jonathan ge-

---

31 Zu nennen sind die Verwerfungstexte in 1Sam 13,7–15 und 15, weiter die zumindest jetzt damit verbundene Salbungsgeschichte 1Sam 16,1–13 und die von da her zumindest erweiterte Geschichte von Saul bei der Totenbeschwörerin 1Sam 28. Die Übertragung der Goliathgeschichte auf David ist bekannt, ebenso das mit ihr verbundene textgeschichtliche Problem. Die Entfaltung der Geschichte von der Freundschaft zwischen Jonathan und David wurde jüngst von Otto Kaiser, David und Jonathan, in: ETL 66, 1990, 281–296, dargestellt. Die Doppelung der Erzählung von Davids Bewährung in 1Sam 24 und 26 ist ebenfalls bekannt.

meinsam im Krieg gegen die Philister stehen, ist in 1Sam 13f und 31 gegeben.[32] Die Ereignisse werden ausgelöst durch Jonathans Aktion gegen die Philister. Die anfängliche Bedrängnis, in die die Israeliten geraten, wandelt sich jedoch in einen Sieg, und es gelingt, die Philister aus dem Gebirge zu vertreiben. Dass Jonathan (und Saul) diese Konfrontation wagen konnten, und der, wenn auch offensichtlich nicht leicht errungene, Sieg setzen eine gewisse Konsolidierung und Stärke der Herrschaft Sauls voraus.[33] Aber die Philister reagierten entschlossen und weiträumig. Statt eine mühsame Auseinandersetzung in dem für ihre militärischen Mittel ungünstigen Gebiet der westlichen Berghänge auf sich zu nehmen, stießen sie durch die Ebene Jesreel vor. Mit dieser Umgehung des Berglandes konnten sie nicht nur Saul aus vermutlich unerwarteter und weniger geschützter Richtung von hinten her angreifen, sondern auch in den Kern seines Herrschaftsbereiches vorstoßen und diesen aufsprengen. Nach der Schlacht von Gilboa stand ihnen der Weg in das Bergland und in den oberen Jordangraben offen. – Es ist anzunehmen, dass die Philister nicht nur entschlossen und weiträumig, sondern auch rasch und nicht erst nach Jahren reagierten. Anders gesagt: Wahrscheinlich folgte auf ein Jahr israelitischer Erfolge im nächsten Jahr der große Gegenangriff der Philister und sind dies die beiden letzten Jahre der Herrschaft Sauls.[34] Mit der Überschrift in 1Sam 13,1 ausgedrückt: „Saul regierte noch zwei Jahre."

---

32 Der Unterschied zu den dazwischen liegenden Erzählungen wurde schon von W. Caspari, Die Samuelbücher (KAT VII), Leipzig 1926,135, treffend beschrieben: Jonathan „scheint sich also [in 1Sam 13f.] wie II 1, 21F einer Schätzung zu erfreuen, welche der seines Vaters gleichkommt. Die folgenden Erz[ählungen] kennen ihn hauptsächlich als Davids Kameraden, der in Konflikt mit seinem Vater Saul gerät; ihnen ist die Pflege des Andenkens Jonatans zwischen gekrönten Königen nicht mehr Selbstzweck."

33 Trotz gelegentlich anderer Rekonstruktion wird man dabei bleiben können, dass die Befreiung von Jabesch in Gilead am Anfang stand, und Saul zunächst seinen Einfluss und Herrschaftsbereich zu beiden Seiten des Jordan und im westjordanischen Bergland entfaltete. Erst dann konnte versucht werden, die Herrschaft der Philister zurückzudrängen. – Die Bedeutung des ostjordanischen Gebietes zeigt sich an der Bedeutung, die Mahanajim für die Sauliden nach Sauls Tod hatte. Die Bedeutung Gilgals – im Jordantal! – für die Anfänge des Königtums wird in Hos 9,15 bezeugt.

34 Die hier vorgetragene Sicht berührt sich zum Teil mit jener von M. Noth, Geschichte Israels, 153: „Schwerlich haben die Philister lange Zeit bis zu ihrem entscheidenden Gegenstoß verstreichen lassen … Diese Angabe [sc. zwei Regierungsjahre] besagt, daß nach dem geglückten Überraschungssieg Sauls die Philister im nächsten Jahr zu ihrem Gegenstoß ansetzten; und das müßten wir als das Wahrscheinliche annehmen, selbst wenn die Überlieferung es nicht ausdrücklich sagte." – Der wesentliche Unterschied zu Noth ist jedoch, dass es mir nicht möglich erscheint, alle Aktivitäten Sauls, angefangen vom Erfolg in Jabesch und einschließlich etwa des Amalekitersieges, in zwei Jahren unterzubringen. In Noths Darstellung (146–152) bilden Sauls Erfolge geradezu eine Kettenreaktion. Dabei stellt sich vor allem die Frage nach der Kräftebasis für diese Erfolge.

Hinter der textgeschichtlich ursprünglichen Angabe von 1Sam 13,1b steht somit eine geschichtlich zutreffende Erinnerung bzw. zumindest eine historisch plausible Vorstellung. Sie bildet zusammen mit den Angaben von V. 2 die Exposition für die folgende Erzählung.[35]

---

[35] Das könnte auch an der Syntax gezeigt werden. Als neuere Untersuchungen dazu siehe W. Groß, Das Vorfeld als strukturell eigenständiger Bereich des hebräischen Verbalsatzes. Syntaktische Erscheinungen am Satzbeginn, in: H. Irsigler, Syntax und Sprache (ATSAT 40), St. Ottilien/München 1993, 11–24, und W. Schneider, „Und es begab sich …" Anfänge von Erzählungen im Biblischen Hebräisch, in: BN 70 (1993), 62–87, 76, mit dem dort beschriebenen Typ 3. Vgl. jetzt mit ähnlichen Ergebnissen W. Groß, Zur syntaktischen Struktur des Vorfeldes im hebräischen Verbalsatz, in: ZAH 7 (1994), 203–214.

"… und der Herr half David in allem, was er unternahm,,
Die Davidgeschichte in ihrem inneren Zusammenhang und im Licht der westsemitischen Königsinschriften

Die Daviderzählungen werden in der Regel in Aufstiegsgeschichte und Thron-(nach)folgegeschichte unterteilt und in diesen beiden Teilen diskutiert.[1] Die Begriffe Aufstiegs- und Thronfolgegeschichte werden zwar weithin als selbstverständlich gebraucht, zugleich gibt es jedoch erhebliche Divergenzen. Relativ große Einigkeit besteht über das Ende des Ganzen in 1Kön 2 mit der Thronbesteigung durch Salomo und andererseits darin, dass die Davidgeschichte wohl in etwa mit der Einführung Davids in 1Sam 16,14 ff. beginnen muss. Dagegen ist der Anfang der Thronfolgegeschichte (= TFG) und dementsprechend das Ende der Aufstiegsgeschichte (= AG) umstritten.[2] Mit diesen Unklarheiten verschwimmt aber nicht nur das jeweilige Profil der beiden Erzählzusammenhänge, sondern es wird das ganze Konzept fraglich.

Die folgenden Ausführungen erörtern zunächst die literarischen Probleme der Aufstiegs- und Thronfolgegeschichte, um von da aus zu einem Modell für die Entstehung der Davidgeschichte zu kommen. Den Abschluss bildet ein Vergleich mit westsemitischen Königsinschriften.

---

1 Siehe dazu die Einleitungen in das Alte Testament, sowie den Forschungsbericht von W. Dietrich/T. Naumann, Die Samuelbücher, EdF 287, 1995, und zuletzt S. Seiler, Die Geschichte von der Thronfolge Davids (2Sam 9 – 20; 1Kön 1 – 2). Untersuchungen zur Literarkritik und Tendenz, BZAW 267, 1998.
2 Zum Konsens wie zu den Schwierigkeiten vgl. die knappen Sätze bei W. H. Schmidt, Einführung in das Alte Testament, [5]1995, S. 159 f.: „Die überraschend breiten Überlieferungen von der Davidszeit 1Sam 16 – 1Kön 2 zerlegt man üblicherweise in zwei größere Einheiten: Aufstiegs- (1Sam 16 – 2Sam 5) und Thronfolgeerzählung (2Sam 9 – 20; 1Kön 1 f.) … Allerdings wird der Umfang beider Erzählungen nicht einheitlich bestimmt. In ihrer literarischen Zugehörigkeit umstritten sind insbesondere die Überleitungskapitel (2Sam 5 bzw. 6 – 8), die die erste Erzählung weiterführen, die zweite vorbereiten und damit beide miteinander verklammern. In diesem Zwischenabschnitt ist außerdem das letzte Teilstück der ehemals selbständigen Ladeerzählung (1Sam 4 – 6; 2Sam 6) eingearbeitet."

1. Das Konzept der Thronnachfolgegeschichte Davids

Die Begriffe Aufstiegsgeschichte Davids und Thronfolgegeschichte wurden schon im 19. Jh., z. B. von Julius Wellhausen und später von Eduard Meier, verwendet. Aber das bis heute grundlegende Werk ist Leonhard Rosts Untersuchung: Die Überlieferung von der Thronnachfolge Davids.[3]

Nach Rost liegt in 2Sam 9 bis 1Kön 2 ein zusammenhängender Textkomplex vor, in dem es um die Frage geht, wer nach David dessen Thron innehaben soll. Die Frage „Wer wird sitzen auf dem Thron Davids?" wird zwar erst in 1Kön 1,20, also fast am Ende des Ganzen explizit gestellt, nach Rost durchzieht sie aber die ganze Erzählung und wird bereits in der Bemerkung über die Kinderlosigkeit Michals am Ende von 2Sam 6 angedeutet. Michal, die Tochter Sauls, wäre die ideale Königsmutter, weil durch sie das Königtum Sauls und das Königtum Davids verbunden wären. Weil aber Michal kinderlos ist, wird ab 2Sam 9 bzw. 10 beschrieben, wie es zur Geburt Salomos von Bathseba her kommt und wie der Reihe nach alle vorrangigen Thronerben, nämlich Amnon und Absalom, ausfallen bzw. zuletzt Adonija durch seine scheinbare Voreiligkeit sich gewissermaßen selber ausschaltet.

Mit dieser Sicht hat Rost einen eindrucksvollen Gesamtduktus der verschiedenen Teilerzählungen aufgezeigt. Seine literarische Analyse fand weithin Zustimmung, auch bei jenen Autoren, die die politische oder theologische Tendenz der Erzählung anders bestimmten. Rost wollte aber nicht nur den inneren Zusammenhang, sondern auch die Abgeschlossenheit der Erzählung erweisen. Dahinter steht eine Frontstellung gegen die damals noch aktuelle Meinung, dass die Pentateuchquellen bis in die Samuel- und Königebücher hineinreichen, und dass unterschiedlich akzentuierte Texte diesen durchlaufenden Quellen zuzuordnen seien. Wenn sich die Thronfolgegeschichte als in sich geschlossener Block, insbesondere ohne Verbindung zum Vorangehenden, abgrenzen lässt, dann ist ein Zusammenhang mit irgendwelchen übergreifenden Quellenschriften hinfällig. – Genau dieses Anliegen passte bestens zur These vom deuteronomistischen Geschichtswerk, wie sie knapp zwei Jahrzehnte später Martin Noth[4] vortrug, wodurch auch Rosts Arbeit zusätzliche Wirkung bekam.

Das Ende der Thronfolgegeschichte ist mit 1Kön 2 deutlich sichtbar und allgemein anerkannt. Schwieriger ist es mit dem Anfang. In 2Sam 9 fragt David, ob es noch Nachkommen Sauls gäbe. Daraufhin wird Meribbaal (= Mefiboschet) genannt, gesucht und nach Jerusalem gebracht. Diese Szene ist kaum ein geeigneter

---

3 L. Rost, Die Überlieferung von der Thronnachfolge Davids, BWANT 26, 1926.
4 M. Noth, Überlieferungsgeschichtliche Studien (1942/43), 1943 = [7]1967.

Erzählanfang, und so hält auch Rost selbst die Abgrenzung nach vorne offen. Die Frage nach einem Nachfolger nach David setzt eine entsprechende Erwartung voraus. Diese Erwartung wird nach Rost dadurch geweckt, dass einerseits in 2Sam 6 von Michals Kinderlosigkeit berichtet wird, während andererseits in 2Sam 7 der Fortbestand des davidischen Königshauses verheißen wird.[5] Mit dieser „Verwicklung" ist für Rost die ausreichende Exposition für alles Folgende gegeben.

Die Tendenz der Erzählung war für Rost klar zugunsten Salomos: Die Thronfolgegeschichte endet mit der Thronbesteigung Salomos. Allerdings gibt es auch einige Schatten: Dass sich Salomo durchsetzt, ist praktisch das Ergebnis einer Hofintrige und außerdem lässt er seinen möglichen Rivalen Adonija sogar töten. Rost spürte offensichtlich dieses Problem und formulierte daher: „Andererseits ist m. E. *trotz allem* die Thronfolgegeschichte in majorem gloriam Salomonis abgefaßt"[6].

Die prosalomonische Tendenz war zunächst unbestritten.[7] Erst Delekat, 1967,[8] und vor allem Würthwein, 1974,[9] stellten sie in Frage. Besonders Würthwein sah nur eine klar antisalomonische Tendenz in der TFG. Die Diskussion über die pro- oder antisalomonische Tendenz wurde in der Folgezeit intensiv geführt. Zum Teil kam es zu differenzierten Lösungen, etwa in der Weise, dass man einen salomokritischen Grundbestand und eine prosalomonische Bearbeitung unterschied, so z. B. Veijola[10]; oder eine davidfreundliche Grundlinie, von der aus Salomo ein kritischer Spiegel vorgehalten werde, so etwa Crüsemann[11]. Andere versuchten,

---

5 L. Rost, Thronnachfolge, 103 – 107.
6 L. Rost, Thronnachfolge, 128 (Hervorhebung von S.K.).
7 Bei G. von Rad, Der Anfang der Geschichtsschreibung im Alten Israel, AKuG 32 (1944), 1– 42 = ders., Gesammelte Studien zum Alten Testament, TB 8, 1965 u. ö., 148 – 188, ist diese Tendenz noch verstärkt und fehlt die von Rost mit den Worten „trotz allem" angedeutete Einschränkung.
8 L. Delekat, Tendenz und Theologie der David-Salomo-Erzählung, FS Leonhard Rost, BZAW 105, 1967, 26 – 36.
9 E. Würthwein, Die Erzählung von der Thronfolge Davids – Theologische oder politische Geschichtsschreibung?, ThSt 115, 1974 = ders., Studien zum deuteronomistischen Geschichtswerk, BZAW 227, 1994, 29 – 79.
10 T. Veijola, Die ewige Dynastie. David und die Entstehung seiner Dynastie nach der deuteronomistischen Darstellung, AASF.B 193, 1975.
11 F. Crüsemann, Der Widerstand gegen das Königtum, WMANT 49, 1978; besonders 180 – 193: „Die Thronfolgegeschichte – höfisch-weisheitliche Königskritik".
Eine ähnliche Differenzierung bezüglich der Haltung zu David und zu Salomo vertreten F. Langlamet, Pour ou contre Salomon? La rédaction prosalomonienne de I Rois I–II, RB 83, 1976, 321 – 379.481 – 528; ders., David, fils de Jesse. Une édition prédeutéronomiste de l'<Histoire de la Succession>, RB 89, 1982, 5 – 47 und W. Dietrich, David in Überlieferung und Geschichte, VuF 22, 1977, 44 – 64; vgl. jetzt ders. / T. Naumann, Die Samuelbücher (o. Anm. 1), 206f.

über die Alternative pro- oder antisalomonisch hinauszukommen, etwa in dem Sinn, dass es nicht nur um die Bewertung Salomos, sondern um die Institution des Königtums als solche gehe, so z. B. Conrad[12] und Seebass[13].

Schon bei Rost fällt auf, dass er die Leitfrage des ganzen Werkes „Wer wird sitzen auf dem Thron Davids" erst in 1Kön 1,20, d. h. praktisch am Ende ausgesprochen findet. Auch die Diskussion um die Tendenz des Werkes bezieht sich in der Regel nur auf einen schmalen Textbereich, nämlich 1Kön 1–2, der als Ende der Erzählung zwar wichtig ist, vielleicht aber doch überlastet wird. – Zur Lösung dieses Problems gibt es in methodischer Hinsicht zwei Möglichkeiten: Entweder beschränkt man die aus 1Kön 1–2 erhobene Thematik und Tendenz auf diesen Textbereich, oder man berücksichtigt auch die Thematik und Tendenz der anderen Teile des Erzählzusammenhangs. Damit stellt sich das Problem des Umfangs bzw. des Anfangs der Erzählung.

2. Das Problem des Anfangs der Thronnachfolgegeschichte

Schon bei Rost zeigt sich eine gewisse Unsicherheit über den Anfang der Thronfolgegeschichte. Der Einsatz mit der Meribbaal-Episode in 2Sam 9 ist unbefriedigend und wenig plausibel.[14]

Darum ging Rost bis zur Michal-Szene in 2Sam 6,16.20 – 23 und zu einem Grundbestand der Nathanverheißung 2Sam 7,11b.16 zurück, womit er eine Andeutung („man könnte meinen") von Wellhausen aufgriff und vertiefte. Well-

---

12 J. Conrad, Der Gegenstand und die Intention der Geschichte von der Thronfolge Davids, ThLZ 108 (1983), 161–176.

13 H. Seebass, David, Saul und das Wesen des biblischen Glaubens, 1980. Ähnlich auch J. Kegler, Politisches Geschehen und theologisches Verstehen. Zum Geschichtsverständnis in der frühen israelitischen Königszeit, CThM A8, 1977. Siehe auch S. Kreuzer, Der lebendige Gott, BWANT 116, 1983, bei der Analyse der Erweiterungen der in der Davidgeschichte häufigen Schwurformel: Auf Grund jener Formulierungen geht es nicht so sehr „um die Regelung der Thronnachfolge, sondern um die Betrachtung der Entstehung und Stabilisierung des Königtums" (S. 68).

14 Ebenfalls unbefriedigend ist die Vorordnung von 2Sam 21, die schon A. Klostermann, Die Bücher Samuelis und der Könige, KK 3, 1887 vertrat; nunmehr wieder H. Schnabl, Die „Thronfolgeerzählung Davids". Untersuchungen zur literarischen Eigenständigkeit, literarkritischen Abgrenzung und Intention von 2Sam 21,1–14; 9–20; 1Kön 1–2, 1988, 133–140. Es ist wahrscheinlich die Tötung der Sauliden, auf die sich der Fluch Schimis in 2Sam 16, 5–13 bezieht. Zwar kann man die Erzählung von der Tötung der Sauliden der Frage Davids in 2Sam 9,1: „Ist noch jemand übrig geblieben vom Hause Sauls …?" vorordnen. Davids Frage macht aber auch in Bezug auf die Ereignisse in 2Sam 2–4 durchaus Sinn. Die Vorordnung von 2Sam 21 wurde besonders von T. Veijola, David und Meribaal, RB 85 (1978), 338–361 = ders., Gesammelte Schriften zu den Davidüberlieferungen des Alten Testaments, 1990, 58–83, mit gewichtigen Gründen bestritten.

hausen war der Meinung, dass zwar 2Sam 9 – 20 eigener Art und durch c. 8 „von dem Vorhergehenden geschieden" seien, dass sie „jedoch sachlich eine Art Fortsetzung dazu" enthalten, und äußerte die Vermutung, dass ursprünglich auch noch c. 6 dazugehört haben könnte.[15] Gegenüber dieser allgemeinen Aussage konkretisierte Rost den Bezug auf wenige Verse, die als Erzählanfang schmal sind und ziemlich unvorbereitet einsetzen.

Mit Michal und Meribbaal wird die Verbindung zum Königshaus Sauls hergestellt. Das gilt abgesehen von der historischen Seite jedenfalls für den literarischen Zusammenhang. Die Frage nach einem übriggebliebenen Nachkommen Sauls hat für den Leser jedoch nur dann einen Sinn, wenn er etwas von der Vorgeschichte und insbesondere von Jonathan, dem Vater dieses sonst unbekannten Meribaal, weiß. Auch die Michal-Szene und die Notiz über Michals Kinderlosigkeit erhalten ihre von Rost angenommene Bedeutung nur dann, wenn der Leser weiß, dass sie nicht nur Davids Frau, sondern auch Sauls Tochter ist. Schon Kurt Dietrich Schunck stellte fest: Michal wird in der Thronfolgegeschichte „als die Gemahlin Davids vorausgesetzt. Darüber, wie sie das wurde, überhaupt über ihre Person gibt aber gerade die Geschichte von Davids Aufstieg Kenntnis."[16]

Die Forschungsgeschichte seit Rost zeigt, dass der von ihm angenommene Einsatz des Erzählwerkes „TFG" nicht ausreichend ist. Die Lösung, c. 21 nach vorne zu stellen, schafft ebenso viele Probleme, wie sie zu lösen scheint. Den Anfang weiter zurückzuschieben, etwa auf c. 10 oder noch weiter, ist ebenfalls nur eine Verlegenheitslösung, die außerdem die Rost'sche These aufzulösen beginnt je weiter man nach hinten geht. Selbst Seiler, der sonst der These von Rost praktisch durchgehend folgt, kann am Ende seiner diffizilen Erörterungen nur feststellen: „Probleme bereitet die Frage nach dem Beginn der TFG. Alle Versuche, ihren Anfang vor oder nach 2Sam 9 zu bestimmen, müssen als gescheitert betrachtet werden. Aber auch 2Sam 9,1 ist als Einsatz dieses Erzählwerks ungeeignet. Der Beginn der TFG ist offenbar im Zuge ihrer Einarbeitung in die Samuelbücher verlorengegangen."[17] – Allerdings ist auch diese Vermutung nur eine Verlegenheitslösung.

---

15 J. Wellhausen, Die Composition des Hexateuchs und der historischen Bücher des Alten Testaments (1876/77), ³1899, 255 f., der zu 2Sam 9 – 20 feststellte: „Diese Kapitel haben das miteinander gemein, dass sie zu Jerusalem spielen und Hofgeschichte erzählen. Sie werden durch Kap. 8 und auch durch ihre eigene Art, von dem Vorhergehenden geschieden, enthalten jedoch sachlich eine Art Fortsetzung dazu [!] ... Der Anfang ist nicht erhalten; man könnte meinen, dass ursprünglich noch Kap. 6 dazugehört habe."

16 K.D. Schunck, Benjamin, BZAW 86, 1963, 98.

17 S. Seiler, Thronfolge (o. Anm. 1), 296.

Angesichts dieses Ergebnisses bleibt nur noch die Frage, warum die einzige sinnvolle Alternative, nämlich die Voraussetzung der Thronfolgegeschichte Davids in der vorangehenden Davidgeschichte zu suchen, nicht in Erwägung gezogen wird. Anscheinend wurden die Prämissen von Rost, insbesondere die Behauptung des prinzipiellen literarischen Unterschiedes der TFG gegenüber den vorangehenden Texten, so allgemein als zutreffend akzeptiert, dass kaum jemand sie in Frage stellte und nachprüfte.

Gegenüber dieser Prämisse führen nicht nur, wie oben gezeigt, wichtige Personen in die Texte vor der TFG zurück, sondern es findet sich dort auch schon die gleiche Art des Erzählens. Rolf Rendtorff zeigte in seiner Untersuchung der Abnergeschichte in 2Sam 3,6 – 4,12 „daß die letzten Abschnitte der Aufstiegsgeschichte in ihrer Darstellungsweise der Thronfolgegeschichte sehr eng verwandt sind …" und dass „auch die Art der Deutung der Aufstiegsgeschichte – bei allen durch die Art des Materials bedingten Unterschieden – eine deutliche Nähe zur Thronfolgegeschichte" zeigt. Diese Berührungen machten es für Rendtorff „sehr unwahrscheinlich, hier an voneinander unabhängige Verfasser oder Verfasserkreise zu denken."[18] – Mit diesen Beobachtungen ist das Tor nach vorne hin, zur Aufstiegsgeschichte weit geöffnet und die Aufstiegsgeschichte und die Thronfolgegeschichte werden literarisch und bezüglich der Verfasser eng aneinander gerückt.

Immerhin war auch Rost selbst bei seinen Analysen zu ähnlichen Feststellungen gelangt. Er selbst sagt: „So würde es naheliegen, diese beiden großen Erzählungen zusammenzunehmen als ein Diptychon. … Dieser Gedanke hat auf den ersten Blick etwas bestechendes für sich, umso mehr, als man die Parallele sogar auf Einzelheiten der Thronfolge Davids und der Thronnachfolge Salomos ausdehnen kann."[19] – Trotzdem wehrt er sich gegen diese Konsequenz, und zwar wegen seiner Frontstellung gegen das Pentateuchquellenmodell.[20]

Die vorwiegend literarischen Gründe, die Rost dafür nennt, sind nicht sehr überzeugend: Die Charakterisierung der Unterschiede bezüglich Stil, Aufbau und Stellung zum Kult ist unbefriedigend, weil Rost die für einen Autor besonders charakteristischen Einheiten mit umfangreicheren Reden ausklammert.[21] Als ein wichtiges Kennzeichen der TFG stellte Rost heraus: „Alle Personen mit alleiniger Ausnahme Davids werden entsprechend eingeführt. Alle haben einen entspre-

---

18 R. Rendtorff, Beobachtungen zur altisraelitischen Geschichtsschreibung, in: FS Gerhard von Rad, 1971, 428 – 439; 439.
19 L. Rost, Thronnachfolge, 133.
20 L. Rost, Thronnachfolge, 138.
21 L. Rost, Thronnachfolge, 133 f.

chenden Exitus"[22] Warum aber soll der Verfasser gerade bei der Hauptperson diese Eigenart seiner Darstellung durchbrechen? – Folgen wir Rosts Beobachtung einer Einführung der Personen, so kommen wir auf 1Sam 16,14 ff., wo genau diese Einführung Davids gegeben wird und wo daher üblicherweise der Anfang der Aufstiegsgeschichte gesucht wird! Ähnliches gilt übrigens auch für andere wichtige Personen der TFG, insbesondere Joab und Michal.

Somit führt die Beobachtung der jeweiligen Voraussetzungen und gerade auch die Beachtung der Kriterien von Rost nicht zu dem von ihm postulierten Anfang, sondern weit zurück in die Aufstiegsgeschichte.

3. Die Davidgeschichte als Einheit

Die Konsequenz der vorgetragenen Beobachtungen ist, die Unterscheidung von Aufstiegs- und Thronfolgegeschichte aufzugeben und die ganze Aufstiegs-geschichte als integralen Teil der Davidgeschichte zu betrachten.

Bevor wir diesen großen Schritt zur ganzen Aufstiegsgeschichte machen, ist zunächst noch eine kleinere Lösungsmöglichkeit zu prüfen. Als möglicher Ein-schnitt und Erzählanfang käme 2Sam 2,8 in Frage, wo davon berichtet wird, dass Abner den Ischbaal als König über Israel einsetzte, während David in Hebron König über Juda war. Dieser Anfang hätte den Vorteil, dass ab hier jene Personen vorkommen, die bei der Thronbesteigung Salomos beteiligt sind. Auch der Mord an Abner, für den Joab schließlich von Salomo bestraft wird, wird hier berichtet. – Diesen Einsatz versuchte David M. Gunn[23]. Mit der Einbeziehung von 2Sam 2 – 8 ist aber die ganze Geschichte keine Thronfolgegeschichte mehr, sondern die Ge-schichte vom König David, und so heißt auch Gunn's Buch: „The Story of King David". Durch diese Erweiterung relativiert sich das Problem der Tendenz der TFG. Gunn geht allerdings noch weiter und bestreitet jede politische oder theologische Tendenz dieser „Story of King David"; – die Story sei einfach eine spannende Geschichte.

Abgesehen davon, dass eine solche bloß unterhaltende Intention für ein Werk dieses Themas äußerst fraglich ist, ist die von Gunn vorgenommene Abgrenzung nicht haltbar. An der gewählten Einstiegsstelle fehlt jede Information, wer dieser Abner ist und warum er diesen Ischbaal zum König macht. Es fehlt auch jeder Hintergrund für die Angabe, dass David 7½ Jahre König in Hebron war, und darüber, wie er das geworden war. Das stört umso mehr, als wenige Verse vorher,

---

22 .L. Rost, Thronnachfolge, 132.
23 D.M. Gunn, The Story of King David, JSOT.S 6, 1978.

nämlich in 2Sam 2,4 von der Königserhebung Davids durch die Männer von Juda berichtet wird. Der Grund für diese gekünstelte Ausgrenzung der Königserhebung[!] aus der „Story of King David" ist einzig das Bemühen, die Erwähnung von Sauls Begräbnis durch die Bewohner von Jabesch in Gilead auszugrenzen. Denn an diesem Bericht hängt untrennbar der Bericht über Sauls Tod in der Schlacht auf dem Gebirge Gilboa und daran wiederum in weiterer Folge gewisse Informationen über Saul und damit letzten Endes die ganze Aufstiegsgeschichte Davids (wie auch immer man deren Grundbestand bestimmt).[24]

Somit kommen wir zum traditionellen Anfang der Aufstiegsgeschichte in 1Sam 16,14 ff. zurück. Es hat sich erwiesen, dass die Fäden der Thronfolgegeschichte untrennbar mit der Aufstiegsgeschichte Davids verbunden sind. Damit haben wir jedoch nicht mehr zwei getrennte Werke vor uns, sondern eine zusammenhängende Geschichte. Es ist klar, dass in dieser Geschichte verschiedene Einzelerzählungen und Traditionen verarbeitet sind. Diese Einzelerzählungen haben eigene Charakteristika, die noch nachwirken.[25] Die Erzählungen als solche sind aber jetzt durch ein dichtes Netz von sachlichen und erzählerischen Zusammenhängen verbunden.[26]

Es lohnt sich, an dieser Stelle die Stimme zweier Kommentatoren des Samuelbuches zur Kenntnis zu nehmen: Schon Hans Wilhelm Hertzberg betonte die Schwierigkeit, einen überzeugenden Abschluss der Aufstiegs- und einen klaren Anfang der Thronfolgegeschichte zu finden: „Doch sind da überall die Dinge so miteinander verzahnt, daß sich literarisch schwerlich weiterkommen läßt."[27] Fritz

---

24 Beachtlich ist, dass T. Ishida, Solomon's Succession to the Throne of David – A Political Analysis, in: ders., Studies in the Period of David and Solomon and Other Essays, 1982, 175 – 187, in seinen Analysen, bei denen er sich vor allem auf die Rolle Joabs konzentriert, ebenfalls zu einem ähnlich weit vorne liegenden Beginn der Thronfolgeerzählung in 2Sam 2 kommt (explizit S. 186 f.). Jedoch stellen sich auch hier ähnliche Fragen, etwa nach der Einführung Joabs und den weiteren Voraussetzungen, etwa den Konflikt mit Abner.

25 Andererseits fanden die verschiedenen Erzählungen und Traditionen je nach Situation verschiedenes Interesse und wurden dementsprechend verschieden entfaltet, was sich ebenfalls auf den Endbestand des Textes auswirkt.

26 Wenn überhaupt, dann erscheint es mir noch am ehesten möglich, der Aufstiegsgeschichte eine gewisse Selbständigkeit und Priorität zuzubilligen, in dem Sinn, dass die literarische Gestaltung der Aufstiegsgeschichte dann zur TFG weitergeführt worden wäre. Allerdings stellt sich dabei die Frage nach dem Ende der AG. Ganz ohne den religiösen Schlusspunkt der Überführung der Bundeslade und dann wohl auch einer Grundform der Nathanverheißung ist sie kaum denkbar.

27 H.W. Hertzberg, Die Samuelbücher, ATD 10, 1956, 245. Hertzberg deutete Zweifel an Rosts Bestimmung des Anfangs der TFG an und verwies auf „Michals Kommen an Davids Hof" und die Geschichte von Ischbaals Ende (Kap. 3 und 4)", wo „die Ursache für Meribbaals Lahmheit zu finden ist" (ebd.).

Stolz hat dann die literarische Ebene verlassen und die Lösung auf der Ebene der mündlichen Überlieferung gesucht: Er sieht die Erzählweise sowohl der Aufstiegs- wie der Thronfolgegeschichte noch „in einer gewissen Kontinuität zum volkstümlichen Erzählen"[28]. Beide Erzählzusammenhänge sind nach Stolz jetzt so etwas wie „Großsagen", die einerseits aus sagenartigen Teilerzählungen entstanden sind, die aber andererseits deutliche Querverbindungen haben und als Einheit betrachtet werden können. „Den Gesamtkomplex könnte man als ‚Dynastieerzählung' bezeichnen."[29]

Ziehen wir hier ein erstes Fazit: Es zeigt sich, dass die Aufstiegs- und die TFG eng miteinander verbunden sind, genauerhin ist zu sagen: Die sog. TFG setzt die Aufstiegsgeschichte voraus. Methodisch und forschungsgeschichtlich bedeutet das: Die Fragestellung von Rost war sehr fruchtbar. Es ist richtig und durchaus lohnend, den inneren Zusammenhängen der Erzählung nachzuspüren. Allerdings führt diese Nachfrage wesentlich weiter nach vorne, als Rost zugestehen wollte, und auch weiter als bei Rendtorff und Gunn. Die Analyse vom Ende her ist durchaus sinnvoll. Aber dann muss man gewissermaßen Rost vom Kopf auf die Füße stellen: Die Textentstehung verlief umgekehrt: Grundlage war die Aufstiegsgeschichte bzw. wie sie der Sache nach zu bezeichnen ist: die Davidgeschichte. Diese *Davidgeschichte* wurde dann durch jene Texte und Erzähleinheiten, die im klassischen Sinn als TFG verstanden werden, zur *Daviddynastiegeschichte* erweitert.

4. Das Problem des Anfangs der Davidgeschichte

Von diesem Ergebnis aus muss man noch einen Schritt weitergehen. In der Literatur wird weithin mit großer Selbstverständlichkeit 1Sam 16,14 ff. als Anfang der Aufstiegsgeschichte genannt. Der Text lautet: „Der Geist Jahwes aber wich von Saul, und ein böser Geist von Jahwe ängstigte ihn. Da sagten die Knechte Sauls: Siehe doch, ein böser Gottesgeist ängstigt dich. Unser Herr befehle doch deinen Knechten, die dir dienen, dass sie einen Mann suchen, der auf der Harfe zu spielen versteht. Wenn dann ein böser Gottesgeist kommt, soll er auf der Leier spielen, damit es besser mit dir wird. Da sagte Saul zu seinen Knechten: Seht euch für mich nach einem Mann um, der gut spielen kann und bringt ihn zu mir her. Da antwortete einer von den Knechten: Siehe, ich habe einen Sohn des Bethlehemiters

---

28 F. Stolz, Das erste und zweite Buch Samuel, ZBK.AT 9, 1981, 18.
29 F. Stolz, Samuel, 18.

Isai gesehen, der versteht zu spielen, ist tapfer, kampfestüchtig, redegewandt, gut aussehend, und Jahwe ist mit ihm." – Dieser Satz ist eine schöne Einführung für David, aber als Erzählanfang ist sie ungeeignet. Man kann sagen, dass Saul keine Einführung braucht, weil er bekannt genug ist. Aber dass der Geist Gottes von Saul wich, setzt doch irgendwelche anderen Aussagen über ihn voraus. Man erfährt auch gar nicht, wo man sich befindet und dass die Knechte, von denen die Rede ist, immerhin die Knechte des Königs sind.

Aus diesem Ungenügen heraus wurde gelegentlich versucht, die Geschichte von der Salbung Davids, 16,1–13, einzubeziehen. Diese setzt jedoch ihrerseits die Geschichte von Sauls Verwerfung in c. 15 voraus. Dementsprechend lässt etwa Grönbæck[30] die Aufstiegsgeschichte mit 1Sam 15 beginnen. Diese beiden Erzählungen sind jedoch deutlich anders geartet und werden mit Recht generell von der Aufstiegsgeschichte unterschieden. Außerdem sind sie so gut wie sicher spätere Ergänzungen [31], sodass sie nicht den Anfang der Aufstiegsgeschichte gebildet haben können.

Wenn nun der Anfang in 16,14 unbefriedigend ist und die beiden Erzählungen in c. 15 und in 16,1ff. nicht hierher gehören bzw. ihrerseits frühere Texte voraussetzen, wo liegt dann der Anfang? Ging er verloren? Wurde er weggebrochen? Auf jeden Fall ist nicht nur David die Hauptperson der Aufstiegsgeschichte, sondern es gehören auch Jonathan und Saul dazu. Diese beiden Gestalten sind der Hintergrund für Davids Aufstieg, und zwar nicht nur bis zu ihrem gemeinsamen Tod am Gebirge Gilboa, sondern Sauls Königtum und Sauls Familie werfen ihren Schatten bis weit in die Zeit Davids hinein. Zu nennen sind Sauls anderer Sohn Ischbaal und dessen Königtum im Ostjordanland, Sauls Tochter Michal, die David nach Sauls Tod ein zweites Mal zur Frau nimmt, und schließlich Jonathans Sohn Meribaal, den David in 2Sam 9 eigens nach Jerusalem holen lässt. Es ist daher sinnvoll zu prüfen, ob die Aufstiegsgeschichte vor c. 15 beginnen könnte.

Interessanterweise meinte bereits Wellhausen, „dass es auch denkbar wäre, dass 16,14ss. ursprünglich an 14,52 anschloß." (249) Diese Verbindung wurde auch

---

30 J.H. Grönbæk, Die Geschichte vom Aufstieg Davids (1.Sam.15 – 2.Sam.5). Tradition und Komposition, AThD 10, 1971.

31 Dazu wiederum bereits J. Wellhausen, Composition (o. Anm. 15), 246: „Durch das Zwischenstück Kap. 15 (v.28) wird es motivirt, dass von Kap. 16 an David noch bei Lebzeiten Sauls die Hauptperson ist. Die Erzählung gehört einer Schicht an, welche zwischen der von 9,1–10,16. Kap. 11.13.14 und der von Kap. 7.8.10,17–27. Kap. [11] 12 in der Mitte steht. Jene setzt sie voraus, denn die Salbung Sauls 15,1.17 kommt nur 10,1 vor und der Ausdruck 15,19 berut auf 14,32 – aber der Standpunkt ist ein ganz anderer, vgl. 14,48 mit 15,2." Vgl. O. Kaiser, Einleitung in das Alte Testament. Eine Einführung in ihre Ergebnisse und Probleme, ⁵1984, 161; ders., Grundriß der Einleitung in die kanonischen und deuterokanonischen Schriften des Alten Testaments, Bd. 1, 1992, 118.

von älteren Kommentatoren gesehen.[32] Seit Rosts Thronfolgegeschichte wurde sie jedoch ignoriert. Erst in jüngster Zeit zeigt sich eine Änderung: Während Otto Kaiser in den verschiedenen Auflagen seiner Einleitung bisher die verbreitete Sicht des Anfangs der Aufstiegsgeschichte in 16,14 referierte, greift er in seinem neuen Grundriß der Einleitung (1992) ebenfalls auf 14,52 als Anfang der Aufstiegsgeschichte zurück. Dort wird Saul wenigstens etwas ausführlicher vorgestellt: „Der Krieg gegen die Philister war schwer, alle Tage Sauls, und wenn Saul irgendeinen tapferen Mann oder einen jungen Krieger sah, den holte er zu sich." Jedoch wirkt diese Feststellung nicht wie ein Anfang, sondern eher als Abschluss einer Erzählung oder eines Berichtes. Wellhausens Hinweis auf 14,52 lässt allerdings Raum für diese Beobachtung am Text, denn Wellhausen sprach genaugenommen von einem Anschluss an V. 52, ohne damit den Bezug wie Kaiser auf V. 52 zu begrenzen.

Vor V. 52 bilden V. 47–51 einen zusammenfassenden Bericht über die Kriege und die Familie Sauls. Hier werden uns alle vorgestellt: Sauls Söhne, angefangen von Jonathan, seine Töchter Merab und Michal, seine Frau, sein Schwiegervater und sogar sein General Abner. Allerdings ist diese Liste zu perfekt und – jedenfalls in dieser Form – kaum ursprünglich. Noch merkwürdiger ist die Aufzählung der Kriege. Dass Saul gegen die Ammoniter und gegen die Philister kämpfte, ist richtig, dass er auch gegen die Moabiter und sogar gegen die Edomiter und gegen die Aramäer von Zoba kämpfte, ist ein Wunschbild, und dass er überall siegte ebenfalls. So ist dieser Text wohl eine spätere Kompilation in Analogie zu Davids Siegen in 2Sam 8 und eine Zusammenstellung der Personen, die später vorkommen.

Wenn man diesen Abschnitt auslässt, so gewinnt man einen glatten Anschluss an die vorangehende Erzählung über den Philisterkrieg und -sieg von Saul und Jonathan.[33] In dieser Erzählung stehen zwar Saul und Jonatan nebeneinander, aber Saul wird auch ohne die Verwerfungsgeschichte von 13,7–15 als problematisch geschildert, während Jonathan nicht nur als erfolgreich, sondern auch als volksnah dargestellt wird. Das passt sehr gut zur späteren Davidgeschichte, wo genau diese Charakteristika dann von Jonathan auf David übergehen. Auch die

---

32 W. Caspari, Die Samuelbücher, KAT 7, 1926, z.St.; K. Budde, Samuel, KHC 8, 1902, z.St., vgl. auch O. Eißfeldt, Einleitung in das Alte Testament, ³1964, 366–368.

33 Zu einer ähnlichen Sicht kam F. Mildenberger in seiner ungedruckt gebliebenen Dissertation: Die vordeuteronomistische Saul-David-Überlieferung, 1962, 121: „I Sa 16,14b scheint nicht unbedingt geeignet, den Anfang eines so ausführlichen und kunstvollen Geschichtswerkes zu bilden, wie es sich unserer Analyse erschlossen hat. Wir werden seinen Anschluß zunächst in I Sa 14 aufzusuchen haben." Er beruft sich dabei auf W. Caspari, K. Budde und O. Eißfeldt, die so wie Wellhausen 16,14ff. als Fortsetzung von 14,52 verstanden hatten. Für Mildenberger ist der Grundbestand von 1Sam 13 und 14 der Anfang der Aufstiegsgeschichte.

literarische Art der Darstellung bis hin zur theologischen Akzentuierung dieser beiden Kapitel entspricht der späteren Davidgeschichte und unterscheidet sich andererseits deutlich von den vorangehenden Saulerzählungen.[34] Außerdem hat Saul hier einen erwachsenen und selbständig agierenden Sohn neben sich. Während Jonathan in 1Sam 18–20 näher bei David als bei Saul steht, finden wir ihn in c. 31, bei der Schlacht von Gilboa, wieder an der Seite Sauls, so wie dann auch in der Totenklage in 2Sam 1,21–23 die Gemeinsamkeit Sauls und Jonathans und ihrer Taten gerühmt wird.

Wir haben somit im Grundbestand von c. 13 f. – also etwa ohne die Verwerfungsgeschichte von 13,7–15 – eine alte Tradition vor uns, in der Jonathan neben dem bereits älteren Saul eine wichtige Rolle innehat; – und zwar eine Rolle, die letztlich im gemeinsamen Tod Sauls und Jonathans in der Schlacht auf dem Gebirge Gilboa ihr Ende findet, die aber auch den Hintergrund für die Fortführung des Königtums durch Sauls Sohn Ischbaal bildet. Andererseits unterscheidet sich diese Rolle Jonathans von jener in c. 18–20, wo er in einen bewussten Gegensatz zu Saul und auf die Seite Davids tritt. Somit bestätigt sich das Vorliegen einer alten Tradition, die dann eng mit der Aufstiegsgeschichte verbunden bzw. in c. 13 f. zu ihrer Voraussetzung gemacht wurde.

Auch der Stil dieser Erzählung steht der Davidgeschichte sehr nahe: Im gleichen Jahr 1926, als Rosts Thronnachfolge erschien, also noch unabhängig von Rost, hatte Caspari in seinem Kommentar die literarische Eigenart von 1Sam 13–14 folgendermaßen beschrieben: 1Sam 13–14 „hat zwar einige Zusätze erhalten, ist aber eine unverfälschte Kampf-Erz[ählung], deren Meisterschaft schon an der Umsicht, mit welcher der sehr reich bemessene Stoff beherrscht wird, hervortritt. Der die alten Kampf-Erz[ählungen] weit übertreffende Umfang und die bemerkenswert fortgeschrittene Nüchternheit in der Auffassung der Vorgänge zeigen diese Erz[ähl]-Gattung in I 13F auf einer Höhe, über welche in dieser Art schwerlich mehr hinauszukommen war."[35]. – Insbesondere die Beherrschung des „reich

---

34 Den Neueinsatz mit c. 13 f. und die Besonderheiten dieses und der folgenden Abschnitte beschrieb bereits W. Caspari sehr treffend: „Außer durch zwei hervorragende Personen, die aber anders als bisher aufgefaßt werden, schließt I 13F rückwärtig nicht an." „Saul ist in I 11 Anfänger, in I 13 blickt er auf einen kampffähigen Sohn. Dieser wird wahrscheinlich auch [in V.] 3, wo er erstmals auftritt, als bekannt vorausgesetzt und nicht nach seinem Verhältnis zu Saul näher beschrieben, [...] scheint sich also wie II 1, 21 F einer Schätzung zu erfreuen, welche der seines Vaters gleichkommt. Die folgenden Erz[ählungen] kennen ihn hauptsächlich als Davids Kameraden, der in Konflikt mit seinem Vater Saul gerät; ihnen ist die Pflege des Andenkens Jonatans zwischen gekrönten Königen nicht mehr Selbstzweck." W. Caspari, Die Samuelbücher (o. Anm. 32), 135 und Anm. 1. – Insofern ist c. 13 f. nicht nur jetzt durch das dtr. c. 12 vom Vorangehenden getrennt, sondern bestehen auch deutliche sachliche Unterschiede.

35 W. Caspari, Die Samuelbücher (o. Anm. 32), 153.

bemessenen Stoffes" und die „Nüchternheit in der Auffassung der Vorgänge" berührt sich mit den Charakteristika, die der Aufstiegs- und besonders der Thronfolgeerzählung seit Rost immer wieder zugesprochen werden.

5. David-Geschichte und Daviddynastie-Geschichte

Die vorgetragenen Beobachtungen und Analysen führen somit zur Annahme eines größeren Erzählzusammenhanges, der von 1Sam 13 bis zu 1Kön 2 reicht. Der Grundbestand war natürlich kürzer, als er jetzt vorliegt. Vor allem der erste Teil, im Bereich der Aufstiegsgeschichte Davids, erfuhr manche Erweiterungen. So wurde das Bild von Saul, etwa durch die Verwerfungserzählungen 1Sam 13,7–15 und 15 und durch seine Verfolgung Davids, zunehmend negativ geprägt, andererseits wurde David, etwa in seiner Beziehung zu Jonathan, in noch sympathischeres Licht gerückt.[36] Davids Heldentum wurde ausgeschmückt, z. B. durch den Sieg über Goliath; die Geschichte von der Verschonung Sauls gibt es jetzt zweimal (1Sam 24.26).[37]

Allerdings ist auch die Grundlinie dieses großen Erzählwerkes nicht in einem Zug entstanden, sondern sukzessive. Für die Analyse hatte sich Rost's Einsatz am Ende des Erzählwerkes bewährt. Die Entstehung des Werkes ist jedoch in umgekehrter Richtung zu sehen, nämlich als Ergänzung und Fortschreibung von vorne nach hinten. Grundbestand des Ganzen ist eine Davidgeschichte, die von 1Sam 13 bis 2Sam 8 reicht. Diese Davidgeschichte ist mehr als eine bloße Aufstiegsgeschichte, in der Davids Weg zum Königsthron beschrieben wird. Vielmehr geht sie aus von der problematischen Situation unter Saul und führt über die Königswerdung Davids über Juda und Israel bis hin zur Einrichtung der neuen Hauptstadt und zum Sieg über die Philister und die anderen Nachbarvölker. Dabei wird immer wieder herausgestellt, dass Jahwe mit David war. Das wird schon bei der ersten Vorstellung in 1Sam 16,18 gesagt und sowohl beim Sieg über die Philister (2Sam 5,19.24) als auch bei der abschließenden Darstellung seiner Leistungen

---

36 Siehe dazu u. a. O. Kaiser, David und Jonathan. Tradition, Redaktion und Geschichte in 1Sam 16–20. Ein Versuch, EThL 66 (1990), 281–296.

37 Siehe dazu die Kommentare und den Forschungsüberblick von W. Dietrich/ T. Naumann, Die Samuelbücher (o. Anm. 1). Eine sehr eigenständige Lösung für die Entwicklung des ersten Teils der Davidgeschichte, nämlich eine Aufteilung in zwei parallele Erzählungen, vertritt François Langlamet, De ‚David, Fils de Jessé' au ‚Livre de Jonathan': Deux éditions divergentes de l'ascension de David' en 1Sam 16–2Sam 1?, RB 100 (1993), 321–357. Zum Verhältnis von Überlieferung und Geschichte siehe auch J. Conrad, Zum geschichtlichen Hintergrund der Darstellung von Davids Aufstieg, ThLZ 97 (1972), 322–331.

wiederholt: „. . . und der Herr half David in allem, was er unternahm" (2Sam 8,6.14; vgl. 5,19.24)

Diese erste Davidgeschichte wurde dann durch einzelne Erzählblöcke bzw. Themen erweitert, etwa durch den Ammoniterkriegsbericht in 2Sam 10 – 12 und durch den Bericht von den Aufständen Absaloms und Schebas in 2Sam 15 – 20. Sie sind Erzählungen von den Leistungen bzw. erfolgreichen Entscheidungen Davids.[38] Erst mit der Anfügung der Erzählung von der Thronbesteigung Salomos, 1Kön 1– 2, wurden detailliertere Verknüpfungen nach vorne hergestellt. Auf dieser Ebene entstand dann der Zusammenhang, der klassisch als Thronfolgegeschichte bezeichnet wird. Diese Thronfolgegeschichte ist bzw. war aber kein im klassischen Sinn und Umfang selbständiger literarischer Block, sondern ein thematischer Zusammenhang innerhalb des größeren Zusammenhangs der „Davidhausgeschichte". Erst durch die Anfügung von 1Kön 1– 2 mit der dort dargestellten Rivalität der beiden zu diesem Zeitpunkt vorhandenen Thronfolger erhielten die vorangehenden Abschnitte ein Gefälle auf die Thronfolge hin, das sie zunächst so nicht hatten.[39]

Der jetzt vorliegende Gesamtzusammenhang ist durch einen hohen Grad an politischer und theologischer Reflexion geprägt, die sich besonders in den verschiedenen Reden wiederspiegelt. Auf dieser Ebene wird die Legitimität des Übergangs der Herrschaft zunächst von Saul auf David, dann von David auf Salomo unterstrichen. Die Überwindung der Krisen und Konflikte wird als Rettungstat Gottes dargestellt. Besonders deutlich geschieht das in den beiden einander genau entsprechenden Bekenntnisaussagen Davids in 2Sam 4,9 und 1Kön 1,29, wo David sagt: „So wahr Jahwe lebt, der mich aus aller Not errettet hat." Die daran anschließende Feststellung in 1Kön 2,12, die in den Ergänzungen zweimal aufgenommen wird (V. 35.46) lautet: „Und Salomo saß auf dem Thron Davids, seines Vaters, und seine Königsherrschaft stand sehr fest" und bezieht sich nicht nur auf Salomo als den Throninhaber, sondern ebenso auf den Bestand des Davidthrones, d. h. des davidischen Königtums, als solchem.

---

38 Vgl. dazu H. Seebass, David, Saul und das Wesen des biblischen Glaubens, 1980; Besonders gewichtig vertreten wird die Position einer Selbständigkeit der Texte in 2Sam und der erst sekundären Verbindung mit 1Kön 1– 2 von H.J. Stoebe, Das zweite Buch Samuelis, KAT 8/2, 1994.
39 Hierher gehören dann auch jene Bewertungen und theologischen Akzente, die T. Veijola, Die ewige Dynastie (o. Anm. 10) und ähnlich in: ders., Das Königtum in der Beurteilung der deuteronomistischen Historiographie, 1977, AASF.B 198, bei 1Kön 1– 2 herausarbeitete und nach 1 und 2Sam zurückverfolgte, die aber wahrscheinlich eine weitere theologische Bearbeitung darstellen.

6. Vergleich mit westsemitischen Königsinschriften

6.1 Dass die Davidgeschichte mit Saul beginnt, ist zunächst überraschend. Im Licht dieser Einsicht zeigt sich aber eine ganze Reihe von Parallelen in der Umwelt Israels, und zwar in den westsemitischen Königsinschriften. In diesen Inschriften werden Leistungen des betreffenden Herrschers präsentiert, und sie beginnen fast durchwegs mit einem Blick auf den oder die Vorgänger. Der aktuelle König profiliert sich gegenüber den geringeren oder angeblich völlig fehlenden Leistungen seines Vorgängers. Das geschieht selbst gegenüber Mitgliedern der eigenen Familie. Die Inschriften können in dieser Hinsicht sogar erstaunlich pietätlos sein. So verlautbart etwa Kapara, aramäischer König von Guzana, der allerdings noch akkadisch schreiben ließ, an mehreren Stellen seines Palastes: „Was mein Vater und mein Großvater nicht gemacht haben, das habe ich gemacht ...“[40] Der aramäische König Kilamuwa von Sam'al, dessen Schreiber noch phönizisch verwendeten, deklariert: „... und mein Vater Chaja war da, aber leistete nichts; und mein Bruder S'l war da, aber leistete nichts. Aber ich, Kilamuwa, der Sohn der Tm[.], was auch immer ich leistete, die Früheren hatten nichts dergleichen geleistet ...“.[41]

Etwas weniger pathetisch, aber sachlich ähnlich sind die Äußerungen eines aramäischen Herrschers in der Tell Dan-Stele. Auch dort wird die Zeit des Vaters angesprochen und vor allem die damals schlechtere Situation. In diesem Fall, dass der König von Israel in das Herrschaftsgebiet des Vaters eingedrungen war, während der Sohn – vermutlich Hasael von Damaskus – die Israeliten wieder zurückgeworfen und Dan erobert hatte: „Mein Vater starb, er ging zu [seinen Vätern]. Und der König von Israel war in das Land meines Vaters eingedrungen [Und] Hadad machte mich zum König. Und Hadad zog vor mir her, [und] ich zog aus von den sieben [...] meines Königreichs und ich tötete [sieb]zig Kön[ige], die ausgerüstet hatten tau[sende Wa]gen und tausende Reiter/Wagenkämpfer ...“[42]

Ähnlich beginnt auch die umfangreiche Darstellung der Leistungen des Königs Mescha von Moab. Er erwähnt die lange Regierungsdauer seines Vaters und beschreibt, wie Omri, der König von Israel, lange Zeit das Gebiet von Madeba

---

40 B. Meissner, Die Keilschrifttexte auf den steinernen Orthostaten und Statuen von Tell Halaf, in: Aus fünf Jahrtausenden morgenländischer Kultur, FS Max Freiherr von Oppenheim, Berlin 1933, 72–79.

41 Vgl. H. Donner / W. Röllig, Kanaanäische und Aramäische Inschriften, I–III, Wiesbaden 1962–1964, Nr. 24; und H.P. Müller, Phönizische historische Inschriften, in: TUAT I/6, Gütersloh 1985, 638–645; Kilamuwa = S. 638–640.

42 Nach: A. Biran / J. Naveh, An Aramaic Stele Fragment from Tel Dan, IEJ 43, 1993, 81–98; dies., The Tel Dan Inscription: A New Fragment, IEJ 45, 1995, 1–18.

beherrscht hatte. Dagegen hat nun Mescha dieses – als moabitisch reklamierte – Gebiet erobert, und zwar mit Hilfe seines Gottes Kamosch: „Ich bin Mescha, Sohn des Kamoschjat, der König von Moab, aus Dibon. Mein Vater war 30 Jahre lang König über Moab; ich aber war König nach meinem Vater. . . . Omri hatte das ganze Land um Madeba eingenommen und er wohnte darin... In meiner Zeit aber wohnte Kamosch darin. Ich baute (Städte wieder auf) ... Ich bekämpfte ...“[43] – Mescha berichtet dann im Weiteren nicht nur von seinen Kriegen, sondern auch von seinen Leistungen für den Gott Kamosch in Form von Tempelbau und Übergabe von Beute, sowie von Straßenbau und Verbesserungen der Wasserversorgung.

Azitawadda nennt ebenfalls nicht nur seine kriegerischen Leistungen für das Land, sondern auch seine innenpolitischen Leistungen, und zwar in Kontrast zur früheren Lage: „Baal machte mich den Danunäern zum Vater und zur Mutter. Aufleben ließ ich die Danunäer. Weit machte ich das Land... Und die Danunäer hatten in meinen Tagen jeden Wohlstand, . . . Und ich füllte die Speicher und fügte Pferd zu Pferd und Schild zu Schild, . . . dank Baals und der Gottheit. . . . Und ich zerbrach die Übermütigen und ich zerschlug all das Böse, das im Land gewesen war... Und an Orten, die vorher gefürchtet waren, wo sogar ein Mann einen Weg zu gehen sich fürchtete – in meinen Tagen ging dort eine Frau allein ... dank Baals und der Gottheit.“[44] – Die Übermütigen und Bösen sind in diesem Fall vor allem die innenpolitischen Gegner, denn Azitawadda hatte den Thron usurpiert.

Offensichtlich gehörte es zur Typik der Königsinschriften, dass die Leistungen des Königs im Kontrast zu seinem Vorgänger dargestellt werden. Von da her bestätigt sich die Einbeziehung von 1Sam 13–14 in die Davidgeschichte. Nicht nur der Blick auf die militärische Situation (1Sam 14,52), sondern auch die Erwähnung eines unbefriedigenden Zustandes wie des Metall(bearbeitungs)monopols der Philister (1Sam 13,19–21) hat so ihren Sinn.

Besonders wichtig ist die Gegenüberstellung von schlechter Vergangenheit und guter Gegenwart und die Herausstellung der Leistungen des Königs dort, wo

---

43 Nach: H. Donner / W. Röllig, Inschriften (o. Anm. 40); Mescha = Nr. 181; und H.P. Müller, Moabitische historische Inschriften, in: TUAT I/6, Gütersloh 1985, Mescha = S. 645–650.
44 Nach: H. Donner / W. Röllig, Inschriften (o. Anm. 38); Azitawadda = Nr. 26; und H.P. Müller, Phönizische Inschriften (o. Anm. 40), 638–645; Azitawadda = S. 640–645; Dazu jetzt die gründliche Analyse von K. Lawson Younger, Jr., The Phoenician Inscription of Azatiwada: an Integrated Reading, JSS 43 (1998), 11–47. Neben der an drei Stellen überlieferten phönizischen Form des Textes gibt es auch eine – teilweise abweichende – luwische Parallele.

es sich um eine illegitime oder umstrittene Herrschaftsübernahme handelt. Eine solche liegt bei Azitawadda und bei Kilamuwa[45] vor.[46]

Zumindest im Zusammenhang des Alten Testaments hat die Erwähnung des Vorgängers noch einen weiteren Aspekt: Die Frage nach der Berechtigung des Königtums an sich ist damit bereits erledigt. Die Frage ist nicht mehr (wie bei Saul): darf es einen König geben, sondern: was leistet der vorhandene König?

6.2 Die Leistungen des Königs umfassen kriegerische Unternehmungen, Überwindung von Feinden, Erweiterung des Herrschaftsgebietes, aber auch innere Leistungen, wie etwa Baumaßnahmen, bis hin zu kultischen Maßnahmen. So ist die erste Leistung, die Mescha nennt, dass er für Kamosch das Heiligtum in Qericho als Dank für die Wendung zum Heil errichten ließ. Auch Azitawadda II, Z. 19 ist im Sinn der Errichtung oder zumindest Ausgestaltung eines Heiligtums zu verstehen, wenn er sagt, daß er den Gott Baal-Kuruntarisch in der Stadt wohnen ließ. Außerdem errichtete er eine große Statue dieses Gottes, auf der eine der Fassungen unserer Inschrift angebracht war. In ähnlicher Weise beziehen sich die Inschriften des Kapara auch auf Errichtung oder Ausgestaltung eines Tempels, denn die Inschriften mit dem Anspruch „... das habe ich gemacht" fanden sich auch auf Götterstatuen, d. h. auf Tempelinventar. – Daß auch David das berühmte Kultobjekt seines Gottes in die Hauptstadt brachte, entspricht den Königsinschriften der Umwelt. Daß er einen Tempel errichten (oder ausgestalten) wollte, ist so selbstverständlich, wie auch Nathan es für selbstverständlich hielt (2Sam 7,3; auch hier: „... denn Jhwh ist mit dir"); daß er es nicht tat, bedurfte der Rechtfertigung.

Nicht nur die Errichtung oder Ausgestaltung von Heiligtümern, sondern praktisch alle der erwähnten Inschriften als solche drücken den Dank an die Gottheit aus, die den König führt, ihm Erfolg gibt und ihn legitimiert: Mescha beruft sich auf Kamosch: „Kamosch sprach zu mir: Geh ...", Hasael(?) auf Hadad: „Hadad zog vor mir her"; Azitawadda verbindet seine Leistungen mit Baal und insbesondere der (offensichtlich seiner dynastischen) „Gottheit": „... dank (Baals und) der Gottheit." – Die Aussage der Davidgeschichte, „und Jhwh war mit David

---

45 Zur wahrscheinlichen Illegitimität der Thronfolge bei Kilamuwa siehe T. Ishida, „Solomon who is greater than David" Solomon's Succession in 1 Kings I–II in the Light of the Inscription of Kilamuwa, King of Y'DY SAM'AL, Congress Volume Salamanca 1983, VTS 36, 1985, 145–153, bes. 148 f.153; ders., Solomons Succession to the Throne of David – A Political Analysis, in: ders., Studies in the Period of David and Solomon and other Essays, Tokyo 1982, 175–187.

46 M. E. wäre es lohnend, die hier vorgetragenen Beobachtungen über 1Kön 1 und 2 hinaus auf die Salomogeschichte insgesamt anzuwenden. Die Struktur der Königsinschriften spricht jedenfalls dafür, c. 1–2 mit dem Hinweis auf das Alter und die Schwäche Davids und mit der Rivalität der Thronanwärter als Einleitung von 3–11 zu betrachten. Insofern ist die Buchgrenze zwischen Sam und Kön an der richtigen Stelle, auch wenn es eine Reihe von Verbindungslinien gibt.

in allem wohin er ging" (2Sam 8,6.14; vgl. 5,19.24) reiht sich hier bestens ein, auch wenn sie nicht in der Ich-Form der Königsinschriften sondern in der Er-Form der Erzählung über den König gemacht wird.

Auch der Ausbau der Residenzstadt gehört zu den Leistungen des Königs. Mescha baut Qericho – wieder – auf und aus. Kapara baut den Palast und gestaltet vermtlich auch die Stadt aus. Azitawadda baute „diese Stadt und gab ihr den Namen Azitawaddaja." Letzteres erinnert an David, der nach 2Sam 5,9 Jerusalem „Stadt Davids" nannte.

Schließlich ist auch das Ende der Azitawadda-Inschrift interessant: Neben den üblichen Fluchdrohungen gegen alle, die die Inschrift und die Herrschaft des König auslöschen wollen, werden hier auch positive Aussagen über die Zukunft gemacht: Die Götter mögen den König und seine Herrschaft und natürlich auch die Bewohner der Stadt schützen, und der Name des Königs soll für immer bleiben. „Der Name des Azitawadda möge bleiben wie der Name von Sonne und Mond" – das heißt nicht weniger als für immer. Was hier gesagt wird, ist zwar nicht eine prophetische Dynastieverheißung wie in 2Sam 7, aber doch ein klarer Dynastie-wunsch, der in anderen literarischen Formen wohl auch anders formuliert werden konnte.

6.3 Eine für die thematische und literarische Entwicklung interessante Be-obachtung ist, dass zumindest einige der erwähnten Königsinschriften offen-sichtlich sukzessive gewachsen sind. Insbesondere die Inschrift des Mescha, aber auch die des Azitawadda spiegeln offensichtlich nicht nur mehrere Phasen kö-niglicher Aktivitäten, sondern auch eine Fortschreibung der entsprechenden Berichte.[47] Mit einer solchen Fortschreibung verschieben sich naturgemäß auch die Gewichte, etwa vom Gegensatz zwischen der früheren, schlechteren Zeit und den großen Leistungen des neuen Königs hin zur Abwehr von Bedrohungen. Auch diese Beobachtungen passen gut zum Modell einer Fortschreibung der Davidge-schichte.

---

47 Für die Mescha-Inschrift wurde dies bereits in der gründlichen Untersuchung von S. Segert, Die Sprache der moabitischen Königsinschrift, ArOr 29 (1961), 197–267 begründet. Die Statue des Hadad-Yiš'i in Guzana zeigt – in der aramäischen wie in der praktisch identischen akkadischen Version – ebenfalls zwei deutlich unterschiedliche Teile die u. a. einen anderen Standort des Textes sowie eine Erweiterung des Herrschaftsgebietes und damit einen zeitlichen Abstand er-kennen lassen; vgl. dazu bereits die Edition von A. Abou-Assaf / P. Bordreuil / A.R. Millard, La statue de Fekherye et son inscription bilingue assyro-araméenne, Études assyriologiques 7, 1982. Zu diesen beiden Texten und zu weiteren Beispielen (Zakur von Hamat u. a.) siehe nun: S.B. Parker, The Composition and Sources of some Northwest Semitic Royal Inscriptions, SEL 16 (1999).

7. Abschließende Beobachtungen

Was wir in den westsemitischen Königsinschriften finden, spiegelt somit einen Kanon von Themen, wie wir sie auch in der Davidgeschichte finden: Der Kontrast zur schlechteren Situation zur Zeit des Vorgängers, der Hinweis auf die Erringung der Herrschaft gegenüber Konkurrenten, Bau oder Ausbau der Hauptstadt, Bau oder Ausbau des Heiligtums jener Gottheit, der der König seine Erfolge verdankt, und nicht zuletzt die Beschreibung militärischer Siege.

Nun kann man einwenden, dass die Texte in 1Sam 13 bis 2Sam 8 literarisch einer anderen Gattung angehören. Hier ausführliche Erzählungen, dort eine wesentlich kürzere Darstellung der Leistungen eines Königs. Dieser Unterschied ist zweifellos gegeben und zu beachten; aber es besteht jedenfalls eine thematische Gemeinsamkeit, und bekanntlich kann ein und dasselbe Thema in verschiedenen Textgattungen dargestellt werden: So findet sich etwa die Exodusthematik als Erzählung, als Hymnus und als Bekenntnis und in sehr verschiedener Ausführlichkeit.

Darüber hinaus muss man sich klarmachen, dass die Königsinschriften öffentlich aufgestellt waren (z. B. die Azzitawadda-Inschrift im Tordurchgang) und auf Öffentlichkeitswirkung gerichtet waren. Die Leistungen des Königs sollten bekannt gemacht werden. Dabei entspricht dem Ich-Bericht des Königs die Erzählung über den König. Das kann aber dann nicht nur in annalenartigen kurzen Notizen geschehen, sondern das muss auch in Erzählung umgesetzt werden: Erzählungen über die Heldentaten des Königs, über Heldentaten seiner Krieger oder auch die dramatische Erzählung über eine besonders gefährliche Situation, die dann doch gut ausgeht. Das sind genau jene Arten von Erzählungen, wie sie in der Davidgeschichte vorliegen.

Nicht zuletzt bietet die Davidgeschichte selbst Beispiele für die verschiedenen Gattungen: In 2Sam 8,1 heißt es lapidar, dass David die Philister schlug und sie unterwarf, dagegen gibt 2Sam 5,17–25 den Bericht über zwei Schlachten mit den Philistern. Weiter werden in 2Sam 8 die Siege Davids über alle Nachbarvölker summarisch aufgezählt, dagegen wird in 2Sam 10–12 der Ammoniterkrieg ausführlich dargestellt. – Somit gibt es nicht nur thematische Entsprechungen zwischen den westsemitischen Königsinschriften und der Davidgeschichte, sondern es lässt sich auch die Brücke zwischen den Textgattungen schlagen.

Schließlich noch eine Beobachtung zu den Gottesaussagen: In den Königsinschriften wird immer wieder die Hilfe der Gottheit erwähnt: Hadad macht Hasael zum König und zieht im Krieg vor dem König her. Kamosch gibt Mescha den Erfolg bei der Erringung der Herrschaft, Kamosch fordert Mescha auf, gegen die Israeliten zu ziehen und Kamosch verhilft Mescha zum Sieg. Die Hilfe Gottes wird auch in der Davidgeschichte immer wieder herausgestellt: Schon bei der Vorstellung Davids wird gesagt: „... und Jahwe ist mit ihm". Beim Kampf gegen die Philister zieht Jahwe vor David her und schlägt das Heer der Philister. Und bei der Zusammenfassung der Leistungen Davids in 2Sam 8 heißt es zweimal: „... und Jahwe half David in allem, was er unternahm" (V. 6.14). Die Davidgeschichte ist – trotz allem Fragwürdigen und Kritischen, das auch über David gesagt wird – prodavidisch. Dass sie dieses Fragwürdige und Kritische nicht verschweigt, unterscheidet sie von den Königsinschriften. Dass sie dieses Fragwürdige und Kritische mit der prinzipiellen Zustimmung zu David verbindet, gehört zur theologischen Leistung der Davidgeschichte.

Gott als Vater des Königs.
Die Namen der Thronfolger Abija (I Reg 14,1.31; 15,1.7 f.) und das Selbstverständnis der frühisraelitischen Könige (2Sam 7,14)

1. Vorüberlegung

Der Dialog, die Begegnung und damit auch die Erwartungen zwischen Gott und Mensch finden im Alten Testament in vielfältiger Weise ihren Ausdruck. Dazu gehören neben Redeformen wie Erzählungen, Gesprächen etc. auch begriffliche Verhältnisbestimmungen. Diese konkretisieren sich für Gott in Namen, Titeln und Bezeichnungen wie Herr, Helfer, Retter, mein Gott, der höchste Gott, der lebendige Gott usf. Auf der Seite der Menschen konkretisieren sich die Verhältnisbestimmungen in Bezeichnungen und Selbstbezeichnungen wie „dein Knecht", „deine Magd", „Diener des Gottes X" etc. Eine eigene und wichtige Form der Verhältnisbestimmung zwischen Gott und Mensch sind die Eigennamen. Dies umso mehr, als man sagen kann, dass – anders als im modernen Namensrepertoire – die Mehrheit der alttestamentlichen bzw. altisraelitischen Namen explizit oder implizit auf Gott bezogen und zudem weithin in der Alltagssprache unmittelbar verständlich waren.

Ein wichtiger, besonders herausgehobener „Dialogpartner" Gottes ist im Alten Israel wie im ganzen Alten Orient der König. Stellung und Bedeutung des Königs werden in verschiedener Weise und in verschiedenen Texten thematisiert. Einer der wichtigsten und auch wirkungsgeschichtlich bedeutendsten Texte über den König ist die sog. Nathanverheißung in 2Sam 7. In diesem Text geht es bekanntlich einerseits um die Stellung des Königs zu Gott „ich will ihm Vater sein" (7,14a) und den Bestand seiner Herrschaft und sogar der davidischen Dynastie, andererseits um einen der wichtigsten Schnittpunkte der Beziehung zwischen Gott und König, nämlich um den Tempel bzw. hier um die Verzögerung des Tempelbaus. Mit beiden Themen steht 2Sam 7 im Kontext altorientalischer Vorstellungen, beide Themen werden aber durchaus eigentümlich entfaltet: Die Beistands- und Bestandszusage gilt nicht nur David, sondern auch seinen Nachkommen. Auffallender Weise wird die Errichtung eines Tempels als dankbare Antwort und als Manifestation der engen Beziehung zwischen Gott und König David verwehrt und auf die nächste Generation verschoben, womit auch der Nachkomme seine enge Beziehung zum Gott des Königshauses zum Ausdruck bringen kann.

So bedeutsam der Text 2Sam 7 ist, so umstritten ist seine literarische Analyse und seine religionsgeschichtliche und historische Interpretation. Auch die neueren Forschungsüberblicke[1] zeigen die große Bandbreite der Meinungen und der Ansätze, wobei immerhin deutlich wird, dass 2Sam 7 Elemente aus verschiedenen Zeiten enthält und dass bei allen religionsgeschichtlichen Bezügen und Entsprechungen doch eine ungebrochene Herleitung nicht möglich ist, sondern jeweils auch spezifisch israelitische bzw. Jerusalemer Vorstellungen und Akzente vorliegen.[2]

Trotz oder gerade wegen der breiten Divergenz in der Forschung mag es sinnvoll sein, das Augenmerk auf Gegebenheiten zu lenken, die bisher noch nicht beachtet wurden, denen aber als „unabsichtliche Überlieferung"[3] besonderes Gewicht zukommt. Die Beachtung solcher unabsichtlich überlieferten Information kann dazu helfen, andere Angaben auf ihre Historizität zu prüfen bzw. deren chronologische Einordnung zu begründen oder zu stützen. – Eine solche unabsichtliche Überlieferung soll im Folgenden herausgestellt und für die Einordnung eines zentralen Elements von 2Sam 7 fruchtbar gemacht werden, nämlich für die Zusicherung, dass Jhwh den Königen des Davidhauses Vater sein wolle (V. 14).

2. Zu 2Sam 7,14: „Ich will ihm Vater sein"

Entgegen den Tendenzen, 2Sam 7 einseitig aus der Zeit der beschriebenen Ereignisse oder aus deuteronomistischer Zeit herzuleiten, ist daran festzuhalten, dass 2Sam 7 sowohl verschiedene Themen anspricht, als auch literarisch aus verschiedenen Schichten besteht. Inhaltlich lassen sich drei Themen unterscheiden: 1) Die Frage des Tempelbaus bzw. dessen Verschiebung von David hin zu seinem Sohn und Nachfolger Salomo (V. 1–7), 2) die Dynastieverheißung für das Davidhaus (V. 8–17) und 3) Davids Dankgebet (V.18–29). Die drei Teile bilden

---

1 W. Dietrich / T. Naumann, Die Samuelbücher, EdF 287, Darmstadt 1995, 143–156; A. Böckler, Gott als Vater im Alten Testament. Traditionsgeschichtliche Untersuchungen zur Entstehung und Entwicklung eines Gottesbildes, Gütersloh 2000, 185–193; siehe auch P. Kyle McCarter, Jr., II Samuel, AncB 9, 1984, 210–224 „The Modern Interpretation of Nathan's Oracle".
2 Vgl. Dietrich/Naumann, Samuelbücher, 153: „Die altorientalische Königsideologie erfährt in diesem Kapitel [sc. II Sam 7] eine spezifisch israelitische, genauer: judäische Ausformung, die zugleich Überhöhung wie Durchbrechung beinhaltet. Wiederum fragt sich, welchen Stadien der Überlieferungsgeschichte diese besondere Prägung zuzuweisen ist."
3 Zum Begriff der unabsichtlichen Überlieferung siehe H. Seiffert, Einführung in die Wissenschaftstheorie, Bd. 2, [10]1996, „II. Das Material der Geschichtswissenschaften" (72–78): „Die unabsichtlichen Quellen sind im laufenden Alltag ohne Gedanken an geschichtliche Information entstanden." (75). Dabei kann „der laufende Alltag" durchaus auch historiographische Tätigkeit sein. Jede absichtliche Tätigkeit bzw. Information enthält auch unabsichtliche Informationen. Seiffert spricht vom „Doppelcharakter der absichtlichen Überlieferung" (S. 77).

einen deutlichen Erzählzusammenhang, wobei aber nicht nur auffällt, dass Davids Dankgebet am stärksten deuteronomistisch geprägt ist, sondern auch, dass die Themen von 1) und 2) in einer gewissen Brechung aufgenommen werden und nicht zuletzt, dass zwar 1) und 2) durch das Stichwort בית, Haus, zusammengehalten werden, dass aber in V. 1–7 „Haus" nur den Tempel bezeichnet, in V. 8–17 dagegen nur die Dynastie; allerdings mit Ausnahme von V. 13, der den leiblichen Nachkommen Davids mit dem Tempelbau verbindet. Dieser V. 13 unterbricht deutlich den Zusammenhang zwischen V. 12 und V. 14 und verknüpft die beiden Themen: „Er wird ein Haus bauen für meinen Namen und ich werde festmachen den Thron seines Königtums für ewig."

V. 13 nimmt den Begriff des Königtums aus V. 12 auf, modifiziert ihn jedoch, indem nicht das Königtum, sondern der Thron des Königtums festgemacht wird. Diese Akzentverschiebung erklärt sich am ehesten aus einer Reduktion der Herrschaft, d. h. sie setzt offensichtlich die Perspektive der Reichsteilung voraus, bei der sich das davidische Königreich nicht so stabil erwies, aber doch der davidische Thron in Jerusalem. Unabhängig davon, ob man diese Anpassung an die Gegebenheiten zeitnahe, also etwa in die Zeit Rehabeams, einordnet oder in eine spätere Zeit, so spricht die diesbezüglich noch unbefangene Formulierung in V. 12 eher für eine Zeit vor der Reichsteilung bzw. zumindest für eine von der Reichsteilung unabhängige Perspektive.[4]

Der Vers bewirkt eine weitere theologisch gravierende Verschiebung: Während V. 1–7 für sich eine prinzipielle Ablehnung des Tempelbaus zum Ausdruck bringen, wird die Sache durch V. 13 zu einem bloß temporären Aufschub. Ganz offensichtlich entspricht dies der Realität des unter Salomo erfolgten Tempelbaus. Dass damit das Problem verändert wurde, zeigt die Wirkungsgeschichte: 2Chr 22,7–10 erklärt die Verschiebung des Tempelbaus aus den Kriegen, die David noch führte, während Salomo, wie sein Name sage, ein Friedenskönig gewesen sei. Zumindest die Tradition von V. 1–7 geht damit in die Zeit vor dem Tempelbau oder zumindest vor der Akzeptanz des salomonischen Tempels zurück, während V. 13 den Bau und die Akzeptanz des Tempels voraussetzt.

Eine deuteronomistische Wendung ist dagegen, dass der Nachfolger nicht einfach ein Haus für Jahwe baut, sondern für seinen Namen. Allerdings ist damit nicht eo ipso der ganze Vers als deuteronomistisch erwiesen, sondern lediglich diese Wendung.

V. 13 verknüpft und aktualisiert nicht nur die beiden Themen, sondern unterbricht deutlich das Thema der Bestandszusage für das Davidshaus. Während

---

4 Eine solche Perspektive der Reichsteilung ist dann jedenfalls im deuteronomistischen Geschichtswerk bzw. schon in dessen Quellen gegeben.

V. 13a gegenüber V. 12b von der Zusage zur Aufgabe wechselt, knüpft V. 14a (wieder) an die Zusage an: „... ich werde sein Königtum fest machen" (V. 12b). „Ich will ihm Vater sein und er soll mir Sohn sein" (V. 14a). Eine klare, emphatische Zusage des Mitseins und des Beistands der Gottheit ist typisch für das altorientalische Verständnis des Königtums. Diese Beistandszusage spiegelt sich nicht nur in entsprechenden Bemerkungen der Davidgeschichte, sondern auch in vielen Texten aus der engeren und weiteren Umwelt.[5] Die Beistandszusage richtet sich dabei nicht nur auf unmittelbar bevorstehende, meist kriegerische Situationen, sondern auf den prinzipiellen Bestand der Herrschaft des Königs. Diese Beistands- und Bestandszusage gilt zunächst dem Herrscher selbst. Ihm wird eine lange Dauer seiner Herrschaft („für immer") angekündigt.

Diese lange Dauer der Herrschaft führt dann auch zur Frage nach dem Weiterbestand des Herrscherhauses und einer klaren Regelung der Thronfolge. Alleine schon die Frage nach dem ehrenvollen Begräbnis und der weiteren Ehrung des verstorbenen Königs führen zur Frage der Thronfolge und des Weiterbestandes des Königshauses. Auch für die an der Macht des Königs partizipierenden Mitglieder des Königshauses handelte es sich um eine Frage, deren Beantwortung und göttliche Absicherung von existentieller Bedeutung war. Insofern wird man sagen können, dass die göttliche Beistands- und Bestandszusage sich zunächst auf den König und seine eigene Regierungszeit richtete, dass aber automatisch auch die Frage der Nachfolge und des Nachfolgers in den Blick kam. Insofern ist der Übergang zur Dynastieverheißung zwar eine Erweiterung gegenüber der ursprünglichen Thematik, aber kein völlig neues Thema.

Die Beistands- und Bestandszusage ist nun aber von Ihrer Gattung und Intention her nicht bedingt, sondern unbedingt. Gewiss gibt es auch – und nicht nur in Israel[6] – prophetische Kritik am König und Aufforderungen zu bestimmtem Verhalten, aber diese Kritik und eventuelle Bedingungen werden in anderen Zusammenhängen ausgesprochen. So ist es von der Sache her ziemlich sicher, dass die in 2Sam 7,14b.15 anschließende Einschränkung „Wenn er schlecht handelt

---

5 Das gilt insbesondere für die sog. ägyptische Königsnovelle (vgl. dazu S. Herrmann, Die Königsnovelle in Ägypten und in Israel, WZKM Leipzig 3 (1953/54), 51–62; jetzt auch in: ders., Ges. Studien, TB 75, 1986, 120–144, aber auch für die verschiedenen Königsinschriften aus der Umwelt Israels, etwa die Azitawadda-Inschrift (TUAT I, 640–645).

Zu den vergleichbaren altorientalischen Traditionen insgesamt siehe die Referate bei Dietrich/Naumann, Samuelbücher, 151–153, und bei Böckler, Vater, 197–211, sowie Kyle McCarter, II Samuel, 210–215.224f. und A. Laato, Second Samuel 7 and Ancient Near Eastern Royal Ideology, CBQ 59 (1997), 244–269.

6 Siehe etwa die Zusammenstellungen solcher Motive bei M. Nissinen, Das kritische Potential in der altorientalischen Prophetie, in: M. Köckert / M. Nissinen, Prophetie in Mari, Assyrien und Israel, FRLANT 201, 2003, 1–32.

werde ich ihn strafen mit Menschenruten und mit menschlichen Schlägen, aber meine Gnade wird nicht von ihm weichen, wie ich sie habe weichen lassen von Saul, den ich vor dir weggenommen habe" sekundär ist.[7]

Wir haben somit in der Dynastieverheißung ein Thema, das traditionsgeschichtlich nahe an die Davidzeit heranreichen kann, das in seiner konkreten Form aber doch eine gewisse Phase der Reflexion erkennen lässt. Die Beistands- und Bestandszusage ist in 2Sam 7,14 auf das Bild der Vater-Sohn-Beziehung gebracht. Diese Entwicklung ist im Lauf der salomonischen Herrschaft durchaus denkbar und würde wohl auch zu den theologischen und königsideologischen Entwicklungen um König und Tempel passen.[8] Andererseits wird man zugestehen müssen, dass die Begrifflichkeit auch erst im weiteren Verlauf des davidischen Königtums in Jerusalem geprägt worden sein könnte. Allerdings muss man die Begrifflichkeit als vordtr ansetzen. Im 6. und wohl auch schon im Lauf des 7. und des 8. Jh.s war zwar die Verwendung aber gewiss nicht mehr die Neuentwicklung dieser Vorstellung möglich.

Gibt es Anhaltspunkte für eine zeitliche Einordnung der Zusage Gottes an den König „Ich will ihm Vater sein"? Ein klassischer Versuch der Datierung läuft über die Frage nach den „menschlichen" Schlägen von V. 14b. L. Rost, der V. 14 seiner zweiten Schicht von 2Sam 7 zuordnete, dachte an die Zeit Jesajas, und zwar nach dem Untergang des Nordreiches, in der die Verbindung zwischen Gott und König besonders wichtig geworden sei: „Der Wert dieser Verbindung soll insbesondere dann sich zeigen, wenn er sich verfehlt. Da will Jahve ihn zwar züchtigen, aber nur durch Menschenschläge. Zu einer Verstoßung soll es jedoch nicht kommen wie bei Saul. Das sind Gedankengänge, die meines Erachtens nur aus einer Situation restlos erklärt werden können, aus der Zeit unmittelbar nach dem Sturze des Nordreichs. Das ephraimäische [sic!] Königshaus war verstoßen worden, wie einst Saul, der Benjaminite... Die assyrischen Scharen brausten heran gegen Jerusalem. Alte Verfehlungen der Davididen wurden heimgesucht. Aber, wie Jesaja, der Mann des Glaubens, es verkündete, Jerusalem selbst und die Dynastie blieb, wenn auch

---

7 Für eine sekundäre Ergänzung spricht auch die Umständlichkeit des relativen Anschlusses.
8 Eine solche Entwicklung einer lokalen Königsideologie ist für Jerusalem auf jeden Fall anzunehmen, selbst wenn das davidische und salomonische Königtum nur auf Jerusalem und Juda bezogen gewesen wäre. (Mit dieser Bemerkung nehme ich Bezug auf die in neueren Darstellungen gelegentlich zu findende generelle Bestreitung eines davidisch-salomonischen Reiches und damit dessen Auseinanderfallen im Sinn der Reichsteilung. Allerdings basieren diese Bestreitungen auf einem biblizistischen Umgang mit den Texten: Das Idealbild der Texte wird unkritisch als historische Aussage genommen, die in dieser Form dann historisch unwahrscheinlich und archäologisch so nicht zu verifizieren ist).

schwer gezüchtigt, doch erhalten. ... So scheint der Verfasser dieser Schicht ein Zeitgenosse Jesajas zu sein" (S. 65).

Allerdings ist das nur ein möglicher und keineswegs sehr überzeugender Bezug. Der Gedanke, dass 200 Jahre zurückliegende Verfehlungen jetzt gestraft würden, ist sonst im Alten Testament nicht zu finden. M. E. ist dieser Bezug auf Vergehen der Nachfolger Davids und insbesondere der Bezug auf die Verwerfung Sauls eher literarischer Art, d. h. auf die entsprechenden Erzählungen über den Übergang der Herrschaft von Saul auf David und über die Verfehlungen Salomos in seiner späteren Zeit bezogen.[9]

Fragt man nach konkreten Ereignissen, auf die sich die Rede von Schlägen gegen das davidische Königshaus beziehen könnten, so gibt es eine Reihe von Möglichkeiten. In der Zeit Jesajas hatte der syrisch-ephraimitische Konflikt zwar das Davidhaus unmittelbar bedroht, der folgende Schlag hatte allerdings das Nordreich getroffen. Bedrohungen Jerusalems hatte es schon in früheren Konflikten gegeben. Bekannt sind die Konflikte zwischen Nord- und Südreich in der Zeit um 900 v. Chr. Durchaus wahrscheinlich sind auch Gefährdungen Jerusalems im Zusammenhang der Aramäerkriege. Noch besser passen würde und historisch nachgewiesen ist der Kriegszug Schischaks, der sogar zur Plünderung von Tempel und Palast in Jerusalems führte (I Reg 14, 25f.), was gewiss ein erheblicher „menschlicher" Schlag war. Schließlich war auch die Gründung des Nordreiches ein Schlag für Jerusalem.

Gewiss geht es methodisch nicht an, eo ipso das erste der in Frage kommenden Ereignisse für die Datierung von V. 14b zu wählen, das jeweils letzte zu wählen, ist aber noch weniger wahrscheinlich. Denn man wird sagen können, dass eine bestimmte historische Situation wenn überhaupt, dann schon bei ihren ersten Vorkommen ein Problem bedeutete und eine Deutung hervorrief, und nicht gerade erst bei ihrem letzten Auftreten. Eine Antwort wie die in V. 14 gegebene schließt zudem ein, dass es nach der Krise dann eben doch weiter gegangen war.

So ergibt sich auch an diesem Punkt die für 2Sam 7 typische Problematik, dass es zwar Beobachtungen für eine eher späte, literarisch geprägte Entstehung der konkreten Formulierungen gibt, dass aber die historischen Überlegungen bzw. die religionsgeschichtlichen Beobachtungen für ein höheres Alter der Sache sprechen.

Für die Aussage, dass Jahwe dem davidischen König Vater sein wolle und entsprechend der König für Jahwe zum Sohn werden soll, ergibt sich über das Gesagte

---

9 Insofern betrachtet W. Dietrich, Saul, David und die Propheten, BWANT 122, [2]1992, 121, zu Recht wenigstens die Aussage über die Verwerfung Sauls in V. 15b als sekundär gegenüber V. 15a.

hinaus auch insofern eine gewisse Wahrscheinlichkeit für die Einordnung in die frühere Königszeit, als auch das davidische Königshaus in Jerusalem vor der Notwendigkeit stand, nicht nur seine Legitimität und sein Selbstverständnis nach innen, sondern auch nach außen im Umfeld anderer Königtümer zu begründen. In der formativen Periode der ersten Generationen einer Dynastie ist diese Notwendigkeit nicht nur gegeben, sondern muss sie auch eine Antwort finden. Wie auch sonst im Alten Orient ist die religiöse Legitimation des Königshauses ein wesentlicher Faktor und das Verständnis des Königs als Sohn der Gottheit ein wesentliches Element. Das gilt nicht nur für die ägyptische Königsideologie, sondern spiegelt sich auch in Königsnamen der aramäischen Königshäuser, wie etwa mehrerer Benhadad von Damaskus und bei Barrakib von Samal.

Auf dem Hintergrund der Schwierigkeit, Anhaltspunkte für die Einordnung der Aussagen von 2Sam 7,14, konkret für das Vater-Sohn-Verhältnis zwischen Gott und König, zu finden, sei im folgenden auf einen bisher noch nicht herangezogenen Sachverhalt verwiesen.

3. Die אב-haltigen Königsnamen: Abija, der Sohn Rehabeams, und Abija, der Sohn Jerobeams

In der langen und durchaus vielfältigen Liste der israelitischen und judäischen Königsnamen findet sich das merkwürdige Phänomen, dass wir für die frühe Königszeit eng benachbart zwei Könige mit אב-haltigem Namen finden. Dieser Sachverhalt ist umso auffallender, als dieses Namenselement in späteren israelitischen bzw. judäischen Königsnamen nicht mehr auftaucht. Es handelt sich um den judäischen König Abija, den Sohn und Nachfolger Rehabeams (I Reg 14,31; 15,1.7 f.) und den – offensichtlich ebenfalls erstgeborenen und damit als Thronfolger vorgesehenen, allerdings schon als Kind verstorbenen – Sohn Jerobeams I. (I Reg 14,1).

Während der Sohn Jerobeams eindeutig und nur den Namen Abijah trägt, ist der Name des Sohnes Rehabeams in zwei Formen überliefert, nämlich אביה, Abijah, und אבים, Abijam. Die Form Abijam findet sich im Masoretischen Text von I Reg 14,31; 15,1.7 f., während die entsprechenden Texte in der Chronik (2Chr 13) Abija verwenden. Die Septuaginta gibt die Namen etwas unterschiedlich wieder. Während der Name des Sohnes Jerobeams genau entsprechend der hebräischen Schreibung Αβια lautet, wird der Name des Sohnes Rehabeams als Αβιου wiedergegeben. Diese Form ist jedenfalls nicht die Wiedergabe von Abijam. Die Diskrepanz zwischen Αβια und Αβιου ergibt sich aus dem unterschiedlichen Handschriftenbefund. Während der Textbestand der Rehabeam-Geschichte ab I Reg 14,21 zwischen MT und LXX übereinstimmt, hat die Jerobeam-Geschichte in der LXX eine andere Gestalt. In der LXX schließt I Reg 14,21 unmittelbar an I Reg 13,34 an. Die „Lücke" von I Reg 14,1–20 wurde erst später – offensichtlich in Zusammenhang hexaplarischer Aktivitäten – auf der Basis des masoretischen Textes aufgefüllt, während die ältere Version die Jerobeamgeschichte in I Reg 12^{a-z} hat. Dabei wurde der Name Abija – so wie in der kürzeren Version der Erzählung von seiner Krankheit in I Reg 12, 24$^{e.g-n}$ – in genauer Transliteration wiedergegeben.[10] Dagegen hatte der ältere Septuagintatext von 14,21 ff das auslautende Qameṣ im Namen Abija vermutlich nach damaliger Aussprache als zwar langer aber dunkler Vokal wiedergegeben. Diese Form der Wiedergabe entspricht genau der Wiedergabe von Elija als Ηλιου Die Namensform Αβιου bezeugt somit die Namensform אביה in der hebräischen Vorlage. D.h. sowohl der Samueltext, der der Chronik vorlag, als auch die hebräische Vorlage der Samuel-Septuaginta las den Namen Abija. Das Gewicht dieser Textzeugen erhöht sich noch durch die Beobachtung, dass auch in anderen Fällen die Chronik eine gegenüber dem MT ältere Text- bzw. Namensform bewahrt hat. Die masoretische Form des Namens stellt dem zu Folge eine sekundäre Änderung dar.[11]

Allerdings ist die Namensform Abijam schwierig und scheint somit die lectio difficilior zu sein. Daher – und in neuerer Zeit zusätzlich auch auf Grund der in Folge der Qumranfunde zu beobachtenden Hochschätzung des masoretischen Textes[12] – geben die Kommentare häufig dem masoretischen Text die Priorität. Jedoch ist für eine Änderung von Abijam zu Abijah kein wirklich überzeugender Grund zu finden[13] und könnte Abijam auch eine Verschreibung sein.[14] Vor allem

---

10 Auch die Version in I Reg 12 scheint bereits „hebraïsierend" überarbeitet zu sein (der an dieser Stelle interessante lukianische bzw. antiochenische Text ist noch wenig erforscht).

Für die historischen Fragen um Abija bzw. um diese Erzählung siehe die Erwägungen bei M. Noth, I. Kön 1–16, BK IX/1, ²1983, 310–319.

11 Zum Verhältnis von masoretischem Text und hebräischer Vorlage der LXX siehe: A. Schenker, Septante et texte massoretique dans l'histoire la plus ancienne du texte de 1 Rois 2–14, Cahiers de la Revue Biblique 48, 2000. Schenker zeigt, dass der LXX-Text eine ältere hebräische Textform wiedergibt, während der masoretische Text eine Bearbeitung aus frühhasmonäischer Zeit, d. h. um etwa 140 v.Chr., darstellt.

12 Die Qumrantexte bestätigten die genaue Überlieferung des hebräischen Textes zwischen dem 1. Jh. v.Chr. und den masoretischen Kodices des 10. Jh. n.Chr. Allerdings wurde in der Begeisterung über diese hohe Qualität der Überlieferung oft übersehen, dass es neben den protomasoretischen Texten auch andere Texttypen in Qumran gibt, die ihrerseits auch die Qualität der LXX-Tradition bestätigten.

13 C.F. Keil, Die Bücher der Könige, ²1876, z.St. erklärt die Variante als zu Abija „abgeschliffen". M. Noth, Könige, 324, stellt fest: Der masoretische Text „in Kö dürfte verlässlich sein, doch bleibt eine Unsicherheit".

14 So etwa bereits H. Ewald, Geschichte Israels III, ²1853, 501, und O. Thenius, Könige, 1873, z.St. Neuerdings nimmt Böckler, Vater, 84, eine Verschreibung auf Grund der Ähnlichkeit von w [!] und

aber zeigt der von A. Schenker erhobene Befund, dass der masoretische Text insgesamt eine jüngere Bearbeitung darstellt.[15] Die Textgeschichte spricht somit ziemlich eindeutig für die Ursprünglichkeit der Namensform Abija.[16]

Wir haben somit etwa zeitgleich am Ende des 10. Jh. v.Chr. die Namen zweier israelitischer Kronprinzen,[17] die mit diesem Namen als Sohn Jahwes bezeichnet werden. Dass wir es hier mit zwei historisch zuverlässigen Angaben zu tun haben, kann als sicher gelten. Das ergibt sich nicht nur daraus, dass die Namen offensichtlich aus den alten Annalen der beiden Königshäuser bzw. aus der synchronistischen Chronik stammen, sondern auch aus dem eingangs erwähnten Argument der unabsichtlichen Überlieferung: Es ist an keiner Stelle zu sehen, dass die Namen für die Texte kreiert worden wären oder dass die Texte auf die Namen Bezug nehmen und sie für ihre Absichten verwenden. Das gilt sowohl für den Bericht über Abija, den Sohn Rehabeams, der in Jerusalem König wurde (I Reg 15,1–8), als auch für die prophetisch-kritisch akzentuierte Geschichte über Erkrankung und Tod des Abija, des Sohnes Jerobeams, der in jungen Jahren verstarb (I Reg 14,1–18).

Wann etwa wurden diese beiden Kronprinzen geboren? Nach I Reg 14,21 war Rehabeam 41 Jahre alt, als er König wurde (926 v.Chr.), und nach I Reg 15,1 kam sein Sohn Abija nach 17 Jahren an die Regierung (910 v.Chr). Abija regierte nur drei Jahre, hinterließ aber einen Sohn, der offensichtlich nicht mehr allzu klein war, als er König wurde. Beides spricht dafür, dass Abija bei seiner Thronbesteigung mehr als 17 Jahre alt war und dass er somit noch in der Zeit Salomos geboren wurde. Dasselbe ergibt sich auch von der anderen Seite her: Auch wenn die jeweils 40 Jahre für David und Salomo nur gerundete Zahlen sein sollten, war Salomo

---

m in der althebräischen Schrift an. – Relevanter ist wohl die Ähnlichkeit von h und m in der „classical Aramaic cursive of the late Persian Empire, ... the prototype of the late Jewish hand." E. Tov, Der Text der Hebräischen Bibel. Handbuch der Textkritik, 1997, 341 (Abb. 30).

15 S.o., Schenker, Texte de 1Rois 2–14.

16 Ob der Sohn Rehabeams nun Abija oder Abijam hieß, macht allerdings für unsere Thematik keinen wesentlichen Unterschied. Entscheidend ist das Element אב, mit dem der König als Sohn der Gottheit bezeichnet wird.

Sollte der Name Abijam die ursprüngliche Form sein, so ist der Unterschied auch insofern nicht groß, als auf Grund altorientalischer Parallelen eine Erklärung als Kurzform mit hypokoristischer Endung am wahrscheinlichsten ist, d.h. eine Bedeutung „mein Vater ist wahrhaftig X" vgl. HAL I, 5. Damit ist die besondere Rolle des – nicht explizit genannten – göttlichen Vaters hervorgehoben, der in diesem Zusammenhang wohl nur als Jahwe gedacht sein kann.

17 Dass nicht nur Abija von Juda sondern auch Abija von Israel Kronprinz war, ergibt sich aus der Abfolge der Erzählungen und der hohen Bedeutung, die dem frühen Tod dieses Königssohnes beigemessen wurde, sowie der Aussage, dass ganz Israel um ihn Totenklage hielt (I Reg 14,18).

gewiss erwachsen, als er (965 v. Chr.) an die Regierung kam. Somit wurde Rehabeam wahrscheinlich früh in Salomos Zeit, d. h. vor oder bald nach Salomos Thronbesteigung, geboren. Dementsprechend kann die Geburt Abijas etwa 20 Jahre später, d. h. ab der Mitte der Regierungszeit Salomos (d. h. ab etwa 945 v. Chr.) angesetzt werden.

Jerobeam war jedenfalls ein erwachsener Mann, als er König wurde. Darüber hinaus war er nach I Reg 11,28 Aufseher bei den Frondiensten gewesen und danach war einige Jahre als Flüchtling in Ägypten. Zwar könnte Jerobeam bereits Frau und Kinder gehabt haben, die Beschreibung seiner Flucht spricht aber eher dafür, dass er allein (d. h. ggf. unter Zurücklassung seiner eventuell vorhandenen Familie) nach Ägypten floh. Die Septuagintaüberlieferung berichtet zudem, dass Jerobeam vor seiner Rückkehr eine ägyptische Adelige zur Frau erhalten haben. So ist es wahrscheinlich, dass der Kronprinz Abija erst nach Jerobeams Thronbesteigung geboren wurde bzw. jedenfalls Abija seinen Namen unter der Perspektive des künftigen Königtums erhielt. – Wir haben somit zwei Träger des Namens Abija, von denen der Sohn Rehabeams in Jerusalem sicher und der Sohn Jerobeams wahrscheinlich ihre Namen unter der Perspektive des Kronprinzen und künftigen Königs erhielten.

Der ältere der beiden Namensträger ist Abija von Jerusalem, der offensichtlich in der zweiten Hälfte der Regierungszeit Salomos seinen Namen mit der Bedeutung „Jahwe ist mein Vater" erhielt. Diese Benennung ist gewiss nicht zufällig, sondern bewusst gewählt. Sie ist damit ein Beleg, dass in der zweiten Hälfte der Regierungszeit Salomos die Jerusalemer Königsideologie die Vorstellung entwickelt bzw. integriert hatte, dass Jahwe der – helfende und schützende – Vater des Königs ist. Dieses Element der Königsideologie wurde bei der nächsten anstehenden Benennung eines Thronfolgers im Namen des Kronprinzen selbst manifestiert.

In weiterer Folge wurde mit der entsprechenden Namengebung im neu entstandenen Nordreich der analoge Anspruch erhoben. Auch der Kronprinz und Thronfolger im Königreich Israel hat Jahwe zum Vater. Dieser Anspruch und diese Deklaration passen gut zur sonstigen Vorgangsweise Jerobeams, denn die neu gegründeten bzw. ausgebauten Heiligtümer in Bethel und Dan dokumentieren auf ihre Art ebenfalls den Anspruch auf Gleichrangigkeit mit Jerusalem und vor allem auf die besondere Beziehung zu Jahwe als den Gott des neuen Königtums (I Reg 12,28) und damit auch des Königs.

4. Zu Typ und Bedeutung den אב-haltigen Namen

Es bleibt noch, den Typ, die Bedeutung und das Vorkommen des Namens Abija zu erörtern. Es ist in der Tat so, dass es im Hebräischen wie im Semitischen eine ganze Reihe Namen mit dem Element אב, Vater, gibt. M. Noth hatte, wie vor ihm auch schon andere, die im Semitischen zahlreich belegten Namen mit אב – und dem analogen Element אח – zusammengestellt.[18] Dieser Namenstyp reicht in die se-mitische Frühzeit zurück, wobei אב bzw. אח „bei den Nordsemiten ohne jede nähere Bestimmung als Bezeichnungen für eine Gottheit gebraucht wurden, die so ‚Vater schlechthin' bzw. Bruder ‚schlechthin' genannt wurde."[19] Dass es sich dabei um Gottesbezeichnungen handelt, ergibt sich aus der Funktion der Ele-mente אב und אח als Subjekt, was bei den Verbalsatznamen eindeutig und bei den Nominalsatznamen jedenfalls für die ältere Zeit ebenfalls sicher ist. „Sichere Beispiele dafür, daß diese Verwandtschaftswörter auch in prädikativer Stellung vorkommen, finden sich in größerer Zahl nur in der akkadischen Nomenklatur, vor allem in Namen wie Marduk-abi, Šamaš-abi u.dergl., in denen neben dem Ver-wandtschaftswort ein Gottesname steht. Aber angesichts der Tatsache, dass in der akkadischen Nomenklatur das Zurücktreten der Bildungen mit אב und אח am weitesten fortgeschritten ist, ... [wird man] in den akkadischen Namen, die im Gebrauch der Verwandtschaftswörter von dem sonst Üblichen abweichen, se-kundäre Umbildungen sehen müssen. Anderwärts begegnet eine sichere prädi-kative Verwendung von אב und אח nur in den israelitischen Namen יואב, אביה, יואח, אחיה und in den südarabischen Namen ודאב, אבעתתרר, אבוד, die sich aber ebenfalls durch die darin vorkommenden speziell israelitischen bzw. südarabischen Göt-ternamen als spätere Neubildungen innerhalb dieser Völker erweisen ..."[20]

In der israelitischen Namengebung finden sich אב-haltige Namen der tradi-tionellen Art, wie etwa Abimelech, Abischur oder Abitub, die den Vater mit einer bestimmten Gottheit identifizieren bzw. dessen schützende, fördernde und „gute", d. h. eben väterliche Art und Verhaltensweise hervorheben. Auch wenn in anderen Zusammenhängen, etwa im Mythos, die Bezeichnung als Vater sich auch auf das Verhältnis zwischen Göttern beziehen kann, so wird in der Namensgebung mit dem Vater-Epitheton die Erwartung zugunsten des menschlichen Namensträgers bzw. einentsprechendes Bekenntnis ausgedrückt. Während die oben genannten

---

18 M. Noth, Die israelitischen Personennamen im Rahmen der gemeinsemitischen Namenge-bung, BWANT 26, 1928. Für eine neuere Zusammenstellung und Diskussion der אב-haltigen Namen siehe Böckler, Vater, passim, die allerdings das Vaterelement in den außerisraelitischen Namen durchgehend auf verstorbene Ahnen zu beziehen versucht.
19 Noth, Namen, 71.
20 Noth, Namen, 68 f.

Namen neutral sind und offen lassen, welche Gottheit angesprochen ist, finden wir in der israelitischen Namengebung wie nicht anders zu erwarten auch die explizite Identifikation mit Jahwe. Von der Struktur her sind eigentlich nur zwei Formen möglich, nämlich Joab und Abija. Bei Joab wird Jahwe und אב gleichgesetzt. Damit kann für Jahwe väterliches Verhalten ausgesagt bzw. für den Namenträger gewünscht werden. Angesichts der sonstigen Verbreitung אב-haltiger Namen handelt es sich aber wohl primär um die Aussage und damit den Anspruch, dass Jahwe – und kein anderer – der Vater ist. Damit ist „Jo" das Prädikat, was auch der hebräischen Satzstellung entspricht. Trotz des im Vordergrund stehenden Anspruchs, dass Jahwe der Vater ist, schwingt natürlich auch hier mit, dass Jahwe sich eben väterlich gegenüber dem Namensträger verhält bzw. verhalten möge.

In Abija ist Jahwe das Subjekt und אב das Prädikat. Die besondere Betonung liegt hier auf der Stellung und dem Verhalten Jahwes gegenüber dem Namensträger. Für diese Bedeutung ist es nicht entscheidend, ob das *i* in Abija eine alte Kasusendung darstellt, wie es etwa für den Namen Abimelech wahrscheinlich ist, oder das Possessivpronomen der ersten Person. Bei einem Personennamen dieser Art geht es auf jeden Fall um die Bedeutung der Aussage für den Namensträger. Wenn Jahwe Vater bzw. väterlich ist, dann ist er eben für den Namensträger „mein Vater". Die Tatsache, dass es sich hier um bewusste Neubildung handelt, in der das Element אב gewiss auf Jahwe verweist,[21] spricht eher dafür, dass hier das Possessivpronomen vorliegt: „Jahwe ist mein Vater".

Das eigentlich Erstaunliche bei den Namen Joab und Abija ist, dass sie beide nur relativ selten vorkommen. Joab ist für die ältere Zeit nur einmal belegt, nämlich in Gestalt des bekannten Feldherrn Davids, der lange Zeit neben David eine bedeutende, vielleicht zu bedeutende, Rolle spielte, und der dann nach I Reg 1 in der Anfangszeit Salomos sein Ende fand. Weitere Träger dieses Namens werden erst in der nachexilischen Zeit genannt: In 1Chr 4,14 wird ein Joab als Angehöriger des Stammes Juda genannt und ein weiterer Joab wird in der Liste der unter Serubbabel aus dem Exil Heimgekehrten aufgeführt (Esra 2,6; 8,9; Neh 7,11).

Inschriftlich gibt es Entsprechungen zum Namen Joab in der Form יהואב in Arad in den Ostraka 49 und 59 aus dem letzten Viertel des 8. Jh. und in Ostrakon 39 aus der 2. Hälfte des 7. Jh. v. Chr.[22]

---

21 Im Unterschied zu jenen Namen aus der Umwelt Israels, in denen ein Element –ia oder –ya ein Hypokoristikon für einen (beliebigen) Gottesnamen darstellt. Die zu dieser Sache wiederholt – zuletzt bei den Texten aus Ebla – geführte Diskussion braucht hier nicht dargestellt zu werden. Für eine knappe Diskussion der Namen Abiya bzw. Abaya siehe Böckler, Vater, 81.83.
22 Vgl. J. Renz / W. Röllig, Handbuch der althebräischen Epigraphik I, 1995, 153–156.299 f.

Nicht viel anders sieht es mit dem Namen Abija aus. Für die ältere Zeit gibt es nur die beiden oben erörterten Söhne des Rehabeam und des Jerobeam, sowie den zweiten Sohn Samuels, der diesen Namen trägt (1Sam 8,2). Abgesehen von den aus Texten der Samuelbücher stammenden Namen in der Chronik ist es wieder ein Heimkehrer unter Serubbabel, der diesen Namen trägt (Neh 10,8; 12,4.17), weiter ein Benjaminit (1Chr 7,8), ein Oberhaupt einer Priestergruppe am Tempel (1Chr 24,10) sowie die, nur der Chronik in dieser Form[23] bekannte Mutter des Königs Hiskija (2Chr 29,1).

Auch die inschriftlichen Belege sind spärlich. Dass der Name in nachexilischer Zeit in Elephantine belegt ist, passt zu den Vorkommen des Namens in Esr, Neh, Chron. Ob אבי im Bauernkalender von Gezer zu אביה ergänzt werden darf, ist dagegen äußerst fraglich.[24] Der Name אביהו findet sich auf dem Arad-Ostrakon 27 aus dem beginnenden 6. Jh. und der möglicherweise ebenfalls hierher gehörende Name אביו findet sich auf dem Samaria-Ostrakon 52 aus der 1. Hälfte des 8. Jh.s.

Wir haben somit mit dem Namen Abija – und ähnlich mit Joab – Namen vor uns, die vom Typ her durchaus häufig in der Umwelt Israels zu finden sind, die aber explizit auf Jahwe hin neu formuliert wurden, wobei mit dem Namen Joab gegen Ende des 11. Jh. der Vatertitel für Jahwe reklamiert wurde, während mit dem Namen Abija in der zweiten Hälfte des 10. Jh. die besondere Nähe Jahwes zum König und damit die besondere Stellung des Königs vor Jahwe zum Ausdruck gebracht wurde.

Es fällt auf, dass der Name Abija als Königsname sowohl im Nordreich als auch im Südreich später nicht mehr vorkommt, wobei allerdings einzuräumen ist, dass die Wiederholung von Königsnamen – anders als bei den Ammonitern oder den Aramäern – in Israel die Ausnahme bildet.

Dagegen ist der Name Abija vom 8. bis 6. Jh. neben einer Reihe anderer אב-haltiger Namen inschriftlich und dann auch in nachexilischen alttestamentlichen Texten belegt. Dies erklärt sich einerseits aus der Jahweisierung der verbreiteten אב-haltigen Namen und andererseits aus dem ab der Exilszeit verbreiteten Bekenntnis zu Jahwe als Vater – nun eben nicht des Königs – sondern des Volkes Israel[25] insgesamt.

---

23 Ob der in II Reg 18,2 genannte Name אבי wirklich Kurzform zu אביה ist, oder nicht eher die Chronik den Namen vervollständigte, ist, auch angesichts der Septuagintatradition, fraglich. Wenn der Name in der Chronik ursprünglich ist, würde er den Inschriftenbefund für das 8. und 7. Jh. bestätigen (s.u.) und belegen, dass der Name auch für eine Frau verwendet werden konnte.
24 Siehe den Befund bei Renz/Rölllig, Handbuch I, 36.
25 Dtn 32,6; Jer 3,4; Jes 63,16; vgl. auch die Aussage von Israel als Sohn bzw. Söhne Jahwes Ex 4,22; Jer 3,19; Dtn 14,1.

Diese spätere Entwicklung bestätigt ihrerseits, dass die in der frühen Königzeit formulierte Benennung der Kronprinzen des Südreiches wie des Nordreiches mit dem Namen Abija ihre besondere Bedeutung und ihren besonderen historischen Ort hatte.

5. Zusammenfassung

Die Untersuchungen haben folgendes gezeigt:

1. Der Text der Nathanverheißung in 2Sam 7 ist literarisch vielschichtig. Die Zusage in V. 14a, dass Gott den davidischen Königen Vater sein wolle, ist literarisch sehr wahrscheinlich vordeuteronomistisch. Historische Überlegungen sprechen darüber hinaus dafür, dass das Selbstverständnis bzw. die sog. Königsideologie des davidischen Königshauses in der formativen Periode, d. h. in den ersten zwei bis drei Generationen entwickelt wurde.

2. Mit den אב -haltigen Namen des Sohnes und Nachfolgers Rehabeams bzw. des Sohnes Jerobeams liegt eine Überlieferung vor, in der die besondere Beziehung Gottes zum König als dessen Vater ihren Ausdruck findet. Diese Namengebung, in der Jahwe als der Vater des Königs bezeichnet wird, kommt nur in diesen beiden Fällen vor und belegt damit, dass das Verständnis des Verhältnisses zwischen Gott und König als ein Vater-Sohn-Verhältnis in der Tat in der zweiten Hälfte der Zeit Salomos in Jerusalem entwickelt wurde.

3. Die אב-haltigen und auf Jahwe bezogenen Namen Joab und Abija passen insofern bestens in die religionsgeschichtliche Entwicklung, als einerseits der Name Joab bezeugt, dass die verbreiteten אב-haltigen Namen gegen Ende des 11. Jh. v. Chr. explizit auf Jahwe bezogen wurden, und andererseits der Name Abija zum Ausdruck eines Elementes der Jerusalemer bzw. auch der (nord)israelitischen Königsideologie werden konnte.

Dass beide Namen in der späteren Königszeit und insbesondere in der exilisch-nachexilischen Zeit für normale Bürger Verwendung fanden, bezeugt einerseits die Kontinuität in der Verwendung אב-haltiger Personennamen und wurzelt andererseits in der „Demokratisierung", d. h. der Übertragung des exklusiven Vater-Sohn-Verhältnisses auf das Verhältnis zwischen Jahwe und Israel.

Menschen ohne Namen? – 1Kön 4,7–19 im Lichte der Personennamen aus Taanach

1Kön 4,7–19 bietet eine Liste der zwölf Provinzverwalter Davids. Diese Liste enthält normale, je für sich wenig auffällige Namen. Andererseits gibt es aber doch eine sehr auffallende Besonderheit: Bei immerhin fünf der zwölf Personen dieser Liste fehlt der persönliche Name. Die betreffende Person wird nur über ihre Abstammung identifiziert: „der Sohn Hurs", „der Sohn Dekers".

7 Salomo hatte zwölf נִצָּבִים (Amtleute/Vögte/Statthalter) über ganz Israel, die den König und sein Haus versorgten, und zwar ein jeder im Jahr einen Monat lang.

8 Und das sind ihre Namen:
Der Sohn Hurs auf dem Gebirge Ephraim;

9 *der Sohn Dekers* in Makaz und in Schaalbim und in Bet-Schemesch und in Elon und Bet-Hanan;

10 *der Sohn Heseds* in Arubbot, und hatte dazu Socho und das ganze Land Hefer;

11 *der Sohn Abinadabs* über das ganze Hügelland von Dor; er hatte Tafat, eine Tochter Salomos, zur Frau;

12 Baana, der Sohn Ahiluds, in Taanach und in Megiddo und über ganz Bet-Schean, das liegt neben Zaretan unterhalb von Jesreel, von Bet-Schean bis Abel-Mehola, bis jenseits von Jokneam;

13 *der Sohn Gebers* zu Ramot in Gilead; er hatte die Dörfer Jaïrs, des Sohnes Manasses, in Gilead und die Gegend Argob, die in Baschan liegt, sechzig große Städte, ummauert und mit ehernen Riegeln;

14 Ahinadab, der Sohn Iddos, in Mahanajim;

15 Ahimaaz in Naftali; auch er hatte eine Tochter Salomos, Basemat, zur Frau genommen;

16 Baana, der Sohn Huschais, in Asser und Bealot;

17 Joschafat, der Sohn Paruachs, in Issachar;

18 Schimi, der Sohn Elas, in Benjamin;

19 [Geber,] der Sohn Uris, im Lande Gilead, im Lande Sihons, des Königs der Amoriter, und Ogs, des Königs in Baschan. [Ein Amtmann war im Lande].[1]

---

1 Die Übersetzung folgt dem masoretischen Text. Die textkritischen Varianten (siehe BHS) sind für die vorliegende Fragestellung nur vereinzelt von Bedeutung, vor allem bieten sie zum Teil etwas andere Formen der Orts- und Personennamen. Interessant sind die beiden durch eckige Klammer angedeuteten Probleme: Unsicher ist der Schlusssatz in V. 19. Septuaginta hat V. 17–19 außerdem in abweichender Reihenfolge: „[17]Samaa, der Sohn des Ela – in Benjamin. [18]Gaber, der Sohn des Adai – im Land *Gad*, Land des Seon, des Königs *von Esebon*, und des Og, des Königs von Basan. Und (es gab) ein(en) Vorsteher im Land Juda. [19]Josaphat, der Sohn des Phuasud – in Issachar." (Übersetzung nach Kraus/Karrer, Septuaginta deutsch, 392). Deutlich ist, dass LXX oder deren Vorlage das im MT an den Anfang von V. 20 gezogene „Juda" mit V. 19 verbindet und so zu einem Vorsteher für Juda kommt, was bestätigt, dass das Socho von V. 10 nicht in Juda sondern im nördlichen Israel zu suchen ist (vgl. dazu Alt, Israels Gaue). Während Rahlfs in seiner Septuagintausgabe in V. 18 LXX den Namen Gaber nach V. 19 MT ergänzte, fehlt er in den wichtigsten

Das Phänomen wurde verschiedentlich diskutiert. Handelt es sich um eine zufällige Lücke? Werden die betreffenden Personen durch diese Art der Nennung
abgewertet? Hat die Beschädigung einer Handschrift die Lücke verursacht?
Handelt es sich um – wie Albrecht Alt es formulierte – „Menschen ohne Namen"?
Der vorliegende Beitrag diskutiert zunächst diese Positionen und nimmt dann
Listen aus Taanach in Blick, in denen sich ebenfalls Personen finden, die nur mit
dem Vaternamen genannt werden.

1. Zur bisherigen Diskussion des Phänomens

Die erwähnte Besonderheit der Liste wurde schon im 18. und 19. Jh. diskutiert. So
vermerkt z. B. Carl-Friedrich Keil unter Verweis auf Clericus (Johannes Clericus,
1657–1736) und Johann David Michaelis (1717–1791) „Bei den Namen der Präfecten
fällt auf, dass fünf, wie es scheint nicht nach ihren Eigennamen, sondern nur nach
den Namen ihrer Väter bezeichnet sind. Daß die Namen fünfmal ausgefallen sein
sollten (*Cler. Mich* u. a.), ist sehr unwahrscheinlich; daher wol nur die Annahme
übrig bleibt, dass die bezüglichen die Namen ihrer Väter mit vorgesetztem בן als
Eigennamen führten: Benhur, Bendeker u.s.w."[2]

Der vielleicht bekannteste Beitrag zur Sache ist der von Albrecht Alt mit dem
Titel „Menschen ohne Namen".[3] Alt erwähnt zunächst einige weitere altorientalische Beispiele, geht aber dann besonders auf die damals neu zugänglich gewordenen Texte aus Ugarit ein, unter denen es Listen mit Personennamen gibt, in
denen ebenfalls zum Teil keine individuellen Namen vorkommen, sondern nur die
Benennung „Sohn des X".

Alt lehnt die von Martin Noth[4] vorgetragene Interpretation der Listen als
Widerspiegelung familiärer Strukturen ab, wobei es sich bei den – durch die
königliche Kanzlei – nur mit dem Namen ihrer Väter benannten Personen um
Familienhäupter handeln soll. „Denn es wäre in der Tat schwer vorstellbar, was für
familienrechtliche Ordnungen gerade den Inhabern der *patria potestas* in den
einzelnen Häusern den offiziellen Gebrauch ihrer eigenen Namen verwehrt haben

---

Zeugen, nämlich dem Kodex Vaticanus und im Antiochenischen Text (G[BL]), und damit wohl auch
in deren hebr. Vorlage bzw. Bezugstext. Damit läge ein weiterer Fall für einen „Sohn des X"-Namen
vor. Dass LXX Adai gegenüber MT Uri liest, ist dagegen kein Problem, und geht lediglich auf eine
Verlesung ר / ד zurück, die in der einen oder anderen Richtung erfolgt sein kann.
2 Keil, Könige, 38.
3 1950.
4 Noth, Syrisch-palästinische Bevölkerung.

sollten ...".[5] „Weit näher scheint mir in Anbetracht der Herkunft der Listen aus der königlichen Kanzlei die Annahme zu liegen, dass die Verschiedenartigkeit der Personenbezeichnung in ihnen mit der ungleichen Stellung der Bevölkerungsklassen den Königen gegenüber zusammenhängt und dass ihre eigentliche Wurzel somit im *Staatsrecht* von Ugarit zu suchen sei. Nur dann wird wohl auch die Tatsache recht verständlich, dass sich die beiden Arten der Personenbezeichnung in den Listen annähernd die Waage halten; jede von ihnen, auch die der Menschen ohne eigenen Namen, deckt offenbar einen großen und vom Standpunkt der Staatsverwaltung gesehen wichtigen Teil der Bevölkerung."[6] – Auch wenn man Alt Recht geben möchte, ist das statistische Argument nicht tragfähig, denn genauso gut könnte man z. B. einen kleineren Anteil an solchen Namen bzw. Personen als wichtige Elite interpretieren. Alt nennt denn auch Listen mit sehr unterschiedlichen Zahlenverhältnissen. Das Wichtigere ist die angenommene spezielle Funktion in königlichem Dienst. Es handelt sich vor allem um Streitwagenkämpfer, um Pferdewärter und -züchter, sowie, neben einer nicht recht klaren horitischen Bezeichnung, interessanterweise auch um Priester. „Der Schluß drängt sich auf, dass die Bezeichnung ‚Sohn des X' ihren eigentlichen Sitz in eben jenen Berufen hatte und dass sie demnach aus der besonderen Stellung erklärt werden muß, die sie im Staatswesen von Ugarit einnahmen. Nach allen Analogien ... ist anzunehmen, dass die Berufe, um die es hier geht, auch in Ugarit keine freien Berufe waren, sondern im unmittelbaren Dienst des Königs standen."[7] Insbesondere aus einer Bestallungsurkunde des Königs von Alalach für einen Streitwagenkämpfer, der zugleich Priester ist, und daraus, dass mit diesem zusammen der – ebenfalls ohne eigenen Namen genannte – Enkel erwähnt wird, schließt Alt, dass es sich um erbliche Ämter handelt: „man sieht: der Dienst in solchen Berufen ist von vornherein erblich gedacht; die Nachkommen der einmal eingesetzten Ministerialen wachsen zwangsläufig in ihn hinein und bedürfen dazu vielleicht nicht einmal einer neuen Bestallung durch den König ... So entwickelte sich aus diesen Berufen mit Wissen und Willen der Könige ... ein eigener Stand ... die obersten Stufen, vor allem die Streitwagenkämpfer, aber schwerlich nur sie, könnte man einen Dienstadel nennen."[8] Alt erwähnt auch kurz die von Ernst Sellin ausgegrabenen, von Friedrich Hrózny publizierten Taanach-Texte, unter denen es auch einige, allerdings meist schlecht erhaltene Listen mit Personennamen gibt, die ebenfalls solche Bezeichnungen nur mit dem Vaternamen enthalten. „In diesen Listen, von denen es eine mit dem Aufgebot von Kriegern zu tun hat, während bei den übrigen

---

5 Alt, Menschen, 201.
6 Alt, Menschen, 203.
7 Alt, Menschen, 205.
8 Alt, Menschen, 206.

jede Angabe über den Zweck ihrer Anfertigung fehlt, herrscht zwar die Benennung der Personen mit ihren eigenen Namen durchaus vor, und in einer von ihnen ist häufig auch noch der Name des Vaters hinzugefügt; aber fast in jeder tritt daneben einmal oder öfter die Bezeichnung ‚Sohn des X‘ auf, und in Anbetracht der Ähnlichkeit der staatlichen und sozialen Struktur der Herrschaftsgebilde Syriens und Palästinas im zweiten Jahrtausend v. Chr. wird es berechtigt sein, diese Fälle analog denen in Ugarit zu verstehen.“[9]

Von da her kommt Alt schließlich auch zur Liste in 1Kön 4 und zur Beobachtung, dass bei fünf der zwölf dort genannten Personen nur die Bezeichnung „Sohn des X“ vorkommt. „Das ist schon immer aufgefallen; aber man wusste es sich früher nur durch die Annahme zu erklären, dass die Liste dem Autor, der sie in seine Darstellung der Regierung Salomos übernahm, schon in beschädigtem Zustand ohne die eigenen Namen jener fünf Vögte vorgelegen habe und dass er diese Lücken nicht aus anderer Überlieferung zu füllen vermochte oder wagte.[10] Diese Erklärung kommt natürlich auch heute noch in Betracht. Aber neben sie tritt nun als mindestens gleichberechtigt die Möglichkeit, dass wir es hier wieder mit der althergebrachten Sonderbezeichnung königlicher Dienstleute in ererbten Stellungen zu tun haben. Dieser zweiten Möglichkeit wird man wohl die überwiegende Wahrscheinlichkeit zusprechen dürfen, wenn man bedenkt, dass es gerade die Gaue des Reiches mit ausschließlich oder vorherrschend kanaanäischer Bevölkerung im Unterschied von den mehr oder weniger rein israelitischen sind, deren Vögte jene aus den Einrichtungen der früheren kanaanäischen Staatswesen stammende Sonderbezeichnung tragen.“[11] Abschließend verweist Alt noch auf die Bezeichnung „Sohn des Remaljahu“ und „Sohn des Tabeal“ zur Zeit des Jesaja. Bei beiden scheint auch ein Hinweis auf eine (ursprüngliche) Stellung im Rahmen des erblichen Königsdienstes vorzuliegen.

Dieses von Alt entworfenen Bild ist gewiss eindrucksvoll und eröffnet sowohl eine interessante sozialgeschichtliche Perspektive als auch eine beachtliche Verknüpfung des frühen israelitischen Königtums mit der kanaanäischen Welt. Freilich gibt es auch Probleme. Die Erblichkeit des Dienstes ist vor allem mit jener Urkunde aus Alalach begründet, in der der Enkel mit erwähnt ist. Ähnlich wie es Alt gegenüber Noth tat, kann man auch hier fragen, ob ausgerechnet diese Personen mit so hoher Stellung ohne eigenen Namen waren bzw. es bleiben wollten. Gerade die beiden Beispiele aus dem Jesajabuch zeigen, dass jedenfalls die dortigen beiden Personennamen abwertend gebraucht sind. Vor allem aber ergibt sich

---

9 Alt, Menschen, 210 f.

10 Hier verweist Alt auf seinen eigenen Beitrag „Israels Gaue“ von 1913, nach Kleine Schriften II, 76 Anm. 1.

11 Alt, Menschen, 211.

ein Problem für die israelitische Liste in 1Kön 4, weil die Einrichtung der Provinzverwalter neu ist, nach dem von Alt gegebenen Modell aber zumindest eine Generation zurückgehen müsste.

In diesem Sinn äußert sich Noth: „Das Nebeneinander von ‚Menschen ohne Namen' und namentlich bezeichneten Personen, wie es in der Zusammenstellung von 1Kön 4,7 – 19 vorliegt, begegnet auch in den ugaritischen Listen; die namentlich bezeichneten Personen wären als ‚Neulinge' im Dienstadel zu verstehen, deren Nachkommen dann erst jeweils die Benennung ‚Sohn des X' erhalten hätten. Diese verlockende Möglichkeit, den überlieferten Textbestand der Vögteliste zu erklären …, begegnet allerdings einigen Schwierigkeiten. Daß es schon unter Salomo die bereits konsolidierte Einrichtung (das ist bei dieser Benennungsart doch vorausgesetzt) eines erblichen Dienstadels gegeben habe …, ist wenig wahrscheinlich."[12] „So spricht denn doch die Wahrscheinlichkeit dafür, dass die ältere These zutreffend ist, dass in 8.9.10.11.13 der ursprünglich am Anfang vorhanden gewesene Name ausgefallen ist; und für 15 ist es dann mindestens sehr wahrscheinlich, dass auch noch das בן vor dem Vatersnamen verloren gegangen ist".[13]

Die wie aus dem oben angeführten Eingangszitat ersichtlich schon ins 18. und 19. Jh. zurückgehende und bei Albrecht Alt 1913[14] noch zustimmend übernommene Meinung, dass eine beschädigte Liste vorliege, wird von Pamela Tamarkin Reis ihrem Landsmann William F. Albright zugeschrieben: „In 1925 W. Albright offered a new explanation for the missing personal names by suggesting that the scribe responsible for recording the list copied it from a damaged document – a document with the upper right hand portion worn, torn, or broken away, removing the five personal names."[15] Etwas schematisch setzt sie fort: „This explanation enjoyed scholars' approval for twenty-five years until A. Alt's contrary article in 1950."[16] Dass die Zustimmung zu dieser Erklärung nicht 1950 endete, ergibt sich aus den oben zitierten Worten von Noth, aber auch aus neueren Kommentaren, sofern sie das Problem überhaupt erwähnen, z. B. Volkmar Fritz: „Am Anfang scheint die Liste verstümmelt gewesen zu sein, so dass die Namen der ersten vier und des sechsten Statthalters nicht erhalten sind."[17]

Diese These eines bloß zufälligen, mechanischen Verlustes hat aber doch auch ihre Schwierigkeit, und zwar alleine schon vom anzunehmenden Schriftbild her: Nicht nur sind die einzelnen Textzeilen unterschiedlich lang – das könnte

---

12 Noth, Könige, 59 f.
13 Noth, Könige, 60.
14 Alt, Israels Gaue.
15 Reis, Unspeakable Names, 262, mit Verweis auf Albright, Administrative divisions.
16 Reis, Unspeakable Names, 262.
17 Fritz, Könige. Auch Montgomery/Gehman, Kings, 120.

auch auf sekundäre Erweiterungen zurückgehen[18] – , sondern gerade wenn man annimmt, dass die Namen jeweils am Zeilenanfang standen – und das muss man bei der angenommenen Ursache einer Beschädigung des Blattes – dann ist es schwer erklärlich, dass nach den Verlusten der ersten vier Namen in V. 8 bis 11 in V. 12 der fünfte Name der Liste stehen blieb, in V. 13 der sechste Name aber wieder wegfiel. Das ergäbe eine merkwürdige Art von Beschädigung oder Abriss.

Dazu kommt, dass dieser Typ von Bezeichnung einer Person[19] eben doch durchaus belegt und verbreitet ist. Das sagt eigentlich auch schon der Kontext. Nach der Beschreibung der Aufgabe dieser Vögte heißt es am Anfang von V. 8: „Und das sind ihre Namen". Die Bemerkung von P. Reis „But this is a jarring misstatement, for these are not their names"[20] ist jedenfalls übertrieben. – Offensichtlich hatte der Verfasser kein Problem damit, dass die folgenden Personen nur mit dem Vaternamen identifiziert werden, sondern wurde auch diese Form der Identifikation als geeignete Namensangabe empfunden.[21] Hierher passen die von Rosenberg zitierten Äußerungen von Radaq [= Rabbi David Kimchi] aus dem 13. Jh. und in der Schrift Metzudat David aus dem 18. Jh., denen zufolge in der Liste jener Name genannt wurde, der eben besser bekannt war, entweder der individuelle Name oder der Name des Vaters.[22]

Während Michael Heltzer 1982[23] zeigte, dass es bei den ugaritischen Namen nicht nur die von Alt angenommenen Hinweise auf bestimmte Funktionen gibt, sondern der Namenstyp „Sohn des X" auch sonst vorkommt, bestritt Joseph Naveh A. Alts These generell. Die Nennung als „Sohn des X" habe keine Bedeutung; vielmehr sei diese Bezeichnung eine durchaus übliche und verbreitete Form eines

---

18 V. Fritz, Könige, 51, versteht V. 9b.10b.12b.13b.19b als Ergänzungen, „um die jeweiligen Gebiete deutlicher zu beschreiben". allerdings sind auch die Vergleichstexte nicht so einheitlich, dass man eine ursprünglich völlig gleiche Liste postulieren kann. Sihon und Og in V. 19 sind aber wohl sekundär, vgl. Anm. 1.

19 Natürlich geht es bei dieser ganzen Diskussion nur um jene „Sohn des X"-Namen, die soziologisch zu verstehen sind und sich auf den menschlichen Vater beziehen. Jene Namen, in denen es um die Zugehörigkeit zu einer Gottheit geht (z. B. Ben-Hadad) oder um die Zugehörigkeit zu einer bestimmten Kategorie (z. B. Benjamin = Sohn des Südens, Südleute; vgl. die Banu-jaminu in Mari), gehören nicht hierher.

20 Reis, Unspeakable Names, 261.

21 Hier wirkt sich wohl eine gewisse Eigendynamik des von A. Alt gewählten Titels „Menschen ohne Namen" aus. In seinem Aufsatz spricht Alt auf Seite 198 davon, dass „so manche Person nicht mit ihrem eigenen Namen, sondern ausschließlich mit dem ihres Vaters oder ihrer Mutter ..." (bezeichnet wurden). Dagegen wählte er dann die pointierte aber irreführende Überschrift „Menschen ohne Namen".

22 Rosenberg, Kings, 39.

23 Heltzer, internal organization, 12.

„nickname"[24]. „At any rate, there is no evidence that the omission of a person's personal name had any significance in terms of law, regulations, order or administrative rules."[25] Allerdings stammen die von Naveh genannten Beispiele im Wesentlichen aus der talmudischen Literatur und sind insofern wenig beweiskräftig, wie auch P.T. Reis vermerkt.[26]

In eine ähnliche Richtung geht auch R. Hess, der in eher allgemeiner Weise feststellt, dass im westsemitischen Bereich Namen „could be written as ‚X son of Y', as ‚X', as ‚son of Y', or as any of these where Y could be a nickname or a gentilic".[27]

Auf diesem Hintergrund findet Reis dennoch eine besondere Bedeutung dieser Namensform, nämlich als einen besonders intensiven Ausdruck negativer Beurteilung. Entsprechend der Drohung von Dtn 29,19 werde mit der Tilgung des individuellen Namens die Erinnerung an die Person getilgt: Es ist ein Vorgang, der es ermöglicht, dass „a man's name is wiped out. It is effaced by the biblical author who suppresses the identity of men so evil that they do not deserve to be remembered."[28] Allerdings sind die von Reis angeführten Beispiele nicht sehr überzeugend. Die Erörterungen bezüglich des Hinnom-Tals und des Sohnes des Hinnom (Jos 15,8; 18,16) sind sehr beschwerlich. Dass „Sohn des Remalja" und „Sohn des Tabael" in Jes 7 negativ konnotiert sind, ist gewiss zutreffend und weithin anerkannt, ist aber schwerlich ein Argument für 1Kön 4. Der Kontext der Namen in 1Kön 4 macht keinen negativen Eindruck. Zu Recht lehnt sie die Annahme von Paul S. Ash[29] ab, dass hier möglicherweise Baal-haltige Namen gestrichen wurden. Im Endeffekt muss Reis einen wirklichen Grund schuldig bleiben. Die Annahme, dass die Namen dieser ‚tax collectors' als Signal für die – nicht zuletzt wegen der Steuerlasten – zunehmend negative Bewertung Salomos gestrichen wurden, bleibt ganz hypothetisch und passt weder dazu, dass 1Kön 4 im ersten, durchaus positiven Teil der Salomoerzählung steht, noch dass im Text keinerlei negatives Signal zu erkennen ist. Zudem ist schwer zu erklären, warum in diesem Fall fünf Namen getilgt wurden, aber die anderen nicht.

So bleibt insgesamt festzustellen, dass die Bezeichnung als „Sohn des X" durchaus vorkommt und nicht notwendigerweise eine besondere oder gar eine

---

24 Das englische Wort „nickname" ist schwer wiederzugeben. Es hat heute eine wesentlich neutralere Bedeutung als „Spitzname" und ist auch nicht einfach ein Kurzname, sondern akzentuiert eher eine eigene Identität.
25 Naveh, Nameless People, 108 – 123.
26 Reis, Unspeakable Names, 263.
27 Hess, District List.
28 Reis, Unspeakable names, 263. Vgl. die Zusammenfassung: „I argue that, by listing only their father's names, the biblical author censures these five and consigns them to oblivion." (266).
29 Ash, Solomon's? District? List?, 83.

negative Bedeutung hat, dass sie aber in bestimmten Zusammenhängen eine spezifische Gegebenheit signalisieren kann.

An dieser Stelle ist ein Blick auf die Frage der historischen Einordnung zu werfen. Wie besonders aus den obigen Zitaten von Alt und Noth, aber auch von Stolz, zu sehen ist, wurde die Liste lange Zeit als ein Dokument der salomonischen Zeit betrachtet, das Gegebenheiten des salomonischen Königtums widerspiegelt, wenn auch durch die Einleitung zu sehr eingeengt auf die Versorgung des königlichen Hofes. Demgegenüber wurde verschiedentlich versucht, die Liste anders, d. h. später, einzuordnen, entweder in das frühe 9. Jh. oder in die assyrische Zeit.

Zu nennen sind vor allem Hermann Michael Niemann und Nadav Naaman. Der wesentliche Grund bei beiden ist die Annahme, dass im Jerusalem des 10. Jh.s noch keine ausreichende Schreiberkompetenz vorhanden gewesen wäre. Dementsprechend nennt Niemann die erste Hälfte des 9. Jh., konkret die Zeit vor den Omriden, offensichtlich weil in der omridischen Zeit diese Struktur schwer unterzubringen ist, oder – im Gefolge von Naaman – die assyrische Zeit. Naaman gruppiert dabei die 12 Distrikte in vier Gebiete, die er mit den drei assyrischen Provinzen des Jahres 732 v. Chr. und zusätzlich mit Juda in Verbindung bringt. Abgesehen von der Frage, ob die Liste überhaupt das Gebiet von Juda mit umfasst, stellt sich die Frage, ob neben der assyrischen Provinzeinteilung diese Einteilung in 12 Bezirke mit 12 Statthaltern wahrscheinlich ist. Jedenfalls gibt es dafür keinen konkreten Anhaltspunkt. Dementsprechend kommt Naaman zu einer etwas unklaren Mischlösung, bei der die Liste einerseits eine gewisse Tradition hat, andererseits aber in der assyrischen Zeit nach den Verhältnissen der assyrischen Zeit gestaltet sein soll.

Insgesamt sind diese Überlegungen nicht wirklich überzeugend und haben als wesentliche Basis die Annahme, dass es im 10. Jh. in Jerusalem am Königshof praktisch keine Schreiberkenntnisse und keine Fähigkeit zur Anfertigung selbst relativ simpler Listen gegeben habe.

2. Personennamen in den Texten von Taanach

Schon 1903 und 1904 stieß Ernst Sellin bei seinen Ausgrabungen in Taanach auf Keilschrifttafeln, die Friedrich Hrozny, der spätere Entzifferer des Hethitischen, edierte.[30] Zwar handelt es sich insgesamt nur um 12 bzw. 14 Tafeln in akkadischer

---

30 Sellin, Tell Ta'annek, mit Hrozný, Friedrich, Keilschrifttexte; ders., Nachlese mit Hrozný, Die neuen Keilschrifttexte; siehe jetzt auch: Kreuzer, Taanach.
Für eine neue Kollation und Übersetzung der Texte siehe: Horowitz/Oshima/Kreuzer, Keilschrifttexte.

Keilschrift, man kann aber insofern von einem, wenn auch kleinen Archiv sprechen, als diese Tafeln offensichtlich eine Sammlung bildeten, die allerdings nur zum Teil erhalten ist. Merkwürdigerweise ist dieses Dutzend Tontafeln noch immer der umfangreichste Fund von Keilschrifttafeln in Palästina bzw. Israel.[31]

Abgesehen von den kleinen, kaum deutbaren Fragmenten gibt es vier Briefe (plus fünf Brieffragmente) sowie sechs (teilweise fragmentarische) Listen mit Personennamen. Diese Namenslisten spiegeln offensichtlich ebenso wie die Briefe regionale Verhältnisse wahrscheinlich der 2. Hälfte des 15. Jh. Auch wenn man vorsichtig sein muss, Personennamen unmittelbar soziologisch auszuwerten, so ist es doch interessant, dass die Namen zwar mit großer Mehrheit semitisch sind, es aber auch einen beachtlichen Anteil an hethitischen und hurritischen (bzw. Mitanni-) Namen gibt. Diese Namen sind wahrscheinlich traditionell und spiegeln teilweise ältere Einflüsse, wohl aber keine Diglossie.[32]

Listen mit Personennamen sind die Texte TT 3; 4; 4a; 7; 12 und 14[33]. Die am umfangreichsten und besten erhaltenen Texte sind TT 3; 4; 7 und 14.[34] (In der folgenden Wiedergabe sind jene Zeichen, die von Hrozný gelesen wurden, die aber jetzt auf Grund der Verschlechterung des Erhaltungszustandes nicht mehr zu erkennen sind, in eckige Klammern gesetzt. Mit Apostroph sind jene Zeilennummern gekennzeichnet, deren Zählung wegen des fehlenden Anfangs nur relativ ist.)

TT Nr. 3: Verwaltungstext: Liste mit Personennamen

obv.
1′   [PN] 1
2′   [PN] 1
3′   [P]N
4′   [P]N 1

---

31 Siehe dazu: Horowitz/Oshima/Sanders, Cuneiform in Canaan.
32 Siehe dazu Pruzsinszky, Onomastikon. Für die soziologische Auswertung ist zu beachten, dass die sprachliche Zugehörigkeit eines Namens nicht unbedingt mit der Ethnizität des Namensträgers identisch sein muss, und dass schriftlich überlieferte Namen eher in den Bereich der Oberschicht gehören, deren Zusammensetzung sich von der Zusammensetzung der übrigen Bevölkerung unterscheiden kann. Zudem tendieren Namen oft dazu, einen „archaischen Sprachstand zu konservieren" (so Streck, 2000, 141, zitiert ebd., 114, Fn. 18).
33 TT 14 wurde im Zuge der amerikanischen Ausgrabungen der 1960er-Jahre gefunden und ist unter TT 950 bekannt. Dieser Text ist ebenfalls dem 15. Jh. zuzuordnen.
34 Für die folgenden Angaben vgl. Horowitz/Oshima/Kreuzer, Keilschrifttexte.

5' [P]N (insgesamt) 10
6' [w]elche sie aufgerufen haben
7' Elitu 1
8' Bin-Hubiri 1
9' [Bi]n-Rabaya 1
10' [P]N [. .]

rev.
1' [PN]
2' Mita[ti ...]
3' Bin-Eze[..]
4' Zeraya, der Sutäer$^?$ 1
5' Tagu 1
6' Bin$^?$-Bawaza'enzi 1
7' Uzdiaša 3
8' [Kam]aru 1
9' [Yaş]urru-Zirtawa[35] 2
10' Puraguš 2
11' [Ay]ari 3
12' [Yad]innu 1
13' [Yami]banda-König[36] 1
14' [. d]aya, der Lederhandwerker 1
15' [P]N 1, (insgesamt) 20
16' [welche] sie aufgerufen haben$^?$

Diese Liste mit Personennamen steht offensichtlich im Zusammenhang mit der Aufbietung von Personal für eine bestimmte Aufgabe. Das Verb *dekûm* in Zeile 1 und vielleicht auch in rev. 16' begegnet in verschiedenen Zusammenhängen des Aufbietens oder Zusammenrufens: Fronarbeiter aufbieten, Soldaten mobilisieren, Amtsleute versammeln. Die genaue Funktion der Liste bleibt unklar. Die Tontafel ist an den Rändern beschädigt. Wo zwar nicht der Name aber noch das Personendeterminativ erkennbar ist, ist dies durch „PN" (= Personenname) angegeben.

Hinter jedem Namen stand eine Zahl (meistens 1, manchmal 2 oder 3), deren Bedeutung unklar ist. Möglicherweise handelt es sich um einen Ausrüstungsge-

---

35 Z.9': *[Yaş]urru-Zirtawa:* Da jede Zeile in dieser Liste nur einen Namen hat, handelt es sich hier wahrscheinlich auch nur um einen Namen, der aus zwei Elementen besteht.
36 Z.13': An dieser Stelle steht das – allerdings nicht ganz eindeutig zu lesende – Sumerogramm LUGAL, König, das wahrscheinlich das theophore Element des Namens darstellt (und nicht den Namensträger als König bezeichnet).

genstand der betreffenden Person. Sellin vermutete, dass es sich um die Zahl der aus einer Familie zu stellenden Soldaten handeln könnte.[37] Die Summe „10" in Zeile 5 lässt darauf schließen, dass mindestens 5 Zeilen vorausgegangen sind.

Auffallend in diesem wie auch in den weiteren administrativen Texten aus Taanach ist die relativ hohe Zahl von Eigennamen, die mit dem Element „Bin" (Sohn) beginnen. In den Listen insgesamt handelt es sich um ca. 20 – 25 % der Namen, deren Anfang erhalten ist. Die Namen stehen in bunter Reihenfolge inmitten der anderen Namen. Hier entfällt jedenfalls die These, dass die „Sohn des X"-Namen durch Beschädigung des Textes entstanden seien. Zugleich ist hier keinerlei Anhaltspunkt für eine unterschiedliche Bewertung der Namen zu erkennen. Alle genannten Personen scheinen gleichwertig zu sein.

TT Nr. 4: Verwaltungstext: Liste mit Personennamen.

Dieser Text ist stark beschädigt. Auf der Vorderseite sind vierzehn, auf der Rückseite neun Zeilen erkennbar, von denen allerdings nur wenige vollständig lesbar sind. Auffallend ist, das sowohl auf der Vorder- wie auf der Rückseite nach meistens zwei Zeilen ein Querstrich zu erkennen ist, der vielleicht die Liste gliederte, dessen genauere Bedeutung aber unklar ist.

obv.

1′	PN
2′	[P]N
3′	Ilulu Sohn des Subirri
	– – – – – – – – – – – – –
4′	Bin-Zanuqima
5′	[.] elzuna Sohn des Nabaṭi
	– – – – – – – – – – – – –
6′	[.] yamuna
7′	[P]N
8′	PN
9′	. .- Wettergott, Eluramma
10′	PN
11′	PN
12′	[P]N Sohn des Agia
13′	[.] bandu Sohn des PN 10
14′	[P]N

---

37 Sellin, 1904, 99.

rev.

1′ – 2′ (Spuren von Zeichen)

⎯ ⎯ ⎯ ⎯ ⎯ ⎯ ⎯ ⎯ ⎯ ⎯ ⎯

3′ [P]N Sohn des Mi[ski]

⎯ ⎯ ⎯ ⎯ ⎯ ⎯ ⎯ ⎯ ⎯ ⎯ ⎯

4′ [H]arizu [x]
5′ Qatina-x

⎯ ⎯ ⎯ ⎯ ⎯ ⎯ ⎯ ⎯ ⎯ ⎯ ⎯

6′ Dupdaya Sohn des Zagu-[. . .]
7′ Abdi-Šaruna Sohn des Zib-[. . .]

⎯ ⎯ ⎯ ⎯ ⎯ ⎯ ⎯ ⎯ ⎯ ⎯ ⎯

8′ Tašrumu

⎯ ⎯ ⎯ ⎯ ⎯ ⎯ ⎯ ⎯ ⎯ ⎯ ⎯

9′ [. .].[. . .] . ia

Insgesamt sind nur ca. zehn Namen einigermaßen erkennbar, am deutlichsten in
Z. 3′–5′ sowie in rev. Z. 5′ und 6′. Ein Name ist vom Typ „Sohn des X", nämlich Bin-
Zanuqima in Z. 4′. Es ist kein Unterschied zu den anderen Namen erkennbar.

Es fällt auf, dass in Z. 13′ mit „10" eine vergleichsweise große Zahl angegeben
ist, während sonst keine Zahlen angegeben sind bzw. vielleicht jeweils „1" vorausgesetzt ist.

TT Nr. 7: Verwaltungstext: Liste mit Personennamen.

Bei dieser Tafel handelt es sich offensichtlich um die rechte Spalte einer ursprünglich größeren Tafel, sodass nun von der Vorderseite die Spalte II und von
der Rückseite die Spalte I erhalten ist.

obv. II

⎯ ⎯ ⎯ ⎯ ⎯ ⎯ ⎯ ⎯ ⎯ ⎯ ⎯

1 Befehl[38] des
2 [.]-zu[r]ami

⎯ ⎯ ⎯ ⎯ ⎯ ⎯ ⎯ ⎯ ⎯ ⎯ ⎯

3 Abdi-Šaruma 1
4 Zirwaša 2
5 Gamalu 2

---

38 Z.1: *Befehl:* awati: Wort Befehl, Botschaft.

6   Bin-Daniya 1
7   Bin-Hunini 3
8   Bil 1
9   Aktim[i .
10   Yand[i-. . .
11   Bin-yaya [. . .] . .
12   Abdi-Ad[du . . .
13. Ab[i . . .

rev. I
1′   Hibi[ya . . .
2′   Zawaya 3
3′. Elurama 1
4′. Bin-yama- . . 1
5′   Zera-[. . .
6′   Ba^caliy[a . . .
7′   Abdi-Heb[a . . .
8′   Bin-id . . 1
9′   Irzetu 1
10′ Habadu 1
11′ Ziq[u]nbu 1

Auffallend ist auch hier wieder die bunte Mischung der Namen mit „Sohn des X"-
Namen in obv. Z. 6′, 7′ und 11′ (vielleicht auch Z. 2′) und rev. Z. 4′ und 8′. Die
beigegebenen Zahlen bewegen sich von eins bis drei, wobei sich bei den Bin-
Namen sowohl „1" als auch „3" findet, und somit auch hier kein Unterschied zu
erkennen ist.

TT Nr. 14 = Nr. TT 950: Verwaltungstext: Liste mit Personennamen.

1   Abdi-milki
2   Šabaya
3   Pu-Ba^cal
4   Zibilu
5   Bin-Aya
6   Bin-Antama
7   Abdaya
8   Purizzuya
9   Hibiya

10 Elurama

11 Zinitabandi

12 Biryamašda

13 Naşabba

14 [13 (Mann), die Ar]beitsgruppe

15 [. .] . . . Tempel(besitz)?

Auch in dieser Liste finden sich – offensichtlich wieder unterschiedslos – Z. 5 und 6 zwei „Sohn des X"-Namen. Interessant ist, dass hier keine Zahlen bei den Personen stehen, und dass offensichtlich mit der Zahl am Ende die Summe der Personen selbst angegeben wird. Das als „Arbeitsgruppe" übersetzte Wort lautet ṣa-bu, was dem hebräischen צבא entspricht, das allerdings ebenfalls eine große Bedeutungsbreite hat. Ob es sich dabei um militärischen oder um gewöhnlichen Arbeitsdienst handelt, hängt an der Bedeutung von Z. 15. Ob in Z. 15 wirklich von einem Tempel die Rede ist, hängt daran, ob das einzig erkennbare Zeichen É zu Égallu zu ergänzen ist. Ob die genannten Personen selbst Dienst zu tun haben oder verpflichtet sind, Dienstpersonen zu stellen, ist aus der Liste nicht zu erkennen. Zu beachten ist, dass TT 14 unabhängig von den anderen Tafeln gefunden wurde und somit in etwas unterschiedlichem Kontext stehen kann.

Ergebnis zu den Taanach-Texten

a) Insgesamt ergibt sich, dass die Namen vom Typ „Sohn des X" immerhin 20 – 25 % der Namen umfassen und somit relativ häufig sind. Zugleich ist kein Unterschied gegenüber den anderen Namen erkennbar, d. h. die „Sohn des X"-Namen heben sich weder positiv noch negativ von den anderen Namen ab. Offensichtlich wurden die Namen gewählt, je nachdem, ob der Sohn oder der Vater bekannter waren, wobei nicht auszuschließen ist, dass die „Bin"-Namen insgesamt (d. h. mit dem Element „Bin") als Eigennamen verstanden wurden.

b) Davon zu unterscheiden ist die Frage, ob es sich bei den in den Listen genannten Personen insgesamt um Personen gehobener Stellung handelt. Dies ist insofern anzunehmen, als die in den Listen 3, 4 und 7 hinzugefügten Zahlen darauf schließen lassen, dass die genannten Personen entweder über besondere Ausrüstungsgegenstände oder über (zu Dienst verpflichtete oder verpflichtbare) Personen verfügten. Für eine solche Rolle würde allerdings bereits die Stellung als Familienoberhaupt genügen. Die neben den Listen gefundenen Briefe zeigen, dass es sich bei den Taanach-Texten um Angelegenheiten der lokalen Führung, insbesondere des Stadtfürsten Talwasur handelt, wobei Kriegswagen, Waffen aber auch Diener bzw. Sklaven erwähnt werden. Somit könnte es sich bei den in den Listen genannten Personen um die lokale Elite, insbesondere um Streitwagenkrieger handeln. Auch die relativ niedrigen Zahlen sprechen dafür, dass es sich um besondere Personen (Streitwagenkrieger) oder wertvolle Objekte (Kriegswagen) handelt.

c) Zu beachten ist, dass TT 14 unabhängig von den anderen Tafeln gefunden wurde und somit in etwas unterschiedlichem Kontext stehen kann. D.h. die Stellung und Aufgabe der genannten Personen mag anders sein als in den übrigen Listen und eventuell mit dem Tempeldienst zusammenhängen, was allerdings auch eine gehobene Tätigkeit darstellt.

3. 1Kön 4,7 – 19 im Licht der Forschungsgeschichte und der Taanach-Texte

Die Analyse der Forschungsgeschichte und der Taanach-Texte führen zu folgenden Ergebnissen:

a) Die Identifikation einer Person als „Sohn des X" stellt in sich keine besondere, jedenfalls keine negative Bewertung dar, auch wenn sie kontextbedingt einen solchen negativen Beiklang erhalten kann (1Kön 12,16; Jes 7,6).

b) Die Identifikation einer Person als „Sohn des X" kann bedeuten, dass der Vater bekannter war als der Sohn, oder dass der Sohn eine Funktion ausübt, die auch der Vater schon ausübte oder worin er den Vater vertritt. Die Entscheidung, welcher Sachverhalt zutrifft, ergibt sich – sofern sie überhaupt möglich ist – nicht aus der Namensform, sondern aus dem Kontext.

c) Die Taanach-Texte, wie auch die meisten Belege aus Ugarit und von anderen Orten, zeigen oder lassen vermuten, dass es sich um Personen gehobener Stellung oder Funktion handelt. Das ergibt sich aber nicht aus der Namensform, sondern aus den jeweiligen Gegebenheiten (Streitwagenkrieger, höhere Beamte etc.) und daraus, dass in der erhaltenen Literatur in der Regel nur Personen gehobener Stellung namentlich genannt wurden. Dass diese Berufe oder Funktionen häufig erblich waren, ist eine soziologische Gegebenheit und steht nicht in unmittelbarem Zusammenhang mit der Namengebung, auch wenn die Wahrnehmung einzelner Personen über den Vater („Sohn des X") durch diese Sukzession im Beruf oder der Stellung begünstigt wurde.

d) Die unterschiedlichen Bezeichnungen der Personen in der Liste von 1Kön 4,7– 19 bedeuten keine unterschiedliche Bewertung dieser Personen, sie markieren aber vermutlich in der Tat einen gewissen Unterschied im soziologischen Hintergrund: Es ist anzunehmen, dass alle 12 dieser Statthalter oder Vögte aus lokal einflussreichen Familien stammten.[39] Nur so werden sie die Autorität und auch die Erfahrung (und nicht zuletzt die lokale Infrastruktur) gehabt haben, die für diese Aufgabe notwendig war.

Hier mag sich nun tatsächlich ein Unterschied in der Herkunft aus einer Sippe eines israelitischen Stammes oder aus der herrschenden Familie einer kanaanäischen Stadt widerspiegeln. Die in der Tat offensichtlich vor allem aus dem stärker kanaanäisch geprägten Bereich kommenden Statthalter mit ihren „Sohn des X"-Namen waren vermutlich die Söhne der jeweiligen Stadtfürsten bzw. aus den herrschenden Familien, die Salomo zugleich durch die Übertragung dieser Aufgabe an sich band.[40]

So erübrigt sich die Annahme bzw. der Einwand,[41] dass bei dieser Form der Benennung bereits die Väter dieselbe Funktion vor Ort oder eine andere bedeutende Funktion zur Zeit Davids gehabt haben müssten. Andererseits erklärt sich, dass die Namen der Väter als die offensichtlich bekannteren Persönlichkeiten im Vordergrund standen bzw. vielleicht sogar bewusst im Vordergrund stehen sollten, es andererseits aber doch die Söhne waren, die diese Aufgabe ausübten.

4. Literatur

Albright, William F., The Administrative divisions of Israel and Judah, JPOS 5 (1925), 17–54.

Alt, Albrecht, Israels Gaue unter Salomo, FS Rudolph Kittel, BWAT 13, 1913, 1–19; jetzt in: ders., Kleine Schriften II, München 1953 = ²1964, 76–89).

Alt, Albrecht, Menschen ohne Namen, ArOr 18 (1950), Symbolae Hrozný, 9–24, jetzt in: ders., Kleine Schriften III, München 1953 = ²1968, 198–213.

Ash, Paul S. Solomon's? District? List?, JSOT 67 (1995), 67–86

Fritz, Volkmar, Das erste Buch der Könige, ZBK.AT 10,1, Zürich 1996.

Heltzer, Michael, The internal organization of the kingdom of Ugarit. (Royal service-system, taxes, royal economy, army and administration), Wiesbaden 1982.

Hess, Richard, The Form and Structure of the Solomonic District List in I Reg 4,7–19, in: Crossing Boundaries and Linking Horizons: Studies in Honor of Michael C. Astour, Bethesda Md. 1997, 279–292.

---

39 Zu einer ähnlichen Überlegung kam, wie ich nachträglich sehe, auch Kamlah, Liste der Regionalfürsten.

40 Eine solche politische Bindung konnte zusätzlich verstärkt werden durch eine familiäre Einbindung wie sie bezüglich des „Sohnes Abinadabs" in V. 11 berichtet wird. Zudem ist keineswegs gesagt, dass sämtliche Steuern und Abgaben nur nach Jerusalem gingen; die intensivierte Infrastruktur wird auch die Möglichkeiten und den Status vor Ort verbessert haben.

41 Vgl. dazu den Einwand von M. Noth gegenüber A. Alt, s.o. bei Fn. 11.

Horowitz, Wayne / Oshima, Takayoshi / Kreuzer, Siegfried, Die Keilschrifttexte von Taanach / Tell Taʻannek, in: Siegfried Kreuzer (Hg.), Taanach / Tell Taʻannek, WAS 5, Wien/Frankfurt 2006, 85 – 97.

Horowitz, Wayne / Oshima, Takayoshi / Sanders, Seth, Cuneiform in Canaan. Cuneiform Sources from the Land of Israel in Ancient Times, Jerusalem 2006.

Kamlah, Jens Die Liste der Regionalfürsten in 1Kön 4,7 – 19 als historische Quelle für die Zeit Salomos, BN 106, 2001, 57 – 78.

Keil, Carl-Friedrich, Die Bücher der Könige, Leipzig ²1876.

Kraus, Wolfgang / Karrer, Martin, Septuaginta deutsch, Stuttgart 2008.

Kreuzer, Siegfried (Hg.), Taanach / Tell Taʻannek. 100 Jahre Forschungen zur Archäologie, zur Geschichte, zu den Fundobjekten und zu den Keilschrifttexten, WAS 5, Wien/Frankfurt 2006.

Montgomery, James A. / Gehman, Henry S. The Books of Kings, ICC, Edinburgh 1951.

Naveh, Joseph, Nameless People, IEJ 40 (1990), 108 – 123.

Noth, Martin, Die syrisch-palästinische Bevölkerung des zweiten Jahrtausends v. Chr. im Lichte neuer Quellen, ZDPV 65 (1942), 9 – 67.

Noth, Martin, Könige I/1 – 16, BK IX,1, Neukirchen 1968.

Pruzsinszky, Regine, Das Onomastikon der Texte aus Tell Taanach, in: Siegfried Kreuzer (Hg.), Taanach / Tell Taʻannek, WAS 5, Wien/Frankfurt 2006, 101 – 117.

Rosenberg, A.J., I Kings. A new English translation. Text of Rashi and other commentators, New York 1980.

Reis, Pamela Tamarkin, Unspeakable Names: Solomon's Tax Collectors, ZAW 120 (2008), 261 – 266.

Sellin, Ernst, Tell Taʻannek. Bericht über eine mit Unterstützung der kaiserlichen Akademie der Wissenschaften und des k.k. Ministeriums für Kultus und Unterricht unternommene Ausgrabung in Palästina (Abhandlungen der Kaiserlichen Akademie der Wissenschaften Denkschrift 50/IV), Wien 1904; Anhang: Hrozný, Friedrich, Die Keilschrifttexte von Taʻannek, 113 – 122; ders., Eine Nachlese auf dem Tell Taʻannek in Palästina (Abhandlungen der Kaiserlichen Akademie der Wissenschaften Denkschrift 52/III), Wien, 1906; Anhang: Hrozný, Friedrich, Die neuen Keilschrifttexte von Taʻannek, 36 – 41.

Streck, Michael P., Das amurritische Onomastikon der altbabylonischen Zeit, Band 1, Die Amurriter, die onomastische Forschung, Orthographie und Phonologie, Nominalmorphologie, AOAT 271 I, Münster 2000.

Vom Bauernkrieg zum sogenannten Revolutionsmodell für die „Landnahme" Israels

Der folgende Beitrag analysiert (1) das in Max Webers Werk „Das antike Judentum" (1921) implizierte Bild der Entwicklung Israels. Es zeigt sich, dass schon bei Max Weber das später so genannte Revolutionsmodell zugrunde liegt, d. h. die Vorstellung, dass Israel im Wesentlichen aus bereits im Land wohnenden Bauern entstand, die sich in einer Revolte bzw. einem Bauernkrieg von der Vorherrschaft und der wirtschaftlichen Ausbeutung durch die kanaanäischen Städte entzogen. Die (beginnende) Bauernrevolte fiel zusammen mit der Ankunft einer kleinen Gruppe, die vom Sinai die Bundesvorstellung mitbrachte. Diese Vorstellung vom Bund zwischen Gott und den Menschen und zwischen den verschiedenen Gruppen verstärkte die Revolte gegen die kanaanäischen Städte und führte andererseits zu Herausbildung des israelitischen Stämmebundes bzw. der israelitischen Eidgenossenschaft. (2) Dieses Grundmodell der Entstehung Israels aus innerkanaanäischen Bevölkerungselementen wurde von George E. Mendenhall aufgenommen und mit dem damals in der amerikanischen Forschung favorisierten Modell der Zerstörung der kanaanäischen Städte durch die Israeliten verbunden.

0. Vorbemerkung

Das Problem der sogenannten *Landnahme Israels* bzw. des *Conquest of Palestine* gehört gewiss zu den im 20. Jh. am intensivsten diskutierten Fragen der alttestamentlichen Wissenschaft. Gegenüber den beiden bis dahin geläufigen Modellen der Eroberung und der (primär friedlichen) Infiltration eröffnete das von George Mendenhall 1962 vorgetragene „Revolutionsmodell" eine neue und auch überraschende dritte Möglichkeit. Seine Annahme, dass die „Israeliten" nicht von außen kamen, sondern fast vollzählig aus Kanaan selber, wurde trotz aller Differenzen im Detail zum Grundansatz weiterer Modelle. Insbesondere N.K. Gottwald und N.P. Lemche bauten darauf auf und auch in der Interpretation archäologischer Befunde war und ist dieses „Modell" von erheblichem Einfluss.

Der Soziologe Max Weber, der sich im Rahmen seiner weitgespannten Interessen und Forschungen auch dem Alten Israel und dem antiken Judentum zuwandte, beeinflusste durch mancherlei Impulse die alttestamentliche Wissenschaft. Sein Werk „Das Antike Judentum", das den Hauptteil des dritten Bandes der „Wirtschaftsethik der Weltreligionen bildet[1], wird gerne als Anfang soziologischer Erforschung des Alten Testaments genannt und gerühmt.[2] Webers Werk beeinflusste in mancher Hinsicht die alttestamentliche Forschung. Am bekanntesten wurde die von Albrecht Alt übernommene Transhumanz-Vorstellung, und auch Martin Noths Amphiktyonie-Hypothese geht zum guten Teil auf Impulse aus „Das Antike Judentum" zurück. Aber auch eine ganze Reihe weiterer Forscher machten „nicht zu unterschätzende, teils unbefragte Anleihen bei Max Weber."[3]

In die Reihe jener Forscher, bei denen Webers „Antikes Judentum" auf fruchtbaren Boden fiel, müsste auch George E. Mendenhall eingereiht werden. Im Folgenden soll gezeigt werden, dass die sog. Revolutionshypothese letztlich bei Max Weber ihre Grundlegung hat und dass Mendenhall's These eigentlich die konsequenteste und klarste Durchführung der Weber'schen Gedanken darstellt.

Wenn ich mit diesen Überlegungen den verehrten Jubilar unserer Nachbaruniversität, Herrn Prof. Dr. Henning Graf Reventlow, herzlich grüße, so mag das Thema auch darin sein Recht haben, dass er mit seinen Arbeiten manches zur Erhellung der Forschungs- und Geistesgeschichte im deutschen wie im englischen Sprachraum beigetragen hat.

1. Max Weber: Das antike Judentum

Max Webers Arbeiten sind von einer enormen Breite. Umso beeindruckender ist seine Vertrautheit auch mit der alttestamentlichen Forschung. Allerdings ist „Das Antike Judentum" (= AJ) nicht ganz einfach zu lesen, besser gesagt: zu durchschauen. Das liegt nicht nur an der Fülle der ausgebreiteten Beobachtungen und Überlegungen, sondern auch am spezifischen Zugang. Weber verfolgt eine so-

---

1 Die Abhandlung erschien zuerst in mehreren, ungleichen Folgen vom Oktober 1917 bis Dezember 1919 im „Archiv für Sozialwissenschaft und Sozialpolitik" und dann 1921 als Bd. III von „Gesammelte Aufsätze zur Religionssoziologie" bzw. von „Die Wirtschaftsethik der Weltreligionen" hg. von Marianne Weber.
2 Z. B. H.J. Kraus, Die Anfänge der religionssoziologischen Forschungen in der alttestamentlichen Wissenschaft (1969): Biblisch-theologische Aufsätze (1972), 296–310: 294; W. Schottroff, Soziologie und Altes Testament: VuF 19 (1974), 46–66; A.D.H., Mayes, The Old Testament in Sociological Perspective (1989), 36 ff..
3 C. Schäfer-Lichtenberger, Stadt und Eidgenossenschaft im Alten Testament. Eine Auseinandersetzung mit Max Webers Studie „Das antike Judentum", BZAW 156 (1983), 12. Vgl. A. Zingerle, Max Webers historische Soziologie. Aspekte und Materialien zur Wirkungsgeschichte, EdF 163 (1981), 181–187, und die dort genannte Literatur.

ziologische Fragestellung, nämlich: „Wie sind die Juden zu einem Pariavolk[4] mit dieser höchst spezifischen Eigenart geworden?" D.h. er sucht das Charakteristische schon in den Anfängen; da aber das Charakteristische bleibt, zieht er immer wieder auch Späteres zur Veranschaulichung oder zur Differenzierung des Früheren mit heran.

Webers Darstellung wurde, soweit ich sehe, nie auf das darin enthaltene Bild von der Geschichte Israels hin befragt oder dargestellt. Vielmehr werden immer nur seine Methode und seine Typologie diskutiert und in Verbindung damit am ehesten noch die religionssoziologischen Interpretationen und die von da ausgehende Charakterisierung des Judentums.[5] Daher werden im Folgenden vor allem jene Aussagen herausgehoben, die das zugrunde liegende Bild der geschichtlichen Entwicklung Israels erkennen lassen.

1.1 Zu Max Webers Grundansatz

Um Webers Darstellungsweise und Gedankengang zu verstehen, hält man sich am besten zwei seiner Grundvorstellungen vor Augen[6]:

---

4 Zur Diskussion um diese zumindest für heutige Ohren nicht gerade glückliche Bezeichnung siehe Zingerle (1981), 185 f. Weber hatte im Wesentlichen die Lebensformen des europäischen Judentums seiner Zeit vor Augen. Seine diesbezügliche Einstellung war differenziert und insgesamt durchaus positiv und wurde auch so aufgefasst: „Webers Studie ... wurde insbesondere von Denkern des deutschen Judentums als vorurteilslose, von dem im deutschen Geistesleben um 1900 latent verbreiteten Antisemitismus sich entschieden abhebende Analyse mit Sympathie aufgenommen – so bereits bald nach ihrem Erscheinen von den Philosophen Franz Rosenzweig und Martin Buber;", Zingerle (1981), 181. Vgl. auch E. Baumgarten, Max Weber. Werk und Person (1964), 610: „Kollegen haben Weber übelgenommen, dass er als dezidierter Prosemit auftrat."
5 Das gilt auch für die umfangreiche Untersuchung von C. Schäfer-Lichtenberger (1983) und die Beiträge bei W. Schluchter (1981), wie auch für den unnötig polemischen Aufsatz von J.A. Holstein, Max Weber and Biblical Scholarship, HUCA 46 (1975), 159 – 179. Am ehesten den historischen Fragen zugewandt hat sich W. Caspari, Die Gottesgemeinde vom Sinai und das nachmalige Volk Israel. Auseinandersetzungen mit Max Weber, BFChTh 27,1 (1922).
6 Zu Darstellung und Interpretation des Werkes von Weber siehe: R. Bendix, Max Weber. An Intellectual Protrait (1952); deutsch: Max Weber – Das Werk. Darstellung, Analyse, Ergebnisse, mit einem Vorwort von R. König (1964); Baumgarten (1964); D. Käsler, Einführung in das Studium Max Webers (1979); A. Zingerle (1981); W. Schluchter (Hg.), Max Webers Studie über das Antike Judentum. Interpretation und Kritik (1981); J. Kocka (Hg.), Max Weber, der Historiker. Kritische Studien zur Geschichtswissenschaft (1986); C. Gneuss / J. Kocka (Hg.), Max Weber. Ein Symposion (1988); J. Weiß (Hg.), Max Weber heute. Erträge und Probleme der Forschung (1989).
   Zur Verbindung mit der alttestamentlichen Forschung: H.J. Kraus (1969); Schottroff (1974); A.D.H., Mayes, The Old Testament in Sociological Perspective (1989); J. Oesch, Sozialgeschichtliche Auslegung des Alten Testaments. Ein forschungsgeschichtlicher Überblick: Protokolle zur Bibel

1. Weber sieht das Grundlegende sozialer Gegebenheiten und geschichtlicher Entwicklungen im Konflikt sozialer Gruppierungen (Statusgruppen) und Kräfte. Die verschiedenen Interessen von Gruppen und einzelnen Handlungsträgern prägen und bewegen die Gesellschaft und ihre Geschichte. „Jede Gesellschaft besteht aus positiv oder negativ privilegierten Statusgruppen, die danach streben, ihren gegenwärtigen ‚Lebensstil' zu erhalten oder zu verbessern, und zwar durch soziale Distanz und Exklusivität sowie durch die Monopolisierung wirtschaftlicher Chancen. Um die stabilisierenden und dynamischen Tendenzen einer Gesellschaft zu verstehen, müssen wir versuchen, dieses Bestreben zu den in der Gesellschaft vorherrschenden Ideen und Werten in Beziehung zu setzen, oder wir müssen umgekehrt für jede gegebene Idee oder für jede feststellbare Wertvorstellung die Statusgruppe zu finden versuchen, deren materielle oder ideelle Lebensführung dadurch verbessert wird."[7] Insofern kann man Weber als typischen Repräsentanten einer sog. Konflikttradition[8] bezeichnen. Allerdings ist diese Bezeichnung insofern einseitig, als auch der – wenn auch in sehr verschiedener Weise erfolgende – Ausgleich zu nennen ist.[9]

2. Zu der für das ganze Werk Webers grundlegenden Frage nach dem Verhältnis von Religion und sozialer Situation ist der Begriff der elektiven Affinität zu nennen. D.h. Weber sieht eine gewisse Entsprechung zwischen sozialer Situation und religiösen (oder allgemein geistigen) Vorstellungen, aber keine simple Abhängigkeit oder Ableitbarkeit im Sinn von Basis und Überbau. Es besteht eine gewisse Wahlfreiheit und Bandbreite. Das schließt aber durchaus ein, dass bestimmte Gottesvorstellungen und religiöse Ideen (einschließlich der Ethik) eine enge Affinität zu bestimmten sozialen Gegebenheiten haben. Diese Affinität kann ihrerseits – ähnlich wie die chemische Affinität – andere Bindungen an Stärke übertreffen und verändernd auf Strukturen einwirken. Die Vermittlung dieser Wirkungen geschieht durch (charismatische) Einzelne oder (bzw. in weiterer Folge) durch Gruppen (z. B. Priester oder Mantiker oder Propheten).

(= PzB) 1 (1992), 3–22; S. Kreuzer, Grundfragen der sozialgeschichtlichen und soziologischen Forschung am Alten Testament: PzB 2 (1993), 25–46.

7 Bendix (1964), 201.

8 So etwa Mayes (1989), 36 ff.

9 Vgl. den Hinweis bei R. König, Vorwort, in: Bendix (1964), 9.

1.2 Die Statusgruppen in Palästina zwischen der Amarnazeit und der israelitischen Königszeit

Weber skizziert zunächst die Geschichte des Alten Vorderen Orients bis herab zur Zwischenzeit zwischen dem Ende der ägyptischen und hethitischen Dominanz im 13. Jh. und dem Kommen der Assyrer im 8. Jh., denn nur in jener Zeit „konnte auch Palästina sich unabhängig von fremden Großmächten entwickeln." (AJ 8). Danach beschreibt er die geographischen und klimatischen Gegebenheiten bzw. Gegensätze und folgert: „Die naturgegebenen Kontraste der Wirtschaftsbedingungen haben von jeher in Gegensätzen der ökonomischen und sozialen Struktur sich ausgedrückt." (AJ 13) So ergeben sich vier große Gruppen: „Am einen Ende der Skala stehen die Wüsten-*Beduinen.*" Sie verachten den Ackerbau, verschmähen Haus und befestigte Orte, leben von Kamelmilch und Datteln. Ihre einzige normalerweise perennierende Autorität ist das Sippenhaupt, der Schech. Die Sippe ist durch Blutrache eng zusammengekettet. Als Gemeinschaft des Wanderns und Lagerns mehrerer Sippen entsteht der Stamm, nicht zuletzt zu gegenseitigem Schutz, meist nur unter vorübergehender charismatischer Führerschaft. Jeder Verband, der über die Sippe hinausgeht, bleibt höchst labil. Es besteht die strenge Pflicht der brüderlichen Nothilfe. Der Nichtbruder dagegen ist rechtlos. Es gibt feste Weidegebiete, aber kein appropriiertes Bodeneigentum. Krieg und Raub stempeln den typisch beduinischen Ehrbegriff. „Von eigentlichem Beduinenrecht zeigen nun die altisraelitischen Rechtssammlungen nichts und der Tradition ist der Beduine der Todfeind Israels. Ewige Fehde herrscht zwischen Jahwe und Amalek ..." (AJ 13 – 16)

„Am andern Ende der Skala stand und steht die *Stadt.*" Bei voller Entwicklung war die Stadt nicht nur Marktort, sondern vor allem Festung und als solche Sitz der Wehrverbandes, des Lokalgottes und seiner Priester und des je nachdem monarchischen oder oligarchischen politischen Machtträgers. In der Tell-el-Amarna-Korrespondenz erscheint unter Amenophis IV. (Echnaton) neben den Vasallenkönigen und Statthaltern des Pharao in den größeren Städten, am deutlichsten in Tyros und Byblos, eine stadtsässige Schicht, welche das Stadthaus in der Gewalt hat. Sie muß ein wehrhaftes Patriziat dargestellt haben. „Und auch in einer anderen Hinsicht sind offenbare Gleichheiten der vorisraelitischen mit der israelitischen und sogar noch der spätjüdischen Zeit festzustellen ... und zwar derart, daß zu jeder befestigten Hauptstadt eine Anzahl Landstädte und zu beiden wieder Dörfer als politische Dependenzen gehören. ... Die abhängigen Orte waren dann in der Lage von Periökenortschaften, d. h. politisch rechtlos. Die Herrensippen waren oder galten als stadtsässig." (18 f.) Die Bedeutung der Sippen-Organisation blieb auch in den Städten grundlegend. Aber neben ihre ausschließliche Bedeutung tritt die Beteiligung am Grundbesitz als Grundlage der Rechte und überwiegt schließlich jene. Die besitzende Schicht ist zur Selbstequipierung fähig. Bei diesen voll wehrfähigen und wehrpflichtigen Sippen war, wie überall und in allen Zeiten, wo kostspielige Bewaffnung und Ausbildung ausschlaggebend war, die politische Macht. Durch Werbung einer persönlichen Gefolgschaft, d. h. einer Leibgarde, und ihm persönlich ergebener Beamter konnte ein charismatischer Kriegsfürst sich als Stadtherr von der Stadtaristokratie unabhängig machen. Es entsteht das (Stadt)königtum. Aber normalerweise hat kein König gegen den Willen der Geschlechter dauernd regieren können. (16 – 25).

In Palästina waren – wie in Attika – gerade die Bauern des besten, rentenfähigen Landes am stärksten dem Druck des städtischen Patriziats ausgesetzt, während an den für die Ritterschaft am schwersten zugänglichen Berghängen die freien Bauern und Hirtensippen lebten, „die auch ihrerseits abgabenpflichtig zu machen der Stadtpatriziat mit wechselndem Erfolg versucht" (27). Über diese Bauern ist aus den Quellen (etwa dem Deboralied) außer ihrer Existenz und ursprünglichen Machtstellung fast nichts zu erfahren, jedenfalls nicht über ihre politische Organisation oder ihre soziale Differenzierung. „Im übrigen läßt sich die Lage der freien Bauern nur indirekt erschließen. Daß der altisraelitische Bund in stärksten Maße gerade ein Bauernbund war, zeigt das Deboralied, welches die Bauern den kanaanäischen Rittern des Städtebundes entgegenstellt und rühmt, daß sie ‚wie gibborim' gekämpft haben. Daß der Bund in historischer Zeit niemals n u r ein Bauernbund war, steht ebenfalls fest." (29)

Nach diesem Vorausblick folgt die Beschreibung der nächsten Statusgruppe. „Der Metöke, ger oder toschab, war dagegen ganz etwas anderes. Seine Lage muß aus vor- und nachexilischen Quellen kombiniert erschlossen werden. In der Lage der ‚gerim' befanden sich vor allem große Teile der Handwerker und Kaufleute. Dies war in den Städten ebenso der Fall wie draußen bei den Beduinen der Wüste." (33 f.) Für diese Zuordnung verweist Weber vor allem auf die Aussagen über die Keniten in Gen 4. Für die nachexilische Zeit seien diese Gruppen dann zum Teil auf ihnen zugewiesenen Landanteilen fest angesiedelt und durch die Genealogien (vgl. die Chronik) als Volljuden angesehen worden. Zusammen mit den ökonomisch schwachen, wenn auch freien Israeliten entstand aus ihnen ein städtischer Demos im Sinn der Ständescheidung. „Aber auch nach dem Exil sind die Plebejer nie als wirklicher ‚Demos' im technischen Sinn der antiken klassischen Polisverfassung konstituiert worden." (34) Für die vorexilische Zeit gilt dagegen der ger noch als Fremder. Das Verhältnis zur übrigen Bevölkerung ist in den Erzählungen verschieden gedacht, aber es „bleibt jedenfalls sicher: daß die gerim nicht zu den, sei es als gibborim sei es als 'am hamilchama, heerbannpflichtigen bne Jisrael gerechnet und daß sie vorgestellt wurden als *stammfremd* und als *organisiert*, teils als bodensässige Klientelstämme, teils aber als nicht bodensässige Gaststämme und Gastsippen." (42 f.).

„Diesem Typus des eigener Bodenständigkeit entbehrenden Gaststamms fügen sich nun auch die beiden für uns wichtigsten und am besten in der Überlieferung erkennbaren Beispiele von gerim: die Kleinvieh züchtenden Hirten und die levitischen Priester." Beide waren nicht am Grundbesitz beteiligt, beide hatten aber ein festes Rechtsverhältnis zur ansässigen Bevölkerung, einschließlich Wohn- und Weiderechte. Beide haben für Israel eine große religionsgeschichtliche Bedeutung: „Die Hirten, weil die Tradition ihnen die ‚Erzväter' zuweist und weil sie für die Prägung der prophetischen Jahwereligion eine beträchtliche historische Rolle gespielt haben, die Leviten aber als Träger des Jahwekults." (43)

Aber, und das ist nun wichtig, auch diese Gruppen können noch zur Organisation der Stadt(!) gehören: „Über welches Gebiet die oben geschilderte *städtische* Organisation sich jeweils erstreckte, hing von der politischen Machtlage und zwar insbesondere davon ab, in welchen Gebieten die Beduinen in Zaum gehalten werden konnten. ... Der Ansturm der Beduinen durchzieht die ganze palästinische Geschichte. In den Amarnabriefen erscheinen die mit dem Ideogramm ŠA GAZ ... bezeichneten Krieger teils, und in der Regel, als Feinde, mit denen die ägyptischen Vasallen und Stadthalter zu kämpfen haben, teils aber auch als Reisläufer im Dienst von Vasallen." (S. 43) Weber bringt noch einige Beispiele aus der Amarnakorrespondenz – insbesondere die für die Verbindung mit ansäßiger Bevölkerung wichtige Bemerkung aus EA 74: „sie veranlassen die ansässige Bevölkerung dazu, den ägyptischen Vasallen zu erschlagen, mit ihnen gemeinsame Sache zu machen und ‚wie ŠA GAZ zu sein'" – und schränkt dann überraschenderweise ein: „Fraglich bleibt nun aber in all diesen Fällen: ob diese ŠA GAZ wirklich Beduinen, also Kamelzüchter aus dem Wüstengebiet waren oder vielleicht etwas ganz anderes" (44) und leitet von da zu seiner letzten Gruppierung über:

„Zwischen der bodenständigen Bevölkerung, also dem Stadtpatriziat und den seßhaften, teils freien, teils fron- und zinspflichtigen Bauern ... einerseits und andererseits den kamelzüchtenden Beduinen in der Mitte steht nämlich noch ein für alle Länder im Mittelmeergebiete bis in die Neuzeit charakteristische Schicht: Die halbnomadischen Kleinvieh- d. h. *Schaf- und Ziegenzüchter.* Die Lebensform dieser Schicht ist im Mittelmeergebiet überall bestimmt durch die Notwendigkeit und, für Kleinvieh im Gegensatz zu den Rindern, auch leichte Ausführbarkeit des *Weidewechsels* auf weite Entfernungen hin: über die Abruzzen hinweg nach Apulien, oder quer durch halb Spanien, und ähnlich weit in Nordafrika und dem Balkan. Diese in Spanien sogenannte ‚Transhumanz'[10]" nötigt einerseits zu nach

---

10 Weber verweist hier und schon S. 11 Anm. 3 auf „die vortreffliche Arbeit von *R. Leonhard*, Die

innen fester geregelter Gemeinschaft als bei den Beduinen und andererseits zu fest geregelten Beziehungen zu den Grundbesitzern der betroffenen Gebiete. Dabei kann es etwa durch Verkleinerung der Weidegebiete zu Verkleinerungen oder Aufspaltung der Stämme und zu Verschiebungen der Kräfteverhältnisse kommen.

Von hier aus kommt Weber nun zu den internen Konflikten der vorstaatlichen Zeit, vor allem aber zu deren Hauptgegensatz: „Der Feind gegen welchen sich gemeinsam die bereits seßhaften, vor allem: die bergsässigen Bauern und die halbnomadischen Hirten, wenigstens des Westjordanlandes, zu wehren hatten, war der wehrhafte Patriziat der Städte in den fruchtbaren Ebenen und an der Küste. ... Neben der Beherrschung dieser Straßen [sc. über die der Patriziat das Land ausbeutete und Gewinn aus der Kontrolle über den Handel zog] und dem Gewinn, die sie brachte, erstrebten die freien Bauern und Hirten der Berge die Sicherung ihrer Fron- und Abgabenfreiheit gegenüber dem Stadtpatriziat, und suchten womöglich ihrerseits die Städte zu nehmen, teils um sie zu zerstören, teils um sich selbst als Herrenschicht darin festzusetzen. ... Mit geringer Ungenauigkeit kann man sagen: es kämpfte dabei das Bergvolk gegen die Ebene. Dieser naturgegebene Gegensatz nahm erst in der Zeit des judäischen Königtums ein Ende. Vorher beherrscht er die ganze Geschichte Palästinas von Anfang unserer Kunde an. Schon in der Amarnazeit bedrohen die Feinde, ŠA GAZ und Chabiri, ‚von den Bergen her' die Städte in den Ebenen. In der Tradition um den Besitz Kanaans sind es die mit eisernen Wagen versehenen Städte, welche die Israeliten nicht einnehmen können. ... Aber das Maß des Gegensatzes gegen die Städte war bei Bauern und Viehzüchtern verschieden. Die Hauptinteressenten des Kampfes gegen den Städtepatriziat waren die ansässigen Bauern, die der Fronknechtschaft am meisten ausgesetzt waren. Der Deborakrieg verläuft wesentlich als ein Bauernkrieg." (S. 63 f).

Das Israel der Frühzeit bestand somit nach Weber aus verschiedenen Bauern- und Nomaden-„Sippen"[11] die sämtlich im Gegensatz zu den kanaanäischen Städten bzw. deren Patriziat standen. Dabei war die „Grenze" fließend, denn es gab ja auch von den Städten abhängige Bauern und Handwerker; und selbst bei den Nomadensippen gab es zum Teil vertragliche Beziehungen mit den Städten. Insbesondere in den geographischen Übergangszonen konnte sich die Zugehörigkeit bei sich änderndem Kräfteverhältnis (s.o., die Zitate aus S. 43 f) weitrei-

---

Transhumanz im Mittelmeergebiet (in d. Festschr. für L. Brentano, München 1916)", der die Transhumanz „in verdienstvoller Weise erstmalig zusammenfassend behandelt" hat.
11 Vgl. die eingangs referierte Bedeutung der Sippen und ihren Vorrang gegenüber den Stämmen bzw. den fließenden Übergang.

chend verändern.[12] – Noch immer aber haben wir nichts von einer Einwanderung gehört. Die bisher beschriebenen Verhältnisse und ihre Dynamik bestehen „von Anfang unserer Kunde an", d. h. zumindest seit der Amarnazeit, zwischen den im Land vorhandenen – im Sinn von Weber kann man sagen: Status-Gruppen.

1.3 Der Bund und seine Affinität zur Eidgenossenschaft

In einer ausführlichen Darstellung und Analyse der Rechtssammlungen (S. 66 – 81), konkret des Bundesbuchs und des Deuteronomiums, verifiziert und differenziert Weber die z.T. schon skizzierte Verschiebung der sozialen Zustände „in der Richtung der Beherrschung des flachen Landes durch das Stadtpatriziat" (S. 66) bis hin zum Exil. Von dem „Gesamteindruck … einer steigenden *Theologisierung* des Rechts" fragt Weber nun wieder zurück nach Quelle und Eigenart dieses Prozesses, wobei wir zunächst „die äußeren Formen, in welchen diese Theokratisierung der israelitischen Sozialordnung sich vollzog und die Gewalten, welche sie beförderten, kennen lernen" müssen. „Eine Eigentümlichkeit der israelitischen Sozialordnung spricht sich schon im Namen des ältesten Rechtsbuchs aus: Sefer ha-berith, ‚Bundesbuch'. Der wichtige Begriff der ‚berith' ist es, der uns daran interessiert." (S. 81). – Mit diesem Thema ist der zweite Brennpunkt der ganzen Darstellung angesprochen. Aus den Besonderheiten, die sich von hier aus ergeben, macht Weber alle weiteren, von ihm herausgestellten Besonderheiten des Jahweglaubens bzw. des Judentums in seiner religiösen wie sozialen Gestalt verständlich bzw. zumindest bezieht er sie darauf. Diese Themen werden ab etwa Seite 140 entfaltet und liegen jenseits unserer Fragestellung.

Weber beschreibt zunächst das häufige Vorkommen des Bundesbegriffs. „Ein ‚Schwurbund' von Gegnern der ägyptischen Herrschaft findet sich schon in den Amarnabriefen erwähnt" (S. 81 mit Verweis auf EA 67). „Daß die verschiedensten unter göttlichen Schutz gestellten Verbrüderungen die israelitische Geschichte durchziehen, wäre an sich nichts ihr Spezifisches. Jedes politische Bündnis, aber auch fast jeder privatrechtliche Vertrag pflegte ja in der Antike eidlich, d. h. durch Selbstverfluchung bekräftigt zu werden. Sondern das Eigenartige ist zunächst die überaus weite Erstreckung der religiösen ‚berith' als der wirklichen (oder konstruierten) Grundlage der verschiedensten rechtlichen und sittlichen Beziehungen. Vor allem war Israel selbst als politisches Gemeinwesen eine Eidgenossen-

---

12 M. E. ist Weber in diesem Sinn zu verstehen. Gewiss wäre es für die Stadt gefährlich weil subversiv, wenn gleichzeitig der Eidgenossenschaft (s. u.) angehörige Gruppen zur Stadt gehörten (so Schäfer-Lichterberger [1981], 145.422).

schaft." (S. 82) „... die Einbürgerung von Viehzüchtersippen in eine kanaanäische Stadt, oder umgekehrt die Angliederung etwa der Gibeoniten als fronpflichtiger Gemeinde an Israel erfolgt stets durch eine, berith genannte, Schwurverbrüderung. Alle gerim, auch die Erzväter befinden sich in ihrer Rechtslage durch berith." (83)[13] Aber auch die „innerpolitische Geschichte Israels" bewegt sich in immer wiederholten rituellen Bundesschlüssen. „Das für unsere Zusammenhänge Entscheidende war nun aber dabei dies: gerade die älteren, vorexilischen, von diesen Fällen von Recht schaffender berith des *Gesamt*volks Israel als solches sind, in deutlichem Gegensatz zu den berith-Schlüssen unter einzelnen oder mit Metöken nicht nur Kontrakte und Verbrüderungen der beteiligten Parteien untereinander... Sondern sie galten gerade der alten ... Auffassung als Bundesschließungen *mit dem Gott selbst,* der also bei der Rache des Bundesbruchs seine eigenen verletzten Vertragsrechte, nicht nur die seinem Schutz empfohlenen Ansprüche der vertragstreuen Partei vertritt." (86)[14]

Die Ursache für die Besonderheit dieser israelitischen Konzeption sieht Weber im Zusammentreffen einiger allgemeiner politischer Sachverhalte und einem besonderen religionsgeschichtlichem Ereignis. „Die Bedeutung des Bundesbegriffs für Israel an sich hat ihren Grund darin, daß die alte Sozialverfassung Israels zum sehr wesentlichen Teil auf einer durch Kontrakt regulierten Dauerbeziehung grundbesitzender Kriegersippen mit *Gaststämmen* als rechtlich geschützten Metöken ... beruhte." (87) Ein solches Gebilde ist aber, wie oben schon dargelegt, eigentlich sehr labil. Stämme zersplittern oder bilden sich anders neu, Allianzen wechseln. „Mit dieser Unbeständigkeit kontrastiert nun auffallend die außerordentliche Stabilität eines bestimmten Verbandstypus, der sich gerade bei diesen nicht vollseßhaften Schichten findet: *des religiösen Ordens* oder ordensartigen Kultverbandes. Als Basis für politische und militärische Organisationen auf lange Sicht scheint geradezu nur ein derartiger religiöser Verband geeignet gewesen zu sein. Ein solcher waren die Rechabiten." (87)

Nun folgt der Kerngedanke für Webers Modell: „Der Tatbestand war dabei nun nicht etwa der: daß die Lebensbedingungen der Beduinen und Halbnomaden eine Ordensgründung aus sich heraus ‚erzeugt' hätten, etwa als ‚ideologische Exponenten' ihrer ökonomischen Existenzbedingungen. Diese Art materialistischer

---

13 In einer Fußnote nennt Weber die entsprechenden und noch weitere Belegstellen. Es folgen einige Bemerkungen zur Frage der richtigen Übersetzung von berith. Ihre Lektüre hätte manche neuere Diskussion vorweggenommen bzw. auch ersparen können.

14 Weber verwendet somit den Bundesbegriff in zweifacher Weise: Für die auch sonst bekannten, unter verschiedenen religiösen Vorzeichen stehenden Bündnisse verschiedener Gruppen (in diesem Sinn nennt er das frühe Israel gelegentlich einen ‚Verband') und für den spezifisch israelitischen Bund mit Gott; siehe unten zu 126–135.

Geschichtsbetrachtung ist hier wie sonst gleich unzutreffend. Vielmehr: *wenn* eine solche Gründung erfolgte, so hatte sie, unter den Lebensbedingungen dieser Schichten, die weitaus stärksten *Chancen*, im Auslesekampf die übrigen, labileren, politischen Gebilde zu überdauern. *Ob* sie aber entstand, das hing von ganz konkreten religionshistorischen und oft von höchstpersönlichen Umständen und Schicksalen ab. War dann die religiöse Verbrüderung in ihrer Leistungsfähigkeit als politisches und ökonomisches Machtmittel einmal bewährt und erkannt, dann trug dies naturgemäß zu ihrer Ausbreitung mächtig bei." (88)

Weber zeigt zunächst die Leistungsfähigkeit der Bundespraxis für das Werden von Stämmen, etwa Groß-Judas, und wendet sich dann wieder dem Hauptthema zu: „Was schließlich die *israelitische Eidgenossenschaft selbst* anlangt, so war sie nach eindeutiger Überlieferung ein Kriegsbund unter und mit Jahwe als dem Kriegsgott des Bundes, Garant seiner sozialen Ordnungen und Schöpfer des materiellen Gedeihens der Eidgenossen" (90). „Sein Umfang hat gewechselt. Als Verband muß Israel in Palästina schon zur Zeit des Königs Merneptah, des angeblichen Pharao des Auszugs, existiert haben, denn es wird damals in einer bekannten Inschrift erwähnt, daß die Angriffe des königlichen Heeres seine Mannschaften und seinen Besitz dezimiert hätten. In der Art der Erwähnung tritt hervor, daß Israel ... als ein nichtstadtsässiger Verband galt." (90) Weber sieht, besonders auf Grund des Deboraliedes, den Kern des Bundes in Mittelpalästina. Dort geschahen auch jene Ereignisse, welche zur Rezeption Jahwes als des Kriegsgottes führten.

„Der in der Tradition am frühesten einen Jahwenamen tragende Heerführer des Bundes, Josua, ist Ephraimit und in dessen Gebiet begraben. So wird denn auch Jahwe, der von Seir in Edom im Wettersturm heranzieht und die Kanaanäer vernichtet, als Kriegsgott des unter Ephraims Hegemonie stehenden Bundes im Deboralied gepriesen." (91) Dieser israelitische Bund bzw. die Eidgenossenschaft verfügte bis zur Königszeit „über dauernde politische Organe überhaupt nicht". (92) Weber erörtert aber ausführlich Fragen wie die Rolle der Richter oder das Vorhandensein von Rechtssatzungen und Weisungen. Auch der Bundeskrieg wird erwähnt: „Als eigentlicher Herzog eines Bundeskrieges galt Jahwe selbst. ... Ein Bundeskrieg war daher ein heiliger Krieg oder er konnte es doch jederzeit werden, und wurde in Zeiten der Not sicher immer dazu erklärt."[15]

Auf historische Fragen kommt Weber erst wieder ab S. 126 bei der Darstellung der Sozialkritik der Propheten zurück: „Stets und überall aber beruft sich diese

---

[15] Man beachte die Formulierungen: „konnte werden", „sicher immer dazu erklärt". Zur Sache verweist Weber auf Schwally, Semitische Kriegsaltertümer I. Der heilige Krieg im alten Israel (1901).

stadtadels- und königsfeindliche Tradition auf den alten *Bund*, den einst Jahwe durch Mose mit Israel im Gegensatz zu allen anderen Völkern geschlossen habe und auf das ganz einzigartige historische Ereignis, welches dieser ebenfalls einzigartigen Bundesschließung zugrundeliege. Und in der Tat: das für Israel besondersartige Verhältnis: der Bundesschluß nicht nur unter der Garantie des Gottes, sondern mit dem *Gott selbst* als Gegenpartei, war ganz offenbar wirklich das Produkt jenes konkreten Geschehnisses, auf welches einmütig die gesamte israelitische Tradition diesen Vorgang zurückführt." (126 f) Das Besondere des Vorgangs war, dass dieses Wunder der „Befreiung von der ägyptischen Fronpflicht durch die wunderbare Vernichtung eines ägyptischen Heeres im Schilfmeer … bewirkt wurde durch einen in Israel *bis dahin fremden Gott,* der nun daraufhin mit feierlicher berith unter Einrichtung des Jahwekultes durch Mose als Bundesgott rezipiert wurde." (127) Wieder folgt die Erörterung verschiedener Fragen (u. a. auch zur Lage des Sinai) und religionsgeschichtlicher Charakteristika. Jedenfalls: „Nicht ein altvertrauter Orts- oder Stammesgott, sondern eine fremde und geheimnisvolle Gestalt war es, welche der israelitischen Eidgenossenschaft die Weihe gab." (133)

Bevor Weber auf die Charakteristika Jahwes zu sprechen kommt, streift er nochmals historische Fragen, insbesondere die Erwähnung der Chabiru in den Amarnatexten: „… bleibt freilich die Chronologie der Einwanderung und des Auszugs besonders dann sehr schwierig, wenn man die weit früher, unter Amenophis III. und IV., als Feinde in Palästina auftretenden ‚Chabiru' identifiziert mit den Ibrim, den ‚Jenseitigen', d. h. wohl den Ostjordanischen, als welche die Israeliten und andere mit ihnen als verwandt geltende Stämme … bezeichnet werden." (134) Weber beantwort diese für ihn nur am Rande wichtige historische Frage im auch schon damals üblichen Sinn mehrerer Einwanderungswellen[16], wobei er aber auch – wohl als notwendige Konsequenz aus den bisherigen Erörterungen – an die Verbindung mit (bereits) bodenständigen kanaanäischen Elementen denkt: „Es ist wohl als sicher anzunehmen, daß die später zum israelitischen Bunde zusammengetretenen Stämme in verschiedenen Wellen über das westjordanische Land hereingebrochen sind und daß auch die Zusammensetzung des Bundes selbst, wie schon früher sich als wahrscheinlich zeigte, gewechselt hat und Kanaanäer einerseits, frühere Beduinenstämme andrerseits

---

16 „Die stammensgeschichtliche Betrachtungsweise hatte, verbunden vor allem mit den überkommenen Methoden intensiver Literarkritik, zur Unterscheidung mehrerer ‚israelitischer' Einwanderungswellen nach Palästina geführt …" – So M. Weippert, Die Landnahme der israelitischen Stämme in der neueren wissenschaftlichen Diskussion, FRLANT 92 (1967), 12, bei der Beschreibung des damaligen Forschungsstandes. Dieser orientiert sich im Wesentlichen an Ri 1 und am Nebeneinander der ostjordanischen und der westjordanischen Landnahmeerzählungen.

einbezogen worden sind." (134) „Als Kern des altisraelitischen Bundes aber, wie ihn das Deboralied kennt, galt den Segensspruchsammlungen und der priester-lichen Tradition jedenfalls der von Mose zum Zweck der Eroberung und Be-hauptung des Westjordanlandes gestiftete Bund mit dem Gott, der das Schilf-meerwunder gewirkt hatte." (135)

Damit ist der grundlegende Sachverhalt gegeben. Die weiteren, sehr aus-führlichen Erörterungen beschäftigen sich mit der Eigenart der Leistung des Mose, mit den Konsequenzen aus der Grundgegebenheit, daß Jahwe ein *sozialer Ver-bandsgott* war, daß er „ein bisher fremder Gott war und ein ‚Gott aus der Ferne‘ blieb. Dies war das Entscheidende der Beziehungen. Jahwe war ein Wahlgott." (140) Die Konsequenzen werden – bis Seite 400! – in alle religions- und sozial-geschichtlichen Bereiche hinein verfolgt, was hier nicht mehr darzustellen ist.

1.4 Zusammenfassung

Webers Sicht der vorstaatlichen Entwicklung Israels lässt sich folgendermaßen zusammenfassen:

1. In Palästina gab es, mindestens ab der Amarnazeit, das mehr oder minder spannungsreiche Nebeneinander mehrerer Statusgruppen, die vor allem durch Nähe oder Distanz zu den kanaanäischen Städten charakterisiert sind. Es sind dies a) der kanaanäische, wagenkämpfende Patriziat, der von den Städten aus b) die umliegenden, abhängigen Bauern, aber auch Handwerker und andere Metöken und auch den Handel beherrscht und ausbeutet. Nur in negativer Berührung durch Raubzüge u. ä. stehen dem c) die Beduinen gegenüber, die aber für das Weitere keine Rolle spielen. Die andere wichtige Größe sind d) die Bergbauern- und Nomadensippen, vor allem im mittelpalästinischen Bergland. Sie sind bzw. haben sich der Kontrolle durch die Städte entzogen. Die natürlicherweise beste-henden Gegensätze zwischen Bauern und Nomaden sind durch vertragliche Be-ziehungen geregelt, vor allem aber sind sie durch den gemeinsamen Gegensatz zur Stadt überbrückt. Diese Bauern- und Nomadensippen suchten nicht nur ihre Freiheit zu erhalten oder zu gewinnen, sondern wollten je nach Kräfteverhältnis auch ihrerseits die Kontrolle über Verkehrswege und auch Städte erlangen. Diese mittelpalästinische Konföderation trägt schon früh den Namen Israel.

2. Südlich von Palästina bzw. an der ägyptischen Grenze ereignet sich die Errettung am Schilfmeer, wobei Mose den rettenden Gott mit Jahwe identifiziert und einen Bund nicht nur vor diesem Gott sondern zwischen diesem Gott und den Erretteten schließt. Dieser Schwurbund wird zur prägenden Grundlage der is-raelitischen Eidgenossenschaft. Der wesentliche Zweck der Bundesstiftung ist die Eroberung und Behauptung (!) des Westjordanlandes. Schon auf dem Weg dorthin

schließen sich weitere Gruppen der Eidgenossenschaft an. Insbesondere im mittelpalästinischen Bergland setzt sich dieser Prozess fort bzw. übernimmt die hier schon bestehende Gemeinschaft[17] den Jahweglauben und wird die so erweiterte Eidgenossenschaft zum Ausgangspunkt weiterer Entfaltung im West- wie im Ostjordanland. Die Erweiterung geschieht durch – in der Regel friedliches – Hinzutreten von Sippen und Gruppen, später auch Orten. Für die Außenverhältnisse zeigt insbesondere das Deboralied dagegen den kriegerischen Konflikt mit den kanaanäischen Städten.

1.5 „Das Antike Judentum" in Amerika

„Das Antike Judentum" Max Webers erschien 1952 in englischer Übersetzung als „Ancient Judaism" bei The Free Press, Glencoe, Illinois. Eine umfangreiche Darstellung und Interpretation des Werkes von Max Weber durch den Deutsch-Amerikaner Reinhard Bendix unter dem Titel „Max Weber. An Intellectual Portrait" erschien 1960 bei Doubleday & Company, Garden City, New York.

George E. Mendenhall nahm Webers AJ schon bald und zustimmend zur Kenntnis. In „Ancient Oriental and Biblical Law" (1954)[18] erwähnt er die verbreitete, auf Wellhausen zurückgehende Auffassung der Tradition vom Bundesschluss am Sinai als einer späten Rückprojektion. Aber: „On the contrary we now know that the covenant relationships were the very foundation of relations between originally separate groups..." (28) – Für diese Neubewertung wird einzig auf Webers Ancient Judaism, 1952, 75, Anm. 8, verwiesen: „Cf. the statement of Max Weber: 'In antiquity every political alliance, in fact almost every private contract was normally confirmed by an oath [...] Above all, Israel itself as a political community was conceived as an oathbound confederation.'" – Damit ist klar, dass Mendenhall Max Webers „Das Antike Judentum" schon früh (nach Erscheinen der englischen Übersetzung) und intensiv zur Kenntnis genommen hatte.

---

17 Hier ist das später mit Martin Noth verbundene, aber forschungsgeschichtlich schon ältere Modell einer zweistufigen Entstehung Israels (zuerst die älteren Leastämme, dann dazu die Rahelstämme) vorausgesetzt.

18 BA 17 (1954), 26–46; dass. zusammen mit „Covenant Forms and Israelite Tradition", ebd. 50–74 nachgedruckt in: Law and Covenant in Israel and in the Ancient Near East, Pittsburgh 1955; deutsch: Recht und Bund in Israel und dem Alten Vorderen Orient, ThSt 64, Zürich 1960.

2. George E. Mendenhall: The Hebrew Conquest of Palestine

2.1 Die zeitgenössische Diskussion

George E. Mendenhalls „The Hebrew Conquest of Palestine"[19] ist auf dem Hintergrund des damaligen Gegensatzes zwischen der aus amerikanischer Sicht gerne so bezeichnet „Schule" von Albrecht Alt und Martin Noth einerseits und der „Schule" von William F. Albright andrerseits zu verstehen.

Zur vereinfachten und undifferenzierten Sicht der deutschsprachigen Forschung als Schule trugen wohl allgemein das damalige „Schuldenken"[20] und speziell der große Erfolg der „Geschichte Israels" von Martin Noth (1950) bei. Auf der anderen Seite stand nicht nur William F. Albright sondern etwa auch G. Ernest Wright, für den Bibel und Archäologie einander unproblematisch und aufs engste entsprachen, interpretierten und bestätigten.[21] Zumindest aus amerikanischer Sicht ergab sich damit auch der Gegensatz zwischen Berücksichtigung und – ausgerechnet für Alt und Noth! – dem völligen Ignorieren der Archäologie; d. h. für die Fragen der Landnahme und der Frühzeit insbesondere der Zerstörungsschichten in den später israelitischen Orten.

Mendenhall beginnt seinen klar gegliederten Aufsatz mit einer Beschreibung der beiden Positionen. „There have been only two important views of the conquest of Palestine by ancient Israel." (67)[22] Die eine ist die durch das traditionelle Verständnis der biblischen Texte, d. h. durch das Josuabuch geprägte Sicht einer mehr oder weniger raschen und vollständigen Eroberung des Landes, m.a.W. das sogenannte Eroberungsmodell. Diese traditionelle Sicht erscheint nun bestätigt durch die an vielen Orten durch Ausgrabungen zutage getretenen Zerstörungsschichten. „Many of the Canaanite cities were destroyed about the middle of the thirteenth century B.C.[23]" (67)

Die andere Position dagegen „competely disconnects the Hebrew 'conquest' from archeological evidence of destruction, holding instead, that the Hebrew Tribes merely infiltrated peacefully into the settled land and became sedentary.

---

19 BA 25 (1962), 66–87.

20 Vgl. die damaligen Schulbildungen besonders der ‚Barthianer' und ‚Bultmannianer', aber etwa auch in der atl. Forschung die sog. skandinavische Schule oder die myth-and-ritual-school.

21 G.E. Wright, Biblical Archeology (1957); ähnlich ders., Shechem. The Biography of a Biblical City (1965).

22 Diese Reduktion auf zwei Modelle ist didaktisch wirksam, wird aber kaum der reichen Forschungsgeschichte gerecht.

23 Mit Verweis auf Wright (1957), 69–84.

The destruction of cities had nothing to do with Israel.[24]" (67) Mendenhall sieht jedoch bei beiden Positionen gemeinsame Voraussetzungen, die zu hinterfragen sind. Diese sind 1) dass die 12 Stämme das Land unmittelbar vor oder gleichzeitig mit der Eroberung betraten, 2) dass die israelitischen Stämme Nomaden („or in more recent literature ‚semi-nomads'") waren, die während und nach der Eroberung Land einnahmen und sich darauf niederließen und 3) dass die Gemeinsamkeit („solidarity") der 12 Stämme eine ethnische, auf Verwandtschaft beruhende war, was auch den Gegensatz zu den Kanaanäern prägte. Während 1) und 3) auch in den biblischen Erzählungen vorausgesetzt wird, steht 2) im Widerspruch zu „both biblical and extrabiblical evidence". (67)

2.2 Gruppen und Kräfte in Kanaan und im Alten Orient

Diese etwas überraschende Feststellung wird in drei Schritten untermauert. Unter „Nomadism in the ancient world" beschreibt Mendenhall – mit Beispielen von den Maritexten über die Erzväthergeschichten bis zu Reiseberichten von Alois Musil – zunächst das Leben der Beduinen bzw. Nomaden als wesentlich durch die Transhumanz[25] bestimmt. Angehörige ihrer Stämme leben dabei sogar häufig auch in der Stadt (wie z. B. Laban und seine Familie). Es mag in der Bronzezeit echte Nomaden (true nomads) ohne dauernde Wohnsitze (with no permanent habitations) gegeben haben, aber sie fallen, so wie die modernen Beduinen, weder zahlenmäßig noch historisch ins Gewicht. Solche Gruppen mögen auch im Lauf der Zeit sesshaft geworden sein, aber „the present hypothesis concerning the conquest of Palestine merely maintains that this process had nothing to do with early Israel." (69)

Es folgt eine Darstellung von „Tribes in the ancient world": Es mag damit zusammenhängen, dass Israel aus Stämmen bestand, dass Forscher besessen sind von der Vorstellung, dass Stämme ursprünglich Nomaden sein müssen. Aber: Athen war in „Stämme" gegliedert, ebenso wie Byblos zur Zeit der ägyptischen Ächtungstexte und wie das moderne Bagdad oder heutige Städte in Nordsyrien. Ein Stamm ist nicht das Ergebnis einer genealogischen Entwicklung, sondern „what constituted membership in a tribe was essentially a subjective feeling of belonging and loyalty... Added to this subjective attitude toward the group is the objective fact that the group would act in a concerted fashion to defend any member against the outside." (70) Nach einem Zwischengedanken zur Religion

---

24 Mit Verweis auf M. Noth, History of Israel, 146.
25 Offensichtlich übernahm Mendenhall den Begriff ebenfalls aus Weber, AJ.

eines solchen Stammes verweist Mendenhall auf die Bedeutung dieser weitreichenden Gruppenloyalität, die es etwa dem Obersten eines Dorfes („a village headman") erlaubte, sogar dem Abgesandten des Königs die Stirn zu bieten (Beispiel aus der Mari-Korrespondenz, 18. Jh. v. Chr.). Allerdings führte die Urbanisierung mit der Zeit zu einer Lockerung der Stammesverbundenheit. Der Städter hat ganz andere Sorgen als der Dorfbewohner, „who must compete with the grasshopper, drougt and weeds, in addition to the constant attempt to salvage as much as possible of his crop from the tax collector." Daraus ergibt sich die für das Weitere grundlegende Folgerung: „It is between the city and the village that the primary contrast of ancient times lies, not between the village farmer and the shepherd who may be typically blood-brothers." (71)

Dies wird nun auf „Hebrews in the ancient world" angewendet. Mendenhall setzt ein mit dem Konzept von „withdrawal", d. h. dem Rückzug aus der Stadt, wie er schon für die altbabylonische Zeit belegt zu sein scheint. Durch den „Hass auf seine Stadt" (Codex Hammurapi, aber ohne Stellenangabe) entzieht sich ein Mensch seinen dortigen Verpflichtungen, er verliert aber auch ihren Schutz. Diese Situation ist gemeint mit dem Begriff Hebräer bzw. Hab/piru bzw. 'Apiru, der in vielen Quellen von ca. 2.000 v. Chr. bis hin zu biblischen Texten aus der Zeit Davids belegt ist. Schon allein die Tatsache, dass Israeliten und Hebräer in der Bibel praktisch synonyme Begriffe sind, sollte für einen sensiblen Historiker Bände sprechen. Wenn die Israeliten Hebräer genannt werden, so konnte das nur von der politischen Gesellschaft aus geschehen, die sie verlassen hatten. Diese Situation ist nun gerade auch in den Amarnabriefen bezeugt, die nicht im Licht einer Landnahmetheorie gelesen werden dürfen, weil in ihnen nicht der leiseste Hinweis auf eine Invasion zu finden ist. „The fact is, and the present writer would regard it as a fact though not every detail can bei 'proven', that both, the Amarna materials and the biblical events represent politically the same process: namely, the withdrawal, not physically and geographically but politically and subjectively, of large population groups from any obligation to the existing political regimes, ... In other words, there was no statistically important invasion of Palestine at the beginning of the twelve tribe system of Israel." Es gab also keine radikale Ersetzung der Bevölkerung, es gab keine großangelegte Vertreibung von Bevölkerung (höchstens von königlichen Verwaltern, wo nötig). „In summary, there was no real conquest of Palestine at all; what happened instead may be termed, from the point of view of the secular historian interested only in socio-political processes, a peasant's revolt against the network of interlocking Canaanite city states." (73) – Also keine Eroberung, sondern ein Bauernkrieg[26] gegen die kanaanäischen Städte.

---

26 „Peasant's revolt" ist im Amerikanischen die gängige Bezeichnung für die Bauernkriege.

2.3 Der neue Impuls durch die Jahwe-Bundes-Gemeinschaft

Hier wird aber der Stamm bedeutsam: „What is a Hebrew tribe?" Ein Einzelner, der sich von der Stadt absentiert, stellt keine Gefahr für die Stabilität dar, sehr wohl aber eine größere Gruppe, insbesondere wenn sie durch eine „solidarity of action" verbunden war. „This [also die durch 'solidarity of action' verbundene größere Gruppe] is the 'tribe'. The Hebrew conquest of Palestine took place because a religious movement and motivation created a solidarity among a large group of pre-existent social units, which was able to challenge and defeat the dysfunctional complex of cities which dominated the whole of Palestine and Syria at the end of the Bronze Age." (73). – Dieser Gedanke, insbesondere der Wechsel von einer wirtschaftlich-sozialen Motivation (auf dieser Ebene lag doch der Rückzug aus den Städten und die Existenz der Hapiru) zu einer religiösen Motivation, überrascht. Das andere wichtige Element ist, dass solche im Gegensatz zur Stadt stehenden Einheiten schon existierten (pre-existent social units) bevor dieser neue Impuls eintraf, der zu einem größeren, übergreifenden Zusammenschluss führte.

Woher kam dieser neue Impuls? Er hatte „most unlikely beginnings", nämlich das unableitbare, äußerst ungewöhnliche Exodusgeschehen. Die aus Ägypten entronnene Gruppe von „slave-labour captives" konnte sich für ihren Schutz an keine andere Gruppe anlehnen, sondern „they established a relationship with a deity, Yahweh, who had no antecedents" (73). Diese besondere Verbindung einer Gemeinschaft mit Gott war geprägt durch „absolute obedience to certain norms in inter-personal relationships as well as an absolute loyalty to the deity. From its very beginnings, the Yahwistic faith transcended tribal religion" (73 f.). Diese neue Gemeinschaft mit ihrer Ausrichtung auf absoluten Gehorsam gegenüber der Gottheit und auf einfache Normen, insbesondere der Loyalität und der Solidarität, war äußerst anziehend für alle jene Personen, die Machtmonopolen unterworfen waren, von denen sie nichts hatten außer Steuereintreibern. „Consequently, entire groups having a clan or 'tribal' organisation joined the newly formed community, identified themselves with the oppressed in Egypt, received deliverance from bondage, and the original historic events with which all groups identified themselves took precedence over and eventually excluded the detailed historical traditions of particular groups who had joined later. It is for this reason that the covenant tradition is so overwhelmingly important in biblical tradition" (74).

Durch die Verwendung dieses Begriffs in der amerikanischen Übersetzung und durch dessen Aufnahme bei Mendenhall wurde aus Webers „Bauernkrieg" eine „revolt" und im Weiteren das „Revolutionsmodell".

Der auf der Errettung aus Ägypten basierende und durch einfache, gemein-schaftsstiftende und -bewahrende Verpflichtungen gekennzeichnete Bund ist also die grundlegende und verschiedene Stämme und Gruppen übergreifende Größe, aus der Israel erwächst. Die Bedeutung dieser Ereignisse in Transjordanien und Palästina konstituieren den Hauptstrom der biblischen Religion, während das Hinzukommen ganzer Gruppen zu dieser Bundesgemeinschaft die Eroberungs-tradition konstituiert.

Die durch den Bund erfolgende Unterstellung von Individuen und Gruppen unter einen nicht-menschlichen Oberherrn und die daraus folgende Solidarität führte dazu, dass sie sich den religiösen, wirtschaftlichen und politischen Ver-pflichtungen der bestehenden politischen Mächte entziehen konnten. „By this process they became 'Hebrews'" (75).

2.4 Eroberung als Bauernrevolte in Kanaan

Nach einigen Ausführungen zur im biblischen Glauben und bis heute bleibenden Bedeutung dieser Zusammenhänge kommt Mendenhall zurück zur historischen Situation und beschreibt den Ablauf der Ereignisse unter der Überschrift „Pale-stinian politics and society in the Late Bronze Age" (76 ff): Die frühisraelitische Tradition setzt überall den Gegensatz zur kanaanäischen Kultur voraus. Allein schon die Betonung, dass *eine* Norm für alle gilt und die erstaunlich weitgehende Rücksichtnahme auf den Sklaven und den Fremdling zeigt die vehemente Ab-lehnung der sozial weit auseinanderklaffenden kanaanäischen Gesellschaft. „Canaan is consistently resented as the polar opposite to that which early Yahwism represented" und daraus folgt: „This is best understood under the assumption that the earliest Israelites had been under the domination of the Canaanite cities, and had successfully withdrawn." (76 f) Durch diesen Übergang zur Jahwebundesge-meinschaft wird die Ohnmacht der kanaanäischen Staaten offenbar, was wie-derum zu mehr Zulauf führte.

Daraus ergibt sich nun der eigentliche „process of conquest". Mendenhall folgt dabei zunächst stark dem biblischen Bild: Die religiöse Gemeinschaft hatte ihre Anfänge in der Flucht aus Ägypten und in der religiösen Verpflichtung des Bundes, die die Verantwortung und die Freiheit jedes Mitglieds der Gruppe be-stimmte. Es ist allgemeine Überzeugung der Gelehrten, dass es sich nur um eine kleine Gruppe handelte, „possibly the biblical tradition of 70 families is not far from historical reality[27]" (79) Diese gemischte Gemeinschaft erhielt den Namen

---

[27] Mendenhall gibt keinen alttestamentlichen Beleg an, was auch nicht möglich ist, denn die

Israel und überlebte in der Wüste durch eine Reihe von Wundern, die jedenfalls zeigen, dass die Tradition sie nicht als für das Leben in der Wüste befähigte Nomaden betrachtete. Wunder waren auch nötig, um gegenüber (anderen) Stämmen bestehen zu können. Trotzdem gelang es Israel innerhalb der Lebenszeit des Mose, die beiden Königreiche des Sihon und des Og, die die fruchtbarsten und reichsten Gebiete Transjordaniens kontrollierten, zu zerstören und sich im ganzen Ostjordanland vom Arnon bis Baschan niederzulassen. Innerhalb einer weiteren Generation siedelte Israel in Palästina selber, von Beerschaba bis ins nördliche Galiläa und in der Mitte des folgenden Jahrhunderts zählte es etwa eine Viertel-million Menschen. Es ist kein Wunder, dass die Gelehrten den historischen Wert dieser Erzählungen anzweifelten, aber das liegt am völlig falschen Verständnis des Prozesses und an der Annahme, dass die Israeliten Nomaden und eine ethnisch abgrenzbare Gruppe gewesen wären. Aber: „The biblical traditions give no hint of migration during this period from any other source than Egypt, and the only demonstrable source of accessions is from the population who were already settled on the land. In other words, the appearance of the small religious com-munity of Israel polarized the existing population all over the land; some joined, others, primarily the kings and their supporters, fought. Since the kings were defeated and forced out this became the source of the tradition that all the Ca-naanites and Amorites were either driven out or slain en masse, for the only ones left were the predominant majority in each area – now Israelites." (81)

Das ist der Kern der Revolutionshypothese Mendenhalls. Alles Weitere ist Entfaltung im Detail: Entsprechend den Berichten in Numeri hätte diese Bewe-gung zunächst das Ostjordanland erfaßt, und dann das Westjordanland. Das Ausgreifen der Bewegung über den Jordan wurde erleichtert, ja eigentlich not-wendig, weil es bereits bestehende Beziehungen zwischen Stämmen bzw. den zu beiden Seiten wohnenden Stamm Manasse gab. „In other words, existing social relationships antedated the beginnings of the 'Conquest', and greatly facilitated, indeed made inevitable the crossing of the Jordan." (83) Die Zerstörung der un-erwünschten Herrschaft war ein Erfolg, der weitere Bevölkerungsteile anzog und ihnen die gleiche Hoffnung auf Unabhängigkeit vermittelte. So entstand praktisch über Nacht ein beträchtliches militärisches Potential und es kam zu weiteren Aktionen. Als Reaktion verbündeten sich die kanaanäischen Städte, sie wurden aber überwunden. Den Siegen folgte die Zerstörung von Städten. Manche Städte wurden neu besiedelt, andere, wie etwa Lachisch, gingen den Israeliten wieder

---

Texte sprechen nicht von 70 Familien sondern von 70 Personen und nicht zur Zeit Moses sondern zur Zeit Jakobs (Gen 46,27; Ex 1,5).

verloren. Manche Städte und deren Gebiete mögen auch mehrmals den Besitzer gewechselt haben.[28] Insgesamt aber war die Bewegung ein großer Erfolg.

Das vorgetragene Bild der Entwicklung erklärt auch die alttestamentlichen Traditionen: Das Hauptthema ist der Exodus und der Jahwebund, aber die lokalen Bevölkerungsgruppen, die durch Konversion Israeliten geworden waren, brachten ihre lokalen vorjahwistischen Überlieferungen mit ein, ebenso wie alle jene kulturellen Besonderheiten und Errungenschaften, die keine Verletzung der religiösen Verpflichtung gegenüber Jahwe bedeuteten.

In ergänzenden und abschließenden Überlegungen geht Mendenhall noch auf einige Einzelheiten ein, besonders dass Jos 24 ebenso wie Dtn 26 die relativ frühe Zuwanderung von Gruppen und Stämmen aus dem Nordosten wiederspiegelt. Jos 24 markiert den scharfen Bruch von der früheren Stammesreligion dieser Gruppen hin zum übergreifenden Jahweglauben und der damit verbundenen übergreifenden Gemeinschaft. Weiter betont Mendenhall den krassen Gegensatz seiner Sicht zu der von Antonin Causse: „The old thesis of Causse, *Du groupe ethnique à la communeauté religieuse*, is exactly the reverse of the historical truth. Israel began as a specifically religious community; only in the course of time and historical calamity did the religous community rely largely on biological continuity based upon endogamy and considerable resistance to the access of ethnic outsiders. . . . Early Israel was an ecumenical faith, a catholic religion in the best sense of the term the very purpose of which was to create a unity among a divided and warring humanity." (86) In einigen abschließenden Sätzen betont Mendenhall die Bedeutung, die diese Form des Jahweglaubens, die eben nicht einfach wie sonst üblich irgendwelche Gruppen- oder Machtinteressen widerspiegelt, für Israel hatte und auch heute haben könnte: „Religion in its formative period was simultaneously [sc. zugleich mit der Mitteilung des Göttlichen] a bond between persons in an intolerable situation, and a way of life." (87) – Die Bezugnahme auf Causse und diese abschließenden Gedanken zeigen das religionssoziologische Interesse Mendenhalls ebenso wie sein Bemühen um die aktuelle Bedeutung des geschichtlichen Geschehens.

---

28 Mit diesen Annahmen wird wohl auf Texte wie Jos 10 f. und Ri 1 (einschließlich der Aussage von der Eroberung Jerusalems) und die entsprechenden Spannungen zwischen ihnen Bezug genommen.

2.5 Zusammenfassung

Überblickt man Mendenhalls Beitrag, so besteht er deutlich aus einem ersten, prinzipiellen Teil und einem zweiten Teil, in dem das Grundkonzept mit der biblischen Tradition und insbesondere deren zeitgenössischer amerikanischer Interpretation verbunden wird. Der erste Teil entspricht weithin dem Weberschen Modell: Zunächst der Blick auf die verschiedenen Bevölkerungselemente und die politischen Verhältnisse im Kanaan insbesondere der Amarnazeit mit ihrer Dominanz der städtischen Machteliten über die übrige Bevölkerung, die sich z.T. auch (bereits) dieser Herrschaft entzogen hat. In dieses spannungsreiche und labile Gefüge kommt die kleine aber umso wirksamere Exodusgruppe mit ihrem Religion und Ethik in gleicher Weise umfassenden Bund. Der Wechsel von Stadtherren zu Jahwe als Herrn führt zum sprunghaften Anwachsen der Gemeinschaft Israel. Die Kanaanäer werden zu Israeliten. Man könnte sagen: Was eigentlich eingewandert ist, ist die Bundesidee; diese hat die Menschen, die bereits hier lebten, ergriffen, zusammengeschlossen und zu „Israel" gemacht.

Im zweiten Teil wird dieses Grundmodell mit dem biblischen Geschichtsbild, insbesondere den Berichten von kriegerischen Auseinandersetzungen und Eroberungen verbunden. Hier liegt m.E. die spezifische Leistung von Mendenhall, dass es ihm gelingt, das Weber entsprechende Grundkonzept mit den archäologischen Befunden von Albright und Wright und sogar – wenn auch nur scheinbar – mit dem traditionellen biblischen Bild zu vermitteln. Auch die immer wieder eingestreuten Ausführungen über die religiöse Bedeutung der Bundesgemeinschaft und die alles auslösende Bedeutung der Errettung aus Ägypten und des einzigartigen Bundes mit einer Gottheit, eben mit Jahwe, sind deutlich von Weber her inspiriert. Wenn man allerdings die spezifische Entfaltung dieses Themas bei Mendenhall betrachtet, dann wird man auch verstehen, warum Mendenhall sich später entschieden wehrte, sein Modell mit dem Revolutionsmodell von N.K. Gottwald gleichzusetzen.

3. Ausblick

Die Forschung ging inzwischen weiter und besonders die Archäologie ist weit entfernt von Eroberungen, sei es nach Albright oder nach Mendenhall.[29] Die Ar-

---

[29] M. u. H. Weippert, Die Vorgeschichte Israels in neuem Licht, ThR 56 (1991), 341–390; W.G. Dever, Israel, History of (Archeology and the „Conquest"), ABD III (1992), 545–558; D. Vieweger, Überlegungen zur Landnahme israelitischer Stämme unter besonderer Berücksichtigung der galiläischen Berglandgebiete, ZDPV 109 (1993), 20–36.

chäologie weiß heute wesentlich mehr, zugleich ist sie zurückhaltender geworden in der Interpretation. Es bleibt aber die Frage der Deutung der Befunde und d. h. nicht zuletzt die Bestimmung des Verhältnisses zu den israelitischen Traditionen. Der Zugang einer verstehenden gegenüber einer bloß funktionalen Soziologie könnte hier vielleicht eine – auch für geistige und religiöse Aspekte – offenere und umfassendere Wahrnehmung ermöglichen. Zudem ist Webers Grundmodell offen für die verschiedenen Faktoren[30] und Befunde und könnte den Ansatz zu einem sowohl umfassenden als auch in sich differenzierten Bild der Frühzeit Israels ergeben.

Zunächst aber ging es hier darum aufzuzeigen, dass und wie aus dem bei Max Weber, Das Antike Judentum, implizierten Modell der Frühgeschichte Israels und dessen Statusgruppen und Bauernkrieg eine peasant's revolt und in weiterer Folge das Revolutionsmodell wurde.

---

30 Z.B erwähnte Weber, AJ 26, (natürlich im Gefolge seiner Gewährsleute) die dann lange vernachlässigte, neuerdings von R.B. Coote / K.W. Whitelam, The Emergence of Early Israel in Historical Perspective (1987) vielleicht zu sehr betonte, Bedeutung des internationalen Handels.

Zebaoth – Der Thronende

I. Verteilung und Profil der Belege

Die Gottesbezeichnung Zebaoth, die in der Regel in Verbindung mit dem Gottesnamen Jhwh als Jhwh Zebaoth oder in der längeren Form Jhwh, Gott Zebaoth, auftritt, ist mit 285[1] Belegen die häufigste Gottesbezeichnung des Alten Testaments. Diese so häufige Gottesbezeichnung hat einerseits eine auffallende Verteilung, andererseits wird sie schon im Alten Testament in deutlich unterschiedlicher Weise interpretiert, was sich dann auch in unterschiedlichen Erklärungen in der Forschung widerspiegelt.

An der Verteilung der Belege fällt zunächst auf, dass Zebaoth im Pentateuch aber auch in den Büchern Josua und Richter nicht vorkommt, sondern erst ab dem 1. Samuelbuch. Ähnlich auffallend ist der Sachverhalt, dass Zebaoth im Jeremiabuch sehr häufig auftritt (82x), während es in Ezechiel und in Tritojesaja fehlt. Die Vorkommen von Zebaoth in den Psalmen, insbesondere in den Zionspsalmen, erklären sich gut aus der Verbindung dieser Gottesbezeichnung mit Lade und Tempel, wobei hier wie auch in den anderen Belegen Zebaoth einen Hinweis auf die besondere Mächtigkeit Jahwes darstellt.

Das Fehlen bei Ezechiel und in der Priesterschrift mag man mit einer gewissen priesterlichen Reserve gegenüber dieser Gottesbezeichnung in priesterlichen Kreisen des 6. Jh. bzw. der Exilszeit erklären, auch wenn auffällt, dass dagegen in den Psalmen Zebaoth gerade mit Zion und Tempel verbunden ist. Dass Zebaoth auch in den nichtpriesterlichen Texten des Pentateuch fehlt, ist dagegen wohl anders zu erklären, wobei besonders markant ist, dass Zebaoth auch bei den Ladesprüchen (Num 10,33–36) nicht verwendet wird.

Weiter fällt auf, dass Zebaoth im deuteronomistischen Geschichtswerk unterschiedlich behandelt wird: Immerhin würde es zumindest bei jenen Erzählungen nahe liegen, den Beinamen Zebaoth zu verwenden, in denen die Lade vorkommt (Jos 3–4) oder in denen die kriegerische Mächtigkeit Jahwes besonders betont wird (Richterbuch). Diese Beobachtungen wie auch das Fehlen in Dtn zeigen, dass die Gottesbezeichnung kein spezifisch dtn/dtr Phänomen und Anliegen ist, sondern die Belege auf die jeweiligen Erzählungen und deren spezifische Traditionen zurückgehen. Die Verwendung von Zebaoth im deuteronomistischen Geschichtswerk hängt offensichtlich nicht primär an der Lade (vgl. das Fehlen in Jos 3–6) und auch nicht primär an den Kriegserzählungen (vgl. das

---

[1] Vgl. die detaillierten Angaben bei van der Woude, 498–507: 498 f. sowie Ringgren, 871–876 und Zobel, 876–892.

Fehlen in Ri), sondern am Heiligtum in Schilo, wo zum ersten Mal die Gottesbezeichnung verwendet wird (1Sam 1,3.11). Von dort geht der Bezug dann allerdings – zusammen mit der Lade – auf Jerusalem über. Dagegen wird die Gottesbezeichnung Zebaoth in der Elija- und Elisageschichte fern von Jerusalem und der Lade sehr betont und reflektiert eingesetzt (1Kön 18,15; 19,10.14; 2Kön 3,14), und zwar dort in Verbindung mit der Schwurformel bzw. der Vorstellung vom lebendigen Gott, wobei es jeweils um die besondere Macht und Herrschaft Jhwh's im Gegenüber zum israelitischen König geht.[2] Der Überblick zeigt, dass die Gottesbezeichnung Zebaoth offensichtlich ein spezifisches Profil hatte, das in den verschiedenen Schriften bzw. literarischen Zusammenhängen unterschiedlich aufgenommen und zugespitzt, in manchen Bereichen aber auch bewusst vermieden wurde.

Durchaus treffend fasst W.H. Schmidt seine kurzen Ausführungen zu Zebaoth folgendermaßen zusammen: „Wahrscheinlich klingen im Lauf der Zeit mehrere Bedeutungen an, der Sinn wechselt und ist deshalb auch nicht mehr fest umrissen. Überhaupt lässt die ungewöhnliche Verbreitung des Namens auf eine bewegte Geschichte schließen; er scheint in manchen Teilen des Alten Testaments aus einem nicht mehr feststellbaren Grund sogar gemieden worden zu sein."[3]

II. Zur Bedeutung und Erklärung von Zebaoth

Die Gottesbezeichnung Jhwh Zebaoth hat in der Forschung unterschiedliche Erklärungen erfahren, die sich – bei genauerem Hinsehen – jeweils auf unterschiedliche Texte des Alten Testaments stützen können bzw. die die Bedeutung von Jhwh Zebaoth in diesen unterschiedlichen Texten widerspiegeln. Noch immer repräsentativ ist die Darstellung von A.S. van der Woude: „Die mannigfachen, für ṣᵉba'ôt als Gottesprädikat vorgeschlagenen Deutungen ... lassen sich in drei Hauptgruppen einteilen. Die Befürworter der ersten Gruppe beziehen ṣᵉba'ôt auf die Heerscharen Israels (vgl. 1Sam 17,45 ‚mit dem Namen des Herrn der Heerscharen, des Gottes der Schlachtreihen Israels') und weisen dabei auf die enge Verbundenheit des Gottesepithetons mit der von ihnen als Kriegsheiligtum Israels verstandenen Lade hin... Die Vertreter dieser militärischen Deutung weisen jedoch meistens darauf hin, dass der Kultname im Laufe der Zeit eine Erweiterung oder Umbildung seiner Bedeutung erfahren hat, weil die Propheten die Gottesbenen-

---

2 Vgl. Kreuzer, 1983, 84–95.
3 Schmidt, 172.

nung oft in einem Zusammenhang benutzen, wo Jahwe sich *gegen* sein eigenes Volk wendet.

Diese angenommene Weiterentwicklung der Bedeutung entspricht der Meinung der Befürworter der zweiten Gruppe, die *Jahwe ṣᵉ́ba'ôt* von vornherein auf kosmische Scharen bezogen sein lassen, seien es die Sterne als Astralmächte ..., die Engel als die den Hofstaat Jahwes bildenden himmlischen Heerscharen, die ‚depotenzierten mythischen Naturmächte Kanaans‘, die Dämonen ... oder der Inbegriff aller irdischen und himmlischen Wesen ... Gegen diese kosmologische Deutung spricht, dass die himmlischen Heerscharen (in welcher Bedeutung auch immer) im AT niemals als *ṣᵉba'ôt*, sondern immer entweder als *ṣᵉba'ôt haššamajim* ‚Himmelsheer‘ oder (in späteren Texten) als *ṣabaw* ‚seine Heere‘ (Ps 103,21; 142,2; masc. Plur.) bezeichnet werden.

Deswegen hat die dritte Deutung des Gottesprädikats, die den Begriff *ṣᵉba'ôt* als intensiven Abstraktplural versteht, ... und die von Eißfeldt ... ausführlich begründet worden ist, die größte Wahrscheinlichkeit für sich ... Diese Erklärung des Epithetons als ‚Jahwe der Mächtigkeit‘ bzw. ‚Jahwe der Allmächtige‘ entspricht nicht nur der häufig in der LXX begegnenden Wiedergabe mit κύριος παντοκράτωρ ‚Herr Allherrscher‘, sondern auch der Tatsache, dass Jahwe *ṣᵉba'ôt* charakteristische Bezeichnung für den auf dem Kerubenthron sitzenden Gott-König ist (1Sam 4,4; 2Sam 6,2 = 1Chr 13,6; vgl. 2Kön 19,15 = Jes 37,16; Ps 80,2; 99,1) und *ṣᵉba'ôt* demgemäß die königliche Herrschermacht prädiziert. Die Belege des Epithetons in Sam und Ps bestätigen, daß sobald es Israel für seinen Gott verwendete, ‚it had become the name of a god whose principal attribute was royal majesty‘ (J.P. Ross, VT 17, 1967, 92)“.[4]

Diese Übersicht, der man ganz ähnliche aus jüngerer Zeit an die Seite stellen könnte, z.B. Mettinger in DDD, 1999²,[5] oder Jüngling in LThK, 2001,[6] gibt zweifellos einen zutreffenden Überblick. Es bleibt aber doch merkwürdig, dass die Bedeutung dieser durchaus häufigen Gottesbezeichnung innerhalb des Alten Testaments derart stark wechseln kann. Immerhin bezeichnet sie nach diesen Erklärungen Zebaoth sowohl die Gottheit selbst als auch das israelitische Heer und dann wiederum himmlische Mächte unterschiedlicher Art bzw. unterschiedlicher

---

4 Van der Woude, pp. 504–506; Eißfeldt, pp. 103–123; Ross, pp. 76–92.

5 Mettinger (1999), pp. 920–924; vgl. Mettinger (1988), pp. 133–135. 154.157.

6 Jüngling, p. 1390: „Das Element Z. in der Gottesprädikation ist unterschiedlich interpretiert worden: a) Z., die Heere Israels (vgl. 1Sam 17,45), b) Z. die himml. Heere, verstanden als das Sternenheer oder auch als Chiffre für den himml. Thronrat, c) Z. depotenzierte myth. Naturmächte, d) als Abstraktplural, der die Vorstellung von Machtfülle in einem sehr weiten Sinn z. Ausdruck bringt. Die letzte Auffassung dürfte die plausibelste sein. Die zwar nicht exklusive aber doch häufige Übers. von Z. mit παντοκράτωρ in der LXX scheint sie zu stützen“.

Beziehung zu Jahwe. Festzustellen ist auch, dass bei der Erklärung als „intensiver Abstraktplural" zwei Dinge zusammenfließen, nämlich einerseits der exegetische Befund zu den betreffenden Texten und andererseits die etymologische Erklärung der merkwürdigen Feminin-Pluralform in Zebaoth. Ob diese Pluralform die ursprüngliche Bildung darstellt, oder eine – vielleicht durchaus schon alte, aber doch sekundäre – Deutung, kann man immerhin fragen. Jedenfalls ist klar, dass die weiteren Bedeutungsvarianten sekundäre Deutungen sind.

Für den sekundären Charakter spricht die Schwierigkeit, Zebaoth mit einer konkreten kosmologischen Vorstellung zu verbinden – die entsprechenden Aussagen haben eine erhebliche Bandbreite, siehe oben –; aber auch die Verbindung mit den Heerscharen Israels ist deutlich sekundär, wie sich u. a. daran zeigt, dass gerade in 1Sam xvii 45 für das israelitische Heer nicht $ṣ^eba'ôt$ verwendet wird, sondern $ma'arkôt$, Schlachtreihen, eigentlich „Anordnung, Aufstellung" (vgl. עָרַךְ, 'rk, aneinanderreihen).

Ebenfalls problematisch ist die grammatische Verhältnisbestimmung von יהוה und צְבָאוֹת. Die Verbindung kann als Genitivverbindung oder attributive Fügung verstanden werden,[7] je nachdem, wie man Zebaoth interpretiert und wie man die grammatischen Schwierigkeiten der Verbindung von Zebaoth mit dem Namen Jhwh betrachtet: „The Syntax of the Heb[rew] designation is a problem, since personal names in general are usually treated as determinate nouns. The occurence of the proper name Yahweh in a construct relation stands out as exceptional. Hence attempts to understand the juxtaposition as a verbless clause („Yahweh is Zebaoth"), as a verb plus its object („He who crates armies"), or as two nouns in apposition, the Zebaoth element then being taken as a Heb[rew] counterpart of Akk[adian] abstract feminine nouns with –ùtu, denoting functions … or a an intensive abstract plural denoting „power", coming close to Almightiness… The traditional understanding viz. as a construct relation, „Yahweh of $ṣ^eba'ôt$" seems the most probable solution and is made less problematical by the epigraphic attestation of analogues such as „Yahweh of Teman" and „Yahweh of Samaria" in Kuntillet Ajrud. But even if this is the case, the construct relation itself allows for various interpretation of the Zebaoth element."[8] – Auch diese Schwierigkeiten kann man als Indiz dafür sehen, dass die Bezeichnung nicht im hebräischen bzw. semitischen Bereich entstand, sondern vorgegeben war und dann in unterschiedlicher Weise aufgefasst und gedeutet wurde.

---

7 Jüngling, p. 1390: „Die verschiedenen grammat. Formen der Langform stellen sich z[um] einen als eine Genitivkonstruktion (JHWH, Gott der Z.), z[um] andern als ein attributives Gefüge (JHWH, Gott Z.) dar. Die Kurzform kann analog als Genitivverhältnis (JHWH bzw. Gott der Z.) od[er] als substantiv[ische] Attribution (JHWH bzw. Gott, der Z. ist) verstanden werden."
8 Mettinger (1999), p. 920.

III. Zur Etymologie von צְבָאוֹת

Dass צְבָאוֹת mit צָבָא zusammenhängt, ist unbestritten, ebenso dass צָבָא eine große Menge bezeichnet, nicht nur, aber in der Regel eine Menge von Menschen, die sich wiederum in der Regel zu einem Kampf versammeln. צָבָא bedeutet somit Heer, Heerschar, aber auch Aufgabe und Dienst. Das eigentliche etymologische Problem ist die Deutung der feminin-Plural-Form. Zunächst ist es auffallend, dass das Nomen – mit wenigen Ausnahmen – den Plural mit der Femininendung –ôt bildet. Das hängt wohl damit zusammen, dass das Wort nicht einfach die aus Männern bestehende Kampftruppe bezeichnet, sondern die Versammlung zu einem gemeinsamen Tun, auf das man verpflichtet ist. Dies entspricht dem Verbum,[9] das verpflichtende Tätigkeiten verschiedener Art bezeichnet, nicht nur, wenn auch in der Regel, den Militärdienst, sondern auch den kultischen und andere Dienste.[10] Der Plural bildet aber nicht nur wegen des Femininums, sondern prinzipiell ein Problem, weil vom Heer Israels im Singular die Rede ist bzw. sein müsste: In den Ämterlisten ist vom עַל־הַצָּבָא, vom Befehlshaber über das Heer, die Rede, und es ist wohl auch vom Numerus her bedingt, dass in 1Sam 17,45 neben יהוה צְבָאוֹת nicht die צְבָאוֹת Israels genannt werden, sondern die מַעַרְכוֹת, die Schlachtreihen Israels.

Im Gottesnamen צְבָאוֹת wurde zweifellos der Plural von צָבָא gesehen bzw. gehört. Wie aber ist die Endung ôt- genauer zu interpretieren? Hier hatte die (oben bereits erwähnte) gründliche Untersuchung von Eißfeldt weiter geführt, der den Plural als einen intensiven Abstraktplural deutete, und zwar, da das (militärische) Heer eine Macht darstellt, im Sinn von Mächtigkeit.[11] Ähnlich argumentiert Vriezen, der von einem Intensitätsplural spricht.[12] Diese Erklärung ist heute weithin akzeptiert, auch wenn Schwierigkeiten bleiben. „צְבָאוֹת ist grammatisch ein pl. fem. des Nomens צָבָא, Heer. Da dieses Nomen neben dem pl. mask auch den pl. fem. bildet, wird man צְבָאוֹת mit diesem Nomen zwar in Verbindung bringen dürfen…, bei der Feststellung der Bedeutung aber doch den Unterschied zwischen den differenten Pluralbildungen beachten müssen."[13] Ein Problem für die Deutung als Abstrakt- oder Intensitätsplural ist auch die damit angenommene doppelte Bedeutung des Plurals, einerseits als Konkretum „die Heere", andererseits als Abstraktum im Sinn von Mächtigkeit: „The argument that ṣ°ba'ôt is an abstract plural meets with an obstacle since it is well attested as a concrete plural, 'hosts',

---

9 Es ist umstritten, ob das Nomen vom Verbum gebildet ist, oder umgekehrt.
10 Vergleiche dazu die Wörterbücher sowie THAT und ThWAT.
11 Eißfeldt, pp. 103–123.
12 Vriezen, pp. 124 f.
13 Zobel, p. 879.

'armies', a sense that is found already in one of the Canaanite glosses of the Amarna letters (nêrcé-bá-at, 600[hosts], EA 154:21)."[14]

Damit erhebt sich die Frage, ob nicht die Erklärung als Abstraktplural zwar genial aber letzten Endes doch auch gegenüber der ursprünglichen Bedeutung sekundär ist, so wie es die inneralttestamentlichen Deutungen sind. Wir kommen damit zur Vermutung, dass „Zebaoth" ein vorgegebener Begriff ist, der im Hebräischen als Plural femininum von צָבָא gehört und verstanden wurde. Dabei wäre zu unterscheiden zwischen der ursprünglichen Konnotation des Begriffs im Sinn von Macht und Majestät des so bezeichneten Gottes, die besonders, aber keineswegs nur in den älteren Belegen deutlich vorhanden ist, und den verschiedenen „etymologisierenden" Deutungen, die verständlicherweise von den jeweiligen Rahmenbedingungen geprägt waren und dementsprechend die „Heerscharen" unterschiedlich identifizierten.

M.a.W.: Dass צְבָאוֹת mit צָבָא zusammenhängt, ist zwar unbestreitbar, aber das gilt nur für die hebräische Wahrnehmung und Deutung. Der Begriff selbst kann anderen Ursprungs und der Deutung aus dem Hebräischen vorgegeben sein. Gerade die doch erstaunlich wechselnden Deutungen sprechen für diese Möglichkeit: So wurde in 1Sam 17,45 Zebaoth im Blick auf den Erweis der Macht Gottes als Retter im Kampf auf die israelitischen „Heer"scharen bezogen, während in exilischer Zeit der Begriff in kosmischen Zusammenhang gestellt und auf die „Heer"scharen des Himmels bezogen wurde. Auch die erwähnten Schwierigkeiten der grammatischen Erklärung der verschiedenen Formen der Verbindung von Jhwh bzw. 'ēl mit ṣᵉbā'ôt weisen in diese Richtung. Damit stellt sich die Frage nach der eigentlichen Herkunft und ursprünglichen Bedeutung von Zebaoth.[15]

IV. Zur ursprünglichen Herkunft und Bedeutung von Zebaoth

Die Annahme einer nicht-hebräischen Herkunft des Titels oder Namens „Zebaoth" wurde vor nun ziemlich genau zwanzig Jahren von M. Görg vorgetragen.[16] Görg geht aus von den Schwierigkeiten der Etymologie von Zebaoth und von der weithin anerkannten engen Beziehung dieses Gottesepitheton mit der Lade und mit Schilo. Insbesondere erinnert er an die Namen der beiden in Schilo als Priester

---

14 Mettinger (1999), p. 920.

15 Auf Grund der Probleme der „relation between the divine title and the common Hebrew root ṣābā'" hatte Ross, p. 89, die Frage nach einer möglicherweise anderen Etymologie zumindest angedacht: „Either the title is from a different root; or it had developed to its royal meaning elsewhere, before Israel adopted it."

16 Görg, pp. 207–210.

tätigen Söhne des Eli, Hofni und Pinchas. Diese beiden Namen sind anerkanntermaßen ägyptisch, womit die – an sich immer bestehende – Möglichkeit, zur Erklärung nach einem geeigneten ägyptischen Wort Ausschau zu halten, zusätzliches Gewicht erhält.

Im Ägyptischen gibt es einerseits das Wort ḏb3 in der dem hebräischen ṣb' entsprechenden Bedeutung „Heer". Hierbei handelt es sich – wofür auch die bei diesem Wort verwendete ‚Gruppenschreibung' spricht – um ein Fremdwort aus dem Semitischen. Dieses ist daher für unsere Frage nicht relevant.[17] Es gibt aber auch ein genuin ägyptisches Wort ḏb3 bzw. ḏb3.t bzw. ḏb3.ty. „Das große Wörterbuch von Erman-Grapow[18] kennt Nomina der Lautung ḏb3.t mit den Bedeutungen „Palast o. ä.", „Schrein, Sarg", auch „Götterschrein", schließlich „aus Granit hergestellter Untersatz für den Götterschrein im Tempel (sogen. Altar)". Die im Wörterbuch genannten Einträge dürften allesamt einundderselben Basis zugehören, nämlich ḏb3, welches Verb ... auch außerhalb des Königtums im Sinn von „sitzen, sich setzen" gebraucht werden kann. Das Nomen ḏb3.t bezeichnet so auf jeden Fall einen „Thronsitz" im weiteren Sinn, so dass am ehesten an den Naos im ägyptischen Tempel zu denken wäre. Die Basis ḏb3 kann mühelos als semantisches Äquivalent der hebräischen Basis YŠB verstanden werden ... von besonderer Relevanz ist aber, dass das Wörterbuch auch die Bildung ḏb3.ty anführt, und zwar nicht nur als Titel des Hohepriesters von Memphis, sondern vor allem auch als ein im Neuen Reich und später belegtes Gottesepitheton, als „Beiname von Göttern", so des Osiris, des Horus oder des Chons. Im Zusammenhang mit der Basis ḏb3 und dem Nomen ḏb3.t begegnen demnach nicht nur kombinierte Formen wie ḥntj ḏb3.t und ḥrj ḏb3.t zur Bezeichnung des thronenden Gottes, sondern eben auch die Nisbebildung ḏb3.tj, die nicht anders gedeutet werden kann als Prädikation dessen, der zum oder zu dem der Thronsitz gehört."[19]

Bevor wir diese knappen Darlegungen von Görg erläutern und weiter führen, zunächst noch seine Schlussfolgerung: „Den Titel ḏb3.tj können wir nun m. E. problemlos zu dem hebräischen Ausdruck ṣᵉba'ôt in Beziehung setzen. Die phonetische Vergleichbarkeit des Auslautes lässt sich u. a. mit dem Hinweis auf die Entsprechung des äg. dḥw.tj zum aram. tḥwt bzw. zum hebr. tḥwt (Thot-Ibis) begründen... Wenn der Ausdruck ṣb'wt auf diese Weise als Bezeichnung des ‚Thronenden' interpretiert werden kann, hätte man mit dieser vermutlichen Primärbedeutung eine gewiß allmählich in Vergessenheit geratene Vorstufe nicht nur all jener an das hebräische Lexem ṣb' geknüpften ‚Etymologien', sondern vor

---

17 Immerhin bestätigt es die Entsprechung der Konsonanten, insbesondere des Alef; vgl. Anm. 28.

18 Erman/Grapow, p. 562.

19 Görg, pp. 16 f.

allem auch der Vorstellung, die in der erweiterten Titulatur YHWH ṣb'wt yšb hkrbym und deren Varianten zum Ausdruck kommt. Der Titel ‚Kerubenthroner‘ darf geradezu als das hebräische Äquivalent zu dem (ursprünglich ägyptischen) Titel ḏb3.tj / ṣb'wt betrachtet werden.“[20]

Diese Überlegungen, die bestens zusammenpassen mit der oben vorgetragenen These, dass es sich bei den alttestamentlichen Interpretationen aber auch bei den modernen Etymologien um sekundäre Deutungen handelt, sind zunächst noch etwas zu erklären. Die von Görg bzw. bei Erman/Grapow genannten Wörter[21] hängen so zusammen, dass ḏb3.t [22] eine feminine Form zu ḏb3 ist, und dass ḏb3.ty zusätzlich die sogenannte Nisbeendung hat. Diese drückt die Zugehörigkeit aus und wird in der ägyptischen Wortbildung sehr häufig verwendet. ḏb3.ty ist somit der zum Thron gehörende bzw. der, dem der Thron gehört, also der Thronende.

V. Zur Übernahme des Gottesepithetons

Die Frage der Übernahme dieses ägyptischen Gottesepithetons ist zunächst in historischer und sprachlicher Hinsicht und dann nochmals in religionsgeschichtlicher Hinsicht zu erörtern.

Die langdauernden engen Kontakte zwischen Ägypten und Kanaan im 2. aber auch im 1. Jt. v. Chr. sind bekannt und brauchen hier nicht eigens nachgewiesen zu werden. Insbesondere die Küstenebene war von den Ägyptern beherrscht und beeinflusst. Wie u. a. die aus dem 15. Jh. stammenden Briefe aus Tell Ta'annek zeigen, war Gaza das ägyptische Verwaltungszentrum. Aber auch die Orte der Jesreelebene wie Megiddo und nicht zuletzt auch Beth Schean standen unter ägyptischer Herrschaft und religiösem Einfluss. In Beth Schean ist die langdauernde Existenz eines ägyptischen Tempels nachgewiesen, ebenso auch für Lachisch und andere Orte. Das bedeutet, man kannte in Kanaan ägyptischen Kult und damit auch ägyptische Kultobjekte und wohl auch entsprechende Termini.[23]

---

20 Görg, p. 17.

21 Ähnlich jetzt auch Hannig, p. 1003.

22 Der Punkt ist modernes ägyptologisches Strukturzeichen, das die Wortwurzel von der Endung abgrenzt.

23 Vgl. dazu die Ausführungen bei Mazar, insbesondere: „In the shadow of Egyptian domination: The late bronze age (ca. 1550–1200 B.C.E.“ (pp. 232–294) darin: Temples (pp. 248–257). Mazar weist weiter (pp. 296–300: „Iron Age IA: The latest phase of Egypt control in Canaan“) darauf hin, dass eine Reihe von Orten in Kanaan nach ihrer um 1200 erfolgten Zerstörung bald wieder aufgebaut wurden und bis Mitte des 12. Jh.s unter ägyptischer Vorherrschaft existierten: „... Like Beth-Shean Megiddo was destroyed at the end of the thirteenth century B.C.E. ... and rebuilt soon after according to the same ground plan. ... their rapid reconstruction demonstrates the conti-

Diese Einflüsse betrafen nicht nur die Küstenebene und die Ebene Jesreel, sondern ebenso auch das Binnenland. Dies ist prinzipiell anzunehmen und ergibt sich auch aus einschlägigen Nachrichten wie etwa von Kriegszügen, die das Ost- wie das Westjordanland betrafen. Auch wenn sie den Rückgang der ägyptischen Kontrolle dokumentieren, so bezeugen die Amarnabriefe aus Jerusalem und Sichem die Beziehungen auch des Binnenlandes zu Ägypten. Die Feldzugsberichte von Ramses II.[24] aber auch von Merenptah und Schoschenk dokumentieren das auch an der Wende von der Bronze- zur Eisenzeit bzw. in der Eisenzeit anhaltende Interesse Ägyptens an Kanaan und auch ganz konkrete geographische wie ethnographische Kenntnisse. All das macht es umgekehrt wahrscheinlich, dass an den wichtigen Orten des Binnenlandes ägyptische Traditionen bekannt waren. Ein solcher wichtiger Ort war auch das an der Kreuzung einer der Ost-Westverbindungen mit dem Nord-Süd verlaufenden „Weg über das Gebirge" gelegene Schilo, auch wenn Schilo in dieser Hinsicht nicht so bedeutend war wie Sichem oder Jerusalem.[25]

Die archäologischen Grabungen in Schilo haben erwiesen, dass Schilo sowohl in der Mittel- als auch in der Spätbronzezeit ein zwar nicht sehr großer Ort war, aber offensichtlich ein Ort mit einer wichtigen kultischen Anlage, die auch für die Bevölkerung des umliegenden Gebietes Bedeutung hatte. Mit dem Übergang von der Bronze- zur Eisenzeit bzw. den Einbrüchen um etwa 1200 v.Chr. gab es zwar Einschnitte in der Besiedlung, Schilo bestand aber weiter als kultische Anlage, die offensichtlich den Bedürfnissen der umliegenden Orte diente. Mit dieser Kontinuität der kultischen Anlage ist auch eine Kontinuität der Traditionen und wohl

---

nuation of Late Bronze age Canaanite culture in the first half of the twelfth century B.C.E. in the Jezreel and Beth-Shean valleys. At Megiddo .. major buildings of the Canaanite city, such as the royal palace and the temple were reconstructed... The latest of the [Megiddo-] ivories ... were made in the first half of the twelfth century B.C.E., for one of them bears the name of Ramesses III. The base of an Egyptian bronze statue bearing the name of Ramesses VI...

At Lachish ... at least part of the Canaanite city was rebuilt during the first half of the twelfth century... The temple in area P belonged to this town. Like its similar Beth-Shean counterpart, this temple was decorated with Egyptian architectural elements such as papyrus shaped stone capitals. Various finds in Stratum VI evidence Egyptian presence at Lachish..." (pp. 298 f.).

24 Siehe u. a. Haider, pp. 107–123.

25 Offensichtlich hatte aber Schilo im 13. Jh. besondere Bedeutung gewonnen: Jedenfalls ist es interessant festzuhalten, dass in Aphek – dem Anfangspunkt der über Schilo verlaufenden West-Ost-Verbindung – im 13. Jh. die Residenz eines/des ägyptischen Gouverneurs bestand. Dies ergibt sich aus dem in Aphek gefundenen Brief aus Ugarit an den ägyptischen Gouverneur und aus dem ebenda gefundenen Abdruck eines hethitischen königlichen Siegels (Mazar, pp. 237 f.). Dies macht die Identifikation eines größeren Gebäudes in Aphek als Residenz wahrscheinlich (p. 246). Schilo war damit der der ägyptischen Residenz nächstgelegene Ort im Bergland und der Ort, an dem von Aphek aus die zentrale Nord-Süd-Verbindung (der sog. Weg über das Gebirge) erreicht wurde.

auch des Personals anzunehmen, auch wenn keine Details des Kultes mehr auszumachen sind.[26]

Es ist also durchaus plausibel, dass in Schilo neben kanaanäischen auch ägyptische kultische Elemente vorhanden waren. Insbesondere machen die bereits erwähnten ägyptischen Namen in der schilonischen Priesterschaft das Vorhandensein ägyptischer kultischer Vorstellungen und Objekte bzw. entsprechender Termini wahrscheinlich, auch wenn diese möglicherweise nicht mehr voll verstanden wurden.

Der sprachliche Übergang des ägyptischen Begriffs db3.ty in einen semitischen bzw. hebräischen Horizont und ein entsprechendes neues Verständnis lässt sich gut nachvollziehen: Die Entsprechung der Konsonanten ist nach den für die fragliche Zeit (Neues Reich / Spätzeit bzw. Späte Bronzezeit / Eisenzeit) gültigen Regeln voll gegeben:[27] ḏ = ṣ; b = b; 3 = ';[28] t = t; j = j. Somit ergibt sich:

ḏb3.tj

ṣb'wt

---

26 Vgl. u.a. I. Finkelstein, Shiloh. The Archaeology of a Biblical Site, 1993; Kreuzer (2000), pp. 474–476 (Lit.).

27 Siehe dazu Schenkel, pp. 34–41; Muchiki, pp. 264.313f.

28 Zum Alef ist zu erwähnen, dass sich dessen phonetische Entsprechung im Lauf der Zeit geändert hat. Häufig wird gesagt, dass 3 einem r oder l entspreche. Das ist allerdings zu differenzieren. Es trifft zu, dass etymologisch gesehen ägyptisches 3 in der Tat r oder l entspricht, und dass es insbesondere im Mittleren Reich für einen r- oder l-Laut geschrieben wurde. Allerdings stand das Zeichen wohl von Haus aus jedenfalls auch für den typischen Laut jenes Vogels, mit dessen Zeichen es geschrieben wurde, nämlich dem Aasgeier, und dieser ist am ehesten mit einem knarrenden, von Stimmabsätzen „unterbrochenen" a-Laut wiederzugeben (vgl. Satzinger, p. 191). Im Neuen Reich – und damit der für unsere Thematik relevanten Zeit – bezeichnet Alef den Stimmabsatz bzw. erhält „Null"-Wert (hebraïstisch könnte man sagen: es quiesziert).

Zur Sache siehe knapp Schenkel, pp. 34.53 und Kammerzell, p. XLVII: „3: seit MR /r/ > /'/ (und vielfach > (0)"; ausführlicher Satzinger, p. 205: „Das Phonem /3/ ist also ursprünglich ein r/l-artiger Laut (siehe die semitischen Entsprechungen); in einem Teil der ägyptischen Idiome wurde jedoch dieser Laut bereits zur Zeit der Schrifterfindung als Knacks- oder Knarrlaut realisiert; andere Idiome haben anscheinend bis ins Mittlere Reich die r/l-artige Artikulation erhalten, so vielleicht die Hofsprache der Zeit der 12. Dynastie (‚Klassisch Ägyptisch'). Ab dem Neuägyptischen lässt sich diese Artikulation durch entsprechende Schreibung (mit < r >, < n > oder < l > bei einzelnen Wörtern nachweisen, was natürlich andererseits klar erweist, dass /3/ generell diese Artikulation verloren hatte; anscheinend hat sich auch die ‚knarrende' Aussprache in der Zwischenzeit verflüchtigt, ist zunächst zu einem Stimmabsatz und schließlich in den meisten Fällen zu Null geworden."

Auch die Vokalisierung lässt sich einigermaßen erschließen. [29] Für die erste Silbe ist am ehesten ein a-Laut anzunehmen.[30] Für die zweite Silbe ist auf Grund des folgenden Alef ebenfalls ein a-Laut anzunehmen. Das Alef kann die zweite Silbe geschlossen oder eine weitere Silbe – dann vielleicht einen dunklen Vokal – eröffnet haben. Die Nisbeendung wurde –ti gesprochen und war unbetont.

Dieses vielleicht „d̠aba3uti" oder „d̠aba3ti"gesprochene Wort d̠b3.ty stand nun im kanaanäischen bzw. hebräischen Umfeld und hat wahrscheinlich die in der Eisen I-Zeit erfolgte Sprachentwicklung mitgemacht, nämlich den Abfall der vokalischen Auslaute sowohl bei den Nomina wie bei den Verbformen.[31] „d̠aba3uti" oder „d̠aba3ti" wurde damit zu „d̠aba3ut" bzw. „d̠aba3 t", wobei im letzteren Fall wahrscheinlich – analog dem bekannten Vorgang bei den Segolata – zur Vermeidung der Doppelkonsonanz im Auslaut ein anaptyktischer Vokal eingefügt wurde. Für diesen ist nach dem Alef am ehesten ein dunkler Vokal anzunehmen, somit „d̠aba3ut" oder „d̠aba3ot", sofern nicht an dieser Stelle bereits auch der Anklang an hebr. ṣb'wt – vormasoretisch wahrscheinlich ṣaba'ôt gesprochen[32] – gehört und für die Wahrnehmung des Wortes wirksam wurde.

d̠aba3uti

ṣaba'ot

Mit dieser – eigentlich sehr geringen – Wandlung von ägyptisch d̠b3.ty zu kanaanäisch/hebräisch ṣaba'ôt / ṣᵉba'ôt ist die Stufe erreicht, von der aus das Gottesepitheton „der Thronende" zum Epitheton des in Schilo bzw. später in Jerusalem thronenden, machtvoll herrschenden Gottes wurde, – und ab dem der Terminus „hebräisch" gehört und (wie oben bei III. dargestellt) je nach religionsgeschichtlich/theologischem Kontext unterschiedlich aufgefasst werden konnte und vielleicht auch musste: Von den Heerscharen Israels über die Gestirne

---

29 Das Ägyptische hat die Grundvokale a, i, u (vgl. Schenkel, p. 29). Das in der Ägyptologie konventionell in Zweifelsfällen zur Vokalisation verwendete „e" entstand erst in der Spätzeit bzw. im „Urkoptischen".

30 In der offenen und wahrscheinlich langen Silbe wäre i oder u vermutlich durch Halbvokal j bzw. w angedeutet.

31 Vgl. die Entwicklung etwa der Verbform yaqtulu > yaqtul > yiqtol oder der Nominalform qudšu > qudš mit anschließender Vermeidung des doppelkonsonantischen Silbenschlusses durch Segolierung > qudäš und Veränderung der Vokalqualität > qodäš.

Diese Entwicklung ist auch bei den von Görg, p. 17, benannten Parallelen zu erkennen: „Die phonetische Vergleichbarkeit des Auslautes lässt sich u. a. mit dem Hinweis auf die Entsprechung des äg. d̠ḥw.ty zum aram. ṭḥwt bzw. zum hebr. ṭḥwt (Thot-Ibis) begründen."

32 Vgl. noch σαβαωθ in der Transkription der Septuaginta und in der Secunda der Hexapla zu Ps XLVI 8, 12 (HALAT p. 934).

als himmlische Heerscharen bis hin zum Allherrscher der Septuaginta und zum Abstrakt- und Intensitätsplural der modernen Forschung.

Nicht zuletzt lässt sich von dieser Entstehungsgeschichte her auch die unterschiedliche grammatische Konstruktion von ṣᵉba'ôt in Verbindung mit dem Gottesnamen Jhwh bzw. mit El/Gott verstehen: Zwar hatte das Epitheton eine klare Konnotation im Sinn der kraftvollen und freien Mächtigkeit des göttlichen Herrschers, aber die grammatische Kategorie und damit die grammatische Konstruktion blieb in der Schwebe.[33]

Abschließend ist nochmals der religionsgeschichtliche Kontext anzusprechen. Viele sind wie Zobel der Meinung, dass mit dem ṣᵉba'ôt -Titel bzw. ṣᵉba'ôt -Namen der Lade etwas Neues zuwuchs, und dass daher das Spezifische des ṣᵉba'ôt -Epithetons nicht einfach mit dem Spezifikum der Lade identisch ist.[34] Damit sind aber die Frage nach der Herkunft der Lade und dem ṣᵉba'ôt -Titel zu trennen, selbst dann, wenn auch die Lade eventuell einen ägyptischen Hintergrund hat.[35] Wenn dem so ist, dann relativiert sich auch ein Problem der Bundeslade, nämlich das Problem, in welcher Weise die Lade mit dem Thron zu verbinden ist. Wenn Jahwe in Schilo als צְבָאוֹת, d. h. als „der Thronende" und als יֹשֵׁב הַכְּרֻבִים, der „auf den Keruben Sitzende bzw. Thronende" verstanden wurde, dann hatte wohl die Lade ursprünglich eine andere, selbständige Bedeutung der Gottespräsenz, etwa als Kriegspalladium. Insofern „kann man das Verhältnis von ṣᵉba'ôt und Lade in der Weise bestimmen, dass zur königlichen Majestät JHWHs u. a. auch der Aspekt der JHWH-Kriege gehört, dass diese aber nicht den Aspekt des thronenden Gottes definieren."[36]

---

33 Vgl. oben bei Anm 7.

34 Zobel, p. 884 f.: „Eißfeldt (KlSchr III 421) hat besonderes Gewicht auf die Feststellung gelegt, dass die JHWH-Religion in Schilo eine ‚höhere Stufe' erreicht hat. Diese neue Qualität ist durch die Erweiterung des Namens JHWH um die Titulatur ‚ṣᵉba'ôt, der Kerubenthroner' auch äußerlich kenntlich gemacht worden... Damit aber sind die notwendigen Voraussetzungen geschaffen worden, um die Frage nach dem Sinngehalt von ṣᵉba'ôt in der Frühzeit der israelitischen Religion zu beantworten. Methodisch ist soviel klar, dass, weil dieser Name dem Ladegott JHWH zugewachsen ist, die Deutung nicht primär von der Lade her erfolgen darf ..., auch wenn das, was JHWH als Ladegott darstellt, im Titel mit enthalten sein muß. Da der Lade kriegerische Gottesvorstellungen eignen und sie deshalb gern als Kriegspalladium bezeichnet wird, werden wir hier auf derartige Inhalte zunächst verzichten müssen. Dann aber erscheint es wahrscheinlicher, Die Elemente, die von Hause aus nicht mit der Lade zu tun haben, dem Titel ṣᵉba'ôt zuzuweisen. Das ist der Bereich, den man den königlichen nennen könnte."

35 Interessante Analogien zu ägyptischen Kultobjekten zeigt Heinemann, pp. 32–40, auf. Allerdings muss auch dabei offen bleiben, wo (Sinai? Kanaan?) und wann eine Vermittlung erfolgt sein könnte. Vgl. die Erörterungen bei Kreuzer (2002), pp. 10–12.

36 Zobel, p. 885. Vgl. Ross, p. 83: „True, kings control their armies; but this is not the only, nor the most important, of their duties. What we have seen of Jahweh ṣᵉba'ôt, the Cherub-throned, leads us

Unter dieser Perspektive ist dann aber auch die vieldiskutierte und schon im Alten Testament unterschiedlich beantwortete Frage nach dem Verhältnis von Thron und Lade (und Keruben) eine zwar berechtigte, aber doch sekundäre Frage: Die Frage, ob die Lade Thron oder Thronschemel sei, entstand erst durch die Verbindung der Lade mit dem Thronenden, so wie die Frage nach den „Heerscharen" erst durch die Verbindung des ḏb3.tj, des Thronendn, mit den ṣᵉbaʾôt, mit den Heerscharen, entstand.[37]

VI. Zur Bedeutung der Verbindung von Jhwh und Zebaot

Was ist der religionsgeschichtliche und theologische Ertrag der Verbindung Jhwhs mit dem Epitheton bzw. dem Namen „der Thronende"? Es ist die Verbindung und Bereicherung des Jhwh-Namens und des Jhwh-Glaubens mit der Vorstellung vom majestätischen und machtvollen, damit auch souveränen und freien göttlichen Herrscher.[38]

Trotz seiner Vorgeschichte ist die Vorstellung aber nicht einfach in dem für Israel immer etwas geheimnisvoll und schillernd gebliebenen Epitheton an sich enthalten, sondern sie wurde durch die mit dem Epitheton verbundenen Erzählungen, Hymnen und Prophetenworte vermittelt und immer wieder neu konkretisiert. Insofern haben – jenseits der Etymologie – auch die unterschiedlichen späteren Rezeptionen und Deutungen der „Heerscharen" ihr Recht.

Ergänzung: Zur Frage der Wiedergabe von Zebaoth in Übersetzungen

Auch unabhängig von der hier vorgetragenen Erklärung ist darauf hinzuweisen, dass die Bezeichnung Zebaoth nicht von Haus aus und nicht primär kriegerische

---

rather to view him as King of Kings …, glorious in majesty and cultus, than to pin him down as military specialist, an army-lord."

37 Zwar spricht sehr vieles dafür, dass diese Verbindung in Schilo am Anfang der Richterzeit bzw. der frühen Eisenzeit geschah. Aber selbst wenn man sie (erst) für Jerusalem annehmen will, bleiben die sprachliche Herleitung und der religionsgeschichtliche Hintergrund gleich, weil der ägyptische Hintergrund von Jerusalemer Traditionen zwar nicht durch Hofni und Pinchas, aber durch andere Gegebenheiten (Amarnakorrespondenz, Königsideologie) bezeugt ist. Gleich bleibt auch die Grundthese dieses Beitrags, dass ein aus dem Ägyptischen stammender Begriff sprachlich vom Hebräischen und religionsgeschichtlich vom Israelitischen her neu gehört und gedeutet wurde.

38 Vgl. Ross, p. 92: „by the time Israel took it over, it had become the name of a god whose principal attribute was royal majesty".

Bedeutung hat. Siehe dazu die oben zitierte Feststellung von Zobel: „... kann man das Verhältnis von ṣᵉba'ôt und Lade in der Weise bestimmen, dass zur königlichen Majestät JHWHs u. a. auch der Aspekt der JHWH-Kriege gehört, dass diese aber nicht den Aspekt des thronenden Gottes definieren".[39] Ebenso Ross: „True, kings control their armies; but this is not the only, nor the most important, of their duties. What we have seen of Jahweh ṣᵉba'ôt, the Cherub-throned, leads us rather to view him as King of Kings ..., glorious in majesty and cultus, than to pin him down as military specialist, an army-lord."[40]

Mit der hier vorgetragenen Erklärung von Zebaoth als der Thronende ist ebenfalls der königliche Aspekt gegenüber der Fixierung auf das Militärische hervorzuheben. Genaueres Zusehen zeigt darüber hinaus, dass die Fixierung auf die Heerscharen in den alttestamentlichen Texten keineswegs so intensiv ist, sondern zu einem guten Teil erst aus dem Erklärungsbedürfnis der Bibelübersetzer und der Exegeten entstanden ist (siehe dazu den Überblick von v.d. Woude, oben bei Anm. 4). Bereits oben wurde darauf hingewiesen, dass in 1Sam 17 für die Heerscharen Israels gerade nicht ṣābā' verwendet wurde. Dort wird zwar gesagt, dass David „im Namen des Herrn Zebaoth, des Gottes der Schlachtreihen Israels", kommt, aber es fällt auf, dass mit dem Wort ma'arkôt gerade keine Anspielung auf Zebaoth vorliegt. Die Verbindung mit den Heerscharen Israels ist damit eher ein Ergebnis der Übersetzung und des Bedürfnisses, Zebaoth zu erklären.

Ähnliches gilt auch für die Verbindung mit den himmlischen Heerscharen. Zwar ist hier der sprachliche Anklang gegeben, aber wenn man die Texte genauer anschaut, so stehen Zebaoth und die Heerscharen an den einzelnen Belegstellen keineswegs sehr eng zusammen und man hat kaum irgendwo den Eindruck, dass hier eine Anspielung beabsichtigt ist, sondern Zebaoth bezeichnet einfach die über alles erhabene Macht und Majestät Gottes. Auch hier ergibt sich die Verbindung eher aus dem etymologischen Erklärungsinteresse.

Es ist interessant zu sehen, dass die Septuaginta Zebaoth in verschiedener Weise wiedergibt, und zwar häufig in Transkription als Sabaoth, sowie in Übersetzung mit κύριος τῶν δυνάμεων, Herr der Mächte, und κύριος παντοκράτωρ, Herr, der Allherrscher. Dabei kommt die Wiedergabe mit παντοκράτωρ der hier vorgetragenen Erklärung aus dem Ägyptischen erstaunlich nahe, so dass man sich fragen kann, ob die Übersetzer etwas vom ägyptischen Hintergrund des Wortes wussten oder ahnten. Die Wiedergabe mit τῶν δυνάμεων entspricht eher der er-

---

39 Zobel, p. 885. Vgl. Ross, p. 83: „True, kings control their armies; but this is not the only, nor the most important, of their duties. What we have seen of Jahweh ṣᵉba'ôt, the Cherub-throned, leads us rather to view him as King of Kings ..., glorious in majesty and cultus, than to pin him down as military specialist, an army-lord."
40 Ross, p. 83.

wähnten Erklärung als Abstraktplural. Zwar kann sich δύναμις (im Singular oder Plural) auch auf ein Heer und auf militärische Stärke beziehen, aber es hat eine viel breitere Bedeutung, von Kraft, Vermögen, politischer Macht bis hin zu Heilmittel etc.[41]

Es fällt auf, dass Hieronymus in seiner ersten Psalmenbearbeitung, die noch stärker der älteren lateinischen Übersetzung (Vetus Latina) und der Septuaginta folgte, die Wiedergabe mit „(Deus) virtutum", „Gott der Stärke" beibehielt. Erst in den „Psalmi iuxta Hebraeos" übersetzte er etymologisierend mit „(Deus) exercituum", „Gott der Heere". Offensichtlich entstand diese Vereinseitigung und Militarisierung dadurch, dass er es ganz genau machen wollte.

Ähnliches kann man auch bei den neuzeitlichen Bibelübersetzungen beobachten. Hier fällt es besonders auf, dass Luther sich von der Vulgatatradition löste und Zebaoth durchwegs unübersetzt ließ. In der Verbindung „HERR / Gott Zebaoth" ist damit Zebaoth ein Beiname des Gottes Israels, der in den verschiedenen Kontexten Majestät und machtvolles Handeln signalisiert, aber nicht auf den kriegerischen Aspekt festgelegt ist. Die Übersetzer der „zweiten Generation" wollten es dagegen besonders genau machen und übersetzten etymologisierend „[HERR der] Heerscharen" (Zürcher Bibel), „[Lord of] hosts" (King James Version und praktisch alle neueren englischen Übersetzungen), oder teils „Heere", teils „Heerscharen" (Einheitsübersetzung). Dadurch wird nicht nur das Verständnis dieses im Alten Testaments häufigsten Beinamens Gottes auf das Kriegerische eingeengt, sondern es wird damit auch das Verständnis des Alten Testament einseitig akzentuiert.

VII. Literatur

Eißfeldt, O., „Jahwe Zebaoth" (1950), jetzt in: ders., Kleine Schriften III (Tübingen 1966), 103–123.

Erman A. / Grapow, H., Wörterbuch der ägyptischen Sprache, Bd. 5 (Leipzig 1931).

Finkelstein, I., Shiloh. The Archaeology of a Biblical Site (Jerusalem 1993).

Görg, M., „ṣb'wt – ein Gottestitel", BN 30, 1985, 15–18; jetzt auch in: ders., Aegyptiaca – Biblica (ÄAT 11; Wiesbaden 1991), 207–210.

Görg, M., Zebaoth, NBL III, 2001, 1174 f.

Haider, P.W., „Zum Moab-Feldzug Ramses' II" (Studien zur Altägyptischen Kultur 14; Hamburg 1987).

Hannig, R., Die Sprache der Pharaonen. Großes Handwörterbuch Ägyptisch-Deutsch (2800–950 v. Chr.) (Mainz 1995).

---

41 Pape, Wörterbuch, I 672.

Heinemann, O., „Die „Lade" aus Akazienholz – ägyptische Wurzeln eines israelitischen Kultobjekts?", BN 80, 1995, 32–40.

Jüngling, H.-W., „Zebaot" (LThK², Bd. 10, 2001), 1389–1391.

Kammerzell, F., „Zur Umschreibung und Lautung", in R. Hannig, Die Sprache der Pharaonen. Großes Handwörterbuch Ägyptisch-Deutsch (2800–950 v. Chr.) (Mainz 1995), XXIII–LIX.

Kreuzer, S., Der lebendige Gott. Bedeutung, Herkunft und Entwicklung einer alttestamentlichen Gottesbezeichnung (BWANT 116; Stuttgart 1983).

Kreuzer, S., „Schilo", NBL III, 2001, 474–476.

Kreuzer, S., „Lade", RGG⁴, IV, 2002, 10–12.

Mazar, A., Archaeology of the Land of the Bible 10,000–586 B.C.E. (New York 1990).

Mettinger, T.N.D., „Yahweh Zebaoth", DDD², 1999, 920–924.

Mettinger, T.N.D., In Search of God. The Meaning and Message of the Everlasting Names (Philadelphia 1988).

Muchiki, Y., Egyptian Proper Names and Loanwords in North-West Semitic (SBL.Diss 173; Atlanta, GA, 1999).

Pape, W., Griechisch – Deutsch. Altgriechisches Wörterbuch, Digitale Bibliothek 117, Berlin 2005.

Ross, J.P., „Jahweh ṣ^{e}ba'ôt in Samuel and Psalms", VT 17 (1967), 76–92.

Ringgren, H., „צבא", ThWAT VI, 1989, 871–876.

Satzinger, H., „Das Ägyptische ‚Aleph'-Phonem", in M. Bietak / J. Holaubek / J. Mukarovsky / H. Satzinger (Hg.), Zwischen den beiden Ewigkeiten (FS Gertrud Thausing; Wien 1994), 191–205.

Schenkel, W., Einführung in die altägyptische Sprachwissenschaft (Darmstadt 1990).

Schmidt, W.H., Alttestamentlicher Glaube (Neukirchen-Vluyn ⁸1996).

van der Woude, A.S., „צבא" Heer, THAT II, 1975, 498–507.

Vriezen, Th.C., Theologie des Alten Testamens in Grundzügen (Neukirchen 1956).

Zobel, H.J., „צְבָאוֹת", ThWAT VI, 1989, 876–892.

Die Religion der Aramäer auf dem Hintergrund der frühen aramäischen Staaten

Die Zeugnisse zur Religion und Geschichte der Aramäer sind bisher noch immer eher spärlich. Gerade die ältesten Zeugnisse über die Aramäer stammen nicht von diesen selber, sondern von ihren Nachbarn, und auch die genuin aramäischen Texte kommen nur aus spezifischen Bereichen, insbesondere Königsinschriften.

Im Folgenden wird zunächst kurz die Entwicklung der aramäischen Welt dargestellt, und zwar als Hintergrund für die verschiedenen Zeugnisse der Religion der Aramäer. Aufgrund der begrenzten Quellenlage ist es bisher nicht möglich, die aramäische Religion insgesamt darzustellen. Die Religion der Aramäer ist außerdem auch regional unterschiedlich. Es lassen sich aber doch gewisse Grundzüge und Gemeinsamkeiten erkennen.

1. Die frühesten Zeugnisse über die Aramäer und ihre Religion

Die Aramäer bzw. deren Vorfahren werden erstmals in ägyptischen und ugaritischen und wahrscheinlich auch in mesopotamischen Texten des 14. und 13. Jahrhunderts v.Chr. greifbar.[1] Die frühesten eindeutigen Erwähnungen der Aramäer sind dann in assyrischen Texten vom Ende des 12. Jahrhundert v.Chr. zu finden. Der assyrische Herrscher Tiglatpileser I (1117–1077) berichtet von Kriegszügen gegen die Achlamu-Aramäer bzw. Achlamu: „28mal überschritt ich den Euphrat hinter den aramäischen Achlamäern her, zweimal in einem Jahre. Von Thadmor in Amurru, Anat in Suchu bis zu Rapiqu in Karduniasch bewirkte ich ihre Niederlage. Ihre Beute und ihre Habe brachte ich nach meiner Stadt Assur."[2]

Der König berichtet auch von der Zerstörung von Ortschaften am Dschebel Bischri am rechten Euphratufer. Offensichtlich hatten die Aramäer hier wichtige Stützpunkte bzw. Rückzugsgebiete in den Bergen. Die große Zahl der notwendigen Kriegszüge zeigt, dass ihnen kein durchschlagender Erfolg beschieden war. Auch Tiglatpilesers Sohn Assur-bel-kala (1074–1057) sah sich genötigt, die Kriegszüge fortzusetzen. Er bezeichnet seine Gegner nun einfach als Aramäer und berichtet von den „Feldzügen nach dem Lande Ar[umu]" und nennt Orte und Landschaften

---

[1] Bei den gelegentlich angenommenen Erwähnungen aus dem 3. und der ersten Hälfte des 2. Jahrtausends v.Chr. handelt es sich wohl um zufällige Anklänge und ist Albright, 1975, 521 zuzustimmen: „the less said about supposed occurrences of the name Aram in cuneiform texts of the late third and early second millenium the better".

[2] Borger, 1981, 357.

am Chabur, am Balich, am oberen Euphrat und einmal auch am Tigris.[3] Diese Vorstöße der Assyrer dienten de facto der Verteidigung. Dass die Aramäer in einer kräftigen Expansion waren, ergibt sich auch daraus, dass sie um 1050 Babylon plünderten, und dass es ihnen zur Zeit des assyrischen Herrschers Assur-rabi II (1013 – 973) gelang, die Festung Pitru am wesentlichen Euphrat ebenso zu erobern wie die Stadt Mutkinu. Im Laufe dieser Jahrzehnte gelang es ihnen weiter, sich am Balich und im Chaburgebiet festzusetzen und nicht nur Städte, sondern Stadtstaaten zu gründen bzw. dort die Herrschaft zu übernehmen. Diese Stadtstaaten werden jedoch erst ab etwa 1000 v. Chr. teils aus eigenen, teils aus fremden Quellen und auch durch Ausgrabungen greifbar.

Die verschiedenen Nachrichten[4] deuten auf eine Herkunft der Aramäer aus dem Gebiet um den mittleren Euphrat. Umstritten bleibt, ob sie ursprünglich nördlich des Euphrat am Chabur und Balich lebten, oder ob sie – wie es wahrscheinlicher erscheint – von den südlich anschließenden Randzonen, sozusagen dem inneren Rand des „fruchtbaren Halbmonds" kamen. Jedenfalls ging ihre Ausbreitung sehr rasch vor sich, sowohl entlang des oberen Euphrat und seiner Seitentäler als auch euphratabwärts wie auch nach Westen bis zum Libanon und nach Damaskus.

Vergleichsweise umfangreich sind die Angaben des Alten Testaments. Allerdings handelt es sich um Texte, die frühestens ab dem 10. Jahrhundert v. Chr. schriftlich fixiert wurden, und es bleibt zu prüfen, wie weit die mündliche Vorgeschichte der Traditionen zurückreicht.

In der Völkertafel von Gen 10 wird Aram als fünfter der Söhne Sems genannt: „Und dies sind seine [= Sems] Söhne: Elam, Assur, Arpachschat, Lud und Aram. Aber die Söhne Arams sind diese: Uz, Hul, Geter und Masch" (V. 22 f.). Hier ist in einer geographisch und chronologisch richtigen Anordnung Aram der westlichste und jüngste Bereich. Leider lassen sich jedoch die Namen der Söhne kaum mit irgendwelchen bekannten Gegebenheiten in Verbindung bringen.[5]

Anders verhält es sich mit vielen Namen der Erzeltern–Erzählungen die auch in der aramäischen Welt belegt sind: Jakob flieht von Kanaan nach Harran im oberen Chaburtal zu seinem Onkel, dem Aramäer Laban (Gen 28,5). Seine Heirat

---

3 Grayson, 1976, 49 – 62, §§ 224.235.236.239.240 – 247.255.261.288.
4 Bei den Erwähnungen in den ägyptischen Texten um 1400 bzw. aus dem 13. Jahrhundert v. Chr. dürfte ein Gebiet um Damaskus bzw. „in syrisch-mesopotamische Richtung" gemeint sein (so Görg, 1979). Ein assyrischer Offizier berichtet in einem Brief von der Verfolgung der Hiranu und der Hasmu am mittleren Euphrat. Diese beiden Stämme werden später als aramäische Stämme erwähnt; Lipinski 1978, 591.
5 Zur Diskussion siehe Westermann, 1971, 681 f. und Albright, 1975, 531.

mit dessen beiden Töchtern, die ihm (zusammen mit deren Mägden) 12 Söhne gebären, führt zu engster Verbindung mit diesem über 500 km entfernten Gebiet.

Darin, dass Jakobs 12 Söhne die Ahnherren der späteren 12 Stämme Israels sind, findet das Wissen um eine enge Zusammengehörigkeit ebenfalls seinen besonderen Ausdruck. Aber auch bereits Jakobs Mutter Rebekka war von den Verwandten bei Harran, der Stadt Nahors, geholt worden (Gen 24,10), und die Wanderung Abrahams hatte überhaupt von dort ihren Ausgang genommen (Gen 11,31). – Diese Erzählungen bewahren offensichtlich die Erinnerung an enge Kontakte in der (halb)nomadischen Frühzeit der aramäischen und der früh-israelitischen Stämme. In ihrer jetzigen literarischen Gestalt mit den wiederholten Reisen zwischen Kanaan und Aram-Naharaim setzen sie aber die Verhältnisse des 10. Jahrhunderts v.Chr. voraus, nämlich die Etablierung des israelitischen Kö-nigtums und der aramäischen Staaten und die Kenntnis der aramäischen Sied-lungen und der Verkehrsverbindung entlang des Chabur und über den Euphrat weiter nach Südwesten.[6]

Zu vermerken ist, dass viele der Personennamen in diesen Erzählungen als Ortsnamen in Obermesopotamien belegt sind, etwa Har(r)an, Nahor, Laban, und dass der Name Serug, des Urgroßvaters Abrahams (Gen 11,22) nicht nur als Ortsname sondern auch als Name eines Stammes erwähnt ist.[7]

Die Erzählungen sind zwar aus israelitischer Perspektive geschrieben, da aber die Aramäer als sehr eng verwandt betrachtet werden, sind deren Eigenheiten wohl richtig verstanden und dargestellt. Während die später zu behandelnden aramäischen Texte durchweg Königsinschriften sind und damit die offizielle Re-ligion repräsentieren, erfahren wir aus dem Alten Testament etwas über die Fa-milienreligion. So wird berichtet, dass Rahel den Hausgott ihres Vaters mitge-nommen habe (Gen 31,14 – 35). Die genaueren Umstände erlauben den Schluss, dass diese Figur wohl kaum größer als ca. 20 cm war. Weiter ist die große Be-deutung dieses Hausgottes für die Familie und wohl auch für das Erbrecht zu erkennen.

Die Bedeutung der Sippe und der Sippenreligion zeigt sich auch bei dem folgenden Vertragsschluss (Gen 31,36 – 54): Jakob und Laban schwören jeweils beim Gott ihres Vaters, d.h. die Gottheit wird hier nicht mit einem Eigennamen, sondern durch ihren Verehrer bzw. die Verehrergruppe (der Vater als Ahnherr der Sippe) näher bestimmt. Leider wissen wir nicht, ob es sich bei diesem „Gott des Vaters" um eine nur von der jeweiligen Sippe verehrte Gottheit handelt oder ob damit die besondere Beziehung einer bestimmten Gruppe zu ihrem Schutzgott

---

6 S. dazu Lipinski, 1978, 592.
7 Dion, 1991, 87.

bzw. persönlichen Gott ausgedrückt werden soll, wobei dieser Gott auch sonst bekannt und einem Pantheon eingeordnet sein kann.[8]

Jedenfalls ist das persönliche Gottesverhältnis und die Zuordnung zur familiären Kleingruppe bzw. Sippe ein besonderer Zug dieses Religionstyps. Andererseits wird in einer größeren und differenzierten Gesellschaft, d.h. in einem Staat, eine Verhältnisbestimmung zu anderen religiösen Gegebenheiten erfolgen müssen. Auf dieses Verhältnis von familiärem Schutzgott und staatlichem Pantheon ist bei den Königsinschriften von Sam'al näher einzugehen (s.u.).

Von den Traditionen der Genesis abzuheben ist Dtn 26,5.10, wo ein israelitischer Bauer beim Erntedank das Bekenntnis sprechen soll: „Ein umherirrender / dem Untergang naher Aramäer war mein Vater... nun aber bringe ich die Erstlinge der Früchte des Landes". Die Aussage, dass der Vorfahre ein Aramäer war, steht zwar den Erzählungen der Genesis nahe, passt aber nicht ganz dazu, weil dort jeweils auch eine Differenz formuliert ist (nur die Stammmütter waren Aramäerinnen bzw. nur deren Vater Laban wird als Aramäer bezeichnet; vor allem aber waren weder Abraham noch Jakob bei ihrem Weg nach Kanaan „umherirrend" oder „dem Untergang nahe".[9] Hier könnte es sich um die Erinnerung daran handeln, dass Aramäer auf der Flucht vor den kriegerischen Vorstößen Tiglatpilesers um 1100 unter anderem bis nach Mittelpalästina kamen und dort Aufnahme fanden.[10]

Ausdrücklich als Aramäer wird der Prophet Bileam bezeichnet. Nach Num 22,5 wird er aus Petor (= Pitru) am Euphrat, ca. 20 km südlich von Karkemisch, herbeigeholt. Die Bileamtexte von Tell Deir 'Alla im mittleren Jordangraben sind zwar wesentlich später als die im Buch Numeri vorausgesetzte Zeit, aber sie bestätigen die Bekanntheit des Propheten Bileam für die Zeit um 800.[11] Das Auftreten aramäischer Seher und Propheten ist nicht nur in diesem südlichen Randgebiet

---

8 Zu Gen 31 siehe Westermann, 1981, 603f. und Albertz, 1992, 63f. Die These eines eigenen Typs der Vätergott-Religion stammt von Alt, 1929. Zur weiteren Diskussion siehe Vorländer, 1975, Westermann, 1981, 116–128 und Albertz, 1992, 47–68; sie läuft im Wesentlichen darauf hinaus, dass diese Art der Gottesbezeichnung und die damit verbundene Religion stark an familiären Notwendigkeiten orientiert ist, dass sie aber zugleich auch in größeren Kontexten stehen kann.
9 Dass die Aussagen nicht ganz zusammenpassen, zeigt auch die Harmonisierung in der frühjüdischen Tradition, konkret die Wiedergabe in der Septuaginta mit „Mein Vater verließ Syrien (= Aram)", was auf eine unterschiedliche Worttrennung im Hebräischen zurückgeht.
10 Kreuzer, 1989, 161–167.
11 Sauer, 1969; Hoftijzer / Van der Kooij, 1976; Caquot / Lemaire, 1977; Hackett, 1984; Sauer, 1985; Dion, 1991. Zur noch immer diskutierten Frage, ob die Bileam-Inschrift von Deir ᶜAlla wirklich aramäisch ist, ist festzuhalten, dass sie jedenfalls bestimmte Kennzeichen des Aramäischen hat (Layton, 1988, 183) und dass andererseits lokale Einflüsse ohnehin wahrscheinlich sind.

bekannt, sondern auch auf der Zakur-Stele aus Afis (zwischen Hamat und Aleppo; s.u.) und etwa für dieselbe Zeit bezeugt.

2. Die aramäischen Staaten

Das Gebiet der aramäischen Staaten erstreckt sich entlang des oberen, mittleren und unteren Euphrat und über ganz Syrien.[12,13] Das Kern- und Hauptgebiet der Aramäer liegt in Obermesopotamien am Euphratbogen und an Chabur und Balich. Hier ist vor allem Bit Bachiani mit dem Hauptort Guzana (= Tell Halaf bei Ras al Ain im westlichen Chaburdreieck) zu nennen. Diese Aramäerstaaten wurden zum großen Teil bereits im 9. Jahrhundert v. Chr. von den Assyrern erobert. Ein längeres und damit ausgeprägteres Eigenleben konnten die Aramäer westlich und süd-westlich des Euphrat führen. Die Zone dieser Staaten erstreckt sich von Sam'al im Nordwesten über die Region von Aleppo und Hamat bis nach Damaskus im Südwesten. Von einer ganzen Reihe dieser Staaten gibt es Texte und zum Teil auch bildhafte Darstellungen politisch-kultureller und religiöser Gegebenheiten.

Die aramäische Welt Untermesopotamiens nahm bald eine eigene Entwick-lung und liegt außerhalb unseres Bezugs auf Syrien. Die dortigen Aramäerstaaten entstanden zum Teil durch die Übernahme älterer Städte, z.B. Bit Jakini mit den Hauptorten Larsa und Eridu, z.T. blieben eher nomadische Strukturen erhalten, z.B. das Reich von Laqe am mittleren Euphrat (von der Chaburmündung abwärts), das keine Hauptstadt und keinen Gesamtherrscher hatte, sondern eine (eher lose) Stämmekonföderation bildete.[14]

Auffallend ist, dass die meisten Aramäerstaaten als „Bit" (bzw. Bet), d.h. Haus, bezeichnet werden, z.B. Bit Bachiani, Bit Adini, Bet Rehob. Damit sind wahr-scheinlich die Herrscherdynastien angesprochen, die in dem jeweiligen „Staat" zur Herrschaft kamen. Hierin spiegelt sich wahrscheinlich der Vorgang der Überlage-rung älterer Einwohnerschaften durch die Aramäer als auch deren (frühere) Clan- und Stammesstruktur.

---

12 Zu diesen Stadtstaaten siehe vor allem die Artikel in RLA: Hawkins, 1972–75 (Halab, Hamat); 1976–80 (Jachan); Honigmann, 1938 (Bit-Adini, Bit Ammani, Damaskus); Hrouda, 1972–75 (Tell Halaf); Klengel, 1972–75 (Halab); Postgate, 1972–75 (Harran); Unger, 1938 (Bit Ammukani, Bit-Bachiani, Bit-Dakurri, Bit-Jachiri, Bit-Jakini, Bit-Sa'alla, Bit-Sillani).

Weiter siehe: Forrer, 1928; Alt, 1934; Dupont-Sommer, 1949; Dietrich, 1970; Klengel, 1979; Strommenger, 1982.

13 Eine genaue Aufzählung ist insofern nur schwer möglich, weil teilweise die Unterscheidung zwischen eigenem Staat und Teilgebiet unsicher ist, und manche Orte bekannt, aber nicht näher identifizierbar sind oder nicht zugeordnet werden können.

14 Postgate, 1980–83, 492–494.

Leider erfahren wir über die Aramäer kaum etwas aus ihren eigenen, sondern fast nur aus den assyrischen Quellen, bzw. aus der Zeit, als die Aramäer bereits von den Assyrern beherrscht waren. Häufig handelt es sich um kriegerische Nachrichten aus den Annalen der assyrischen Herrscher. Nur selten werden dabei auch inneraramäische Vorgänge erwähnt.

So berichtet etwa Assurnasirpal (Annalen I, 2.76.82), dass ein gewisser Achibaba aus Bit Adini sich 884 auch zum Herrscher über Suru von Bit Chalupe am unteren Chabur machte. Bereits 878 eroberte jedoch Assurnasirpal Festungsstädte von Achunis, dem nunmehrigen Herrscher von Bit Adini, und 877 erhielt er reichen Tribut. Salmanassar III. (858 – 824) bekämpft und erobert Gebiete von Bit Adini; die Hauptstadt Til Barsib belagert er, kann sie aber 857 noch nicht einnehmen. Dies gelingt erst beim Kriegszug des folgenden Jahres, weil Achunis die Hauptstadt preisgegeben hatte. 855 wird dann auch die Festung Sitamrat erobert, womit Bit Adini vollständig assyrisch wird. Die Städte werden umbenannt, z. B. Til Barsib zu Kir Salmanassar und Pitru/Petor (die oben genannte Heimat des Bileam) zu Ana-Assur-utir-asbat („für Assur habe ich es wieder in Besitz genommen“).[15]

In dieses Umfeld der frühen assyrischen Eroberungen gehört die Statue des Hadad-Yisch'i, mit ihrer assyrischen und aramäischen Inschrift.

„Jenseits des Stromes“, d. h. westlich des Euphrat, vollzog sich die Entwicklung etwas anders. Zwar richteten sich die Vorstöße der Assyrer sehr früh auch gegen diese Gebiete, aber nicht zuletzt durch wiederholte Koalitionen der aramäischen Staaten gelang eine Abwehr, z. B. bei der Schlacht von Karkemisch 853. Die Assyrer mussten sich zwischen etwa 850 und 800 zunächst mit Beutezügen und Tributen „begnügen“. Zur Einverleibung in das assyrische Reich kam es erst ab etwa 750 v. Chr. Somit konnte sich der syrisch-kanaanäische Raum bis dahin in einer gewissen Eigendynamik, d. h. in wechselnden Vorherrschaften, Verbindungen und Konflikten zwischen diesen Staaten, entwickeln.

3. Zeugnisse der Religion der Aramäer

3.1 Die Region von Sam'al, Ain Dara und Arslan Tasch

Am nordwestlichen Rand der aramäischen Welt, am Fuß des Amanus-Gebirges beim heutigen Ort Sendschirli, liegt Sam'al (= links, d. h. Norden, somit „Nordstaat“). Sein anderer Name Ja'udi dürfte auf den Namen des Aramäerstammes zurückgehen, der sich dort niederließ. Als Begründer der Dynastie gilt ein gewisser

---

15 Forrer, 1928, 137.

Gabbar, daher auch die Bezeichnung Bit Gabbar. Bei den Grabungen kamen einige Stelen mit Inschriften zutage, die allerdings erst aus dem 8. Jh. v. Chr. stammen. Diese Inschriften sind nach Sprache und Schrift aramäisch, jedoch mit regionalen Besonderheiten.[16] Die älteste aramäische Inschrift stammt von Panammuwa (I.) und entstand gegen Ende seiner langen Regierung (ca. 780 – 743).[17] Der Name ist – wie besonders das Element „muwa" zeigt – nicht semitisch, sondern bezeugt die Nachwirkung des kleinasiatisch-hethitischen bzw. luwischen[18] Einflusses in diesem Gebiet. Das schließt nicht aus, dass der Träger dieses Namens ein echter Aramäer war. Allerdings scheint Panammuwa nicht in friedlicher Sukzession, sondern gegen Widerstände König geworden zu sein. Die Inschrift nennt die Götter, die Panammuwa die Herrschaft übertrugen und die dadurch und durch ihren Segen auf Panammuwas Regierung das Wohlergehen des Landes förderten. Ein umfangreicher zweiter Teil wünscht Segen über jene herab, die nach seinem Tod das Wirken des Königs fortsetzen und vor allem den Totenkult pflegen, während über jene, die das nicht tun, Unheil und Tod herabgewünscht wird. Die Inschrift ist damit sowohl ein Beleg für den religiösen Anspruch des Königtums (die sog. Königsideologie) als auch für den Totenkult. Die Darstellung des Hauptgottes, nämlich Hadad, beherrscht die über zwei Meter große Stele und ihre Inschrift.

Die zweite Stele ist für einen späteren Herrscher gleichen Namens „aufgestellt (von) Barrakib für seinen Vater Panammuwa" (II. ?), der ca. 743 – 733 regierte.[19] Dieser Panammuwa II. gehört zur proassyrischen Partei in Sam'al, der es gelang, sich gegen die antiassyrische Richtung durchzusetzen. Seine proassyrische Haltung war wahrscheinlich die realistischere. Er konnte als assyrischer Vasall wahrscheinlich sogar eine begrenzte (vor allem innere) Selbständigkeit bewahren, ähnlich der doppelten Rolle des Hadad-Yischʿi. Panammuwa nahm offensichtlich eine gewisse Vertrauensstellung bei Tiglatpileser III. (745 – 727) ein und begleitete diesen u. a. beim Kriegszug gegen die Aramäer von Damaskus (733/32), wo er allerdings fiel. Das Schicksal Panammuwas zeigt exemplarisch die Spannungen, die Chancen und die Tragik, in die die aramäischen Staaten und ihre Herrscher durch die Expansion der Assyrer gerieten.

---

16 Die Sprachbasis ist „die nordsyrische Form des Altaramäischen ... die Besonderheiten können als Kanaanismen angesehen werden"; Donner/Röllig, 1964, 214. Die Bedeutung ebenso „wie das allmähliche Zurücktreten des kanaanäischen Einflusses zeigt sich auch daran, dass die knapp 100 Jahre ältere Kilamuwa-Inschrift noch kanaanäisch/phönizisch abgefasst ist. Für den Text der Inschriften siehe Donner/Röllig I–III, 1962 – 64 (= KAI 214 – 221); Gibson, 1975 und Delsman, 1985.

17 Donner/Röllig, 1962 – 64, Nr. 214; Gibson, 1975, 60 – 76; fehlt bei Delsman, 1985.

18 Vgl. dazu Laroche, 1988.

19 Donner/Röllig, 1962 – 64, Nr. 215; Gibson, 1975, 76 – 86, Delsman, 1985, 628 – 630.

Die Stele, die Barrakib seinem Vater errichtete, ist sowohl Ausdruck der Verehrung als auch Deklaration der Kontinuität der Politik, d. h. der Loyalität zu Assur. Sie vermittelt aber, ebenso wie die Stele Panammuwas I. und zusammen mit jener, einen kleinen Einblick in das Pantheon von Ja'udi / Sam'al. Es werden folgende Götter genannt:

Hadad, El, Rakib-el, Schamasch, Reschef (I, Z. 2 f.)
Hadad, El, Rakib-el, Schamasch, Arqreschef (I, Z. 11)
Hadad, El, Rakib-el, Schamasch, [...] (I, Z. 18 f.)
Hadad, El, Rakib-el – der Herr der Dynastie –, Schamasch und alle Götter von Ja'udi [...] (II, Z. 22).

Diese in ihrer Reihenfolge offensichtlich ziemlich feste Aufzählung, in der Hadad, der alte syrische Wettergott, sogar vor El, dem sonst üblichen Oberhaupt des (kanaanäischen) Pantheons steht, zeigt wieder die Bedeutung Hadads (vgl. Hadad-Yisch'i und seine Statue); sie zeigt aber auch, daß Rakib-El als der besondere Schutzgott der Dynastie galt. Die Bedeutung dieses Gottes, der auch in der Inschrift des Kilamuwa (um 825 v. Chr.; Abb. 1),[20] und zwar ebenfalls bereits als Gott des Herrscherhauses, genannt ist, kann bisher nur umrisshaft bestimmt werden.

Das Verbum rkb ist besonders in den nordwestsemitischen Sprachen gut belegt und bedeutet ‚fahren‘ oder ‚reiten‘. Rakib ist als Nominalform zu verstehen und bedeutet somit ‚der Fahrer / der Reiter Els/Gottes‘. Ähnliche Gottesbezeichnungen gibt es in Ugarit, wo Baal wiederholt als rkb ‚rpt‘ der auf Wolken Einherfahrende, bezeichnet wird, und im Alten Testament, wo „das Erscheinen Gottes zur Hilfe für Bedrängte ... als ‚Einherfahren‘ Jahwes, oftmals verbunden mit Gewittererscheinungen, beschrieben werden" kann.[21] In diesen Texten geht es um das machtvolle und rasche Herbeikommen Gottes zur Hilfe und zum Kampf bzw. im Kampf. Diese Beobachtungen passen bestens zum Verständnis als Schutzgott der Dynastie.

Mit dem Schutzgott der Dynastie scheinen wir ein spezifisch aramäisches Element vor uns zu haben. Rakib-el bezeichnet die aktive, handelnde, dem Herrscher helfende Gottheit bzw. diesen Aspekt der Gottheit. Allerdings ist nicht ganz klar, welche Gottheit mit el in Rakib-el gemeint ist. Ist es der handelnde

---

20 Donner/Röllig, 1962–64, Nr. 24; Müller 1985, 638–640; diese Inschrift ist jedoch noch phönizisch verfasst. Der kanaanäisch-phönizische Einfluss (durch phönizische Schreiber?) zeigt sich auch daran, dass der Hauptgott hier (noch) Baal heißt. Er wird genauerhin „der Baal mit der Keule" genannt, was sonst der Ikonographie Hadads entspricht. Zur Inschrift s. auch Swiggers, 1982. (Zu Kilamuwa siehe jetzt auch: Siegfried Kreuzer, Kilamuwa, www.wibilex.de, 2009).
21 Ficker, 1976, 780 f.

Abb. 1: Kilamuwa-Inschrift mit Darstellung des Königs Kilamuwa und Göttersymbolen aus Sam'al / Sendschirli; Höhe 152 cm; ca. 825 v. Chr. Quelle: Stiftung Preußischer Kulturbesitz.

Aspekt Hadads, Els, von Schamasch oder einem nicht eigens genannten Gott? Die Bedeutung des Rakib-el für die Dynastie zeigt sich schließlich im Namen des Sohnes von Panammuwa II.,[22] Barrakib, d. h. Sohn des Rakib. Rakib(-el) war damit nicht nur Helfer im Kampf, sondern auch Geber des Lebens, hier konkret eines Thronfolgers.[23]

Diese Beziehung zwischen dem Gott und dem Königshaus zeigt sich wiederum in der Kilamuwa-Inschrift, wo Rakib-el als Herr des (Königs-)hauses bezeichnet wurde.[24] Die Bezeichnung der Dynastie als „Haus" (Bit oder Bet) findet sich, wie oben erwähnt, auch in den Namen vieler anderer aramäischer Staaten und auch in einem Wortspiel in 2Sam 7 bezüglich des Hauses bzw. der Dynastie Davids.[25]

Auffallenderweise wird der Mondgott Sin in diesen Aufzählungen nicht genannt. Er hatte aber durchaus größere Bedeutung, wie jener Eckorthostat zeigt, auf dem Barrakib mit seinem Schreiber dargestellt ist (Abb. 2). Zwischen den beiden ist der Mond bzw. die Mondsichel wiedergegeben, und die kurze Inschrift nennt

---

22 Zu Panamuwa I und II siehe Siegfried Kreuzer, Panamuwa, www.wibilex.de, 2009.

23 Das Thema der Verheißung und der Gabe eines Sohnes spielt auch in den biblischen Erzvätererzählungen eine große Rolle und ist ähnlich in den ugaritischen Epen zu finden. Sowohl für die Bibel wie für Ugarit sind diese Erzählungen ältere Traditionen, die auf nomadische Elemente hinweisen; vgl. Westermann 1976, 151–168.

24 Donner/Röllig, 1962–64, Nr. 24, Z. 15.

25 Die besondere Bedeutung der Schutzgottheiten und damit auch des Schutzgottes der Dynastie untersuchte bereits Euler, 1938.

ausschließlich den Mondgott: „Mein Herr, der Baal-Harran. Ich bin Barrakib, der Sohn des Pannamuwa". Der Baal-Harran ist der berühmte Mondgott von Harran. Er nimmt hier die Stelle des Dynastiegottes ein, als der sonst Rakib-el bezeichnet wurde. Möglicherweise geschah die Identifikation von Rakib-el und Sin als ein Ausdruck der Loyalität Barrakibs zu den Assyrern, bei denen Harran und dessen Gott Sin eine bedeutende Rolle spielten. Allerdings ist sowohl für Sam'al als besonders für Harran auch die große Bedeutung des Mondes und damit des Mondgottes für eine (halb)nomadische Bevölkerung zu bedenken.

Abb. 2: Barrakib und sein Schreiber, mit Mondscheibe bzw. – sichel für den Mondgott von Harran, der im Text als ‚Herr des Königs' bezeichnet wird; Höhe 106 cm; ca. 730 v. Chr. Quelle: Stiftung Preußischer Kulturbesitz

Auf diesen Hintergrund wäre eine spezielle Beziehung der aramäischen Herrscher von Sam'al zum Mondgott durchaus wahrscheinlich. Dann könnte auch vermutet werden, daß Sin und Rakib-el identisch sind. Dann ergäben sich auf der Barrakib-Stele zwei Götterpaare, Hadad und El und Rakib-el (Mond) und Schamasch (Sonne), und es entfiele die merkwürdige Diskontinuität des Dynastiegottes bei Barrakib.

Merkwürdig ist die Nennung des Gottes Arqreschef. Reschef ist im westsemitischen Bereich häufig bezeugt. Arq könnte mit dem in Palmyra bezeugten Gott (A)Ruda zusammenhängen[26] und von Aramäern aus der Region von Palmyra mitgebracht sein. Der Doppelname bezeugt jedenfalls die Verbindung der beiden Gottheiten.

Merkwürdig ist das Fehlen von Göttinnen in diesen Inschriften. Dies könnte mit ihrem staats- und dynastiepolitischen Charakter zusammenhängen. Auf dem sogenannten Götterzug ist dagegen eine wohl durchaus bedeutende Göttin dargestellt. Sie folgt dort einem kriegerisch akzentuierten Gott, während der doch so bedeutende Wettergott hinter ihr geht (Abb. 3). Diese Darstellung steht in späthethitischer Bildtradition[27], gehört aber in die aramäische Zeit. Zwar können der luwische und der aramäische Name der Göttin verschieden gewesen sein, die Bedeutung im Pantheon und die Art der Verehrung war dagegen wohl ziemlich konstant.

Die Verehrung einer Göttin ist auch auf zwei einander ähnlichen Medaillons aus Sam'al dargestellt (Abb. 4). Eine Beterin steht vor der auf einem Löwen stehenden Göttin und erhebt die Hände zu ihr. Durch die Vielzahl der Hörner an der Hörnerkrone ist die Göttin als eine von höchstem Rang ausgewiesen. Durch die Verbindung mit einem großen Stern ist sie als die Ischtar identifiziert. Die Medaillons haben eine Öse, so dass sie an einer Schnur um den Hals getragen werden konnten. Sie haben damit eine ähnliche Funktion wie jene Anhänger, die in Ugarit und im syrisch-kanaanäischen Raum vielfach gefunden wurden und die die nackte Göttin darstellen. Dass Ischtar hier als die Liebesgöttin fungiert, ergibt sich auch aus dem Fehlen ihrer sonstigen kriegerischen Attribute. Das Motiv der (Liebes)göttin auf dem Löwen ist ein im syrisch-kanaanäischen Raum vielfach belegtes. Die Verbindung mit dem Stern und damit die konkrete Identifikation der ‚großen Göttin' mit Ischtar geht wohl auf mesopotamischen Einfluss zurück.[28]

Die große Bedeutung der Ischtar ist auch an ihrer Einbeziehung in die Göttertrias am Portal des aramäischen Palastes von Guzana zu erkennen, wo die

---

26 Lipiński, 1983.
27 So jedenfalls Orthmann, 1985, 430 f.
28 Die Astralisierung der religiösen Symbole ist ein allgemeiner Zug der neuassyrischen Zeit; vgl. das Material zur Astral- und Mondkultikonographie bei Keel-Leu, 1991, 106 – 116.

Abb. 3: Götterzug von Sam'al auf einem Orthostatenrelief: Kriegerischer Gott mit Schild, Schwert und Lanze, Göttin mit Spiegel (Typ der Kubaba bzw. Ischtar); Wettergott von Sam'al mit Blitzbündel, Axt und Schwert; Sam'al / Sendschirli; Höhe 135 cm; 9. Jh. v. Chr.

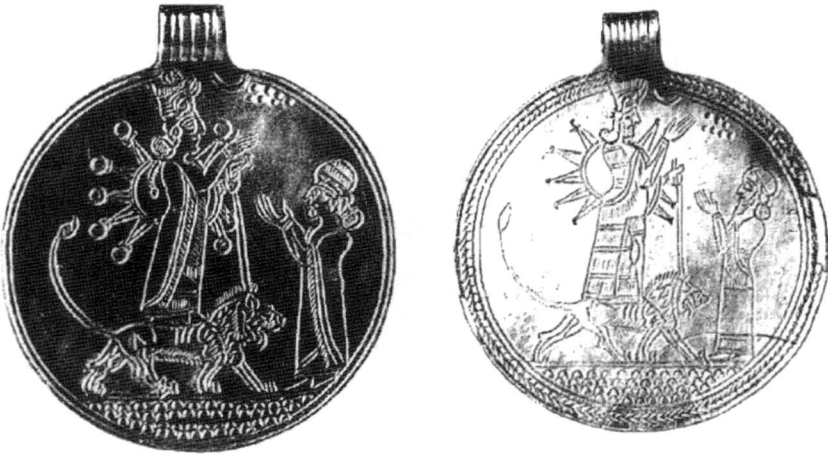

Abb. 4: Die große Göttin (Ischtar) auf einem Löwen; vor ihr stehend eine Beterin bzw. ein Beter (?); zwei Medaillons aus Sam'al, aufgrund der Ösen als Anhänger verwendet; Durchmesser 4,7 bzw. 4,9 cm; 9./8. Jh. v. Chr.

Göttin (ebenfalls) auf einer Löwin steht und in der Inschrift ebenfalls der Name Ischtar genannt wird.

Einen ähnlichen Götterzug wie in Sam'al gab es anscheinend auch in dem Tempel von Ain Dara, am Fluss Afrin, ca. 40 km nordwestlich von Aleppo. Jedenfalls wurde dort „ein Relief mit der Darstellung der kriegerischen Göttin Ischtar" gefunden.[29] Sie ist aber nicht so sehr kriegerisch, sondern mindestens so deutlich auch erotisch akzentuiert und ist damit Liebes- und Kriegs- bzw. besser gesagt: Schutzgöttin (Abb. 5). Das sind Charakteristika, wie sie später (d. h. in der hellenistischen und römischen Zeit) bei der im etwas weiter östlich gelegenen Hierapolis/Mambidsch verehrten Atargatis, der berühmten Dea Syria, besonders markant und bekannt sind.

Abb. 5: Liebes- und Schutzgöttin (Ischtar bzw. Atargatis); Reliefplatte (Teil eines Götterzuges?) aus ʿAin Dara; 8./7. Jh. v. Chr.

---

29 Abu Assaf, 1982, 351.

Leider gibt es in Hierapolis/Mambidsch keine archäologischen Funde und ist der Kult der Atargatis für den Ort nur literarisch und auf Münzen bezeugt. Aber schon ihr aus A(sch)tart und ᶜAnat zusammengesetzter Name zeigt die Traditionen von Mutter-, Liebes- und Kriegs- bzw. Schutzgöttin, die in ihrer Gestalt verbunden sind. Atargatis wird zusammen mit Hadad verehrt. Sie thront dabei auf Löwen, was der oben erwähnten Medaillon-Darstellung der Ischtar entspricht, während Hadad auf Stieren thront. Für Hierapolis ist Atargatis die bedeutendere der beiden Gottheiten.[30] Sie ist wohl ebensosehr ein Erbe der Aramäer, wie seinerzeit die Aramäer sie und ihr Heiligtum „geerbt" hatten.

Der erste Teil des Namens der Atargatis ist im Namen des Königs ᶜAtarsamek (= Atar hat gestützt), des Vaters des Matiᶜel von Arpad bzw. Bit Agusi, auf den Stelen von Sfire (ca. 12 km südöstlich von Aleppo) für die erste Hälfte des 8. Jahrhunderts v.Chr. belegt, und möglicherweise auch auf der Melqartstele (s. dazu Anm. 40).

Die Verehrung der großen Göttin unter dem Namen der Ischtar ist auch für Arslan Tasch (Hadatu) bezeugt. In einer Inschrift wird Ischtar als Herrin des dort unter Tiglatpileser III (745–727) erbauten bzw. wahrscheinlich nur erneuerten Tempels genannt.[31,32]

3.2 Hamat und das Orontestal

Wenn man vom Euphratknie und dem Gebiet um den Dschebel Bischri nach Westen und Südwesten zieht, so wird man zwischen den Ausläufern des Libanon und des Antilibanon wie in einem Trichter zum Orontes und an diesem weiter in die Biqa' geführt. Das war wohl auch der Weg jener Aramäer, die den Staat von Bet Rehob / Zoba gründeten. Er war einer der ältesten Aramäerstaaten, der um 1000 bereits ziemlich ausgedehnt war und somit um die Mitte des 11. Jahrhunderts v.Chr. entstanden sein musste. Er ist bisher nur in den Texten des Alten Testaments bezeugt, und zwar im Zusammenhang der Expansion der Herrschaft Davids (2Sam 8 und 10). Die Ammoniter riefen König Hadadezer, Sohn des Rehob, von Bet

---

30 Gese, 1970, 218–220. Auf der ebd. abgebildeten Münze hält Atargatis einen ganz ähnlichen Stock, wie er bei der Ischtar von 'Ain Dara zu erkennen ist.
31 Strommenger, 1982, 164.
32 Auf der ersten der drei Stelen von Sfire bei Aleppo wird zwar eine große Zahl von Göttern als Eidgaranten genannt, aber die Vertragstexte sind stark assyrisch dominiert und zählen alle Götter auf, die in Ober- und Untermesopotamien Rang und Namen haben, während die Namen der eher lokalen Götter nicht lesbar oder identifizierbar sind. Sie sind daher trotz ihrer aramäischen Sprache für die aramäische Religion unergiebig.

Rehob / Zoba zu Hilfe. Vermutlich beteiligte sich auch das wahrscheinlich noch selbständige, syrohethitische (?) Damaskus am Kampf. Nach anfänglichem Erfolg der Koalition siegte jedoch David. Hadadezer floh, David annektierte offensichtlich Zoba und setzte jedenfalls in Damaskus seinen Statthalter ein (2Sam 8,6).[33] – Es fällt auf, dass dieser, offensichtlich zunächst sehr bedeutende, aramäische König wiederum nach dem Gott Hadad benannt ist, und zudem sein Name ähnliches bedeutet (Hadad ist Hilfe) wie der des Hadad-Yischʿi (Hadad ist meine Hilfe).

Zum Erfolg Davids trug die Haltung der damals noch syrohethitischen, aber von den Aramäern bereits bedrängten Stadt Hamat bei. Sie verhielt sich zumindest neutral, und der König Toi sandte seinen Sohn Hatturam (hebr. Joram) nachher mit Geschenken zu David (2Sam 8,9 f.). Ob daraus ein Vasallitätsverhältnis zu erschließen ist, ist fraglich. Jedenfalls aber erleichterte die Haltung Hamats die Kontakte des Jerusalemer Königs in den Norden hinauf. Zugleich wurde Hamat, wie es auch seiner Lage am Orontes entspricht, immer mehr zum Vorort der Aramäer in der Biqaʾ. Das zeigt sich an der späteren Vorordnung von Hamat in der Bezeichnung Hamat-Zoba, so jedenfalls in 2Chron 8,3. Dazu passen Funde von Ziegeln in Hamat aus dem 9. und 8. Jahrhundert v.Chr, auf denen der Name Zoba vorkommt.[34]

Einen aramäischen Herrscher hatte die Stadt spätestens mit dem König Zakur von Hamat. Dieser berichtet auf seiner um 800 errichteten Stele[35] von einer Koalition der umliegenden aramäischen Staaten – von Damaskus bis hinauf nach Samʾal – die unter der Führung Barhadads III. von Damaskus Hamat belagerte. Zwar war Zakur auch militärisch (und politisch? Hilferuf an die Assyrer?) aktiv, aber er dankt in der Stele besonders Baal, dem Schutzgott seines Hauses, wobei er auch ein Beistands- und Rettungsorakel zitiert: „Da erhob ich meine Hände zu Baal, zu Baalschamin, und Baalschamin erhörte mich. Da redete Baalschamin zu mir durch Vermittlung von Sehern und durch Vermittlung von Propheten ...: ‚fürchte dich nicht, denn ich habe dich zum König gemacht, und ich werde mich mit dir erheben und werde dich erretten vor allen diesen Königen'".

Hier haben wir wieder die enge Verbindung des Königs zu seinem Gott. Angefangen von der Inthronisation (vgl. die ganz ähnliche Zusage der Hilfe Gottes an den König in Ps 2,7) bis hin zur Errettung aus der aktuellen Not. Die Struktur ist gleich wie in Samʾal, der Schutzgott ist hier aber der in Syrien vielfach bezeugte

---

33 Alt, 1934; Lipinski, 1978, 593 f.; Herrmann, 1980, 203–250; Pitard, 1987, 89–95; Sader, 1987.
34 Donner/Röllig, 1962–42, Nr. 203–213. Allerdings wird auch versucht, Zoba als Titel zu erklären.
35 Donner/Röllig 1962–64, Nr. 204; Gibson 1975, 6–17; Reinhold 1989, 250–265. Der Vorgänger Zakurs, Irhuleni, hatte noch einen nicht-semitischen Namen, so dass Zakur wahrscheinlich der erste aramäische Herrscher von Hamat war.

Baalschamin. Welche genaue Stellung er im Pantheon von Hamat hatte, ist leider unklar, weil die Stele gerade bei der Götterliste nur unvollständig lesbar ist.[36] Im zitierten Abschnitt der Stele erfahren wir außerdem von Sehern und Propheten, was an den oben erwähnten Propheten Bileam erinnert.[37]

Auf einem der erwähnten Ziegel findet sich ein mit Baalat gebildeter Personenname „Diener der Baalat". Wenn auch diese Göttin nicht auf der mit Politik und Krieg befassten Zakurstele genannt wird, so genoss sie offensichtlich durchaus eine breitere Verehrung. Leider bleibt unklar, ob Baalat ihr Eigenname ist, oder ob Baalat = Herrin der Titel einer hier nicht namentlich genannten Göttin ist.

Über das weitere Geschick Hamats hören wir nur mehr aus assyrischen Quellen und dem Alten Testament. Die Assyrer belassen in Hamat einen Vasallenkönig. 720 wird allerdings der König Ja'ubidi, der führend an einem Aufstand beteiligt war, gefangengenommen, die Stadt zerstört und die Bevölkerung teilweise deportiert.[38]

3.3 Damaskus

Schließlich ist der Staat von Damaskus zu nennen, der zugleich lange Zeit der bedeutendste war.[39] Die aramäische Geschichte von Damaskus beginnt mit Esron (hebr. Reson), „dem Sohn Eljadas, der von seinem Herrn Hadadezer, dem König von Zoba, geflohen war. Der hatte Männer um sich gesammelt und war Hauptmann einer Streifschar geworden – als David die Aramäer schlug – und nahm es ein, und wurde König in Damaskus" (1Kön 11,23 f.). Das muss sich um 960 ereignet haben.

Nach einer Lücke von etwa drei Jahrzehnten wird für die Wende vom 10. zum 9. Jahrhundert v. Chr. Barhadad, Sohn des Tabrimmon, des Sohnes des Hesjon[40], genannt (1Kön 15,18; 2Chr 16,2). Er wurde von Asa von Jerusalem zum Parteiwechsel im Konflikt zwischen Israel und Juda bewogen und konnte dabei sein

---

36 Die Widmung der Stele nennt den Gott Elwer. Die Stele wurde ca. 90 km nördlich von Hamat, in Afis, gefunden wo sie offensichtlich (B, Z. 9–21) anläßlich der Errichtung/Erneuerung eines Tempels für Elwer aufgestellt wurde. Der Anlass macht das Nebeneinander des Haupt- und Dynastiegottes Baalschamin und des Elwer und anderer Götter verständlich.

37 Ross 1970, 4–8; Greenfield 1969; ders. 1987, 73.

38 Zur Geschichte Hamats s. auch Hawkins 1972–75b, 67–70.

39 Zu Damaskus vgl. Alt 1934; Honigmann 1938d; Unger 1947; Dupont-Sommer 1949; Lipinski 1978, 594–598; Pitard 1987; Sader 1987; Reinhold 1989.

40 Dieser Hesjon ist – obwohl es chronologisch möglich wäre – wahrscheinlich nicht mit Esron gleichzusetzen; Noth, 1968, 338.

Gebiet auf Kosten Israels bis Galiläa ausdehnen und wohl auch Teile des ehemaligen Gebietes von Zoba an sich ziehen.

Für die folgende Zeit gibt es ebenfalls nur die Nachrichten des Alten Testaments und der assyrischen Königsschriften, während die sog. Barhadad- bzw. Melqart-Stele, die etwas nördlich von Aleppo gefunden wurde, wohl doch nicht mit Damaskus in Verbindung zu bringen ist.[41]

Jedenfalls gehört Damaskus zu den bedeutendsten aramäischen Staaten der Zeit und zu den Anführern der antiassyrischen Koalitionen. So nennt etwa Salmanassar III. Hadadezer (Adad-Idri) von Damaskus, Urhilina von Hamat und Ahab von Israel an der Spitze seiner Gegner bei der Schlacht von Qarqar am Orontes 853, bei der die Aramäer wohl erfolgreicher waren als der Assyrer.

843 jedoch wurde Hadadezer von seinem Minister Hazael ermordet, der sich zum neuen König machte. Zwar gelangen den Assyrern zunächst noch Vorstöße bis unmittelbar vor Damaskus, nach 838 jedoch erlaubte eine längere Schwächeperiode der Assyrer den Ausbau eines Großreiches in Syrien-Palästina. Hazael machte den israelitischen König Joahas zu seinem Vasallen und empfing von Joas von Juda Tribut. Wie weit seine Vorherrschaft nach Norden reichte, ist derzeit unbekannt. Adadnirari III. (810–788) zieht ab 805 wieder in den Westen und besiegt u. a. Barhadad II., den Sohn Hazaels. 796 scheiterte die antiassyrische Koalition bei dem (oben bereits erwähnten) Kampf gegen Zakur von Hamat.

Während des 8. Jahrhunderts v. Chr. wurde Damaskus zunehmend geschwächt und – wie auch die anderen syrisch-aramäischen Staaten – von den assyrischen Vorstößen schwer belastet. Zur Zeit von Tiglatpileser III. (745–727) kam es nochmals zu Bündnissen der syrisch-palästinischen Staaten, denen aber kein Erfolg beschieden war. Staaten und Städte wurden der Reihe nach dem assyrischen Reich einverleibt. 733 wurde Aram-Damaskus wieder angegriffen, und 732 wurde Damaskus als letzter der aramäischen Staaten erobert.

Die Religion der Aramäer von Damaskus kann wiederum nur erschlossen werden. Auch ohne dass bisher Ausgrabungen möglich gewesen wären, ist es so gut wie sicher, dass dort, wo heute die große Moschee von Damaskus steht, der Ort

---

41 Sie wurde 1939 in Bredsch, 7 km nördlich von Aleppo gefunden. Der Name Melqart-Stele bezieht sich auf die die Stele dominierende Darstellung des Gottes Melqart, des Hauptgottes der Stadt Tyrus (!). Zum Text vgl. Donner/Röllig, 1962–64, Nr. 201; Gibson, 1975, 1–4. Es geht darum, ob der Name des Vaters von „Bir Hadad, König von Aram" auf „Tab-Rimmon, König von Damaskus" ergänzt werden kann (so Albright, 1942; Cross, 1972; Reinhold, 1989, 221–249). Aufgrund einer neuen Kollation der Stele ist nach Pitard, 1988, Atar-hamek zu lesen bzw. zu ergänzen, wodurch der Bezug auf Damaskus entfällt und es sich eher um das Denkmal eines lokalen Herrschers nördlich von Aleppo, also etwa von Bit Agusi/Jachan mit der Hauptstadt Arpad, handelt. Diese Region wird auch in den Sfire-Inschriften als Aram bezeichnet.

des Haupttempels war. Weil die Königsnamen Barhadad (I. – IV.) und Hadadezer Hadad als Hauptgott zeigen, war der Tempel wohl ebenfalls Hadad geweiht (in hellenistisch-römischer Zeit wurde daraus ein Zeustempel, dem in christlicher Zeit eine Johanneskirche folgte). Hadad ist natürlich wieder der bekannte syrische Wettergott. Hadad trug auch den Beinamen Rammon, wie sich aus dem Namen des Königs Tabrimmon, des Vaters von Barhadad I. ergibt (1Kön 15,18). Die Identität von Hadad und Rammon wird durch die Erwähnung der Verehrung des Gottes Hadad-Rimmon in Sach 12,11 gestützt. Ramanu ist ein auch aus assyrischen Texten bekannter Beiname von Hadad und bedeutet ‚der Donnerer', was für den Wettergott bestens passt. Auch die Geschichte von der Heilung Naamans, des syrischen Generals, erwähnt die Verehrung des Gottes Rammon durch den König von Damaskus (2Kön 5). Der dabei genannte Tempel ist sehr wahrscheinlich wiederum der Haupttempel von Damaskus.

Schließlich hören wir für die Zeit der assyrischen Eroberung von einem besonderen Altar in Damaskus, den auch der israelitische König als Vorbild für Jerusalem nahm (2Kön 16,10 ff.). Es muss sich um einen ziemlich großen Brandopferaltar gehandelt haben. Einzelheiten über Maße, Dekoration oder Symbolik werden leider nicht genannt. Ob es sich dabei noch um eine aramäisch-damaszenische Besonderheit handelte oder bereits um assyrischen Einfluss, bleibt offen.[42]

4. Die Eigenart der Religion der Aramäer

Das Ende der aramäischen Staaten bedeutete keineswegs das Ende des aramäischen Einflusses bis hin zum assyrischen und babylonischen Hof und den Herrscherhäusern. Vor allem aber verbreiteten sich die aramäische Schrift und – allerdings in geringerem Maße – die aramäische Sprache.

Die aramäische Kultur und Religion sind dagegen schwerer greifbar. Das liegt nicht nur an der Spärlichkeit der (aramäischen) Quellen, sondern auch an den Verhältnissen selbst: Die Aramäer übernahmen weithin die kulturellen und religiösen Gegebenheiten der jeweiligen Gebiete. Hier ist insbesondere Hadad, der syrische Wettergott und Hauptgott, und mit ihm die große Liebes- und Schutzgöttin, genannt Ischtar oder später dann Atargatis, zu nennen. Offensichtlich blieb das Pantheon relativ klein und überschaubar und den Menschen zugänglich. Es waren wohl nicht nur die Könige, die sich von „ihrem" Gott Hilfe erwarteten und

---

42 Für die kultischen Änderungen in Jerusalem jedenfalls wird ausdrücklich vermerkt, dass sie „dem König von Assyrien zuliebe" geschahen.

ihm dafür dankten. Darin hat vermutlich die besondere Beziehung zur Gottheit im Sinne des „persönlichen Gottes" bzw. des Väter- und damit Sippengottes aus der Frühzeit ihre Nachwirkung. Ob diese Götter neben der allgemeinen Bezeichnung als El, d. h. als Gott, und ihrer Zuordnung zur Sippe oder Stämmen auch Eigennamen hatten, muss offen bleiben. Wahrscheinlicher ist, dass sie im Kontakt mit den Ortsheiligtümern mit den dortigen Gottheiten identifiziert wurden.

5. Literatur

Abou Assaf, A., 'Ain Dara – Eine neu entdeckte Residenzstadt, in: Land des Baal. Syrien – Forum der Völker und Kulturen, Mainz 1982, 349–352.

Albertz, R., Religiöse Elemente früher familiärer Kleingruppen („Väterreligion"), in: Religionsgeschichte Israels in alttestamentlicher Zeit, ATD Erg. 8/1, Göttingen 1992, 47–68.

Albright, W.F., A Votive Stele Erected by Ben Hadad I of Damascus to the god Melcarth; BASOR 87, 1942, 23–29.

Albright, W.F., Syria, the Philistines and Phoenicia, Cambridge Ancient History II 2 A, Cambridge 1975, 507–536.

Alt, A., Der Gott der Väter, BWANT II,12, 1929; jetzt in: Kleine Schriften ..., Band 1, 1–77.

Alt, A., Die syrische Staatenwelt vor dem Einbruch der Assyrer, 1934; jetzt in: Kleine Schriften ..., Band III, 214–232.

Alt, A., Der Rhythmus der Geschichte Syriens und Palästinas im Altertum, 1944; jetzt in: Kleine Schriften ..., Band III, 1–19.

Borger, R., Historische Texte in akkadischer Sprache aus Babylonien und Assyrien, TUAT I, 354–410.

Caquot, A. / Lemaire, A., Les Textes araméens de Deir 'Alla, Syria 54, 1977, 198–208.

Cross, F.M., The Stele Dedicated to Melcarth by Ben Hadad of Damascus, BASOR 205, 1972, 36–42.

Delsman, W.C., Aramäische Historische Inschriften, TUAT I, 1985, 625–637.

Delsman, W.C., Aramäische Grab- und Votivinschriften, TUAT II, 1988, 573–581.

Dietrich, M., Die Aramäer Südbabyloniens in der Sargonidenzeit (700–648), AOAT 7, Neukirchen 1970.

Dion, P.E., Balaam l'Araméen d'après de nouveaux documents akkadiens du VIII' siècle, Egl. et Theol., 22, 1991, 85–87.

Donner, H. / Röllig, W., Kanaanäische und Aramäische Inschriften, Bd. I–III, Wiesbaden 1962–1964.

Dunant, M., Stèle araméenne dédié à melqart, BMB 3, 1939, 65–76.

Dupont-Sommer, A., Les Araméens, Paris 1949.

Dussaud, R., La Stèle araméenne de Zakir au Musée du Louvre, Syria 3, 1922, 175–176.

Euler, K.F.: Königtum und Götterwelt in den altaramäischen Inschriften Nordsyriens, ZAW 56, 1938, 272–313.

Ficker, R., rkb, THAT II, 1976, 777–781.

Forrer, E., Aramu, RLA I, 1928, 131–139.

Gese, H., Die Religionen Altsyriens, in : H. Gese / M. Höfner / K. Rudolph: Die Religionen Altsyriens, Altarabiens und der Mandäer, RdM 10/2, Stuttgart 1970.

Gibson, J.C.L., Textbook of Syrian Semitic Inscriptions, Vol. II: Aramaic Inscriptions including Inscriptions in the Dialect of Zenjirli, Oxford 1975.

Görg, M., Zum Problem einer Frühbezeugung von Aram, BN 9, 1979, 7–10; jetzt auch in: ÄAT 2, 1989, 157–160.

Grayson, A.K., Assyrian Royal Inscriptions, Vol. II, From Tiglat-pileser I to Ashur-nasir-apli II, Wiesbaden 1976.

Greenfield, J.C., The Zakir Inscription and the Danklied. Proceedings of the Fifth World Congress of Jewish Studies, Vol. I, 1969, 174–191.

Greenfield, J.C., Aspects of Aramean Religion, in: Essays in Honor of Frank Moore Cross, Philadelphia 1987, 67–78.

Hackett, J.A., The Balaam Text from Deir ʿAlla, HSM 31, Chico 1984.

Hawkins, J.D., Halab. The 1.st millenium, RLA IV, 1972–75a, 53.

Hawkins, J.D., Hamath. RLA IV, 1972–75b, 67–70.

Hawkins, J.D., Jahan, RLA V, 1976–80, 238–239.

Herrmann, S., Geschichte Israels, München 1980.

Hoftijzer, J. / van der Kooij, G., Aramaic Texts from Deir ʿAlla, DMOA 19, Leiden 1976.

Hoftijzer, J., Aramäische Prophetien. Die Inschrift von Deir ʿAlla, TUAT II, 1986, 138–148.

Honigmann, Bit-Adini, RLA II, 1938, 33–34.

Honigmann, Bit Amana, RLA II, 1938, 34–35.

Honigmann, Bit Humri, RLA II, 1938, 43.

Honigmann, Damaskus, RLA II , 1938, 104.

Hrouda, B., Halaf, Tell, RLA IV, 1972–75, 54.

Keel-Leu, H., Vorderasiatisch Stempelsiegel, OBO 110, Freiburg/Göttingen 1991.

Klengel, H., Halab, RLA IV, 1972–75, 50–53.

Klengel, H., Geschichte und Kultur Altsyriens, Leipzig 1979.

Kreuzer, S., Die Frühgeschichte Israels, BZAW 178, Berlin / New York 1989.

Laroche, E., Luwier, Luwisch, Lu(w)iya, RLA VII, 1988, 181–184.

Layton, S.C. (ed. by D. Pardee), Old Armaic Inscriptions, BA 51, Nr. 3, 1988, 172–198.

Lipiński, E., Studies in Aramaic Inscriptions and Onomastics, OLA 1, Louvain 1974.

Lipiński, E., Aramäer und Israel, TRE III, 1978, 590–599.

Lipiński, E., The God ʼArqu-rashap in the Samallian Hadad Inscription, in: M. Sokoloff (ed.), Arameans, Aramaic and the Aramaic Literary Tradition, 1983, 15–21.

Luschan, F. von, Ausgrabungen in Sendschirli I–IV, in: Mitteilungen aus den Orientalischen Sammlungen, Berlin 1893–1911.

Malamat, A., The Arameans, in : D.J. Wiseman (ed.): Peoples of Old Testament Times, Oxford 1975, 134–155.

Müller, H.P., Phönizische historische Inschriften, TUAT I, 1985, 638–640.

Noth, M., Könige I, 1–16, BK IX/1, 1968.

Oppenheim, M. Frh. von, Der Tell Halaf, Leipzig 1931.

Orthmann, W., Der Alte Orient. Propyläen Kunstgeschichte, Bd. 18, Berlin 1985 (bes. 415–432, mit Abbildungen).

Pitard, W.T., Ancient Damascus. A Historical Study of the Syrian City-State from Earliest Times until its Fall in 732 B.C.E., Winona Lake, Indiana 1987.

Pitard, W.T., The Identity of the Bir-Hadad of the Melqart Stela, BASOR 272, 1988, 3–21.

Postgate, J.N., Harran, RLA IV, 1972–75, 122–125.

Postgate, J.N., Laqe, RLA IV, 1980–83, 492–494.

Reinhold, G.G.G., Die Beziehungen Altisraels zu den aramäischen Staaten in der israelitisch-judäischen Königszeit, EHS 23/368, Frankfurt 1989.

Ross, J.F., Prophecy in Hamath, Israel and Mari, HTR 63, 1970, 1–28.

Sader, H., Les Etats Araméens de Syrie depuis leur fondation jusqu'à leur transformation en provinces assyriennes, Beiruter Texte und Studien, Bd. 36, 1987.

Sauer, G., Die Tafeln von Deir ʿAlla, ZAW 81, 1969, 145–156.

Sauer, G., Bileam und sein Zauber, in: F. Dexinger / J. Oesch/G. Sauer (Hg.), Jordanien, Innsbruck 1985, 73–78.

Schiffer, S., Tell Ahmar, AfO 6, 1930–31, 133–34.

Strommenger, E., Neusyrische Zeit, in: Land des Baal. Syrien – Forum der Völker und Kulturen, Mainz 1982, 161–185 (mit Abb.).

Swiggers, P., The Aramaic Inscription of Kilamuwa, Or. 51, 1982, 249–253.

Unger, E., Aramäer in assyrischer Darstellung, RLA I, 1928, 129–130.

Unger, E., Bit-Ammukani, RLA II, 1938, 35–36.

Unger, E., Bit-Bahiani, RLA II, 1938, 37.

Unger, E., Bit-Dakkuri, RLA II, 1938, 38–40.

Unger, E., Bit-Jahiri, RLA II, 1938, 43.

Unger, E., Bit-Jakini, RLA II, 1938, 43–44.

Unger, E., Bit-Saʾalla, RLA II, 1938, 49–50.

Unger, E., Bit-Sillani, RLA II, 1938, 51.

Unger, M.F., A History of Damascus from the Earliest Times until its Conquest by Assyria, Diss. Baltimore 1946/47.

Vorländer, H., Mein Gott. Die Vorstellung vom persönlichen Gott im Alten Orient und im Alten Testament, AOAT 23, Neukirchen 1975.

Westermann, C., Genesis 1–11, BK I/1, Neukirchen 1974.

Westermann, C., Die Bedeutung der ugaritischen Texte für die Vätergeschichte, in: Die Verheißungen an die Väter. Studien zur Vätergeschichte, FRLANT 126, Göttingen 1976.

Westermann, C., Genesis 12–36, BK I/2, 1981.

Ergänzung:

Zur Geschichte, Kultur und Religion der Aramäer liegen nun zwei große Monographien vor:

Paul E. Dion, Les Araméens à l'age du Fer. Histoire Politique et Structures Sociales, Études Bibliques 34, Paris 1997, 472 Seiten.

Edward Lipiński, The Aramaeans. Their Ancient History, Culture, Religion; Orientalia Lovaniensia Analecta 100, Leuven: Peeters 2000, 697 Seiten. (Lipiński behandelt auch die Aramäer in Untermesopotamien. In der Darstellung der aramäischen Religion greift er den oben vorgelegten Ansatz bei der Analyse der Inschriften von Samʾal auf, 614 ff.).

Die Inschriften von Samʾal / Sindschirli sind neu ediert in:

Josef Tropper, Die Inschriften von Zincirli. Neue Edition und vergleichende Grammatik des phönizischen, samʾalischen und aramäischen Textkorpus, Abhandlungen zur Literatur Alt-Syrien-Palästinas und Mesopotamiens 6, Münster 1993.

Ein Teil der hier erörterten Inschriften ist nun neu herausgegeben in:
Manfred Weippert, Historisches Textbuch zum Alten Testament (HTAT), ATD Erg. 10, Göttingen 2010.

Die Deutung der 2008 in Sam'al gefundenen Grabplatte des Kuttamuwa, Diener des Königs Pannamuwa, ist noch nicht abgeschlossen. Insbesondere ist noch offen, ob die Inschrift wirklich die Aussage hat, dass die „Seele" des Verstorbenen in der Stele weiterlebt und ob es sich dabei um eine aramäische oder eine lokale/luwische/indogermanische Vorstellung handelt.

Vom Garizim zum Ebal
Erwägungen zur Geschichte und Textgeschichte sowie zu einem neuen Qumran-Text

Der Garizim als zweites heiliges Zentrum im Judentum neben Jerusalem spielte in der Zeit des dritten und zweiten Jahrhunderts v. Chr. eine wichtige aber auch umstrittene Rolle. Während in der samaritanischen Lebenswelt und Überlieferung der Berg Garizim und das dortige Heiligtum eine große – neuerdings auch archäologisch verifizierte – Bedeutung haben, steht dagegen in den Texten des Alten Testaments der benachbarte Berg Ebal im Vordergrund. Die frühjüdische Diskussion um die Bedeutung des Garizim hat auch in der alttestamentlichen Textgeschichte eine – wenn auch wenig bekannte – Rolle gespielt und nicht nur im hebräischen, sondern auch im griechischen und selbst im lateinischen Text ihren Niederschlag gefunden. Zu den bisherigen Spuren kommt nun ein erst jüngst aufgetauchter Text aus Qumran.

1. Zur Geschichte des Heiligtums auf dem Garizim

Der Berg Garizim liegt in der Nähe der für das ehemalige Nordreich „Israel" bzw. für die Landschaft Samaria zentralen Stadt Sichem, der „ungekrönten Königin Palästinas".[1] Seit wann es auf dem Garizim ein Heiligtum gab, ist unklar. Seine prominente Lage über Sichem und den angrenzenden Tälern wie auch seine relativ gute Zugänglichkeit sowohl vom westlich von Sichem liegenden „Pass" der Verbindung nach Samaria und zum Mittelmeer wie auch von dem südwestlich angrenzenden Bergland her machen es durchaus wahrscheinlich, dass es schon früh ein Heiligtum von zumindest lokaler Bedeutung gegeben haben wird.[2] Jedenfalls wird man annehmen können, dass der samaritanische Tempel auf dem Garizim

---

[1] So Albrecht Alt, Jerusalems Aufstieg, Kleine Schriften zur Geschichte des Volkes Israel III, München 1959, 243–257: 246, auf Grund der Lage am Schnittpunkt der Hauptverkehrswege in nord-süd- und ost-westlicher Richtung.

[2] Robert G. Boling, Tananir (Mount Garizim), RB 76 (1969), 419–421, berichtet von einem Heiligtum der späten Mittelbronzezeit (großes, quadratisches Gebäude sowie Funde eines Altars, eines Räucherständers und von Mazzeben). Leider nimmt Itzhak Magen weder in Gerizim, Mount, NEAEHL II, Jerusalem 1993, 484–492, noch in ders., Gerizim, Mount, NEAEHL V, Jerusalem 2008, 1742–1748 zu diesen Funden Stellung.

In Papyrus Anastasi I, 21,6 aus der Ramessidenzeit ist von einem Berg (oder Gebirge?) von Sekem die Rede.

nicht ganz ohne Vorgänger bzw. eine religiöse Lokaltradition entstand. Lange Zeit war die Nachricht bei Josephus die wesentliche Quelle über die Entstehung des samaritanischen Tempels auf dem Garizim. Josephus berichtet in den Antiquitates XI, 321–324, dass die Samaritaner beim siegreichen Zug Alexander des Großen nach Ägypten die Gelegenheit nutzten, sich auf seine Seite zu stellen und dabei auch die Genehmigung für die Errichtung eines Tempels auf dem Garizim zu erlangen. Dass die Errichtung eines Tempels der (zumindest nominellen) Initiative[3] oder zumindest der Genehmigung des Herrschers bedurfte, war in Israel wie im Alten Orient selbstverständlich und galt auch in der Perserzeit. Letzteres ist in den Vorgängen um die Wiedererrichtung des Jerusalemer Tempels ebenso deutlich wie in den Texten aus Elephantine bezüglich des Wiederaufbaus des dortigen Jahu-Tempels. Dass die Samaritaner sich sogleich an den eben erst heranziehenden Alexander wenden, lässt einerseits historisch fragen, wie denn die bisherige Lage und das Verhältnis zu den Persern waren. Andererseits setzt der von Josephus beschriebene Schritt der Samaritaner diese in kein allzu positives Licht, jedenfalls kann man die Aktion als nicht sehr loyal gegenüber den bisherigen Machthabern und als wohl doch auch ein wenig voreilig betrachten.

Wie auch immer es sich mit der raschen Annäherung der Samaritaner an Alexander historisch verhalten haben mag, die neueren Ausgrabungen haben gezeigt, dass der Tempel auf dem Garizim doch schon älter ist und bereits in die persische Zeit zurückgeht. Bei den seit 1983 durchgeführten und 2003 abgeschlossenen Grabungen zeigte sich, dass der später mehrfach aus- und überbauten Anlage ein Tempel zugrunde liegt, der etwa in der Mitte des 5. Jh.s gegründet worden war.[4] Die ummauerte Anlage, in deren Zentrum der Tempel stand, maß immerhin 98 x 96 m.[5] Mit diesem Befund ist jedenfalls ein terminus a quo gegeben, seit dem Jerusalem in Samaria nicht nur ein politisches sondern auch ein bedeutendes Kultzentrum gegenüber stand.

Dass – lokale – religiöse Traditionen auf dem Garizim durchaus noch älter sein und bis in die Zeit des selbständigen Königtums zurückgehen können, ist nicht unwahrscheinlich. Ob allerdings die Bezeichnung des Berges Garizim in Ri 9,37 als טַבּוּר הָאָרֶץ tatsächlich bereits so wie dann in der Septuaginta als Nabel der Erde oder zumindest des Landes (ὀμφαλός τῆς γῆς) zu verstehen ist, oder zunächst die

---

3 Man denke an Salomos Tempelbau (1Kön 3.6–8) oder auch an die Initiative von Jerobeam I. für die Heiligtümer in Bethel und Dan (1Kön 12).

4 Siehe dazu den Bericht Magen, Gerizim, 2008, 1742.1747: „Archaeological finds – pottery, coins, and radiocarbon dating – indicate that the temple on Mount Gerizim was first built in the mid-fifth century BCE." Alleine schon die Größe der Anlage macht es wahrscheinlich, dass dieser Lokalität ältere Traditionen zu Grunde lagen.

5 Magen, Gerizim, 1746.

(mit dem Garizim beginnende) Hochebene bezeichnete, ist umstritten.[6] Jedenfalls aber war mit dem Tempel auf dem Garizim spätestens ab der Mitte des 5. Jh. v. Chr. ein zentrales Heiligtum gegeben, das dem auf seine Art „zentralen" Heiligtum in Jerusalem und dessen Anspruch für das Judentum gegenüber stand. Dieser Tempel auf dem Garizim hatte nach den neuen archäologischen Befunden für etwa 250 Jahre Bestand und wurde dann um 200 v. Chr. zu einer großartigen Anlage von 212 x 136 m ausgebaut, in deren Mitte ein prächtiger, mit weißen Quadersteinen erbauter Tempel stand.[7]

2. Garizim und Ebal in der alttestamentlichen Tradition

Trotz seiner offensichtlichen Bedeutung kommt der Garizim im Hebräischen Alten Testament nur viermal vor und zwar durchaus in positivem oder zumindest neutralem Sinn, aber ohne jede Nennung eines Heiligtums. In Ri 9, 37 wird nur gesagt, dass Jotam seine berühmte Fabel vom Gipfel des Garizim aus den Bewohnern von Sichem vorgetragen habe,[8] was allerdings eine idealisierte Szene ist, die im wörtlichen Sinn weder topographisch noch akustisch möglich ist.

Während Ri 9 jedenfalls explizit politisch-profane Ereignisse beschreibt, geht es an den anderen Stellen um kultische bzw. rituelle Geschehnisse. In Dtn 11,29 wird vorausgeblickt auf jene Aktion, die dann in ähnlicher Weise in Dtn 27 – noch immer vorausblickend auf die Zeit nach dem Einzug in das Land – beschrieben wird. Israel soll „den Segen sprechen lassen auf dem Berge Garizim und den Fluch auf dem Berge Ebal", wobei die eine Hälfte der Israeliten am Garizim und die andere am Ebal stehen soll. Wie die weitere Beschreibung der Szene deutlich macht, ist dabei nicht unbedingt an ein Stehen auf dem Berg sondern eher an dessen Abhang zu denken. Die häufig vertretene Erklärung, dass der Garizim der Berg des Segens ist, weil er bewaldet ist, während der Ebal kahl ist, ist fraglich, weil die Vegetationsverhältnisse im Lauf der Zeit gewechselt haben und für das frühe 1. Jt. v. Chr. nicht mehr zu klären sind. Für die Verteilung von Fluch und Segen in der Sichemszene genügt die Tatsache, dass die rechte Seite die Seite des Glücks und des Segens, die linke Seite dagegen die Seite des Unglücks ist. Bei der üblichen Orientierung nach Osten ist der südlich gelegene Garizim rechts, während der nördliche gelegene Ebal links liegt. Dass der Garizim die Segensseite war, wird zudem nicht ganz ohne Gedanken an das Heiligtum gewesen sein. Die in Dtn 27

---

6 Shemaryahu Talmon, הר, ThWAT II, 1977, 472f.

7 Magen, Gerizim, 1746f.

8 Ein Leser in späterer Zeit mag zwar daran denken, dass eben dort ein Tempel steht, aber im Text wird keinerlei Bezug darauf genommen.

angeordnete Szene wird dann in Jos 8,33 – 35 ausgeführt, wobei hier mit אֶל־מוּל die Richtung zum Berg hin, also das Stehen am Fuß des Berges beschrieben wird.

Dieser Proklamation des Gesetzes mit Fluch und Segen geht in V. 30 – 32 gemäß der Anordnung in Dtn 27,4 die Errichtung eines Altars auf dem Berg Ebal voraus. Auf diesem Altar werden Opfer dargebracht und dann schreibt Josua „dort auf die Steine" eine Abschrift des von Mose geschriebenen Gesetzes. Es ist deutlich, dass mit der Vorstellung des von Mose geschriebnen Gesetzes eine deuteronomistische Vorstellung vorliegt. Umso erstaunlicher ist, dass zuvor nicht nur die Errichtung eines Altars sondern auch die Darbringung vom Opfern erwähnt wird. Dies weist auf eine offensichtlich unverdrängbare vordeuteronomistische Tradition von einem Altar auf dem Berg Ebal hin. Gab es also in frühisraelitischer Zeit ein Heiligtum auf dem Ebal – gegenüber oder zeitlich vielleicht sogar vor dem Heiligtum auf dem Garizim?

Im Rahmen des von Adam Zertal durchgeführten Manasse-Surveys schien sich diese Annahme zu bestätigen. Zertal entdeckte 1980 am Nordhang des Ebal, gut 100 Höhenmeter unterhalb des Gipfels, bei el-Burnat, eine Anlage, die er als früheisenzeitliches Heiligtum mit einem großen Altar identifizierte. Die archäologische Deutung war ebenso wie die Identifikation mit dem Altar des Josua heftig umstritten. Die Diskussion lief darauf hinaus, dass es sich zwar in der Tat um ein früheisenzeitliches Heiligtum (mit zwei Bauphasen) handelt, dass aber eine Verbindung mit der Erzählung von Jos 8 unwahrscheinlich ist, und zwar einerseits wegen des fraglichen Quellenwertes von Jos 8,30 – 32, andererseits aber auch schlicht wegen der Lage des Heiligtums. Das Heiligtum liegt auf der von Sichem abgewandten Seite des Berges und hat nicht nur keinerlei Sichtverbindung mit dem Bereich von Sichem, sondern ist von dort aus auch nur sehr mühsam zu erreichen. Das Heiligtum diente wahrscheinlich der in der Nähe wohnenden – möglicherweise frühisraelitischen – Bevölkerung, es war aber nicht nach Sichem sondern nach Norden hin orientiert.[9]

Die Identifikation dieses Heiligtums auf dem Berg Ebal mit dem Altar von Jos 8 war allerdings nur möglich gewesen unter alleiniger Konzentration auf den masoretischen Text und unter Absehung von der Textgeschichte der Ebal- und Garizim-Belege im Alten Testament. Dieser wenden wir uns nun zu.

---

9 Die Diskussion braucht hier nicht nachgezeichnet zu werden. Für die wesentlichen Ergebnisse siehe Adam Zertal, Ebal, Mount, NEAEHL I, Jerusalem 1993, 375 – 377 (Lit). In NEAEHL V, 2008, gibt es keinen Artikel zum Ebal.

3. Ebal und Garizim in der Textgeschichte

Der Berg Ebal wird im Alten Testament nur an den oben bereits genannten Stellen erwähnt. D.h. in Dtn 11,29; 27,13 und Jos 8,33 im Zusammenhang der Szene mit Segen und Fluch sowie in Dtn 27,4 und Jos 8,30 in Zusammenhang mit dem Altarbau. Während die Szene mit Segen und Fluch stärker mit Sichem verbunden ist, ist die Altarbauszene selbständig und hat es zudem mit der Anhöhe des Berges zu tun.

Nun ist aber in den Texten die Lage von Ebal und Garizim und selbst die Nennung des Ebal keineswegs sicher. In Dtn 11,30 findet sich im Rahmen eines erläuternden Zusatzes zu 11,29 die Angabe, dass der Ebal und der Garizim gleich jenseits des Jordan in unmittelbarer Nähe von Gilgal, also in der Nähe von Jericho, im Jordangraben liege: Mit der rhetorischen Frage „Sind diese [sc. Ebal und Garizim] nicht jenseits des Jordan hinter / an der Straße nach Westen im Land der Kanaaniter, die in der Araba wohnen, Gilgal gegenüber?" wird zum Ausdruck gebracht, dass es sich eben geradeso verhält. Damit wird der Ebal – so wie auch der Garizim – aus dem Gebiet der Samaritaner in den Süden geholt. Zugleich wird auch eine größere Plausibilität gegenüber der im Kontext merkwürdigen Digression in das Gebiet von Sichem hergestellt.[10] Die Vorstellung von Ebal und Garizim in der Nähe von Gilgal bzw. Jericho findet sich auch in einem Qumran-Fragment des Josuabuches, 4QJos^a.[11] Die zweifellos fiktive und tendenziöse Vorstellung – man fragt sich, an welche Berge da eventuell gedacht sein kann – wurde offensichtlich in frühjüdischer Zeit entwickelt. Dass sie immerhin auch noch Aufnahme in den masoretischen Text von Dtn 11 fand, ist einer der Belege für dessen späte redaktionelle Bearbeitung.

Aber auch die Nachricht über einen Altar auf dem Ebal ist keineswegs so sicher, wie es im masoretischen Text zu sein scheint. Dass es für Dtn 27,4 auch

---

10 Die Einheit 8,30 – 35 ist bekanntlich in der Septuaginta nicht vor sondern nach 9,1 f. eingeordnet. Ob und wieweit damit ein anderes Gesamtkonzept für das Josuabuch verbunden ist, wird unterschiedlich beurteilt, braucht aber hier nicht diskutiert zu werden. Siehe dazu jetzt Wolfgang Kraus / Martin Karrer, Septuaginta deutsch, Band 1, Stuttgart 2009 sowie dies., Band 2, Erläuterungen und Kommentare, Bd. 1, Stuttgart 2011; jeweils zur Stelle.
11 Siehe dazu Eugene Ulrich, 4QJosh^a (Plates XXXII–XXXIV), DJD 14, 1995, 143 – 152. Allerdings basiert die Textfolge auf der, wenn auch durchaus wahrscheinlichen, Anordnung der Fragmente. Ulrich vertritt sogar die Meinung, dass diese Reihenfolge die ursprüngliche war, wobei er aber annimmt, dass die Notiz zunächst keinen Ortsnamen nannte bzw. sich implizit auf Gilgal bezog (145 f.). Diese Annahme erscheint aber zu spekulativ. Auch die Beobachtung, dass Josephus, Antiquitates V, 20 die Szene unmittelbar nach dem Jordanübergang vorauszusetzen scheint, fällt dafür nicht wirklich ins Gewicht, sondern lässt sich aus der bis dahin erfolgten Textentwicklung erklären.

anderslautende Textzeugen gibt, ist schon lange bekannt, wurde bisher aber oft als sekundäre Änderung von Seiten der Samaritaner interpretiert.

Die Lesung Garizim ist folgendermaßen belegt: בהר גריזים bzw. זים(י)בהרגר lesen der Samaritanische Pentateuch[12] bzw. seine diversen Handschriften;[13] entsprechend auch das samaritanische Targum. Der Papyrus Giessen 19 liest αργαριζ(ι)μ. Dieser Papyrus ist nicht notwendigerweise als samaritanischer Text (Samareitikon) zu identifizieren, sondern wahrscheinlich ein eigenständiger Textzeuge der Septuaginta.[14] Dass die Septuaginta diese Lesart kannte, bestätigt die Vetus Latina, in deren Handschrift 100, dem Kodex Lugdunensis, „Garizin" zu lesen ist.[15]

Diese Belege sind zwar vereinzelte und haben von der äußeren Kritik her scheinbar nur geringes Gewicht, sie sind aber doch von erheblicher Bedeutung. Während Alfred Rahlfs[16] und auch John W. Wevers[17] für die Septuaginta beim Mehrheitstext bleiben, wurde die Bezeugung des „Garizim" von den Bearbeitern der Biblia Hebraica wesentlich höher eingestuft. Immerhin findet sich schon in der dritten Auflage der Biblia Hebraica[18] und dann in der Biblia Hebraica Stuttgartensia[19] der Vermerk „l[ege] ... בהר גריזים". Dieser Bewertung folgte auch das Komitee des Hebrew Old Testament Text Project.[20] Ebenso betrachtet Carmel McCarthy die Mehrheitslesart als „em scr" d. h. als „scribal emendation" und die Lesung mit dem Berg Garizim als „pref" d. h. „preferred reading" im Sinne von „to be preferred

---

12 So August Freiherr von Gall, Der hebräische Pentateuch der Samaritaner, Giessen 1918.
13 Siehe die Edition von Abraham Tal, The Samaritan Pentateuch, Tel Aviv 1994, und Frederico Pérez Castro, Sefer Abiša'. Edition del fragmento antiguo del rollo sagrado del Pentateuco hebreo samaritano de Nablus, Madrid 1959, die damit der in den Handschriften mehrheitlich üblichen Schreibung folgen.
14 Siehe dazu Emanuel Tov, Papyrus Giessen 13,19,22,2: A Revision of the LXX?, RB 78 (1971), 355–383: 373 f. Der Papyrus ist jetzt unter dem Siglum 884 geführt, vgl. Alfred Rahlfs / Detlef Fraenkel, Verzeichnis der griechischen Handschriften des Alten Testament, Band I,1: Die Überlieferung bis zum VIII. Jahrhundert, Göttingen 2004, 130–133.
15 Siehe dazu die Belege bei John William Wevers, Septuaginta III,2: Deuteronomium, Göttingen 1977, 287.
16 Septuaginta, Handausgabe, Stuttgart 1935; ebenso auch Alfred Rahlfs / Robert Hanhart, Septuaginta, Handausgabe, Stuttgart 2006.
17 Deuteronomium, 287. In seinen Notes on the Greek Text of Deuteronomy, SCS 39, 1995, 417, geht Wevers von einer Veränderung durch die Samaritaner aus, „who insisted on reading mount Garizim", und vermerkt dazu lediglich „Oddly enough an Old Latin codex also reads *gerzin.*"
18 Rudolf Kittel (ed.), Stuttgart 1937.
19 Stuttgart 1967–1977.
20 Dominique Barthélemy u. a., Preliminary and Interim Report on the Hebrew Old Testament Text Project, I. Pentateuch, New York 1979, 294.

as the earliest attested text".[21] Auch wenn αργαριζ(ι)μ nur im Papyrus Giessen 19 und indirekt durch die Vetus Latina bezeugt ist, wird man von da her auch für die Septuaginta diese Lesart als die ursprüngliche annehmen können.[22]

Was bedeutet dieser Textbefund für die Tradition von Ebal und Garizim bzw. die Tradition eines für Samaria zentralen Heiligtums bei Sichem? Nach dem vorliegenden Textbefund wurde ursprünglich sowohl in Dtn 27 als auch in Jos 8 vom Garizim als jenem Berg berichtet, auf dem Josua einen Altar errichtet hatte und dessen später dort befindliches Heiligtum damit legitimiert war. Möglicherweise war diese Akzeptanz nicht nur davon geprägt, dass an beiden Orten Jahwe verehrt wurde, sondern auch davon begünstigt, dass man an beiden Orten derselben fremden Oberherrschaft gegenüber stand. Während das samaritanische Zentralheiligtum offensichtlich zunächst als zweites jüdisches Zentrum akzeptiert war, wurde es in frühjüdischer Zeit von Jerusalem aus zunehmend als problematische bzw. unakzeptable Konkurrenz gesehen. Entsprechende Empfindungen mögen mit dem zur Zeit von Antiochus III. um 200 v. Chr. erfolgten großartigen Ausbau des Heiligtums auf dem Garizim erheblich gestiegen sein. Gewiss hat auch der Religionskonflikt unter Antiochos IV. die Sensibilitäten verstärkt und nicht zuletzt wurde mit dem Machtanspruch der Hasmonäer – die zudem ihrerseits in nicht ganz legitimer Weise auch das Amt des Hohepriesters ausübten – die Rivalität verstärkt. Bekanntlich gipfelten diese Rivalität und der hasmonäische Machtanspruch in der um 110 v. Chr. erfolgten Zerstörung des Heiligtums auf dem Garizim.[23]

---

21 Carmel McCarthy, Deuteronomy, BHQ 5, Stuttgart 2007, 75.122f. und XV.

22 Dieses Bild passt zu anderen Beobachtungen, dass die Septuaginta weithin schon früh im Blick auf den sich herausbildenden bzw. im Lauf des 2. Jh. v. Chr. konstituierten und zur Vorherrschaft gelangenden masoretischen Text hin revidiert wurde. Siehe dazu Siegfried Kreuzer, Von der Vielfalt zur Einheitlichkeit. Wie kam es zur Vorherrschaft des masoretischen Textes?, in: Horizonte biblischer Texte. FS Joseph M. Oesch, OBO 196, Fribourg/Göttingen 2003, 117–129. Zu Belegen einer literarischen Bearbeitung des (proto-)masoretischen Textes im Bereich der Samuel- und Königebücher siehe die Arbeiten von Adrian Schenker, z. B. Älteste Textgeschichte der Königsbücher. Die hebräische Vorlage der ursprünglichen Septuaginta als älteste Textform der Königsbücher, OBO 199, Fribourg/Göttingen 2004, auch wenn man zu einzelnen Texten unterschiedlicher Meinung sein kann.

Auch die Bedeutung der Vetus Latina ist nicht zu unterschätzen. So stellte etwa im Blick auf das Richterbuch Walter Bodine, The Greek Text of Judges. Recensional Developments, HSM 23, Ann Arbor MI 1980, die besondere Bedeutung der Vatus Latina für den Erhalt des ursprünglichen Septuagintatextes heraus, s. S. 135f.

23 Gegenüber der bisher üblichen Datierung der Zerstörung des Tempels durch Johannes Hyrkan auf das Jahr 128 v. Chr., unmittelbar nach dem Tod von Antiochus VII (vgl. Josephus, Antiquitates XIII, 254–257 und ders., Jüdischer Krieg I, 62) weisen die archäologischen Befunde, insbesondere die Münzfunde, auf eine Zerstörung etwa im Jahr 110 v. Chr.; vgl. Magen, Gerizim, 1742.1747.

Es passt nun durchaus, dass in diesem Umfeld im Rahmen der „literarischen Bearbeitung" bzw. der Konstituierung des masoretischen Textes der Garizim delegitimiert und die Erzählung vom Altarbau vom Garizim auf den Ebal übertragen wurde.

Das aufgezeigte Umfeld spricht dafür, dass die literarische Neuverortung des Altarbaus durch Josua in der Zeit zwischen 150 und 110 v. Chr. erfolgte und zusammen mit dem ebenfalls in dieser Zeit konstituierten masoretischen Text ihre Verbreitung fand.

Die neue Darstellung hat sich – wie auch sonst der masoretische Text – weithin und bis in die Septuaginta hinein derart durchgesetzt, dass sowohl in der hebräischen wie in der griechischen Überlieferung nur mehr geringe Spuren der ursprünglichen Lokalisierung des Altarbaus erhalten geblieben sind.

Eine andere Möglichkeit, mit der Spannung umzugehen, war, nicht nur den Altar vom Garizim wegzuschieben, sondern die ganze Situation von Dtn 27 und Jos 8 aus Samaria weg und weiter in den Süden zu verlagern. Dieses Konzept hat sich in der erklärenden Ergänzung von Dtn 11,30 niedergeschlagen und sich auch in 4QJos[a] erhalten.

Mit diesem Hinweis auf einen Qumrantext kommen wir zum neuesten Aspekt unseres Themas, nämlich einem vor kurzem neu zugänglich gewordenen Deuteronomiumtext aus Qumran.

4. 0QDtn – ein neuer Qumrantext zu Dtn 27?

Am 3. September 2009 machte die Azusa Pazific University publik, dass sie mehrere Fragmente von Texten aus Qumran erworben hatte.[24] Einer der fünf Texte wurde auch schon im Internet bekannt gemacht. Es ist interessant, dass auf diesem Fragment nun ausgerechnet Dtn 27,4 – 6 enthalten ist, wenn auch in sehr fragmentarischer Form. Das wohl wichtigste Detail dieses Textes ist, dass hier als Ort des Altarbaus eindeutig der Berg Garizim zu lesen ist. Damit liegt ein weiterer Beleg für die oben angenommene ursprüngliche Lesart des hebräischen wie auch des griechischen Textes und damit für die ursprüngliche Lokalisierung des erwähnten Altars auf dem Berg Garizim vor.

Wenden wir uns dem Text im Einzelnen zu: Das Fragment ist 3,8 cm breit und 2,8 cm hoch. Es ist unregelmäßig abgerissen und in etwa rechteckig, wobei die linke Seite schräg nach innen oben verläuft. Etwas rechts unterhalb der Mitte hat

---

24 Azusa Pacific University: www.apu.edu/media/news/release/14307 (September 3, 2009). Das Fragment stammt aus dem Handel und wurde über Legacy Ministries International erworben.

es ein Loch, durch das auch mehrere Buchstaben der betreffenden Zeile verloren gegangen sind.

Mit der unsicheren Provenienz stellt sich natürlich auch die Frage der Echtheit. Dass jenseits der bisher gefundenen und publizierten Texte mit dem Auftauchen weiterer Objekte zu rechnen ist, ist wahrscheinlich und wurde auch in jüngster Zeit thematisiert. Dabei kann es sich sowohl um neue Funde aus Qumran bzw. der Judäischen Wüste handeln als auch um bisher von Händlern oder Privatpersonen gehortete Objekte. Es ist anzunehmen, dass die Fragmente von Fachleuten der Azusa University wie auch von Seiten des West Semitic Research Project der University of Southern California sorgfältig geprüft wurden, so dass von ihrer Echtheit ausgegangen werden kann.[25]

Der Text – bezeichnen wir ihn als 0QDtn[26] – umfasst vier Zeilen mit Worten aus Dtn 27,4–6 wobei der Text der oberen Zeile nur zu einem geringen Teil erhalten ist. Es ist nur etwas mehr als ein Wort identifizierbar, und zwar im Wesentlichen nur auf Grund des zu erwartenden Inhalts. Gut lesbar sind dagegen die Zeilen 2–4. Aus dem Vergleich mit dem masoretischen Text ergibt sich, dass die Kolumne, aus der das Fragment stammt, gut doppelt so breit, also etwas mehr als 8 cm breit gewesen sein muss, was im üblichen Bereich liegt.

Der masoretische Text von Dtn 27,4–6 lautet:

וְהָיָה֮ בְּעָבְרְכֶ֣ם אֶת־הַיַּרְדֵּן֒ תָּקִ֙ימוּ אֶת־הָאֲבָנִ֣ים הָאֵ֔לֶּה אֲשֶׁ֨ר
אָנֹכִ֜י מְצַוֶּ֧ה אֶתְכֶ֛ם הַיֹּ֖ום בְּהַ֣ר עֵיבָ֑ל וְשַׂדְתָּ֥ אֹותָ֖ם בַּשִּֽׂיד׃ ⁵ וּבָנִ֤יתָ שָּׁם֙ מִזְבֵּ֔חַ לַֽיהוָ֖ה אֱלֹהֶ֑יךָ
מִזְבַּ֣ח אֲבָנִ֔ים לֹא־תָנִ֥יף עֲלֵיהֶ֖ם בַּרְזֶֽל׃ ⁶ אֲבָנִ֤ים שְׁלֵמֹות֙ תִּבְנֶ֔ה אֶת־מִזְבַּ֖ח יְהוָ֣ה
אֱלֹהֶ֑יךָ וְהַעֲלִ֤יתָ עָלָיו֙ עֹולֹ֔ת לַיהוָ֖ה אֱלֹהֶֽיךָ׃

Wie die Abbildung zeigt, ist der Text des Fragmentes außer an zwei Punkten mit dem masoretischen Text identisch: In Zeile 3 steht עלהן an Stelle von עֲלֵיהֶ֖ם in

---

25 Inzwischen (seit ca. 15.10.2009) gibt es einen Artikel von James H. Charlesworth, An Unknown Dead Sea Scrolls Fragment of Deuteronomy, auf der Seite des „Institut for Judaism and Christian Origin", www.ijco.org/?categoryId=28682. Charlesworth datiert den Text in die spätere hasmonäische Zeit, und zwar auf Grund von Buchstabenformen, die teils archaisch sind, d. h. ca. 175 v. Chr., und jungen Formen, die für ca. 50 v. Chr. belegt sind (jedoch schon früher aufgetreten sein können). Zur Herkunft sagt er: „The one who sold the fragment claims it is from Qumran Cave IV". Das publizierte und gut lesbare Foto basiert auf einer Infrarotaufnahme. Daneben gibt es jetzt auch ein allerdings kaum lesbares Farbfoto.

26 Dies entspricht der Vorgangsweise von Johann Maier, Die Qumran-Essener: Die Texte vom Toten Meer I, 1995, der die Texte, bei denen keine genauere Herkunftsangabe möglich ist, mit 0Q bezeichnet.

דן תקים

Z. 2:   [יום בהרגרזים ושדת]

Z. 3:   א[בנים לא [תנ]יף עלהן ברזל א]

Z. 4:   [ך והעלית עליו עולות ליהו]

Abb. 1: 0QDtn (Nachzeichnung H. Not)

V. 5bβ,[27] und in Zeile 2 steht בהרגרזים an Stelle von בְּהַר עֵיבָל in V. 4aβ des masoretischen Textes. Die Form עלהן findet sich auch in vielen Handschriften des masoretischen wie auch des samaritanischen Textes.[28]

Der Garizim (בהרגרזים) steht dagegen wie oben erwähnt nicht im masoretischen sondern im samaritanischen Text, sowie im Giessener Papyrus 29 und in der Vetus Latina. Auffallend ist die fehlende Worttrennung. Sie entspricht der sonst in den samaritanischen Handschriften häufigen Schreibung und auch der griechischen Schreibung αργαριζιμ im Gießener Papyrus 19.

Dieser neue Qumrantext[29] oder wie man vielleicht etwas vorsichtiger sagen muss: Text aus der Wüste Juda ergänzt somit – sofern er echt ist – die bisher bekannten Belege und bestätigt die ursprüngliche Lokalisierung der Altarbauszene auf dem Berg Garizim.

---

27 Das Suff. masc. setzt אבן als maskulines Nomen voraus, während es normalerweise femininum ist. Die Lexika, die das Problem erwähnen (Ges[17]; KBL; HAL) verweisen auf Karl Albrecht, Das Geschlecht der Hauptwörter I, ZAW 15 (1895), 313–325; II, ZAW 16 (1896), 41–121, der II, 108 f. acht eindeutige Belege für eine maskuline Verwendung nennt. Die zusammenfassende Erklärung geht in Richtung des Maskulinums als genus potior. Der ebenfalls genannte Beitrag H. Rosenberg, Zum Geschlecht der hebräischen Hauptwörter, versucht, Belege aus der Mischna zu Bestimmung des genus heranzuziehen, erwähnt aber אבן nicht. M.E. ist das maskuline Suffix des MT durch die Pluralendung von אֲבָנִים beeinflusst. Zudem ist der Altar, zu dem die Steine gehören, ein Nomen maskulinum. Demgegenüber ist עלהן eigentlich die korrektere Bildung.
28 Vgl. BHS z.St.
29 Unter den bisher bekannten Qumrantexten gibt es zwar Fragmente von mehreren Deuteronomiumsrollen, 4QDtn[f], die einzige Rolle, bei der Dtn 27 erhalten ist, hat allerdings an der hier relevanten Stelle eine Lücke, siehe DJD 14. 1995, 53.

5. Ergebnis

a) Die Textgeschichte der alttestamentlichen Belege zu Ebal und Garizim spiegeln und ergänzen in interessanter Weise die Geschichte der beiden Berge bzw. des Heiligtums auf dem Garizim, die in jüngster Zeit auch durch die Ausgrabungen besser erkennbar wurde.

Während die Vorgeschichte des Garizim bzw. eines eventuellen älteren Heiligtums nach wie vor im Dunkeln bleibt, ist jetzt die Existenz eines Tempelgebäudes ab etwa der Mitte des 5. Jh.s v.Chr., also schon in der ersten Hälfte der Perserzeit, nachgewiesen. Die Wende zur hellenistischen Zeit mag wichtige Impulse gebracht haben, die bei Josephus zu findende Angabe, dass das Heiligtum in Folge der Erlaubnis durch Alexander d. Großen errichtet wurde, ist jedoch nicht zutreffend, sondern scheint einen polemischen Aspekt zu enthalten.

b) Auch wenn das Heiligtum auf dem Garizim als religiöser Mittelpunkt Samarias in einer gewissen Spannung und Konkurrenz mit Jerusalem gestanden haben wird, so ist es doch durch die Darstellung des Buches Deuteronomium wie auch des Josuabuches legitimiert: Immerhin wurde der Altar im Auftrag des Mose (Dtn 27,4) von Josua errichtet (Jos 8,33 f.). Dass es dabei um den Tempel auf dem Garizim ging, ergibt sich aus den hier dargestellten Spuren in der Textgeschichte sowie aus dem neuen Beleg aus Qumran bzw. der Wüste Juda, wonach sowohl im hebräischen Text wie auch in der Septuaginta die Nennung des Garizim ursprünglich ist. So stand zunächst der Tempel auf dem Garizim als anderes wichtiges Jhwh-Heiligtum dem Jerusalemer Tempel gegenüber, wahrscheinlich nicht ohne eine gewisse Rivalität, aber als durchaus legitim.

Auf dem Berg Ebal existierte dagegen kein vergleichbares Heiligtum. Das auf dem Nordhang des Ebal entdeckte früheisenzeitliche Heiligtum von el-Burnat mag zwar israelitisch gewesen sein, aber es diente den ländlichen Gruppen des sich nördlich anschließenden Gebietes und stand in keinem Bezug zu Sichem bzw. zu dem mit Josua verbundenen Altar.

c) Während das Nebeneinander von Garizim und Jerusalem in der Perserzeit und auch noch im ersten Jahrhundert der hellenistischen Zeit anhielt, kam es ab etwa 200 v.Chr. zu einer neuen Situation. Das Heiligtum auf dem Garizim wurde zu diesem Zeitpunkt zu einer großen und großartigen Anlage mit einem eindrucksvollen Tempel im Zentrum ausgebaut. Dieser Ausbau spiegelt einen Bedeutungsgewinn und steigerte diesen zusätzlich. Diese neue Entwicklung fällt zeitlich zusammen mit dem Übergang der Vorherrschaft über Palästina von den Ptolemäern zu den Seleukiden. (Möglicherweise bildet dieser Neubau des Tempels zur Zeit eines Herrschaftswechsels von den Ptolemäern zu den Syrern den Hintergrund für die bei Josephus zu findende Vorstellung der Ersterrichtung des Tempels beim seinerzeitigen Herrschaftswechsel zu Alexander.)

d) Während das Nebeneinander des Tempels in Jerusalem und des Tempels auf dem Garizim sicher eine gewisse Spannung und Rivalität einschloss, kam es wohl erst im Anschluss an die Religionskrise unter Antiochus IV. und die folgende Etablierung der Makkabäer bzw. Hasmonäer, insbesondere des hasmonäischen Hohepriestertums ab ca. 150 v. Chr., zu stärkeren Spannungen. Am ehesten in diese Zeit fällt die Delegitimierung des Garizim durch Veränderungen im Text des Deuteronomium und des Josuabuches: In Dtn 27,4 wurde der Berg Garizim durch den Berg Ebal ersetzt. Durch einen Zusatz in Dtn 11,30 sowie durch eine Verlagerung der Garizim-Ebal-Szene insgesamt in die Nähe von Jericho im Text von 4QJos[a] wurde die Tradition überhaupt in den Süden verlagert.

Die zweifellos absichtliche Textänderung passt in den Kontext anderer textlicher Änderungen bei der literarischen Bearbeitung des (proto-)masoretischen Textes in der Zeit zwischen etwa 150 und 130 v. Chr., die u. a. durch eine Ausrichtung der Chronologie auf die Wiedereinweihung des Tempels im Jahre 164 v. Chr.[30] und die verstärkte Legitimierung Jerusalems[31] gekennzeichnet ist. Während sich die literarische Verlagerung von Ebal und Garizim an den Jordan nicht gegen die geographische Realität durchsetzen konnte, hat sich die Delegitimation des Garizim durch die literarische Verlagerung des von Josua errichteten Altares auf den Ebal in der Textüberlieferung beinahe vollständig durchgesetzt.

e) Ob die um 110 v. Chr. von Johannes Hyrkan durchgeführte Zerstörung des Tempels auf dem Garizim durch die literarische Delegitimation begünstigt wurde, kann man immerhin fragen. Auf jeden Fall gehört sie zu den problematischsten und zugleich schwerwiegendsten Taten der Hasmonäerkönige.

---

30 Siehe dazu S. Kreuzer, Von der Vielfalt zur Einheitlichkeit. Wie kam es zur Vorherrschaft des masoretischen Textes?, in: Horizonte biblischer Texte. FS Joseph M. Oesch, OBO 196, Fribourg/ Göttingen 2003, 117–129.
31 Siehe dazu die Arbeiten von A. Schenker, insbesondere: Älteste Textgeschichte der Königsbücher. Die hebräische Vorlage der ursprünglichen Septuaginta als älteste Textform der Königsbücher, OBO 199, Fribourg/Göttingen 2004, wo er u. a. zeigt, dass die religiöse Rolle Jerusalems im masoretischen Text „gereinigt" und gesteigert wurde.

Mose – Echnaton – Manetho und die 13 Jahre des Osarsiph. Beobachtungen zur „Mosaischen Unterscheidung" und zur „Entzifferung einer Gedächtnisspur"[1]

Die Kultur und die Religion des Alten Ägypten üben immer wieder von neuem eine große Faszination aus. Das ist so schon seit der Antike und manifestiert sich exemplarisch etwa darin, dass die römischen Kaiser Obelisken nach Rom holten, dass die Päpste des 16. Jh.s Obelisken aufstellten und dass dann im 19. Jh. weitere Obelisken aus Ägypten in europäische Hauptstädte geholt wurden. Dass Ägypten bis heute seine Attraktivität nicht verloren hat, ist vielfach evident.

Auch aus der Perspektive der Bibelwissenschaft kommt man immer wieder mit Ägypten in Berührung. Schon die Ursprungsgeschichte des Alten Israel hat es mit Ägypten zu tun: Abraham soll in Ägypten gewesen und Joseph soll sogar der zweite Mann nach dem Pharao geworden sein. Die grundlegende Heilstradition des Auszugs aus Ägypten unter Führung des Mose richtet das Augenmerk auf Ägypten, und insbesondere die Notiz, dass Mose am Pharaonenhof groß gezogen und in der Weisheit der Ägypter ausgebildet wurde, gab Anlass zu zahlreichen Vermutungen.

1. Mose, Echnaton und Manetho in Jan Assmanns „Entzifferung einer Gedächtnisspur"

Zu diesem spannenden Bereich, Ägypten und die Bibel bzw. Ägypten und Mose, erschien vor einigen Jahren ein Buch, das einiges Aufsehen erregte und nach wie vor für Diskussion sorgt. Genau genommen handelt es sich um mehrere Bücher und Aufsätze des Heidelberger Ägyptologen Jan Assmann. Das zentrale dieser Bücher ist: Jan Assmann, „Moses der Ägypter, Entzifferung einer Gedächtnisspur"[2]. In diesem Buch griff Assmann das Thema von Monotheismus und Poly-

---

1 Prof. Dr. Friedrich Huber, dem Kollegen und Freund, mit besten Wünschen zum 65. Geburtstag und in dankbarer Erinnerung an die gemeinsame Zeit an der Kirchlichen Hochschule in Wuppertal.

2 München 1998; nachgedruckt: Frankfurt ⁵2004. Weitere Arbeiten, in denen Assmann in verschiedener Weise die Thematik aufgegriffen, fortgeführt und zum Teil auch modifiziert hat, sind:

theismus auf. Auf dem Hintergrund der schon seit längerem aktuellen Diskussionen um Fundamentalismus und Fanatismus vertritt Assmann die These: Monotheismus trägt in sich die Tendenz zu Unduldsamkeit bis hin zur Gewalt, während Polytheismus mit seiner Vielzahl von Göttern von Haus aus zu Frieden und Toleranz tendiert. – Diese Grundthese wirkt spontan einleuchtend und überzeugend. Zugleich passt sie bestens zum Zeitgeist. Einerseits ist das genau der Geist der Postmoderne: Alles hat sein Recht, alles ist beliebig. Andererseits sehen wir uns nicht erst seit dem 9. September 2001, sondern schon seit Jahren durch Fundamentalismus und Intoleranz bedroht.

Nun schreibt Assmann aber als Ägyptologe und da gibt es ein Phänomen, wo er Monotheismus und Intoleranz erstmals identifizieren kann, nämlich bei dem berühmten und geheimnisvollen Pharao Echnaton. Dieser Pharao, der zunächst Amenophis (IV.) hieß und sich dann Echnaton nannte, herrschte in der Mitte des 14. Jh. v. Chr. (1365 – 1348) und seine ausschließliche Verehrung des Sonnengottes war in der Tat ein radikaler Bruch mit der bisherigen ägyptischen Religion, ein Bruch der auch darin sichtbar wurde, dass Echnaton eine neue Hauptstadt baute, die er nach dem Sonnengott Aton als Achet-Aton, Horizont der Sonne, benannte. Echnaton war damit gewissermaßen der erste Monotheist, und außerdem war er intolerant, denn Echnaton bekämpfte die Verehrung anderer Götter.[3]

Monotheismus und Intoleranz in der ägyptischen Religion, das ist zwar einerseits ein spannendes Thema, andererseits hat man es aber als Ägyptologe vielleicht doch nicht so gerne, ein so negativ besetztes Phänomen im eigenen

---

Herrschaft und Heil. Politische Theologie in Altägypten, Israel und Europa, München 2000; ders., Monotheismus und Ikonoklasmus als politische Theologie, in: Eckart Otto (Hg.), Mose. Ägypten und das Alte Testament, SBS 189, 2000, 9 – 16; ders., Die Mosaische Unterscheidung oder der Preis des Monotheismus, München 2003; ders., Monotheismus und die Sprache der Gewalt, in: Walter, Peter (Hg.), Das Gewaltpotential des Monotheismus und der dreieine Gott, QD 216, Freiburg 2005, 18 – 38.

3 Unter den zahlreichen Darstellungen der Religion Echnatons siehe etwa: Klaus Koch, Geschichte der ägyptischen Religion. von den Pyramiden bis zu den Mysterien der Isis, Stuttgart 1993; darin S. 332 – 352. Hermann A. Schlögl, Echnaton, Hamburg [6]1995; ders., Amenophis IV. (Echnaton), RGG[4], 1998, 396 f.

Die Religion und Politik Echnatons wurden bei Jan Assmann, Ägypten. Theologie und Frömmigkeit einer frühen Hochkultur, UT 366 (1984), Stuttgart [2]1991, dargestellt, und zwar unter besonderer Betonung des Bruchs mit der Tradition und des „Schocks": „Was als Schock gewirkt haben muss und was auch wir in der Rückschau als das eigentliche religionsgeschichtliche Ereignis würdigen sollten, ist weniger die Proklamation der Einheit Gottes, als der Akt der Stiftung einer neuen Religion und die damit verbundene Negation, Abschaffung und radikale Entwirklichung einer so massiven Realität, wie es die in Jahrtausenden gewachsene, in Tempeln und Kulten gegenwärtige, auf vielfältige Weise in die Lebenswelt und Alltagserfahrung der Gesellschaft verwobene polytheistische Religion darstellt." (S. 233).

Fachgebiet zu haben. Hier macht Assmann einen geschickten zweiten Schritt: Er exportiert sozusagen das Problem aus Ägypten hinaus und verschafft ihm zugleich die zusätzliche Attraktivität eines biblischen Themas (einschließlich angeschlossener Monotheismus- und d. h. dann auch Christentumskritik).

Hier kommt nun der zweite Name ins Spiel, nämlich Mose. Bekanntlich ist Mose gewissermaßen der Begründer oder Stifter der jüdischen Religion, und bekanntlich ist die jüdische Religion monotheistisch und bilderfeindlich. Diese beiden Aspekte verbindet Assmann mit zwei weiteren Stichworten: monotheistisch ist verbunden mit der Frage von wahr oder falsch. Wenn der eine Gott der wahre Gott ist, dann ist Polytheismus also falsch. Assmann bezeichnet die Frage nach wahr oder falsch als die mosaische Alternative. Mose mit seinem Monotheismus und der Bilderfeindlichkeit hat die Frage nach wahr oder falsch in die Religionen hineingebracht. Nun ist also das Phänomen von Monotheismus und Intoleranz, das bei Echnaton aufgetaucht war, nicht die „echnaton'sche Unterscheidung", wie es eigentlich sein müsste, sondern sie ist plötzlich zur „mosaischen Unterscheidung" geworden.[4]

Freilich weiß auch Assmann, dass es mit Mose nicht ganz so einfach ist. Die alttestamentliche Wissenschaft ist heute und seit langem der Meinung, dass Mose noch keinen Monotheismus vertrat, sondern eine Monolatrie, d. h. er vertrat die Verehrung eines Gottes, aber er bestritt nicht die mögliche Existenz anderer Götter. Den Unterschied kann man am ersten Satz des Dekalogs verdeutlichen. Wenn es da

---

4 In neueren Arbeiten geht Assmann für das, was er „die mosaische Unterscheidung" nennt, noch über den Bereich von Echnaton und Mose hinaus: „Irgendwann im Laufe des Altertums – die Datierungen schwanken zwischen der späten Bronzezeit und der Spätantike – ereignet sich eine Wende, die entscheidender als alle politischen Veränderungen die Welt bestimmt hat, in der wir heute leben. Das ist die Wende von den ‚polytheistischen' zu den ‚monotheistischen' Religionen, …", Assmann, Die mosaische Unterscheidung, Einführung, S. 11. – Eine derartige Ausweitung lässt fragen, welches Phänomen da eigentlich untersucht wird und was dann überhaupt verifiziert oder falsifiziert werden kann. Ist die Bezeichnung als „mosaische Unterscheidung" mehr als nur ein publikumswirksamer Aufhänger?

Zur willkürlichen Verbindung mit Mose – bezeichnenderweise doch mit dem biblischen Mose und dem Exodus – gehört auch die Behauptung, dass für die biblische Tradition Ägypten das Urbild der falschen Religion sei: „Die Mosaische Unterscheidung findet ihren Ausdruck in der Erzählung vom Auszug, griechisch: Exodus, der Kinder Israel aus Ägypten. So kam es, dass Ägypten zum Symbol des Ausgegrenzten, Verworfenen, religiös Unwahren und zum Inbegriff des ‚Heidentums' wurde." Assmann, Moses, S. 20. – Zwar wird im Alten Testament Ägypten in der Tat in verschiedener Hinsicht kritisiert, aber gerade nicht im Blick auf die Religion. Und Ägypten ist zwar das Haus der Sklaverei, aber auch das Land der Zuflucht, sei es Abrahams, der hungrigen Söhne Jakobs oder auch des künftigen Königs Jerobeam; nicht zuletzt spricht auch die Josefsgeschichte eine andere Sprache. Zur Sache siehe Rainer Kessler, Die Ägyptenbilder der Hebräischen Bibel. Ein Beitrag zur neueren Monotheismusdebatte, SBS 197, Stuttgart 2002.

heißt: „Ich bin der HERR, dein Gott, der ich dich aus Ägypten, aus dem Haus der Sklaverei geführt habe, du sollst keine anderen Götter haben neben mir", dann wird damit die ausschließliche Hinwendung zu dem einen Gott Israels gefordert, aber die Existenz anderer Götter wird nicht bestritten, sie sollen nur nicht verehrt werden. Auch das Bilderverbot, das heute oft als typisches Kennzeichen des jüdischen Glaubens gilt, entstand erst viel später.

Echnaton und Mose lassen sich – trotz aller Spekulationen, die es dazu immer wieder gegeben hat[5] – nicht verbinden. Ziemlich sicher hat Mose nie etwas von Echnaton gehört. Das ergibt sich aus dem zeitlichen und räumlichen Abstand und eben auch aus der Tilgung der Erinnerung, die unmittelbar nach Echnaton einsetzte. Auch das, was Assmann die mosaische Unterscheidung nennt, ist mit dem historischen Mose kaum zu verbinden. Jedenfalls dann nicht, wenn man der neueren alttestamentlichen Forschung folgt, die die Entwicklungen von einer „Jahwe-allein-Bewegung" bis hin zu einem expliziten Monotheismus eher mit der Prophetie der israelitischen Königszeit und des babylonischen Exils verbindet; auch wenn man gegenüber einer zu einseitigen Spätdatierung zugeben muss, dass der von Mose den „Israeliten" vermittelte Gott vom Sinai von Anfang an in gewisser Weise ein „Einzelgänger" bzw. eben ein „eifersüchtiger Gott" war.

All das weiß auch Assmann. Aber Assmann findet eine Brücke in viel späterer Zeit. Hier kommt der dritte Name aus der Überschrift dieses Beitrags ins Spiel, nämlich Manetho. Manetho lebte in der ersten Hälfte des 3. Jh. v. Chr. Er war ägyptischer Priester und kannte die ägyptischen Traditionen, aber er kannte auch die damalige Weltsprache, nämlich griechisch. Manetho verfasste eine Geschichte Ägyptens in griechischer Sprache. Er teilte die Geschichte der Pharaonen in 30 Dynastien ein, eine Einteilung, die bis heute verwendet wird.[6]

---

5 Am bekanntesten ist, und daran knüpft auch Assmann an, die Interpretation von Sigmund Freud, Der Mann Moses und die monotheistische Religion, 1938. Neben der seit der Entdeckung Amarnas wiederholt diskutierten Frage einer Verbindung zwischen dem Monotheismus des Echnaton und dem Monotheismus des Mose griff Freud für die These eines „Vatermordes" am Religionsstifter auf eine Hypothese des Alttestamentlers Ernst Sellin zurück, der den offensichtlich zuletzt getöteten Gottesknecht aus Deuterojesaja (Jes 53) mit Mose identifiziert hatte. Siehe dazu jetzt auch: Siegfried Kreuzer, Das Verständnis des biblischen Monotheismus bei Ernst Sellin, Wiener Jahrbuch für Theologie 2012, 175 – 187.

6 Zu Manetho und seiner Darstellung: Verbrugghe, Gerald P. / Wickersham, John M., Berossos and Manetho, introduced and translated: Native Traditions in Ancient Mesopotamia and Egypt, Michigan 1996.

Für den Text der Ägyptischen Geschichte Manethos siehe auch: W.G. Waddell, Manetho, The Loeb classical library 350, Cambridge, Mass. 1980.

Manetho wusste nichts von Echnaton, denn die Spuren von Echnatons Herrschaft und Monotheismus hatte man unmittelbar nach seinem Tod beseitigt.[7] Die Ägypter waren sozusagen zur Normalität zurückgekehrt.[8] Manetho weiß und schreibt zwar nichts von Echnaton, aber für ungefähr jene Zeit, in der Echnaton lebte, berichtet Manetho einige merkwürdige Dinge: Ein ganz tiefes, geradezu traumatisches Thema der ägyptischen Geschichte war die Herrschaft der Hyksos um etwa 1600 v.Chr. Diese „Herrscher der Fremdländer" waren die ersten Ausländer, die Ägypten beherrschten.[9] Die Hyksos waren nicht die einzigen, die Ägypten eroberten, später kamen die Assyrer, dann die Perser und schließlich auch Alexander der Große. Aber die Hyksos waren bzw. wurden in der Tradition die exemplarischen Fremdherrscher.

Manetho berichtet von den Hyksos, das ist selbstverständlich. Aber dann kommt eine merkwürdige Geschichte: Manetho berichtet, dass König Amenophis (III. ?) die Götter hätte schauen wollen. Ein Orakelspruch teilte ihm mit, dass er dazu das Land reinigen, d.h. alle Aussätzigen und Befleckten aus dem Land entfernen müsse. Das wurde durchgeführt, indem man diese Menschen in Lager auf der Sinaihalbinsel verbrachte und ihnen schwere Arbeit aufbürdete. Die Deportierten revoltierten bei ihrer schweren Arbeit und erreichten es, dass sie zurück ins Land gelassen wurden und in der verlassenen Hyksos-Hauptstadt Auaris im östlichen Nildelta leben durften. Dort machten sie einen Priester namens Osarsiph zu ihrem Anführer, der ihnen Gesetze gab, die konträr zu den üblichen Gesetzen in Ägypten waren. Das wichtigste dieser Gesetze soll die Verehrung der Götter verboten haben, das zweite bezog sich auf die heiligen Tiere, die nicht geschont, sondern gegessen werden sollten, und das dritte Gesetz forderte die Absonderung von allen, die nicht zur eigenen Gruppe gehörten. Dieser Priester Osarsiph und seine Leute sollten sodann die Hyksos wieder ins Land gerufen haben. Diese

---

7 Wie radikal diese Beseitigung war, ist allerdings umstritten. Zwar nennt sich der junge König Tutanchaton dann Tutanchamun und stellenweise wurden die Namen Atons und Echnatons ausgemeißelt, wie es anderseits vorher Echnaton veranlasst hatte. Im Grab Tutanchamuns fanden sich aber auch noch Objekte mit dem Strahlen-Aton und auch Haremhab nimmt für sich in Anspruch, die Unheilszeit beendet zu haben. Vgl. Koch, Religion, 347 f.

8 Die Normalität war allerdings nicht einfach der status quo ante: Die Residenz wurde nicht von Amarna nach Theben zurückverlegt, sondern nach Memphis, also nocheinmal weiter in den Norden und damit weg von Theben. Zudem wurde die Verehrung des Sonnengottes keineswegs beseitigt, sondern „nur" die von Echnaton verfolgte Exklusivität. (Das Verhältnis von Aton und Re als Sonnengottheit zu erörtern, würde hier zu weit führen. Offensichtlich hatte Echnaton Aton als Erscheinungsgestalt Res verstanden.) So wie Re auch vor Echnaton verehrt und in Hymnen gefeiert wurde, wurde er es auch nach Echnaton, wenn auch wieder eingebunden in das größere Pantheon.

9 Mit den Hyksos ist die sog. Zweite Zwischenzeit verbunden, und die Vertreibung der Hyksos um 1550 v.Chr. gilt als Zeitpunkt für den Anfang des Neuen Reiches.

kamen auch tatsächlich zurück und beherrschten 13 Jahre lang Ägypten. Nach dieser Zeit jedoch kehrten die Ägypter unter Führung ihres Pharao Amenophis und seines Enkels Ramses aus Äthiopien nach Ägypten zurück und vertrieben die Hyksos und die Aussätzigen.

Das Interessante ist nun, dass Manetho, der im dritten Jh. v.Chr., also über 1000 Jahre später diese Geschichte erzählt, festhält, dass Osarsiph den Namen Moyses angenommen habe, womit offensichtlich die Verbindung zur biblischen Mosegestalt hergestellt ist. Andererseits fällt auf, dass die Dauer der Herrschaft der Aussätzigen und der Hyksos mit 13 Jahren angegeben wird, was recht gut der Amarnazeit entspricht, d.h. der Zeit der Besiedlung der von Echnaton gegründeten Hauptstadt, allerdings nicht der Regierungszeit des Echnaton insgesamt (1365–1348 v.Chr., also 17 Jahre).

Assmann greift die Osarsiphgeschichte des Manetho auf und interpretiert sie tiefenpsychologisch als Verdrängung, nämlich in dem Sinne, dass es sich um eine verdrängte Erinnerung an Echnaton handele. Die Ereignisse um Echnaton und seinen Monotheismus seien für die ägyptische Seele ein derartiges Trauma gewesen, dass man die Erinnerung verdrängte. Wie schon erwähnt, hatte man nach dem Tod Echnatons alle Spuren getilgt.

Assmann behauptet nun, dass zwar die Erinnerung an Echnaton in Ägypten getilgt war, aber dass die Erinnerung an dieses Trauma als eine „Gedächtnisspur" mehr als 1000 Jahre im Unterbewusstsein der Ägypter erhalten blieb[10] und in dieser merkwürdigen Geschichte bei Manetho wieder auftaucht.

Als Argumente dafür sieht er einerseits die Gleichsetzung des Priesters Osarsiph mit Mose: Mose liefert sozusagen das Stichwort Monotheismus, und

---

10 In neueren Publikationen Assmanns wird die völlige Tilgung etwas relativiert: „So bleibt nur das Problem, wie sich eine ortlos gewordene, in der offiziellen Historiographie nicht festgeschriebene, an keinerlei Spuren und Monumenten haftende Erinnerung dennoch, wenn auch in arg verzerrter Form, über tausend Jahre, bis zu Manetho, erhalten konnte. Drei Punkte können diese Annahme stützen: Erstens hat die Verfolgung der Amarnareligion nicht alle Monumente erfasst. Die Grenzstelen von Amarna sowie die Privatgräber blieben erhalten, und wer weiß, was sonst noch bei Bauarbeiten usw. im Lauf der Zeit immer wieder zutage trat; ... Zweitens blieben viele Zerstörungen der Amarnazeit an älteren Monumenten sichtbar. ... Drittens hat sich diese Legende vermutlich schon früh mit den Erinnerungen an die Hyksos verbunden und diese Erinnerungen in dem Maße umgeschrieben, wie sie sich ihnen eingeschrieben hat." Assmann, mosaische Unterscheidung, 90. – Allerdings ist aus den ersten beiden Überlegungen wenig abzuleiten. Aus den Darstellungen Echnatons und seiner Familie unter der Sonnenscheibe war schwerlich zu erkennen, dass die anderen – nicht dargestellten – Gottheiten bekämpft wurden, und beschädigt oder „zerstört" bzw. umgewidmet wurden auch Objekte anderer Epochen. Und die Hyksos als Erinnerungsträger der Aussätzigengeschichte wären eher denkbar, wenn dieses Thema auch sonst in Verbindung mit den Hyksos zu finden wäre.

damit ist man bei Echnaton. Andererseits entsprechen die 13 Jahre der Herrschaft des Osarsiph und der Aussätzigen genau der Dauer der Besiedlung der neuen Hauptstadt des Echnaton. Diese beiden Punkte, Mose und der Monotheismus einerseits und die 13 Jahre andererseits sind für Assmann der Schlüssel dafür, dass es in dieser Aussätzigengeschichte des Manetho eigentlich um Echnaton und um Mose geht. Von daher erschließt sich nun plötzlich das verdrängte Trauma bzw. entziffert Assmann die bis dato unerkannte „Gedächtnisspur". Es geht um das Trauma des kämpferischen, ikonoklastischen, d. h. Bilder vernichtenden, Monotheismus des Echnaton mit dessen Unterscheidung von wahr und falsch in der Religion, eben das, was Assmann als die „mosaische Unterscheidung" bezeichnet. Assmann weiß aber auch, dass er dafür nicht den historischen Mose in Anspruch nehmen kann, darum wird die Symbolgestalt eines „Mose, der Ägypter'" eingeführt. Allerdings oszillieren dann in Assmann's Darstellung die Dinge immer wieder zwischen den verschiedenen Figuren.

Entscheidende Argumente sind, um dies nochmals herauszustellen, die von jenem Osarsiph bzw. Mose gegebenen Gesetze mit ihrem Verbot der Verehrung der Götter und dem Gebot der Verkehrung religiöser Praktiken sowie die 13-jährige Dauer der Herrschaft des Osarsiph und seiner Aussätzigen.

Aus der vielschichtigen Thematik sollen im Folgenden zwei Themen näher angesprochen werden: Der Monotheismus des Echnaton und zwar deswegen, weil dieser der historische Ausgangspunkt für Assmanns Thesen ist, wobei gerade das Stichwort Ikonoklasmus eine große Rolle spielt. Andererseits die Zahl der 13 Jahre der Fremdherrschaft, weil eben diese Zahl das wesentliche Indiz für die behauptete Gedächtnisspur ist.

2. Der sogenannte Monotheismus des Echnaton

Die von Echnaton propagierte Form der ausschließlichen Verehrung des Sonnengottes ist ein Phänomen, das nicht nur den Ägyptern schwer nachzuvollziehen war, sondern das auch der modernen Beurteilung Schwierigkeiten bereitet.[11] So ist es etwa durchaus umstritten, ob die Bezeichnung als Monotheismus wirklich angebracht ist. Die ägyptische Religion stellt sich – wohl nicht erst für uns – als eine sehr vielschichtige Erscheinung dar. Es ist nicht leicht, diese vielfältige Welt der Götter und ihrer Erscheinungen zu überblicken. Die ägyptische Religion zeigt

---

11 Zum Folgenden siehe neben den in Anm. 2 genannten Werken: Hornung, Erik, Echnaton. Die Religion des Lichtes, Zürich 1995; und Nicholas Reeves, Echnaton: Ägyptens falscher Prophet, Kulturgeschichte der antiken Welt 91, Mainz 2002.

geradezu ein gewisses Schwanken und Wechselspiel zwischen der Vielfalt – bis hin zum Wechsel zwischen Tier- und Menschengestaltigkeit – und andererseits der Einheit des Göttlichen.[12]

Eine der großen Gottheiten in Ägypten war der Sonnengott. Die Bedeutung des Sonnengottes in Ägypten lässt sich ein wenig nachvollziehen, wenn man bedenkt, dass in Ägypten tagaus, tagein, das ganze Jahr über, die Sonne am Morgen aufgeht, ihre Bahn über den Himmel zieht und am Abend untergeht und dass die volle Strahlung, das volle Licht und die volle Hitze der Sonne fast immer ungetrübt auf die Menschen herabkommt, weil es in Ägypten wenig Wolken und noch weniger Regen gibt. Die Sonne war somit bestens geeignet für die Vorstellung von einer Gottheit, die den Menschen Lebensraum (alleine schon durch das Aufgehen des Lichtes) gab, andererseits aber auch stets präsent war und alles beobachten und beherrschen konnte.[13]

Wenn Echnaton die ausschließliche Verehrung des Sonnengottes propagiert, so bringt er damit die vielfältigen Erscheinungen des Lebens und der Religion sozusagen unter einen Hut. Die damit verbundene Abkehr von anderen Göttern bedeutet zugleich eine Abkehr von deren Tempel und deren Priesterschaft. Das hat große wirtschaftliche und politische Bedeutung. Die ägyptischen Tempel besaßen große Ländereien und herrschten über ein Heer von Bauern und Arbeitern. Insbesondere die Amuntempel und die Amunpriester hatten im Neuen Reich große Bedeutung und großen Einfluss erlangt. Unter den vielen Überlegungen zur Ursache der sog. religiösen Revolution des Echnaton wird man neben persönlicher Ergriffenheit und religiöser Überzeugung Echnatons, die man nicht zu bestreiten braucht, doch dieser politischen Situation die Hauptrolle zubilligen dürfen. Man kann die Konzentration auf den Sonnengott und die Errichtung einer neuen Hauptstadt als Versuch der Befreiung und der Verselbständigung des Königtums interpretieren.[14] Ein Hinweis darauf ist auch, dass zwar nach dem Ende der Amarnazeit Amun wieder zur Geltung gebracht wurde, dass aber die Hauptstadt

---

12 Vgl. dazu Erik Hornung, Der Eine und die Vielen, Darmstadt ⁶1995. Siehe auch „Göttereinigung und –trennung als Sprachphänomen und der Mangel an Personalitätsbewußtsein", in: Koch, Religion, 39 – 42.

13 Zu letzteren vgl. die Formulierung am Ende des Atonhymnus: „Jedes Auge erblickt dich sich gegenüber, da du der Aton des Tages bist, hoch über der Erde." Helmut Brunner, Ägyptische Texte, in: Walter Beyerlin, Religionsgeschichtliches Textbuch zum Alten Testament, Göttingen 1975, 46.

14 Das Gegenargument, dass dies nicht nötig gewesen sei, weil der Pharao als Herr des ganzen Landes auch Herr der Tempelländereien war, ist in der Theorie richtig, in der politischen Realität war dieser Anspruch jedoch wohl kaum durchsetzbar. Abgesehen von der wirtschaftlichen Realität, dass die Erträge des Tempellandes in den Tempeln lagerten, war der König für seine Herrschaft auf den Kult des Staatsgottes angewiesen. Wenn dies Amun war, war der Pharao auf die Amuntempel und die Amunpriesterschaft angewiesen.

doch nicht nach Theben, sondern nach Memphis, d. h. noch weiter nach Norden, verlegt wurde und dass neben Amun auch Ptah und Thot eine wichtige Rolle spielten.[15]

Ein interessanter und auffallender Punkt ist die Kunst der Amarnazeit. Diese Kunst ist einerseits bekannt durch den berühmten Kopf der Nofretete, der Gemahlin des Echnaton. Andererseits wirkt dieser Kunststil auch befremdlich. Insbesondere Echnaton selbst wird in einer Weise dargestellt, dass man oft meinte, Echnaton sei krank und nicht zuletzt geistig krank gewesen. Da auch seine Familienangehörigen in ähnlicher Weise dargestellt wurden, konnte man dieses Urteil auf die ganze Familie ausdehnen. Zu diesem Urteil trug auch bei, dass man den Kunststil der Amarnazeit als sehr naturalistisch einschätzen kann. Die Wiedergabe der etwas befremdlichen körperlichen Merkmale führte eo ipso zu der Annahme, dass hier eben nicht idealisiert, sondern realistisch dargestellt wurde.

Bei dieser sogenannten naturalistischen Darstellung ist neben einer ungewöhnlichen Kopf- und Gesichtsform die stark androgyne Gestalt des Pharao besonders auffallend. Echnaton wird mit einem vergleichsweise schmalen Oberkörper, aber breiten Hüften und Oberschenkeln dargestellt. Diese Darstellungsart wurde auf verschiedene Weise zu erklären versucht. Gegenüber den medizinischen oder genetischen Erklärungen scheint mir am überzeugendsten, dass es sich doch nicht einfach um eine naturalistische Darstellung handelt, sondern eher um eine Stilisierung, auch wenn diese in der Realität einen Anhaltspunkt gehabt haben mag.[16] Alleine schon die große Zahl der Darstellungen Echnatons und insbesondere auch seiner Familie, die nicht nur in offiziellen Bereichen, sondern auch in Wohnhäusern gefunden wurden, lässt darauf schließen, dass es sich hier zumindest auch um Darstellungen für propagandistische Zwecke handelte, bei denen eine bewusste Stilisierung vorliegt.

Die Religion des Echnaton war jedenfalls nicht bilderfeindlich, nicht ikonoklastisch im prinzipiellen Sinn, im Gegenteil: Bilder wurden als Mittel zur Verbreitung der neuen Religion gezielt eingesetzt. Auf den Grenzstelen der neuen Hauptstadt Achet-Aton (Amarna) wurde die Atonverehrung mit der zentralen Rolle Echnatons bildlich dargestellt, ebenso wie auf den „Hausaltären" unzähliger Wohnhäuser.

Von da aus lässt sich auch der merkwürdige Stil erklären. In den Texten des Echnaton wird nicht nur der Sonnengott verherrlicht, sondern zugleich wird immer gesagt: Der Pharao ist der einzige und wahre Mittler der Gottheit. So endet der große Sonnenhymnus des Echnaton, nachdem alles Leben und alle Erscheinungen in der Welt auf Aton zurückgeführt wurden, nicht nur mit der Konzentration auf Aton sondern ebenso mit der Konzentration auf Echnaton: „... Du

---

15 „Übrigens hat es nicht den Anschein, als ob die Restauration ausschließlich von Theben und Amonverehrern ausgegangen wäre. Tutenchamon wie Horemheb berufen sich für ihr Vorgehen ebenso auf den Weisheitsgott Thot und auf Ptah von Memphis." Koch, Religion, 348.
16 Für eine Normalität Echnatons und seiner Familie sprechen nicht zuletzt die in der Bildhauerwerkstatt von Amarna aufgefundenen Statuen und Büsten, die offensichtlich Studien und Vorlagen der Werkstatt darstellen.

machst Millionen von Gestalten aus dir, dem Einen, Städte und Dörfer, Äcker, Wege und den Strom. Jedes Auge erblickt dich sich gegenüber, da du der Aton des Tages bist, hoch über der Erde. [12] ... Es gibt keinen andern der dich kennte, außer deinem Sohn Nefer-cheperu-Re-ua-en-Re (= Echnaton). Du lässt ihn kundig sein deiner Pläne und deiner Kraft.... [13] ... Du erhebst sie (die Geschöpfe) für deinen Sohn, der aus deinem Leibe gekommen ist, den König von Ober- und Unterägypten, der von der Ordnung lebt, Echnaton und die Große Königliche Gemahlin Nofretete."[17]

Ein Gott – ein Pharao. Hier zeigt sich nochmals der politische Anspruch. Die Verehrung eines einzigen Gottes bedeutet, dass die verschiedenen Erscheinungen und Bereiche des menschlichen Lebens nicht mit verschiedenen Göttern in Verbindung stehen, sondern nur mit einem Gott. Wenn nun weiter die Verehrung dieses einen Gottes durch den Pharao vermittelt wird, dann muss auch dieser Pharao alle Eigenschaften umfassen, d. h. dann auch: nicht nur das männliche Prinzip, sondern ebenso das weibliche. M. E. lässt sich die merkwürdige androgyne Art der Darstellung Echnatons auf diese Weise am besten erklären.

Wir sehen jedenfalls, dass die Religion des Echnaton nicht bilderfeindlich, nicht prinzipiell ikonoklastisch war, und dass dieser sogenannte Monotheismus zwar durchaus echte religiöse Aspekte hatte, aber doch auch eine ganz bestimmte politische Stoßrichtung. Dass Echnaton die Bilder anderer Gottheiten vernichten ließ, war Teil der Auseinandersetzung bzw. der Beseitigung dieser Götter, aber Anikonismus, Bilderlosigkeit, war kein Element der Atonverehrung. Hier liegt nicht zuletzt ein wesentlicher Unterschied zum alttestamentlichen Gottesglauben, unabhängig von der Frage, wann und wie sich der Anikonismus der Jahweverehrung herausgebildet hat bzw. ob er schon auf die mosaische Zeit zurückgeht.

3. Mose, Osarsiph und die Fremden bei Manetho: ferne Vergangenheit oder Gegenwart?

Schließlich noch zur Frage: Ist es denkbar, dass eine unbewusste, verdrängte Erinnerung blieb, die mit Mose verbunden wurde und die dann 1000 Jahre später wieder auftauchte? Wie oben dargestellt, handelt es sich nach Assmann bei Manethos Geschichte von den Aussätzigen und ihrem Anführer, dem Priester Osarsiph, um eine verdrängte Erinnerung an die Amarnazeit, wobei insbesondere die Angabe über die 13 Jahre der Fremdherrschaft eine zentrale Rolle spielen.

Zwar ist es nicht auszuschließen, dass Erinnerungen an Echnatons Sonnenkult trotz der *damnatio memoriae*[18] eine gewisse Zeit überdauerten. Die Brüche in der einen wie in der anderen Richtung waren wohl weniger radikal, als die jeweilige Propaganda es haben wollte. Selbst in Amarna sind Spuren der traditio-

---

17 Brunner, Ägyptische Texte, 46.
18 Auch wenn der Begriff der *damnatio memoriae* lateinisch ist und der römischen Zeit angehört, die Sache ist wesentlich älter.

nellen Frömmigkeit erhalten und andererseits sind es, wie oben erwähnt, nach Echnaton zwei Pharaonen, die die Rückkehr zur traditionellen Religion für sich in Anspruch nahmen, womit der Bruch offensichtlich doch nicht so radikal von heute auf morgen erfolgte. Offensichtlich haben sich auch Elemente der Atonreligion erhalten, wenn auch nicht selbständig, sondern als Bereicherung der Amunverehrung, erkennbar in den Amunhymnen, etwa dem sog. 1000-Strophen-Lied.[19]

> Die hier wichtige Frage ist jedoch, ob es denkbar ist, dass das von Assmann beschriebene Trauma ohne reale Anhaltspunkte und ohne explizite Überlieferung weiter gegeben werden konnte. Bei der verdrängten Erinnerung einer Einzelperson ist die traumatische Erfahrung im Gehirn gespeichert und präsent, auch wenn die bewusste Erinnerung daran blockiert und verdrängt ist. Bei der Weitergabe eines solchen Traumas bzw. einer Gedächtnisspur in einem Volk und über Generationen hinweg müsste aber die Sache irgendwie thematisiert und an die jeweils nächste Generation weiter vermittelt werden. Insbesondere die bei Assmann so signifikante Zahl von 13 Jahren müsste doch explizit weiter gegeben worden sein, und zwar zusammen mit einer wie auch immer gearteten Aussage.
>
> Ich meine, dass das, was Assmann beschreibt, auf andere Weise viel einfacher und plausibler zu erklären ist. Manethos Geschichte von Osarsiph und seinen Aussätzigen und insbesondere die 13-jährige Herrschaft des Osarsiph und der Fremdherrscher wie auch die Gleichsetzung mit Mose ist keine mehr als 1000 Jahre alte Erinnerung, sondern lässt sich aus der Zeit des Manetho selbst erklären: Zur Zeit Manetho's gab es eine relativ große jüdische Bevölkerung in Ägypten. Für diese Juden war Mose eine grundlegende Gestalt ihres Glaubens. Sicher wurden die jüdischen Traditionen auch den Ägyptern bekannt und man setzte sich damit auseinander. Mose war ein Nichtägypter, er stand in Konflikt mit dem Pharao und er führte die Israeliten aus Ägypten heraus.

Alle diese jüdischen Traditionen klangen für ägyptische Ohren reichlich problematisch und boten genug Aufhänger für negative, fremdenfeindliche Äußerungen. Dazu kam eine religiöse Besonderheit: Die Juden feierten Passa, indem sie Passahlämmer, also junge Widder schlachteten. Nun war aber der Widder zugleich das Symboltier der ägyptischen Gottes Amun. Die einen verehrten, was die anderen schlachteten. Wir wissen, dass es darüber zu heftigen Konflikten kam, die in Elephantine immerhin zur Zerstörung des jüdischen Tempels durch die Chnumpriesterschaft führten.[20] Wenn Manetho davon schreibt, das dieser Osarsiph bzw.

---

19 Siehe dazu Koch, Religion, S. 353, nicht zuletzt unter Berufung auf Forschungen von Assmann.
20 Auf der beim ersten Nilkatarakt gelegenen Insel Elephantine (ägyptisch: Jeb) gab es eine jüdische Militärkolonie, die die Perser bei ihrer Eroberung Ägyptens bereits vorfanden, die also mindestens bis ins 6. Jh. v. Chr. zurückreichte. Diese jüdischen Söldner hatten einen Jahwetempel, der unmittelbar neben dem dortigen Tempel des Gottes Chnum lag, der ebenfalls den Widder als Symboltier hatte. Gemäß den Nachrichten der Elephantine-Papyri wurde dieser Tempel 410 v. Chr. zerstört und einige Jahre später wieder aufgebaut; möglicherweise unterblieben aber fortan

Mose lehrte, dass seine Anhänger jene Tiere schlachten sollten, die die Ägypter verehrten, dann erklärt sich das genau aus diesem Konflikt. Auch die weiteren Kritikpunkte an Osarsiph-Mose lassen sich zum guten Teil als Reaktion bzw. Polemik gegenüber Glauben und (religiösem) Leben der zahlreichen Juden in Ägypten verstehen.

Was bei Manetho zudem besonders deutlich wird, ist die Polemik gegen fremde Herrscher. Hier bildet die Herrschaft der Hyksos, der Herrscher der Fremdländer, eine Erfahrung, die in der Tat als Trauma stilisiert und tradiert wurde. Auch dabei spielte das religiöse Element eine Rolle. Die Hyksos verehrten den, offensichtlich dem kanaanäischen Baal bzw. Hadad nahe stehenden, Gott Seth und vernachlässigten die (anderen) ägyptischen Götter. So jedenfalls in der Polemik der in Theben ansässigen 17. Dynastie, die die Hyksos vertrieben hatte. Nach den Hyksos kamen andere Mächte, durch die sich die Fremdherrscherthematik fortsetzte und aktualisierte: Die Assyrer, die Perser, die Griechen.

Doch wie erklären sich die 13 Jahre des Osarsiph? Assmann bezieht sie wie erwähnt auf die Zeit der Verwendung von Achet-Aton (Amarna) als Hauptstadt. Bei solchen Zahlen ist allerdings immer die Frage, welche Zahl man zum Vergleich heranzieht. Die neue Hauptstadt des Echnaton war 13 Jahre in Verwendung. Echnaton selbst regierte 17 Jahre. Da es um die Religion geht, wären die 17 Jahre der Regentschaft Echnatons ebenfalls plausibel. Vor allem aber: Manetho schreibt von einer 13-jährigen *Fremd*herrschaft. Die neue Hauptstadt des Echnaton hatte aber nichts mit Ausländern und Fremdherrschaft zu tun.

Für die 13 Jahre der Fremdherrschaft gibt es eine sachlich und zeitlich wesentlich näher liegende Erklärung. Zur Zeit des Manetho lag es erst wenige Jahrzehnte zurück, dass ein großer Fremdherrscher Ägypten erobert hatte, nämlich Alexander der Große. Dieser Herrscher, der in seinem ungeheuren Siegeszug nicht nur Ägypten, sondern den ganzen Orient erobert hatte, starb plötzlich und unerwartet und zwar nach 13 Jahren seiner Herrschaft. Alexander war 336 v. Chr. König geworden und 323 gestorben. Diese Nachricht überraschte die Welt. Sie war gewiss auch wenige Jahrzehnte später noch in Erinnerung, zumal Alexander in Alexandrien begraben worden war, womit man die Erinnerung unmittelbar vor Augen hatte. Es kann hier dahin gestellt bleiben, ob Manetho selbst die Zahl 13 aufgenommen hatte, oder ob sie bereits etwas vor Manetho mit der Osarsiph- und Fremdherrscherthematik verbunden worden war. Jedenfalls hatten 13 Jahre eine aktuelle Bedeutung und zwar gerade im Zusammenhang von Fremdherrschaft. Und auch wenn Alexander der Große wie dann auch die Ptolemäer sich in verschiedener Weise um eine Legitimation ihrer Herrschaft im Horizont der ägypti-

---

Widderopfer. Der archäologische Befund zeigt, dass später der Chnumtempel auch das frühere Areal des Jahwetempels umfasste.

schen Religion bemüht hatte und bemühten, so waren sie doch Fremdherrscher, gegen die es erhebliche Bedenken und Ablehnung gab. Diese drückte sich in der „apokalyptisierenden Opposition gegen die Fremdherrschaft"[21] aus, wie sie in der „demotischen Chronik", im Spruch des Lammes vor dem König Bokchoris und etwas später im Töpferorakel formuliert wurden. Diese Texte greifen jeweils auf ältere Traditionen und auf Personen der früheren Geschichte zurück, es geht um das Auftreten der Fremdherrschaften, der Perser und der Griechen, aber auch – etwas weiter zurück – der Kuschiten und der Assyrer. Dabei spielt der Niedergang der traditionellen ägyptischen Religion ebenso eine Rolle wie die Nichtbeachtung bzw. Verkehrung der Gesetze, wobei z. B. der König Bokchoris als letzter Gesetzgeber vor dem Perserkönig Darius verstanden wird. – Mit Aussagen über die scheinbar ferne Vergangenheit die Gegenwart zu deuten, das passt durchaus auch zur Osarsiphgeschichte des Manetho. Auch mit der Bedeutung der Gesetzesthematik sind wir wieder bei Motiven der Mose-Osarsiphgeschichte und zugleich in der Spätzeit Ägyptens und damit bei der Zeit Manethos.

Insgesamt hatte somit gerade die Osarsiph-Mose-Thematik aktuelle Bezüge in der persischen und hellenistischen Zeit, nämlich sowohl im Blick auf die spannungsreiche Beziehung zum Judentum als auch im Blick auf Fremdherrschaft und nicht zuletzt mit der Zahl von 13 Jahren. – Angesichts dieser Erkenntnisse wird man die Darstellung Manethos nicht als eine über 1000 Jahre alte Gedächtnisspur „historisieren" dürfen, sondern das Verhältnis zum biblischen Mose wie auch zur Symbolgestalt eines angeblichen ägyptischen Mose sind anders zu bestimmen, nämlich als eine in die Vergangenheit projizierte aber auf die Gegenwart im 3. Jh. und auf das zeitgenössische Judentum gerichtete Polemik.

Gewiss ist die Frage nach dem Verhältnis der Religionen, die Frage nach dem Gewaltpotential der Religionen (nicht nur der monotheistischen, sondern auch der polytheistischen und der modernen Ersatzreligionen), aber auch die Frage nach ihrem Beitrag zum Frieden eine der großen Herausforderungen des Gegenwart. Es scheint mir aber wesentlich und auch aussichtsreicher, diese Aufgaben nicht über problematische Konstruktionen und Symbolfiguren der Vergangenheit, sondern in aktueller Wahrnehmung und lebendiger Begegnung in Angriff zu nehmen. – Dazu ist nicht zuletzt das Fach „Missionswissenschaft, Religionswissenschaft und Ökumenik", wie es Friedrich Huber in überzeugender Weise vertreten hat und vertritt, von entscheidender Bedeutung.

---

21 So die Überschrift zu den entsprechenden Ausführungen bei Koch, Religion, 510 – 512.

Zur Priorität und Auslegungsgeschichte von Exodus 12,40 MT. Die chronologische Interpretation des Ägyptenaufenthalts in der judäischen, samaritanischen und alexandrinischen Exegese

Das Alte Testament bietet in Gen 15,13.16 und Ex 12,40 drei bzw. (wenn man die Variante in Ex 12,40 LXX und Samaritanus mit berücksichtigt) vier verschiedene Angaben über die Dauer des Ägyptenaufenthalts. Diese Angaben können auf ihren historischen Quellenwert oder, wie sich dabei zeigt, besser auf ihre jeweilige Aussageabsicht hinuntersucht werden[1]. Während der Exeget der Neuzeit diese Divergenzen auf seine Weise zur Kenntnis nimmt und sie erklärt, war die frühe Textüberlieferung und Exegese damit vor ein Problem gestellt, das in ganz anderer Weise gelöst wurde. Diese Auslegungsgeschichte, die sich aus der Textgeschichte und einzelnen exegetischen Bemerkungen erheben lässt, soll hier dargestellt werden.

1. Zur Priorität von Ex 12,40 MT

In Ex 12,40 f. wird im Anschluss an die Notiz über den erfolgten Wegzug der Israeliten festgestellt: „Der (Zeitraum des) Aufenthalts der Israeliten in Ägypten war 430 Jahre. Und es geschah nach 430 Jahren, auf den Tag genau, zogen alle Scharen Jahwes aus Ägypten aus." Demgegenüber beziehen Septuaginta (LXX) und Samaritanus (Sam), wenn auch in etwas unterschiedlicher Weise, die Zeit des Aufenthaltes der Väter in Kanaan mit ein. Während ich auf Grund der lectio brevior und der lectio difficilior die Priorität von MT vertreten hatte, meint nun D. Lührmann: „Es hat daher vieles für sich, die Lesart von LXX und Samaritanus entgegen dem Prinzip der *lectio brevior* als die ursprünglichere anzusehen."[2] Die Priorität von Ex 12,40 LXX und Sam hatte bereits M.D. Johnson, The Purpose of the Biblical

---

1 Siehe dazu S. Kreuzer, 430 Jahre, 400 Jahre oder 4 Generationen. Zu den Zeitangaben über den Ägyptenaufenthalt der >Israeliten<. ZAW 98 (1986), 199–210.

2 Die 430 Jahre zwischen den Verheißungen und dem Gesetz (Gal 3,17), ZAW 100 (1988), 420–423: 421, unter Berufung auf M.D. Johnson (s.u.) und K. Koch, Sabbatstruktur der Geschichte, ZAW 95 (1983), 403–430, dort S. 416 A. 53.

Genealogies,[3] vertreten, und zwar einzig mit der Begründung, dass sich dadurch die 430 Jahre aus je 215 Jahren in Kanaan und in Ägypten zusammensetzten. MT hätte dann die Bemerkung „und in Kanaan" (LXX) bzw. „in Kanaan und" (Sam) weggelassen, wodurch der Zeitraum ausschließlich auf den Ägyptenaufenthalt bezogen wurde. Nun wäre das Argument der *lectio brevior* für die Priorität des MT für sich allein gewiss etwas schwach und zu formal. Trotzdem müsste aber auch für die von Johnson und Lührmann angenommene Auslassung eine Begründung gesucht werden. – Eine solche ist schwer zu finden. Zwar könnte man anführen, dass MT offensichtlich auf 2666 Anno Mundi als Datum für den Exodus abzielt. Damit wären 2/3 von 4000 Jahren erreicht, die ihrerseits wiederum wahrscheinlich auf die Wiedereinweihung des Tempels im Jahre 164 v.Chr. hinzielen. Die Chronologie des MT wäre dann – vermutlich bald – nach 164 v.Chr. in diesem Sinn geändert worden. Allerdings liegen die Diskrepanzen zwischen MT, Sam und LXX vor allem bei den zahlreichen Zahlen in Gen 5 und 11, während in Ex 12,40 die Zahl identisch und nur die Interpretation der Zahl verschieden ist. Die Divergenzen in Ex 12,40 unterscheiden sich aber nicht nur in der Art und Weise von den Divergenzen in den Genealogien, sondern auch ihrer Tendenz nach: Während das chronologische System von MT gegenüber Sam und LXX kürzer ist, bedeutet die postulierte Streichung von „und in Kanaan" eine Verlängerung um mehr als zwei Jahrhunderte. Diese Dehnung passt nicht zur Kürzungstendenz einer makkabäischen Redaktion. Die Frage der Priorität in Ex 12,40 ist damit unabhängig von der Entstehung und Interpretation des Gesamtsystems.[4] Sie ist daher zunächst aus den engeren Zusammenhängen des Textes heraus zu erklären und zu begründen.

---

3 MSSNTS8, 1969, 33 f.

4 Dass eine einlinige Erklärung nicht ausreicht, zeigen etwa bereits die, offensichtlich voneinander unabhängigen, Untersuchungen von F. Bork, Zur Chronologie der biblischen Urgeschichte, ZAW 47 (1929), 206–222, und A. Jepsen, Zur Chronologie des Priesterkodex, ebd., 251–255. Da das System des MT auf das Jahr 164 v.Chr. zielt, muss das zugrundeliegende, zweifellos vor 164 entstandene System einen anderen Zielpunkt gehabt haben. Zu Herkunft und Anliegen von P passt als Ziel die Einweihung des Tempels 2800 A.M. In Entsprechung dazu scheinen die Angaben des Sam. auf die Errichtung des Heiligtums am Garizim kurz nach der Eroberung des Landes abzuzielen, vgl. Jepsen, Chronologie, 253 und Koch, Sabbatstruktur, 424. Die ursprüngliche Chronologie von P ist wohl in keinem der drei kanonischen Systeme enthalten. „Die mir plausibelste Rekonstruktion der ursprünglichen Chronologie von P stammt von A. Jepsen . . . . Demnach wären für die Zeit vor der Flut die Zahlen des Sam, für die Zeit nach der Flut die des MT ursprünglich. Dafür lassen sich bei Vergleich der verschiedenen Zahlenreihen Gründe angeben. Dann wäre der Exodus anno mundi 2320 anzusetzen. Da der salomonische Tempelbau 480 Jahre nach dem Exodus begonnen wurde (nach 1Kön 6,1, einem Text, der Pg schon vorgelegen haben dürfte), kommt man auf den annus mundi 2800 als annus mirabilis." N. Lohfink, Die Priesterschrift und die Geschichte, VTS 29, 1977, 211 A. 61.

Nun hatte ich aber nicht nur auf die Regel der *lectio brevior*, sondern auch der *lectio difficilior* hingewiesen: Ex 12,40 LXX und Sam sind zu deutlich ein Ausgleichsversuch mit der Nennung von vier Generationen in Gen 15,16 und vor allem der Genealogie des Mose in Ex 6,16–20 und Num 26,57–59. Dem entspricht auch die deutlich wie ein Nachtrag wirkende Hinzufügung „und im Land Kanaan" (LXX^B). In LXX^A ist die Erklärung noch weitergeführt „sie und ihre Väter", womit jene Interpretation explizit gemacht ist, die LXX^B und Sam intendieren und an die dann Demetrios anknüpft, indem er die Zahlenangaben bezüglich der Erzväter aufnimmt und auch die Generationen zwischen Jakob und Mose mit Jahreszahlen versieht (s. u.). Dass die chronologischen Angaben der Genesis für die Zeit des Aufenthalts der Erzväter in Kanaan genau 215 Jahre ergeben, passt zu den 430 Jahren Ägyptenaufenthalt genau so gut, wie zur inklusiven Interpretation von LXX: Für MT verhält sich die Väterzeit zur Ägyptenzeit wie 1 : 2. Das ist nicht besser aber auch nicht schlechter als ein Zahlenverhältnis von 1 : 1. Andererseits lässt MT damit mehr Raum für das in Ex 1 vorausgesetzte Anwachsen der Zahl der Israeliten, was wohl von P (oder P^s?) berücksichtigt wurde. Vor allem aber entspricht die Aussage von Ex 12,40 MT dem Zusammenhang, in dem die Äußerung gemacht wurde, und das ist das Verlassen Ägyptens. Einem Einsatz der 430 Jahre bei Abraham würde viel besser der Bundesschluss am Sinai oder das Betreten des verheißenen Landes als Endpunkt entsprechen. – Eine Lösung, die sich dann auch tatsächlich in der späteren Literatur findet (s. u.). Der eigentliche Anlass zur Einbeziehung der Erzväterzeit liegt in der Vier-Generationen-Genealogie von Levi bis Mose in Ex 6,16–20 und Num 26,57–59. Sie ist einfach zu kurz für die 430 Jahre. Sie steht aber auch in Spannung zur Volkwerdung in Ägypten, für die vier, bzw. eigentlich nur zwei bis drei Generationen zu wenig sind. Schließlich steht sie auch in Spannung zur Angabe über Josefs Nachkommen und Lebenszeit (Gen 50,22 f.), der zufolge Josef nicht nur die Generation Moses, sondern sogar noch die folgende gesehen (wenn auch nicht den Auszug erlebt, bei dem Mose schon 80 Jahre alt war) hätte!

Ex 6,16–20: Levi	Gen 50,22 f.: Josef
Kehat	Ephraim
Amram	1. Generation nach Ephraim
Mose	2. Generation nach Ephraim
	3. Generation nach Ephraim.

Daraus folgt, dass diese vierstufige Genealogie des Mose zunächst nicht chronologisch, sondern soziologisch zu verstehen war, vgl. dazu Jos 7,1 und Gen 46,12

(Juda – Serach – Achan), weiters 1Sam 1,1; 9,1.[5] Das exegetische Problem beginnt mit der chronologischen Interpretation der Genealogie. Andererseits bietet das Vorkommen einer ähnlichen Zahl in der Abrahamgeschichte (400 Jahre in Gen 15) einen Ansatzpunkt zu jener Lösung, die die weitere Auslegungsgeschichte beherrscht, nämlich die 430 Jahre bei Abraham beginnen zu lassen. Somit ergibt sich, dass Ex 12,40 MT mit dem 430jährigen Ägyptenaufenthalt die ursprüngliche Angabe ist. Sie wurde wahrscheinlich durch von der Königszeit aus nach rückwärts erweiterte Periodisierung der Geschichte gewonnen.[6] Die Zeit der Erzväter in Kanaan wurde mit der Hälfte davon angesetzt (215 Jahre), was zwar zu einem jeweils ziemlich hohen, aber für Patriarchen eben noch denkbaren Lebensalter führte.

2. Die Auslegungsgeschichte

Alles Weitere ist bereits gelehrte Exegese, die mit dem im Pentateuch vorhandenen Nebeneinander der Angaben von Gen 15,13.16 (400 Jahre, 4 Generationen, Rückkehr nach Kanaan) und Ex 12,40 (430 Jahre) und nicht zuletzt mit der Mose-Genealogie zurechtkommen will. Dass die exegetischen Bemühungen bereits in der hebräischen Tradition begonnen wurden, lassen die der LXX nahestehende Textform des Samaritanus einerseits und die rabbinischen Erörterungen andererseits vermuten.[7] Neben MT „(die Zeit des) Aufenthalts der Israeliten, die sie in Ägypten verbrachten, war 430 Jahre" liest Samaritanus „... der Israeliten und ihrer Väter, die sie in Kanaan und in Ägypten verbrachten ...". LXX[A] entspricht, wie erwähnt, Sam, nur mit der holprigeren, den Nachtragscharakter deutlicher anzeigenden Reihenfolge „in Ägypten und in Kanaan". Die alexandrinische Tradi-

---

5 D.h. die viergliedrige Angabe bezog sich zunächst auf die Einordnung in Familie/Vaterhaus, Sippe und Stamm; s. dazu Kreuzer, 430 Jahre, 205. Dabei ist der gattungsmäßige Unterschied zwischen einer Genealogie (Ex 6,16–20) und einer Aufzählung der nachkommenden Generationen (Gen 50,22f.) zu beachten.

6 Siehe dazu die Überlegungen im Anschluss an L. Couard und W. Zimmerli bei Kreuzer, a.a.O., 207f.

7 Demgegenüber vermerkt die Mekhilta Ex 12,40 (19a) zur griechischen Textform: „Und dies ist eins von den Worten, die man für den König Ptolemäus geschrieben hat." Str. B.II, 670. Die Variante hätte dann aus Ägypten in den Sam und in die exegetische Diskussion der Rabbiner kommen müssen. Die Kontakte dafür waren wohl ausreichend vorhanden. Zur Erklärung genügt aber auch, dass man um die von MT abweichende Textform wusste.

tion, wie sie bei Demetrios, dem wohl ersten jüdischen >Exegeten<, belegt ist,[8] geht von den (in MT, Sam und LXX einheitlichen) chronologischen Angaben über die Erzväterzeit aus:

Abraham von der Ankunft in Kanaan bis zur Geburt Isaaks	25 Jahre
(75. bis 100. Lebensjahr; Gen 12,4; 21,5)	
Isaak bis zur Geburt Jakobs und Esaus (Gen 25,26)	60 Jahre
Jakob bei der Ankunft in Ägypten (Gen 47,9)	<u>130 Jahre</u>
	215 Jahre

Die verbleibenden 215 Jahre werden – mit Anlehnung an die bei Abraham bzw. Isaakvorkommenden 75 bzw. 60 Jahre folgendermaßen aufgeteilt:[9]

Levi	43 Jahre alt bei der Ankunft in Ägypten	
	60 Jahre alt bei der Geburt Kehats	17 Jahre
Kehat	40 Jahre alt bei der Geburt Amrams	40 Jahre
Amram	75 Jahre alt bei der Geburt Aarons	75 Jahre
	78 Jahre alt bei der Geburt Moses	3 Jahre
Mose	80 Jahre alt beim Auszug aus Ägypten (Ex 7,7)	<u>80 Jahre</u>
		215 Jahre[10]

---

8 N. Walter, Fragmente jüdisch-hellenistischer Exegeten: Aristobulos, Demetrios, Aristeas, JSHRZ/2, 280–292. „Der Text, den Demetrios … exegetisch bearbeitet hat, ist eindeutig und offenbar ausschließlich die Septuaginta", 281. Demetrios ist um 200 v. Chr. einzuordnen, a.a.O., 259.
9 N. Walter, Demetrios, JSHRZ HI/2, 1975, 289 f. Siehe dazu D. Lührmann, Die 430 Jahre, 422.
10 Die palästinische Interpretation ging bezüglich dieser Zahlen etwas andere Wege, zumindest nach dem Testament Levi, das aus der 2. Hälfte des 2. Jh. und wohl aus hasmonäerfreundlichen Kreisen stammt; K. Beyer, die aramäischen Texte vom Toten Meer samt … dem Testament Levi aus der Kairoer Geniza …, 1984, 188 ff. Dort wird Kehat bereits im 34. Jahr Levis geboren (L 41; Beyer, 203). Kehats Schwester Jochebed und Kehats Sohn Amram wurde im 64. Jahr Levis geboren. Amram und Jochebed heirateten im 94. Jahr Levis, d. h. als Amram 30 Jahre alt war (L 42; Beyer, 204). Da Levi bei der Ankunft in Ägypten 48 Jahre alt war (L 42; Beyer 205), hätten Moses Eltern bereits im 46. Ägyptenjahr geheiratet. Nimmt man dazu die 80 Jahre des Alters des Mose beim Auszug, so wäre Mose erst 89 Jahre nach der Heirat seiner Eltern geboren (215 – 46 – 80 = 89). Amram und Jochebed wären dabei 119 Jahre alt gewesen. Die andere Möglichkeit wäre, den Ägyptenaufenthalt unter 215 Jahren anzusetzen. Das scheint tatsächlich vorausgesetzt zu sein, denn Levi lebte 89 Jahre in Ägypten und behauptet zugleich, noch Urenkel (Plural!), d. h. die Generation des Mose, zumindest Aaron und Mirjam, gesehen zu haben (L 43; Beyer 205). Der Ägyptenaufenthalt hätte dann maximal 89 + 80 = 169 Jahre gedauert, es sei denn, Mose wäre erst Jahrzehnte nach seinen Geschwistern geboren. – Offensichtlich haben wir es hier mit einer Sondertradition zu tun, die vielleicht von aktuellen politischen Bezügen geprägt war.

Auch die rabbinische Auslegung kommt de facto zu einer inklusiven Deutung, jedoch ist dort der Ausgangspunkt Gen 15,13 mit der Angabe von 400 Jahren der Fremdlingschaft der Nachkommen Abrahams im fremden Land. Während durch die weiteren Worte über die Knechtschaft zweifellos Ägypten gemeint ist, erlaubt das Stichwort „Nachkommenschaft" zur Not die Anknüpfung bei Isaak. Die resultierende Spannung ist noch zuerkennen: „Wenn Gott auch zu Abraham gesagt hat: ›sie werden ihnen dienen und die werden sie bedrücken 400 Jahre‹, so hat er ihm (auch) gesagt: ›Fremdling wird dein Same sein‹, d. h. von da an, wo dir ›Same‹ sein wird; es fing also Gott zu zählen an (die 400 Jahre), nachdem Isaak geboren war."[11] Da sich für die Zeit von der Geburt Isaaks bis zur Ankunft Jakobs in Ägypten 190 Jahre ergeben (s. o.), verbleiben bei dieser Berechnung für den Ägyptenaufenthalt 210 Jahre,[12] (also ein gewisser Unterschied zur alexandrinischen Tradition).

Nun war noch mit der Diskrepanz zwischen 400 und 430 Jahren fertig zu werden. Man half sich mit der Unterscheidung zwischen Ankündigung und Ausführung: „Eine Schriftstelle sagt: ›430 Jahre‹ und eine andere Schriftstelle sagt: Sie werden ihnen dienen und die werden sie bedrücken ›400 Jahre‹. Wie werden diese beiden Stellen (nebeneinander) aufrecht erhalten? Dreißig Jahre, bevor Isaak geboren wurde, ist der Beschluß zwischen den Stücken [vgl. die Vorgangsweise in Gen 15,9 f.] festgesetzt worden."[13] – Diese Lösung führte allerdings zu neuen Problemen: Zwischen Abrahams Auszug aus Haran (Gen 12,4) und Isaaks Geburt (Gen 21,5) lagen nur 25 Jahre, und Gen 15 liegt innerhalb dieser Spanne. So wurde in weiterer Folge sogar die Biographie Abrahams modifiziert und eine Berufung in Mesopotamien, fünf Jahre vor dem Auszug aus Harran erfunden bzw. Gen 15 dorthin vorverlegt: „Und die 430 Jahre Ex 12,40 werden gerechnet von da an, wo Jahve mit Abraham geredet hat, von der Stunde an, da er mit ihm am 15. Nisan ›zwischen den Stücken‹ Gen 15 geredet hat, bis zu dem Tage, da sie aus Ägypten auszogen. Und es waren vom Ende der 30 Jahre – zwischen der Beschlussfassung und Isaaks Geburt – bis sie frei aus Ägypten auszogen 400 Jahre ..."[14] – Damit sind

---

11 ExR 18 (81a) nach Billerbeck II, 671; ähnlich Seder Olam Rabba 3 und Mekh Ex 12,40 (19a), ebd. 669 f.

12 Dass man sich auch noch später der Spannung zum ursprünglichen Sinn der 400 Jahre bewusst war, zeigt die tröstende Deutung bei R. Judan (um 350) und R. Berekja (um 340) in Midr HL 2,17 (103a): „(Gott sprach:) Habe ich nicht längst, bevor ich Erholung in die Nacht der [durch die] Weltreiche [an euch verursachten Leiden] bringe, Erholung in die Nacht Ägyptens gebracht, die 400 Jahre dauern sollte, und ich habe 210 Jahre daraus gemacht?" Billerbeck II, 671.

13 Mekh Ex 12,40 (19a), Billerbeck II, 670.

14 Ebd.

alle Zahlen untergebracht, und man kann nur staunen, wieweit der „Zahlentreue" der Vorrang gegenüber dem Textverständnis gegeben wurde! Dies war auch noch in anderer Hinsicht nötig: Durch den Einsatz bei Abraham und bei Isaak musste einerseits die Bezeichnung „Söhne Israels" von Ex 12,40 gegen Gen 32 bereits auf Isaak und Jakob zurückübertragen und behauptet werden: „Abraham wird (in der Schrift auch) Israel genannt."[15] Andererseits muss auch die Bedeutung von Ägypten erweitert werden: „Wenn Abraham unter ›Israel‹ Ex 12,40 zu verstehen sei, und Abrahams Kinder, also auch Isaak, in Ägypten wohnen sollen, dann folge daraus, da ja Isaak nicht im eigentlichen Ägypten gelebt habe, dass unter Ägypten im weiteren Sinn außer Gosen auch Kanaan mit zu verstehen sei."[16]

Die Fülle der Belege, angefangen bei Sam über die vielen rabbinischen Stellen[17] bis hin zu Josephus, der ebenfalls für das inklusive Verständnis der 430 Jahre anzuführen wäre,[18] zeigt noch einmal, dass Ex 12,40 MT älter sein muss als die anderen, die Erzväterzeit in die 430 Jahre einschließenden Deutungen. Für eine Änderung *zu* MT, und das hieße *gegen* die ganze Breite der samaritanischen, alexandrinischen und rabbinischen Textform und Auslegungstradition lässt sich weder eine sinnvolle Absicht noch ein Trägerkreis namhaft machen.

Die hier dargelegten Interpretationen bilden nun auch den Hintergrund für die neutestamentlichen Stellen: Paulus nimmt in Gal 3,17 die verbreitete, ihm wohl aus seiner rabbinischen Ausbildung vertraute Deutung der 430 Jahre auf, wobei für ihn der Ansatzbei der Verheißung an Abraham wichtig ist.[19] Die 400 Jahre in der Stephanusrede Apg 7,6 sind wörtliches Zitat aus Gen 15,13. Interessanter ist V. 2 in derselben Rede: „Der Gott der Herrlichkeit erschien unserem Vater Abraham, als er noch in Mesopotamien war, ehe er in Haran wohnte." Das ist nur erklärbar im Sinn der oben erörterten Rückverlegung der Gottesoffenbarung von Gen 15. Andererseits ist damit Apg 7,2 der älteste, spätestens ins Ende des 1. Jh. n. Chr. zu datierende Beleg für diese Interpretation.[20] Schwieriger zu beurteilen ist die An-

---

15 GenR 63 (39C), Billerbeck II, 670.

16 R Nathan (um 160) und anonym in Mekh Ex 12,40 (19a), Billerbeck II, 670.

17 Für eine ähnliche Sammlung der Belege wie bei Billerbeck siehe H.H. Rowley, From Joseph to Joshua, 1950, 66–69.

18 Z. B. Ant 2,15,2; Billerbeck II, 671.

19 Siehe dazu auch den Titel bei D. Lührmann „Die 430 Jahre zwischen den Verheißungen und dem Gesetz" (bei A. 2). – Lührmann ist zuzustimmen, dass es nicht „erst Paulus [war], der „die allgemeine Nennung der Väter in LXX auf die Zeit ab Abraham präzisiert", 421.

20 Die Belege aus der rabbinischen Tradition zeigen, dass die Bestreitung einer „Schultradition … der Lukas gefolgt sei", nicht aufrecht erhalten werden kann (gegen E. Haenchen, Apostelgeschichte, KEK III, 1977⁷, 269 A. 1). Von einer „jüdischen Auslegungstradition" spricht nun auch J. Roloff, Die Apostelgeschichte, NTD 5, 1981, 120, unter Hinweis auf Philo, Migr Abr 62; 66 f.; Ps Phil ant XIII, 1 und Jos ant I, 154. Ebenso jetzt R. Pesch, Die Apostelgeschichte, EKK V/1, 1986, 248.

gabe >450 Jahre< in Apg 13,20, zumal auch der Kontext schon textkritisch unsicher ist. „Die 450 Jahre beziehen sich wahrscheinlich nicht auf die ganze Anfangsepoche von Abraham bis zur Landnahme, sondern lediglich auf die Zeit seit dem Aufenthalt in Ägypten: 400 Jahre Ägypten (vgl. 7,6), 40 Jahre Wüstenwanderung, 10 Jahre Eroberung Kanaans. Einige Textzeugen beziehen, allerdings wohl fälschlich, die 450 Jahre auf die anschließend genannte Richterzeit."[21]

Die erwähnte Vorverlegung von Gen 15 und der Einsatz beim 70jährigen Abraham erklären schließlich noch die 435 Jahre von LXX^B bei Ex 12,40: Die Variante des wahrscheinlich aus Alexandrien stammenden Codex Vaticanus könnte entstanden sein aus dem Einsatz der Berechnung bei Abraham in Mesopotamien (so auch Apg 7,2!) und den weiteren Angaben der Genesis, andererseits aus der in Alexandrien beheimateten, erstmals bei Demetrios belegten, Tradition einer genauen Berechnung der Zeit von der Übersiedelung Jakobs bis zum Auszug aus Ägypten mit insgesamt 215 Jahren (somit 5 + 215 + 215 = 435 Jahre).

Die Auslegungsgeschichte von Ex 12,40 ist damit nicht nur als Problem der Textkritik interessant, sondern gewährt einen instruktiven Einblick in die Denkweise der frühjüdischen Exegese und zeigt auch die Querverbindungen der Überlieferungsbereiche der verschiedenen Textformen, einschließlich der neutestamentlichen.

Nachbemerkung: Die Aufnahme der hier dargelegten Traditionen im Neuen Testament ist ausführlicher erörtert in: Siegfried Kreuzer, „Der den Gottlosen rechtfertigt" (Röm 4,5) – Die frühjüdische Einordnung von Gen 15 als Hintergrund für das Abrahambild und die Rechtfertigungslehre des Paulus, Theologische Beiträge 33 (2002), 208–219.

---

21 J. Roloff, Apostelgeschichte, 204.

II. Archäologisches

Die Ausgrabungen in Tell Ta'annek (Taanach)

A. Die Grabungen Ernst Sellins von 1902 bis 1904

1. Zur Entwicklung der Archäologie

1.1 Von der Altertumskunde zur Grabungsarchäologie

Die ursprüngliche Bedeutung des Begriffs „Archäologie" ist von den *archaiologiai* bzw. den Antiquitates Judaicae, den „jüdischen Altertümern", des Josephus bekannt. *Archaiologiai* bzw. *Antiquitates* Hebraicae bzw. „alttestamentliche Archäologie" bezeichnet bis ins 18. und noch im 19. Jh., die Darstellung der religiösen, politischen und wirtschaftlichen Lebenswelt des Alten Testaments, zwar durchaus auch auf Grund von Reiseberichten, aber doch vor allem an Hand alttestamentlicher und antiker Texte.[1] Im 18. Jh. begann und im 19. Jh. vollzog sich jene Entwicklung, in der der Begriff der *archaiologia*, von der Altertumskunde zu dem wurde, was wir heute unter Archäologie verstehen, nämlich vor allem die Tätigkeit und Wissenschaft der Ausgrabung.

Ab 1711 begann man in Herkulaneum mit Ausgrabungen, d. h. man trieb Stollen in die Erde, um antike Statuen und ähnliche Schätze zu finden. Um 1760 berichtete Johann Joachim Winckelmann (1717–1768) über die Entdeckungen in Herculaneum. Vor allem an Orten der Antike, aber auch in Ägypten und in Mesopotamien blieben Grabungen noch mehr als 100 Jahre lang vor allem Schatzsuche.

Bemerkenswert ist, dass die erste Ausgrabung mit genauer Beschreibung der Vorgangsweise und der Befunde in Amerika durchgeführt wurde, und zwar 1784 von dem späteren Präsidenten Thomas Jefferson, der einen indianischen Grabhügel in Virginia freilegte und seine Vorgangsweise genau dokumentierte. Weitere wichtige Impulse für die Archäologie im heutigen engeren Sinn waren nicht nur die Forschungen im Gefolge der Ägyptenexpedition Napoleons, sondern auch die Auffindung des Neandertalers 1856 durch Johann Carl Fuhlrott (1803–1877), die erste systematische Grabung in Pompeji 1860 durch Guiseppe Fiorelli (1823–1896) und die Entdeckung von Troja 1870 durch Heinrich Schliemann (1822–1890).

Für den Bereich der Bibel wurden die Ausgrabungen in Mesopotamien besonders wichtig. Schon gegen Ende des 18. Jh. organisierte Joseph de Beauchamp Ausgrabungen, bei denen auch Tafeln mit Keilschrift gefunden wurden. Paul Emile Botta (1802–1870) grub gegenüber von Mossul in Kujundschik und ab 1843 in Chorsabad, Sir Austen Henry Layard (1817–1894) grub ab 1845 in Nimrud und ab 1849 in Kujundschick, das er dann mit Ninive identifizieren konnte. Um 1800 gelang Georg Friedrich Grotefend die Entzifferung der Keilschrift, zumindest in Grundzügen, und 1822 entzifferte Jean François Champollion die ägyptischen Hieroglyphen.

---

1 Z.B. Conrad Ikenius, Antiquitates Hebraicae, Bremen 1735.

Zur Archäologie gehörte auch die Erforschung der an der Oberfläche sichtbaren Reste alter Zeiten sowie die Landeskunde und die Identifikation von Ortslagen. Hier sind Orientreisende wie Carsten Niebuhr (1733–1815), Ulrich Jasper Seetzen (1767–1811) und Johann Ludwig Burckhardt (1784–1817) zu nennen. Um 1900 führte Alois Musil seine Reisen im Ostjordanland und in Arabia Petraea durch, wobei er das Wüstenschloss Qasr Amra entdeckte und vor allem Sitten und Brauchtum der Araber dokumentierte.[2]

Für österreichische Orientforscher wie Musil – und natürlich auch für deutsche Gelehrte – waren die guten Beziehungen zum osmanischen Reich förderlich, wie sie sich etwa im Bau der Bagdad- und der Hedschas-Eisenbahn zeigten. Mit diesem Stichwort ist auch angezeigt, dass die archäologischen Forschungen sich nicht nur im wissenschaftlichen sondern auch in einem politischen Umfeld vollzogen. Weltweite Expeditionen und eben auch archäologische Forschungen waren ein Ausdruck der Geltung und der Potenz eines Landes und trugen umgekehrt wieder dazu bei.[3] Dass nach einem Jahrhundert des Kolonialismus Österreich und auch Deutschland gegenüber England und Frankreich im Hintertreffen waren, ist bekannt. Trotzdem oder gerade deswegen bestand aber nicht nur gelehrtes, sondern auch offizielles Interesse an solchen Unternehmungen. Das zeigt sich etwa an den 1895 begonnenen österreichischen Grabungen in Ephesus oder an der 1898/99 durchgeführten Südarabien-Expedition der Kaiserlichen Akademie der Wissenschaften.

Bevor wir uns Palästina zuwenden, sind noch die ab 1880 vor allem von Max Ohnefalsch-Richter durchgeführten Ausgrabungen in Zypern (bei Larnaca und Salamis) zu erwähnen, die zwar weithin noch Schatzsuche waren, die aber doch durch Statuen und Kultgegenstände aber auch Keramik Licht auf die phönizische und damit auch die kanaanäische Kultur und Religion warfen. Bezeichnend ist der Buchtitel „Kypros, die Bibel und Homer".[4] Dieser Titel versucht nicht nur, die Bedeutung Zyperns durch die Verbindung mit den bekannten Themen Bibel und Homer attraktiv zu machen, sondern es wird damit die Perspektive eines ostmediterranen bzw. levantinischen[5] Kulturkreises angesprochen. Diese Perspektive wird – gegenüber den Verbindungen zu Mesopotamien und zu Ägypten – erst in

---

2 Alois Musil, Arabia Petraea. 3 Bde., Wien 1907–08, Nachdruck Hildesheim 1989; ders., The Manners and Customs of the Rwala Bedouins, New York 1928, Nachdr. New York 1978.
3 Diese Aspekte gelten nicht erst für die Neuzeit, sondern gehörten etwa auch schon zur berühmten Exkursion in das Land Punt, die die Pharaonin Hatschepsut durchführen ließ.
4 Max Ohnefalsch-Richter, Kypros, die Bibel und Homer. Beiträge zur Cultur-, Kunst- und Religionsgeschichte des Orients im Alterthume; mit besonderer Berücksichtigung eigener zwölfjähriger Forschungen und Ausgrabungen auf der Insel Cypern, 2 Bde., Berlin 1893.
5 Der heute wieder vermehrt verwendete Begriff Levante ist italienisch ([Sonnen]aufgang > Osten > Morgenland) und bezeichnet die östlich von Italien gelegenen Länder des östlichen Mittelmeerraumes.

jüngster Zeit wieder zunehmend thematisiert. Für die Palästinaarchäologie um 1900 und auch für Ernst Sellin war Zypern ein wichtiger archäologischer und kulturgeschichtlicher Bezugspunkt, der in den Grabungsberichten von Taanach laufend angesprochen wird.

Ein wichtiger Schritt in der Entwicklung der archäologischen Methoden war die Einführung der Stratigraphie. Die erste stratigraphisch vorgehende und ebenso dokumentierte Grabung in Palästina erfolgte 1890 durch Flinders Petrie (1853–1942), am Tell el-Hesi. – Damit kommen wir zum Bereich der Palästinaarchäologie und zum Umfeld der Forschungen von Ernst Sellin.

1.2 Anfänge der (Grabungs-)Archäologie in Palästina

Nachdem im Lauf des 19. Jahrhunderts vor allem einzelne kühne Pioniere den Vorderen Orient und insbesondere das Heilige Land bereisten und erforschten, trat die Palästinaarchäologie in der zweiten Hälfte des Jahrhunderts durch die Gründung einschlägiger Organisationen in eine neue Phase. Schon seit 1865 gab es den britischen „Palestine Exploration Fund". 1877 wurde der „Deutsche Verein zur Erforschung Palästinas" gegründet. Andere Länder folgten mit ähnlichen Einrichtungen, und zugleich wuchs auch die Zahl von Europäern, die – aus verschiedenen Nationen und mit verschiedensten Gründen – nach Palästina bzw. in das Heilige Land kamen.[6]

An diesen Entwicklungen hatte auch Österreich Anteil. Bereits 1863 war das österreichische Hospiz an der Via dolorosa eröffnet worden und 1869 besuchte Kaiser Franz Josef, der unter seinen Titeln auch den des Königs von Jerusalem führte, in Verbindung mit seiner Reise zur Eröffnung des Suezkanals auch Jerusalem.[7] 1898 reiste der deutsche Kaiser Wilhelm II. in das Heilige Land, wobei er die Mittel für die evangelische Erlöserkirche auf dem Muristangelände in der Altstadt Jerusalems und für die katholische Dormitio-Kirche auf dem Zionshügel stiftete sowie die Auguste-Viktioria-Stiftung auf dem Ölberg einrichtete.

Auch in Palästina selbst wurden Institute gegründet: 1898 die „École pratique d'études bibliques …"; 1900 die „American School of Oriental Research" und ebenfalls 1900 das „Deutsche Evangelische Institut für Altertumswissenschaft des

---

6 Vgl. dazu und zu den folgenden Angaben u. a. Clemens Kopp, Grabungen und Forschungen im Heiligen Land 1867 bis 1938, Köln 1939; Herbert Donner, Einführung in die biblische Landes- und Altertumskunde, Darmstadt 1976 = ²1988; Volkmar Fritz, Einführung in die biblische Archäologie, Darmstadt 1985, 30–34; Dieter Vieweger, Wenn Steine reden. Archäologie in Palästina, Göttingen 2004; Friedrich Heyer, Kirchengeschichte des Heiligen Landes, UT 357 Stuttgart 1984, 176–229 (passim), 280 f.

7 Helmut Wohnout, Geschichte des Hospizes in Jerusalem, Klosterneuburg 1993, 11–14.

Heiligen Landes" mit Gustav Dalman als erstem Leiter. Die Forschungen galten damals vor allem noch der Landeskunde, der historischen Geographie, aber auch der Klimakunde, der Zoologie und der Botanik und nicht zuletzt der damals noch relativ altertümlichen Lebenswelt der Landesbewohner.[8] In diesen Jahren unternahm auch der in Olmütz und Wien lehrende Alois Musil, z.T. unter direkter Unterstützung durch Mitglieder des Kaiserhauses seine ausgedehnten Forschungsreisen vor allem durch Transjordanien und Arabien.[9] Daneben aber brachte die neue Zeit für Palästina bereits manche Veränderungen. An der Küste wurden erste Fabriken errichtet, in Haifa wurde der Hafen vergrößert, und von Haifa aus wurde eine Eisenbahn Richtung Ostjordanland und Damaskus gebaut. Wie andere Länder hatte auch Österreich eine Flotte und die österreichische Lloyd erschloss mit regelmäßigen Verbindungen von der Adria aus die Levante und damit auch Palästina. Nicht unwichtig ist schließlich, dass Palästina damals noch zum osmanischen Reich gehörte.

2. Ernst Sellins Ausgrabungen auf dem Tell Ta'annek

In dieser Situation der neuen Möglichkeiten und des Aufbruchs war auch Ernst Sellin nach Palästina gekommen. Er fasste den Plan, sich an den neuen Möglichkeiten der Palästinaforschung zu beteiligen. Bald nachdem er 1897 „Professor für alttestamentliche Exegese und Archäologie" an der Evangelisch-theologischen Lehranstalt in Wien geworden war,[10] konnte er diese Absicht in die Tat umsetzen, wobei ihm nicht nur die allgemeine Entwicklung, sondern auch tatkräftige Unterstützung in Wien zugute kam.

2.1 Die Wahl des Ortes und die äußere Vorbereitung der Ausgrabung

Zu den schwierigsten und zugleich folgenreichsten Entscheidungen eines Archäologen gehört die Wahl des Grabungsortes. Dabei spielen nicht nur die eigentlichen archäologischen Fragen wie die wahrscheinliche Identifikation des

---

8 Ausführlich beschrieben bei Gustav Dalman, Arbeit und Sitte in Palästina, Bd. 1–7, Gütersloh 1927–1942; Bd. 8 Gütersloh 2001.
9 Josef Scharbert, Alois Musil, BBKL VI, 1993, 383–393; Georg Sauer, Alois Musils Reisen nach Arabien im ersten Weltkrieg, Archiv Orientální 37 (1969), 243–263.
10 Georg Sauer, Ernst Sellin in Wien, JGPÖ 96 (1980) (= FS Wilhelm Kühnert), 138–146, 142, = in: Zeitenwechsel und Beständigkeit. Beiträge zur Geschichte der Evangelisch-Theologischen Fakultät in Wien 1821–1996, 247–256. Zur Biographie Sellins siehe: Georg Sauer, Ernst Franz Max Sellin, BBKL 9 (Herzberg 1995), 1370–1372 (siehe auch unter www.bbkl.de).

Ortes, seine geschichtliche Bedeutung und der konkrete Erhaltungszustand eine Rolle, sondern auch die verkehrsmäßige Erreichbarkeit, die Möglichkeit, Arbeitskräfte zu gewinnen und unterzubringen, und die Versorgung, nicht zuletzt mit Wasser.

Sellin suchte einen Ort in dem noch weniger erforschten Norden Palästinas. Seinem Bericht ist noch die Begeisterung des Entdeckers anzumerken, er enthält aber auch eine Reihe interessanter Informationen: „Am 11. April 1899 stand ich zum ersten Male auf dem Tell Taᶜannek. Ich war von Jerusalem kommend, auf einem Ritte von Dschennin [heute Jenin] zum Tell el-Mutesellim [= Megiddo] begriffen. Da meine ganze Reise der Untersuchung galt, wo nach den erfolgreichen Arbeiten der Engländer im judäischen Gebiete am lohnendsten und praktischesten eine neue Ausgrabung im einstigen Zehnstämmereiche einsetzen müsse, so wollte ich mir nicht entgehen lassen, diesen Punkt zu besichtigen. Ich wußte, daß ihn der Deutsche Palästinaverein für eine Aktion ins Auge gefaßt hatte.[11] Als ich etwa eine halbe Stunde Weges hinter mir hatte, fiel mir schon von weitem durch seine Formation, die offenbar keine natürliche war, ein grüner Hügel auf. Auf die Frage, ob dies der Tell el-Mutesellim sei, erhielt ich zur Antwort: nein, der Tell Taᶜannek. In den Reisehandbüchern und geographischen Werken wird derselbe nur sehr flüchtig erwähnt. Ich staunte daher über seine Größe, und als ich ihn nach einem weiteren Ritte von einer Stunde erreicht hatte, beschloß ich, ihn einer näheren Prüfung zu unterziehen.

Schon beim Hinaufritte bemerkte ich auf der Nordseite viele Eingänge zu Felsengräbern, an den Abhängen schauten hie und da Mauerreste aus der darüber geschichteten Erde heraus. Auf der Oberfläche des Hügels, die mit Getreide bebaut wurde, lagen Scherben in Menge verstreut; in der Mitte jener konnte man, nur oberflächlich mit Grasnarbe bedeckt, die Ruinen einer ganzen Stadtanlage erkennen. Es war klar, dass ich auf einem weitausgedehnten uralten Trümmerfelde stand, und der Name des Hügels konnte in keinem Augenblick darüber in Zweifel lassen, daß es sich um das alte biblische Taanach handle."[12] (TT I,1)

„Und eigentlich war schon in den zwei Stunden meines Aufenthaltes auf dem Tell der Plan in mir gereift, hier und an keiner anderen Stelle müsse ich mit meinen künftigen Arbeiten einsetzen. Die Nähe Haifas – nur ca. 5 Stunden entfernt – durch

---

11 Diese Grabungen in Megiddo wurden dann 1903–1905 von Gottlieb Schumacher durchgeführt.

12 Ernst Sellin, Tell Taᶜannek. Bericht über eine mit Unterstützung der Kaiserlichen Akademie der Wissenschaften und des K. K. Ministeriums für Kultus und Unterricht unternommene Ausgrabung in Palästina, nebst einem Anhange von Dr. Friedrich Hrozný: Die Keilschrifttexte von Taᶜannek, Denkschriften der Kaiserlichen Akademie der Wissenschaften, phil.-hist. Klasse, 50. Band, Teil IV, Wien 1904 (im Folgenden: TT I), 1.

seine deutsche Kolonie vorzüglich zum Stützpunkte derselben geeignet, fiel besonders als praktisches Moment in die Wagschale [sic!]. Tatsächlich fand ich denn auch auf meiner ganzen ferneren Tour durch die Megiddoebene und Galiläa keinen Punkt, bei dem in gleicher Weise wissenschaftliche und praktische Gründe eine Kampagne empfahlen." (TT I,2)

„Nach Wien zurückgekehrt, hatte ich zunächst die nötigen Geldmittel zusammenzubringen und die Erlangung des Fermans anzustreben." (TT I,2)

William F. Albright, der wohl berühmteste amerikanische Palästinaarchäologe des 20. Jh.s, beschreibt diese Aufgabe folgendermaßen: „Die Beschaffung der finanziellen Mittel ist eine ganz unangenehme Aufgabe. Man muß zum Bettler werden, den maßgeblichen Vertretern der Stiftungen und Vereinigungen nachgehen und wohlhabende Leute von der Bedeutung und dem Wert des Planes zu überzeugen versuchen … Wenn die Geldmittel einmal beschafft sind, so ist das größte Hindernis überwunden, und der Archäologe muß sich nun um die Konzession bemühen."[13]

Ganz anders klingt der Bericht Sellins: „Ich reichte daher bei der kaiserlichen Akademie der Wissenschaften im Herbste des Jahres 1899 ein Gesuch um eine Subvention für mein Projekt ein. Im März 1900 wurde mir eine solche freundlichst bewilligt. Nicht nur die materielle, auch die moralische Unterstützung, die ich damit erhielt, ebnete mir die ferneren Wege. Zu speziellem Dank verpflichteten mich dabei die Hofräte Benndorf, Karabacek und D.H. Müller … Nun konnte ich es wagen, auch an das k. k. [sic!] Ministerium für Kultus und Unterricht mit einer Bitte um Unterstützung heranzutreten. Auch dieser wurde im Frühjahr 1900 in wohlwollendster Weise Folge gegeben. Se. Exzellenz der Herr Kultusminister v. Hartel erfreute und ermutigte mich durch sein persönliches Interesse für die Sache." (TT I,2) Sellin nennt noch eine Reihe weiterer Förderer: „… keiner unter ihnen ließ mich eine Fehlbitte tun. In der munifizentesten Weise gingen die Herren Arthur Krupp in Berndorf, Philipp und Paul v. Schoeller, Anton Dreher und Karl Wittgenstein in Wien auf meine Wünsche ein. Und am Ende des Jahres 1900 hatte ich die erforderlichen 50.000 K[ronen] zusammen, wahrhaftig ein ehrenvolles Zeugnis für das bei uns herrschende Interesse für archäologische Arbeiten." (TT I,2f.)[14]

---

13 William F. Albright, Archäologie in Palästina, Zürich/Köln 1966; engl. Harmondsworth 1949; ⁴1960.

14 Die hier genannten Personen begegnen zum Teil auch in der Geschichte der österreichischen Grabungen in Ephesus. So war etwa Otto Benndorf der damalige (und erste) Direktor des Österreichischen Archäologischen Instituts und wurde auch die Grabung in Ephesus wesentlich von privaten Spendern mit finanziert, vgl. G. Wiplinger / G. Wlach, Ephesos. 100 Jahre österreichische Forschungen, Wien ²1996 und www.ephesus.at.

Schwieriger war die Erlangung der Grabungsgenehmigung durch die türkische Regierung bzw. die Provinzverwaltung. Trotz einer Reise Sellins nach Istanbul blieb der Ferman aus und erst nach einer weiteren Reise Sellins nach Beirut und Haifa und bis zum Regionalverwalter, dem Kaimmakam in Dschennin, hatten alle Instanzen ihre – wie zu erwarten – zustimmende Erklärung abgegeben, so dass dann im Jänner 1902 die Hohe Pforte den Ferman ausstellte. „So konnte ich am 16. Februar [1902] die lang ersehnte Reise ins heilige Land antreten." (TT I,3).

Übrigens erfuhr Sellin auch für seine Reisen großzügige Unterstützung: „Der österreichische Loyd [sic!] hatte mir in gewohnter Munifizenz freie Fahrt auf seinen Schiffen im Mittelländischen Meere gewährt." (TT I,3f.)

Die Reise des Jahres 1901 hatte allerdings auch einen Vorteil: Sellin nutzte sie für verschiedene praktische Vorbereitungen an Ort und Stelle und zur Gewinnung zweier wichtiger Mitarbeiter: „Vor allem sicherte ich mir Herrn Ingenieur Dr. Schumacher als Architekten und Herrn Bez, einen Mechaniker aus der deutschen Kolonie, als Aufseher über die Arbeiter. In beiden habe ich ebenso tüchtige wie zuverlässige, der Sprache und Sitten des Landes von Kindheit an kundige Gefährten meiner Arbeit gefunden; Schumachers anderweitige Verdienste um die Erforschung Palästinas sind ja zur Genüge bekannt." (TT I,3)[15] – Der spätere Ausgräber Megiddos hatte somit praktisch seine Lehrgrabung bei Sellin in Tell Taᶜannek, wie er dann auch ganz ähnlich wie Sellin – und wie es damals üblich war – mit Suchgräben arbeitete.

2.2 Der Tell Taᶜannek

Der Tell Taᶜannek (Koordinaten: 171.214) ist gegenüber seiner Umgebung deutlich erkennbar. Sein Plateau erhebt sich bis 178 m über Meereshöhe bzw. ca. 40 m über der Ebene und erstreckt sich etwa 340 m von Nord nach Süd in die Länge und etwa 160 m in die Breite, wobei das südliche Drittel auf eine Spitze zuläuft.[16] „In der Mitte des Hügels erhebt sich noch wieder ½ – 2 m über der sonstigen Oberfläche ein 150 m langes, 110 m breites Zentralplateau… Der Hügel fällt nach Norden und Nordwesten hin in vier Terrassen zur Ebene ab, unter denen die oberste nach Nordosten hin eine auffallende Ausbauchung mit 30 m Durchmesser an der

---

15 Diese Verdienste Schumachers bestanden damals vor allem in der Kartographierung des nördlichen Ostjordanlandes; ab 1903 leitete er die Ausgrabung in Megiddo.

16 Siehe dazu den Plan TT I, Taf. XIV und (nach den neueren Grabungen von Lapp) bei Albert E. Glock, Taanach, NEAEHL 4, Jerusalem 1993, 1428–1433: 1429.

Zur Zeit von Sellin stand offenbar noch keine genauere Messung der Meereshöhe zur Verfügung. In dem, dem Grabungsbericht beigegebenem Plan von Gottlieb Schumacher ist der Fuß des Hügels mit 200 m über dem Meer angesetzt, wodurch sich als Höhe des Tell 240 m ü.d.M. ergab.

breitesten Stelle zeigt. Von Osten und Süden steigt der Tell unmittelbarer und ohne Terrassen auf." (TT I,10 f.)

Ta^cannek liegt auf einem nördlichen Ausläufer des samarischen Berglandes am Südrand der fruchtbaren Ebene Jesreel. Diese erstreckt sich von der Bucht zwischen Akko und Haifa nach Ost-Südost zur Bucht von Bet-Schean am Jordan und ist der niedrigste Übergang ins Ostjordanland. Noch wichtiger als diese Ost-West-Verbindung durch die Ebene Jesreel ist die Nord-Süd-Verbindung der Via Maris zwischen Ägypten und Syrien. Die Via Maris überwindet das quer liegende Karmelgebirge auf verschiedenen Wegen. Der wichtigste Pass liegt bei Megiddo, während Ta^cannek den südöstlich benachbarten Übergang kontrolliert. Auf Grund dieser Lage erfolgte auch die älteste eindeutige Erwähnung des Ortes im Feldzugsbericht von Thutmose III. aus dem Jahr 1468 v. Chr., wo Ta^cannek als südliche Umgehungsmöglichkeit des Passes von Megiddo erwähnt wird.[17] Ta^cannek liegt nicht nur an bedeutenden Verkehrswegen, sondern es steht durch seine Lage in unmittelbarer Verbindung sowohl mit der landwirtschaftlich reichen Jesreel-Ebene als auch mit dem samarischen Bergland.

Die Identifikation von Tell Ta^cannek mit dem historischen Taannach ergibt sich nicht nur aus der erstaunlichen Kontinuität des Namens über mindestens dreieinhalb Jahrtausende, sondern auch aus dieser eindeutigen geographischen Lage.

Wahrscheinlich ist die Stadt auch in der gegen 1350 v. Chr. entstandenen Amarnakorrespondenz genannt (in EA 248,14). Offensichtlich im Konflikt zwischen Sichem und Megiddo mußte Jašdata aus seiner Stadt Tah[nuk]a fliehen und fand in Megiddo Zuflucht.[18] Im Alten Testament ist Taannach als eine der kanaanäischen Städte, die die Israeliten zunächst nicht einnehmen konnten, und als Sitz eines Stadtkönigs erwähnt (Ri 1,27; Jos 12,21; 17,11 f.). Nach Ri 5,19 fand die sog. Deboraschlacht bei „Taanach an den Wassern von Megiddo" statt. Die Wasser von Megiddo sind der „Bach" Kischon und seine Zuflüsse. Dieser entwässerte vor den modernen Bebauungsmaßnahmen die Ebene nur sehr langsam, so dass sie in der Regenzeit weithin unter Wasser stand. Sellin berichtet von 1902 anschaulich: „Die Megiddoebene stand noch zum Teil unter Wasser, der Weg war infolgedessen sehr schlecht. Wohl 30mal mußten wir aussteigen und den Wagen schieben helfen." (TT I,4) Im folgenden Jahr waren die Verhältnisse noch schlechter: „Die Fahrt war freilich noch schlechter als im ersten Jahre, der Weg unergründlich, dazu ein

---

17 Annalen des Thutmose III im Tempel von Karnak, Z. 34; s. den Text bei Kurt Galling, Textbuch zur Geschichte Israels, Tübingen ²1968, 16.

18 Siehe dazu Jörgen Alexander Knudtzon, Die El-Amarna-Tafeln, Teil I (Texte) und Teil II (Anmerkungen), Leipzig 1915, jeweils zu Nr. 248. Sellin zitierte den Text noch nach einer anderen Ausgabe als Nr. 197.

unausgesetzt strömender Spätregen. Aber wir kamen durch. ... auf dem Rückweg ertranken die drei Pferde des einen [Lastwagens] im Kison, ein Unfall, der mich lebhaft an Richter 5,21 erinnerte." (TT I,7)

Unter israelitische Vorherrschaft kam Taanach zur Zeit Salomos, der es in sein Verwaltungssystem integrierte (1Kön 4,12) und wohl auch wie Megiddo befestigte (vgl. 9,15). Beim Feldzug des Pharao Schoschenk (ca. 922) wurde auch Taanach ausgeraubt und (zumindest teilweise) zerstört. Dass Taanach unter Omri und Ahab ausgebaut wurde, ist nicht nur wahrscheinlich sondern wohl auch durch die sog. Nordostburg und das nördliche Vorwerk bezeugt (siehe dazu unten). Dass Taanach in den Aramäerkriegen in Mitleidenschaft gezogen wurde, ist wahrscheinlich. Ob die Stadt von den Assyrern besetzt oder gewaltsam erobert wurde, ist nicht überliefert. Ausdrücklich erwähnt ist die Ortslage erst wieder im Onomastikon des Hieronymus, zu dessen Zeit es eine *villa pergrandis*, ein sehr großes Dorf, war, und dann von den neuzeitlichen Reisenden des 19. Jh.s. Dass Ta'annek im 10. und 11. Jh. ein ansehnlicher Ort war, erwiesen Sellins Ausgrabungen. Das zumindest seit der osmanischen Zeit bestehende Dorf Ta'annek/Ti'innik liegt auf der Ostseite am Fuß des Tell.

2.3 Methodik und Verlauf der Grabungen

Um 1900 steckte die Archäologie und mit ihr auch die Palästinaarchäologie noch in den Anfängen. Oft war sie vor allem ein Suchen nach Mauern, Palästen und Schätzen. Allmählich erst wurden bestimmte Einsichten gewonnen und Methoden entwickelt. Aus der Erkenntnis, dass ein Tell aus der Abfolge zahlreicher Siedlungsschichten entstanden war, ergab sich die stratigraphische Methode, die wie oben erwähnt in Palästina erstmals von Flinders Petrie 1890 in Tell el-Hesi angewandt wurde. Zwar setzte sich die Methodik rasch durch, die Unterscheidung der Schichten gelang aber zunächst nur in groben Zügen. Das hing auch damit zusammen, dass die Entwicklung einer verlässlichen Keramikchronologie längere Erfahrungen und dementsprechend mehrere Jahrzehnte beanspruchte. Wesentlich für die Interpretation ist außerdem ein differenziertes Dokumentationssystem. Auch das wurde erst in den folgenden Jahrzehnten entwickelt.

Immerhin hatte Sellin die damaligen Erkenntnisse voll aufgenommen. Geradezu programmatisch erklärt er im Grabungsbericht: „Die Tonscherbe liefert den Schlüssel zur Archäologie Palästinas, diese Erkenntnis verdanken wir vor allem Flinders Petrie, der in seinem grundlegenden Werk über Tell el-Hesy zum ersten Male dieselbe verfocht und sogleich historische Schlussfolgerungen aus ihr ableitete. Und im Einzelnen durchgeführt ist sie dann von seinem Schüler Bliss... In voller Übereinstimmung mit ihnen gehen daher auch wir bei unserer Darstellung der kulturgeschichtlichen Resultate von den Tongefäßen aus. Sie allein vermögen auch bei der Ausgrabung von Ta'annek eine sichere Basis für die wissenschaftliche Verwertung der anderen Funde zu liefern". (TT I,89)

Ein in der Forschung kaum beachtetes Problem der frühen Ausgrabungen war die große Zahl der Arbeitskräfte.[19] Sellin hatte neben fünf Vorarbeitern („christliche Araber aus Haifa"; TT I,4) ca. 150 Arbeitskräfte (etwa 2/3 Frauen, 1/3 Männer, die nur gruben, während die Frauen den Abtransport durchführten; TT I,5). Es ist für einen einzelnen (aber auch für zwei oder drei) Grabungsleiter praktisch unmöglich, mit der daraus resultierenden Menge des bewegten Materials und dem Fortgang der Arbeit wirklich Schritt zu halten, wichtige Einzelheiten zu erkennen und zugleich den Gesamtzusammenhang zu wahren. (Nach heutigen Standards würde man mit dieser Zahl von Arbeitskräften in mindestens etwa zehn Arealen mit je einem area supervisor und mit Zeichnern usw. arbeiten; siehe unten zur Größe des staff bei der Grabung unter Paul W. Lapp)

Nach den damaligen Möglichkeiten und Erkenntnissen war Sellins Arbeit allerdings durchaus auf der Höhe der Zeit und fand auch entsprechende Anerkennung.

Konkret ging Sellin so vor, dass er 5 m breite Suchgräben quer über den Tell legte. „Die Formation des Hügels bestimmte mich, von der Nord- und der Nordostecke des Hügels aus mit zwei Diagonalgräben einzusetzen, die ich bis zur ihrem Schnittpunkte in der Mitte fortführen wollte, so daß ich, wenn einmal eine Stadtmauer den ganzen Hügel umgeben hatte, dieselbe treffen mußte." (TT I,12). Diese Gräben wurden jeweils bis zum Felsen bzw. zum natürlichen Boden hinuntergeführt und so vorangetrieben. Dadurch hatte man an den Seitenwänden einen Schnitt durch alle Schichten hindurch, der allerdings, wie die Erfahrung zeigt, aus mancherlei praktischen Gründen trotzdem nicht leicht im Überblick zu behalten und zu interpretieren ist. Dort, wo man auf interessante Dinge stieß, wurde der Suchgraben ggf. geändert oder erweitert oder es wurde das betreffende Objekt für sich weiter freigelegt. Sellin berichtet z. B.: Die Richtung „wurde aber ... etwas nach Nordwesten hin abgelenkt, da ich auf eine ganze Reihe von Kindergräbern stieß, die ich mir nicht wollte entgehen lassen." (TT I,12) Oder: „Nach einer Grabung von insgesamt 63 m Länge hatte ich das Ende des Plateaus erreicht. Daher wandte ich mich nun zurück, den Lauf der zuvor gefundenen Mauer zu verfolgen. Die Arbeit führte zu einem überraschenden Resultate. Nachdem 12 m nordwärts an jener entlang gegraben war, wandte sie sich plötzlich gegen alle

---

19 Extremes Beispiel ist die Grabung von R.A.S. Macalister in Gezer, der in 10 m breiten Gräben ca. 60 % der Fläche bis auf den Felsen abgrub, wobei die Erde in den jeweils vorangehenden Graben gefüllt wurde. Damit wurde ein großer Teil des Tells zerstört, d. h. auch der Nachprüfung und weiterer Forschung entzogen, und auch der stratigraphische Zusammenhang zwischen den restlichen Flächen ist unterbrochen.

Berechnung rechtwinklig nach Osten; die Grabung nach Süden hin ergab dasselbe Resultat. Kurzum, es konnte kein Zweifel mehr sein, dass auch hier nicht eine Stadtmauer, sondern eine Burg gefunden war. Dieselbe wurde nun vollständig bloßgelegt und aufgenommen." (TT I,12 f.) – Diese Sätze zeigen nicht nur die Vorgangsweise, sondern auch etwas von den Überraschungen und der Spannung und Begeisterung, mit der archäologische Arbeit verbunden ist.

Beim Vortrieb eines weiteren Grabens von Westen her stieß Sellin auf eine in mehreren Stufen aufsteigende Mauer, die sich bei ihrer weiteren Verfolgung ebenfalls als Umfassungsmauer einer Burg herausstellte, einschließlich teilweise erhaltener Mauern zwischen den einzelnen Räumen. Insgesamt gewann Sellin den Eindruck, dass es sich bei Taʿannek um eine Stadt handelte, die nicht durch eine Stadtmauer, sondern durch eine Reihe befestigter Gebäude, eben „Burgen",[20] geschützt war.[21]

Das Zentralplateau wurde in anderer Weise erforscht. Zwar hätte Sellin gerne den gesamten Bereich freigelegt, aber: „Da eine Bloßlegung des Ganzen nicht möglich war, wählte ich dazu besonders zwei Stellen. In der Mitte [des Plateaus] erheben sich die Ruinen einer [arabischen] Burg. Diese wurde nun zunächst vollständig bloßgelegt, wobei die Anlage der ganzen deutlich wieder erkennbar wurde und aufgenommen werden konnte." (TT I,13; vgl. den Plan TT I,57). Natürlich erwartete Sellin, dass hier, unter dem höchsten Punkt des Hügels, ältere Vorgängerbauten dieser Burg liegen würden. „... so ließ ich den größten Teil der Burg mit vieler Mühe abtragen und auf der Stelle derselben drei Schächte von je 10 m ins Geviert bis auf den Felsen in die Tiefe graben. Jene Vermutung hatte getäuscht, ein größeres Gebäude wurde nicht gefunden, wohl aber Häuser, Zisternen, Ölpressen usw. einer viel älteren Stadtanlage." (ebd.) Bedenkt man, dass diese drei „Schächte" bis zu 10 m tief wurden, bevor sie den Felsen erreichten, so ergibt sich, dass aus einem einzigen Schacht bis zu 1.000 m³ Erdreich ergraben und herausgeholt wurden; – einerseits eine enorme Leistung, andererseits aber eben doch schwer zu kontrollieren und zu dokumentieren.

Allein schon die Mächtigkeit dieser Kulturschicht verweist aber auch auf die lange Besiedlungsdauer dieses Ortes. Das zeigte sich an vielen Stellen und nicht zuletzt in den langen Suchgräben. An einer Stelle des Zentralplateaus war Sellin

---

20 In den Berichten fällt eine gewisse Vorliebe Sellins für die Bezeichnung „Burg" auf. Er reflektiert aber an mehreren Stellen über die Berechtigung des Wortes, z. B. TT I,29 (Nordostburg); TT I,57 (arab. Burg oder eher Palast); TT II (s.u. Anm. 26), 34 (geringe Größe der Burg des Ischtarwaschur).

21 Die 1966 von Paul W. Lapp im Süden und Westen des Tells durchgeführten Grabungen bestätigten Sellins Eindruck von der Bebauung der Stadt, zeigten aber doch auch, dass die Stadt von einer Mauer umgeben war.

auf eine Straße gestoßen, „und zwar die einzige, die von Norden nach Süden dasselbe durchschnitt", und hatte sie in der Erwartung, an ein Stadttor zu kommen, weiterverfolgt. „So ergab sich hier ein Graben von 78 m Länge, der mich allerdings kein Stadttor, wohl aber vieles Andere und Wichtigere finden ließ. Ein alter Kultusplatz [sic!] und ein großes viereckiges Gebäude war das Bedeutendste, daneben aber ... eine Fülle von Einzelfunden aus den ältesten Schichten." (TT I,13 f.)

Einer der erwähnten Schächte wurde südlich von der Mittelburg angelegt und bis auf 18 x 18 m erweitert. „Er schenkte mir neben einer großen Ölpresse und vielen Krügen den wertvollsten Einzelfund dieser Kampagne in religionsgeschichtlicher Beziehung, einen tönernen Räucheraltar." (TT I,14) – Dieser wurde von Sellin – entgegen zeitgenössischen Bestreitern – richtig als Kultgegenstand erkannt und war der erste in Palästina gefundene Räucheraltar.[22]

„Als ich [die Grabungen] abschloß, hatte ich zwar den Wunsch, noch einmal den Süden und Osten des Tell mit einem zusammenhängenden Graben durchqueren zu können, aber doch die Gewißheit, daß ich ein klares Bild von der geschichtlichen Entwicklung des Hügels gewonnen ... hätte... Die kurze Nachgrabung des Jahres 1903 bestätigte dies." (TT I,14)

Diese kurze Nachgrabung von 1903 brachte aber doch noch eine überraschende und großartige Entdeckung. Zunächst wurde der östliche Schacht durch einen – wohl zur Arbeitsersparnis nur 4 m breiten – Graben mit den Schächten des Zentralplateaus verbunden. „Dieser lange Graben war ebenso wie schon früher der Schacht außerordentlich reich an Geräten des täglichen Lebens, es lag hier in der

---

22 Abbildungen finden sich in TT I, Taf. XII und XIII; in Ernst Sellin, Der Ertrag der Ausgrabungen im Orient für die Erkenntnis der Entwicklung der Religion Israels, Leipzig 1905, Vorsatzblatt, und in neuerer Zeit u. a. bei Glock, Taanach (Anm. 16), 1433. Für eine neuere ikonographische und religionsgeschichtliche Interpretation s. Othmar Keel / Christoph Uehlinger, Göttinnen, Götter und Gottessymbole, QD 134, Freiburg u. a. 1992, 175–177; sowie Ziony Zevit, The Religions of Ancient Israel, London / New York 2001, 318–325, und den Beitrag von Wolfgang Zwickel in Siegfried Kreuzer (Hg.), Taanach / Tell Ta'annek. 100 Jahre Forschungen zur Archäologie, zur Geschichte, zu den Fundobjekten und zu den Keilschrifttexten, Wiener Alttestamentliche Studien 5, Frankfurt: Peter Lang 2006, 63–70.

Bei einem „Probeanstich" noch etwas weiter südlich fanden sich, „nach allen Richtungen hin verstreut, Bruchstücke eines großen tönernen Gerätes, bei dem ich nicht im Zweifel sein konnte, daß es auch einmal ein Räucheraltar gewesen." (TT I,81). Sellin schloss aus diesem Fund, „es habe mehrere solche Räucheraltäre ... auf dem Hügel gegeben, womit der private Charakter derselben um so wahrscheinlicher wurde." (TT I,82; dazu ebd. Fig. 115) – Jedenfalls die Annahme einer Mehrzahl bestätigte sich durch den bei den Grabungen von P. W. Lapp gefundenen Altar; vgl. die Abb. in Glock, Taanach (Anm. 18), 1432.

Tiefe von 2–4 m ein kleines Privathaus neben dem andern, die offenbar alle gleichzeitig bei einer großen Katastrophe zerstört waren." (TT I,14).[23]

Den wichtigsten Fund brachte ein von Nordosten Richtung Zentrum geführter Graben. Etwa in der Mitte des Nordplateaus fand sich „eine größere Bauanlage, halb über-, halb unterirdisch" (TT I,15) und in ihrem oberen Teil fanden sich – Texte!, nämlich vier Tontafeln mit Keilschrift. Die Tontafeln waren offensichtlich in einer tönernen Kiste aufbewahrt gewesen, so dass man von einem wenn auch kleinen Archiv sprechen könnte. Es war das erste Keilschriftarchiv, das in Palästina gefunden wurde!

Die Tafeln wurden von dem Assyriologen Friedrich Hrozný entziffert, übersetzt und diskutiert. (TT I,113–122). Es handelt sich um in babylonischer Keilschrift geschriebene Briefe aus dem 15. Jh. v. Chr., die den Namen des Stadtfürsten Ischtarwaschur oder vielleicht richtiger Talwaschur[24], sowie einiger anderer Personen und einige Götternamen enthielten und von verschiedenen regionalen und familiären Aktivitäten berichten.[25] Außer einer 1890 in Tell el-Hesi gefundenen Tontafel war es der erste und für lange Zeit der umfangreichste Textfund in Palästina.

Dieser sensationelle Fund wurde der Anlass für eine zusätzliche Grabungskampagne: „Im Jahre 1903 hatte ich vom Tell Taʻannek Abschied genommen in der bestimmten Erwartung, daß ich seine Ruinenfelder nun nicht von neuem in ihrem Todesschlafe stören würde. Hatte ich doch sogar mein Barackenlager daselbst abbrechen lassen und dasselbe dem Deutschen Vereine zur Erforschung Palästinas für seine Ausgrabungen auf dem benachbarten Tell el-Mutesellim [= Megiddo] vermacht… Indes, kaum waren die vier keilinschriftlichen Tafeln, die ich in der Burg Ischtarwaschurs gefunden hatte, entziffert, da stürmten auch schon von

---

23 Solche Verbindungsgräben zwischen verschiedenen Arealen würde man auch heute anlegen. Allerdings nicht so sehr mit dem Anliegen, den ganzen Tell durchkreuzt und alles Wichtige (d. h. die großen Strukturen) gefunden zu haben, sondern um den Zusammenhang und die Zuordnung der Schichten zu kontrollieren. Zur Zeit Sellins und noch lange danach wurde die Zuordnung der Strata durch die Gleichartigkeit der Funde hergestellt, was zwar wahrscheinlich aber nicht sicher und zumindest nicht sehr genau ist.

24 Die keilschriftliche Schreibung ist RI.WA-shur. Der Name kann, wegen der Mehrdeutigkeit der beiden Ideogramme (RI und WA) unterschiedlich gelesen werden; vgl. die Beiträge zu den Texten und zum Onomastikon in diesem Band. Hier im Referat über Hroznýs Arbeit bleibe ich zunächst bei seiner Namensform.

25 Die ca. 80 Personennamen sind nur zu etwa 60 % kanaanäisch und lassen auf eine gemischte Bevölkerung schließen; vgl. dazu Arnold Gustavs, Die Personennamen in den Tontafeln von Tell Taʻannek. Eine Studie zur Ethnographie Nordpalästinas zur El-Amarna-Zeit, ZDPV 50 (1927), 1–18, und 51 (1928), 159–218 sowie nunmehr: Regine Pruzsinszky, Das Onomastikon der Texte aus Tell Taanach, in: Kreuzer (Hg.), Taanach / Tell Taʻannek, 99–114.

allen Seiten die Fragen auf mich ein, ob ich wirklich dessen gewiß sei, daß ich mir nicht andere ähnliche, für die Geschichte des vorisraelitischen Palästina eminent wichtige Urkunden hätte entgehen lassen. So gründlich ich nun auch das Gebäude selbst glaubte durchforscht zu haben, so wenig konnte ich in Abrede stellen, daß, bevor das erste Tontäfelchen konstatiert war, andere mit der weggeräumten Erde unvermerkt könnten weggeschafft sein. Außerdem hatte ich ja selbst in meinem Berichte bekennen müssen, daß ich wegen mangelnder Zeit nicht imstande gewesen wäre, die Umgebung der Burg sowie die zu ihr gehörigen Höhlen ganz auszuräumen. Also mit einer Möglichkeit neuer wichtiger Funde konnte ich noch rechnen. Ich beschloß daher, um mich nicht Selbstvorwürfen auszusetzen, die später nicht mehr gutzumachen wären, eine nochmalige dritte Expedition nach Taʿannek zu wagen. Eine Verlängerung meines Fermans für ein drittes Jahr war nach dem türkischen Antiquitätengesetze möglich und vollzog sich dank der Unterstützung der k. u. k. [sic!] Botschaft in Konstantinopel sowie ... der Direktion des ottomanischen Museums ohne sonderliche Schwierigkeiten. Dagegen galt es, einige andere zu überwinden ...“[26] (TT II,1 f.)

Zu diesen gehörten neben der Beschaffung von 6.000 Kronen vor allem einige praktische Schwierigkeiten. Da seit 1903 im Frühjahr und Herbst im nahegelegenen Megiddo gearbeitet wurde und die Arbeitskräfte, insbesondere die Aufseher, dieselben waren, musste in der heißen Zeit gearbeitet werden, was sich dann allerdings durch den vom Meer kommenden Wind als „nicht gar so arg“ herausstellte; schwieriger war die Wasserversorgung. Eine Besonderheit war, dass Friedrich Hrozný, „der sich bereits durch die treffliche Edition der im Jahre 1903 ... ausgegrabenen Texte verdient gemacht hatte“, zur Grabung mitkam, um eventuell aufgefundene Texte gleich an Ort und Stelle entziffern zu können, da „das türkische Antiquitätengesetz einen auch nur zeitweiligen Transport außer Landes nicht gestattet“. (TT II,2)[27]

Für die Suche nach Tontafeln wurde zunächst der Abraum aus dem Bereich der Burg Ischtarwaschurs sorgfältig und vollständig durchsucht. „Schon am zweiten Tage wurde die Gründlichkeit belohnt. Ein kleiner, aber vorzüglich erhaltener keilinschriftlicher Brief, 4.3 cm breit, 4.5 cm hoch, wurde gefunden (vgl. Taf. I, Nr. 5). Ihm folgte zwei Tage später in demselben Schutthaufen eine größere Tafel, 6.2 cm breit, 7.7 cm hoch, eine Namenliste, die leider stark lädiert war (vgl.

---

26 Ernst Sellin, Eine Nachlese auf dem Tell Taʿannek in Palästina. Nebst einem Anhange von Dr. Friedrich Hrozný: ‚Die neuen Keilschrifttexte von Taʿannek‘, Denkschriften der Kaiserlichen Akademie der Wissenschaften, phil.hist. Klasse, 52. Band, Teil III., Wien 1906 (im Folgenden: TT II), 1f.

27 Sellin macht keine Angabe, wo und wann Hrozný die Tafeln von 1903 bearbeiten konnte. Sie sind jedenfalls im Museum in Istanbul aufbewahrt.

Taf. II, Nr. 7). Sonst konnte ich zu meiner Freude konstatieren, dass im vorigen Jahre gründlich gearbeitet war; ein paar Bronzestücke, ein paar wertlose Scherben und ein Skarabäus … war alles, was außerdem noch diese Haufen enthielten. Das Hauptinteresse der Expedition galt natürlich der Burg selbst. Sie mußte nach allen Seiten hin freigelegt und die Ausräumung beendet werden." (TT II,5)

Dabei fanden sich in der Nähe des früheren Fundortes in der Burg „eine in der Mitte freilich zerbrochene, sonst fast ganz erhaltene keilinschriftliche Tafel, 5.2 cm breit, 5.8 cm hoch (vgl. Taf. I, Nr. 6) … und kleine Fragmente von drei anderen Tontafeln. Indem ich mich dann selbst der Arbeit unterzog, die Innenwände des Zimmers noch einmal gründlich bis in alle Fugen hinein abzukratzen, fand ich dabei noch zwei solche Fragmente, die, durch die Erde festgehalten, an der Südwand klebten. Da somit alle diese Stücke 1–2 m südlich, beziehungsweise östlich von der früher gefundenen Tonkiste angetroffen wurden, war die ‚Tell Taʿannek' S. 41 geäußerte Vermutung zur Gewißheit geworden, daß dies südliche Zimmer einmal das Bibliothekszimmer oder besser das Archiv des Ischtarwaschur war, daß jene Kiste einmal alle Tafeln barg, dieselbe indes bei einer Ausplünderung der Burg ausgeraubt war, wobei die Tafeln teils zertrümmert, teils beiseite geworfen wurden. Immerhin waren nun doch im Ganzen sieben Tafeln zum größten Teile und fünf fragmentarisch für uns gerettet." (TT II,7 f.)

Die unmittelbare Umgebung der Burg war dagegen „auffallend ergebnislos, kein Abfallhaufen oder dergleichen wurde gefunden, wie sie sich sonst meistens meterhoch bei den Burgen angesammelt hatten. Es schien, als ob diese Burg nur eine recht kurze Geschichte gehabt habe." (TT II,5)

Sellin benützte die Gelegenheit und die reichliche Zahl von Arbeitern, die zur Verfügung standen, um auch sonst da und dort an auffallenden Stellen nachzugraben; u. a. wurde ein neuer Ostschacht angelegt. Dieser zeigte zunächst beim ersten Meter Scherben aus der einstigen arabischen Stadt (vgl. die erwähnte arabische Burg). In 3 m Tiefe setzte reichhaltig eine Schicht ein, deren Material früher als spätkanaanitisch klassifiziert wurde. Noch ½ m tiefer fand sich ein eingestürztes Haus und auf dessen Boden die Skelette einer Frau und von fünf Kindern im Alter von etwa 4–16 Jahren, die durch ein Erdbeben oder eine andere Katastrophe gemeinsam umgekommen waren. Bei der Frau fand sich ein umfangreicher und durchaus wertvoller Schmuck: „1 Stirnband aus Goldblech, 15.5 cm lang …, an beiden Seiten ein Loch tragend, durch das der Faden zum Zusammenbinden gezogen wurde; 8 goldene Ringe, von denen 7 einfach zusammengewundene Reifen, der achte viereckiger, spiralförmig zusammengedrehter Golddraht war …, 2 Silber-, 2 etwas größere Bronzeringe, 3 kleine Zylinder aus Kristall, 5 blaue durchlöcherte Perlen, 2 Skarabäen …, endlich 1 silberne Spange, die offenbar die Schmuckkette zusammengehalten, beziehungsweise abgeschlossen hatte … Das schönste an dem ganzen Schmucke aber war ein goldener Fingerring, an Stelle des Siegelsteines einen kleinen drehbaren Zylinder tragend, der aus drei Stücken bestand ..., die beiden seitlichen lichtblau, das mittlere gelb, dazwischen ganz feines Gold." (TT II, 14 f.). Schließlich fand sich auf dem Boden noch die 15 cm hohe Figur einer Göttin, die einzige Bronzefigur, die auf dem Tell gefunden wurde. Sie unterschied sich aber auch in der Art von den meist unbekleideten oder höchstens einen Gürtel tragenden Tonfigurinen, indem „jene mit einem feingewebten Gewande bekleidet dargestellt war, durch das die Brüste und der Nabel sichtbar waren. Außerdem aber waren die nach oben hin sich stark verjüngende Krone, der dicke Halsring und die Stelzen unter den Füßen Merkmale, die bei keinem der bisher gefundenen Typen zu beobachten waren. Letztere erklären sich jedenfalls am besten als stiftartige Teile zum Einpassen in die Löcher einer Basis." (TT II,17 und Fig. 20)[28]

So ergab diese, wenn auch nur kurze Kampagne doch neben den Tontafeln weitere wertvolle Funde, und Sellin verließ am 3. Sept. 1904 Tell Ta'annek nicht nur in fachlicher Hinsicht zufrieden, sondern auch mit guter menschlicher Erinnerung, wobei der Gedanke an künftige Grabungen in Palästina mit anklingt: „Und die Gewißheit wird mir bleiben, daß ich dort unter Schutt, Trümmern und Totengebein nicht nur Schätze einstigen Kulturlebens gefunden habe, sondern auch einen Kreis von Moslems, denen es eine Freude sein wird, wenn ich wieder ins Land komme, für mich zu arbeiten." (TT II,4).

2.4 Die Ergebnisse

Sellin machte auf dem Tell Ta^{c}annek reiche Funde der Bronze- und Eisenzeit, aus denen sich ergab, dass der Ort zwar nur ein Unterzentrum war, dass er aber doch eine beachtliche Besiedlung hatte. „Das Gesamtbild der Kultur, wie es sich auf Grund dieser Funde gestaltet, ist – abgesehen von der arabischen Burg – das einer Landstadt mit einer sehr wenig verfeinerten, sogar höchst einfachen, aber doch sehr regen Kultur." (TT I,95)

Für damals neu war der Nachweis der großen Ähnlichkeit der Kulturschichten zu den im Süden des Landes bereits ausgegrabenen Orten, wobei es aber auch einige – offensichtlich nördliche – Besonderheiten gab. Beachtlich war das Vorhandensein eines kleinen Archivs mit Texten in babylonischer Keilschrift. Diese

---

28 In der Ausführung hat die Figur am ehesten Ähnlichkeit mit Götterfiguren wie sie inzwischen aus Ugarit bekannt sind. Allerdings handelt es sich dort um männliche Gottheiten, die sitzend, d. h. thronend, oder mit der Waffe kämpfend dargestellt sind. Die Figur passt zu Figurinen wie sie jetzt für die spätere MB-Zeit im Kontext der „heiligen Stätten von Naharija und Gezer" belegt sind und die, wie eine entsprechende Gussform zeigt, (auch) serienmäßig hergestellt wurden; vgl. Othmar Keel / Christoph Uehlinger, Göttinnen, Götter und Gottessymbole, QD 134, 1992, 34–38.

Texte zeigten u. a., dass die babylonische Keilschrift in der Mitte des 2. Jt. nicht nur dem internationalen Verkehr diente (wie in den Armarnabriefen), sondern auch dem lokalen und regionalen.

In religionsgeschichtlicher Hinsicht bedeutsam sind der Kultständer und – für damals – die fast zwei Dutzend Astartefiguren, die Sellin auf dem Tell fand. Sie stellten gegenüber den damals bekannten einen eigenen, neuen Typ dar, den Sellin als lokale Besonderheit von Taᶜannek deutete. Letzteres ist heute allerdings zu revidieren, weil inzwischen viele ähnliche Tonfigurinen gefunden wurden.

Auch die Tendenz, alle Funde vorzugsweise in einen kultischen Kontext zu stellen, hat sich als falsch erwiesen. So handelt es sich – trotz der Massebenreihe von Gezer – bei den beiden Reihen von je fünf Pfeilern wohl doch nicht um Masseben sondern um Stützpfeiler eines allerdings größeren Gebäudes.[29]

Ein eigenes Problem sind die vielen Kinderbestattungen in Tonkrügen. Sellin war der erste, der auf solche Bestattungen stieß, und er schwankte lange zwischen der Deutung als normale Bestattungen verstorbener Kinder und der Deutung als Kinderopfer. Er nennt viele Beobachtungen und Argumente für die Deutung als normale Bestattung früh verstorbener Kinder. (TT I,35 f.) Unter dem Einfluss der damals verbreiteten Tendenz und besonders der Nachrichten von den ähnlichen Funden in Gezer, die Macalister unter einem kanaanitischen Tempel gemacht hatte, folgte er der Deutung als Kinderopfer, blieb aber dennoch skeptisch: „Damit schlug natürlich das Zünglein an der Waage auch bezüglich meines Fundes wieder mehr nach der Opferseite hin. Dennoch sind auch jetzt noch zwei Bedenken aufrechtzuerhalten ..." (TT I,36 f.) Sellin fand entgegen der Vermutung Macalisters keinen Tempel bei den Kinderbestattungen (TT I,37). – Die Verfeinerung der archäologischen Methoden erwies inzwischen die meisten dieser bronzezeitlichen Gräber als normale Bestattungen.[30]

In seiner Auswertung der historischen Ergebnisse ging Sellin durchaus vorsichtig abwägend vor („... wird man es verstehen, wenn ich in diesem Kapitel nur mit aller Reserve vorgehe", TT I,99), und zwar vom Sicheren zum weniger Sicheren (TT I,99 – 103). Aus seinen Ausgrabungsbefunden ergaben sich für Sellin folgende Perioden der Besiedlung und der Kultur von Taanach:

1a: Von vorgeschichtlichen Bewohnern fanden sich keine Spuren. „Es ist jetzt verbürgt, daß Taᶜannek zum ersten Male besiedelt ist von dem Kulturvolke, das von ganz Palästina zwischen 2500 und 2000 v. Chr. Besitz nahm und den Namen Amoriter oder Kananiter führt." (TT I,101) Von der Stärke der Siedlungsschicht

---

29 Ähnlich jenen Pfeilerreihen, die später in Megiddo und in Hazor bei den sog. Pferdeställen (oder Lagerhäusern?) gefunden wurden.

30 Auch wenn Sellin es war, der die ersten Kinderleichen in Krügen fand, so nahm doch die These vom Kinderopfer nicht durch ihn ihren Anfang, wie es Kopp (wie Anm. 6), 42 darstellt.

schätzte er die Dauer dieser Epoche auf rund 400 Jahre. Da er den Übergang zur nächsten Epoche auf 1600 v. Chr. schätzte, ergab sich eine Anfangszeit um ca. 2000. Diese Phase zeigt (noch) relativ geringe ausländische Einflüsse, auch wenn in ihr ein Siegelzylinder mit babylonischer Darstellung und ägyptischer Schrift (von ca. 1800) und ein Skarabäus aus der Zeit des mittleren Reiches gefunden wurden.

1b: Diese Schicht ist gekennzeichnet „durch einen starken kulturellen Aufschwung; durch die Phönizier flossen teils originell phönizische, teils ägäische Kulturerzeugnisse zu, daneben kreuzten sich nach wie vor babylonischer und ägyptischer Einfluß." (ebd.) Sellin setzte diese Epoche etwa von 1600 bis 1300 an.[31] In diese Zeit gehören auch die Burg des Ischtarwaschur und die Texte aus dem Archiv. Diese lassen noch die auch sonst für diese Zeit bezeugte Dominanz Ägyptens erkennen, allerdings scheint sie bereits schwächer zu werden. Sellin denkt an ca. 50 Jahre vor den Amarnabriefen, d. h. an ca. 1400.

2a: Der Übergang zu dieser Schicht ist zwar durch neue Gebäude und durch neue Lehmhäuser gekennzeichnet, aber „ein wirklicher Einschnitt in der Kultur läßt sich nicht bemerken, vielmehr eine ganz allmähliche Weiterentwicklung. Die Stadt wird noch Jahrhunderte hindurch kananitisch geblieben sein und die etwa allmählich aus den okkupierten Dörfern in der Ebene zugezogenen Israeliten assimilierten sich... Die Schicht 2a [wird] ... etwa von 1300 bis 1000 zu datieren sein." (TT I,102) In seinen Beobachtungen sah Sellin eine Bestätigung der damals „mehr und mehr zur Herrschaft kommenden Auffassung ..., daß nämlich die Okkupation der Städte durch die Israeliten eine ganz allmähliche war." (ebd.)[32]

2b: Ein markantes Merkmal dieser Schicht ist die Ostburg mit dem Ostfort. „Ich stehe nicht an, die Erbauung derselben unter König Salomo als die wahrscheinlichste anzunehmen. Dem neuen judäischen Gouverneur gebührte auch ein neues Heim und jedenfalls ein recht befestigtes. Es war eben auch jetzt noch eine Zwingburg in den kananitischen Städten nötig, sie liegt daher außerhalb der eigentlichen Stadt. Auch der in ihr gefundene Skarabäus ist dieser Ansetzung günstig; im Übrigen beginnt hiermit die Kulturschicht 2b, die etwa von 1000 – 800 anzusetzen ist". (TT I,102 f.) Sellin legte sich aber nicht ausschließlich auf Salomo

---

31 Auf Grund der Ausgrabungen von 1904 an der Burg des Ischtarwaschur, bei der sich „keine einzige nach ägäisch-phönizischem Muster bemalte" Scherbe fand, und weil er die Keilschrifttexte der Amarnazeit zuordnete, setzte Sellin nach 1904 die Grenze zwischen 1a und 1b auf ca. 1400 v. Chr. herunter. (TT II,31) Dieser Ansatz ist zu niedrig. Sellins Berücksichtigung der ägäischen (d. h. mykenischen) Keramik war methodisch richtig, aber diese ist älter als damals angenommen.
32 Diese Beobachtung der Kulturkontinuität wird in den neueren Forschungen zur Frühgeschichte Israels vehement herausgestellt. Wie hier zu sehen, ist sie keineswegs so neu.

fest: „hat nicht Salomo selbst die Burg gebaut, so muß sie von einem der ersten nordisraelitischen Könige stammen." (TT I,103) „Auch abgesehen von dem immer noch wirksam bleibenden kananitisch-phönizischen Kultureinflusse, machen sich auch in dieser Periode noch ausländische, ägyptische und besonders cypriotische Einflüsse geltend; vielleicht sind gerade die letzteren besonders der Regierungszeit König Ahabs zuzuschreiben. Dagegen scheinen alle babylonischen Einflüsse ... geschwunden zu sein." (ebd.)

3a: Diese Schicht beginnt um 800. Markantestes Gebäude ist das Kastell im Norden des Hügels.[33] Räumlich dehnt sich die Stadt noch weiter, fast auf den ganzen Hügel aus. Auffallend ist das allmählich beginnende Einströmen griechischer Kultur.[34] Aus diesem Grund kommt Sellin auf eine Dauer dieser Phase bis 600 oder gar bis 500. Die Stadt wäre dann nicht 722 von den Assyrern erobert worden, sondern eher 609 von Pharao Necho. „Jedenfalls hat dann eine plötzliche Verwüstung mit Feuer und Schwert – ob seitens der Skythen oder der Ägypter, wissen wir nicht – die Stadt betroffen, die sich vor der arabischen Zeit auf dem Hügel selbst nicht wieder erhoben hat. Die Stürme und der Regen deckten allmählich eine Erdschicht von 2–4 m über alle Trümmer vergangener Jahrtausende." (TT I,103, vgl. 100 f.)

3b: Die Zeit „der vollen Herrschaft der griechischen Kultur" (TT I,91 bei der Beschreibung der Keramik). Für die hellenistische Zeit hält Sellin als sicher fest, „daß auch in der Zeit der eigentlichen Herrschaft des griechischen Einflusses in Palästina, also etwa von 400 v. Chr. an,[35] der Hügel selbst nicht bewohnt war. Die charakteristischen seleukidischen Tonwaren waren auf dem Tell überhaupt nicht vorhanden, ebensowenig irgendwelches Glas in den vorarabischen Schichten, ebensowenig Häuser, die von einem wirklich herrschenden griechischen Einfluß" zeugten. (TT I,100)

Auch in der römisch(-byzantinischen) Zeit hat „auf dem Hügel selbst nie eine Niederlassung bestanden ..., vielmehr lag das Taᶜannek, von dem Hieronymus redet, als eine Landstadt östlich und südlich am Fuße des Hügels, er selbst wird damals einfach, wie auch heute noch, beackert gewesen sein."(ebd.)

4a: Erst in der arabischen Zeit trug der Tell selbst wieder eine Besiedlung, „eine arabische Stadt mit Schloß ..., die es in der 100–200jährigen Zeit ihres Bestehens zu einer ganz ansehnlichen Kultur gebracht hat. Die Vermutung aber

---

33 Die in der weiteren Forschung so genannte Nordostburg.

34 Dieser Eindruck verstärkte sich bei der Keramik aus der Nachgrabung von 1904. „Daß da wahrscheinlich cypriotischer Einfluß vorliegt, lehrt ein Blick auf die Tafeln von Ohnefalsch-Richter" (TT II,30).

35 Sellin geht zu Recht davon aus, dass der hellenistische Einfluss schon vor Alexander d.Gr. begann.

liegt nahe, zumal wenn man bedenkt, daß die Kreuzfahrer in Akko im Westen und in Besan im Osten dauernde Sitze ihrer Niederlassung hatten, daß sie eben auch von diesen zerstört ist und seitdem als verlassene Ruine daliegt." (TT I,99 f.)

4b: Weitere Zeit spärlicherer arabischer Besiedlung, jetzt wieder neben dem Tell.

3. Bedeutung und Bewertung der Grabungen von Ernst Sellin auf dem Tell Ta'annek

Die Ausgrabung in Tell Ta'annek war eine Pionierleistung der Palästinaarchäologie. Sie war eine der ersten Ausgrabungen eines Tell in Palästina und die erste Ausgrabung aus einem deutschsprachigen Land. Leider blieb sie die einzige Palästina-Grabung aus Österreich.

Die Ausgrabung war methodisch auf der Höhe der Zeit und wurde nach den damals erreichten Standards durchgeführt.[36] Die Wahl des Ortes war in man-

---

36 Kritisiert wurde Sellins Arbeit bei H. Thiersch, Die neueren Ausgrabungen in Palästina, Jahrbuch des kaiserlich-deutschen archäologischen Institutes 22, 1907, 311– 357. Dieser hatte wenige Wochen nach Sellins Abreise Taanach aufgesucht. Thiersch mockierte sich darüber, dass auf dem Tell Haufen von zurückgelassener Keramik lagen und unterstellte, diese sei nicht oder nicht ausreichend ausgewertet worden. Allerdings weiß jeder, der Ausgrabungen durchgeführt hat, dass es – außer in begrenzten Fällen und für spezifische Zwecke – unmöglich und auch nicht sinnvoll ist, jede Scherbe aufzubewahren. In der Regel sind bei den kleineren Scherben nur die Diagnostica relevant. Thiersch selbst schlug gegenüber Sellins vier Besiedlungsphasen nur drei Phasen (d. h. nur zwei und in sich nicht differenzierte Phasen vor der mittelalterlich/arabischen Besiedlung) vor. Die Besiedlung Taanachs hätte nach Thiersch erst gegen Mitte des 2. Jt.s eingesetzt. – Insgesamt handelte es sich bei der Polemik von Thiersch um das schulmeisterliche Auftreten des angeblichen Fachmannes. In gewisser Weise war diese Episode ein Vorschatten für den späteren Konflikt bei der Ausgrabung von Sichem, wo der vom Deutschen Archäologischen Institut mitgeschickte Architekt Gabriel Walter 1927/28 dermaßen gegen Sellin polemisierte, dass diesem die Grabungsleitung entzogen wurde. Allerdings wurde Walter selbst wenig später entlassen. G.E. Wright, der spätere Ausgräber von Sichem schreibt dazu: „In 1963 after the completion of four seasons of excavation at the site, this writer attempted to reassess the Shechem episode, generally in favor of Sellin (Shechem: The Biography of a Biblical City [New York and London, 1965], Chapter 3). On the one hand, Sellin was vulnerable because he was attached to a theological faculty and thus in controversy archaeologists could refer to him pejoratively as a 'theologian'. ... Yet fresh investigations have in most cases sustained Sellin's archaeological chronology and interpretation" (G.E. Wright, Ernst Sellin, ZDPV 83 [1967], 84 f.).

Das 'handling' der Ausgrabung von Sichem und der Umgang mit Sellin haben in der nach dem ersten Weltkrieg für deutsche Forscher ohnehin sehr schwierigen Zeit der deutschen Palästinaarchäologie erheblichen und lange nachwirkenden Schaden zugefügt. Freilich haben alle Be-

cherlei Hinsicht eine glückliche. Der Tell ist einerseits repräsentativ, andererseits war er nicht so groß wie etwa Gezer oder Megiddo; dadurch war es möglich, die Ausgrabung sinnvoll durchzuführen und im geplanten Rahmen abzuschließen.

Die Ausgrabung ergab reiches Material zur Erweiterung des damals noch sehr begrenzten Keramikrepertoires und der noch jungen Keramikchronologie; darüber hinaus lieferte sie insbesondere durch die kultischen Objekte und die Texte einen interessanten Beitrag zur Kultur- und Religionsgeschichte Palästinas bzw. Nordisraels in ihrer regionalen Ausprägung und ihren internationalen Verbindungen.

Sellin hat seine Vorgangsweise bei der Grabung wie auch die Objekte ausführlich beschrieben und der Bericht enthält viele Abbildungen der unterschiedlichsten Objekte. Aus heutiger Perspektive ist die Dokumentation natürlich unzureichend. Es gibt zwar zwei sehr genaue Gesamtpläne und in einem Übersichtsplan ist auch der Fundort des Kultständers eingetragen, es bleibt aber doch für viele Zusammenhänge sehr schwierig, die genauere Lage der Objekte, und eine Differenzierung innerhalb der jeweiligen Schichten nachzuvollziehen. Auch die Art der Darstellung der Keramik war zu Sellins Zeit noch nicht standardisiert.

Der sachlich gravierendste Fehler Sellins war, dass er die frühbronzezeitliche Schicht nicht als solche erkannte, sondern als – in heutigen Kategorien – mittelbronzezeitlich deutete. Allerdings ist dieser Irrtum dadurch zu erklären, dass für die Mittelbronzezeit in Taanach eine ca. 500-jährige Besiedlungslücke besteht. Die (frühbronzezeitliche) Schicht lag unmittelbar unterhalb der spätbronzezeitlichen Schicht, woraus Sellin folgerte, dass sie zeitlich unmittelbar vorausging. Eine Siedlungslücke und insbesondere deren Dauer ist nicht von der einzelnen Ortslage her selbst erkennbar, sondern nur im Vergleich mit einer durchgehenden Keramikchronologie. Eine solche durchgehende Keramikchronologie gab es aber zur Zeit von Sellins Taanach-Grabung noch nicht. Mit einer solchen Keramikchronologie in der Hand hätte Sellin gewiss die Siedlungslücke erkannt und die frühbronzezeitliche Schicht richtig zugeordnet.

Von besonderer Bedeutung der Grabung in Tell Taᶜannek ist der Fund des Keilschriftarchivs. Auch wenn es nur ein Dutzend Tafeln waren, so ist es doch nicht nur das erste in Palästina gefundene Archiv, sondern bis dato (2006) noch immer auch das einzige.

In diesem Zusammenhang ist an Friedrich Hrozný und die damalige Wiener Orientalistik zu erinnern. Hrozný war erst 25 Jahre alt als er 1904 mit Sellin zur

---

teiligten offensichtlich zu wenig bedacht, dass Ausgrabungen dieser Größe nur im Zusammenwirken unterschiedlicher Kompetenzen möglich sind.

Ausgrabung in Taanach reiste und als der erste Teil seiner Edition der Taanach-Texte erschien. Hrozný war es, der ca. 10 Jahre später die hethitische Keilschrift entzifferte und man darf wohl auch annehmen, dass die ersten grabungsarchäologischen Erfahrungen in Taanach ihn zu seinen späteren, eigenen Grabungen in Kültepe/Kaniš zumindest mit motivierten und ermutigten.

Eine entsprechende Auswirkung der Grabung hatte wohl auch die Beteiligung von Gottlieb Schumacher, der wie erwähnt wenig später seine Grabung im benachbarten Megiddo begann, wobei er auch die in Taanach verwendete Ausrüstung übernehmen konnte.

Zu würdigen ist schließlich die beispielhafte Schnelligkeit der Publikation. Bereits im Jahr nach der zweiten Grabung lag der abschließende Grabungsbericht gedruckt vor, und auch der Bericht über die Nachlese von 1904 war bereits 1906 publiziert. Darüber hinaus berichtete Sellin sogar laufend direkt von der Ausgrabung. In den Mitteilungen und Nachrichten des Deutschen Palästina-Vereins erschienen Abdrucke der aktuellen Berichte Sellins an die Kaiserliche Akademie der Wissenschaften in Wien, gezeichnet mit „Barackenlager bei Ta'annek, 1. Mai 1902", „[ebd.] 1. Juni 1902" „Haifa, 14. Juli 1902"[37] und schließlich noch ein undatierter Bericht über die Nachlese von 1904[38]. – Eine solche Schnelligkeit der Information und Publikation wurde trotz wesentlich besserer Verkehrs- und Nachrichtenmittel bis heute nur selten erreicht. Wie viele Grabungen wurden erst nach Jahrzehnten publiziert oder blieben in ‚preliminary reports' stecken![39]

Nicht zuletzt ist an die großzügigen Förderungen und Förderer der Ausgrabung zu erinnern. Sellin hatte von der Akademie der Wissenschaften, vom zuständigen Ministerium, von privaten Förderern und sogar von der Schifffahrtsgesellschaft großzügige Unterstützung erfahren.[40] Wien war am Anfang des 20. Jh. offensichtlich ein guter Boden für archäologische Arbeiten. – Ob es am Anfang des

---

37 Kurzer Bericht über die Ausgrabung von Ta'annek I, Mitteilungen und Nachrichten des Deutschen Palästinavereins, 1902, 13–16; dass. II, MuN 1902, 17–19; dass. III, MuN 1902, 33–36.
38 Kurzer vorläufiger Bericht über die Ausgrabung auf dem Tell Ta'annek im Jahre 1904, MuN 1905, 33–37.
39 Das betraf leider später auch Sellin selbst. Seine – 1907 noch von Wien aus begonnene – Grabung in Jericho wurde ebenfalls noch relativ rasch publiziert. Dagegen war die Situation der Grabungen in Sichem (1913 bis 1934) aus verschiedenen Gründen wesentlich ungünstiger. Die Grabungen und der Abschlussbericht verzögerten sich aus mancherlei Gründen, so dass schließlich 1943 die Materialien und das Manuskript in Berlin dem Bombenkrieg zum Opfer fielen.
40 Übrigens wurde nicht nur die Grabung in Jericho, sondern – fünf Jahre [!] nach seinem Weggang aus Wien – sogar noch die 1913 begonnene Grabung in Sichem von vielen der bei Tell Ta'annek genannten Förderer (s. o.) zum guten Teil finanziert; vgl. dazu Karl Jaroš, Sichem, OBO 11 (Fribourg/Göttingen 1976), 16 f.

21. Jh.s – wenn auch unter erheblich anderen Bedingungen für archäologische Forschung – wieder so werden könnte?[41]

B. Die Grabungen unter Paul W. Lapp und Albert E. Glock

1. Die Grabung unter Paul W. Lapp

Auf Tell Taᶜannek wurde erst mehr als 60 Jahre später wieder gegraben, und zwar in der unter der Leitung von Paul W. Lapp stehenden Ausgrabung des Concordia Seminary St. Louis und der American Schools of Oriental Research. Die Ausgrabung wurde gründlich vorbereitet, unter anderem dadurch, dass einer der Hauptbeteiligten, nämlich Delbert Hillers den Grabungsbericht von Sellin ins Englische übersetzte („translated from the German by Delbert Hillers in 1962 of which 100 copies were made"). Dadurch war Sellins Arbeit allen Mitarbeitern gut zugänglich. Ein wesentliches Ziel der neuen Grabungen war es dementsprechend, die Grabungen Sellins zu überprüfen und zu neuen, differenzierteren Ergebnissen zu kommen.

Forschungsgeschichtlich waren bis um 1960 in der Archäologie ganz erhebliche Fortschritte erzielt worden. Es existierte eine differenzierte und auch einigermaßen anerkannte und etablierte Keramikchronologie. Die Grabungstechnik war erheblich verfeinert worden. Im Wesentlichen hatte sich die Methodik der Schichtengrabung etabliert, auch die Dokumentationssysteme der Grabungen hatten sich wesentlich verbessert. Die Fülle des zu Tage geförderten Materials hatte allerdings auch zur Folge, dass die Publikation der Grabungen oft sehr lange auf sich warten ließen, während für lange Zeit nur prelimary reports oder andere kürzere Darstellungen zur Verfügung standen. – Typisch dafür sind etwa die großen Grabungen in Jerusalem und Jericho, deren Grabungsberichte erst Jahrzehnte nach der Grabung abgeschlossen wurden; aber auch die Grabung in Taanach sollte von diesem Schicksal nicht verschont bleiben.

Zur neuen Situation gehörte auch die politische Entwicklung. Auf dem Boden des osmanischen Reiches waren in Syrien-Palästina Nationalstaaten entstanden. Auch die archäologischen Grabungen erhielten damit eine neue bzw. andere politische Dimension. Insbesondere in Israel wurden Grabungen zum Gegenstand nationalen Interesses, andererseits waren sie aber auch beengt durch die neuen

---

41 Allerdings ist das aus fachwissenschaftlichen wie aus geopolitischen Gründen – alle Länder der biblischen Welt haben ihre nationalen Forschungseinrichtungen – heute praktisch nur mehr in interdisziplinärer und internationaler Zusammenarbeit möglich.

Grenzen. Taanach lag nun am nordwestlichen Rand der Westbank, die damals zu Jordanien gehörte. Eine Lage, die zwar noch nicht die Grabungen unter Lapp, aber doch deutlich die späteren Forschungen beeinträchtigte.

In den drei Kampagnen von 1963, 1966 und 1968 ging es zunächst um eine Überprüfung und Differenzierung der alten Grabungen Sellins, um dann von da aus weiter zu arbeiten. Die Grabung war auch personell bestens ausgestattet. Für die Grabung 1968 vermerkt Lapp: „The professional staff of 34 was supported by a technical staff of 15 and a force of some 185 laborers."[42] Die Grabungen wurden hauptsächlich im Südwesten des Tells durchgeführt.[43] Sie ergaben vor allem eine genauere Bestimmung des Gesamtbildes und insbesondere der bronzezeitlichen Schichten (Sellins 1a und 1b). Das wesentliche Ergebnis war, dass auf Grund der inzwischen vorliegenden Keramikchronologie die bronzezeitlichen Funde als frühbronzezeitlich eingeordnet werden konnten. Neben der Keramik wurde auch die von Sellin bereits angeschnittene Mauer als tatsächliche Stadtmauer und zwar der Frühbronzezeit erkannt. Sie wurde weiter freigelegt und konnte in mehrere Phasen differenziert werden.

Taanach erwies sich als beachtliche und gut befestigte Stadt jedenfalls der Frühbronzezeit II und III, d. h. für einen großen Teil des dritten Jahrtausends v. Chr. Dabei zeigte sich u. a., dass von den vier Phasen der Stadtmauer die dritte Phase bereits ein Glacis hatte; womit nachgewiesen wurde, dass in der Tat das Glacis und damit zusammenhängend die Erfindung des Rammbockes für Belagerungen nicht erst eine Entwicklung der Hyksoszeit war, sondern bereits der Frühbronzezeit.[44] Ob bzw. in welcher Form die Stadt auch schon in der Frühbronzezeit I existierte, ist unsicher. Zwar wurden in den – flächenmäßig allerdings begrenzten – Grabungsbereichen keine Gebäude der FB I entdeckt, aber immerhin eine nicht unbedeutende Menge an Keramik. Gewiss war die günstige Lage von Taanach am Übergang vom samarischen Bergland zur fruchtbaren Jesreel-Ebene ebenso eine wichtige Grundlage für die Stadt wie ihre Lage am Schnittpunkt wichtiger Verkehrswege. Die Ein- und Anbindung des bronzezeitlichen Taanach zeigt sich sehr schön am Keramikrepertoire der Frühbronzezeit, insbesondere der sog. *metallic*

---

42 Paul W. Lapp, The 1968 Excavations at Tell Ta^cannek, BASOR 195, 1969, 2.

43 Diese Begrenzung war nicht zuletzt militärisch begründet: Der Tell lag in der Nähe der Waffenstillstandslinie („green line") von 1948 und war zum Teil vom Militär besetzt bzw. von Stacheldraht und Gräben durchzogen.

44 Lapp, BASOR 195, 1969, 14: „In any case, the four phases at Taanach provide conclusive evidence of the Early Bronze origin and the early development of the glacis." Lapp sieht hierin Vermutungen bestätigt, die P. Parr und Y. Yevein auf Grund anderweitiger Beobachtungen vorgetragen hatten (vgl. ebd., Fn. 23). Da die dritte FB-Mauer mit Glacis versehen wurde, liegt es nahe anzunehmen, dass die zweite Mauer mit Rammböcken zerstört wurde: „Perhaps it [sc. the battering ram] was used to breach the Phase II walls of late EB II at Taanach." (ebd., Fn. 23).

ware.[45] Die genaueren Umstände für das Ende der frühbronzezeitlichen Stadt sind nicht bekannt. Sie stehen aber wohl im Zusammenhang des allgemeinen Niedergangs am Ende der Frühbronzezeit. Die frühbronzezeitliche Stadt scheint ihr Ende schon vor dem allgemeinen Ende von FB III gefunden zu haben.[46]

Nach einer Besiedlungslücke von ca. einem halben Jahrtausend folgte ab ca. 1700 eine mittelbronzezeitliche Stadt. Dabei scheint in MB IIA tatsächlich noch eine Besiedlungslücke bestanden zu haben, während in MB IIB wieder eine Besiedlung vorhanden war. Die Westburg wurde auf ca. 1600 datiert (ähnlich wie Sellin in TT I gegenüber TT II). Auffallend ist, dass diese Besiedlung offensichtlich durch Neuankömmlinge aus dem Norden initiiert wurde. Die Stadt wurde hier offensichtlich geplant – so jedenfalls erkennbar im Westen des Tell – wobei sowohl diese Planung wie auch die Ausführung der Stadtmauer als Kasemattenmauer eine deutliche Neuerung für Palästina darstellen. Der Befund zeigt, dass die Neuankömmlinge „were people of at least modest means. Various installations in the insulae also suggest that they were more probably skilled artisans than local farmers. A second observation is that this group reached Taanach from outside Palestine. This is indicated by the practice of intramural burial, unknown in Palestine's then recent past. It is also suggested by the introduction of the casemate and the carefully planned insulae, also unparalleled in earlier Palestine. Together these conclusions point to an incoming aristocracy which dominated Palestine in the MB II C period. The picture from Taanach is especially clear because the situation is not complicated by an earlier and contemporary habitation by other groups. The evidence from Taanach fits well with the traditional identification of this aristocracy with the Hyksos."[47]

Die Siedlung der Spätbronzezeit war bescheidener, zugleich zeigt sich eine gewisse Kontinuität wobei auch ältere Gebäude zum Teil instand gesetzt und weiter genutzt wurden, z. B. in der Umgebung der von Sellin sog. Westburg im Bereich zwischen der Kasemattenmauer und der Straße: „In fact the complex is a renovation of original MB II C construction and has counterparts across the streets.

---

45 Siehe dazu den Beitrag von Mark Ziese, Persistent Potters of Bronze Age Tell Ta'annek, in: Siegfried Kreuzer (Hg.), Taanach / Tell Ta'annek. 100 Jahre Forschungen zur Archäologie, zur Geschichte, zu den Fundobjekten und zu den Keilschrifttexten, Wiener Alttestamentliche Studien 5, Wien/Frankfurt: Peter Lang 2006, 49–60. Die *metallic ware* wird nach ihrem ersten Fundort traditionell auch Abydos-Ware genannt. Es handelt sich um mit hoher Temperatur gefeuerte, metallisch klingende Keramik die im Unterschied zur gewöhnlichen *common ware* auch über größere Entfernungen transportiert und gehandelt wurde.

46 Zum Problem des Endes der Bronzezeit und zur offensichtlich friedlichen Aufgabe von Taanach siehe Helga Weippert, Palästina in vorhellenistischer Zeit, Handbuch der Archäologie, München 1988, 181.198 f.

47 Lapp, BASOR 195, 1969, 28.

It might be renamed ‚MB II C – LB I Building West,' but to call the complex a building is at least imprecise. It is a complex of rooms which is an integral part of the town plan. A glance at similar structures at the eastern edge of contemporary Megiddo clarifies the impression that what is involved is commonly called an insula or block of contiguous structures bounded by streets."[48]

Die neuen Grabungen zeigten, dass zumindest die erste Phase der spätbronzezeitlichen Siedlung (SB I) keineswegs unbedeutend war, sondern „certainly one of the most prosperous periods in Taanach's history".[49] So wurden nicht nur die Fläche des Hügels sondern offensichtlich auch die Höhlen in den Flanken des Hügels bewohnt. An der Südwestseite wurden Höhlen mit drei unterschiedlichen Siedlungsniveaus der Spätbronzezeit I sowie einem Lagerraum mit Keramik gefunden. Verbunden mit der zweiten SB-Schicht wurde ein Schacht gefunden, der 7,4 m in die Tiefe führte und an den sich eine weiter abwärts führende Treppe anschloss. Offensichtlich handelte es sich hier um einen Versuch, das Grundwasserniveau zu erreichen, um die Wasserversorgung innerhalb der Stadt zu sichern. Das Projekt wurde – vermutlich als man auf zunehmend härtere Gesteinsschichten traf – aufgegeben. „The great significance of the shaft lies in its prototypical relation to the great Iron-age water shafts at Hazor, Megiddo, and elsewhere. Indeed, the shaft suggests that a Bronze-age stairwell from inside city walls to the water supply may yet be discovered, perhaps even at Taanach."[50]

Nach der Zerstörung durch Thutmoses III. im Zusammenhang mit der Schlacht von Megiddo von 1468 folgte eine bescheidenere Siedlung, in der aber doch auch zumindest Verwaltungsgebäude und entsprechende Organisationsstrukturen vorhanden waren. Es ist jene Schicht, in der bereits Sellin das kleine Tontafelarchiv gefunden hatte, das Taanach immerhin als Sitz eines Stadtfürsten auswies, auch wenn dieser dem offensichtlich bedeutenderen Megiddo untergeordnet war. In diesem Bereich wurde bei der Grabung von 1968 eine weitere Keilschrifttafel gefunden.[51] Sie wurde ebenfalls auf ca. 1450 datiert.

Die spätbronzezeitliche Besiedlung (bis ins 13. Jh.) blieb weiterhin eher bescheiden. In der Zerstörungsschicht eines Hauses von Anfang des 12. Jh. wurde eine Tontafel mit alphabetischer [!] Keilschrift gefunden.[52] Bei den Aussagen über die Spärlichkeit der Besiedlung im 13. und auch im 12. Jh. ist allerdings zu be-

---

48 Lapp, BASOR 195, 1969, 27.
49 Lapp, BASOR 195, 1969, 30.
50 Lapp, BASOR 195, 1969, 32f.
51 Als TT 950 publiziert; jetzt auch als TT 14 gezählt. Siehe dazu Horowitz/Oshima/Kreuzer in diesem Band.
52 Als TT 430 publiziert; auch als KTU 4,676 bzw. als TT 15 gezählt. Siehe dazu (Horowitz/Oshima/)Kreuzer in diesem Band.

achten, dass die Grabungsfläche vergleichsweise klein war, sodass die jeweiligen Befunde nur mit Vorsicht verallgemeinert werden können. Im Bereich der oben erwähnten Straße im SW wurden für das 12. Jh. nur ganz spärliche Siedlungsspuren gefunden, dagegen aber eine größere Anzahl von Abfallgruben. Allerdings wurde auch ein – offensichtlich isoliert stehendes Haus beachtlicher Größe und mit zumindest zwei Bauphasen gefunden, dessen Lage an die spätbronzezeitliche Straße anschloss, der offensichtlich auch die, allerdings nicht erhaltene, früheisenzeitliche Straße folgte.[53]

Ähnliche Gegebenheiten scheinen im Zentrum des Hügels bestanden zu haben. Etwas südlich vom Gipfel wurde ein sorgfältig gebautes Hofhaus mit Nebengebäuden gefunden, das offensichtlich ebenfalls noch am Verlauf der spätbronzezeitlichen Straße orientiert war.[54] Die Verhältnisse der frühen Eisenzeit blieben aber offensichtlich zunächst sehr bescheiden.

Der Ort wurde im 10. Jh. stärker besiedelt, allerdings dann 922 von Pharao Schoschenk zerstört. In einer Zisterne des 10. Jh.s wurde ein Kultständer gefunden, der jenem Sellins ähnlich ist, aber besser erhalten war. Für die Interpretation wichtig ist die dezidierte Feststellung von Lapp, dass keinerlei Brandspuren festzustellen waren, was es ausschließt, dass unter oder in diesem Ständer ein Feuer gemacht wurde. Lapp vermutete eher, dass dieser wie auch andere Ständer für Libationen benutzt wurden, und verwendete den neutralen Begriff Kultständer („cultic stand").[55]

Die einzige genauere Grabung außerhalb des südlichen und westlichen Bereichs war dem merkwürdigen Northeast Outwork (Sellins Nordostvorwerk; TT I, 30–32) gewidmet. Sellins Plan und Beschreibung bestätigten sich. Zusätzlich wurden zwei Ebenen eines sauber ausgeführten Pflasters entdeckt, das einen weiten Bereich bis zur Schulter des Hügels bedeckte. Die Keramik datierte alle drei Objekte, d. h. das Gebäude wie auch die beiden Pflasterebenen in das späte 9. Jh. Offensichtlich bewachte die Anlage den Zugang zur Stadt von Norden, d. h. von der Ebene her.[56] Hier im Norden verlief die frühbronzezeitliche Mauer nicht wie im Süden am Fuß des Hügels. Die Anlage des 9. Jh.s durchschnitt aber das MB II C – Glacis. Die Anlage des 9. Jh.s wurde in der Persischen Zeit instand gesetzt und wieder verwendet. „The chief lesson of the sounding, however, was that occupation at Taanach in the late ninth century B.C. was more substantial than has been indicated by our excavations in the southwest quadrant."

---

53 Lapp, BASOR 195, 1969, 33–37.
54 Lapp, BASOR 195, 1969, 39.
55 Lapp, BASOR 195, 1969, 44. Zu den Kultständern aus Taanach siehe den Beitrag von Wolfgang Zwickel, Kultständer aus Taanach, in: Kreuzer (Hg.), Taanach / Tell Taʻannek 63–70.
56 Lapp, BASOR 195, 1969, 40 f.

Dieser Satz, der praktisch die Schlussbemerkung des Grabungsberichtes von Lapp bildet, mahnt auch bezüglich der anderen Epochen nochmals zur Vorsicht. Es passt, hier eine Untersuchung zur sog. Nordostburg zu nennen. Lorenzo Nigro[57] analysierte die betreffenden Aufzeichnungen und Befunde Sellins. Auf Grund ihrer Bauweise ordnet Nigro die Nordostburg ebenfalls in die zweite Hälfte des 9. Jh. ein und verbindet sie mit der Bautätigkeit der israelitischen Könige in Samaria, Megiddo und Jesreel. Auch dies spricht für eine gewisse Bevölkerungsstärke und Bedeutung der Ortslage in dieser Zeit.

Nach der Grabungskampagne von 1968 war zunächst die Auswertung und die Veröffentlichung der Grabungsberichte vorgesehen und ihr Erscheinen teilweise bereits als bevorstehend angekündigt. Der völlig überraschende frühe Tod Paul W. Lapp's im April 1970 brachte jedoch eine tiefe Zäsur für alle weiteren Arbeiten und Pläne.

2. Die Arbeiten von Albert E. Glock

Albert E. Glock hatte seit 1963 an den Grabungen in Taanach teilgenommen. Nach dem Tod von Paul W. Lapp übernahm er dessen Aufgabe als Leiter des Albright Instituts und damit auch der Grabung von Taanach. Die Grabungskampagnen hatten eine riesige Menge von Fundobjekten und insbesondere von Keramik zum Vorschein gebracht. Glock's Anliegen und Aufgabe war es vor allem, diese Keramik auszuwerten.

Inzwischen hatte in der Archäologie eine Diskussion eingesetzt, die darauf hinaus lief, dass alle zur Verfügung stehenden Möglichkeiten ausgeschöpft werden sollten, um das Leben der Bewohner einer archäologischen Ortslage zu rekonstruieren. Für die Keramik bedeutete dies, sie nicht nur für die Datierung zu verwenden, sondern auch für die Rekonstruktion des Alltagslebens. Die von Lapp veranlasste riesige Materialsammlung der Taanachgrabung hatte offensichtlich bereits dieses Ziel vor Augen. Glock erweiterte das Ziel der Keramikanalyse noch dahin gehend, dass nicht nur der Gebrauch, sondern auch die Herstellung der Keramik erforscht werden sollte. Er wollte dies vor allem durch optische Analyse, d. h. durch genaue Betrachtung der Bruch- und Schnittstellen erreichen, wobei er sogar mit Edelsteinschleifereien zusammen arbeitete. Dieser Ansatz war durchaus

---

57 L. Nigro, The „Nordostburg" at *Tell Ta'annek*. A Reevaluation of the Iron Age IIB Defence System, ZDPV 110 (1994), 168–180.

innovativ, er erwies sich aber als äußerst beschwerlich. Ein Fazit dieser Forschungen war die Studie: „Homo Faber: The Pot and the Potter at Taanach".[58]

Glock beschäftigte sich aber nicht nur mit der Keramik, sondern auch mit den Taanach-Texten. Schon in der Zeit der laufenden Ausgrabungen hatte er 1966 gemeinsam mit Edmund I. Gordon die Texte im Archäologischen Museum in Istanbul kollationiert, eine wichtige und dringend nötige Arbeit, bei der er u. a. zu dem Urteil kam, dass „the copies published by Hrozný in the Sellin reports are generally more trustworthy than Albright believed."[59] Dazu passt auch, dass Glock dann die 1968 neu gefundene Tafel TT 950 edierte.[60] – Eine Bilanz über die bis dahin geleistete Arbeit zur Archäologie und zu den Texten von Taanach bietet der Aufsatz „Texts and Archaeology at Tell Taʿannek" von 1983.[61]

Im Lauf der 1970er Jahre hatte sich Glock zunehmend auch politisch engagiert und sich der neu gegründeten palästinensischen Universität in Bir Zeit zugewandt, wo schon Lapp mitgeholfen hatte, eine archäologische Ausbildung einzurichten. Als 1980 seine Tätigkeit am Albright Institut nicht verlängert wurde, wechselte er vollständig dorthin, wobei er an den Materialien von Taanach weiter arbeitete.

Sein politisches Engagement führte ihn auch zu einer Neuorientierung in der Archäologie. Gegenüber der traditionellen Orientierung der Archäologie an den großen Epochen der ferneren Vergangenheit wollte er die bis heute prägenden Gegebenheiten der Lebenswelt der näheren Vergangenheit archäologisch erforschen, d. h. insbesondere die ottomanische Zeit. Dies führte zur bisher letzten archäologischen Aktivität in Taʿannek: 1985 führte Glock eine Ausgrabung in Taanach durch, deren Ziel es war, die Besiedlung und die Lebensverhältnisse der Bewohner seit der ottomanischen Zeit bis zur Gegenwart, d. h. vom 16. bis zum 20. Jh. zu erhellen. Allerdings stießen diese archäologischen Arbeiten trotz der Intention von Glock auf wenig Gegenliebe bei den Bewohnern des Ortes. Seitdem und erst recht seit der bis heute unaufgeklärten Ermordung von Albert E. Glock im Januar 1992 einerseits und den gewaltsamen Ausbrüchen des politischen Konfliktes andererseits ruhen die Grabungsaktivitäten auf dem Tell Taʿannek.

3. Ausblick

Zwar ruhen die Grabungen, nicht jedoch die Forschungen zu Taanach. Es ist zu hoffen und zu erwarten, dass in der Reihe der Grabungsberichte über die Aus-

---

58 Glock, Albert E., Homo Faber: The Pot and the Potter at Taanach, BASOR 219, 1975, 9–28.
59 Glock, Taanach, NEAEHL IV, 1432.
60 Glock, Albert E., A New Taʿannek Tablet, BASOR 204 (1971), 17–30.
61 Glock, Albert E., Texts and Archaeology at Tell Taʿannek, *Berytus* 31 (1983), 57–66.

grabungen von 1963, 1966 und 1968 trotz des inzwischen eingetreten Abstandes noch die wichtigsten Befunde zugänglich gemacht werden. Zugleich gab es seit etwa 1990 eine Reihe von Arbeiten, in denen einzelne Aspekte der Archäologie und der Geschichte von Taanach untersucht und die dafür vorliegenden Materialien ausgewertet wurden. Die in diesem Band vorliegenden Beiträge von Frank S. Frick einerseits und von Mark S. Ziese andererseits repräsentieren diese beiden Richtungen der Forschung. Weitere Arbeiten, etwa zur Begräbniskultur der Bronzezeit (Hamdan Taha), zur Stratigraphie der Eisenzeit (Mark W. Meehl) oder zur Geschichte und Kultur des Dorfes Taanach/Ti'innik (Ghada Ziadeh) finden sich im Literaturverzeichnis in diesem Band.

Zu nennen sind auch die Forschungen zu den Kultständern. Ihre Zahl hat sich seit dem ersten Fund durch Sellin und dem weiteren durch Lapp bis heute enorm erhöht, und auch ihrer Deutung wurden neue Aspekte hinzugefügt, die Diskussion ist aber nach wir vor offen.[62]

Schließlich ist auch die fortgehende Arbeit an den Keilschrifttexten von Taanach zu nennen. Viele Forscher haben zu ihrer Lesung, Übersetzung und Auswertung beigetragen. Neben den erwähnten Arbeiten von Glock und Gordon und den neuen Arbeiten in diesem Band[63] seien besonders die Forschungen von Ansom F. Rainey und Zippora Cochavi-Rainey genannt.

Der Tell Ta'annek / Taanach gehört nicht zu den größten und bedeutendsten Ortslagen in Palästina. In seiner Geschichte wie in der Geschichte der archäologischen Erforschung stand er immer wieder im Schatten größerer Nachbarn. Der Tell geriet dadurch aber auch nicht in den Streit z. B. über das Verhältnis von Bibel und Archäologie. Andererseits bot der Tell eine ganze Reihe von Besonderheiten. Nicht nur das bis dato einmalige kleine Keilschriftarchiv, sondern auch andere erstmalige Funde wie den Kultständer oder die bereits spätbronzezeitliche, wenn auch unvollendet gebliebene Schachtanlage zur stadtinternen Wasserversorgung.

Da die Grabungen sowohl von Ernst Sellin wie auch jene von Paul W. Lapp nur einen kleinen Teil des Tell erfasst haben, wird der Tell Ta'annek durchaus noch Geheimnisse und Überraschungen bergen. – Ob und wann der Tell Ta'annek weiter erforscht wird und seine Geheimnisse entdeckt werden, wird nicht nur von der künftigen Entwicklung der archäologischen Forschung abhängen, sondern wohl auch von der Entwicklung zum Frieden in seiner Umgebung.

---

[62] Siehe dazu den Beitrag von Wolfgang Zwickel, Kultständer aus Taanach, in: Kreuzer (Hg.), Taanach / Tell Ta'annek, 63–70.
[63] Siehe dazu die Beiträge von Horowitz, Oshima, Kreuzer und Pruzsinszky, in: Kreuzer (Hg.), Taanach / Tell Ta'annek.

4. Nachbemerkung (2014)

Die Grabungen in Tell Taanach sind m.W. bisher nicht wieder aufgenommen worden. Es gab zwar einzelnen Überlegungen dazu. Für Ausgrabungen von palästinensischer Seite fehlen derzeit wohl die Mittel und Möglichkeiten. Grabungen von israelischer Seite würden zu politischen Problemen führen und eine Beteiligung an einer solchen Grabung von dritter Seite wäre gegen internationales Recht.

Somit bietet der Band von 2006, dem dieser Beitrag entnommen ist, den aktuellen Stand der Forschungen. Immerhin war es, neben der Berücksichtigung der Arbeiten von Albert E. Glock, mit den Beiträgen von Frank S. Frick, „Pottery at Taanach", und Mark Ziese, „Persistent Potters of Early Bronze Age Tell Ta'annek" möglich, die Auswertung der Keramik, besonders zur Eisenzeit und zur Frühbronzezeit weiterzuführen. Der Beitrag von Wolfgang Zwickel, Kultständer aus Taanach, ordnete die Funde von Ernst Sellin und Paul W. Lapp in das inzwischen erheblich angewachsene Vergleichsmaterial und die aktuellen Diskussionen ein. Wayne Horowitz und Takayoshi Oshima, „The Taanach Cuneiform Tablets. A Retrospective", bieten eine Diskussion des materiellen Bestandes und eine kritische Überprüfung der seinerzeitigen Lesungen von Friedrich Hrozný (die sich, wie oben erwähnt, für Albert E. Glock als wesentlich besser erwiesen als von Willam Foxwell Albright beurteilt), und Regine Pruzsinszky, „Das Onomastikon der Texte aus Tell Taanach", analysierte das erstaunlich vielfältige Onomastikon, das neben den semitischen nicht wenige hurritische und indo-arische Namen enthält. Zu der auf Horowitz und Oshima (sowie Seth L. Sanders) beruhenden Übersetzung aller Taanach-Texte sowie die Diskussion des Rollsiegels siehe die folgenden beiden Beiträge.

Die Keilschrifttexte von Taanach / Tell Ta'annek

Bei den Ausgrabungen in Taanach wurden 17 keilschriftliche Texte gefunden. Dies ist bis dato die größte Zahl von Keilschrifttexten, die an einem Ort in Palästina/ Israel gefunden wurden. Der größte Teil der Texte aus der Ausgrabung von Sellin wurde zudem in und bei einer Tonkiste gefunden,[1] so dass davon ausgegangen werden kann, dass sie eng zusammen gehörten und eine kleine Sammlung bzw. ein wenn auch kleines Archiv bildeten. Aus der Ausgrabung von Ernst Sellin 1902– 1904 stammen 14 Texte;[2] dazu kommt eine Siegelinschrift. Die weiteren Texte stammen aus den Grabungen unter der Leitung von Paul W. Lapp aus den 1960er-Jahren. Bei den insgesamt 17 Texten handelt es sich um 9 Briefe, 6 administrative Texte, eine Siegelinschrift und eine Tafel in Alphabet-Keilschrift.

Die von Sellin aufgefunden Tafeln sind im Archäologischen Museum in Istanbul in der Palästina- bzw. Filistin-Abteilung aufbewahrt. Leider sind nicht mehr alle Tafeln auffindbar (es fehlen die Tafeln 4a und 12; die Tafeln 2 und 5 standen für die Kollation 2004 nicht zur Verfügung). Zudem hat sich der Zustand der vorhandenen Tafeln seit der Zeit ihrer Entdeckung und der Erstpublikation durch Friedrich (Bedrich) Hrozný generell (und insbesondere bei den Tafeln 3 und 4) verschlechtert, was auch daran liegt, dass sie seinerzeit nicht gebrannt werden konnten. Insofern sind die Abbildungen und Nachzeichnungen der Erstpublikation nach wie vor unverzichtbar.[3] Bei allen zeitbedingten Grenzen der

---

1 Friedrich Hrozný, Keilschrifttexte aus Ta'annek, in: Ernst Sellin, Tell Ta'annek, Bericht über eine mit Unterstützung der kaiserlichen Akademie der Wissenschaften und des k.k. Ministeriums für Kultus und Unterricht unternommene Ausgrabung in Palästina, Abhandlungen der Kaiserlichen Akademie der Wissenschaften Denkschrift 50/IV, Wien 1904, *113–122, pls. 10–11.*

Friedrich Hrozný, Die neugefunden Keilschrifttexte von Ta'annek, in: Ernst Sellin, Eine Nachlese auf dem Tell Ta'annek in Palästina, Abhandlungen der Kaiserlichen Akademie der Wissenschaften Denkschrift 52/III, Wien 1906, 36–41, pls.1–3.

Zu den Fundumständen der Texte siehe Sellin, Tell Ta'annek, 1904, 15; 41f; Sellin 1906, 5.7–8.

Die Tonkiste war ca. 60 [x 60] cm in der Grundfläche und 65 cm hoch bei einer Wandstärke von 4 cm. Allerdings war nur mehr ein Teil der Tafeln in der Kiste, andere wurden im Raum verstreut gefunden; Sellin, 1904, 41f.

2 Zur Frage der Zusammengehörigkeit von TT 4 und 4a sowie 8 und 8a siehe bei den Texten.

3 Nachdruck der Grabungsberichte von Sellin und der Publikation der Texte durch Hrozný, in: Siegfried Kreuzer (Hg.), Taanach / Tell Ta'annek. 100 Jahre Forschungen zur Archäologie, zur Geschichte, zu den Fundobjekten und zu den Keilschrifttexten, Wiener Alttestamentliche Studien 5, Wien/Frankfurt: Peter Lang 2006, 131–317

Neue Photos der 2004 zugänglich gewesenen Texte finden sich bei: Wayne Horowitz / Takayoshi Oshima / Seth Sanders, Cuneiform in Canaan. Cuneiform Sources from the Land of Israel in Ancient Times, Jerusalem: Israel Exploration Society and Hebrew University 2004, 235–239.

Erstpublikation durch Hrozný sei auf das Statement von A. Glock, 1993, 1432, hingewiesen: „According to a later collation, the copies published by Hrozný in the Sellin reports are generally more trustworthy than Albright believed."

Die Texte wurden wiederholt untersucht, die Ergebnisse allerdings nur teilweise publiziert: Horowitz und Oshima nennen neben der Originalpublikation von (Sellin und) Hrozný folgende Arbeiten, die sie heranziehen konnten: Zunächst die Kollationen von A. Glock und E. Gorden von 1966, sowie die Kollationen von A.F. Rainey, 1971 und die Photographien von A. Schaffer; weiter verschiedene Studien zu den Taanach-Texten, insbesondere von A.F. Rainey und von Z. Cochavi-Rainey, bzw. Studien zu verschiedenen speziellen Fragen, in deren Zusammenhang auch die Taanach-Texte diskutiert sind, z. B. die Studie zu den Personennamen des 2. Jt. in Kanaan von R. Zadok, 1996. Insbesondere aber war es Horowitz und Oshima im Jahre 2004 möglich, die Texte im Archäologischen Museum in Istanbul von neuem zu untersuchen. Allerdings waren dabei die Tafeln Nr. 2 und 5 sowie das Rollsiegel mit dem Text Nr. 13 nicht zugänglich. Darüber hinaus waren offensichtlich die Texte Nr. 4a und 12 schon in den 1960er-Jahren verschollen. Da sich, wie erwähnt, der Zustand der Tafeln im Lauf der Zeit verschlechtert hat, ist und bleibt die Originalpublikation von Hrozný unersetzlich.[4]

Die Texte (außer TT 433) werden hier nach dieser neuen Kollation, Edition und Übersetzung von W. Horowitz / T. Oshima, 2006, wiedergegeben; die deutsche Übersetzung und die Erläuterungen werden von S. Kreuzer vertreten.[5] Auf Horowitz/Oshima beruhen auch die Angaben über Museumsnummer und Zustand der Tafeln. Trotz der Beobachtung, dass es sich bei 4 und 4a sowie bei 8 und 8a nicht um zusammengehörige Texte handelt, wurde hier wie bei Horowitz/Oshima die Zählung der Erstedition beibehalten, um keine Verwirrung durch eine neue Zählung zu stiften. Den 12 bzw. eigentlich 14 Texten aus der Grabung Sellin folgt als Nr. 13 der Text eines ebenfalls bei der Grabung Sellin gefundenen beschrifteten Rollsiegels, sowie die bei der Grabung von P. Lapp gefundenen Tafeln, die üblicherweise nach ihrer Grabungsnummer als TT 433 und TT 950 bezeichnet werden (hier nach Horowitz/Oshima auch als TT 14 bzw. TT 15)

Die Tafeln TT 1–12 sowie das Siegel TT 13 und die Tafel TT 14 (TT 950) stammen durchweg aus der zweiten Hälfte des 15. Jh. v. Chr. Die Keilalphabettafel TT 15 (TT 433) ist jünger. Sie stammt aus der Zeit um 1200 v. Chr.; der Terminus ad quem

---

4 Für weitere Angaben siehe Wayne Horowitz und Takayoshi Oshima, TheTaanach Cuneiform Tablets. A Retrospective, in: Kreuzer (ed.), Taanach / Tell Ta'annek, 77–84.

5 Den Herren Horowitz und Odashima danke ich, dass sie mir ihre Texte bereits 2005 zur Verfügung stellten. Für Hinweise und Anregungen danke ich Frau Regine Pruzsinszky.

ist das Alter der Zerstörungsschicht, in der sie gefunden wurde und die auf das spätere 12. Jh. datiert wird.[6]

Zu den Namen und Namensformen sowie zur Deutung der Namen ist auf den Beitrag zum Onomastikon von Taanach von Regine Pruzsinszky hinzuweisen.[7]

Zu den Abkürzungen:

1', 2' usf. kennzeichnet relative Zeilenzählungen, bei denen nicht klar ist, wie viele Zeilen ursprünglich vorangegangen sind.

[PN] steht dort, wo auf Grund des Determinativs [m] klar ist, dass es sich um eine (männliche) Person handelt, der Name aber nicht ausreichend lesbar ist.

TT Nr. 1: Brief des Ehli-Tešub an Talwašur

Tontafel, 5,6 x 5,5 x 1,5 cm. Istanbul, Archäologisches Museum, Fi. 1. EŞ 2788.

1   An Talwašur,
2   sprich,
3   folgendermaßen (spricht) Ehli-Tešub:
4   Lebe glücklich!
5   Die Götter mögen Sorge tragen für[8]
6   dein Wohlergehen, das Wohlergehen
7   deines Hauses (und) deiner Söhne!
8   Du hast mir geschrieben
9   betreffs der 50 Silberstücke[9].
10 Nun also, ich gebe
11 50 Silberstücke. Wie könnte ich das nicht tun?
12 Ferner: Warum
13 schickst du nicht (Nachricht)

rev.
14 von deinem Wohlergehen?
15 So, welches Wort auch immer

---

6 Siehe dazu Paul Lapp, The 1963 Excavation at Taʻannek, BASOR 173, 1964, 4–44; 23.

7 Regine Pruzsinszky, Das Onomastikon der Texte aus Tell Taanach, in: Kreuzer (ed.), Taanach/ Tell Taʻannek, 99–114.

8 Z.5: *Sorge tragen für…:* Wörtl.: fragen nach …

9 Z.9: *Silberstücke:* KÚ.BABBAR = kaspum, Silber, Geld mit HÁ als Hinweis auf einzelne Stücke; ebenso in Z.29, dort ohne Pluralzeichen, daher dort allgemein „Silber" bzw. „Geld".

16 du gehört hast
17 von dort,
18 schreib mir.
19 Ferner, wenn
20 es gibt einen Finger[10]
21 von *zarninu*[11]-Holz
22 oder Myrrhe
23 dann gib (es)[12] zu mir.
24 Schicke Nachricht zu mir
25 betreffs der jungen Frau/Dienerin Ka[...
26 die in Rubuti[13] ist,
27 über ihr Wohlergehen.

linker Rand
28 Und wenn sie groß geworden ist,
29 soll man sie geben für Geld,
30 oder einem Ehemann[14,15]

---

10 Z.20: *Finger:* Finger ist hier wahrscheinlich Ausdruck für eine kleine Menge (vgl. 2,7). Hrozný, 1904, dachte an Finger als terminus technicus für ein Omen.

11 Z.21: *zarninu:* Wort ungeklärter Bedeutung; nach N. Na'aman, The Hurrians and the End of the Middle Bronze Age in Palestine, Levant 26 (1994), 176–179: 177, eventuell hurritisch.

12 Z.23: (*es*): Vermutlich das Holz bzw. die Myrrhe.

13 Z.26: *Rubuti:* Vielleicht „Rubbutu" oder „Rubbutu" zu lesen. Name eines noch nicht sicher identifizierten Ortes. N. Naaman, Rubutu/Aruboth, UF 32 (2000), 372–383, identifiziert den Ort mit guten Gründen mit den in der Amarnakorrespondenz und in der Schischak-Liste genannten Rbt bzw. dem in 1Kön 4,10 als Zentrum des dritten salomonischen Verwaltungsbezirkes genannten Arubboth. Dieses Rubutu/Arubboth muss südlich von Taanach im nördlichen Samaria gelegen haben und zwar am ehesten in der Ebene Dothan: „... combination of all the evidence points to the plain of Dothan as the most likely location of Rubutu/Aruboth. In light of the importance of Rubutu/Aruboth in the Late Bronze and Iron Age II, I suggest locating it at Tell MuHafar, the largest mound in the plain of Dothan" (S. 380).

14 Z.30: *Ehemann:* Wörtlich: einem Herrn. Für die Deutung als Ehemann spricht, dass das Geben/ Verkaufen für Geld bereits einen die Sklavin kaufenden Herrn impliziert.

15 Z.28–30: *Und wenn sie groß geworden ist, soll man sie geben ...*: Anson F. Rainey, The Taanach Letters, Eretz-Israel 26, 1999, 153*–162*: 156* liest und übersetzt etwas abweichend: „and whether he is willing to sell her for redemption money or to a husband". Die Schwierigkeit ist allerdings, wer dieser nicht näher bezeichnete „he" ist.

TT Nr. 2: Brief des Ahiami an Talwašur

Tontafel, ca. 5,5 x 5,6 cm;[16] Istanbul, Archäologisches Museum, Fi. 2. EŞ 2789.

1 An Talwašur, sprich,
2 folgendermaßen (spricht) Ahiami: Möge der Herr, Gott,[17]
3 dein Leben behüten! Ein Bruder bist du
4 und ein geliebter Freund an diesem Ort.
5 Nun, du weißt:[18]
6 Ich bin gekommen in ein ‚leeres Haus'
7 so gib mir einen Finger[19]
8 (nämlich) zwei Wagenräder und einen Bogen
9 und zwei uppašannu, (sodass,)
10 wenn der Bogen fertig
11 gestellt ist, dann sende ihn zu mir
12 durch Vermittlung des Purdaya.
13 Ferner, befiehl deinen Städten,
14 dass sie ihre Arbeit tun sollen.

rev.

15 Auf meinem Kopf ist alles,[20]
16 was in Bezug auf die Städte geschehen ist.
17 Nun, siehe, dass
18 ich dir etwas Gutes erweise.
19 Ferner, wenn Kupferpfeile[21]
20 vorhanden sind, dann gib (sie her)
21 Ferner, lass Elu-rapi kommen
22 zur Stadt Rahabi,[22] und ich werde gewiss

---

16 Die Tafel war 2004 unzugänglich; Größenangabe auf Grund der Abb. bei Sellin/Hrozny, 1904, Taf. X.

17 Z.2: EN DINGIR.MEŠ-nu = Ba'alu ilanu. Auf Grund der singularischen Verbalform wird hier die Gottesbezeichnung im Singular wiedergegeben.

18 Z.5: *du weißt:* Wörtl.: „es ist in deinem Herzen".

19 Z.7: *Gib mir einen Finger:* Steht Finger hier als Maßangabe (Fingerbreite, Zoll) oder figurativ für „ein wenig" oder „eine kleine Unterstützung" als höfliche Einleitung des Wunsches?

20 Z.15: *Auf meinem Kopf ist alles:* D.h. ich bin verantwortlich für alles.

21 Z.19: *Kupferpfeile:* Gemeint sind wohl kupferne Pfeilspitzen.

22 Z.22: *Rahabi:* Die Identifikation mit dem in der Nähe von Beth-Schean gelegenen Tel Rehob ist aus geographischen Gründen (Lage an der über Megiddo und Taanach verlaufenden Ost-West-Verbindung zwischen Mittelmeer und Ostjordanland) durchaus plausibel. Siehe auch die Diskussion bei Rainey, 1999, 158*f.

23 meinen Mann[23] zu dir senden

24 und ich werde gewiss eine Heirat machen.[24]

TT Nr. 3: Verwaltungstext: Liste mit Personennamen

Tontafel, 10 x 9 x 3,2 cm; Istanbul, Archäologisches Museum, Fi. 3. EŞ 2790.

Diese Liste mit Personennamen steht offensichtlich im Zusammenhang mit der Aufbietung von Personal für eine bestimmte Aufgabe. Das Verb dekûm in Zeile 1 und vielleicht auch in rev. 16' begegnet in verschiedenen Zusammenhängen des Aufbietens oder Zusammenrufens: Fronarbeiter aufbieten, Soldaten mobilisieren, Amtsleute versammeln. Die genaue Funktion der Liste bleibt unklar.

Hinter jedem Namen stand eine Zahl (meistens 1, manchmal 2 oder 3), deren Bedeutung ebenfalls unklar ist. Möglicherweise handelt es sich um einen Ausrüstungsgegenstand der betreffenden Person. Sellin vermutete, dass es sich um die Zahl der aus einer Familie zu stellenden Soldaten handeln könnte.[25] Die Summe „10" in Zeile 5 lässt darauf schließen, dass mindestens 5 Zeilen vorausgegangen sind.

Auffallend in diesem wie auch in den weiteren administrativen Texten aus Taanach ist die relativ hohe Zahl von Eigennamen, die mit dem Element „Bin" (Sohn) beginnen (ca. 20 – 25 % der Namen, deren Anfang erhalten ist).[26]

1' [PN] 1

2' [PN] 1

3' [P]N

4' [P]N 1

5' [P]N (insgesamt) 10

6' [w]elche sie aufgerufen haben

7' Elitu 1

8' Bin-Hubiri 1

---

23 Z.23: *meinen Mann:* LÚ-ia. Hier wie in 8,2 offensichtlich in besonderer Funktion, etwa im Sinn von „mein Beauftragter".

24 Z.24: *eine Heirat machen* (bzw. arrangieren): Es bleibt offen, wer heiraten wird.

25 Sellin, 1904, 99.

26 Vgl. dazu die Namensliste in 1Kön 4,8 – 19. [Siehe dazu jetzt: Siegfried Kreuzer, Menschen ohne Namen? – 1Kön 4,7 – 19 im Lichte der Personennamen aus Tell Ta'anach, in: Peter Mommer / Andreas Scherer (Hg.), Geschichte Israels und deuteronomistisches Geschichtsdenken, FS Winfried Thiel, Alter Orient und Altes Testament 380, Münster 2010, 164 – 179. = 66 – 82 in diesem Band].

9' [Bi]n-Rabaya 1
10' [P]N [. .]

rev.
1' [PN]
2' Mita[ti . . .]
3' Bin-Eze[..]
4' Zeraya, der Sutäer? 1
5' Tagu 1
6' Bin?-Bawaza'enzi 1
7' Uzdiaša 3
    [Kam]aru 1
9' [Yaş]urru-Zirtawa[27] 2
10' Puraguš 2
11' [Ay]ari 3
12' [Yad]innu 1
13' [Yami]banda-König[28] 1
14' [. d]aya, der Lederhandwerker 1
15' [P]N 1, (insgesamt) 20
16' [welche] sie aufgerufen haben?

unterer Rand:
    . . .] . . .

linker Rand:
col. I
    Spuren von Zeichen

col. II
1 [x] x-Wettergott[29] [. . .
2 Abi[. . .
3 Adda- . [. .]

---

27 Z.9': *[Yaş]urru-Zirtawa:* Da jede Zeile in dieser Liste nur einen Namen hat, handelt es sich hier wahrscheinlich auch nur um einen Namen, der aus zwei Elementen besteht.

28 Z.13': An dieser Stelle steht das – allerdings nicht ganz eindeutig zu lesende – Sumerogramm LUGAL, König, das wahrscheinlich das theophore Element des Namens darstellt (und nicht den Namensträger als König bezeichnet).

29 Z.1: Linker Rand II,1: *Wettergott:* dIM; vgl. auch 4,9 und 5,3. Der Wettergott ist hier jeweils das theophore Element des Namens. Zur Frage der Identifikation des Wettergottes siehe Anm. 35.

4 Puri[š . . .
5 P[N]
6 Bin-A . .

TT Nr. 4: Verwaltungstext: Liste mit Personennamen

Tontafel, 8,8 x 9,0 x 2,4 cm. Istanbul, Archäologisches Museum, Fi. 4. EŞ 2787.

1' PN
2' [P]N
3' Ilulu Sohn des Subirri
    — — — — — — — — — — — — —
4' Bin-Zanuqima
5' [.] elzuna Sohn des Nabaţi
    — — — — — — — — — — — — —
6' [.] yamuna
7' [P]N
8' PN
9' . .- Wettergott, Eluramma[30]
10' PN
11' PN
12' [P]N Sohn des Agia
13' [.] bandu Sohn des PN[31] 10
14' [P]N

rev.
1'–2' Spuren von Zeichen
       — — — — — — — — — — — — —
3'   [P]N Sohn des Mi[ski]
       — — — — — — — — — — — — —
4'   [H]arizu [x]
5'   Qatina-x
       — — — — — — — — — — — — —
6'   Dupdaya Sohn des Zagu-[. . .]
7'   Abdi-Šaruna Sohn des Zib-[. . .]

---

30 Z.9': *Eluramma:* Der Name findet sich auch in 7, rev 3 (Elurama); 12,3 (Eluram[m]a) und 14,10 (Elurama).
31 B[A?-D]A?-na.

```
------------------
```
8' Tašrumu
```
------------------
```
9' [. .] . [. . .] . ia

TT Nr. 4a: Verwaltungstext: Fragment einer Liste mit Personennamen

Tontafel, ca. 2 x 2 cm;[32] nicht in der Fi.-collection in Istanbul; der Verbleib ist unbekannt.

1' [P]N
2' [P]N[33]
3' Našim[a
4' [P]

TT Nr. 5: Brief des Amanhatpa an Talwašur

Tontafel, ca. 4,5 x 4,3 cm;[34] Istanbul, Archäologisches Museum, Fi. 5. EŞ 2798.

1 An Talwašur,
2 folgendermaßen (spricht) Amanhatpa[35]:
3 Der Wettergott[36] möge dein Leben beschützen!

---

32 Geschätzt auf Grund der Zeilenzahl und im Vergleich mit der Schriftgröße in TT 4 an Hand der Abb. bei Hrozný, 1904.

33 Der Anfang des Namens könnte Yand[a... oder Band[a... lauten.

34 Die Tafel war 2004 unzugänglich; Größenangabe nach Hrozny, 1906, 36.

35 Die von W.F. Albright, A Prince of Taanach in the Fifteenth Century B.C., BASOR 94 (1944), 12–30, vorgeschlagene Identifikation des offensichtlich in Gaza residierenden Amanhatpa mit dem späteren Pharao Amenenhet, der als Prinz Gouverneur in Gaza gewesen wäre, ist heute aufgegeben; und zwar vor allem wegen des Fehlens jeglicher Titel, was auch bei einem Kronprinzen kaum denkbar ist; vgl. Peter Der Manuelian, Studies in the Reign of Amenophis II, Hildesheimer ägyptologische Beiträge 26, 1987, 83–90.

36 Z.3: *Wettergott:* dIM. Wie der Wettergott identifiziert wurde, bleibt offen. Ist an Tešub zu denken (vgl. 1,3) oder an Adad/Haddad (so Hrozný) oder an Ba'al (Wayne Horowitz, An Inscribed Clay Cylinder from Amarna Age Beth Shean, IEJ 46 [1996], 208–218: 216, Anm. 18)? Siehe auch Pruzsinszky, Onomastikon. Zur Schreibung dIM = dIŠKUR und zur Frage der Identifikation siehe: D. Schwemer, Wettergottgestalten Mesopotamiens und Nordsyriens im Zeitalter der Keilschriftkulturen, Wiesbaden 2001 (dort zu prinzipiellen Fragen siehe S. 11ff.; zum religionsgeschichtlichen

4   Schicke mir deine Brüder
5   samt ihren (Streit)wagen,
6   und schicke mir
7   die Pferde, deinen Tribut
8   (und) Geschenke
9   (und) alle

Rand
10   Gefangenen

rev.
11   die vorhanden sind
12   bei dir.
13   Schicke sie
14   morgen
15   nach Meggiddo.

TT Nr. 6: Brief des Amanhatpa an Talwašur

Tontafel, 5,8 x 5,0 x 2,0 cm; Istanbul, Archäologisches Museum, Fi. 5. EŞ 2799.

1   [An Ta]lwašur,
2   [folgendermaßen (spricht) A]manhatpa:
3   [Der Wettergott[37]] möge dein Leben beschützen!
4   Früher war es Bazunu
5   (der) Sohn des Narsi, den du geschickt hast
6   zu mir. Ferner:
7   Nicht sind unter der Wache[38]
8   deine Gefolgsleute
9   du selbst kommst nicht
10   zu mir, noch
11   sendest du deine Brüder.
12   Ferner, als ich in Gaza

Kontext der Taanach-Texte siehe S. 504–511 „Die Etablierung des Ehrentitels Ba^clu als Eigenname des Wettergottes Haddu“).

37 Z.3: Siehe oben zu 5,3.

38 Z.7: *unter der Wache:* D.h.: unter der Bewachungstruppe / unter den Soldaten.

13 war, bist du nicht
14 zu mir gekommen

rev.[39]

15   Nun, ich [ziehe]
16   in den Krieg [...
17   du bist (anwesen) [... d]ein
18–19 Ferner, [deine] Brüder [und deine jun]gen Männer – nicht sendest
20   du sie zu mir
21   [...] von deinen
22   s[ende sie zu] mir
23   Nun, betreffs der Gefan[genen]
24   [d]ie ich befreit habe,
25   [schi]cke sie; betreffs (deiner) Brüde[r] und
26   [...] ihr [...]
27   [... F]erner [...]
28   [Schicke] zu m[ir]
29   [mor]gen und [...]

TT Nr. 7: Verwaltungstext: Liste mit Personennamen

Tontafel, 7,6 x 6,3 cm; Istanbul, Archäologisches Museum, Fi. 7. EŞ 2800.

Auf Grund der waagrechten Linie am Anfang der Vorderseite – die am Anfang eines Textes sehr ungewöhnlich wäre – nehmen Horowitz/Oshima 2006 an, dass es sich um die rechte Spalte einer ursprünglich größeren Tafel handelt. Auch Hrozný hatte bereits vermerkt, dass die Tafel „ursprünglich zwei Kolumnen" hatte.[40] Bei den meisten – aber nicht bei allen – Namen steht eine Ziffer, deren Bedeutung nicht geklärt ist (vgl. auch TT 3 und 4; siehe dazu oben bei TT 3).

obv. II

— — — — — — — — — — — —

1 Befehl[41] des
2 [.]-zu[r]ami

— — — — — — — — — — — — —

---

39 Dir Rückseite der Tafel ist schlecht erhalten und nur bedingt lesbar. Hrozný, 1906, hatte keine Übersetzung geboten.

40 Hrozny, 1906, 39.

41 Z.1: *Befehl:* awati: Wort, Befehl, Botschaft.

3   Abdi-Šaruma 1
4   Zirwaša 2
5   Gamalu 2
6   Bin-Daniya 1
7   Bin-Hunini 3
8   Bil 1
9   Aktim[i .
10 Yand[i-. . .
11 Bin-yaya [. . .] . .
12 Abdi-Ad[du . . .
13. Ab[i . . .
Rev. I
1'   Hibi[ya . . .
2'   Zawaya 3
3'. Elurama 1
4'. Bin-yama- . . 1
5'   Zera-[. . .
6'   Ba^caliy[a . . .
7'   Abdi-Heb[a . . .
8'   Bin-id . . 1
9'   Irzetu 1
10' Habadu 1
11' Ziq[u]nbu 1

TT Nr. 8: Fragment eines Briefes

Tontafel, 3,4 x 4,1 x 1,5 cm; Istanbul, Archäologisches Museum, Fi. 14, EŞ 2801[?][42].

1   ...] ..
2   ...Nu]n, mein Mann
3   ...] hat gesandt und
4   ...] Rabaya mit ihm
5   ...Gesa]mtsumme der Geldstücke in
6   ...] oder soll er geben
7   ...] und wenn nicht
8   ...er w]ird hierher kommen und d[u]

---

42 Das Fragezeichen steht so im Verzeichnis des Museums.

rev.

1 ...] . [. .] . .
2 ...]. Regen
3 ...z]u mir
4 ...]. .
5 ...] .
6 ...] . . .

TT Nr. 8a: Fragment eines Briefes

Tontafel, 3,1 x 1,7 x 1,2 cm; Istanbul, Archäologisches Museum, Fi. 15, EŞ 2803.

Die Tafeln 8 und 8a gehören wahrscheinlich nicht zusammen. Zumindest im jetzigen Zustand der Tafeln lässt sich kein join herstellen. Zudem bestehen Unterschiede in der Schrift, die auf unterschiedliche Schreiberhände hinweisen. Die wenigen erkennbaren Worte zeigen, dass es sich um einen Brief handelt.

1 Nu[n ...
2 in [...
3 . . [. . .
4 [F]erne[r . . .
5 [.] . [. . .

TT Nr. 9: Fragment eines Briefes (?)

Tontafel, 2,3 x 2,4 x 1,4 cm; Istanbul, Archäologisches Museum, Fi. 18, EŞ 2805.

Das Fragment lässt auf der Vorderseite fünf und auf der Rückseite drei Zeilen mit Zeichen erkennen, wobei jeweils nur einzelne Zeichen in der Mitte der Zeilen identifizierbar sind. Auf Grund der Annahme, dass es sich um den oberen Rand der Tafel handelt, rekonstruierte Hrozný einen Briefanfang „[An Talwašu]r" und in Zeile 2 eine Namensendung „-tuzuna". Albright rekonstruierte den Namen des Empfängers als „Ki-su-na". Horowitz/Oshima konnten nur (noch) „tu-zu" erkennen. Die wenigen von Hrozný auf der Rückseite noch gelesenen Zeichen konnten von Horowitz/Oshima nicht mehr verifiziert werden.

Die identifizierbaren ein bis drei Zeichen pro Zeile erlauben keine Lesung konkreter Wörter und damit auch keine Übersetzung.

TT Nr. 10: Fragment eines Briefes (?)

Tontafel, 3,3 x 4,0 x 3,0 cm; Istanbul, Archäologisches Museum, Fi. 9, EŞ 2802.
    Das Fragment lässt auf der Vorderseite vier Zeilen mit Zeichen erkennen, wobei jeweils nur einzelne Zeichen in der Mitte der Zeilen identifizierbar sind.
    Die identifizierbaren ein bis vier Zeichen pro Zeile erlauben keine Lesung konkreter Wörter und damit auch keine Übersetzung. Lediglich in Zeile 3 ist „dein" und vielleicht „an" zu erkennen.

TT Nr. 11: Fragment eines Briefes

Tontafel, 2,5 x 3,1 x 1,4 cm; Istanbul, Archäologisches Museum, Fi. 10, EŞ 2804.
    Das Fragment lässt auf beiden Seiten je drei Zeilen Text sowie einen Trennstrich erkennen. Die von Hrozný mit Fragezeichen als Vorderseite (obv.?) bezeichnete Seite ist wahrscheinlich die Rückseite und vice versa.

1   ...was] ich sagte
2   ...i]hr
3   ...d]u
_ _ _ _ _ _ _ _ _ _ _ _
rev.
1   ...] . . [...
_ _ _ _ _ _ _ _ _ _ _ _
2   ...] Ausrüstun[g . . .
3   ...] mein [. . .

TT Nr. 12: Fragment eines Verwaltungstextes: Liste mit Personennamen

Tontafel, ca. 3,5 x 3,5 cm;[43] nicht in der Fi.-collection in Istanbul; der Verbleib ist unbekannt.
    Dieses Fragment ist wie 4a nicht in der Palästinasammlung des Archäologischen Museums Istanbul vorhanden. In den Zeilen 2–4 ist am Anfang das Personendeterminativ zu erkennen, für Zeile 1 ist es anzunehmen.

---

43 Nach Hrozný, 1906.

1   [P]N
2   Abira ...
3   Eluram[a
4   Mut-
5   [P]N

TT Nr. 13: Inschrift auf einem Rollsiegel

Rollsiegel Höhe 3 cm, Durchmesser 1,4 cm; Breite der Abrollung 4,4 cm. Siehe die Abbildung bei Sellin, TT I, S. 28, Abb. 22. Im Bestand des Archäologischen Museums Istanbul, 2004 jedoch nicht zugänglich. Neben der akkadischen Inschrift gibt es eine bildliche Darstellung, die von ägyptischen Schriftzeichen umgeben ist.[44]

1   Atanahili
2   [S]ohn des Habsim
3   Diener des Nergal

TT Nr. 14 = Nr. TT 950: Verwaltungstext: Liste mit Personennamen.

Tontafel, ca. 5,1 x 3.0 x 1,1 cm;[45] Jerusalem, Israel Museum.
Diese Tafel wurde bei den Grabungen von P. Lapp im Jahr 1968 gefunden. Erstpublikation: Albert E. Glock, A New Ta^cannek Tablet, BASOR 204, 1971, 17–30. In der Literatur ist sie mit ihrer archäologischen Fundnummer TT 950 zitiert.

1   Abdi-milki
2   Šabaya
3   Pu-Ba^cal
4   Zibilu
5   Bin-Aya
6   Bin-Antama
7   Abdaya

---

44 Siehe dazu Siegfried Kreuzer, Die Bildkomposition des Rollsiegels TT 13 aus Taanach, in: Kreuzer, Taanach / Tell Ta'annek 71–74 = 229–236 in diesem Band.
45 So Horowitz/Oshima/Sanders, 2006, auf Grund eigener Nachmessung. Die Angabe 5,35 x 3,85 x 1,65 cm bei Albert E. Glock, A New Ta'annek Tablet, BASOR 204, 1971, 18, ist demnach unzutreffend.

8 Purizzuya

9 Hibiya

10 Elurama

11 Zinitabandi

12 Biryamašda

13 Naṣabba

14 [14 (Mann), die Ar]beitsgruppe

15 [. .] . . . Tempel(besitz)⁷

Anhang:

TT Nr. 15 = TT 433 = KTU 4.767: Tafel in keilalphabetischer Schrift⁴⁶

Tontafel, ca. 4,8 x 2,2 x 1,25 cm; Objektnummer bei der Ausgrabung: T.T. 433; zuletzt Concordia Theological Seminary St. Louis, MI; der Verbleib ist unbekannt.⁴⁷ Sprache: Westsemitisch.

Diese Tafel wurde bei den Grabungen von P. Lapp im Jahr 1963 gefunden. Erst-publikation Delbert R. Hillers, An Alphabetic Cuneiform Tablet from Taanach (TT 433), BASOR 173, 1964, 45 – 50. In der Literatur ist sie mit ihrer archäologischen Fundnummer TT 433 zitiert. Im Zusammenhang der ugaritischen Texte wird sie auch als KTU (= CTA²) 4.767 geführt.⁴⁸

Die Tafel wurde in der Zerstörungsschicht eines spätbronzezeitlichen Ge-bäudes gefunden, die auf das letzte Viertel des 12. Jh.s datiert wird. Sie wurde somit um etwa 1200 v.Chr. abgefasst. Es handelt sich um eine Tafel in Keilal-phabetschrift. Allerdings repräsentiert sie, soweit erkennbar, nicht das ugaritische Lang-, sondern das südsyrisch/palästinische, in der Regel 22 Zeichen umfassende

---

46 Die Übersetzung und Diskussion zu dieser Tafel wurde von S. Kreuzer verfasst. Da die Tafel verschollen ist, kann sie nur an Hand der früheren Photographien und Publikationen diskutiert werden.

47 Sie sollte im Museum des Concordia Theological Seminary, St. Louis, sein, wo sie aber nicht verifizierbar ist. Aus der Nachricht, dass ca. 1964 ein Abguss von ihr im Ashmolean Museum Oxford angefertigt wurde (Horowitz/Oshima/Sanders, 2006) ergibt sich, dass sie davor zumindest kurzzeitig in Oxford war.

48 Manfried Dietrich / Oswald Loretz / Joaquín Sanmartín, The Cuneiform Alphabetic Texts from Ugarit, Ras Ibn Hani and Other Places, Münster 1995. Siehe auch: Josef Tropper, Ugaritische Grammatik, AOAT 273, Münster 2000, 76 f.259.

Kurzalphabet.[49] Die Schrift verläuft von links nach rechts. Ein wesentliches Problem für die Entzifferung und Deutung ist es, dass nicht alle Zeichen eindeutig, sondern in der Lesung umstritten sind; einerseits, weil die Tafel eher nachlässig ausgeführt ist, anderseits, weil die Zeichen z.T. auch lokale Sonderformen darstellen können. Leider ist die Tafel verschollen, so dass die Interpretationen nur mehr an Hand der Photos diskutiert werden können. Die Tafel hat auf der Vorderseite zwei durch einen waagrechten Strich getrennte Zeilen und auf der Rückseite ein Wort (bestehend aus nur zwei Zeichen). Nach der Umzeichnung der Erstedition steht am Rand – im Anschluss an die zweite Zeile (?) – ein Zeichen („l"). Offensichtlich ist die Tafel vollständig, so dass von einer kurzen Textgattung auszugehen ist.

Hillers hatte in seiner Erstpublikation einen Wirtschaftstext angenommen, und zwar den Beleg bzw. die Mitteilung über eine Getreidelieferung. Der einleitende Name Kkb wäre ein Orts- oder ein Personenname. Das erste Wort der zweiten Zeile „kpr(t)" wäre ein Hohlmaß, eventuell mit t für den Plural. Diesem Wort folgt ein Zeichen aus mehreren Keilen. Hillers deutete es auf Anregung von W. Albright als Zahl bzw. Mengenangabe „8".[50] 'kl wird nicht allgemein als Speise, sondern als Mehl verstanden und die beiden Zeichen auf der Rückseite werden als „dk" gelesen – mit dem Eingeständnis, dass man bei „k" einen Schreiberfehler annehmen muss. In der Bedeutung „fein, gesiebt", wäre der Text die Bestätigung oder Nachricht über die Lieferung von 8 Maßeinheiten von feinem Mehl.

Eine andere Lesung und Deutung wird von Emile Puech[51] in Aufnahme und Weiterführung von Frank Moore Cross[52] vertreten. Unter der Voraussetzung, dass das mittlere Zeichen der ersten Zeile „l" lautet und zwischen zwei Namen steht, könnte es den Dativ des Adressaten bezeichnen, also: „Kkb' an P'ş". Dieser Überschrift würde dann die Nachricht folgen, nämlich: „(Löse)geld, das festgelegt wurde für ihn" („the fee fixed (has been) remitted to him"[53] bzw. „les rançons

---

49 Gegenüber dem Langalphabet mit 27 bzw. (in Ugarit mit den ortspezifischen Ergänzungen) 30 Zeichen. Zu den verschiedenen Alphabettypen siehe Manfried Dietrich / Oswald Loretz, Das Alphabet, 1988, sowie Tropper, 2000, 13–29.73–77.

50 Die Keile sind in 2 „Spalten" mit je drei senkrechten Keilen angeordnet, was allerdings auch genau dem Zeichen für „y" entspricht. Rechts davon sind zwei weitere Zeichen, die den siebten und achten Keil darstellen sollen. Allerdings sind diese beiden Keile weniger klar, insbesondere, ob sie ebenfalls senkrecht oder doch eher waagrecht sind.

51 Emil Puech, Origine de l'alphabet. Documents en alphabet linéaire et cunéiforme du IIe millénaire, RB 93 (1986), 161–213.

52 Frank Moore Cross, The Canaanite Cuneiform Tablet from Taanach, BASOR 190, 1968, 41–46.

53 Cross, 1968, 44; so auch Seth Sanders, Taanach 15. Alphabetic Cuneiform Text, in: Horowitz/Oshima/Sanders, Cuneiform in Canaan, 161 f.

seront fixées par lui"[54]). Cross und Puech lesen – wohl zutreffend – die sechs zusammen geschriebenen, von Hillers als Zahl interpretierten Keile als „y" der folgenden Verbalform, allerdings nicht von der Wurzel 'kl sondern von „htk". Das am Rand stehende „l" soll dabei nicht zum letzten Wort der zweiten Zeile gehören, sondern zusammen mit dem „dw" auf der Rückseite die Angabe „für ihn" bilden. Das „für ihn" stünde dabei für wörtlich „in seine Hand" = ladêw, entstanden aus layadêhū. Sehr schwierig ist dabei allerdings, dass die Präposition „l" separat am Rand und nicht auf der Rückseite unmittelbar bei „dw" stehen soll. Möglich[55] aber doch ungewöhnlich ist die Deutung von „kpr" als Gebühr oder Lösegeld; auch ist die Lesung eines Verbums „htk" in der zweiten Zeile keineswegs sicher.

Versteht man dagegen „dw" wie mehrfach belegt als „krank",[56] dann wäre eher an einen medizinischen Text (Anweisung, Verschreibung) zu denken.[57] Dazu würde in der zweiten Zeile die 3.m.sg. des Verbums 'kl, essen, (statt htk) passen. Das mittlere Wort der ersten Zeile wäre dann entweder 'lp, tausend, oder 'sp, sammeln, einsammeln. Für das letzte Wort bleibt dann ꜥṣ, Holz/Zweige. Schwierig bleibt das erste Wort der zweiten Zeile. Entweder wäre es, wie in der Erstedition vorgeschlagen, eine – dann allerdings eher kleinere – Maßangabe, oder es bezeichnet das, was gegessen wird, wofür sich das in Ugarit belegte Wort kpr II, Henna, Hennastrauch anbietet.[58]

Ich gebe hier den Text auf der Grundlage der letztgenannten Deutung wieder.[59]

1   Kkb[60] hat gesammelt / sammelt Holz/Zweige

———————————

2   (von) Henna, es isst / wird essen
rev.
     (der) Kranke.

54 Puech, 1986, 206.
55 Cross, 1968, 45 verweist auf 1Sam 12,3.
56 Siehe Gregorio del Olmo-Lete / Joaquín Sanmartín, A dictionary of the Ugaritic language in the alphabetic tradition, HdO I 67, 1/2, 2004², 284: Sowohl das Nomen „dw" als auch das Verbum „d-w-y" sind auch im Hebräischen, Akkadischen und Äthiopischen belegt; siehe auch Tropper, 2000, 259.
57 Siehe dazu Manfried Dietrich / Oswald Loretz, Die Keilalphabete, ALASP 1, 1988, 250 f.
58 Z.2: *Henna:* Vgl. del Olmo Lete / Sanmartín, 2004, 453: „kprt" n.f. „henna (plant)"; siehe auch 452, s.v. „kpr (II)". Allerdings bleibt offen, in welcher Weise die Anwendung („essen") erfolgt.
59 Für Varianten dieser Deutung siehe Tropper, 2000, 76 f.
60 Z.1: *Kkb:* Die Deutung als Personenname ist weithin unbestritten; vgl. del Olmo Lete / Sanmartín, 2004, 434, die auf einen Personennamen ka-ka-pu in Linear B verweisen..

Der Text ist auffallend kurz. Zusammen mit der Beobachtung, dass die Schrift relativ groß und wenig sorgfältig (oder noch ungeübt?) ist, bleibt die Frage, ob es sich wirklich um einen Gebrauchstext handelt, oder um eine Schreiberübung.

Dafür spricht auch der Strich zwischen den beiden Zeilen. Er trennt hier nicht wie bei den längeren ugaritischen Standardtexten Sinnabschnitte, sondern ist eher eine Hilfslinie.[61]

Erwähnt seien noch jene kleinen Winkelhaken, die von einem senkrechten Einstich des Schreibgriffels herrühren. Sie wurden bisher nur in Verbindung mit dem t in Zeile 2 diskutiert, und zwar als Teil des betreffenden Zeichens, was zur Deutung dieses Zeichens als s, m oder t führte. Dietrich und Loretz fassen diese kleinen Winkelhaken als Worttrenner auf, die jeweils beim letzten Buchstaben der Wörter stehen. Ihr Gebrauch entspricht am ehesten Phänomenen in den beiden literarischen Texten EA 356 und 357 und könnte auf eine palästinische Schultradition hinweisen.[62]

---

61 Zu den verschiedenen Verwendungen von Linien bzw. Hilfslinien vgl. Tropper, 2000, 70 f.

62 „Sucht man nach einem vergleichbaren Phänomen, dann fallen die beiden literarischen Texte mythischen Inhalts, „Adapa und der Südwind" und „Ereškigal und Nergal" aus dem Amarna-Archiv (EA 356 bzw. 357), ins Auge. Hier finden sich in großer, aber nicht fehlerfreier Regelmäßigkeit rote oder schwarz überschriebene Punkte über – nicht hinter! – dem letzten Silbenzeichen eines nicht immer mehrsilbigen Wortes. Es ist nunmehr zu erwägen, ob diese beiden Texte nicht eventuell aus einer Schultradition in Palästina stammen, der in weiterem Umkreis auch die Taanak-Tafel KTTT 1.1 zugehört." Dietrich/Loretz, 1988, 258.

Die Bildkomposition des Rollsiegels TT 13 aus Taanach

In Ergänzung zur in diesem Band bei den Taanach-Texten gebotenen Übersetzung der akkadischen Inschrift wird hier die Bildkomposition des Rollsiegels erörtert. Das Siegel ist 3 cm hoch und hat 1,4 cm Durchmesser, was eine Breite der Abrollung von 4,4 cm ergibt. Die akkadische Inschrift ist in drei senkrechten Spalten geschrieben, die mit 1,5 cm ca. ein Drittel des Umfangs einnehmen. Sie enthält nicht nur den Namen des Besitzers „Atanahili, [S]ohn des Habsim", sondern nimmt mit der Ergänzung „Diener des Nergal" deutlich Bezug auf die Adorantenszene des Siegels.

Sellin hatte den Fund folgendermaßen vorgestellt:

> „... ein Sigelzylinder aus schwarzem Syenit, 3 cm hoch. Derselbe wurde in dem hartgetretenen Boden eines Zimmers ... gefunden zwischen 12 Knöpfen aus gelbem Knochen und war offenbar einmal mit denselben zusammen an einer Schnur getragen... Der Zylinder zeigt zwei Götter- bzw. eine Götter- und eine Priestergestalt, die sich zugekehrt sind, zwischen beiden das Zeichen des Mondes und ein unbestimmbares Zeichen, hinter der rechten Figur einen Stern und das ägyptische Nofrzeichen. Sodann eine Legende in altbabylonischer Keilschrift ... Atanaḫili, Sohn des Ḫabsi, Knecht des Nergal. Danach folgt noch eine Kolumne mit drei ägyptischen Hieroglyphenzeichen, zweimal das Lebenszeichen, darunter ein Vogel, das Ganze jedenfalls ein Segenswunsch. Darstellung, Schriftzeichen und Namenbildung gehören nach Zimmern, dem ich die Entzifferung verdanke, der sogenannten Hammurabizeit an, ... Das Danebenstehen ägyptischer Zeichen macht sicher, daß die Heimat des Zylinders wirklich Kanaan ist, ... Auf das Alter der Schicht, in der er gefunden wurde, gestattet er allerdings keinen unmittelbaren Schluss, da solche Sigel sich durch Jahrhunderte in den Familien forterben konnten."[1]

Allerdings wurde bei Sellin die Ansicht der Oberfläche des Zylinders wiedergegeben (Abb. 1) und von ihm auch so kommentiert (vgl.: „hinter der rechten Figur."). Für die folgende Diskussion wurde die Abbildung seitenrichtig wie heute üblich als Abrollung gesetzt; „rechts" bzw. „links" bezieht sich auf diese korrigierte Abbildung und somit auf die Abrollung (Abb. 2).

Die zunächst durchaus traditionelle Szene zeigt den vor der Gottheit stehenden Beter. Das Besondere ist, dass diese Szene dicht mit ägyptischen Zeichen

---

1 Ernst Sellin, Tell Taʻannek, Bericht über eine mit Unterstützung der kaiserlichen Akademie der Wissenschaften und des k.k. Ministeriums für Kultus und Unterricht unternommene Ausgrabung in Palästina, Abhandlungen der Kaiserlichen Akademie der Wissenschaften Denkschrift 50/IV, Wien 1904, 27 f. Der Siegelzylinder sollte im Bestand des Archäologischen Museums Istanbul sein, war 2004 aber unzugänglich, sodass eine Diskussion nur an Hand der Abbildung bei Sellin erfolgen kann (Fig. 22, Seite 28).

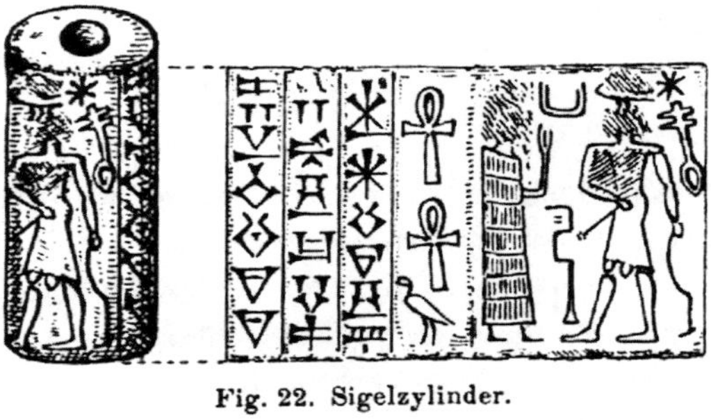

Fig. 22. Sigelzylinder.

Abb. 1: Sellin, TT I, 1904, 28 (mit Oberfläche des Siegels)

Abb. 2: Rollsiegel Tell Taanach, TT 13 (mit Abrollung des Siegels)

umgeben und sogar aufgefüllt ist. Der Bildszene folgt eine Spalte mit zwei großen Anch-Zeichen und einer Vogel-Hieroglyphe.

Die beiden Figuren der Bildszene sind sowohl im Stil wie in der Bekleidung deutlich verschieden dargestellt. Die links stehende Figur ist die Audienz gewährende Gottheit. Bei ihrer Darstellung denkt man angesichts der sie umgebenden Hieroglyphen an den typisch ägyptischen aspektiven Stil; die rechte Figur steht dagegen durchgehend im Profil. Diese Figur ist in ein knöchellanges Gewand gehüllt und hat die Hand in Adorantenhaltung erhoben. Es handelt sich offensichtlich um die Darstellung bzw. die Repräsentation des Siegelbesitzers als Verehrer des Gottes Nergal.

Auffallend ist, dass der Adorant mit langem Wickelrock bzw. Falbelgewand dargestellt ist. Diese Art der Darstellung findet sich schon in der Ur III-Zeit, z. B. in Mari (Schmökel, Tf. 45, Abb. 3),[2] besonders häufig aber dann auf altbabylonischen

---

2 Hartmut Schmökel, Ur, Assur und Babylon, Stuttgart o. J., TF. 45b mit Text S. 240 f.

Rollsiegeln. Allerdings sind dort auf diese Art Schutzgöttinnen dargestellt, die den Beter begleiten, z. B. Orthmann, Abb. 267 g, h (Abb. 4), i, l, m, o, q, r.[3]

Abb. 3: Einführungsszene Tf. 45 (Ur III – Zeit, Mari)

Abb. 4: Einführungsszene 267 h (altbabylonisch)

Darauf, dass im Taanach-Siegel die Beterfigur als „personnage feminin" dargestellt ist, hatte schon Jean Nougayrol hingewiesen, ohne dies weiter zu diskutieren.[4] Zwar ist es denkbar, dass hier ausnahmsweise nur die Schutzgöttin vor der Gottheit dargestellt ist und der Bezug zum Beter nur durch die Inschrift gegeben wäre,[5] wahrscheinlicher erscheint es aber, dass hier doch der Adorant mit

---

3 Winfried Orthmann, Der Alte Orient, Propyläen Kunstgeschichte 18, Frankfurt/M. 1985, Abb. „267 a-s, altbabylonisch, 19.–18. Jh. v. Chr." mit Text S. 44–345.

4 Jean Nougayrol, Cylindres-sceaux et empruntes de cylindres trouvés en Palestine, Bibliothèque Archéologique et Historique 33, 1939, 37–39: 38.

5 Dies könnte bei dem Siegel Orthmann, Orient, Abb. 267e der Fall sein, auf dem nur eine Person vor der Hauptgottheit dargestellt ist und das Orthmann, ebd. 344 als „fürbittende Göttin ... vor dem Gottkönig als Krieger" interpretiert, wobei der Bezug zur Verehrerin (in diesem Fall immerhin die Gemahlin des Königs von Larsa) durch die ausführliche Inschrift gegeben ist. Auf Grund der königlichen Stellung der Siegelbesitzerin könnte m. E. hier allerdings auch an ein unmittelbares Auftreten der Königin vor der Gottheit gedacht sein, wie es für Beter, insbesondere für Könige

dieser Figur identifiziert wird bzw. mit dem Falbelgewand bekleidet ist, wie es selbst für Babylon in der Hammurapizeit belegt ist (103c).[6]

Die Begrenzung auf Gottheit und Adorant zeigt auch ein altsyrisches Siegel aus Ugarit.[7] Angesichts des Unterschiedes gegenüber den Szenen in denen eine Schutzgottheit den Verehrer richtiggehend führt (Abb. 3) bzw. zumindest begleitet, ist es sinnvoll, dort wo nur der Beter (Abb. 5 oder der Opfernde, Abb. 6) vor der Gottheit steht, nicht von Einführungsszene, sondern von Adorationsszene zu sprechen.[8]

Abb. 5: Adorationsszene 267e (altbabylonisch)

Dass das altbabylonische Motiv in der Levante verbreitet war und sich einer gewissen Beliebtheit erfreute, zeigt auch ein interessantes Siegel aus Zypern (Orthmann, Orient 477 g; Abb. 7):[9] Dem als Krieger bzw. angesichts der vielen dargestellten Tiere – zumindest auch – als Herr der Tiere und der Jagd darge-stellten Gott steht eine einzelne Figur mit langem Falbelgewand und erhobenen Händen gegenüber. Ihre Kopfbedeckung ist zwar von jener des Gottes etwas verschieden, sie dürfte die Figur aber doch – jedenfalls bildgeschichtlich – als Gottheit ausweisen. Wie die Szene in diesem Fall aufgefasst wurde, muss mangels Inschrift offen bleiben.

---

durchaus auch sonst vorkommt, und wie auch der Adorant selbst ein Falbelgewand tragen kann (Orthmann, Orient, Fig. 103 c; und S. 347 f.).

6 Orthmann, Orient, Fig. 103 c; S. und S. 347 f.

7 Orthmann, Orient, Abb. 432 c; und S. 491.

8 Zu dieser Unterscheidung siehe auch Keel-Leu, Hildi / Tessier, Beatrice, Die vorderasiatischen Rollsiegel der Sammlungen „Bibel + Orient" der Universität Freiburg Schweiz, OBO 200, Friboug/ Göttingen, 2004, 90–96.

9 Orthmann, Orient, Abb. 477 g; und dazu S. 529. Leider ist für die Datierung ins (spätere) 18. Jh. keine Begründung angegeben.

Abb. 6: Adorations- bzw. Opferszene 103c (altbabylonisch)

Abb. 7: Adorationsszene 477 g (Zypern, 18. Jh.)

Die vielleicht auffallendste Besonderheit dieses sehr schön ausgeführten und gut erhaltenen Siegels ist aber, dass zwischen den beiden Figuren nicht nur die Sonne und die Mondsichel stehen, sondern links und rechts davon auch je ein Anch-Zeichen. Angesichts der Datierung in das spätere 18. Jh. wäre dieses Siegel nicht nur ein Beleg für die weite Verbreitung dieser mesopotamischen Bildmotivik, sondern auch für eine auffallend frühe Verbindung mit ägyptischer – und bezüglich der Tierdarstellungen auch mit regionaler – Motivik.

Bei dem wohl doch jüngeren und auch einfacher ausgeführten Siegel aus Taanach liegt jedenfalls eine Adorationsszene vor. Ob die „Reduktion" und Konzentration auf eine Adorationsszene für die Herstellung unseres Siegels bzw. seiner Vorlage geschah oder typisch für die westsyrisch/levantinische Rezeption des Motivs ist, muss hier nicht entschieden werden.[10]

---

10 Angesichts der zahlreichen im Taanach-Siegel beigefügten Hieroglyphen ist es berechtigt, für diese Szene auch an die lokalen Darstellungen im ägyptischen Stil zu erinnern, z. B. an eine wenn auch etwas jüngere Platte aus Megiddo, auf der ein Beamter (vielleicht aus der Zeit von Ramses' II.)

Die Figur auf der linken Seite des Taanach-Siegels stellt die verehrte Gottheit in dynamischer Schreitstellung dar und trägt einen etwa knielangen Rock. Die Darstellung entspricht (im Unterschied zu den Abbildungen mit der thronenden Gottheit) den Darstellungen des kriegerischen Gottes in den oben erwähnten altbabylonischen Siegeln Orthmann, Orient, Abb. 267 b, e, l, o und insbesondere dem Siegel aus Zypern (Abb. 7). Zwar kommt auch schon die Darstellung des kriegerischen Gottes auf den Rollsiegeln dem ägyptischen aspektiven Stil erstaunlich nahe, aber die Darstellungsweise auf dem Siegel aus Zypern und besonders auf unserem Taanach-Siegel ist – wohl unter dem auch sonst erkennbaren ägyptischen Einfluss – noch stärker in diesem Sinn ausgeprägt.

In den älteren Siegeldarstellungen befindet sich die Hand des linken, angewinkelten Armes offensichtlich an der Scheide des Schwertes,[11] während der rechte Arm frei herabhängt und das Schwert ziehen oder auch anderes Tun könnte.

Auf unserem Siegel stützt sich dagegen die rechte Hand auf ein Gerät, das deutlich das übliche Werkzeug der sog. Mundöffnungszeremonie ist und (allerdings als isoliertes Motiv) durchaus zum Unterwelt- und Jenseitsaspekt von Nergal passt.[12] Das weitere Objekt zwischen den Figuren ist nicht identifizierbar.[13]

Hinter der göttlichen Figur findet sich ein Stern als Hieroglyphe für (lange) Zeit bzw. Ewigkeit sowie das nefer-Zeichen (nefer = schön), also zusammen soviel wie schöne Ewigkeit.

---

mit langem Kleid und erhobenen Händen vor dem Gott Amun steht; Lamon, Robert S. / Shipton, G. M., Megiddo I, Seasons of 1925 – 1934, Strata I–V, OIP 42, Chicago 1939, Pl. 73,1; vgl. Othmar Keel / Christoph Uehlinger, Götter, Göttinnen und Gottessymbole, QD 134, 1992, Abb. 118 und S. 106.
11 Das Objekt wird oft auch als Keule interpretiert und die Gestalt dann als Krieger bzw. König oder Gott mit der Keule bezeichnet, z. B. Keel-Leu / Tessier, 2004, 109 f. unter Bezugnahme auf Braun-Holzinger, Eva Andrea, Altbabylonische Götter und ihre Symbole, Benennung mit Hilfe der Siegellegenden, Badg. Mitt. 27 (1996), 235 – 360. Allerdings ist gerade bei der als Prototyp genannten Stele des Naram Sin keine Keule zu erkennen und ist auf den dafür genannten Siegeln die Darstellung kaum erkennbar. Dagegen tragen Krieger bzw. als Krieger dargestellte Götter das Schwert bzw. die Scheide des Schwertes umgegürtet. Zur mesopotamischen Ikonographie Nergals gehört sowohl die Keule (allerdings dann die mehrköpfige und auf den Siegeln meist zum Schlag erhoben) als auch das Schwert, vgl. F.A.M. Wiggermann, Nergal B. Archäologisch, RLA 9, Berlin 2001, 223 – 226 (Abb.).
12 Im Prinzip könnte es sich auch um ein Krummschwert bzw. Sichelschwert handeln, und ikonographiegeschichtlich steht das wohl auch dahinter. Aber dann würde die Gottheit das Schwert nicht am Griff, sondern an der Spitze anfassen; außerdem ist bei einem Schwert der Griff wesentlich länger und dafür die Schwertsichel kürzer.
13 An dieser Stelle werden in den Rollsiegeln oft Tiere – insbesondere ein Affe – oder andere Wesen dargestellt, und zwar manchmal ebenfalls etwas schematisch (siehe auch nächste Fn.).

Zwischen den Köpfen der beiden Gestalten findet sich in der altbabylonischen Tradition oft die Mondsichel, die manchmal in eine etwas eckige Form gebogen sein kann (Abb. 8). Auch in unserem Siegel könnte an dieser Stelle der Mond gemeint sein, bzw. dies ist wohl der ikonographische Hintergrund des Motivs. Seine eckige Form passt aber kaum mehr für die Mondsichel, sondern spricht im Kontext der anderen Hieroglyphen eher für die Deutung als Ka-Zeichen, das die Seele bezeichnet. Die Darstellung passt bestens dazu, dass der im Text erwähnte Nergal der Gott der Unterwelt ist, der zugleich auch kämpferische und beschützende Aspekte hat.[14]

Abb. 8: Adorationsszene 267c (Ur; altbabylonische Zeit)

Das zweimal gesetzte große Anch-Zeichen passt als Lebenssymbol sehr gut zum Thema der Szene. Es kommt, wie bereits erwähnt, auch auf dem oben erwähnten Rollsiegel aus Zypern vor, interessanter Weise ebenfalls in zweifacher Setzung, wenn auch dort etwas kleiner.

Die erwähnte Vogelhieroglyphe unter den beiden Anch-Zeichen rechts von bzw. hinter der Adorantengestalt ist schwer identifizierbar. Sie kann den Sperling bzw. Nichtigkeitsvogel (G 37) darstellen, was zur Unterweltsthematik passen würde. Aber es könnte auch ein Ba (ohne Feder an der Brust) (G 29) oder ein Ach

---

14 Abb. 8 zeigt zwischen Gottheit und Beter den auf den Siegeln häufig anzutreffenden Affen in stark stilisierter Form. Das an dieser Stelle platzierte, undefinierbare Objekt auf dem Taanach-Siegel könnte eine unverstandene – oder uns nicht verständliche – Aufnahme dieses Elementes darstellen. Georg Sauer, Siegel, BHHW III, 1786–1790, vermutet eine „Löwenkeule (?) vor ... [Nergals] Füßen" (1787 f.).

(ohne Schopf) (G 25) sein.[15] Sowohl der Seelenvogel „Ba" als insbesondere „Ach" (mit der Bedeutung Geist bzw. herrlich sein, nützlich sein) würde gut zu Nergal bzw. zum Thema der Szene passen.

Insgesamt handelt es sich bei den Hieroglyphen auf dem Taanach-Siegel nicht um einen ägyptischen Text, sondern um eine Ansammlung von thematisch zur Szene passenden Hieroglyphen. Der Gestalter des Siegels kann, aber er muss nicht Ägyptisch als Sprache gekonnt haben, er muss aber zumindest die gängigsten Hieroglyphen und deren Bedeutung gekannt haben, um sie passend zum Thema auswählen zu können.

Das Rollsiegel aus Tell Ta^{c}annek / Taanach ist somit ein ganz besonderes Dokument der Überschneidung von ägyptischer und mesopotamischer Schrift und Kultur bzw. Religion auf dem Boden Kanaans.

---

15 Für den Hinweis auf diese Alternativen danke ich Frau Dr. Johanna Holaubek, Ägyptologisches Institut der Universität Wien. Die dabei vorauszusetzende Ungenauigkeit der Darstellung wäre angesichts dessen, dass die Hieroglyphen nur als Einzelmotive verwendet sind, durchaus nachvollziehbar (ganz abgesehen von der Frage der Genauigkeit der Zeichnung, die leider nicht mehr am Original überprüft werden kann).

Alois Musils Beitrag zur Bibelwissenschaft

Alois Musil war einer der großen Orientforscher der Zeit um 1900. Insbesondere unternahm er mehrere Forschungsreisen nach Arabien, wobei er nicht nur sorgfältige geographische Beschreibungen verfasste, sondern sich so sehr auf die Lebenswelt und Kultur der Araber einließ, dass er 1897/98 als Scheich Musa as Saḥari in den Stamm der Beni Saḥr aufgenommen wurde.[1] Seine Reisebeschreibungen und seine großen Werke „Arabia Petraea" und „The Manner and Costums of the Rwala Beduins" dokumentieren – in gewisser Weise analog zu Gustav Dalmans „Arbeit und Sitte in Palästina" – die arabische Lebenswelt, die es heute so nicht mehr gibt und der biblischen Lebenswelt doch in mancher Hinsicht zumindest noch nahe stand. Musil publizierte eine Beschreibung der nabatäischen Altertümer, insbesondere in Petra, und er entdeckte Quseir Amra in der ostjordanischen Wüste, eines der frühislamischen Wüstenschlösser, dessen umfangreiche Malereien großes Erstaunen hervorriefen.[2]

Wie manche seiner Forschergenossen war Musil vor und während des Ersten Weltkriegs auch in politischer Mission unterwegs. Er sollte – gegen die Bemühungen der Engländer – die arabischen Stämme vom Aufstand gegen das Osmanische Reich abhalten, wobei er seinerseits für die Zeit nach dem Krieg für die Araber ein selbständiges arabisches Reich erhoffte.[3] Während er ursprünglich enge Beziehungen zum habsburgischen Kaiserhaus hatte, geriet er nach dem Krieg in die nationalistischen Spannungen zwischen Wien und – in seinem Fall – Prag.

---

1 Zu Alois Musil siehe E. Bernleithner, Musil, Alois (1868–1944), Theologe, Orientalist und Geograph, Österr. Biograph. Lexikon 7, 1976, 1 f.; Erich Feigl, Musil von Arabien. Vorkämpfer der islamischen Welt, Wien/München 1985; Karl Johannes Bauer, Alois Musil. Wahrheitssucher in der Wüste. Wien 1989; ders., Alois Musil – Nomade zwischen Nationen, Religionen, Kulturen und Wissenschaften, in: Charlotte Trümpler (Hg.), Das Große Spiel. Archäologie und Politik zur Zeit des Kolonialismus (1860–1940), Köln 2008, 125–135; Josef Scharbert, Alois Musil, BBKL 6, Herzberg 1993, Sp. 383–393.

2 Von seinen zahlreichen größeren und kleineren Werken seien genannt: Alois Musil, Kuseir 'Amra und andere Schlösser östlich von Moab, Wien 1902; ders., Arabia Petraea, 4 Bde., Wien 1907/ 08; ders., Kuseir 'Amra, 2 Bde., Wien 1907; ders., Ethnologischer Reisebericht, Wien 1908; ders., Im nördlichen Hegaz, Wien 1911; ders., Zur Zeitgeschichte Arabiens, Leipzig 1918; The Manners and Customs of the Rwala Bedouins, 1928;

Die mehr als 1.000 größeren und kleineren Beiträge vor allem seiner Prager Zeit sind in Auswahl publiziert in der Reihe Dnešní Orient, 11 Bände, Prag 1934–1941.

3 Diese Ereignisse und Musils Überlegungen sind gut dargestellt bei Feigl und Bauer. Für die Darstellung seiner Reise von 1915 an Hand der Quellen im Deutschen Auswärtigen Amt siehe Georg Sauer, Alois Musil's Reisen nach Arabien im ersten Weltkrieg. Ein Beitrag zu seinem Lebensbild aus Anlaß seines 100. Geburtstages am 30.6.1968, Archiv Orientalni 37 (1969), 243–263.

Von 1920 bis 1935 war Musil Professor für orientalische Hilfswissenschaften in Prag, wo er einer der Begründer der Prager Orientalistischen Schule und der seit 1929 bis heute erscheinenden Zeitschrift „Archiv Orientalni" wurde.

Musil hatte in Olmütz und Wien katholische Theologie (und dann orientalische Sprachen) studiert und war 1895 in den Orient gereist, um die Welt der Bibel kennenzulernen und zu erforschen. 1899 ergänzte er seine Studien in London, Cambridge und Berlin. Auch wenn er sich später auf seinen Reisen vor allem östlich des Jordan und oft auch weit jenseits der biblischen Welt bewegte, so hat er doch interessante und wichtige Aspekte der biblischen Lebenswelt erforscht und festgehalten. Dieser Ertrag seiner Forschungen für die Bibelwissenschaft soll im Folgenden dargestellt werden.

Freilich zeigt ein Blick auf seine Reisen und auf seine Bücher sogleich auch die Schwierigkeit dieser Fragestellung. Musil bewegte sich weitgehend außerhalb jener Gebiete, in denen sich die biblische bzw. die alttestamentliche Geschichte ereignete. Es fällt auf, dass Musil zunächst im Bereich der damaligen Bibelwissenschaft begann, dass er aber diesen Bereich alsbald verließ und in weiterer Folge offensichtlich auch vermied. Während er im Vorwort zu Arabia Petraea I[4] ausführlich und durchaus positiv von seinen Studien an und seinen Studienreisen mit der Ecole Biblique in Jerusalem sowie an der Universität St. Joseph in Beirut berichtet, macht er dazu später auch durchaus kritische Bemerkungen. Gewiss hat er an beiden Institutionen vieles gelernt,[5] auch wenn er sich vielleicht bald unterfordert[6] und auf jeden Fall dann eingeengt fühlte. Eindrucksvoll und symptomatisch für dieses Hinaus aus dem Bereich, in dem auch andere sich bewegten, sowie aus dem Bereich der türkischen Kontrolle, sind seine Berichte, wie er 1898 und 1900 Madaba verließ.[7]

Trotzdem ist es angebracht, zunächst einen kurzen Blick auf das zu werfen, was Musil offensichtlich nur allzu gerne verließ: Palästina bzw. das Heilige Land bzw. die Gebiete, in denen sich die biblische Geschichte abspielte, war immer wieder das Ziel von Reisenden gewesen, die zwar meist primär aus religiösen Motiven das Land aufsuchten, die dabei aber durchaus auch breitere landeskundliche und historische Interessen hatten und auch entsprechende Berichte verfassten. Dennoch setzten mit dem 19. Jh. sowohl quantitativ wie auch qualitativ

---

4 Alois Musil, Arabia Petraea I, III–XIV.

5 Siehe dazu den ausdrücklichen Dank im Vorwort zu Arabia Petraea III, an zwei der Professoren sowie an den Rektor, durch dessen tatkräftige Vermittlung Musil seine „wissenschaftlichen Arbeiten im Jahre 1897 nicht – vielleicht für immer – aufgeben mußte".

6 Darauf verweist vielleicht die Nachricht, dass er in Jerusalem „nebstdem einen Rabbiner und einen jungen Araber zu Privatlehrern" hatte. Musil, Arabia Petraea I, III.

7 Musil, Arabia Petraea I, 173 (31. Mai 1898) und 215 (4. Juli 1900).

neue Entwicklungen ein, für die der Ägyptenfeldzug Napoleons ebenso wie einzelne Pioniere der Forschung signifikant sind. Einen wesentlichen Beitrag leisteten auch die neuen Verkehrsmittel, die Eisenbahn ebenso wie die Dampfschifffahrt, mit denen ganz neue Entwicklungen und neue Möglichkeiten einsetzten. Signifikant für die äußere Entwicklung und für die politischen und militärischen Bestrebungen, die auch den Vorderen Orient berührten, ist etwa die Errichtung des Suezkanals, zu dessen Eröffnung neben vielen anderen europäischen Größen auch Kaiser Franz Josef, zu dessen Titeln auch der des Königs von Jerusalem gehörte, anreiste. Welche Dimension in dieser Zeit das Interesse am Land der Bibel erreichte, zeigt sich etwa an der Errichtung des österreichischen Hospizes in Jerusalem und daran, dass es einem pensionierten Militär gelang, jährlich mehrere Schiffe zu chartern und mit Gruppen von bis zu 500 Personen von Haifa aus die heiligen Stätten der Bibel zu besuchen.[8] Neben diesen primär religiös motivierten und gewiss weithin unkritischen Pilgerreisen entstanden aber auch wissenschaftliche Gesellschaften zur Erforschung des Landes der Bibel wie etwa der „Palestine Exploration Fund" (1865), der „Deutsche Verein zu Erforschung Palästinas" (1877) oder die „American Schools of Oriental Research" (1900) sowie auch Institute in Palästina, etwa die „École pratique d'études Bibliques" (1890), das „Deutsche Evangelische Institut für Altertumskunde des Heiligen Landes" (1900) u. a.[9] Dass auch diese Gesellschaften Palästina erforschen wollten, weil es das Land der Bibel war, findet in den Statuten zum Teil beredten Ausdruck. Dass dazu auch ein nationaler Wettbewerb wie auch politische Interessen kamen, ist ebenso deutlich und zeigte sich auch in manchen Streitigkeiten um wichtige Fundstücke, wie etwa der Meschainschrift.[10]

Musil war als katholischer Priester ausgebildet. Man darf annehmen, dass er im Wesentlichen von dem geprägt war, was damals der Stand der katholischen Bibelwissenschaft war. Hier gab es zwar auch gewisse kritische Fragestellungen, aber im Wesentlichen war doch die Historizität der biblischen Ereignisse, nicht zuletzt auch der Frühzeit, wie etwa der Auszug aus Ägypten und die Wüstenwanderung, unbestritten. Demgegenüber war die protestantische Theologie, nicht

---

8 Zu beidem siehe Helmut Wohnout, Geschichte des österreichischen Hospizes in Jerusalem, Klosterneuburg 1993.

9 Vgl. Siegfried Kreuzer, Die Ausgrabungen des Wiener Alttestamentlers Ernst Sellin in Tell Ta'annek (Taanach) von 1902 bis 1904 im Horizont der zeitgenössischen Forschung, Protokolle zur Bibel 13 (2004), 107–130. Weiters: Klemens Kopp, Grabungen und Forschungen im Heiligen Land, Köln 1939; Volkmar Fritz, Einführung in die Biblische Archäologie, Darmstadt 1985, 30–34; Dieter Vieweger, Archäologie der Biblischen Welt, Göttingen 2003, 34–40.

10 Graham M. Patrick, The Discovery and Reconstruction of the Mesha Inscription, in: Dearman, Andrew (Hg.), Studies in the Mesha inscription and Moab, Archaeology and Biblical Studies 2, Atlanta, Ga. 1989, 41–92.

zuletzt die Bibelwissenschaft, viel kritischer geprägt. Nachdem gemäß kritischer Exegese selbst die älteste Quellenschrift des Pentateuch erst mehrere Jahrhunderte nach den Ereignissen entstanden war, ergab sich ein breiter Bereich für kritische Nachfragen. Die protestantische Bibelwissenschaft war aber nicht weniger interessiert an Erkenntnissen zur Landeskunde und Archäologie.[11] Nicht nur englische und amerikanische, sondern auch deutschsprachige Gelehrte waren an der Erforschung des Heiligen Landes interessiert, wobei sich die Archäologie neben den landes- und denkmalkundlichen Interessen zur Grabungsarchäologie entwickelte. So startete etwa der damals in Wien lehrende evangelische Alttestamentler Ernst Sellin seine Ausgrabungen in Taanach (1902 bis 1904) und einige Jahre später in Jericho. Man wird annehmen können, dass Musil von diesen Aktivitäten jedenfalls wusste. Musil kannte darüber hinaus wohl doch auch viele Fragestellungen der protestantischen Exegese, auch wenn er in den Fußnoten seiner Werke praktisch nur auf landeskundliche und ähnliche Werke Bezug nimmt.

Dass für Alois Musil der Ertrag für die Bibelwissenschaft wichtig war, zeigt sich nicht nur daran, dass er immer wieder auch an Sachverhalte aus der biblischen Welt erinnert, sondern auch daran, dass er dazu ein eigenes Buch[12] sowie eine kleine Schrift mit dem Titel „Miszellen zur Bibelforschung"[13] verfasste. Darin stellt er jene Dinge zusammen, die ihm zu diesem Thema wichtig waren. Aus seinen Reisen ergibt sich, dass es sich vor allem um geographische und kulturgeschichtliche Themen handelt.

In den einleitenden Sätzen der erwähnten „Miszellen" sind sowohl Musils anfängliche Motivation wie auch der Stolz auf seine Leistungen zu erkennen:

„Die Vertreter der theologischen Wissenschaft teilen sich ebenso wie die anderer Fächer in zwei Gruppen. Die einen schöpfen nur aus altbekannten, schon lange vorhandenen Quellen, die anderen bemühen sich, neues oder verschollenes Material heranzuziehen. Die Arbeit der letzteren ist eine schwierigere, aber eben diese Schwierigkeit hat für den schaffenden Geist einen eigenen Reiz und der

---

11 Besonders markant und bekannt die Arbeiten von Gustav Dalman, dem ersten Leiter des Deutschen Evangelischen Instituts für die Altertumskunde des Heiligen Landes, insbesondere Gustav Dalman, Arbeit und Sitte in Palästina, Band 1–7, Gütersloh 1928–1942; Band 8, Berlin 2001.

12 Alois Musil, Po stopach udalosti Stareho Zakona. Vecne poznamky k ucebnici dejin Stareho Zakone. (Auf den Spuren der Geschehnisse des Alten Testamentes), Olmütz 1906. Dieses Werk ist mir leider nicht zugänglich.

13 Erschienen in der Zeitschrift „Die Kultur", 11. Jahrgang, Heft 1, 1910, Verlag der Österreichischen Leo-Gesellschaft, Wien; hier zitiert nach dem an der Universitätsbibliothek Wien vorliegenden Sonderabdruck.

kleinste positive Erfolg verleiht neue Kraft zu neuen Anstrengungen. Auch die Erforschung der biblischen Länder hat Gottes Hand jenen soeben geschilderten schwierigen Weg sich nehmen lassen.

Ende November 1895 hatte ich zum erstenmale [sic!] Gelegenheit, verschiedene, in der hebräischen Bibel geschilderte Begebenheiten an *jenen Orten* zu lesen, an denen sie sich einst zugetragen haben. Es war mir, als ob der Schleier, der meine geistigen Augen bisher umgab und der durch manche Erklärungen der Heiligen Schrift fast noch dichter wurde, von einer unsichtbaren Hand nach und nach entfernt würde, und ich sah alles, was der heilige Autor erzählte, lebend an mir vorbeiziehen. – Dieser Eindruck war für mein Leben entscheidend. Ich nahm mir vor, womöglich die ganze heilige Schrift am Schauplatz der Begebenheit selbst zu studieren und die Bibelerklärungen auf ihre Richtigkeit zu prüfen. Wo die Orte der Geschehnisse unbekannt oder unsicher waren, drängte es mich, sie ausfindig zu machen oder sicher zu stellen."[14]

Musil spricht auch über die notwendigen Vorstudien, Kenntnisse und Fähigkeiten (Kenntnisse der Bibel und der Fachliteratur, Kenntnis der vorhandenen archäologischen Funde sowie des Kulturlebens der Nachbarvölker, die Fähigkeit, Karten und Pläne zu zeichnen und insbesondere die Kenntnis der Landessprachen) und er spricht über den Mittelpunkt seiner Reisen und seiner Interessen: „Als biblischer Topograph und Ethnologe durchquerte ich ganz Palästina und fast alle biblischen Länder, konzentrierte jedoch meine Forschungen auf die Südgrenze des Gelobten Landes und auf die Gebiete der alten Edomiten, Moabiter und Araber."[15]

Entsprechend seiner Selbstbezeichnung als „Topograph und Ethnologe" konzentrieren sich die „Miszellen zur Bibelwissenschaft" ebenfalls auf diese beiden Bereiche. Ich greife im Folgenden die m. E. wichtigsten und auch heute noch relevanten Entdeckungen und Erkenntnisse heraus.

1. Der Bach Ägyptens

Der „Bach Ägyptens" (נְהַר מִצְרָיִם) bezeichnet an mehreren Stellen im Alten Testament (Gen 15,18; Num 34,5; Jos 15,4.47, 1Kön 8,65 u. a.) die Grenze gegenüber Ägypten. Da der Bach Ägyptens an einigen Stellen als Süd- bzw. Westgrenze analog dem Euphrat als Nord- bzw. Ostgrenze des israelitischen Gebietes genannt wird,

---

14 Musil, Miszellen, 1.
15 Musil, Miszellen, 2.

wurde er manchmal mit dem Nil identifiziert, der aber Strom Ägyptens (יְאוֹר מִצְרַיִם) genannt wird. Dagegen wurde der Bach Ägyptens in der Regel mit dem etwa aus der Mitte der Sinaihalbinsel nach Norden zum Mittelmeer führenden Wadi el Arisch gleichgesetzt. Demgegenüber weist Musil darauf hin, dass die als israelitisch geltenden Orte nirgendwo so weit nach Südwesten hinüber reichen. Vielmehr versteht Musil das südlich von Beerscheba zum Mittelmeer verlaufende Wadi en-Naḥr (wohl identisch mit *wadi ghazze* bzw. *naḥal besor*) als den Bach Ägyptens. „Als reale, nicht ideale Südgrenze des Gelobten Landes gilt in der Heiligen Schrift der Bach Ägyptens. Auf unseren Bibelkarten und auch in den meisten exegetischen Handbüchern wird er mit dem trockenen Tale bei el-Ariš, dem alten Rhinocorura, identifiziert. Dem ist jedoch nicht so. Nicht das Tal al-Ariš, sondern der 70 km weiter nördlich fließende Bach ist der Bach Ägyptens... Die Südgrenze von Palästina wird genau bestimmt durch folgende Orte: Das Südende des Toten oder Salzmeeres, die Pässe Maalot-Akrabim, Kades Barnea, Haserot Ader, Asmon und den in Frage stehenden Bach Ägyptens. ... Diese Punkte führen uns zu dem Bache Ägyptens, der auch heutzutage ‚der Bach‘, kat exochen, arabisch en-Naḥr, genannt und von den Beduinen als Grenze zwischen Syrien (Palästina) und Ägypten betrachtet wird. Ich kann hier nicht alle Gründe angeben, welche für die Gleichsetzung sprechen, und verweise nur auf die assyrischen Quellen, die den Bach Ägyptens, ‚Nahal al Musur‘ ebenfalls kennen und ihn nördlich von Rapihi suchen. Nun ist aber Rapihi gleich Refach, und dementsprechend kann ‚Nahal Musur‘ nur an-Nahar sein. Übrigens werden die Städte Gerar, Rehobot und selbst Refah (Rafia) oft in der Heiligen Schrift genannt, aber nie in das Gelobte Land versetzt, müssen infolgedessen außerhalb der Grenze liegen, und sie liegen wirklich alle südlich von dem Bache Ägyptens." (S. 2f.)

Die Argumentation Musils ist in der Tat schlüssig. Zwar ist die Lage von Gerar noch heute umstritten und die Identifikation von Kadesch Barnea erfolgt heute nicht mit Kornub in der Nähe von Arad, wie Musil vorschlug, sondern mit 'Ain Qdeš, weil die seinerzeit dort von Musil vermissten baulichen Relikte[16] inzwischen

---

16 „Die Hauptstation [bei der Wüstenwanderung der Israeliten] war Kadeŝ-Barne'a, das man mit der heutigen Quelle 'ajn Ḳdejs identifizieren will. Dies kann höchstens dann geschehen, wenn man annimmt, dass die Quelle nach der ganzen Landschaft benannt wurde. Durch die Identifikation entstehen dem Exegeten außerordentliche Schwierigkeiten, denn es wird uns erzählt, dass bei Kadeŝ-Barne'a ein außerordentlicher Mangel an Wasser das Volk fast zur Verzweiflung trieb, und dass es aus dieser Lage nur durch ein Wunder gerettet wurde. Nun ist aber die nähere und die weitere Umgebung von 'ajn Ḳdejs die wasserreichste auf der ganzen sinaitischen Halbinsel. ... Das biblische Kadeŝ-Barne'a war eine Stadt, die nicht nur im alten Testamente, sondern auch bei christlichen und – wie ich glaube – selbst bei arabischen Schriftstellern erwähnt wird. Meine wiederholten und eingehenden Untersuchungen bei 'ajn Ḳdejs ließen mich jedoch nicht die geringste Spur einer Anlage feststellen." Musil, Miszellen, 4.

gefunden wurden, aber der Hinweis auf Rafia und die assyrischen Quellen in Verbindung mit seiner Landschaftsbeschreibung sind überzeugend, auch wenn dadurch die Grenze zu Ägypten überraschend nahe an Palästina (bzw. in alttestamentlicher Zeit Juda) heranrückt.[17]

Während bis in jüngste Zeit in der Literatur weithin und meist unhinterfragt die alte Identifikation mit dem Wadi el-Arisch zu finden ist, hat – soweit ich sehe – Nadav Naaman, jetzt gefolgt von Otmar Keel / Max Küchler und auch Manfred Görg, Musils Identifikation des Baches Ägyptens vorgeschlagen bzw. aufgenommen.[18]

2. Die „wahre Lage des Sinai"

„Ich muss hier bemerken, dass ich auf Grund eingehender, literarischer Studien und meiner topographischen Untersuchungen mehr und mehr, und zwar – was ich ausdrücklich erkläre – gegen meinen Willen gedrängt werde, in dem jetzigen Berg Sinai nicht den biblischen Berg Sinai zu sehen, sondern diesen im alten Madjan, südöstlich von Elat-Akaba, zu suchen. Die Gründe werde ich nach einer eingehenden Erforschung des alten Madjan ausführlich darlegen. Hier sei nur gesagt, dass bei Annahme des Berges Sinai in Madjan die einzelnen Stationen des Auszugs aus Ägypten sich wie von selbst geben. Da finden wir Harad im Gebirge Harad, Hasmon in der Landschaft Hesma, Jotbat in at-Taba, Esjon Geber in Razjan wa Gber und so fort."(S. 3 f.)

Die – allerdings nur flüchtige – Begegnung mit dem wahren Sinai schildert Musil dann in seinem Reisebericht „Im nördlichen Hegaz. Vorbericht über die

---

17 Dass der Einfluss Ägyptens sowohl in der judäischen Königszeit als auch in der babylonischen und der Perserzeit in dieses Gebiet reichte, ist gerade auch ein Ergebnis neuerer Ausgrabungen in dieser Region und angesichts von Musils Identifikation der alten Grenze nicht so überraschend.
18 Otmar Keel / Max Küchler, Orte und Landschaften der Bibel, Band 2: Der Süden, 1982, 101 f.: „Nahal Besor, der Bach Ägyptens der Bronze- und Eisenzeit?" unter Berufung auf Nadav Naaman, The Brook of Egypt and Assyrian Policy on the Border of Egypt, Tel Aviv 6 (1979), 68 – 90; 7 (1980), 95 – 100.105 f.; Keel/Küchler, zeigen ebd. 112 f. auf, dass die Identifikation des Baches Ägyptens mit El Arisch schon in der hellenistischen Zeit einsetzte. Siehe dazu auch Manfred Görg, Bach, NBL I (1991), 133 f.
Dagegen hielt Anson F. Rainey schon in TA 7 (1980), 194 – 202 und in ders. (/ R. Steven Notley), The Sacred Bridge. Carta's Atlas of the biblical World, Jerusalem 2006, 34 f. 120 f. 163 u. ö. an der Identifikation mit Wadi El Arisch fest und interpretiert auch den assyrischen Text in diesem Sinn (eines größeren Israel).

Forschungsreise von 1910".[19] Diese Reise war im Großen wie im Kleinen von vielen widrigen Umständen begleitet. „... Auch war die Stimmung meiner Begleiter nach den letzten Begebenheiten sehr niedergeschlagen und insbesondere der Soldat drängte, aus dem Gebiet der perfiden Beli hinauszukommen. Ich war nicht gewillt, auf die Erforschung des nördlichen Teiles von w[adi] al-Kura' zu verzichten... So verließen wir das Tal al-Gizel und gelangten in die ausgedehnte Ebene al-Gaw, in der wir am 2. Juli unverhofft die – meiner Ansicht nach – wichtigste Entdeckung auf dieser Forschungsreise machten, nämlich die des wahren biblischen Berges Sinai. All unsere Mühen wurden vergessen und gerne hätten wir auch die Grotten der ‚Diener Moses' genau untersucht, aber unser Führer wollte um keinen Preis, dass wir den heiligen Vulkan al-Bedr betreten, und drohte, uns augenblicklich zu verlassen, wenn wir nicht weiter ostwärts zögen. Wir mußten uns fügen und ich hoffte, ‚dass uns Allah morgen ermöglichen werde, was uns heute unmöglich war'. Unser Weg führte uns mitten zwischen den Harragebieten ar-Rha und al-'Awerez, so dass wir fast alle erloschenen Vulkane ziemlich genau aufnehmen konnten." (S. 18).

Auf Grund der beigegebenen Karte lässt sich die Lage des Vulkans al-Bedr mit 37° 20′ östl. Länge und 27° 12′ nördl. Breite bestimmen.[20] Leider erfüllte sich Musils Wunsch für einen späteren Besuch unter besseren Umständen nicht. Musils 1926 erschienenes Werk „The Northern Hedschas" geht nicht auf eine weitere Reise zurück, sondern ist nur die ausführlichere Darstellung seiner Reise von 1910. Dort bringt er zwar ausführliche Erörterungen zu den in den alttestamentlichen Texten angegebenen Wegestationen und dass diese auf die Lage des Sinai östlich des Golfs von Akaba hinweisen,[21] merkwürdigerweise nennt er aber in seiner Beschreibung des 2. Juli nicht das Stichwort Sinai sondern beschreibt er nur den vulkanischen Charakter des Gebietes, wobei er als Beleg für vulkanische Aktivi-

---

19 Anzeiger der philososphisch-historischen Klasse der kaiserlichen Akademie der Wissenschaften XIII, Wien 1911.

20 Hier ist der Ort, an den Musil begleitenden Kartographen, Feldwebel Rudolf Thomasberger, zu erinnern. Zwar hatte auch Musil selbst bei ihm Grundlagen der Kartographie gelernt, aber viele von Musils Karten und deren Genauigkeit gehen wohl auf Thomasberger zurück, der Musil auf den meisten Reisen begleitete. Wenn ich die Aufnahmen dieser Region in Google Earth vergleiche, so ist der wohl mit dem Al Badr zu identifizierende größte Vulkan in diesem Gebiet nur 7 km von dem oben genannten geographischen Punkt auf der Landkarte von Musil/Thomasberger entfernt. Angesichts des gebirgigen und beschwerlichen Geländes und einer Entfernung von 150 km zum nächsten Fixpunkt, nämlich der Eisenbahnstation Tebuk, ist das eine beeindruckende kartographische Leistung.

21 Alois Musil, The Northern Ḥēǧaz, New York 1926, 267–270 und 296–298.

täten in historischer Zeit auf mittelalterliche arabische Quellen über einen Vulkanausbruch verweist. [22]

So bleibt nur das Faktum einer vulkanisch geprägten Landschaft, deren offensichtlich bedeutendster und vielleicht auch höchster Vulkan als heiliger Berg galt. Ob diese Betrachtung als heiliger Berg auf ältere Zeit, d. h. auf alte Wallfahrtstraditionen zurückgeht, muss wohl offen bleiben.

Bibelwissenschaftlich und forschungsgeschichtlich ist zu sagen, dass es seit dem 19. Jh. anerkannt ist, dass der biblische Sinai jedenfalls nicht dort zu suchen ist, wo das Katharinenkloster und der heute sogenannte Moseberg liegen. Dschebel Musa und Dschebel Katharin sind zwar die höchsten Berge der Sinaihalbinsel, ihre Identifikation mit dem Sinai (bzw. in der Tradition dann auch getrennt als Sinai und Horeb identifiziert) geht aber wohl erst in das 4. Jh. n. Chr. zurück. Auf Grund der Beschreibung der Begleitumstände der Sinaitheophanie (Blitz, Donner, Rauch- bzw. Feuersäule) wurde oft angenommen, dass es sich dabei um vulkanische Phänomene handele und dass daher der Sinai ein Vulkan gewesen sein müsse. Da aber die Sinaihalbinsel nicht vulkanisch ist, nahm man an, dass der Sinai östlich des Golfs von Akaba liegen müsste.

Man wird annehmen können, dass Musil von diesen Überlegungen wusste. Dass sie der traditionellen Lokalisierung und damit der kirchlichen Tradition widersprachen, führte zu der oben zitierten Bemerkung „zwar – was ich ausdrücklich erkläre – gegen meinen Willen".

Für die Lokalisierung des Sinai östlich des Golfs von Akaba kann auch schon auf eine merkwürdige Bemerkung des Apostels Paulus im Galaterbrief hingewiesen werden. Im Zusammenhang einer Gegenüberstellung von Gesetz und Glaube bzw. den Nachkommen von Sara und Hagar, den beiden Frauen Abrahams, fällt im Blick auf das Gesetz bzw. den Berg der Gesetzgebung und des Bundesschlusses etwas überraschend die Bemerkung „der Sinai aber ist in Arabien" (Gal 4,25). Offensichtlich gab es im frühen Judentum eine Tradition, die den Gottesberg nicht auf der Sinaihalbinsel sondern in Arabien verortete. [23]

---

22 Im Gegensatz zu einschlägigen Theorien meint Musil nicht, dass das Sinaiereignis ein aktueller Vulkanausbruch gewesen sei (298), sondern dass den Israeliten solche Ereignisse bekannt gewesen seien. S. 218 Fn. 53 erwähnt Musil arabische Quellen des 13. Jh. n. Chr., die von vulkanischen Aktivitäten in der Region berichteten.
23 Siehe dazu Hartmut Gese, To de Hagar Sina oros estin en te Arabia (Gal 4,25), Festschrift für Leonhard Rost, Beiheft zur Zeitschrift für die alttestamentliche Wissenschaft 105, München 1967, 81–94; jetzt in: ders., Vom Sinai zum Zion, Beiträge zur Evangelischen Theologie 64, München 1974, 49–62. Gese versucht zwar, die Lokalisierung durch eine Berechnung der Entfernungsan-

Musils Argument, jedenfalls dasjenige, das er explizit nennt, sind bezeichnenderweise die Wegstationen. Hier spricht der Topograph, als der er sich ja
versteht. Nach der oben zitierten Nennung von Hesma, Jotbat und 'Eşjon-Geber
kommt Musil zum weiteren Weg der Israeliten weg vom Sinai: „Die Israeliten
folgten also auf ihrem Zug vom Berge Sinai nach Palästina in ihrer Hauptrichtung
der großen Handelsstraße die von Südarabien nach Phönizien führte." (Miszellen,
4). Musil nennt keine Bibelstelle. Daraus, dass er anschließend auf Num 21,11f.
und Dtn 2,13 Bezug nimmt, ist zu schließen, dass er Num 20f. aber auch weitere
Stellen, insbesondere das Stationenverzeichnis von Num 33, im Auge hat.

Die Beobachtungen Musils und insbesondere die Argumentation mit den
Wegstationen wurden von Martin Noth aufgenommen.[24] Allerdings bezieht sich
Noth nicht wie Musil auf alle im Pentateuch genannten Ortsnamen, sondern Noth
arbeitet zunächst literarkritisch und substrahiert in Num 33 die auch aus anderen
Texten bekannten Orte. Es bleibt eine Liste von Ortsnamen, die er als Stationenverzeichnis einer Wallfahrtsroute klassifizierte und die einen auf der Ostseite
der Araba entlang führenden Weg ergeben, der sich nach Noth wahrscheinlich
nicht auf den Sinai sondern in den Hedschas fortsetzte.[25] Diese Annahme sieht
Noth dann durch die Lokalisierung der für den Weg zum Sinai genannten Ortslagen östlich des Golfs von Aqaba bestätigt. Insbesondere für diese Ortslagen im
Hedschas bezieht sich Noth durchgehend und zustimmend auf die Identifika-
tionen von Musil.[26] Noth's Fazit ist: „Der Sinai dürfte demnach im Vulkangebiet
südlich von *tebūk* gelegen haben."[27] Gese hielt darüber hinaus an Musils konkreter
Identifikation mit dem Vulkan al-Badr fest (s.o., Fn. 18).

---

gabe von Dtn 1,2 (11 Tagereisen) auf ca. 560 km zu unterstützen. Die übrigen Argumente basieren
aber – ebenso wie die anderer Autoren, die Gese referiert – allein auf der Beschreibung von Musil.
Auch Gese fällt auf, dass Musil später nicht mehr wie 1910 konkret den Berg al Bedr als Sinai
identifiziert und erklärt dies aus der „traditionsgeschichtlichen oder auch nur literarkritischen
Argumentation, wonach eben (vgl. Ex 19,2) der Sinai in unmittelbarer Nähe von Rephidim (von
Musil mit er-rafid identifiziert) und überhaupt nahe am midianitischen Zentrum bei el-bed' gelegen haben muß." (S. 49, Fn. 3)

24 Martin Noth, Der Wallfahrtsweg zum Sinai (Nu33), Palästinajahrbuch 36, 1940, 5 – 28; jetzt in:
Martin Noth, Aufsätze zur Biblischen Landes- und Altertumskunde, Band 1, Neukirchen 1971, 55 –
74.

25 Musil hatte etwas anders argumentiert. Da er – ohne literarktische Differenzierungen – die
Orte der Wüstenwanderung etwa auf der Linie Beerscheba (vgl. 1Kön 19; Elias Weg zum Gottes-
berg) – Aqaba suchte, ergab sich die natürliche Fortsetzung dieser Nordwest-Südostlinie von
Aqaba in der Hedschas.

26 Noth, Wallfahrtsweg, 69 – 73.

27 Noth, Wallfahrtsweg, 73.

Freilich bleibt festzustellen, dass die Meinungen zur Lage des Sinai bis heute kontrovers sind. Wie auch Musil festhielt, setzt die Beschreibung der Sinaitheophanie mit vulkanischen Bildern nur entsprechende Vorstellungen, nicht aber einen konkreten Vulkan voraus. Solche Vorstellungen waren aber wohl nicht nur in unmittelbar vulkanischen Gebieten bekannt. Zumindest ein Teil der biblischen Erzählungen setzt eine größere Nähe des Gottesberges zur Oase Kadesch voraus, was dann doch eher auf die Sinaihalbinsel führen würde. Die Frage wird ohne neue Quellen oder weitere Anhaltspunkte kaum mehr zu entscheiden sein.[28]

3. Die Lage von Punon (Fenan)

In Verbindung mit den eben erwähnten Stationen vermerkt Musil auch seine Identifikation von Punon: „Von den folgenden Lagerplätzen konnte ich Phunon zweifellos sicher feststellen... Es liegt nicht, wie auf unseren biblischen Karten gegen die Heilige Schrift und gegen die Tradition verzeichnet ist, südöstlich von Moab, sondern südlich vom Toten Meere im Pharan al-'Araba, wo ich es Anfang 1896 gefunden habe.[29] Dort entdeckte ich zwölf Kupfererzschächte, viele Schmelzöfen und eine befestigte Arbeiterkolonie, in der einst Tausende und Tausende von Christen, *ad metalla* verurteilt, des erlösenden Todes harrten." (Miszellen 4 f.) Diese Beschreibung gründet sich nicht nur auf den kurzen und – wieder einmal wegen der äußeren Umstände – nur sehr oberflächlichen Eindruck der Reise von 1896, sondern vor allem auf den Besuch des Jahres 1898, der intensivere Studien sowie Pläne und Fotographien ermöglichte.[30] Die Verbindung

---

28 So auch Ernst Axel Knauf, Sinai, Neues Bibellexikon III, Zürich/Düsseldorf 2001, 606–608. Siehe auch Stephan Timm, Sinai, Theologische Realenzyklopädie 31, 2000, 283–285.

29 Arbaria Petraea II 1, 156, Bericht vom 10. Sept. 1896: „... Beim Kaffee, dem sie stark zusprachen, erkundigten wir uns über die Ruinen der Umgebung und da hörte ich zum ersten Male den Namen Funan, wo große ma'âden en-nahâs, Kupferbergwerke, zu sehen seien. Der Ort wäre aber gefährlich, teils der Menschen wegen, weil sich daselbst an der Kreuzung der Wege nach eš-Šobak und Dâna sehr oft Räuberbanden aufhielten, noch mehr aber wegen der Geister, die sich daselbst an gewissen Tagen zeigen sollen. Jeden Samstag und vor allen großen Festtagen der Christen höre man in Fênân Klagegesänge unzähliger unsichtbarer Wesen, weshalb man diesem Orte am liebsten ausweiche. Sehr gern wäre ich am nächsten Tage nach Fênân aufgebrochen, aber kein einziger Anwesender wollte mich begleiten, weil sie mit den in al-'Araba lagernden 'Aṭâwne in Blutfehde standen."

30 Musil berichtet für 1896 davon, dass man ihm am nächsten Tag von der Höhe aus „tief unten in al-'Araba die Ruinen von Fênân, das Ziel, welches ich am selben Tage erreichen wollte" zeigte, dass er aber nicht hinkam, sondern das Ziel auf nächstes Jahr verschieben musste (157). Zwei Jahre später war es dann in der Tat so weit. In Arabia Petraea II 1 gibt Musil eine ausführlichere Schilderung (S. 293–298 sowie Abb. 150–165).

mit verurteilten Christen ergibt sich aus den Nachrichten bei Eusebius über die Märtyrer in Palästina. Spätere Nachrichten bezeugen den Ort als Sitz eines Bischofs. Dem entspricht, dass Musil auch eine große Kirche, wohl aus byzantinischer Zeit, fand.

Diese Identifikation von Phunon bzw. Fenan ist heute unbestritten. Im Zuge der späteren und bis heute andauernden Ausgrabungen ist jetzt im Gebiet von Punon Bergbaubetrieb seit der Frühen Bronzezeit nachgewiesen, der zeitweise der umfangreichste Kupferbergbau im ganzen Orient war.[31] In neuerer Zeit kommen auch weitere, von Musil bereits genannte Nachbarorte in den Blick. Insbesondere die Ausgrabungen in chirbet en-Nahas[32] erweisen einen intensiven Bergbaubetrieb vom 14. bis. zum 9. Jh. v.Chr. Damit erweist sich die zwischenzeitlich vertretene Meinung, dass sich ausgeprägte Strukturen bzw. ein edomitisches Staatswesen erst in der assyrischen Zeit, d.h. erst um 700 v.Chr., entwickelt hätten, als hinfällig.[33]

4. Brunnen, mit Stäben gegraben

In Num 21,16 – 18 wird vom Lager der Israeliten in Beer (= Brunnen) berichtet, an dem Gott sie mit Wasser versorgte. Dabei wird ein Brunnenlied zitiert:

> [17] Damals sang Israel dies Lied: „Brunnen, steige auf! Singet von ihm:
> [18] Das ist der Brunnen, den die Fürsten gegraben haben;
> die Edlen im Volk haben ihn gegraben mit dem Zepter, mit ihren Stäben.

In Arabia Petraea II 2, 215, berichtet Musil von einem weiteren Besuch im Jahr 1902, der allerdings dann durch einen nächtlichen Überfall gestört und beendet wurde.

31 Piotr Bienkowski, The Feinan Region, NEAEHL 5, 2008, 1854 – 1856. Bienkowski nennt M. Lagrange als den „first western scholar to relocate the ruins of Feinan … in 1897. A. Musil made the first detailed description of Feinan and its vicinity, following his visit in 1898." (S. 1855)

32 Musil kam dort „zu mehreren großen Haufen von Kupfererz, die ḫ. en-Naḥâs oder auch ruǧm el 'Atîḳ genannt werden", er konnte aber „beim ḫ. en-Naḥâs weder größere Ruinen noch Erzgruben entdecken", Arabia Petraea II 1, 298.

33 Thomas Levy / Mohammad Najjar, Some Thoughts on Khirbet En-Nahas Edom Biblical History and Anthropologya, Tel Aviv 32 (2006), 3 – 17. Zur Diskussion um die Datierung der Funde siehe u. a. Israel Finkelstein, The Pottery of Khirbet En-Nahas: A Rejoinder, PEQ 141 (2009), 207 – 218; Thomas E. Levy / Mohammad Najjar / Thomas Higham, How many fortresses do you need to write a preliminary report? Or response to Edom and the Early Iron Age: review of a recent publication in Antiquity; www.wadiarabahproject.man.ac.uk/ 16.5.2005 (abgerufen 26.10.2014); Hauptmann Gerhard, The Archaeometallurgy of Copper. Evidence from Faynan, Berlin 2007.

Dieses Brunnenlied hat zu mancherlei Überlegungen Anlass gegeben. Nicht untypisch sind die Ausführungen von Heinrich Holzinger: „Brunnen- und Schöpflieder sind ja ganz ohne Zweifel zu jeder Zeit gesungen worden, insbesondere wenn ein Brunnen gefunden oder gegraben war. ... gegen die Deutung des Liedes als eines gewöhnlichen Brunnenliedchens ist vor allem einzuwenden, dass Herrscherstäbe kein Werkzeug sind, weder zum Graben von Brunnen noch zum Abheben darüber gelegter Steine. Die Erwähnung der Herrscherstäbe legt ganz dringend die Vermutung nahe, dass hier ein Tropus [sic!] vorliegt. Well[hausen], Comp[osition des Hexateuch][34] wird auf dem richtigen Wege sein, wenn er das metaphorisch versteht von der Eroberung der moabitischen Stadt Bĕēr. ... Es ist eine höchst anschauliche Charakterisierung der Sache, dass die Führer die das Volk gegen die Stadt geführt haben, an Beer gleichsam mit ihren Stäben, ihren Würdezeichen, gebohrt haben, bis der ,Brunnen' floss."[35] – Allerdings: Der Übergang von einem Brunnen zu einer Stadt (deren Name Beer erst recht wieder ,Brunnen' bedeutet und die für diese Region nicht bezeugt ist) und zum Vergleich der Zerstörung einer Stadt mit dem Fließen eines Brunnens ist ebenso unwahrscheinlich wie phantasiereich. Und: Wenn Herrscherstäbe zudem „kein Werkzeug sind, weder zum Graben von Brunnen noch zum Abheben darüber gelegter Steine", dann wohl auch nicht zum Zerstören einer Stadt.

Die Bemerkungen von Martin Noth bleiben wesentlich näher am Text, wobei auch sie eine gewisse Verlegenheit erkennen lassen: „Mit diesem Lied, das vielleicht einmal eine konkrete Beziehung gehabt hat und weiterhin in Israel bekannt blieb, wird das ,Aufsteigen' des Wassers in einem neu gegrabenen Brunnen fröhlich begrüßt. Dass Prominente mit ihren als Herrschaftszeichen getragenen Stöcken einen Brunnen tatsächlich gegraben hätten, ist schwerlich anzunehmen; die Aussage ist nicht in diesem Sinn wörtlich zu verstehen, sondern meint wohl nur, dass das Graben des betreffenden Brunnens eine wichtige, unter hoher Autorität durchgeführte Unternehmung gewesen war."[36]

Bei der metaphorischen Deutung bleibt auch Ludwig Schmidt: „Wenn nach V. 18aβ Oberste und die Edlen des Volkes den Brunnen ,mit einem Führerstab, mit ihren Stäben' gegraben bzw. gebohrt haben, so ist damit kaum gemeint, dass die führenden Männer den Brunnen selbst gruben. ,Führerstab' und ,Stäbe' sind hier

---

34 1876/77; 3. Aufl. Berlin 1899.
35 Heinrich Holzinger, Numeri, Kurzer Hand-Commentar zum Alten Testament, Abt. IV, Tübingen/Leipzig 1903, 97.
36 Martin Noth, Das 4. Buch Mose. Numeri, Das Alte Testament Deutsch 7, 3. Aufl., Göttingen 1977, 140.

die Zeichen für ihre Autorität. Es soll also zum Ausdruck gebracht werden, dass der Brunnen unter ihrer Autorität gegraben wurde."[37]

Demgegenüber bringt Musil das Brunnenlied mit einem konkreten Ort und vor allem mit einem konkreten Vorgang in Zusammenhang: „Den folgenden Lagerplatz auf dem Zuge der Israeliten, Beer, habe ich mit al-Mdejjene am Tamad identifiziert. Es ist dies der einzige Ort nördlich von Arnon, wo das Wasser auf die in der Bibel beschriebene Art zum Vorschein kommt. ... Nun ist im Flussbett at-Tamad unter dem Steingerölle in einer Tiefe von dreißig Zentimeter bis zu einem Meter fließendes Wasser zu finden. Die Beduinen nehmen, nachdem sie mit Stäben das Erdreich gelockert haben, an geeigneten Stellen mit den Händen die Steine heraus und schaffen dadurch größere, bis zwei Meter weite Öffnungen, in denen sich das Wasser ansammelt. Durch Regenwasser werden die verlassenen Wassergruben in der Folge wieder zugeschwemmt. Für jedes Zelt wird eine solche Wassergrube (bîr, bijjâr) gegraben. Die für die Häuptlinge bestimmten Gruben werden mit besonderer Sorgfalt hergestellt. Obwohl die Häuptlinge selten selbst Hand anlegen, heißt es doch immer: Dieser Brunnen hat der šêh oder der Fürst N.N. gegraben. ... beim Wasserschöpfen singt der Beduine die sogenannten Hedawi-Lieder, von denen manche an das oben angeführte biblische Lied direkt erinnern. So zum Beispiel:

,Tränken möge dich Allah, o Brunnen,
mit Regen in Hülle und Fülle!'

,Quelle auf, o Wasser,
fließ in Fülle!'

,Trink, o Kamelin, verschmähe es nicht,
mit einem Stabe haben wir es ausgegraben.',"[38]

Diese Ausführungen zeigen jedenfalls, dass dem Text von Num 21,17 f. eine konkrete und realistische Anschauung zu Grunde liegt, sowohl bezüglich des Vorgangs als auch im Blick auf die Einordnung im Kontext. Auch wenn man nicht wie Musil von einer alten Nachricht über die Wanderung der Israeliten ausgeht, so muss doch auch eine jüngere literarische Darstellung eine gewisse Plausibilität haben. Musils Beschreibungen zeigen, dass dies durchaus der Fall ist. Im Übrigen sei darauf hingewiesen, dass Szepter oder Fürstenstäbe keineswegs als kurze

---

37 Ludwig Schmidt, Das vierte Buch Mose. Numeri. Kapitel 10,11–36,13, ATD 7,2, Göttingen 2004, 109. Horst Seebass, Numeri 10,11–22,1, BK IV/2, Neukirchen-Vluyn 2003, 342, referiert im Wesentlichen Musil.
38 Miszellen, 5 f. Die fast wortgleiche Beschreibung des Vorgangs siehe in Arabia Petraea I, 297 f., diese und weitere Lieder in Arabia Petraea III, 259.

zierliche Stöckchen vorzustellen sind, sondern als große, kräftige Stöcke, die man, zumindest für kurz und zur Demonstration, auch praktisch einsetzen konnte.[39]

5. Namengebung durch die Mutter und soziale Struktur

„Bei dem einzigen Repräsentanten des echten Beduinentums, dem mächtigen Stamm der Rwala, bestimmt die Mutter – und nur sie – den Namen für das neugeborene Kind, ob Knabe oder Mädchen. Bei der Wahl des Namens richtet sie sich oft nach den Begleitumständen bei der Geburt."[40] Musil gibt dazu eine Reihe von Beispielen, nicht nur im Sinn von Freude oder Dankbarkeit, sondern auch von äußeren Umständen wie Ärger oder Regen („Wasser vom Himmel") auch Tiernamen (z. B. „Wolf", weil die Mutter um die Zeit der Geburt einen Wolf gesehen hatte), und nennt dann einige alttestamentliche Beispiele aus dem Buch Genesis, um daraus die Folgerung zu ziehen: „Wenn man aus solchen Erzählungen der Bibel Beweise für das Matriarchat in der ältesten Zeit ableiten will, so widerspricht dem auf das schlagendste das Bestehen desselben Vorrechtes der Mutter bei den Rwala, ohne dass dort von einem Matriarchate gesprochen werden könnte. Ebenso unhaltbar ist das Vorgehen einzelner Gelehrter, die in Personennamen wie Ḏîb (Wolf), Ẓabʻa (Hyäne) usw. Hinweise auf Totemismus erblicken, oder gar aus Namen wie Maʻas-sama (Wasser des Himmels), neue Gottheiten ableiten wollen."[41]

Während die Diskussion um Matriarchat bzw. Spuren ehemaligen Matriarchats auch in neuer Zeit geführt wurde, werden die totemistische sowie die seinerzeit im Zusammenhang der Entdeckung der mesopotamischen mythologischen Texte aufgekommene mythologische Interpretation von Personennamen heute kaum mehr vertreten.[42]

---

39 Zur Veranschaulichung sei auf die Bischofstäbe orientalischer geistlicher Oberhirten hingewiesen, in denen sich diese Gegebenheiten noch erhalten haben.
40 Miszellen, 8.
41 Ebd.
42 Erwähnt sei, dass es im Alten Testament gelegentlich auch die Namengebung durch den Vater gibt. Dies findet sich in priesterschriftlichen Texten und an Stellen, wo es um die Entfaltung der Verheißungslinie geht. Ob das bloße Theorie war, oder auch im Alltag vorkam, ist kaum mehr zu sagen.

6. Das Abu Zhur al-markab als Entsprechung zur Bundeslade

„Eine auffallende Institution findet sich bei den Rwala, welche an die volkstümliche Bedeutung der biblischen Bundeslade erinnert. Es ist ein aus dünnen Holzstäben errichtetes, mit Straußfedern geschmücktes Gestell, das auf dem Lastsattel eines Kamels befestigt wird. Es heißt ,Abu Ẓhûr al-markab' und findet sich nur bei den Rwala. Kein anderer Stamm hat etwas Derartiges. Nach ihrer Überzeugung stammt der Abu Ẓhûr von Rwejl, dem Ahnherrn der Rwala, und wird Abu Ẓhûr (pater aeterni saeculi) genannt, weil es von Generation auf Generation sich forterbt. Abu Ẓhûr ist das sichtbare Zentrum, der Mittelpunkt aller Stämme Ẓana-Muslim, und wer ihn besitzt, ist Fürst all dieser Stämme, die verpflichtet sind, ihm Heeresfolge zu leisten... In dem Abu Ẓhûr hält sich sehr gern Allâh auf und gibt dem Stamme durch äußere Zeichen seinen Willen kund. ... Setzt sich das Kamel mit dem Abu Ẓhûr in Bewegung, dann folgt ihm der ganze Stamm; wo sich der Abu Ẓhûr niederlässt, dort wird das Lager aufgeschlagen. Wenn die Rwala von einem mächtigen Feind bedrängt werden und eine Niederlage befürchten, dann, aber nur dann holen sie den Abu Ẓhûr und mit ihm an der Spitze greifen sie den Feind an, und Allâh, der in dem Abu Ẓhûr mit ihnen ist, verleiht ihnen immer den Sieg."[43]

In der Tat besteht bei diesem Objekt eine erstaunliche Parallele zur israelitischen Bundeslade. Der analoge Aspekt der göttlichen Führung findet seinen Ausdruck in den sogenannten Ladesprüchen in Num 10,33–36. Dass der Kultgegenstand und mit ihm die Gottheit in die Schlacht herbeigeholt wird, findet sich in der Erzählung von 1Sam 4, wo sich die zu erwartende Wirkung bei den Feinden im Erschrecken der Philister ausdrückt, auch wenn dann dort die Bundeslade völlig unerwarteter Weise verloren geht.

Diese Parallele wurde – meist in Verbindung mit dem im Bel-Tempel von Palmyra im Rahmen einer Prozession auf dem Rücken eines Kamels dargestellten, transportablem Kultobjekt (Zelt? Behälter?) in der alttestamentlichen Exegese wiederholt aufgegriffen und thematisiert, etwa bei Rudolph Smend und Fritz Stolz (siehe dort auch entsprechende Skizzen bzw. Abbildungen). [44]

Die funktionale Analogie der beiden Kultobjekte ist in der alttestamentlichen Exegese weithin anerkannt. Während die Bundeslade in Num 10,33–36 eine

---

43 Miszellen, 8 f.

44 Rudolf Smend, Jahwekrieg und Stämmebund. Erwägungen zur ältesten Geschichte Israels, Forschungen zur Religion und Literatur des Alten und Neuen Testaments 84 (1963), Göttingen 1966; Fritz Stolz, Jahwes und Israels Kriege. Kriegstheorien und Kriegserfahrungen im Glauben des Alten Israel, Abhandlungen zur Theologie des Alten und Neuen Testaments 60, Zürich 1972. Zum aktuellen Stand der Forschung siehe u. a.: Siegfried Kreuzer, Lade JHWHs, RGG V, ⁴2002, 10–12.

wandernde Gruppe anführt, wird sie in 1Sam 4 aus dem Heiligtum in Schilo herbeigeholt, womit allerdings eine nomadische Vorgeschichte der Bundeslade bevor sie im Heiligtum von Schilo ihre Aufstellung fand, nicht ausgeschlossen ist. Der Form nach wird die alttestamentliche Lade allerdings als Truhe bzw. Behälter beschrieben, was eine jüngere Perspektive sein könnte, die aber auch in arabisch-islamischen Beschreibungen eine Rolle spielt (Behälter für heilige Steine, die die Gottheit symbolisieren)[45]. In der neueren Diskussion wird zu Recht auf die großen zeitlichen Abstände zwischen der altisraelitischen Bundeslade, vor- bzw. frühislamischen Kultgegenständen und dem Heiligtum der Rwala hingewiesen, was den Vergleich problematisch macht, auch wenn interessante Entsprechungen bestehen.

7. Ergebnis

– Alois Musil hat mit seinen weitreichenden Forschungen nicht nur breite geographische Kenntnisse und umfangreiche ethnologische Informationen erarbeitet, sondern auch interessante Aspekte für das Verständnis des Alten Testaments beigebracht. Während zeitgenössische Forscher vor allem im engeren Bereich Palästinas ihre landeskundlichen und ethnographischen Forschungen betrieben,[46] brach Musil in neue Bereiche auf, wo er beachtliche Pionierarbeit leistete und ethnographisches Material erschloss und dokumentierte, das heute in dieser Form nicht mehr erhalten ist.

– So sorgfältig und genau Musil nicht nur die geographischen und landeskundlichen sondern auch seine ethnologischen Beobachtungen festhielt, so hat er doch seinen „Forschungsgegenstand" nicht nur geliebt, sondern auch idealisiert, insbesondere dahingehend, dass er kaum Veränderungen im Beduinentum annahm bzw. jedenfalls kaum thematisierte.[47]

– Dadurch, dass Musil vor allem im Süden und im Osten Palästinas unterwegs war, berühren sich seine Forschungen nur zum Teil mit den alttestamentlichen Geschehnissen, und zwar vor allem mit den Berichten zur Wüstenwanderung und Frühzeit.

– Musil setzte – jedenfalls in der Regel und soweit erkennbar – eine unmittelbare Historizität der im Alten Testament erzählten Ereignisse voraus (auch

---

45 Vgl. dazu Stolz, Kriege.

46 Siehe etwa Gustav Dalman, Arbeit und Sitte in Palästina (s.o., Fn. 11).

47 Dass ihm die Problematik bewusst war, kann man aber doch etwa daraus erschließen, dass er den Ruala-Beduinen die größte Ursprünglichkeit des Beduinentums zuschrieb, was umgekehrt bedeutet, dass er die Veränderungen bei den anderen, aber wohl auch bei den Ruala, durchaus registrierte.

wenn er dabei gelegentlich zwischen unterschiedlichen Überlieferungen auswählen oder diese ausgleichen muss).

Auch wenn wir diese exegetische Voraussetzung nicht mehr teilen, sondern die Texte als literarische Produkte mit teilweise erheblichem zeitlichen Abstand von den erzählten Ereignissen betrachten, so kann und muss man doch annehmen, dass die biblischen Autoren ihre Darstellungen in einen realistischen und plausiblen Rahmen setzten. Auch unter diesen geänderten Voraussetzungen tragen Musils Forschungen Wesentliches zur Exegese und damit zum Verstehen des Alten Testaments bei.

8. Literatur

Werke von Alois Musil

Musil, Alois, Kuseir 'Amra und andere Schlösser östlich von Moab, Wien 1902.

Musil, Alois, Po stopach udalosti Stareho Zakona. Vecne poznamky k ucebnici dejin Stareho Zakone. (Auf den Spuren der Geschehnisse des Alten Testamentes), Olmütz 1906.

Musil, Alois, Arabia Petraea I. Moab. Topographischer Reisebericht, Wien: Kaiserliche Akademie der Wissenschaften 1907.

Musil, Alois, Arabia Petraea II. Edom. Topographischer Reisebericht, 1. Teil, Wien: Kaiserliche Akademie der Wissenschaften 1907.

Musil, Alois Arabia Petraea II. Edom. Topographischer Reisebericht, 2. Teil, Wien: Kaiserliche Akademie der Wissenschaften 1908.

Musil, Alois, Arabia Petraea III. Ethnologischer Reisebericht", Wien: Kaiserliche Akademie der Wissenschaften 1908.

Musil, Alois, Miszellen zur Bibelforschung, Die Kultur, 11. Jahrgang, 1910, Heft 1, 1–12; auch als Sonderdruck erschienen.

Musil, Alois, Im nördlichen Hegaz. Vorbericht über die Forschungsreise von 1910, Anzeiger der philososphisch-historischen Klasse der kaiserlichen Akademie der Wissenschaften XIII, Wien: Kaiserliche Akademie der Wissenschaften 1911.

Musil, Alois, Zur Zeitgeschichte Arabiens, Leipzig 1918.

Musil, Alois, The Northern Hĕĝaz. A Topographical Itinerary", New York: American Geographical Society1928 (= reprint 1978, New York: AMS Press).

Musil, Alois, Dnešní Orient, 11 Bände, Prag 1934–1941.

Literatur zu Alois Musil

Bernleithner, E., Musil, Alois (1868–1944), Theologe, Orientalist und Geograph, Österreichisches Biographisches Lexikon 7, 1976, 1f.

Bauer, Karl Johannes, Alois Musil. Wahrheitssucher in der Wüste. Wien 1989.

Bauer, Karl Johannes, Alois Musil – Nomade zwischen Nationen, Religionen, Kulturen und
Wissenschaften, in: Charlotte Trümpler (Hg.), Das Große Spiel. Archäologie und Politik zur
Zeit des Kolonialismus (1860–1940), Köln 2008, 125–135.

Feigl, Erich, Musil von Arabien. Vorkämpfer der islamischen Welt, Wien/München 1985.

Sauer Georg, Alois Musil's Reisen nach Arabien im ersten Weltkrieg. Ein Beitrag zu seinem
Lebensbild aus Anlaß seines 100. Geburtstages am 30.6.1968, Archiv Orientalni 37
(1969), 243–263.

Scharbert, Josef, Alois Musil, BBKL 6, Herzberg 1993, Sp. 383–393.

Weitere Literatur

Baentsch, Bruno, Exodus-Leviticus-Numeri, HK.AT I/2, Goettingen: Vandenhoeck & Ruprecht
1903.

Bienkowski, Piotr: The Feinan Region, in: NEAEHL 5, Jerusalem: Israel Exploration Society
2008, 1854–1856.

Dalmann, Gustav, Arbeit und Sitte in Palästina, Band 1–7 Gütersloh: Güterloher Verlagshaus
1928–1942; Band 8, Berlin: de Gruyter 2001.

Fritz, Volkmar: Einführung in die Biblische Archäologie, Darmstadt: Wissenschaftliche
Buchgesellschaft 2003.

Gese, Hartmut, „To de Hagar Sina oros estin en te Arabia (Gal 4,25)", in: Festschrift für
Leonhard Rost, BZAW 105, München 1967, 81–94; jetzt auch in: ders. Vom Sinai zum
Zion, BEvTh 64, 49–62, München: Kaiser Verlag 1974.

Görg, Manfred, Bach, NBL I (1991), 133f.

Hauptmann Gerhard, The Archaeometallurgy of Copper. Evidence from Faynan, Berlin 2007.

Herrmann,Siegfried: Geschichte Israels, 2. Aufl. München: Kaiser Verlag 1980.

Holzinger, Heinrich, Numeri, KHC.AT, Abt. IV, Tübingen/Leipzig: Mohr 1903.

Keel, Ottmar / Küchler, Max, Orte und Landschaften der Bibel, Band 2: Der Süden, Göttingen:
Vandenhoeck & Ruprecht 1980.

Knauf, Ernst Axel, Sinai, NBL III, Zürich/Düsseldorf: Benziger 2001, 606–608.

Kopp, Klemens, Grabungen und Forschungen im Heiligen Land 1867–1938, Köln 1939.

Kreuzer, Siegfried, Die Ausgrabungen des Wiener Alttestamentlers Ernst Sellin in Tell Taᶜannek
(Taanach) von 1902 bis 1904 im Horizont der zeitgenössischen Forschung, Protokolle zur
Bibel 13 (2004), 107–130.

Kreuzer, Siegfried, Lade JHWHs, RGG V, ⁴2002, 10–12.

Levy, Thomas / Najjar, Mohammad, Some Thoughts on Khirbet En-Nahas Edom Biblical History
and Anthropologya, Tel Aviv 32 (2006), 3–17.

Naaman, Nadav: The Brook of Egypt and Assyrian Policy on the Border of Egypt, Tel Aviv 6
(1979), 68–90; 7 (1980), 95–100.105f.

Noth, Martin, Der Wallfahrtsweg zum Sinai (Nu33), Palästinajahrbuch 36, 1940, 5–28; jetzt
auch in: Martin Noth, Aufsätze zur Biblischen Landes- und Altertumskunde, Band 1,
Neukirchen 1971, 55–74.

Noth, Martin, Das 4. Buch Mose. Numeri, ATD 7, 3. Aufl, Göttingen: Vandenhoeck & Ruprecht
1977, 140.

Patrick, Graham, M., The Discovery and Reconstruction of the Mesha Inscription, in: Studies in the Mesha inscription and Moab, Archaeology and Biblical Studies 2, ed. Dearman, Andrew, Atlanta, Ga.: Scholars Press 1989.

Anson F. Rainey, The Administrative Division of the Shephela, Tel Aviv 7 (1980), 194–202.

Anson F. Rainey (/ R. Steven Notley), The Sacred Bridge. Carta's Atlas of the Biblical World, Jerusalem 2006.

Vieweger, Dieter, Archäologie der biblischen Welt, Göttingen: Vandenhoeck & Ruprecht 2003.

Schmidt, Ludwig, Das vierte Buch Mose. Numeri. Kapitel 10,11–36,13, ATD 7,4/2, Göttingen Vandenhoeck & Ruprecht 2004.

Seebass, Horst, Numeri 10,11–22,1, BK IV/2, Neukirchen-Vluyn: Neukirchener 2003.

Smend, Rudolf, Jahwekrieg und Stämmebund. Erwägungen zur ältesten Geschichte Israels, FRLANT 84, Göttingen: Vandenhoeck & Ruprecht 1963.

Stolz, Fritz, Jahwes und Israels Kriege. Kriegstheorien und Kriegserfahrungen im Glauben des Alten Israel, AThANT 60, Zürich: Theologischer Verlag 1972.

Timm, Stephan, Sinai, TRE 31, 2000, 283–285.

Wohnout, Helmut, Geschichte des österreichischen Hospizes in Jerusalem, Wien: Böhlau 1993.

III. Sprache und Text des Alten Testaments

Zur Bedeutung und Etymologie von hištaḥᵃwāh / yštḥwy

I. Zum Stand der Forschung

Das mit seinen 170 Belegen relativ häufige Verbum *hištaḥᵃwāh* gehört zu den merkwürdigsten Verben der hebräischen Sprache. Neben seiner merkwürdigen Form fällt es jedem, der Hebräisch lernt, dadurch auf, dass er sich zwei verschiedene Erklärungen dieses Wortes merken muss, um das Wort sowohl in den älteren als auch in neueren Wörterbüchern und Grammatiken finden zu können. Während seit einiger Zeit *hištaḥᵃwāh* als ein sonst im Hebräischen nicht belegtes Hištafʻel eines Verbums *ḥwy* galt, und die ältere Erklärung als Hitpaʻlel von *šḥh* nur mehr aus dem erwähnten praktischen Grund mitgeschleppt wurde, bestreitet John Adney Emerton die Selbstverständlichkeit dieser Lösung und neigt seinerseits der älteren Erklärung zu („The Etymology of *hištaḥᵃwāh*", OTS 20 [1977], S. 41–55).

In Kürze die Positionen und die Argumente: Die Erklärung von *hištaḥᵃwāh* (= *h.*) als Histafʻel von *ḥwy* wurde erstmals vorgelegt von Martin Hartmann in seinem Werk *Die Pluriliteralbildungen in den semitischen Sprachen* (Diss. Phil., Leipzig [Halle, 1875]; zu *h.* auf S. 17). In seiner Rezension (ZDMG 30 [1876], S. 184–8; zu *h.* auf S. 186) würdigt Theodor Nöldeke die Auffassung Hartmanns als „bestechend", sie scheint ihm aber „bei genauerer Prüfung ... doch kaum zulässig". Nöldekes Gegenargumente sind zunächst semantische: „Die Bedeutungsentwicklung von *ḥwh* ‚sich winden' her ist ziemlich schwierig; das verwandte *šḥh* ‚sich niederbeugen' läßt sich ferner nicht als Secundärbildung fassen, zumal nur die Reflexivform, kein aktives *šḥhw* im Gebrauch ist." Erst dann kommt ein grammatisches Argument: „Im Hebr. kommt außerdem kein Schafel vor (*šlhbt* ist aus dem Aram. entlehnt)." So blieb es bei der alten Erklärung,[1] die allerdings mit der Schwierigkeit belastet war, dass die Rolle des *w* von *hištaḥᵃwāh* nicht befriedigend geklärt war. Als man jedoch in den Texten von Ugarit dasselbe Wort mit offensichtlich derselben Bedeutung gefunden hatte, erneuerte W. F. Albright schon 1932 die Erklärung Hartmanns, die sich nun rasch durchsetzte.[2] Die Erklärung als Hištafʻel wurde dadurch erleichtert, dass es in Ugarit zumindest den Š-Stamm gibt (*Št* ist jedoch unsicher; Emerton, S. 43). Für die Bedeutung von *ḥwy* wird mit Albright meist auf arabisch *hawa(y)* hingewiesen, das im V. Thema

---

1 In W. Gesenius-F. Buhl, Wörterbuch (Berlin ¹⁷1915), ist Hartmanns Vorschlag nicht einmal erwähnt.
2 Emerton, S. 42. Diese Erklärung ist unbezweifelt vorausgesetzt bei H. P. Stähli, „*ḥwh*", THAT, Sp. 530–3, und bei H. D. Preuß, „*ḥwh*", ThWAT II, Sp. 784–94.

(= Kausativum) das Sich-Einringeln einer Schlange etc. bedeutet. Dass hier semantische Schwierigkeiten liegen, zeigt sich daran, dass Cyrus H. Gordon, *Ugaritic Textbook*, 19.847 (Glossary) stattdessen ägyptisch *ḥwi* zum Vergleich heranzieht.

In seiner detaillierten Untersuchung kommt Emerton zur Ansicht, daß ein Histaf'el weder für das biblische Hebräisch noch für Ugaritisch wahrscheinlicher ist als ein Hitpa'lel. Emerton versucht weiters, sowohl für das Hebräische als auch für das Ugaritische das schwierige *w* zu erklären und wendet sich dann nach den grammatischen den semantischen Schwierigkeiten zu: Sowohl die von Albright angeführte Erklärung aus dem Arabischen als auch Gordons Erklärung aus dem Ägyptischen (*ḥwi*, „to strike", daraus „to throw oneself down") haben ihre Schwierigkeiten und bleiben unbefriedigend. Im Gegenzug schließlich diskutiert Emerton äußerst detailliert die Beziehungen bzw. Differenzen von *hištaḥᵃwāh* und *šāḥāh* bzw. *šāḥaḥ* bzw. *šūaḥ*.

Emerton kommt zu folgendem Ergebnis: „The conclusions of the whole discussion may now be summarized:

1. It cannot be proved that a *Št* theme is more probable in Ugaritic than a theme with a reflexive *t* and reduplication of the final radical consonant. On the other hand, a *hithpa'lel* is perhaps more probable than a *hishtaph'al* in Biblical Hebrew.

2. The fact that Ugaritic *yšthwy* has both *w* and *y* does not prove that the root was *ḥwy* rather *šḥw*.

3. The Semitic etymology suggested for the root *ḥwy* is not very suitable for *yšthwy*.

4. The similarity between *hištaḥᵃwāh* and *šāḥāh* offers some support to the view that the former is derived from the latter. It might be argued that *yšthwy* cannot be related to Hebrew *šāḥāh* because *šāḥāh* is probably related to Hebrew *šūaḥ*, and *šūaḥ* to Arabic *saḥā*, and *saḥā* has *ḫ* and not *ḥ*. However, that argument has been found to be inconclusive" (S. 55).

Die Negation in allen vier Punkten zeigt die Schwierigkeit einer Entscheidung zwischen diesen beiden Alternativen. Aber es ist Emerton zu danken, dass er die scheinbar abgeschlossene Diskussion wieder neu eröffnet hat. In Emertons Argumentation wirkt die Ablehnung der arabischen bzw. ägyptischen Etymologie von *ḥwy* am überzeugendsten,[3] während die Ablehnung des *Št*- (und für das

---

3 Ergänzend wäre darauf hinzuweisen, dass der Kausativstamm eine Differenz zwischen Subjekt und Objekt der Handlung impliziert, was auch für den, allerdings sehr uneinheitlichen *Št*-Stamm zumindest für Verben der Bewegung gelten durfte (vgl. W. v. Soden, *Grundriß der akkadischen Grammatik* [Rom, 1952] §§ 89, 94; S. Moscati, *An Introduction to the Comparative Grammar of the Semitic Languages* [Wiesbaden, 1964] §§ 16. 10 – 11, 21). Allerdings lässt sich diese Überlegung entweder gegen die Etymologie von *ḥwy* oder gegen den *Št*-Stamm anwenden.

Hebräische auch des Š-) Stammes[4] und die mühsamen Erörterungen über šḥh –
šḥḥ – šūaḥ wenig überzeugen.

Der Fehler, der m. E. seit Hartmann und Albright mitgeschleppt wird ist, dass
man mit der Erklärung als Hištafʻel zwar die Wurzel šḥḥ in grammatischer Hinsicht
verlassen hat, nicht aber in semantischer. Die Erklärung von *hištaḥᵃwāh* ist belastet von der Suche nach einem Verbum der Bewegung oder des Sich-Nieder-
beugens. Bevor hier nun ein neuer Erklärungsvorschlag gemacht werden soll,
zunächst ein Blick auf die Belege und zwar im Blick auf die Frage, welche Bedeutung Syntax und Kontext nahelegen.

II. Die Belege

Zunächst ist festzustellen, dass *hištaḥᵃwāh* bisher nur in Ugarit und im Alten
Testament, also im nordwestsemitischen Bereich belegt ist. Es wird also vorzugsweise nach einer Lösung zu suchen sein, die von den hier gegebenen
grammatischen und semantischen Möglichkeiten ausgeht.

1. Belege aus Ugarit

Beginnen wir mit den ugaritischen als den älteren Texten. In den erhaltenen
Texten finden sich 12 Belege von *hištaḥᵃwāh*.[5.6] Nach der Reihenfolge in KTU:
KTU 1.1 (CTA 1) II 16, III 3, 25; KTU 1.2 (CTA 2) I 15, 31, III 6; KTU 1.3 (CTA 3) III 10 (CTA
III 7), VI 19; KTU 1.4 (CTA 4) IV 26, VIII 28; KTU 1.6 (CTA 6) I 38; KTU 1.17 (CTA 17)
VI 50.

---

4 F. Zorell, *Lexikon Hebraicum et Aramaicum* (Rom 1964 = Graz, 1968), S. 832, leitet die biblischen
Belege von šḥh, die ugaritischen dagegen von ḥwy (Histafʻel) her. Das ist eine typische Verlegenheitslösung, die sich dem Gewicht des ugaritischen Befundes beugt. Ihr Wahrheitsmoment
könnte sein, dass *hištaḥᵃwāh* vielleicht schon sehr früh im Sinn der hebräischen Grammatik als
Hitpaʻlel verstanden und ein Anklang an šḥh und šūaḥ herausgehört wurde, vgl. den Parallelismus
in Jes 60, 14 (vermutlich Glosse).
5 R.E. Whitaker, *A Concordance of the Ugaritic Literature* (Cambridge, Mass., 1972), S. 257; in den
danach in *Ugaritica VII* publizierten Texten gibt es nach der in *Newsletter for Ugaritic Studies* 22
(Sept. 1980) erschienenen Konkordanz keine weiteren Belege.
6 Wozu noch ein paar weitere Belege kamen, die sich aus der Wiederholung der formelhaften
Wendungen erschließen lassen, z. B. etwa in Kol. I in Analogie zu Kol. II von *KTU 1.1* (*CTA 1*), wobei
allerdings auch Kol. II dieses Textes schon teilweise rekonstruiert ist, siehe *CTA*, S. 2 und A. 1
(Vorschlag von U. Cassuto).

Unser Verbum findet sich dabei in der 3. pers. masc. und fem. „Imperfekt" und 2. pers. jussiv in Parallele zum Imperativ *kbd* (und *hbr* und *ql[l]*). Die Adressaten sind durchwegs Glieder des ugaritischen Pantheons, wie bei den mythologischen Texten klar ist, aber auch die Szene aus dem Aqhat-Epos ereignet sich innerhalb des Pantheons. Gehuldigt wird Anat (2 x), Jam, Koschar (wa Chasis) (2 x) und vor allem dem Götterkönig El (7 x, wobei allerdings auch 2 x von der Verweigerung der Huldigung gesprochen wird).

Normalerweise stehen vier Verben im Parallelismus:

	yhbr wyql	/	*yštḥwyn wykbdnh*	(3. masc.)
bzw.	*thbr wtql*	/	*tštḥwy wtkbdnh*	(3. fem.)
	hbr wql	/	*tštḥwy wkbd*	(juss.)

Zweimal ist diese viergliedrige Formel verkürzt zu einer zweigliedrigen, und zwar nur dort, wo die Huldigung verweigert wird:

	al tql wal tštḥwy	(*KTU* 1.2 [*CTA* 2] I 15)
bzw.	*ltql ltštḥwy*	(*KTU* 1.2 [*CTA* 2] I 31)

An dieser offensichtlich fest geprägten Formel fällt auf, dass sie zwei parallele Verben der Bewegung enthält (*hbr* = „to bow down", *UT* 19.745; *qll* (?), *ql*[7] = „to fall", *UT* 19.2231), während das vierte Wort *kbd*, „ehren" (*kbd* = „to honor", *UT* 19.1187; vgl. hebr. *kbd*) eine ideelle Bedeutung hat und die Relation zum Gegenüber ausdrückt. Wäre das dritte Wort dieser Formel unbekannt und nicht durch die Diskussion um das hebräische *hištaḥ*ᵃ*wāh* vorbelastet, so hätte wohl jedermann eine Erklärung in Parallele zu *kbd* gesucht, denn offensichtlich stehen hbr und *ql* und *yšthwy* und *kbd* jeweils parallel. Dies wird noch dadurch unterstrichen, dass zwar das 1. und 2. und dann das 3. und 4. Glied durch *w* (und) verbunden werden, nicht aber das 2. und 3. Entsprechend findet sich in der negierten zweigliedrigen Formel wahrscheinlich je ein Ausdruck für die Bewegung und für die ideelle Bedeutung.

---

7 C.H. Gordon, *Ugaritic Textbook* (= *UT*; Rom 1965), nimmt ein Verbum mediae geminatae an, während J. Aistleitner, *Wörterbuch der ugaritischen Sprache* (Berlin 1967), Nr. 2408, nur *ql* II zitiert, also die Frage offen läßt. W. v. Soden, „Kleine Beitrage zum Ugaritischen und Hebräischen", *Hebräische Wortforschung. FS zum 80. Geburtstag von W. Baumgartner*, SVT 16 (1967), S. 291–300, schließt auf eine Wurzel *qīl*, für die er auch akkadische Belege angibt (S. 295–6; vgl. jetzt ders., *AHw* II, S. 918: *qiālu*(m), *qālu*). Siehe jetzt auch J. Tropper, Ugaritische Grammatik, AOAT 273, Münster 2000.

In den Belegen mit der 3. pers. masc. oder fem. hat *kbd* und einmal auch *yštḥwy* ein Suffix der 3. pers. für das Objekt,[8] beim Imperativ steht das Objekt als selbständiges Personalpronomen.[9] Dass das Suffix neben *kbd* auch bei *yštḥwy* vorkommt, spricht wiederum für eine ähnliche Bedeutung der beiden Wörter[10] – und lässt zumindest an dieser Stelle das Kausativum eines Verbums der Bewegung geradezu unmöglich erscheinen, denn der Huldigende müsste dann den, dem er huldigt niederbeugen!

2. Die alttestamentlichen Belege

Das hebräische AT enthält 170 Belege[11] unseres Verbums. Diese finden sich in früheren und späteren Texten. Wenn die Belege auffallende Häufungen (z. B. in Gen xviii–xlix oder von 1Sam xv bis 1Kön ii und in dtr. Partien) bzw. Lücken (z. B. Hosea, Micha, Jesaja I [bis auf zwei sekundäre Belege]) aufweisen, so ist dies wohl weniger chronologisch als durch die Thematik (Huldigung an den König oder bedeutende Personen; Anbetung Jahwes oder fremder Götter) bedingt.

a) Die nähere Untersuchung zeigt folgendes Bild:
  hištaḥ^awāh mit *l^e* : 84 x
  hištaḥ^awāh mit *'arṣāh* : 7 x
  hištaḥ^awāh mit *l^e* + *'arṣāh:* 10 x
  hištaḥ^awāh allein : 64 x
Dazu kommen drei Einzelbelege (Lev xxvi 1; Num xxii 31; Jes xlv 14) und zwei Stellen, die wegen Textschwierigkeiten hier ausgeklammert werden (Jes lx 14; Ps xlv 12; zu Jes lx siehe A.8). Mit diesen Belegen verbunden ist 7 x die Angabe *lifne*, „vor", und 14 x eine allgemeine Angabe des Ortes oder der Richtung (z. B. „dort" oder „im Tempel" oder „zum Tempel" [Ps cxxxviii 2] oder „zum Schemel seiner Füße hin" [Ps xcix 5, cxxxii 7] oder „zum Berg seines Heiligtums" (Ps xcix 9) oder

---

8 Die Personalsuffixe bezeichnen meist den Akkusativ, aber nicht nur: „The suffixes sometimes have dative force … There is no evidence to show that there was a formal distinction between acc. and dat. suffixes (as there is in Acc. but not in Heb., Arab., etc.)", C.H. Gordon, *UT* 6.21.
9 Anders als im Hebräischen ist im Ugaritischen ein selbständiges Personalpronomen als Objekt möglich.
10 Ob das Suffix in den anderen Fallen als double-duty-suffix (siehe dazu M. Dahood, „The Grammar of the Psalter", *Psalms III* [Garden City, N.Y., 1970], S. 431–2) anzusehen ist, ist schwer zu entscheiden. Dafür sprechen würde die Überlegung, dass das Suffix (bzw. das Pronomen) zwar an die festgefügte Formel angehängt werden, aber nur ausnahmsweise in diese eindringen konnte.
11 Den 169 Belegen bei G. Lisowsky, *Konkordanz* (Stuttgart 1958), S. 1420, ist Sach. xiv 17 hinzuzufügen.

„zum Kopfende seines Bettes" [Gen xlviii 12; ähnlich 1Kön i 47]). Die Mehrzahl dieser Belege geben nur den Ort der Huldigung an,[12] während „zum Schemel seiner Füße hin" wohl schon den Gedanken an den auf dem Thron Sitzenden enthält, die Bedeutung somit in die Nähe von *lᵉ* kommt; schließlich ist, „zum Kopfende seines Bettes" bzw. „zu seinem Lager hin" (1Kön i 47) zu *'arṣāh* zu stellen, weil hier eine Bewegung nach unten vorausgesetzt ist. In letzterem Sinn sind wohl auch die Einzelstellen Lev. xxvi 1 und Num. xxii 31 zu verstehen, während Jes. xlv 14 die Richtung auf Personen hin (Israel bzw. Jahwe selbst) ausdrückt und in die Nähe von *lᵉ* rückt.[13]

So ergibt sich, dass von den 170 bzw. 168 Belegen nur 17 bzw. 20 für ein Verständnis von *h.* als Verbum der Bewegung sprechen, während die 84 bzw. 94 Belege mit *lᵉ* die ideelle Bedeutung des Wortes voraussetzen. Die 64 Belege mit *h.* allein sprechen zumindest aus sich heraus nicht für eine Bewegung (sondern m. E. eher für eine allgemeinere Bedeutung).

Damit soll keineswegs bestritten werden, dass die Huldigung bzw. Anbetung sehr häufig mit einem Sich-Niederwerfen verbunden war, bzw. dass das Sich-Niederwerfen dies ausdrückt,[14] sondern es geht darum, dass *h.* nicht den Akt selbst sondern die Bedeutung des Aktes bezeichnet. Die überraschend wenigen Belege – nur 10 bzw. 12 %! –, in denen die Präposition eine Bewegung voraussetzt, sind am ehesten als Ellipse bzw. Breviloquenz zu erklären, wo das Verbum für die Bewegung ausgefallen, die Bewegung aber mitgedacht ist.

Zur weiteren Klärung fragen wir nun nach den mit *h.* verbundenen bzw. im Parallelismus stehenden Verben:

b) Bei den 170 bzw. 168 Belegen von *h.* finden sich ziemlich genau zwei Dutzend verschiedener Verben, die mit *h.* im Parallelismus oder in einer Reihe offensichtlich eng zusammengehörender Ausdrücke stehen. Sehr häufig, in ca. 40 % der Belege, steht h. für sich allein (70 x).

Von den ca. 24 Verben sind 4 (bzw. 3), die eine Bewegung ausdrücken:
qdd (15 x): Gen xxiv 26, 48, xliii 28; Ex iv 31, xii 27, xxxiv 8; Num xxii 31; 1Sam xxiv 9, xxviii 14; 1Kön 16,31; Neh viii 6; 1Chr xxix 20; 2Chr 7,22,

---

12 Die Unterscheidung zwischen *lipnē* und *lᵉ* betont auch M. I. Gruber, *Aspects of Nonverbal Communication in the Ancient Near East* (Rom 1980) I, S. 112–116, der ebenfalls *lipnē* als Angabe des Ortes des Geschehens sieht, auch wenn er von Anfang an *h.* als Verbum für eine Bewegung voraussetzt.

13 Wenn nicht gar diese Konstruktion der Vermeidung des *lᵉ* aus dogmatischen Gründen dient! – Huldigen bzw. zu ihm beten (siehe den Parallelismus) darf man nur Jahwe, nicht Israel.

14 Vgl. z. B. das bekannte Bild der Tributleistung und Huldigung Jehus vor Salmanasser III., *BHH* II, Sp. 809–10.

npl (12 x):   Jos v 14; 1Sam xx 41, xxv 23; 2Sam i 2, ix 6, xiv 4, 22, 33; 2Kön iv 37; Hi I 20; Rut ii 10; 2Chr vii 22

kŕ (6 x):   Ester iii 2, 2, 5; Neh ix 3; 2Chr vii 3, xxix 29

sgd (3 x):   Jes xliv 15, 17 (mit le konstruiert), xlvi 6.

Die interessanteste Beobachtung ist, dass *qdd* immer vor *h.* steht (während andere Verben, sofern sie nicht zu selten belegt sind, sowohl vor als hinter *h.* stehen), und dass *qdd* überhaupt nur in Verbindung mit *h.* vorkommt. D.h. *qdd* ist offensichtlich ein altes Wort, das in fester Verbindung mit *h.* steht und nur durch den Gebrauch dieser Formel im biblischen Hebräisch erhalten blieb. *qdd* ist im Akkadischen und im Altbabylonischen belegt, aber auch bis hin ins Jungbabylonische (*AHw* II, S. 890 f.). Interessanterweise findet sich auch ein Beleg in den silbenschriftlichen Texten von Ugarit und zwar im „Klagegebet" eines Leidenden (Gerechten).[15] Dieser Text ist eine Besonderheit im Rahmen der ugaritischen Texte, indem er zwar ein Text des 13. Jh. ist, seine literarischen Kennzeichen verweisen aber alle auf die altbabylonische Zeit (*Ugaritica V*, S. 267), ja, „25.640 pourrait presque être l'oeuvre d'un scribe, sinon hammourabien, du moins: d'époque hamourabienne", was der Bearbeiter bis dato von keinem anderen Text aus Ugarit sagen würde (S. 266). *qdd* ist also offensichtlich ein altes (nordsemitisches) Wort, das im Westsemitischen in Ugarit nur spärlich und für das 1. Jt. nur mehr im Hebräischen belegt ist.[16]

    qdd bzw. *qadādu* bedeutet „sich (tief) beugen". Interessanterweise findet sich *qadādu* verschiedentlich mit *'appī* = „meine Nase" bzw.) *'appa-šu* = „seine Nase" (*AHw* II, S. 891). Im Hebräischen findet sich diese Kombination ebenfalls mehrmals, und zwar noch erweitert mit *'arṣāh*; z. B. 1Sam xxiv 9, xxviii 14; 1Kön i 16, 31; z. B.: *wayyištaḥū lᵉmäläk wayyiqōd 'appayim 'arṣāh*. Hier ist deutlich „mit der Nase zur Erde" mit *qdd* als Verbum für die Bewegung verbunden, während *hištaḥᵃwāh* mit *lᵉ* die ideelle Seite der Huldigung an den König bezeichnet. Wo dagegen *'appayim 'arsāh* bei *h.* steht, fehlt das die Bewegung ausdrückende Verbum, z. B. 2Sam xviii 28, xxiv 20 und besonders 1Kön i 23: *wayyištaḥū lᵉmäläk lᵉ 'appāw 'arṣāh*, „er huldigte dem König (indem er sich) mit der Nase zur Erde (beugte)", ein

---

15 R.S. 25.460, „(Juste) Souffrant"; *Ugaritica V* (Paris 1968), S. 265–73, bearbeitet von J. Nougayrol.

16 Weiters findet sich ein Beleg in den Amarna-Briefen und zwar EA 357, 78. Dieser Text ist die Erzählung von „Ereskigal und Nerigal". *qdd* ist hier das Niederbeugen des Kopfes – allerdings eines anderen – vor dem Thron. EA 357 ist ebenso wie EA 356 und 358 eine größere Tafel. Auf ihnen ist „uns etwas von der babylonischen Mythologie überliefert" und sie werden zwar in der ägyptischen Schreiberschule verwendet worden sein, jedoch „werden sie aus Babylonien stammen." J.A. Knudtzon, *Die El-Amarna Tafeln* I (Leipzig 1915), S. 25. Als für damals „weltweit" verbreitete Texte werden sie inhaltlich älter und damit ebenfalls mindestens in der altbabylonischen Zeit bekannt gewesen sein.

Satz, der zwischen den oben zitierten V. 16 und 31 steht und sicher genau gleichbedeutend ist. Dieses Nebeneinander ist m. E. ein deutlicher Hinweis, dass es sich hier um Breviloquenz bezüglich eines wohlbekannten Vorganges handelt.[17]

Die 11 Belege der Verbindung von *npl* und *h.* sind einfacher zu behandeln. Sie finden sich vor allem in den David-Erzählungen (7 x) und je 1 x in Jos v; 2Kön iv; Hi i und Ruth ii. *npl* ist dabei jeweils mit *'al 'appayim 'arṣāh* verbunden, außer in Hi i und Ruth ii, wo jeweils nur eines der beiden Elemente genannt ist und 2Kön iv 37, wo es „auf seine Füße" heißt und wo „zur Erde" erst nach *h.* steht. Insbesondere die älteren Belege und der Vergleich mit den Vorkommen von *qdd* machen deutlich, dass hier in der Verbindung *qdd – h.* das sonst nicht mehr gebräuchliche *qdd* durch das geläufige *npl* allmählich ersetzt wurde. *npl* bzw. *napālu* ist im Hebräischen, Ugaritischen (*UT* 19.1676), im Akkadischen (*AHw* II, S. 733 – 4) und im Aramäischen (*KBL*, S. 1100) belegt und ohne Probleme.

Die 6 Belege von *kr'* in Verbindung mit *h.* gehören durchweg in die nachexilische Zeit. *kr'* steht 4 x vor, 2 x hinter *h.*, 1 x , nämlich 2Chr vii 3 ist *kr'* mit „auf das Angesicht zur Erde" verbunden; ansonsten fehlen ähnliche nähere Angaben. *kr'* heißt „sich niederknien", dann auch „sich beugen" (*KBL*, S. 456; *UT* 19.1311). Die Verbindung mit „mit dem Angesicht zur Erde" ist zwar möglich, passt aber doch nicht so ganz zu „sich niederknien" und ist vielleicht beeinflusst durch die älteren Wendungen mit *qdd* und *npl*.

Zuletzt sind die 3 Belege mit *sgd* zu nennen, auffallender Weise nur in Deuterojesaja (xliv 17, xlvi 6 vor *h.*; xliv 15 hinter *h.*). Diese drei Belege plus xliv 19, wo *sgd* alleine vorkommt, sind zugleich die einzigen des aus dem Aramäischen kommenden Wortes im hebräischen AT. Im aramäischen Teil von Daniel findet sich dieses Wort 12 x (ii 46, iii 5 – 15, 18, 28), allerdings 7 x nach *npl* und 4 x nach *plḥ* „verehren".[18] Von den nur 4 hebräischen Belegen für *sgd* her ist es zumindest nicht ratsam, *h.* von der Bewegung, wie sie beim islamischen *sugud* geschieht, her zu

---

17 Es bleibt noch darauf hinzuweisen, dass die Verbindung von *ql(l)* und *hštḥwy* im Ugaritischen vielleicht ebenfalls ein älteres Relikt darstellt. Neben der hier zweifellos anzunehmenden Bedeutung von *ql(l)* stehen andere Bedeutungen, bzw. die Möglichkeit bestimmte Formen von *qwl*, „rufen", herzuleiten (siehe *UT* 19.2231, 2226, 2225, 2213). Noch größere Schwierigkeiten bieten sich im Vokabular von Amarna. Dort ist zu unterscheiden zwischen transitiver und intransitiver Verwendung von *qâlu*. Auf Grund einer Glosse übersetzen Knudtzon und Böhl mit „zögern, sich zurückhalten" (F.M.Th. Böhl, *Die Sprache der Amarna-Briefe* [Leipzig 1909], S. 67 – 8). Probiert man vom Ugaritischen her „sich beugen" bzw. „(to be) down" (*UT* 19.2231), so ergibt sich für die intransitiven Belege (z. B. EA 71, 11; 73, 7; 83, 15) ein guter Sinn. Die von v. Soden (s.o. A. 7) vorgeschlagene Annahme einer Wurzel *qīl* past, soweit ich sehe, auch für die Amarna-Korrespondenz und würde da wie dort die verschiedenen Bedeutungen entflechten.
18 Mit etwa derselben Bedeutungsbreite und -entwicklung wie lat. colere; vgl. *AHw* II, S. 812, „palāḫu(m)".

erklären.[19] Die Belege in Dan ii f. lassen es darüber hinaus fraglich erscheinen, ob *sgd* überhaupt von Haus aus die Bewegung bezeichnete und nicht – wie wir es für *h.* meinen – den ideellen Aspekt, eben die Huldigung.[20]

Alle weiteren mit *h.* in Parallele stehenden Verben bezeichnen keine Bewegung des Sich-Beugens oder haben nur eine ideelle Bedeutung.

Es kommen vor:

brk	Ps xcv 6; 1Chr xxix 20; 2Sam xiv 22
hwh gbyr	Gen xxvii 29
zbḥ	Ex xxxii 8; 1Sam i 3; 2Kön xvii 36
zkr	Jos xxiii 7
zmr	Ps lxvi 4
znh	Ri ii 17
ḥzq	1Kön ix 9; 2Chr vii 22
ydh	Gen il 8; Ps cxxxviii 2, 3; Neh ix 3
yr'	2Kön xvii 35, 36; Ps v 8
kbd	Ps xxix 2, lxxxvi 9, xcvi 9; 1Chr xvi 29
kḥš	Ps lxvi 4
mṣ' ḥn	2Sam xvi 4
nšq	Ex xviii 7
'bd	(30 x) Gen xxvii 29; Ps lxxii 11
qwm	Ex xxxiii 10; 1Sam xxv 41; Jes il 7
qṭr	2Chr xxv 14, xxxii 12
rwm	Ps xcix 5
śmḥ	Dtn xxvi 10
šyr	2Chr xxix 28.

Zunächst fällt die große Anzahl von Ausdrücken auf, die jeweils nur relativ wenige Belege haben. *'bd* mit seinen 30 Belegen ist eine bezeichnende Ausnahme, *'bd* ist ein Lieblingswort im Dtn bzw. in den dtr Reden der Geschichtsbücher und im Jeremiabuch mit dem vor dem Abfall von Jahwe gewarnt bzw. dieser gebrandmarkt wird, aber es gibt auch ältere bzw. demgegenüber selbständige Belege, etwa Ex xx 5, xxiii 24; Ps lxxii 11 (Gen xxvii 29a).[21] Während in den späteren Belegen die

---

19 Gegen Stähli, *THAT* I, Sp. 531, der so verfährt; etwas vorsichtiger und allgemeiner Preuß, *ThWAT* II, Sp. 787.

20 Dies scheint auch die Meinung von W. Baumgartner zu sein, der in *KBL*[1] (Leiden 1953), S. 1103, für aram. *sgd* nur „huldigen" angibt.

21 C. Westermann, *Genesis* 1, *BK* I/2 (Neukirchen-Vluyn 1981) hält diese Stelle wegen der Nähe zu später prophetischer und dtr Terminologie für spät: „Der Satz kann erst spät hinzugekommen sein" (S. 537).

Reihenfolge von *h.* und *ʿbd* wechselt, ist sie in den eben genannten Belegen – außer Gen xxvii 29 – stets *h.* – *ʿbd.* Die Reihenfolge „huldigen – dienen" ist wohl zu verstehen als Anerkennung der Autorität und Unterstellung unter den Herrscher und dann der daraus resultierende Dienst.

Ausdrücke, die eine Bewegung einschließen, sind *nšq,* „küssen", und *qwm,* „aufstehen". Beide Male liegt die ideelle Bedeutung von *h.* „huldigen", näher als die Bedeutung „sich niederwerfen".

Von den übrigen Verben sei besonders hingewiesen auf *kbd,* „ehren" in Ps xxix 2, lxxxvi 9, xcvi 9; 1Chr xvi 29. Dabei ist 1Chr xvi von Ps xcvi und dieser wiederum von Ps xxix 2 abhängig, ebenso auch Ps lxxxvi. Ps xxix ist ein anerkanntermaßen sehr alter, ursprünglich vorjahwistisch-kanaanäischer Psalm.[22] So überrascht es nicht, dass wir hier, so wie in den ugaritischen Belegen (s. o.) *h.* und *kbd* in Parallele finden, wenn auch in umgekehrter Reihenfolge. Merkwürdigerweise findet sich – anders als in Ugarit – auch kein Verbum der Bewegung im Kontext, sondern alles, was geschieht ist, daß im Tempel gerufen wird *kābōd,* „Ehre!" Daß *kbd* praktisch nur einmal, eben in Ps xxix 2, neben *h.* vorkommt, warnt aber davor, unser Verbum über diesen schmalen Kanal aus dem engeren oder weiteren Bereich des „Kanaanäischen" herzuleiten. Eher ist das Umgekehrte anzunehmen: V. 1a, b und 2a beginnen jeweils mit *hābū,* die Aufforderung, Gott (Jahwe) Ehre zu geben, und V. 3 – 9a beschreiben sein machtvolles Wirken in der Natur, V. 10 den Platz seines Thrones über der Flut und damit seine Stellung als König (der Götter!). Gegenüber dem dreifachen *hābū* in V. 1– 2a fällt V. 2b aus dem Rahmen und gehört m. E. zur israelitischen Interpretation, indem hier wie dann in V. 9b und V. 11 der Bezug zu Israel hergestellt wird.[23] Die Ehre wird nicht mehr von

---

22 Siehe z. B. H. Gunkel, *Psalmen* (Göttingen 1926), und H.-J. Kraus, *Psalmen, BK* XV (Neukirchen 1960), jeweils zur Stelle. Weiters G. Sauer, „Erwägungen zum Alter der Psalmendichtung in Israel", *ThZ* 22 (1966), S. 81– 95, bes. S. 92 ff.

23 Das Vorkommen von Tricola in den poetischen Texten ist bisher wenig beachtet. Eine ausdrückliche, wenn auch noch immer nur kurze Erörterung der Tricola findet sich bei O. Kaiser, *Einleitung in das Alte Testament* (Gütersloh, 1978⁴), S. 290. Siehe auch J.T. Willis in *VT* 29 (1979), S. 465 – 480.

Während Kraus wie auch Gunkel in den Kommentaren bei V. 1– 2 keine Probleme sehen, geht O. Loretz, „Psalmenstudien III", *UF* 6 (1974), S. 175 – 210, und „Psalmenstudien IV", ebd. S. 211– 40, auf Ps xxix ein. Loretz sieht dabei den ganzen V. 2 als beigefügte Glosse, die zusammen mit V. 3b und 9c „das Ereignis auf die *kbwd* Gottes im Palast des Zionberges" bezieht (S. 195). Zur Interpretation auf Jahwe und Jerusalem siehe auch ders., ebd., S. 248. Zur Übernahme von Ps xxix 1 f. (in bezeichnenderweise nochmals erweiterter Form) in Ps xcvi siehe ebd. S. 219 – 220.

Bei den von M. Dahood in *RSP* I (Rom 1972), S. 175, darüber hinaus angegebenen Stellen Ps xcvii 6 – 7, cvi 19 erscheint der Abstand zwischen *h.* und *kbwd* zu groß, um einen Parallelismus im Sinne einer festgeprägten Formel anzunehmen. Der einzige in der Reihenfolge Ps xxix 2 widersprechende Belege Ps lxxxvi 9 (*h.* – *kbd*) wird schwerlich auf den Einfluss des geographisch wie zeitlich

Göttersöhnen im „Himmel", sondern von den Israeliten im Tempel erwiesen. Diese Unterwerfung und Huldigung wird mit dem Israel wohlbekannten und feierlich – vielleicht auch altehrwürdig – klingenden h. ausgedrückt. Damit wäre Ps xxix ein Hinweis, dass h. gerade nicht kanaanäisch sondern israelitisch ist, was durch das Fehlen von Belegen für h. in diesem Raum (außer Ugarit) bestätigt ist.[24]

Hinzuweisen ist auf die Parallele von h. und *zbḥ*, Ex xxxii 8; 1Sam i 3; 2Kön xvii 36. Dies besonders insofern, als der Kleinviehnomaden-*zäbaḥ* zu den alten Opferarten des frühen Israel bzw. seiner Vorfahren gehrte.[25] Ein (Gemein-schafts-[!]) Opfer darzubringen war eine wesentliche Möglichkeit, Gott zu huldigen. Ja, diese Opfer waren wohl die der Frühzeit viel gemäßere Form der Gottesverehrung als die eher von der Königsideologie und aus dem Hofleben stammende Form der Huldigung durch Sich-Niederwerfen.[26]

Wenn dem aber so ist, dann finden auch die Ausdrücke *qṭr*, „Rauchopfer darbringen" (2Chr xxv 14, xxxii 13), *śmḥ*, „fröhlich sein" (bei der Darbringung des Zehnten, Dtn xxvi 10), *šyr*, „singen" (2Chr xxix 28), *rwm*, pol., „den Herrn erheben" (Ps xcix 5) und *zmr*, „für ihn musizieren" (Ps lxvi 4; weitere Beschreibungen z. B. 2Chr xxix 28) hier ihre Zuordnung. Auch hier stehen wir im Bereich des Kultes, nur eben, dass dieser sich vom Kleinviehnomaden-*zäbaḥ* zum nachexilischen Tempelkult mit Rauchopfer und Tempelmusik und -gesang entwickelt hat. Zeitlich

---

weit entfernten Ugarit zurückgehen, sondern *kbd* wird wohl eher wie dort aber unabhängig davon explizierender Parallelbegriff zum alten Wort h. sein.

24 Wenn, dann ist *šḥḥ* als der kanaanäische Begriff für das Sich-Niederwerfen zu betrachten, denn *šḥḥ* findet sich in solchen ursprünglich (natur)mythologischen Kontexten, z. B. Hi ix 13, wo die Helfer Rahabs sich vor Eloah beugen müssen; Hab iii 6, wo die uralten Hügel sich vor Eloah, den *däbär* (Pest) und *räšäp* (Seuche) begleiten, beugen; Jes ii 11, 17, wo die Stolzen sich beugen vor Jahwe Zebaoth, der über Libanon und Basan und alle hohen Berge und Hügel einherfährt. – Die Nähe der Vorstellungen zu Ps xxix ist dabei evident, ebenso dass hier wie dort erst traditionsgeschichtlich sekundär im Sinn der Beziehung auf Jahwe und Israel es die Menschen sind, die sich vor Gott beugen. Die Wurzel *šḥḥ* kommt in der Amamakorrespondenz wiederholt als Kanaanismus vor; siehe die Lexica s.v. und F.M.Th. Böhl, *Die Sprache der Amarnabriefe* (Leipzig 1909), S. 64.

G.I. Davies, „A note on the etymology of *hištaḥ^wāh*", VT 29 (1979), S. 493–495, versuchte die Hartmann-Albright'sche Erklärung gegen Emerton's Kritik zu verteidigen, indem er auf die Bedeutungsbreite von akk. *kanānu(m)* hinwies. Jedoch ist damit auch unter den bisherigen Voraussetzungen Emerton's Alternative nicht entschieden. M.E. besteht eine bessere Entsprechung in der Bedeutungsbreite von akk. *kanānu(m)* und kanaanäisch *šḥḥ*. Die Analogie zu h. fällt zudem mit der hier bestrittenen Voraussetzung, daß h. ein Verbum der Bewegung sei.

25 Siehe dazu die Untersuchung von L. Rost, *Studien zum Opfer in Israel* (Stuttgart 1981), in der gerade 1Sam i einen Angelpunkt darstellt (S. 85 ff.).

26 Womit nicht ausgeschlossen ist, dass auch letzteres durch entsprechende Kontakte schon früh bekannt war.

dazwischen stehen das Niederlegen der Gaben und das Fröhlichsein (*śmḥ*) bei der Darbringung der Erstlingsgaben (Dtn xxvi 10), und auch znh in Ri ii 17: Hinter anderen Göttern her Hurerei zu treiben, bezeichnet dagegen den kultischen Aspekt des Abfalls von Jahwe.[27]

Hier ist nun nochmals auf die häufige Verbindung mit *ʿbd* einzugehen: Auch wenn Jahwe dienen oder anderen Göttern dienen durchaus ethische Implikationen hat, so ist doch der Anerkennungsakt zunächst ein kultischer Akt und gerade die im Dtn und im dtr Geschichtswerk kritisierte Hinwendung zu anderen Göttern meint zunächst – wenn auch nicht nur[28] – die Ausübung fremder bzw. illegitimer Kulte (vgl. die häufig genannte „Sünde Jerobeams").[29]

Es bleiben noch die beiden Stammessprüche Gen xxvii 29b und xlix 8. Der erste lautet: *hᵃwēh gᵉbīr lᵉʾaḥāka wᵉyištaḥᵃwū lᵉkā bᵉnē ʾimmäkā*, „Sei ein Herrscher über deine Brüder, und es sollen dir huldigen die Söhne deiner Mutter." Hier wird Jakob eine Vormachtstellung über seine Brüder bzw. ein entsprechendes Verhältnis der späteren Stämme zugesprochen. Der Satz ist verwandt mit den Stämmessprüchen und gehört in die „Zeit der Rivalitätskämpfe der Stämme miteinander" (Westermann, *BK* I/2, S. 258–9). Wir blicken damit auf das Werden von Herrschaftsstrukturen und Herrschaftsvorstellungen in der vorstaatlichen Zeit. Dem Herr-Werden des einen (Stammes) entspricht die Anerkennung durch die anderen. *h.* beschreibt hier die Zustimmung und Huldigung, wohl ähnlich wie später der Herrschaft des Königs zugestimmt wird in der Akklamation *yᵉḥī hammälāk*. T.N.D. Mettinger schreibt in seiner Untersuchung über „the civil and sacral legitimation of the Israelite kings" zur Akklamation: „The acclamation proper ... is quoted in the text as *yᵉḥī hammælæk*" (*King and Messiah* [Lund, 1976], S. 132). Mettinger erinnert an P.A.H. de Boer's Hinweis, dass die Akklamation Auswirkungen für den Sprecher hat: „Ceux qui la prononcent reconnaissent l'exercice de cette autorité et s'y soumettent". („Vive le roi!", *VT* 5 [1955], S. 231). Es handelt sich um einen performativen Sprechakt. Gen. xxvii 29b entspricht genau dieser Polarität von Aufschwung bzw. Einsetzung zur Herrschaft und Anerkennung, Akklamation durch die Beherrschten. Der Sache nach ist *h.* mit *yᵉḥī hammälāk* verwandt, indem *h.* die Sache bezeichnet, die mit *yᵉḥī hammälāk* verbalisiert wird. Im Hofzeremoniell finden wir dann beides in einem Vers vereinigt:

---

27 Die dtr. Redeweise geht auf Hos und Jer zurück. Bei beiden geht es um die Teilnahme an den kanaanäischen Kulten (Hos iv 13; Jer ii 20, iii 1, 6, 8; vgl. J. Kühlewein, „*znh*", *THAT* I, Sp. 519–520).
28 Dies betont Westermann, „*ʿbd*", *THAT* II, Sp. 198, wie er überhaupt auf die ursprüngliche existentielle Einheit der kultischen und der ethischen Dimension von *ʿbd* hinweist (ebd., Sp. 196).
29 „Andere Götter ergreifen", *ḥzq*, hi. (1Kön ix 9; 2Chr vii 22) gehört wie *ʿzb*, „Jahwe verlassen", zu den dtr Gegenbegriffen.

„Batseba beugte sich und huldigte dem König: ‚Es lebe mein Herr, der König David …!'" (1Kön i 31).

Noch stärker ist Gen xlix 8 „es preisen dich deine Brüder… es huldigen dir die Söhne deiner Mutter" auf einen rein verbalen Vorgang bezogen, ähnlich wie etwa in Ri v 18 Sebulon für sein Verhalten anerkennend gerühmt wird.[30]

3. Zwischenergebnis

1. *hištaᵉwāh* ist in Ugarit und im AT – und bisher nur da – belegt.
2. Der Parallelismus membrorum ebenso wie die verwendeten Präpositionen machen es wahrscheinlich bzw. (die Belege mit den Suffixen) erforderlich, *h.* nicht als Bezeichnung für den Akt des Sich-Niederwerfens sondern für den ideellen Aspekt der Huldigung zu verstehen.
3. In allen ugaritischen und in einem knappen Fünftel der alttestamentlichen Belege ist *h.* mit einem Verbum des Sich-Niederwerfens verbunden. Es scheint sich dabei um ziemlich feste Formulierungen zu handeln, die im AT dazu beitrugen, dass das sonst praktisch (s. o.) nur im Akkadischen bezeugte Wort *qdd* erhalten blieb. In den vergleichsweise wenigen Fällen, wo für h. scheinbar ein Sich-Niederwerfen „mit dem Gesicht zur Erde" gemeint ist, handelt es sich um Breviloquenz.
4. Die Huldigung in Form des Sich-Niederwerfens vor dem Herrscher (bzw. der zu ehrenden Person) gehört zum orientalischen Hofzeremoniell.
5. Im Hofzeremoniell und wahrscheinlich auch darüber hinaus ist die Huldigung mit entsprechenden Worten, besonders der Akklamation *yᵉḥī hammäläk* verbunden.
6. Einen eigenen weiteren Bereich repräsentieren jene Belege, die mit dem Kult verbunden sind, angefangen vom *zäbaḥ* der Frühzeit, bis hin zu Rauchopfer und Tempelmusik und -gesang der nachexilischen Zeit. Diese Handlungen stellen Anerkennung und Bekenntnis zu Gott bzw. einer Gottheit dar und konnten insofern mit *h.* als Bezeichnung für die Huldigung benannt werden.
7. Im Bereich der irdischen Herrschaft ziemlich sicher von Haus aus, im religiösen Bereich wohl auch früh durch Gebet und Hymnus, wurde die Huldigung auch und nicht zuletzt verbal ausgedrückt.

---

30 Vgl. dazu Westermann, *Genesis 3*, BK I/3 (1982), S. 258–259, der zudem den Spruch auf Grund dieser Parallele und mit anderen beachtlichen Gründen nicht in die frühe Königszeit datiert, sondern als Stammesspruch der Richterzeit betrachtet.

8. Diese Beobachtungen erlauben und fordern es, in *h.* den Ausdruck für die ideelle Bedeutung des (in verschiedenen Formen möglichen) Geschehens der Huldigung zu sehen und damit auch die Etymologie von *h.* in dieser Richtung zu suchen.

9. Damit erübrigen sich die mühsamen Differenzierungen zwischen *h.* als vermeintlichem Verbum der Bewegung und anderen Verben der Bewegung (z. B. *qdd, npl, krʿ, aber auch qwm, nšq* etc.) wie sie etwa Gruber vornimmt.[31] Ebenfalls neu zu bestimmen wäre dann das Verhältnis von Kult, Huldigung und Proskynese.[32]

III. Die Etymologie

Zur Frage der Etymologie gehen wir im Folgenden von der Richtigkeit der Erklärung als Hištafʿel aus. Dies erscheint trotz der von Emerton geäußerten Bedenken angesichts verschiedener neuerer grammatischen Arbeiten zum *Š*-Stamm im Allgemeinen und zum *Št*-Stamm im Besonderen durchaus berechtigt.[33] Wir stehen

---

31 Gruber (s. o. A. 12), S. 90 – 201, und passim. Z.B. S. 124, wo behauptet wird „Thus the fixed word order *wyqd wyštḥw* in no way argues against our interpretation of the two verbs, which requires their reversal in translation." Diese Umkehrung der Reihenfolge wird begründet mit dem „established principle of ancient Semitic style", dass in festen Wendungen wie im synonymen Parallelismus das kürzere oder bekanntere Wort dem längeren oder mehr poetischen vorausgehe. Diese Regel wird von der ugaritischen Parallele *yštḥwy/kbd* widerlegt, und davon, daß *qdd* altertümlicher und seltener ist als *h.*; und selbst wenn sie stimmte bleibt fraglich, ob sie die Kraft hätte, die Reihenfolge der Verben gegenüber dem angenommenen realen Vorgang umzukehren.
32 In dem Sinn, dass die Proskynese zwar ein häufiges aber nicht notwendigerweise immer vorhandenes Element des Kultes ist, und dass *h.* den gesamten kultischen Akt als Huldigung und Anbetung, sei es mit oder ohne Proskynese, bezeichnet.
33 Z.B. J.A. Soggin, „Traces of Ancient Causatives in *š* – Realized as Autonomous Roots in Biblical Hebrew" (ital. 1965), jetzt in *Old Testament and Oriental Studies* (Rom 1975), S. 188 – 202. R. Meyer, *Hebräische Grammatik* II (Berlin 1969), S. 109, 126, 162f. C. Rabin, „The Nature and Origin of the *Šafʿel* in Hebrew and Aramaic", *Eretz-Israel* 9 (1969), S. 138, 148 – 58. T.N.D. Mettinger, „The Hebrew Verb System", *ASTI* 9 (1973), S. 65.
Im Aramäischen gibt es das *Š*-Kausativ häufig, ein Reflexivum dazu, eben das Hištafʿal ist jedoch nur im biblischen Aramäisch belegt, nämlich *yištakleʿlūn*, „sie werden vollendet", in Esra iv 13; S. Segert, *Altaramäische Grammatik* (Leipzig, 1975), S. 259. Neuerdings will T. Willi auch in Esra iv 15, 19 eine entsprechende Form der Wurzel *drr* erkennen; T. Willi, „Die Freiheit Israels. Philologische Notizen zu den Wurzeln *ḥps, ʿzb* und *drr*", in *Beiträge zur alttestamentlichen Theologie. FS für W. Zimmerli* (Göttingen, 1977), S. 543 – 4. Wenn Emerton gegenüber Soggin meint, dass die angeführten Beispiele nichts für biblisches Hebräisch sondern bestenfalls etwas über „an earlier stage of the language" aussagen (S. 43, A. 4), so hat die Untersuchung der Belege von *h.* uns ja genau in Richtung dieses „earlier stage" geführt.

damit vor der Frage einer für unsere Zwecke sinnvollen Etymologie von ḥwh. Neben unserer Wurzel werden in *HAL*³ I (Leiden, 1967), S. 283–4, noch angeführt I ḥwh, das im pi. „verkünden" bedeutet und III ḥwh, „versammeln". Darüber hinaus ist ḥyy, „leben" anzuführen, dessen ältere Form ḥwy sich im AT noch im Personennamen ḥawwāh, „Eva", erhalten hat. Im Ugaritischen ist dieses Wort häufig und darüber hinaus in verschiedenen nordwestsemitischen Sprachen ebenfalls belegt.³⁴

Diesem Verb wenden wir uns im Folgenden zu. Aus dem breiten Bedeutungsspektrum des Wortes ḥwy/ ḥwh/ ḥyh waren wir bereits oben auf die Akklamation *yᵉḥī hammäläk* gestoßen. Mit ihr wird die Herrschaft des Königs anerkannt. „Es lebe der König!" heißt hier „es herrsche der König!" Leben bedeutet im Blick auf den Herrscher seine spezifische Handlungsfähigkeit und Handlungsmächtigkeit. Diese Akklamation findet sich im AT meist bei der Erhebung zum König, in 2Sam xvi 16 bei der (nachträglichen) Unterstellung eines Einzelnen unter den bereits regierenden König.³⁵

Analogien zur Akklamation finden sich in den nachexilisch belegten Namen Jechiel und Jechija, darüber hinaus im phönizischen Königsnamen Jechimilk (10. Jh.); wahrscheinlich ebenso im Namen Jechomilk (5. Jh.); im ugaritischen Personennamen *yḥṣdq* (wahrscheinlich mit theophorem Element) und in amoritischen Personennamen aus Mari, wie etwa Ya-aḫ-wi-na-si und *Ya-aḫ-wi-AN*. Diese Namen bezeichnen die Unterstellung des Einzelnen unter die Gottheit und die Anerkennung bzw. die Erwartung der Wirksamkeit Gottes als Herrscher, Fürst und König (der Götter).³⁶

Eng verwandt mit den Akklamationen ist die im AT häufige und im Alten Orient insgesamt sehr verbreitete Schwurformel. Mit der Schwurformel werden Entscheidungen vor allem des Rechtslebens feierlich bekräftigt und auf die Autorität der Gottheit bezogen. Die Aussagen haben dabei zum Teil assertorischen, überwiegend jedoch promissorischen Aspekt. Gelegentlich tritt neben die Nennung Jahwes auch die des Königs: „So wahr Jahwe lebt und so wahr du lebst". Hier wird unter dem Einfluss der Königsideologie die Autorität des Königs neben die

---

34 Siehe die Aufzählung der Wurzeln bei J.A. Soggin, „The Root ḤWH in Hebrew with Special Reference to Ps 19, 3b" (ital. 1967), jetzt in ders. O.T. ... *Studies* (s.o. A. 33), S. 204, A. 6. Weiters: Gordon, *UT* 19.847, 856.
35 Siehe dazu Mettinger, *King and Messiah*, S. 132–136; S. Kreuzer, *Der lebendige Gott* (Stuttgart, 1983), S. 243 mit A. 27; S. 330–333.
36 Siehe dazu Kreuzer, S. 236–237, 239–245. Die Ausstrahlung dieser Begrifflichkeit reicht bis hin zu „Ave Caesar!" und „Ave Maria!": Lateinisch ave! geht zurück auf phönizisch/punisch ḥᵃwoh bzw. ḥᵃwe.

Gottes gestellt. In allen diesen Fällen geht es um den herrscherlich-richterlichen Aspekt der Wirksamkeit Gottes bzw. des Königs.

Belege der Schwurformel finden sich in Israel (AT und Lachisch-Ostraka) aber auch in Ugarit und Amarna. Die ugaritischen Belege beziehen sich 1 x auf den Pharao, 3 x in den mythologischen Texten auf die wichtigsten Götter. In der Amarnakorrespondenz gibt es drei Belege, wobei jeweils durch einen kanaanäischen Fürsten dem Pharao gehuldigt wird. Zwar ist hier die Huldigung mit dem akkadischen Wort für leben, *balāṭu*, ausgedrückt, doch sind dies die drei einzigen Belege des akkadischen Lexikons für *balāṭu*, „leben", in diesem Sinn, was damit wiederum auf einen typisch westsemitischen Bedeutungsaspekt von „leben" hinweist (siehe dazu Kreuzer, S. 335; Mettinger, *King and Messiah*, S. 134).[37]

Überblicksweise lässt sich das Vorkommen und das Verhältnis von Akklamation und Schwurformel folgendermaßen darstellen:

	Formulierung für den	
	Anfang	weiterer Verlauf
	der Beziehung zum „Herrscher"	
Ägypten		Schwurformel
Mari	*ya-aḫ-wi-AN*	
(Amoritisch)	*ya-aḫ-wi-el*	
	ya-aḫwi-na-si	
Ugarit	*yḥṣdq*	*ḥy npšk* (an den Pharao)
AT	*y^eḥī hammäläk*	*ḥay yhwh*
		(w^e) ḥē napš^ekā
Byblos	*yḥmlk*	
AT	Jechiel, Jechija	

Welche Bedeutung würde sich auf Grund dieser Beobachtung für *hištaḥ^awāh* ergeben? Jedenfalls wären wir im Bereich des Kausativums von *ḥwy*. Dessen Bedeutung wäre „leben lassen" im Sinn von „zum Leben veranlassen". Im Blick auf den Herrscher heißt das: „herrschen lassen", „zum Herrschen veranlassen". Diese Bedeutung passt bereits ausgezeichnet zur oben festgestellten Verwendung von *h.* als Bezeichnung der Akklamation und Huldigung, insbesondere wenn man noch beachtet, dass das Kausativum in den semitischen Sprachen, nicht zuletzt im Hebräischen, häufig deklarative Bedeutung hat, z. B. *hiṣdīq*, „für gerecht erklä-

---

37 Zur Schwurformel insgesamt siehe Kreuzer, S. 30 – 203, 356 – 373.

ren";[38] in unserem Fall also etwa: „für herrschend erklären", „als Herrscher anerkennen".

Es bleibt noch, auf die spezifische Bedeutung des Št-Stammes einzugehen. Wegen der Seltenheit der Belege des Št-Stammes ist hier die akkadische Grammatik bzw. die vergleichende Grammatik der semitischen Sprachen zu Hilfe zu nehmen. „Die Grundfunktion des *ta*-Infixes von Gt, Dt und Št ist gewiß eine richtungsändernde, die bei Umkehrung der ursprünglichen Richtung der Handlung auf das Subjekt hin zu passiver und reziproker, vereinzelt reflexiver Bedeutung... führen kann" (v. Soden, *Grammatik*, S. 120; vgl. Moscati, 128[39]). Allerdings ergibt sich gerade im Kausativum eine gewisse Bedeutungsbreite, sodass man von einem regulären Št-Stamm spricht und einem lexikalischen, dessen Bedeutung bei jedem Verb erst aus dem Lexikon erhellt werden muss. Zudem wird die im Kausativstamm vorausgesetzte Ungleichheit zwischen Subjekt und Objekt nicht eine simple Umkehrung des Verhältnisses gegenüber dem Š-Stamm bedeuten können.

Wendet man diese Änderung der Richtung im Sinn der reziproken und reflexiven Bedeutung auf unser Verb an, so passt hier sehr gut die oben erwähnte Rückwirkung der Huldigung bzw. Akklamation auf den Sprecher. Wenn jemand dem Herrscher als Herrn huldigt – mit einem etwas verblassten aber genau entsprechenden deutschen Wort gesagt: ihn hochleben lässt – so unterstellt sich der Sprecher damit diesem Herrn und anerkennt ihn als solchen.

Wir haben damit eine gute Entsprechung zwischen dem, was von der Grammatik her der Št-Stamm von *ḥwy*, „leben", „herrschen", bedeuten müsste und dem, was sich aus der Analyse der ugaritischen und hebräischen Belegstellen als wahrscheinliche Bedeutung von *ḥ.* ergab.

Mit dieser Herleitung entfällt ein wichtiges Argument von Th. Nöldeke gegen Hartmanns seinerzeitigen Vorschlag. Denn in der Tat ist nicht nur „die Bedeutungsentwicklung von *ḥwh* ‚sich winden' her... ziemlich schwierig", sondern „das verwandte *šḥḥ* ‚sich niederbeugen' lässt sich ferner nicht als Sekundärbildung fassen, zumal nur die Reflexivform ... in Gebrauch ist."[40.41] Nach der hier vorgelegten Erklärung besteht gar kein Zusammenhang zwischen *ḥwh* und *šḥḥ* oder

---

38 Moscati (s. o. A. 4), S. 125: „Another aspect of the causative is its declarative value (e. g. Heb. *hiṣdīq* ‘he pronounced just' ...)."

39 Im Hebräischen nur erhalten im D-Stamm (Hitpa'el).

40 Diese semantischen Schwierigkeiten wurden von den Vertretern der neueren Sicht seit Albright soweit ich sehe durchwegs ignoriert.

41 Allerdings muss sich Nöldeke m. E. auf *šḥḥ* beziehen.

šḥḥ, sodass letzteres auch keine Sekundärbildung ist, sondern ein eigenständiges Wort.[42]

IV. Ergebnis

I. 1. Die hier vorgelegte Untersuchung hat als wesentliches Ergebnis, dass Hebräisch *hištaḥ^awāh* und ugaritisch *yštḥwy* nicht den Vorgang der Proskynese bezeichnen, sondern dessen ideelle Bedeutung. Dass die Anerkennung des Königs bzw. Gottes mit einem Sich-Niederwerfen (bzw. gegenüber Gott auch mit kultischen Akten) verbunden war, ist dabei unbestritten.

   2. Hebräisch *hištaḥ^awāh*, ugaritisch *yštḥwy*, ist eine Št-Stamm-Bildung von der Wurzel *ḥwy/ḥyh*, „leben".

   3. Der dabei aufgegriffene Bedeutungsaspekt von „leben" bezieht sich auf die herrscherliche und richterliche Aktivität eines irdischen oder göttlichen Herrn. Derselbe Bedeutungsaspekt von „leben" tritt zutage in der Huldigung „es lebe der König!", in der Schwurformel sowie in der alttestamentlichen, der ugaritisch/phönizischen und der amoritischen Namengebung.

   4. Mit *h.* wird die Huldigung an den Herrscher, die als performativer Sprechakt zugleich die Unterwerfung unter diesen ausdrückt, bezeichnet.

   5. Diese Huldigung ist im Hofzeremoniell üblicherweise mit dem Akt des Sich-Niederwerfens verbunden. Im religiösen Bereich haben zunächst Opfer und andere Äußerungen des kultischen Lebens diese Funktion. In beiden Bereichen gehören verbale Äußerungen zum Akt der Huldigung; im Blick auf den König die ebenfalls von *ḥwy/ḥwh* abgeleitete Akklamation „es lebe/herrsche der König!" und die Schwurformel; im Blick auf Gott ebenfalls die Schwurformel, dazu Gebet, Gesang und Opferdarbringung.

   6. Für die Übersetzung von *h.* ist daher zunächst von der Grundbedeutung „hoch leben lassen", „huldigen", „anbeten", auszugehen.

II. 1. Durch die hier vorgetragene Etymologie erübrigen sich einige semantische und syntaktische Schwierigkeiten. Insbesondere der im Ugaritischen anzutreffende Parallelismus spricht dafür, dass es bei *h.* nicht um die Bewegung des sich Verbeugens (oder um eine kultischen Akt etc.) geht, sondern um deren ideelle Bedeutung.

---

42 Für spätere Belege von *šḥḥ* siehe die bei Emerton, S. 48–9, zitierte, allerdings abgelehnte Meinung von E. Hammershaimb, dass es sich um sekundäre Ableitung von *h.*, aufgefaßt als Hitp., handle (vgl. o. A. 4).

2. Bei der hier vorgelegten Erklärung wird nicht eine nur fernab bezeugte und semantisch wenig passende Wurzel (*Št*-Stamm zu arabisch „sich winden" bzw. ägyptisch „schlagen") herangezogen, sondern eine solche, die dort, wo *h.* bisher ausschließlich belegt ist, nämlich in Ugarit und im AT, häufig belegt ist.

3. Die im AT zu findende Formel *h.* – *qdd*, besonders die Beobachtung, daß *qdd* für das AT nur in dieser Formel erhalten blieb, während *qadādu* in der altakkadischen und altbabylonischen Zeit bestens belegt ist, verweisen auf ein hohes Alter dieser Formel. Die ugaritischen Belege erwecken den Eindruck, dass die Formel *h.* – *ql(l)* (bzw. wahrscheinlich akk. *qīl*) dort ebenfalls schon etwas altertümlich war, sodass diese Huldigungsformel mindestens in der ersten Hälfte des 2. Jt., vielleicht noch etwas früher, entstanden sein wird.

4. Das Wort *h.* muss entstanden sein in einem Bereich, wo das Kausativum mit Š gebildet wurde, also nicht zu weit im Westen,[43] und in einem Bereich, wo die Wurzel *ḥwy* vorkommt, also nicht zu weit im Osten, weil im mesopotamischen Bereich *ḥwy* nicht vorkommt, sondern „leben" dort *balāṭu* heißt.

5. *H.* dürfte damit im syrisch-„ostkananäischen"[44] Raum geprägt worden sein und zwar an einem Königshof, der in der 1. Hälfte des 2. Jt. oder bereits im 3. Jt. eine größere Bedeutung und Ausstrahlungskraft gehabt haben muss, die einerseits Ugarit, andererseits die Vorfahren der späteren Israeliten erreichte.

Bis vor wenigen Jahren hätte es bei dieser Überlegung bleiben müssen. Neuerdings würde die neuentdeckte Stadt Ebla recht gut die erwähnten Voraussetzungen erfüllen. Interessanter Weise wird nämlich in Ebla einerseits das Kausativum mit Š gebildet (und offensichtlich ist auch der *Št*-Stamm belegt),[45] andererseits heißt in Ebla „leben" nicht *balāṭu* sondern *ḥwi*![46] Darüber hinaus scheint die Stellung des Königs keineswegs eine absolute gewesen zu sein, sondern er war offensichtlich auf

---

43 Ugarit dürfte ausscheiden, weil dort die allgemeine Regel, dass das Kausativum und das Personalpronomen der 3. Person mit demselben Konsonanten gebildet werden, nicht gilt: Ugarit hat zwar ein Š-Kausativum, bildet aber das Personalpronomen mit *H*.

44 Dieser Begriff ist hier primär geographisch gemeint.

45 G. Pettinato, *The Archives of Ebla* (Garden City, N.Y., 1981), S. 63–64. I.J. Gelb, „Ebla and the Kish Civilization", in: L. Cagni (Hg.), *La Lingua di Ebla* (Neapel, 1981), S. 36.40. H.P. Müller, „Das Eblaitische Verbalsystem nach den bisher veröffentlichten Personennamen", in *La Lingua di Ebla*, S. 230.

46 Müller, ebd.; P. Fronzaroli, „La contribution de la langue d'Ebla à la connaissance du sémitique archaïque", *Berliner Beiträge zum Vorderen Orient* I/1 (Berlin, 1982), S. 140.

Zustimmung von „Ältesten" oder ähnlichen Personen angewiesen,[47] was die Bedeutung von Akklamation und Huldigung über bloße Ergebenheitsbezeugungen hinausheben würde. Man kann somit auch für unsere Frage gespannt sein auf Texte und Vokabular zur Königsideologie und zum Hofzeremoniell von Ebla.

Ergänzung:

Die hier vorgelegte Erklärung wurde von Josef Tropper, Ugaritische Grammatik, AOAT 273, Münster 2000, voll übernommen: „Der letzte Vorschlag ist gewiss vorzuziehen, zumal die betreffende Wurzel im Ugaritischen eindeutig nicht als Parallelbegriff zu *hbr* [‚sich verneigen'] und *qyl* [‚niederfallen'] sondern viel mehr zu *kbd* D [‚ehren'] fungiert. Es dürfte mit S. Kreuzer (VT 35 [1985], 39–60) von einer kausativen Nuance ‚hochleben lassen; huldigen' auszugehen sein [möglicherweise auch mit indirekt-reflexiver Nuance, d.h. mit Rückwirkung der Huldigung auf den Sprecher]" (607).

Helga und Manfred Weippert, Der betende Mensch. Eine Außenansicht, in: FS B. Janowski, Gütersloh 2013, 435–490, haben eine umfangreiche Sammlung von ikonographischen Darstellungen der Proskynese von der altorientalischen und altägyptischen bis in die islamische Zeit vorgelegt. Zur Bedeutung von hištaḥ^awāh folgen sie zwar der Erklärung als Hištaf‘el, und bezüglich der Aufteilung der viergliedrigen Formel in zwei Verben der Bewegung (sich verneigen und niederfallen) und zwei Verben idealer Bedeutung (huldigen und ehren) geben sie zu: „Die These kann nicht falsifiziert werden" (470 Anm. 87). Sie wollen aber dennoch die Formel als lineare Reihe mit Verben der Bewegung auffassen, wobei selbst kbd offensichtlich nicht als verbale Äußerung sondern als Handlung verstanden wird: „KBD drückt sicher, wie die übrigen Verben, eine aktive Handlung aus …" – Demgegenüber ist festzuhalten, dass mit der Erklärung von hištaḥ^awāh als „hochleben lassen, huldigen, anbeten", d.h. als die ideelle Seite des Vorgangs, keineswegs die Bedeutung von Proskynese bzw. Prostration bestritten ist. Andererseits ist aber mit den zahlreichen Abbildungen des Vorgangs keineswegs widerlegt, dass in den Huldigungsformeln nicht nur (mit den Verben hbr und qyl bzw. hebr. npl) die Bewegung sondern (mit den Verben hištaḥ^awāh und kbd) auch deren ideelle Bedeutung zum Ausdruck gebracht wird. Insofern bringt die Huldigungsformel sowohl die „Außenansicht" als auch die „innere" Bedeutung zum Ausdruck, wobei hištaḥ^awāh als Št-Stamm der Wurzel ḥ-w/y-h eng mit der Akklamation y^eḥî hammäläk zusammenhängt.

---

47 Pettinato, *Archives*, S. 74–75, 92–93.

„So wahr ich lebe ..." – Schwurformel und Gottesschwur in der prophetischen Verkündigung

I. Eid, Schwur und Gottesschwur

Eid und Schwur kommen im Alten Testament in vielfältigen Situationen und Zusammenhängen vor. Ihre Verwendung reicht vom eher beiläufigen Gebrauch zur Bekräftigung einer Aussage oder einer Absicht über Situationen des Rechtslebens bis hin zur spezifisch theologischen Verwendung als Bekenntnis zu Jahwe oder auch zur Bekräftigung von Aussagen Jahwes selbst. Eid und Schwur[1] können durch Verb und Nomen von der Wurzel שבע benannt, aber auch durch die Schwurformel (meist חי יהוה) und durch Schwursätze mit ihrer elliptischen Andeutung (אם / אם לא) allfälliger Konsequenzen der Übertretung des Eides ausgedrückt werden. Im Zusammenhang der bei Schwursätzen angedeuteten bedingten Selbstverfluchung ist auch der Terminus אלה, Fluch, zu nennen. Nach der anderen Seite hin grenzen Eid und Schwur an das Gelübde, durch das auf seine Art besondere, wenn auch bedingte Verpflichtungen ausgedrückt werden. Schließlich wird auch die unbedingte Verpflichtung einer ברית durch einen Schwur bekräftigt.

In seiner noch immer beachtenswerten Untersuchung kommentierte J. Pedersen die Bandbreite der Sache und des Sprachgebrauchs durchaus positiv: „Dieser Mangel an fester Beschränkung des Begriffs im Sprachgebrauch der Semiten ist ein Zeugnis dafür, daß der Schwur bei den Semiten kein erstarrtes

---

1 Vgl. C.A. Keller, אלה 'ālā, Verfluchung, THAT I (1971), 149–152; ders., שבע šbʻni. schwören, THAT I (1976), 855–863. J. Scharbert, אלה, ThWAT I (1973), 279–285; I. Kottsieper, שבע, ThWAT VII (974–1000); J. Pedersen, Der Eid bei den Semiten in seinem Verhältnis zu verwandten Erscheinungen sowie die Stellung des Eides im Islam (1914); F. Horst, Der Eid im Alten Testament, EvTh 17 (1957), 366–384; A. Gamper, Gott als Richter in Mesopotamien und im Alten Testament. Zum Verständnis einer Gebetsbitte (1966); H.J. Boecker, Recht und Gesetz im Alten Testament und im Alten Orient (1976; ²1984); G. Giesen, Die Wurzel שבע, „schwören", BBB 56 (1981); ders., Eid: NBL I (1991), 488 f.; S. Kreuzer, Der lebendige Gott. Bedeutung, Herkunft und Entwicklung einer alttestamentlichen Gottesbezeichnung, BWANT 116 (1983), 30–299 (Eid und Schwurformel im AT). 305–309 (Ägypten). 315–321 (Mesopotamien); H. Seebass, Eid II. Altes Testament: TRE 9 (1982), 376 f; A. Schenker, L'origine de l'idee d'une alliance entre Dieu et Israel dans l'Ancient Testament, RB 95 (1988), 184–194. M. San Nicolo, Eid, RLA II (1938), 305–315; K.R. Veenhof, Aššum, Šamaš, ,By Šamaš', and similar formulas, JCS 30 (1978), 186–188; D.O. Edzard, Zum sumerischen Eid, FS T. Jacobsen: AS 20 (1975), 63–98; J. Krecher, Das Rechtsleben und die Auffassung vom Recht in Babylonien, in: W. Fikentscher / H. Franke / O. Köhler (Hg.), Entstehung und Wandel rechtlicher Traditionen (1980), 325–354; J.A. Wilson, The Oath in Ancient Egypt, JNES 7 (1948), 129–156; S. Allam, Das Verfahrensrecht in der altägyptischen Arbeitersiedlung von Deir El Medine (1973); P. Kaplony, Eid, LÄ I (1975), 1188–1200.

Überbleibsel ist, sondern vielmehr ein natürliches Glied im ganzen geistigen Organismus."[2]

Die große Bedeutung dieses „natürlichen Gliedes im ganzen geistigen Organismus" lässt aber doch auch nach dem Kern, gewissermaßen nach dem *nervus rerum*, fragen. Was unterscheidet Eid und Schwur von einer gewöhnlichen Aussage? Es ist zweifellos die besondere Machthaltigkeit und damit Wirkmächtigkeit. Der Eid hat den Charakter eines „Kraftwortes". Diese Erkenntnis ergibt sich einerseits aus dem Blick auf die Belege etwa des Alten Testaments[3] und wird andererseits bestätigt durch die Etymologie des Verbums שׁבע, wie sie sich nun doch in einer gewissen Eindeutigkeit abzeichnet: „Somit geht hebräisch שׁבע niph auf eine Wurzel zurück, die in ihrer semitisch-hamitischen Grundbedeutung eine starke insbesondere negative Äußerung meint... Hieraus leitet sich die Bedeutung ‚Schwören' aus der Reflexivität des niph ab, so daß der Gebrauch des Wortes die Selbstverfluchung beim Schwur konnotiert."[4]

Die Wirksamkeit dieses ‚Kraftwortes' ergibt sich aus der Wirksamkeit der beim Schwur angerufenen Gottheit, und das ist für das Alte Testament bei allen noch durchschimmernden Vorstufen[5] und Nebenerscheinungen[6] Jahwe, der Gott Israels. Jahwe als der machtvoll handelnde Gott wacht über die Einhaltung des Eides normalerweise, indem er Nichteinhaltung straft, gelegentlich, vor allem bei promissorischen Aussagen, wohl auch, indem er bei der Durchführung „hilft" bzw. diese gelingen lässt.

Nun wird im Alten Testament der Schwur nicht nur im menschlichen Bereich verwendet, sondern auch mit Jahwe als Subjekt. Während es grammatisch kein Problem ist, das Wort ‚Schwören' mit Jahwe als Subjekt zu verwenden – immerhin an 75 von 155 Stellen mit שׁבע im Niph. – entsteht dadurch ein gravierendes Sachproblem, nämlich: Bei wem schwört Jahwe? Klassisch formuliert ist das Problem in Hebr 6,13 in Bezug auf das diesbezüglich bekannteste Thema, nämlich

---

2 Pedersen, Eid, 19.

3 " ... zeigen ... den Charakter des Kraftwortes", Horst, Eid, 380.

4 I. Kottsieper, שׁבע, ThWAT VII, 976; vgl. ders. Zur Etymologie von hehr. šbʿ, UF 22 (1990), 149 – 168.

5 Solche religionsgeschichtlichen Vorstufen lassen sich z.B. noch an den verschiedenen Schichten des Ordalverfahrens von Num 5,11 – 31 erkennen. Siehe dazu die Kommentare und ·S. Kreuzer, Gott, 34 f.

6 Für die Nebenerscheinungen, die in Israel offensichtlich nicht nur Randerscheinungen waren , ist einerseits der Schwur bei den Göttern der Väter bzw. beim פחד יצחק (Gen 31,53) und andererseits bei verfremdeten Formen Jahwes bzw. fremden Göttern zu nennen (Am 8,14, vgl. dazu die Texte von Kuntillet ʿAjrud; Jer 5,7; 12,16; Zef 1,5; Jos 23,7; siehe die Kommentare und I. Kottsieper, שׁבע (IV.1). Zu Am 8,14 siehe S. Kreuzer, Gott, 97 – 105; zu Kuntillet ʿAjrud siehe U. Beckmann, Aschera, NBL I, 184 – 186; C. Uehlinger, Kuntilet ʿAğrūd, NBL II, 566 – 568.

den Jahweeid an die Erzväter: „Denn als Gott dem Abraham die Verheißung gab, schwor er bei sich selbst, da er bei keinem Größeren schwören konnte". Die Problematik der Übertragung einer Schwurhandlung auf Gott zeigt sich an der Gewagtheit der Szene von Gen 15 ebenso wie in den verschiedenen Ansätzen im Bemühen um adäquate Formulierungen.

II. Eid und Schwur im Rechtsleben und in der Prophetie

Hans Jochen Boecker hat in seiner Untersuchung zu den „Redeformen des Rechtslebens im Alten Testament"[7] auch die Eidesformulierungen angesprochen. „Der Eid hatte im Vorgang der Rechtsfindung einen festen Platz" (S. 37 f.), und zwar insbesondere als Reinigungseid und damit im Blick auf „Angaben, die von einer menschlichen Instanz nicht ohne weiteres auf ihre Glaubwürdigkeit hin geprüft und bestätigt werden können."[8]

In Gestalt der Schwurformel חי יהוה finden sich Eidesformulierungen häufig auch im Zusammenhang von Rechtsentscheidungen, und zwar als Einleitung zur Tatfolgebestimmung. Beispiele. gibt es in einer ganzen Reihe von entsprechenden Erzählungen, etwa Ri 8,39; 1Sam 14,39.45; 28,10; 2Sam 4,9 – 11; 12,5; 14,11; 1Kön 2,24. Mit dieser Bekräftigung eines Urteils durch die vorangestellte Schwurformel wird auf die Autorität und Wirksamkeit Jahwes – eben auch für den Bereich des Rechtslebens – hingewiesen.[9]

Die Verwendung des Eides und der Schwurformel im Rechtsleben spiegelt sich auch in der Bezugnahme – d. h. meistens in der Kritik – der Propheten; dort kommt auch die Schwurpraxis zur Sprache. Die Kritik kann sich dabei auf den Kontext des Rechtslebens beziehen, so in Jer 4,2 und besonders deutlich in 5,1 f.: „Geht durch die Gassen Jerusalems und schaut und merkt auf und sucht auf den Straßen der

---

7 WMANT 14 (1964); 2. erw. Aufl. 1970.

8 Ebd., 39 mit den Beispielen Jos 22,22 ff. und 2Sam 3,36; ders., Recht 26 f.146.

9 Die Bedeutung der Schwurformel im Zusammenhang von Urteilsformulierungen ist bisher in der Forschung kaum berücksichtigt, auch nicht im Abschnitt „Rechtsprechung im Namen Jahwes" bei Gamper, Richter, 205 f. Auffallend ist das Fehlen der Frage nach der theologischen Verankerung des Rechtslebens bei H. Niehr, Rechtsprechung in Israel. Untersuchungen zur Gerichtsorganisation im Alten Testament, SBS 130 (1987). Ob man der „Rechtsprechung in Israel" mit einer Beschränkung auf eine nur soziologische Darstellung der Gerichtsorganisation und deren Träger gerecht werden kann, ist fraglich. – Die Bedeutung der religiösen Verankerung des Rechts (von den Gesetzeskorpora bis hin zur Rechtspraxis) in Israel zeigt ein Vergleich mit Ugarit, wo bisher eine religiöse Verankerung des Rechts nicht belegt ist, vgl. Kreuzer, Gott, 326 f. G. Boyer, Etude juridique, PRU III (1955), 281– 308, spricht für Ugarit von einer „élimination de l'élément religieux" (284).

Stadt, ob ihr jemand findet, der Recht übt und auf Wahrheit hält, so will ich ihr gnädig sein. Und selbst wenn sie sprechen חי יהוה, so schwören sie doch falsch".[10]

Die Propheten nahmen jedoch nicht nur in ihrer Sozialkritik Bezug auf Erscheinungen des Rechtslebens, sondern vor allem verwendeten sie selber für ihre Verkündigung vielfach Gattungen des Rechtslebens. Dies immerhin in einem Maß, dass ein guter Teil der Belege der Redeformen des Rechtslebens im Alten Testament den prophetischen Texten entnommen werden kann.[11] Besonders Anklage- und Verteidigungsreden sowie Urteilsspruch und Tatfolgebestimmungen sind hier zu nennen. Im Einzelnen lässt sich zeigen, dass in den „Grundformen prophetischer Rede"[12] Redeformen des Rechtslebens verwendet sind, womit die prophetische Verkündigung sich zu einem wesentlichen Teil als vom Rechtsdenken her geprägt erweist.[13] Auf diesem Hintergrund soll im Folgenden die Verwendung und Entwicklung von Schwurformel und Gottesschwur in der prophetischen Verkündigung dargestellt werden.

III. חי אני – „So wahr ich lebe"

Die Schwurformel zeigt eine ähnliche Verteilung im Alten Testament wie das Verbum שבע mit seinen verschiedenen Formen. Jedoch mit der Einschränkung, dass sie in der Form חי יהוה nicht im Pentateuch und mit Ausnahme von Ri 8,39 erst ab 1Sam vorkommt. Dagegen findet sie sich wiederholt (und klar abgegrenzt) in der David-Dynastie-Erzählung und in den Elia-Elisaerzählungen. Ihre häufige

---

10 Die weiteren Belege der Schwurformel bei den Propheten gehören mehr oder weniger in den kultischen Bereich, wobei zwischen sakralrechtlichen Vorgängen und Verwendung des Eides als Bekenntniseid eine gewisse Bandbreite besteht. Hierher gehören die Belege Hos 4,15; Am 8,13f., aber auch Jer 12,16; 44,26. Die Erweiterungen der Schwurformel bei den Belegen im Jeremiabuch zeigt, dass hier die theologische Reflexion im Vordergrund steht; zu diesen Stellen vgl. Kreuzer, Gott, 97–125, Das Anliegen des Bekenntniseides wird auch in Dtn 6,13; 10,20 thematisiert.
11 Boecker, Redeformen, 52–56.79–106.151–159, mit Beispielen vor allem aus Jes, Hos, Mi, Jer, DtJes.
12 C. Westermann, BEvTh 31 (²1960.1964), z.B. 93–98.
13 So insbesondere die Gerichtsworte: „Die Verbindung von Schelt- und Drohwort, diese so charakteristische Form prophetischer Verkündigung, dürfte in der Struktur des Gerichtsspruchs, der in seiner vollen Form aus Urteil und Tatfolgebestimmung besteht ihren Ursprung haben." Boecker, Redeformen, 157. Für Amos kommt H.W. Wolff, Amos, BK XIV/2 (²1975), 117, zu dem Ergebnis: „Das Gerichtswort stellt die Grundform der Verkündigung des Amos dar, und zwar in der Gestalt, daß eine Begründung der Strafandrohung vorausgeht. Mehr als die Hälfte der Sprüche ist so komponiert."

Verwendung im Volks- und im Rechtsleben wird durch die Propheten des 8. – 6. Jh. bestätigt – und durch das Vorkommen in den Lachisch-Ostraka.[14]

Während Redeformen des Rechtslebens in vielfältiger Weise in die Gottesworte der Propheten übernommen wurden, geschah dies mit der Schwurformel später und seltener. Das ist in der oben erwähnten inneren Schwierigkeit der Übertragung auf Jahwe begründet. Die markante Ausnahme in dieser Hinsicht ist der Prophet bzw. das Buch Ezechiel, wo 16mal חי אני vorkommt. Diese konsequente Umsetzung der Schwurformel in die 1. Person entspricht der Eigenart des Propheten: „Der Prophet spricht durchweg (Ausnahme 1,3) in 1. Person. Doch er stellt fast alles als ein Reden und Tun Jahwes dar; selbst was bei Jeremia die Form der Konfession hätte, erscheint hier als Bestandteil der Gottesrede (30,30 – 33)."[15] Diese Umformung, „die manche Tatbestände nur in der indirekten Formulierung des Gotteswortes zum Ausdruck kommen läßt",[16] ist bezüglich der Schwurformel nicht nur besonders deutlich, sondern unterstreicht auch ein wichtiges Anliegen Ezechiels, nämlich die Souveränität des Wollens und Handelns Jahwes. Es handelt sich um folgende sechzehn Belege: 5,11; 14,16.18.20; 16,48; 17,16.19; 18,3; 20,3.31.33; 33,11.27; 34,8; 35,6.11.

Die Grundstruktur ihrer Verwendung lässt sich an 5,11 gut veranschaulichen. In der langen Einheit 3,16a.22 – 5,17 mit den drei Teilen a) berichtende Einführung, b) Rede Jahwes an den Propheten und c) Auftrag zur Verkündigung steht 5,11 im dritten Teil, der allerdings in mehreren Anläufen einhergeht und auch von der Nachinterpretation geprägt ist. 11 – 13 nimmt Bezug auf die Zeichenhandlung von 1 f., in der das Gericht dargestellt wurde. Nachdem schon in 7 f. Tatbestandsfeststellung und Tatfolgebestimmung mit לכן eingeführt und ausgesprochen worden waren, enthält V. 11 – 13 eine weitere solche Einheit, wieder eingeleitet mit לכן und nun bekräftigt mit der Schwurformel: לכן חי אני נאם אדני יהוה אם לא. ... Hier wird praktisch alles, was möglich ist, aufgeboten: die Schwurformel, die Gottesspruchformel und die Schwursatzeinleitung. Mit diesen „Kraftworten" wird hier beides eingeleitet, die Begründung und das Urteil.

Besonders deutlich ist die rechtliche Struktur in c.14, wo in einem vierfachen Durchgang auf dem Hintergrund der Vernichtung eines Landes die Frage einer möglichen Errettung diskutiert wird. Voraussetzung ist der Tatbestand, dass ein Volk gegen Jahwe sündigt und treulos handelt (V. 13,a), und dass Jahwe dieses Volk in verschiedener Weise straft (V. 13b.15.17.19). Gegenüber diesem Hintergrund wird nun – ganz im Sinn einer kasuistischen Differenzierung – die Anwesenheit der drei

---

14 Siehe dazu die Übersicht bei Kreuzer, Gott, 27 – 29.
15 R. Smend, Die Entstehung des Alten Testaments, ThW 1 ([3]1984), 165.
16 W. Zimmerli, Ezechiel, BK XIII/1.2 ([2]1979), II 822.

exemplarischen Gerechten, Noah, Daniel und Hiob, angenommen. Sie würden gerettet (V. 14), aber weder ihre Angehörigen noch ihr Volk (V. 14.16.18.20). Ziel der Erörterung ist, dass die Jerusalemer an einem solchen Geschehen erkennen sollen, dass auch ihre Strafe eine Folge des gerechten Strafhandelns Gottes ist. Die allgemeine Nennung „eines Volkes" und „die Nennung von drei vor- oder doch außerisraelitischen Frommen macht deutlich, dass Ezechiel hier von einer weltweiten Weise göttlicher Gerechtigkeit reden will, die einen jeden Menschen, ob Israeliten oder Nicht-Israeliten, unerbittlich bei seinem eigenen Tun behaftet."[17] Für unser Thema ist wichtig, „daß der jeweilige negative Urteilsspruch wieder mit der Schwurformel, der Gottesspruchformel und (außer in V. 18) der Schwursatzeinleitung besonders betont wird".[18] Mit der Verwendung der Schwurformel „so wahr ich lebe" wird zugleich deutlich, wie Jahwes Lebendigkeit, d. h. sein Herrsein und sein Wirksamsein, hier zu verstehen ist, nämlich als der machtvolle Erweis seiner göttlichen Gerechtigkeit.

Die weiteren Belege entsprechen im Wesentlichen dieser Grundstruktur. Die Schwurformel steht jeweils in engster Verbindung mit der Tatfolgebestimmung, hier eben der prophetischen Gerichtsankündigung bzw. etwas vorgezogen schon bei der einleitenden Tatbestandsfeststellung, d. h. bei der Begründung (so in 16,48). In 17,19; 20,3 und 33,27 findet sich anstelle der Gottesspruchformel ohne sachlichen Unterschied die Botenformel.

Bedeutsam ist jedoch, dass die Belege der Schwurformel auch an der Wende zur Heilsverkündigung Anteil haben (33,11.27; 34,8; 35,6.11). Dabei findet sich wieder die gleiche Struktur der Aussagen, nämlich Schwurformel, Gottesspruchformel und (außer 35,11) Schwursatzeinleitung. Hatte der Prophet vor dem Fall Jerusalems gegen Selbstgewissheit und Unbußfertigkeit Stellung genommen, so hatte er nun gegen Resignation und Verzweiflung Stellung zu anzugehen. Auch der grundlegende, in und jenseits allen Gerichtes tragende Heilswille Jahwes wird mit dem Jahwe-Eid und d. h. eben mit der Schwurformel bekräftigt; so gleich in der ersten diesbezüglichen Einheit 33,1–20, die praktisch eine neue Beauftragung des Propheten darstellt. Gegenüber der resignierten und verzweifelten Frage: „Wie können wir (überhaupt noch) leben?" (V. 10) erhält Ezechiel den Auftrag: „Sage zu ihnen: חי אני נאם אדני יהוה אם – So wahr ich lebe, spricht der Herr Jahwe, ich habe nicht Wohlgefallen am Tod des Gottlosen, sondern daran, dass der Gottlose von seinem Wege umkehre und lebe!" (V. 11).

---

17 Ebd. I, 321 f.

18 Dass in dem positiven Fall von V. 14 nur die Gottesspruchformel und noch nicht die Schwurformel verwendet wird, liegt am Gefälle des Textes hin zur Nichterrettung, die dann besonders betont wird. Dies klingt schon in V.14 an: „(nur) sie selbst (בנפשם) werden gerettet".

Zwar finden sich in den weiteren Aussagen Anklänge an kasuistische Formulierungen ähnlich wie in c.14, aber es geht um das grundlegende Thema des Heilswillens Jahwes, in den Ezechiel mit seinem Auftrag hineingenommen ist. Die Schwurformel in V. 11 steht zwar auch hier in Verbindung mit der Gottesspruchformel und Schwursatzeinleitung, aber nicht im Kontext einer Struktur des Rechtslebens, sondern sie unterstreicht mit großer Eindringlichkeit Jahwes Heilswillen. Dabei ist die Schwurformel hier auch insofern bewusst zu hören, als in V. 10 f. dreimal Formen von חיה, leben, vorkommen: „Wie können wir leben?" – „So wahr ich lebe" – „Ich will ... dass er umkehre und lebe".

> Die übrigen Belege dieses Teiles des Ezechielbuches stehen der Gerichtssituation und dem Rechtsleben wieder näher, wobei es um die Bestreitung der Unbußfertigkeit (33,27), um die schlechten Hirten Israels (34,8) oder um das Gericht an den Feinden (35,6.11) geht. Auch hier geht es inhaltlich um den Heilswillen Jahwes, während die verwendeten Redeformen offensichtlich eine Affinität zur Gerichts- bzw. Unheilsansage haben.

Außer den Belegen des Ezechielbuches gibt es sieben Einzelbelege der Schwurformel in der 1. Person der Gottesrede: Num 14,21.28; Dtn 32,40; Zef 2,9; Jer 22,24; 46,18; Jes 49,18. Diese Belege sind zwar interessant und theologisch bedeutsam, brauchen aber hier nur kurz angesprochen zu werden: Die prophetischen Belege stehen zeitlich durchweg den Belegen des Ezechielbuches nahe. Die beiden Belege in Num 14 sind priesterschriftlich (V. 28) bzw. redaktionell (V. 21). Dtn 32,40 partizipiert an der Schwierigkeit der Datierung des Moseliedes. Dabei mögen einzelne Wendungen und Traditionen älter sein, das Lied als Ganzes ist aber kaum vorexilisch, und vor allem steht V. 40 der Aussage von Jes 45,23 f. sehr nahe. So zeigen diese Einzelbelege zwar die Verbreitung des Jahwe-Eides חי יהוה in der prophetischen Literatur des 6. Jahrhunderts. Es lässt sich aber keiner der Belege als vorezechielisch erweisen. Dennoch kam die ezechielische Formulierung eines Jahwe- Eides nicht unvorbereitet, sondern es lässt sich eine Vorgeschichte und ein Umfeld aufzeigen.

IV. Gott beschwört seine Zusagen

Wir hatten bereits erwähnt, dass bei den 155 Belegen von שבע niph. in 75 Fällen, also knapp der Hälfte, Jahwe das Subjekt ist. Dieses Zahlenverhältnis entspricht sicher nicht den Gegebenheiten der Alltagssprache in Israel, sondern spiegelt das besondere theologische Anliegen der alttestamentlichen Texte. Es sind drei große Bereiche, die in Verbindung mit dem Gotteseid angesprochen werden: 1. die Erzvätertradition einschließlich ihres Ziels in der Volksgeschichte und im Landbesitz, 2. die Davidtradition, 3. die Verwendung des Jahweeides in der prophetischen Botschaft.

Die meisten Belege gehören zum ersten Thema, *Erzvätertradition und Landbesitz*. Es handelt sich um eine – in Genesis deutlich als redaktionell erkennbare – Linie, die im Deuteronomium in voller Breite entfaltet wird. Die Linie setzt ein beim nochmaligen Reden des Engels vom Himmel her in Gen 22,15 – 18: „Da redete der Engel Jahwes zu Abraham ein zweites Mal vom Himmel her, und er sagte : ‚Bei mir habe ich geschworen, Spruch Jahwes, weil du dies getan hast und weil du nicht verschont hast deinen Sohn, deinen geliebten, darum will ich dich ganz gewiss segnen und deine Nachkommenschaft sehr zahlreich machen wie die Sterne des Himmels und wie den Sand am Ufer des Meeres, und es soll in Besitz nehmen deine Nachkommenschaft das Tor ihrer Feinde, und es sollen dich segnen durch deine Nachkommenschaft alle Völker der Erde, weil du auf meine Stimme gehört hast.'" Diese Rede kommt nach dem Abschluss der Geschehnisse und nach Abrahams abschließendem Bekenntnis und der Benennung des Ortes und ist somit deutlich als Nachtrag zu erkennen. Die Formulierung setzt sowohl 12,1 – 3 als auch 15,1 – 6 voraus. Merkwürdigerweise wird zwar die Mehrung des Volkes erwähnt, nicht aber der Landbesitz, sondern das Einnehmen der Tore der Feinde. Letzteres erinnert an den Segenswunsch, mit dem Rebekka entlassen wird (24,60), der vielleicht eine ältere Tradition spiegelt, die aber kaum aus der nunmehrigen Gestalt von Gen 24 herauszulösen ist. Der Nachtrag ist also ziemlich spät und setzt nicht nur c .15 voraus, sondern steht insofern auch in einer gewissen Spannung dazu, als die Verheißung von 15,1 – 6 unkonditional erging und eben bereits vorlag. Darüber hinaus war 15,7 – 21 bereits als Schwurhandlung gestaltet. Das ist wohl der Grund, dass die Landverheißung im Schwur von 22,15 – 18 nicht ausdrücklich vorkommt.

Die Erwähnungen des Jahwe-Schwures in Gen 24,7; 26,3 und 50,24 beziehen sich auf die Landverheißung und damit auf Gen 15,7 – 21. In Ex 13,5.11; 33,1; Num 14,23; 32,11 wird diese Linie aufgenommen. Dass allein das Deuteronomium ca. 25 Belege in den Rahmenreden enthält (dazu noch 19,18),[19] zeigt, wohin diese Formulierung gehört. Die Linie wird weitergeführt in Jos 1,6; 5,6; 21,43 und Rt 2,1. Es fällt auf, dass in Dtn 4,31; 7,12; 8,18; 29,12 die beeidete Verheißung als Bund bezeichnet wird, und dass Dtn 7,8 den Exodus als Folge aus diesem Bund versteht. Im Kontrast dazu wird auch das Nicht-Betreten des Landes in Folge der Ereignisse um die Kundschaftergeschichte (Num 14) als von Jahwe beschworen verstanden

---

19 Die Zählung differiert wegen Variationen in der Formulierung; vgl. dazu Kottsieper, שבע, 987 – 989. In 19,18 steht דבר parallel zu נשבע.

(Dtn 1,35; 2,14; 4,21; Jos 5,6). Dabei bleibt offen, ob Dtr. bereits auf eine entsprechende Eidesformulierung in Num 14 Bezug nahm oder nehmen konnte.

Dagegen ist das in den P-Texten erkennbar. Num 14,21.28 bringen entsprechende Formulierungen und zwar, wie bereits erwähnt, mit חי אני und außerdem mit Erwähnung des Schwurgestus (Erheben der Hand) anstelle des Verbums ‚schwören'. Eine parallele Formulierung bietet Ex 6,8, wo ebenfalls der Schwurgestus נשאתי את ידי לתת erwähnt wird. Wir haben priesterschriftliche Ausdrucksweise vor uns.

Es würde hier zu weit führen, die Belege Jer 11,5 und Ps 95 zu diskutieren oder die Beobachtung, dass die Belege teilweise die drei Erzväter namentlich nennen und teilweise nur generell von den Vätern gesprochen wird, weiter zu erörtern.[20] Deutlich wurde, dass es sich bei diesem beeideten Schwur an die Väter um eine typisch dtr Formulierung und ein dtr Anliegen handelt. Der Anknüpfungspunkt ist wahrscheinlich die Eideshandlung von Gen 15,7 ff., in der es, so wie bei den dtr Schwurfornulierungen, um den Landbesitz geht. Es ist nicht unwahrscheinlich, dass Gen 15,7 ff. eine vordeuteronomistische Grundlage hat.[21] Die dargestellten Schwurformulierungen dagegen sind dtr und bilden eine dtr Redaktionsschicht zu den älteren Pentateuchschichten und zu Josua und Richter. Gen 24,7 ist dagegen wohl jünger, hat die Segens- und (bzw. als) Mehrungsverheißung im Blick und ist vor allem nicht mehr unkonditional, sondern begründet sie im Tun Abrahams: Abraham hat beispielhaft auf Jahwes Stimme gehört. – Ein durchgehendes Kennzeichen dieser Belege ist das Bemühen, die für Israel existenzbegründende Verheißung Jahwes durch einen Jahwe-Eid besonders festzumachen. Die Belege sind dabei so formuliert, dass nicht gesagt wird, bei wem Jahwe schwört.

---

20 Die These von T. Römer, Israels Väter. Untersuchungen zur Väterthematik im Deuteronomium und in der deuteronomistischen Tradition, OBO 99 (1990), dass es bei den Vätern in den dtn und dtr Texten durchwegs um die Väter der Exoduszeit gehe und diese erst spät und sekundär durch Einfügung der Namen von Abraham, Isaak und Jakob zu jenen ‚umidentifiziert' wurden, kann hier nicht weiter erörtert werden. Man wird über die Interpretation einzelner Belege diskutieren können, als Gesamtthese lässt sie sich aber nicht durchhalten. Abgesehen davon, dass auch die literarhistorischen Prämissen zu hinterfragen sind, wäre u.a. die Gegenprobe mit der Frage nach der positiven Evidenz der vorgeschlagenen Identifikation zu machen. Das Problem des Verhältnisses von Exodus- und Erzvätertradtion ist zweifellos vorhanden, vgl. etwa bereits K. Galling, Die Erwählungstraditionen Israels, BZAW 48 (1928). Zur Auseinandersetzung mit Römer nun auch N. Lohfink, Die Väter Israels im Deuteronomium, OBO 111 (1991).

21 Siehe dazu S. Kreuzer, Die Frühgeschichte Israels in Bekenntnis und Verkündigung des Alten Testaments, BZAW 178 (1989), 83–93, und E. Haag, Die Abrahamtradition in Gen 15, in: J. Scharbert, Die Väter Israels: Beiträge zur Theologie der Patriarchenüberlieferungen im Alten Testament (1989), 83–106, neben P. Weimar, Genesis 15. Ein redaktionskritischer Versuch, ebd., 361–411.

Die *beeidete Davidtradition* hat dagegen viel weniger Belege. In 2Sam 3,9 erinnert sich Abner an einen Schwur Jahwes für David, dass er ihm auch das Nordreich zuführen will, und Abner will sich dabei beteiligen. Die Stelle ist literarisch und auch inhaltlich schwierig. Ein solcher Eid ist sonst nicht belegt. Er liegt inhaltlich nicht nur auf der Linie der Aufstiegsgeschichte, sondern hat darüber hinaus wohl auch die Absicht, Abners Verhalten moralisch zu entlasten. Die Formulierung, dass Jahwe für David geschworen hat, ist kein Problem. Allerdings fehlt, wie bei den dtr Belegen, die Angabe, bei wem Jahwe schwört. Auch das bestätigt, dass die Stelle wohl dtr Zusatz ist.[22]

Die gewichtigen und bedeutenderen Belege für eine beeidete·Verheißung an David bieten die Psalmen: 89,4.36.50; 110,4; 132,11.[23] Ps 89 enthält zwar eine Reihe älterer Traditionen bzw. bezieht sich darauf zurück, er aber ringt mit dem Problem des Niedergangs des davidischen Königtums. Der Psalm gehört somit in die Zeit des Endes des Südreiches. Dem eingetretenen Ende werden Verheißungen an David bzw. die Daviddynastie gegenübergestellt und zwar als Jahweeide, womit ihre Unverbrüchlichkeit festgehalten wird. Von da aus stellt sich dem Psalmisten – und für Jerusalem – die Frage nach der Dauer des gegenwärtigen Zustandes: „Wie lange willst du dich verbergen? ... Wo sind deine früheren Gnadenerweisungen. Herr, (die) du David geschworen hast bei deiner Verlässlichkeit (נשבעת לדוד באמונתך)?" (V. 47.50) Für die uns hier interessierende Frage nach der formalen Gestaltung ist festzuhalten, dass in V. 4 Bund und Eid parallel stehen und dass bei der Schwuraussage zwar gesagt wird, wem der Schwur gilt (לדוד), nicht aber, bei wem oder wobei Jahwe schwört. Dies entspricht den dtr Formulierungen des Eides an die Väter. Dagegen wird in V. 36 und 50 diese Lücke gefüllt: „Einmal habe ich geschworen bei meiner Heiligkeit (בקדשי)" (V. 36) bzw.: „Du hast David geschworen bei deiner Verlässlichkeit (באמונתך)" (V. 50). Mit den beiden Begriffen Heiligkeit und Verlässlichkeit wird die Reflexivität umschrieben durch Hinweis auf das Wesen Jahwes, womit einerseits die Identität Jahwes gewahrt ist und andererseits die vollständige Form einer Schwurformulierung erhalten bleibt (s.u. zu Amos).

Ps 110 gibt eine Zusammenstellung von wahrscheinlich drei kultprophetischen Orakeln durch den König (V. 1–3.4.5–7), von denen das erste und das letzte deutlich auf die Inthronisation Bezug nehmen (vgl. Ps 2) und durch ihren kriegerischen Charakter auffallen. Dagegen erinnert V. 4 an eine etwas anders gela-

---

22 F. Stolz, Das erste und zweite Buch Samuel, ZBK.AT 9 (1981), 199 f; T. Veijola, Die ewige Dynastie, AASF B 193 (1975), 132 f; Giesen, Wurzel, 319–321.

23 Zum Folgenden vgl. die Kommentare; weiter T. Veijola, Verheißung in der Krise. Studien zur Literatur und Theologie der Exilszeit anhand des 89. Psalms, AASF B 220 (1982); Kreuzer, Gott, 166–168; Giesen, Wurzel, 321–332.

gerte Zusage: „Du bist ein Priester für immer entsprechend meinem Wort an Melchisedek." Diese Zusage einer priesterlichen Funktion für den König entspricht jedenfalls nicht dtn/dtr Intentionen. Wie weit sich im Psalm „die uralten Privilegien und Kulttraditionen des vorisraelitischen Königtums"[24] widerspiegeln, braucht hier nicht erörtert zu werden. Die nunmehrige Einleitung נשבע יהוה ולא ינחם weist sowohl mit dem Jahweschwur als auch mit dem Zusatz „er lässt es sich nicht gereuen" in spätere Zeit, d.h. in die Zeit des Ringens um den Bestand dieser Verheißungen und damit, ähnlich wie Ps 89, in die Exilszeit oder in die anschließende Zeit der restaurativen Hoffnungen.

Ähnlich ist das Ergebnis zu Ps 132, wo die Dynastieverheißung an David ebenfalls als Jahweeid gefasst wird: נשבע יהוה לדוד (V. 11). Dieser Treueschwur, von dem Jahwe nicht abgeht, wird dann doch konditional gefasst: „Wenn deine Söhne meinem Bund halten ... (V. 12). Die Bedingtheit der Verheißung an David wird etwas gemildert durch die Einbindung in die Erwählung des Zion (V. 13ff).[25] V. 10 lässt jedenfalls eine Krise erkennen, setzt wahrscheinlich aber doch das Exil als diese Krise voraus und erbittet Jahwes Hilfe: „Um David deines Knechtes willen wende nicht ab das Antlitz deines Gesalbten." Auch V. 10 führt somit höchstens in die Zeit kurz vor dem Exil und nicht hinter die dtn/dtr Zeit zurück.[26]

Die Fassung der *Davidtradition* als Jahwe-Eid steht somit ähnlich wie die entsprechende Fassung der *Väterverheißung* im Horizont des dtn/dtr Denkens und insbesondere des Ringens um Gültigkeit und Bestand dieser Zusagen. Mit der Formulierung als Jahwe-Eid wird der höchstmögliche Ausdruck für Verlässlichkeit verwendet. Mit der positiven Formulierung des Eides ist die Möglichkeit der Verwendung des Eides zur Bekräftigung von Handlungsabsichten aus dem menschlichen Bereich auf Jahwe übertragen. Es handelt sich um jenen Bereich der Verwendung des Eides, der auch im zwischenmenschlichen Bereich in der Nähe des Bundesschlusses steht (Gen 21,22 – 34; 24,21 – 23; 31,43 – 32,1; 1Sam 20,12 – 17; u. ö.).[27]

---

24 H.-J. Kraus, Psalmen, BK X/2 (⁵1978), 929.
25 Ein Bezug auf den Sinaibund (Giesen, Wurzel, 328) ist wenig wahrscheinlich.
26 Die neuerdings vorgetragene Behauptung, die in Ps 132,11 f. enthaltene „royal ideology ... can only be understood against the background of the conditional covenant idea functioning in the tribal society" und die damit begründete Datierung ins 10. Jh. (A. Laato, Psalm 132 and the Development of the Jerusalemite/Israelite Royal Ideology, CBQ 54 (1992), 49 – 66, ist schwer nachvollziehbar.
27 Giesen, Wurzel, 47 – 76; Kottsieper, שבע, IV.3.

V. Der Eid Jahwes in der prophetischen Verkündigung

Für die Verwendung des Jahweeides in der prophetischen Verkündigung sind hier vor allem die vorexilischen Belege interessant. Es sind dies Am 4,2; 6,8; 8,7 und Jes 5,9; 14,24; 22,14. Die Belege des Jeremiabuches zeigen dagegen die spätere Entfaltung.

Im Gotteswort von Am 4,1–3 wird den reichen Frauen von Samaria, den „fetten Basanskühen", die wesentliche Triebkräfte für die Ausbeutung und Unterdrückung der Armen sind, angekündigt, dass sie in Zukunft als Sklavinnen durch die Mauerbreschen der zerstörten Stadt weggeführt werden. V. 1–3 folgt in der Struktur einem Rechtsentscheid, wobei die Tatbestandsfeststellung in die Anrede hinein genommen ist („hört dieses Wort, ihr Basanskühe auf dem Gebirge Samaria, die die Hilflosen unterdrücken, die Bedürftigen schinden , die sagen zu ihren Ehemännern: Lasst herbeischaffen, damit wir ein Gelage feiern"). Das anschließende Urteil wird mit einem Jahweschwur eingeleitet: נשבע (אדני) יהוה בקדשו. Diese Struktur entspricht der Zweigliedrigkeit von Tatbestandfeststellung und Tatfolge bzw. Urteil, wobei das Urteil durch den Hinweis auf Jahwe als Garanten der israelitischen Rechtsordnung bekräftigt wird. Die Schwurformel wird von Amos zusammen mit Tatbestandsfeststellung und Tatfolgebestimmung als Redeform des Rechtslebens in die prophetische Verkündigung übernommen.[28] Die formale und sachliche Schwierigkeit, den Eidgaranten anzugeben, wird mit Hilfe einer Umschreibung gelöst: Jahwe schwört bei seiner Heiligkeit.[29] Der Hinweis auf Jahwes Heiligkeit als Hinweis auf Jahwes innerstes Wesen und Wirken erscheint auch bei den Amos zeitlich nahestehenden Propheten Jesaja und Hosea (Jes 6; Hos 11,9), allerdings als Adjektiv und nicht als Nomen.[30]

Einer 4,1–3 ähnlichen Kritik des Luxus und der Überheblichkeit in Samaria (6,1–7) folgt in 6,8 eine mit einem Jahwe-Schwur eingeleitete Einheit, wobei hier die Kritik (Tatbestandfeststellung) und das Urteil in einer Folge von drei kurzen Sätzen zusammengefasst sind: „נשבע (אדני) יהוה בנפשו".[31] Ich verabscheue Jakobs Anmaßung, seine Wohnburgen hasse ich, ich liefere aus, was in der Stadt ist." Durch die Aussagen „ich verabscheue", „ich hasse" beginnt bereits das Urteil, wobei der Tatbestand (Anmaßung, [durch Unterdrückung der Armen errichtete

---

28 Siehe oben II. und Anm. 13.

29 Vgl. W. Kornfeld / H. Ringgren, קדש, ThWAT VI (1989), 1186–1198.

30 Die Verwendung von קדש in dtn/dtr Texten, bei P, bei Jer und bei DtJes / TritoJes ist dagegen deutlich verschieden, ebd. 1188–1198.

31 Zum Text siehe BHS und Wolff, Amos, 324.

großartige] Wohnburgen) in äußerster Knappheit mit hinein genommen ist.[32] Bei
der Bekräftigung durch den Jahweeid wird hier die Umschreibung mit בנפשו verwendet. Dabei ist nicht an alte mesopotamische Schwurriten gedacht,[33] sondern
die נפש Jahwes ist sein „Ich in seiner intensiven Intentionalität"[34], wobei wieder
auf die Amos zeitlich nahestehende Stelle Jes 1,14 hingewiesen werden kann, wo
die zornige Ablehnung der Feste ebenfalls von der נפש Jahwes ausgeht,[35] „Eure
Neumondfeiern und eure Feste, meine Seele hasst sie". Auch hier wird – formal
ähnlich wie in Am 6,8 – נפש mit Personalsuffix zur Umschreibung für Jahwe selber
verwendet.

In Am 8,7 wird wieder der Urteilspruch mit dem Jahweeid eingeleitet, nachdem in V. 4 – 6 eine Reihe von Vergehen der Israeliten festgehalten worden war. Der
Jahweeid steht somit formkritisch betrachtet wieder genau an der richtigen Stelle
im Rahmen eines Gerichtswortes. Er ist hier in einer weiteren Variante formuliert:
נשבע יהוה בגאון יעקב אם„ ..., Geschworen hat Jahwe beim Stolz Jakobs, wahrlich ich
vergesse niemals alle ihre Taten." Der Hinweis auf den Schwur ist hier durch die
Schwursatzeinleitung noch zusätzlich verstärkt. Die Umschreibung „beim Stolz
Jakobs" ist schwierig zu erklären. Ein ironischer Rückbezug auf den in 6,8 kritisierten Stotz der Israeliten ist sehr fraglich. Eher denkbar ist ein ironischer
Rückbezug darauf, dass Israel sich in illusorischer Weise Jahwes rühmt,[36] etwa in
den von Amos kritisierten Gottesdiensten (5,18.21 ff.).

Am 4,2 und 6,8 stammen unbestritten von Amos. Bei 8,7 divergieren die
Meinungen. Für W. Rudolph bemüht H.W. Wolff „nur unnötigerweise die Amos-
schule". Gewichtigstes Argument ist die sehr allgemeine Formulierung des Urteils,
dass Jahwe nicht die Taten der Israeliten vergibt. Das könnte sich auf ein Aus-
bleiben des von Amos angekündigten Gerichtes beziehen. Dagegen würde festgehalten: Das Gericht wird noch kommen. Das müsste aber vor 722, wahrscheinlicher noch vor 733, gesagt worden sein. Damit gehört auch 8,7 noch ins
8. Jahrhundert. Am 4,2; 6,8; 8,7 sind damit die ältesten Belege für die Verwendung
des Jahweeides in der prophetischen Botschaft. Dabei werden Redeformen des
Rechtslebens aufgenommen und der prophetischen Rede angepasst.[37] Die Be-

---

32 Interessant ist die verwendete Syntax: Die Abfolge Partizipium – Perfekt – Perfekt consecutiv
vermittelt den Eindruck des In-Gang-Kommens der Ereignisse.
33 Gegen Wolff, Amos, 326 ff.
34 C. Westermann, נפש: THAT II (1976), 92.
35 H. Seebass, נפש, ThWAT V (1986), 55 f.
36 Wolff, ebd.; Giesen, Wurzel, 352 f., problematisiert die Vorschläge, führt aber nicht darüber
hinaus.
37 Siehe oben Anm. 12.

zugnahme Jahwes auf sich selbst im Eid wird durch reflexive Umschreibung ermöglicht.

Aus Jes 1–39 sind drei Fonrmlierungen mit Jahweeiden zu benennen: 5,9; 14,24; 22,14–5,9 gehört zu den Wehe-Worten: Denen, die besitzgierig Haus an Haus und Feld an Feld reihen, wird das Leerstehen und Veröden ihrer Häuser und das Schwinden des Ertrags ihrer Felder angekündigt (V. 8–10). Der Aufbau entspricht wieder dem der Gerichtsworte wobei die Tatbestandfeststellung in die Anredeform des Wehewortes hineingenommen ist (vgl. Am 4,1). Die Tatfolgebestimmung ist als Schwur Jahwes eingeleitet. Das ergibt sich jedenfalls aus der Schwursatzeinleitung אם לא in 9b. Möglicherweise sind die jetzt kaum sinnvoll erklärbaren Worte „in meine Ohren Jahwe Zebaoth" von 9a unter Anlehnung an LXX und Targum als „darum hat (der Herr) Jahwe Zebaoth geschworen" zu rekonstruieren.[38] Jedenfalls ist mit der Schwursatzeinleitung in 9b der besondere Gerichtsernst Jahwes festgehalten, wobei diese für sich keine Formulierungsprobleme mit sich bringt. Wenn man 9a im vorgeschlagenen Sinn lesen könnte, bestünde eine noch größere Nähe zu den Formulierungen bei Amos, nur dass hier vermieden ist, zu sagen, bei wem Jahwe schwört. Jes 22,14 ist textlich ebenfalls schwierig. Es geht um ein Gerichtswort gegen die laute Freude und Betriebsamkeit, mit der jede Einsicht aufgrund der geschehenen Ereignisse – wahrscheinlich des Jahres 701 – verdrängt wird. Die Gerichtsankündigung ist wieder als Schwursatz eingeleitet, hier negativ mit אם. Die Einleitung „aber offenbart ist in meine Ohren" ist hier textlich fest überliefert und wohl beizubehalten. Der Gegensatz zur allgemeinen Festtagsstimmung ist damit betont herausgestellt. Das erfahrene Gotteswort ist aber zur Weitergabe bestimmt, wie die 2.pl. („… bis ihr sterbt") voraussetzt. Die Schwursatzeinleitung unterstreicht die Unverbrüchlichkeit des Gerichtswortes.

Beide Belege werden im Allgemeinen von Jesaja hergeleitet.[39] Wir haben damit zwei Belege für die Verwendung des Jahweeides in der prophetischen Botschaft einige Jahrzehnte nach Amos, sehr wahrscheinlich unter Einfluss der Botschaft des Amos.[40] Allerdings ist bei Jesaja die Entfernung der Formulierung von ihrer ursprünglichen Form im Rechtsleben etwas größer geworden. Es fehlt die Nen-

---

38 Vgl. BHS und BHK und die Diskussion bei Wildberger, Jesaja, BK X/1+2 ([2]1980+1978), I 176 f., dessen Lösung allerdings nicht überzeugt.

39 Z.B. B. Duhm, Das Buch Jesaja, HK III/1 ([2]1902); Wildberger, Jesaja. O. Kaiser, Jesaja, ATD 17 (981 5), 109 f., schreibt 5,9 einer eschatologischen Nachinterpretation eines Protoapokalyptikers zu. Die Trennung zwischen V. 8 und 9 überzeugt nicht.

40 Vgl. R. Fey, Amos und Jesaja, WMANT 12 (1963); mit etwas mehr Zurückhaltung auch L. Markert, Amos / Amosbuch, TRE 11 (1978), 482. Auch für Markert gehört Am 4,1–3 zu jenen Texten, die mit großer Wahrscheinlichkeit Jesaja bekannt waren.

nung der Garanten des Eides, und das Wort ist stärker in den Vorgang des prophetischen Redens eingepasst (jedenfalls in 22,14). Die Nennung des Eidgaranten (natürlich des schwörenden Jahwe selber) wird dann auch in den dtn/dtr Belegen fehlen.

In Jes 14,24 – 27 wird Jahwes Beschluss, Assur zu vernichten, und zwar auf den Bergen Israels, kundgetan und einleitend mit dem Jahweeid bekräftigt: „נשבע יהוה צבאות לאמר אם לא, Geschworen hat Jahwe Zebaoth: Wahrlich, wie ich es vorgenommen habe, so geschieht es. Wie ich es geplant habe, so kommt es zustande, zu zerbrechen Assur in meinem Land und auf meinem Gebirge trete ich es nieder …"[41] „Das ist der Plan, den ich geplant habe über die ganze Erde und das ist die Hand, die ausgestreckt ist über alle Völker. Denn Jahwe Zebaoth hat es geplant, wer kann es vereiteln? Und seine Hand ist ausgestreckt, wer kann es abwenden?" In formkritischer Hinsicht ist zunächst festzustellen, dass der Jahweschwur eine Gerichtsansage bekräftigt. Der Schwur steht insofern an der richtigen Stelle. Allerdings kann man nicht gut von einer Tatfolgebestimmung reden, weil die vorausgehende Tatbestandfeststellung fehlt. Es handelt sich vielmehr um ein unbegründetes Gerichtswort. Das entspricht der Gattung der Völkerworte (die wahrscheinlich ursprünglich ohne Begründung formuliert waren)[42] und insofern dem Inhalt und Kontext der Einheit. Das große Problem der Stelle ist die Datierung. Sie ist einerseits verbunden mit der Frage einer Heilsverkündigung bei Jesaja, wobei es genau genommen um Unheil für Assur und damit zunächst nur um Verschonung für Juda geht,[43] und andererseits mit der Frage des Alters der Rede vom Plan Jahwes.

„Zunächst gilt es, fest zuhalten, dass dieser Text in der wissenschaftlichen Literatur zumeist für Jesaja in Anspruch genommen wird. Selbst G. Fohrer und J. Vermeylen halten den Text für authentisch".[44] Dagegen vertreten O. Kaiser und R. Kilian eine nachexilische Datierung. H. Barth[45] ordnet den Text einer Assur-Redaktion in der Josia-Zeit zu. Für die Einordnung des Textes hängt sehr viel daran, was man in ihm gesagt findet. Geht es um einen Kampf Jahwes gegen die Völker als universales Endgericht, dann ist der Text nicht von Jesaja.[46] Oder geht es um „eine harte Niederlage der Assyrer auf den Bergen Judas, wobei die Lokalisierung

---

41 V. 25b wird allgemein als Zusatz betrachtet.

42 Kreuzer, Gott, 203 – 205, zu Zef 2.

43 Die Prämisse der Verbindung mit der Zionstradition, unter der R. Kilian, Jesaja 1 – 39, EdF 200 (1983), 52 – 57, den Text behandelt, ist von daher nicht evident.

44 Kilian, Jesaja, 52; Vgl. auch Wildberger, Jesaja, 2,567.

45 Die Jesaja-Worte in der Josiazeit. Israel und Assur als Thema einer produktiven Neuinterpretation der Jesajaüberlieferung, WMANT 48 (1977).

46 So etwa schon K. Marti, Das Buch Jesaja , KHC X (1900).

keineswegs ideologisch begründet ist, sondern. auf der einfachen historischen Tatsache beruht, daß die Assyrer bis Jerusalem vorgedrungen sind. Daß ein solches Debakel in den Augen Jesajas weitreichende Folgen haben wird, ist nicht verwunderlich ..."[47] – Dann kann der Text von Jesaja stammen und ist wahrscheinlich mit den Ereignissen von 701 verbunden. Ähnlich ist es mit der Frage des Planes Jahwes. Geht es wirklich um eine Jahwe-Plan-Theologie, in der die Geschichte als das Werk Jahwes sich nach seinem Plan vollzieht,[48] dann wäre nach heutigem Stand der Text wahrscheinlich exilisch oder nachexilisch. Oder geht es um die Unausweichlichkeit dieser einen konkreten Geschichtstat an Assur, die Jahwe als der wahre Herr und König (Jes 6,5) sich vorgenommen hat,[49] dann ist von daher schwerlich etwas gegen jesajanische Abfassung einzuwenden.[50] Auch der Hinweis auf den Gottesschwur ist nicht sehr gewichtig. Wie auch O. Kaiser[51] sagt, ist er in den Gerichtsweissagungen bei Amos und Jesaja belegt. Dass er hier für das Gericht gegen Assur verwendet wird, ist doch noch etwas anderes als die Heilsweissagungen bei Deuterojesaja (45,23; 54,9). So läuft eine Entscheidung auf die Bewertung des Verhältnisses zu Assur hinaus und auf die Frage, ob Jesaja eine Wende im Verhältnis Jahwes zu Assur sah (vgl. 10,5ff), oder ob es sich, was dann das Wahrscheinlichere wäre, um eine Interpretation der Josia-Zeit handelt.

Für die Frage des Jahweeides bleibt festzuhalten, dass Jes 14,24 auf dem Hintergrund der Belege von Am 4,2; 6,8; 8,7 und Jes 5,9; 22,14 zu verstehen ist, wobei nun – um 701 oder um 622 – der Jahweeid nach wie vor mit einem Gerichtswort verbunden ist, jetzt aber mit einem Gerichtswort gegen ein anderes Volk, konkret gegen Assur.

Mit dem Blick auf die Belege des Jeremia-Buches schließt sich der Bogen zu Ezechiel: Jer 22,1–5 ist eine Entfaltung des Spruchs 21,12 in Prosa, und zwar in Form einer Alternativ-Predigt. Der Aufforderung zu Recht und Gerechtigkeit und zu sozialem Handeln (V. 3) folgt die Alternative, dass bei entsprechendem Han-

---

47 Wildberger, 2,567 f. Ähnlich schon Duhm, Jesaja, 95 f., mit gewichtigen Argumenten gegenüber Stade und Marti. – Leider zitiert Kilian nur die negativen Argumente (vor allem O. Kaiser), ohne die Gegenargumente zu nennen und zu erörtern.

48 So H. Wildberger, Jesajas Verständnis der Geschichte, VTS 9 (1963), 83–117, im Anschluss an J. Fichtner.

49 „Geschichte ist für Jesaja auf keinen Fall aus weiter zeitlicher Distanz ... festgelegt, so daß Prophetie nur Enthüllung eines ewigen Planes wäre ... Das Planen (Jahwes) ist in Analogie zum ‚Planen' eines Königs gesehen ... Sein ‚Planen' ist also je auf die besondere Stunde der Geschichte hin ausgerichtet...", Wildberger, Jesaja, 2, 569.

50 Siehe nun auch die differenzierte Darstellung des Themas bei L. Ruppert, יעץ, ThWAT III (1982), 735–747.

51 Jesaja 13–39, ATD 18 (1973), 40.

deln das Königshaus Bestand haben wird (V. 4), während es ansonsten zerstört wird: „Aber wenn ihr diesem Wort nicht gehorcht: כי נשבעתי נאם יהוה כי zu Trümmerhaufen wird dieser Palast!" Der Jahweschwur steht richtig an der Wende zur Tatfolgebestimmung. Allerdings ist der Vordersatz keine eigentliche Tatbestandsfeststellung, sondern ist abhängig von der Forderung in V. 3 und der Alternative Gehorsam – Ungehorsam. Der Jahweschwur mit der Umschreibung des Rückbezugs auf Jahwe durch „bei mir" steht den Formulierungen bei Amos nahe. Der Beleg gehört zur Nachinterpretation, die der dtr Sprache und wohl auch Schule jedenfalls nahesteht.[52] Dieselbe Formulierung findet sich in 49,13, einem Gerichtswort gegen Edom. Die Beurteilung Israels in V. 12 erweist die Einheit als nachjeremianisch.

Jer 44,26 steht im Zusammenhang der Kritik Jeremias an der Fortsetzung des Kultes der Himmelskönigin, auch noch in Ägypten. Diesem bewussten Tun der Judäer (V. 25) wird in gewichtiger und überladener Weise das kommende Strafhandeln Jahwes gegenübergestellt: „Darum höret das Wort Jahwes, all ihr Judäer, die ihr im Land Ägypten wohnt: siehe, geschworen habe ich bei meinem großen Namen, gesprochen hat Jahwe, wahrlich es wird nicht mehr geben …" (V. 25). Der Jahweeid steht auch hier an der richtigen Stelle, sogar ergänzt durch die Schwursatzeinleitung, aber der Text ist durch prophetische Redeformeln geprägt und zerdehnt. Der „große Name" erinnert an die dtn/dtr Formulierungen. Das Stück kann ein echtes Jeremiawort enthalten,[53] ist ab er jedenfalls stark überarbeitet. Die im gleichen Vers zitierte Schwurformel ist wohl schon als Bekenntniseid und nicht mehr nur als Formulierung des Rechtslebens verstanden.[54]

Jer 51,14 bringt eine weitere Variante des Jahweschwurs, nämlich: נשבע יהוה. צבאות בנפשו כי אם Damit wird im Rahmen eines Völkerwortes gegen Babel das kommende Unheil bekräftigt. Jer 51 ist sicher nicht mehr jeremianisch.[55] Der Jahweschwur bekräftigt zwar ein Gerichtswort, aber nicht mehr im Sinn der Rede des Rechtslebens, sondern der Völkerworte (ähnlich wie 49,13).

Jer 11,5 ist gegenüber den bisher besprochenen Belegen insofern ganz anders, als hier nicht ein Schwur ausgesprochen, sondern auf ihn verwiesen wird. Und der Inhalt des Schwures ist nicht negativ, sondern die beeidete Verheißung an „eure Väter". Die Erfüllung der Verheißung ist abhängig vom Verhalten (ähnlich wie in Gen 22,15–18 angedeutet), unterscheidet sich aber von Gen 22 durch das aus-

---

52 Zu Einzelheiten W. Thiel, Die deuteronomistische Redaktion von Jeremia 1–25, WMANT 41 (1973), 238f.

53 Zu Einzelheiten siehe W. Thiel, Die deuteronomistische Redaktion von Jeremia 26–45, WMANT 52 (1981), 77.

54 Kreuzer, Gott, 111f.

55 Smend, Entstehung, 164.

schließliche Vorkommen der Landverheißung. Zudem könnten die Väter hier von den Erzvätern unterschieden werden (vgl. o. Anm. 21), wobei aber dann Ex 3 als Eid interpretiert werden müsste („Land von Milch und Honig").

Die Belege des Jahweeides im Jeremiabuch zeigen damit eine gewisse Variationsbreite. Besonders die verschiedenen Formen des Rückbezugs des Jahweeides auf Jahwe selber erwecken den Eindruck, dass die Belege des Amosbuches bekannt waren und verwendet wurden. Dasselbe gilt wahrscheinlich für die Belege aus Jes 1–39, einschließlich der Verwendung im Assur-Wort (14,24). Andererseits zeigen Jer 44,26 und 11,5 eine je verschiedene Aufnahme dtn/dtr Formulierungen. Auffallend ist, dass die Schwurformulierungen (außer der Erinnerung in 11,5) bei aller Lockerung der Struktur mit Gerichtsworten verbunden sind. Hierin zeigt sich noch die ursprünglich negative Konnotation des Schwures.

VI. Die Entwicklung von Schwurformel und Gottesschwur

Mit der dargestellten Entwicklung von Amos über Jesaja zu den vielfältigen Belegen des Jeremiabuches ist der Hintergrund für die markante Umsetzung der Schwurformel יהוה חי in die 1. Person der Gottesrede אני חי bei Ezechiel aufgezeigt:

Amos hat den Jahweeid, zusammen mit der Form der Gerichtsworte, aus dem Rechtsleben übernommen und in die Gerichtsverkündigung an Israel integriert. Dabei wurde das formale Problem des Rückverweises Jahwes auf sich selbst durch Umschreibung (Gott schwört bei seiner Heiligkeit / bei seinem Leben u. ä.) gelöst. Dass dies nötig war, zeigt, wie sehr noch die ursprüngliche Redeform des Rechtslebens nachwirkte, in der ein Israelit auf Jahwe verwies.

Bei Jesaja ist dieser Rückverweis im Rahmen des Jahwewortes als nicht mehr nötig weggelassen. Bei Jesaja oder in der Jesaja-Überlieferung wird zudem der Jahweschwur auch zur Bekräftigung eines Gerichtswortes an ein fremdes Volk verwendet. Dabei leitet der Schwur ebenfalls die Strafansage ein, aber das Wort ergeht ohne explizite Begründung. Für die weitere Entwicklung ist zu beachten, dass neben dem traditionsgeschichtlichen Zusammenhang der prophetischen Überlieferung Schwurformel und Schwüre im Rechtsleben und darüber hinaus in Gebrauch waren, wie sowohl verschiedene Erzählungen als auch die prophetische Kritik an der Schwurpraxis erkennen lassen (vgl. o. II.).

Während die Fortschreibung im Jeremiabuch eine gewisse Verbreitung und Lockerung der Form und Verwendung des Jahweschwures bei gleichzeitiger Abhängigkeit von der älteren prophetischen Überlieferung erkennen lässt, zeigen

Ezechiel und die Ezechielüberlieferung eine größere Klarheit der Form. So war es wohl Ezechiel mit seiner besonderen Kombination von Recht und Prophetie,[56] der auf dem Hintergrund des bekannten Sprachgebrauchs von Schwurformel und Schwursätzen und in Kenntnis der Überlieferung von Amos und Jesaja den Schritt der Umsetzung der Schwurformel in die 1. Person der Gottesrede, d. h. von חי יהוה zu חי אני, tat.

Nach wie vor aber blieb die Bindung des Eides an die Gerichtsworte. Dies entsprach auch der prinzipiellen Situation des Gottesverhältnisses Israels. Mit der Botschaft des Amos war die prinzipielle Unheilssituation offenbar geworden. Dasselbe galt für die jesajanische Verkündigung im Südreich und wurde an der Wende zum 6. Jahrhundert erneut aktuell. In der Botschaft Ezechiels zeigt sich diese Gerichtssituation, ebenso aber auch die Wende zu neuem Heil: War mit der Schwurformel im Munde Jahwes wiederholt die Ankündigung des Unheils unterstrichen worden, so nun ebenso die Wende zu neuem Heil. Die ursprüngliche Verbindung von Jahweschwur und Gerichtsbotschaft wirkte aber darin nach, dass die Heilsbotschaft in weiterer Folge anders entfaltet wurde und der Jahweschwur nur in Gerichtsworten gegen jene begegnet, die sich dem neuen Heil entgegenstellen.

Eine letzte Überlegung: Die Analysen hatten gezeigt, wie sehr doch die Gerichtsworte des Amos bekannt gewesen sein müssen und gewirkt haben. So liegt es nahe, die so markant verschiedene und so betont vorgetragene Interpretation der alten Heilstraditionen als Jahwe-Eide (siehe oben IV) durch die deuteronomistische Schule auch als eine Form der „Kritik an Amos",[57] vielleicht besser gesagt: der Reaktion auf Amos zu verstehen.

---

56 Ezechiels „permanent value consists especially in this, that he represents the principles of Law and Prophecy in combination." G.A. Cooke, The Book cf Ezekiel, ICC (1936 = 1955), VI.

57 Vgl. F. Crüsemann, Kritik an Amos im deuteronomistischen Geschichtswerk. Erwägungen zu 2.Könige 14,27, in: H.W. Wolff (Hg.), Probleme biblischer Theologie, FS G. v. Rad (1971), 57–63. Allerdings wäre diese Kritik nicht einfach ein Ja gegenüber dem Nein. Denn nicht nur Jahwes Verheißungen sondern auch sein (begrenztes) Strafhandeln (Num 14) wurde als Jahweeid ausgedrückt (siehe oben, IV.).

Text, Textgeschichte und Textkritik des Alten Testaments.
Zum Stand der Forschung an der Wende des Jahrhunderts

Die Erforschung des Textes und der Textgeschichte des Alten Testaments werden in der Regel als die selbstverständliche Voraussetzung für die verschiedenen Dimensionen der alttestamentlichen Wissenschaft betrachtet. Es gibt aber in diesen Bereichen eine Reihe interessanter Entdeckungen und Entwicklungen, die es verdienen, aufmerksamer zur Kenntnis genommen zu werden, und zwar sowohl als die Basis der wissenschaftlichen Arbeit am Alten Testament, als auch als faszinierendes Spiegelbild von Entwicklungen und Zusammenhängen in der frühjüdischen Zeit.

Eine Jahrhundertperspektive bietet sich nicht nur vom Abfassungsdatum dieses Beitrags her an, sondern die einschlägigen Forschungen verlaufen in nicht gerade kurzen Zeiträumen: Bekanntlich nähert sich die Publikation der ab 1947 entdeckten Qumrantexte erst nach mehr als einem halben Jahrhundert dem Abschluss. Die von ca. 1860 bis 1896 bekanntgewordenen Funde aus der Kairoer Genizah sind – im Schatten der Qumranfunde – fast vergessen, ihre Auswertung ist aber noch keineswegs abgeschlossen. Die Septuagintaforschung ist ebenfalls ein Jahrhundertunternehmen. Die von Alfred Rahlfs 1935 als vorläufiges Arbeitsmittel vorgelegte Handausgabe ist für viele Schriften der Septuaginta noch immer die einzige kritische (eklektische) Edition. Ähnliches gilt für die Edition der Vetus Latina wie auch für das Hebrew University Bible Project. Die lange Dauer dieser Projekte liegt an der Komplexität der Sachverhalte und der damit verbundenen, meist sehr großen Dimension der Projekte, aber auch an der im Verhältnis dazu geringen Zahl der hier beschäftigten Forscher.

Zugleich gibt es intensive Forschungen und interessante neue Entwicklungen. Insbesondere die vieldiskutierten Qumrantexte, aber auch andere Funde und Forschungen haben inzwischen zu völlig neuen Erkenntnissen und zu einem erheblich veränderten Bild der Textgeschichte geführt. Diese sollen im Folgenden erörtert werden, wobei zunächst auf Emanuel Tov, Der Text der hebräischen Bibel. Handbuch der Textkritik, 1997,[1] als eine wichtige Zwischenbilanz der Forschung

---

1 Emanuel Tov, Der Text der Hebräischen Bibel. Handbuch der Textkritik [Übersetzung aus dem Englischen von Heinz-Josef Fabry unter Mitarbeit von Egbert Ballhorn und anderen], Stuttgart 1997 (im Folgenden: THB).

Bezug genommen wird. Für die methodische Seite der Textkritik ist neben den ausführlichen Erörterungen und Beispielen bei Tov noch immer die ältere, mehrmals aktualisierte Darstellung von Ernst Würthwein[2] beachtenswert, während für die Textgeschichte der Antike vor allem auf die Beiträge in den Sammelbänden von Jan Martin Mulder[3] und Magne Sæbø[4] hingewiesen werden kann.

1. Die Quellen

1.1 Texte vor und neben den Qumranfunden

Die Erforschung der alttestamentlichen Textgeschichte kann als eine Bewegung weg von den mittelalterlichen und hin zu immer älteren Texten verstanden werden. Ein entscheidender Schritt war die erstmalige Verwendung des Codex Leningradensis (Ms B 19 A) in der dritten Auflage der Biblia Hebraica (Kittel). Dieser Codex ist noch immer die älteste vollständige Handschrift des Alten Testaments. Es entspricht seiner Bedeutung, dass 1998 eine neue Faksimileedition[5] neben die ältere von 1970[6] gesetzt wurde. Diese ist allerdings insofern enttäuschend, als trotz des technischen Aufwands an Ort und Stelle (d. h. in Leningrad / St. Petersburg) und der offensichtlich nicht kleinen Auflage nur wenige Blätter in Farbe, der Hauptteil des Textes jedoch nur in schwarz-weiß wiedergegeben wurde. Diese Edition fällt damit deutlich ab gegenüber der durchgehend farbigen Faksimileedition des ca. 925 n. Chr. fertiggestellten, aber unvollständig erhaltenen Aleppocodex.[7]

Die Rückkehr Leningrads zum alten Namen St. Petersburg legte es nahe, vom Codex Petropolitanus zu sprechen und das Siglum P zu verwenden,[8] dieses ist

---

2 Ernst Würthwein, Der Text des Alten Testaments, Stuttgart 1952; [5]1988; (im Folgenden: TAT). Würthwein und Tov bieten auch zahlreiche Abbildungen wichtiger Texte und eine Erläuterung der Apparatsprache der Biblia Hebraica. Für eine knappe neuere Einführung siehe Siegfried Kreuzer, Textkritik, in: ders. u. a., Proseminar I. Altes Testament, Stuttgart 1999, 26 – 48.
3 Jan Martin Mulder (Hg.), Text, Translation, Reading and Interpretation of the Hebrew Bible in Ancient Judaism and Early Christianity, CRINT 2,1, Assen 1988.
4 Magne Sæbø (Hg.), History of Interpretation I. From the Beginnings to the Middle Ages (Until 1300), Göttingen 1996.
5 Astrid B. Beck / David Noel Freedman / James A. Sanders (Hg.), The Leningrad Codex, Facsimile Edition, Grand Rapids, Mich. 1998.
6 David S. Loewinger (Hg.), Pentateuch, Prophets and Hagiographa: Codex Leningrad B 19 A. The Earliest Complete Bible Manuscript, Facsimile Edition, Jerusalem 1970.
7 Moshe H. Goshen-Gottstein (Hg.), The Aleppo Codex, Jerusalem 1976.
8 So durchgehend bei Tov, THB.

allerdings durch den Petersburger Prophetencodex (Ms B 3) besetzt und würde zu Verwechslungen führen. Die vorübergehend diskutierte Bezeichnung mit F (der Kodex war Teil der Sammlung Firkowitsch) konnte sich ebenfalls nicht durchsetzen, so dass weiterhin das Siglum L und der Name Codex Leningradensis bleiben wird,[9] womit in der Forschung nicht nur Textgeschichte, sondern auch Zeitgeschichte dokumentiert bleibt.[10]

Gegenüber diesen Kodices und wenigen anderen, ähnlich alten Handschriften brachten die Texte der Kairoer Genizah eine große Zahl und große Vielfalt älterer Handschriften zu Tage. Die Genizah war das Archiv der Esra-Synagoge von Altkairo. Diese Genizah war weder eine Rumpelkammer, wie oft in der Literatur gesagt wird,[11] noch wurde sie erst in den 1890er-Jahren zufällig entdeckt. Schon ab ca. 1860 wurde von der jüdischen Gemeinde am Ort zur Erhaltung und Restaurierung ihrer Gebäude vereinzelt Material verkauft.[12] Ab 1890 wurden von verschiedenen Reisenden und Forschern gezielt Handschriften aus der Genizah gekauft, schließlich besonders durch Salomo Schechter, der praktisch den ganzen

---

9 So – jedenfalls nach den derzeitigen Angaben – in der künftigen Biblia Hebraica Quinta; vgl. jetzt auch Biblia Hebraica Leningradensia (s.u. Anm. 121).

10 Erinnernswert ist die Großzügigkeit des seinerzeitigen Kurators J.A. Bytschkow, der es ermöglichte, dass der Codex Leningradensis für zwei Jahre (1927–29) nach Deutschland ausgeliehen wurde und in Leipzig kollationiert und photographiert werden konnte; vgl. Paul Kahle, Die Kairoer Genizah, Berlin 1962, 142.

11 So noch bei Würthwein, Text, 13: „eine Art Rumpelkammer". Auch wenn sie im 19. Jh. diesen Eindruck erweckt haben mag, die Grundbedeutung des Wortes ist jedoch eine positivere, vgl. Esther 3,9; 4,7 „königliches Schatzhaus". Die Genizah war das Archiv, zum Teil wohl auch die Bibliothek der Gemeinde, gewesen.

12 Ziemlich sicher stammen auch zahlreiche Handschriften der später nach Leningrad gekommenen Sammlung(en) Firkowitsch aus der Genizah in Kairo (vermutlich darunter auch Codex Leningradensis); vgl. Kahle, Genizah (Anm. 10), 7. Für eine neuere Darstellung der Esra-Synagoge und ihrer Geschichte siehe Phyllis Lambert (Hg.), Fortifications and the Synagogue: The Fortress of Babylon and the Ben Ezra Synagogue, London 1994.

Die Esra-Synagoge ist – wahrscheinlich – die 882 an die jüdische Gemeinde verkaufte Kirche St. Michael. Die Geniza ist infolge verschiedener Umbauarbeiten nicht mehr erhalten; ihr Inhalt wurde bereits im Zuge des Neubaus von 1889–92 in einem anderen Raum deponiert und vielleicht danach wieder dorthin oder einen Ersatzraum zurückgebracht. Dazu S.C. Reif: „...the position of the Genizah chamber became altered within the whole set-up of the building. But the area itself may well have been the same as, or near, the previous one. It was certainly cleared out and later refilled." (Mail vom 18.6.2001). Schechter müsste somit 1896/97 im Ersatzraum oder der erneuerten Genizah gearbeitet haben. Sein (romantisierender? Zeitungs-) Bericht lässt das nicht erkennen.

noch vorhandenen Bestand (außer den Drucken) nach Cambridge brachte.[13] Unter den insgesamt ca. 200.000 Texten und Textfragmenten[14] befanden sich auch zahlreiche biblische Texte. Diese wurden nicht zuletzt für Paul Kahle zu einer wichtigen Grundlage seiner zahlreichen Untersuchungen.[15]

Die Arbeit an dem immensen Material der Genizah ist noch lange nicht abgeschlossen. Sie erfuhr in den 1970er-Jahren eine neue Belebung im Rahmen der „Taylor-Schechter Genizah Research Unit" an der Cambridge University Library, u. a. durch Fortsetzung der Publikation einschlägiger Bände sowie eines Newsletters.[16] Die Texte der Hebräischen Bibel sind noch wenig erforscht. Die derzeit laufende Erfassung und Beschreibung der Manuskripte soll Interessierten einschlägige Forschungen ermöglichen.[17]

Auf Grund der geänderten politischen Situation sind nun auch wieder die großen Sammlungen hebräischer Handschriften in Leningrad / St. Petersburg (ca. 20.000 Texte, darunter ca. 2.500 biblische) und in Moskau (ca. 1.900 Texte) zugänglich bzw. zu einem guten Teil auch auf Microfilm vorhanden.[18] Die Erschließung und erst recht ihre Auswertung wird allerdings erhebliche Zeit und Mittel erfordern.

---

13 Der entscheidende Anlass für Schechter war, dass ihm ein Blatt gezeigt wurde, das er als Ben-Sira Manuskript erkannte. Die Finanzierung erfolgte (zunächst) durch den an Rabbinica interessierten Charles Taylor, daher: Taylor-Schechter-Collection.

14 Grundlage für diese Zahl ist die Schätzung Schechters von ca. 100.000 Texten bzw. Fragmenten in Cambridge und die Annahme, dass dies etwa die Hälfte des in Museen und Sammlungen gekommenen Materials darstellt; vgl. Kahle, Genizah (Anm. 10), 11–13. Stefan C. Reif, A Jewish Archive from Old Cairo: The History of Cambridge University's Genizah Collection, Richmond 2000, 17.80, nennt jetzt sogar 140.000 Fragmente allein für Cambridge.

15 Paul Kahle, Masoreten des Ostens, Leipzig 1913; ders., Masoreten des Westens, Stuttgart 1927/1930; vgl. die Zusammenfassungen in Kahle, Genizah (Anm. 10).

16 Internetadresse: www.lib.cam.ac.uk/Taylor-Schechter/. Zur Geschichte der Genizah und ihrer Texte sowie der Erforschung in Cambridge siehe jetzt Reif, Archive (Anm. 14). Zur möglichen Herkunft von Genizah-Texten aus Qumran s.u. Anm. 24.

17 Malcolm C. Davis, Hebrew Bible Manuscripts in the Cambridge Genizah Collections, Vol. 1, Cambridge 1978; Vol. 2, 1980, zwei weitere Bände sind für 2001 vorgesehen (freundliche Mitteilung von S. C. Reif, Cambridge, Dez. 2000).

18 Staatliche Bibliothek von St. Petersburg: www.pl.spb.ru/. Nach Malachi Beit-Arié handelt es sich bei den St. Petersburger biblischen Texten um 2425 Kodices bzw. Fragmente von Kodices und mindestens 82 biblische Rollen. Seit 1991 wurde bereits ein großer Teil dieser Texte gefilmt und steht nun auch am „Institute of Microfilmed Hebrew Manuscripts" in Jerusalem zur Verfügung. Vgl. Malachi Beit-Arié, The Accessibility of the Russian Manuscript Collections: New Perspektives for Jewish Studies, The Folio, 13/1, Claremont, CA, 1995, 1–7 (für die Vermittlung dieses Beitrags danke ich Herrn Martin Rösel).

Als ältere – hinter das Mittelalter zurückreichende – Texte des Alten Testaments existierten (bis zu den Qumranfunden ab 1947) außer dem Papyrus Nash[19] nur die alten Übersetzungen, insbesondere die Übersetzung ins Griechische. Immerhin stammen die großen Septuagintakodices aus dem 4. Jh. und gibt es darüber hinaus Papyri, die bis ins 2., teilweise bis in das 1. Jahrhundert und vereinzelt auch in vorchristliche Zeit zurückreichen. Als solche ältere Texte sind zu nennen die Papyri der Sammlung Chester Beatty / Scheide (in Dublin, Teile auch in Köln), die 1931 in Ägypten gefunden wurden und die große Teile der meisten biblischen Bücher enthalten. Zu diesen gehört u. a. Papyrus 967–968 (Chester-Beatty IX und X), der neben einem Ezechiel-Text auch den (außer einer Handschrift des 10. Jh.s; Rahlfs Nr. 88) einzigen vorhexaplarischen Septuagintatext des Danielbuches enthält, und zwar mit einer interessanten Variante des Menschensohnwortes in Dan 7,14 sowie Kapiteleinteilung und Kapitelnummerierung(!).[20] Weiter: Papyrus Rylands Greek 458 (= Rahlfs Nr. 957) mit Teilen von Dtn 23–28, aus dem 2. Jh. v. Chr. Dieser und insbesondere Papyrus Fouad 266 aus dem späten 2. oder frühen 1. Jh. v.(!)Chr. mit Teilen von Dtn 31–32 bezeugen frühe jüdische Revisionen der Septuaginta bzw. Formen griechischer Übersetzungen des Alten Testaments.[21]

Die Bedeutung wie auch die Erforschung dieser sehr alten Textzeugen wurde durch die 1952 entdeckte 12-Propheten-Rolle von Naḥal Ḥever in den Schatten gestellt. Diese Lederrolle aus der Wüste Juda ist nicht nur umfangreicher als die erwähnten Papyri, sondern kann auf Grund der Fundumstände geographisch und zeitlich genau zugeordnet werden (Palästina, Mitte 1. Jh. v. Chr.).[22] Eine übersetzungstechnische Besonderheit wurde namengebend für die aus ihr erschlossene

---

19 Der Papyrus Nash wurde 1902 von William L. Nash in Ägypten entdeckt. Er enthält den Dekalog (in einer Mischform aus Ex 20 und Dtn 5) und das Sch{{e}}ma Jisrael und diente wahrscheinlich liturgischen Zwecken. Er „ist in das 1. oder 2. Jh. v. Chr. zu datieren" (Tov, THB, 99).

20 Für die in Köln liegenden Teile siehe die Publikationen: Winfried Hamm (Hg.), Der Septuaginta-Text des Buches Daniel, Kap. 1–2, nach dem Kölner Teil des Papyrus 967, PTA 10, Bonn 1969. Ders., Der Septuaginta-Text des Buches Daniel, Kap. 3–4, nach dem Kölner Teil des Papyrus 967, PTA 21, Bonn 1977. Angelo Geißen, Susanna, Bel et Draco; Esther: Der Septuaginta-Text des Buches Daniel, Kap. 5–12, zusammen mit Susanna, Bel et Draco, sowie Esther, Kap. 1,1a–2,15 nach dem Kölner Teil des Papyrus 967, PTA 5, Bonn 1968. Abbildung von Blatt 22r = S. 151 = Dan 4/5, in: Kreuzer, Textkritik (Anm. 2), 32 Abb. 2. Farbabbildungen und Bibliographie: www.uni-koeln.de/phil-fak/ifa/NRWakademie/papyrologie/PTheol1.html. Siehe den Beitrag zu Papyrus 967 in diesem Band.

21 Zu diesen und weiteren alten Papyri (z. B. Pap. Antinoopolis, Freer Greek MS) siehe Sidney Jellicoe, The Septuagint and Modern Study, Oxford 1968 = Winona Lake 1993, 224–242.

22 Publikation: Emanuel Tov, The Greek Minor Prophets Scroll from Naḥal Ḥever (8ḤevXIIgr), DJD VIII, Oxford 1990.

sog. „*kaige*-Rezension" (s.u.). In der Diskussion um Ausmaß und Komplexität dieser frühen Rezensionstätigkeit werden wohl künftig auch die erwähnten Papyri stärkere Beachtung finden müssen. Auch wenn diese Texte vor allem für die Geschichte und Verwendung der griechischen Version des Alten Testaments – und zwar bereits im Judentum – von Bedeutung sind, spiegeln sie zumindest zum Teil auch Entwicklungen des hebräischen Textes.

1.2 Die Qumrantexte

Die Entdeckung von Qumran[23] und der Qumrantexte brachte demgegenüber einen quantitativen wie qualitativen Sprung, der es rechtfertigt, dass die alttestamentliche Textgeschichte seit mehr als einem halben Jahrhundert von Qumran dominiert ist und es wohl auf absehbare Zeit bleiben wird. Von den insgesamt ca. 800 verschiedenen Texten aus Qumran sind ca. 200 alttestamentliche.[24] Dazu kommen 22 Texte aus der Umgebung von Qumran bzw. aus der judäischen Wüste.[25] Allerdings variiert ihr Umfang – wie auch bei den anderen Texten – beträchtlich von ganzen Schriftrollen bis hin zu kleinsten, kaum mehr identifizierbaren Fragmenten.

Die biblischen Texte aus Qumran[26] teilen den insgesamt doch sehr problematischen Vorgang der Publikation der Qumrantexte: Zwar wurden viele Texte

---

23 Archäologie, Geschichte und Theologie von Qumran sind hier nicht zu erörtern. Siehe dazu die folgenden Artikel und die darin verzeichnete Literatur: Roland de Vaux / Magen Broshi, Qumran, Khirbet and ʿEin Feshka, NEAEHL IV, Jerusalem 1993, 1235–1241; Armin Lange / Hermann Lichtenberger, Qumran, TRE 28, 1997, 45–79; Heinz-Josef Fabry, Qumran, NBL III, Lfg. 12, 1998, Zürich, 230–260. Weiters u. a. Hartmut Stegemann, Die Essener, Qumran, Johannes der Täufer und Jesus, Freiburg 1993 und die Sammelbände: Peter W. Flint / J.C. Vanderkam (Hg.), The Dead Sea Scrolls after Fifty Years – A Comprehensive Assessment, Bd. I, Leiden u. a. 1998; Bd. II, Leiden u. a. 1999; Timothy H. Lim (Hg.), The Dead Sea Scrolls in their Historical Context, Edinburgh 2000. Als Übersetzung der (nichtbiblischen) Qumrantexte siehe: Johann Maier, Die Qumran-Essener. Die Texte vom Toten Meer, Bd. 1–3, München 1995–96.
24 Die Zahlen sind und bleiben deshalb unsicher, weil es bei manchen Fragmenten unklar ist, ob sie nicht doch zusammen gehören, bzw. andererseits ob manche einander zugeordnete Fragmente nicht doch von verschiedenen Handschriften stammen.
Zu früheren „Qumranfunden", nämlich z. Zt. des Antoninus Pius, 211/217 n.Chr. (vgl. zusätzlicher Psaltertext in der Hexapla des Origenes) und um 800 n.Chr. (vgl. die Nähe zwischen Damaskusschrift aus der Geniza und Gemeinderegel von Qumran) siehe Stegemann, Qumran (Anm. 23), 111–113 bzw. 101–104.
25 Z.B. aus Naḥal Ḥever, Wadi Murabbaʿat oder von Massada.
26 Für eine Liste der biblischen Texte siehe Uwe Glessmer, Liste der biblischen Texte aus Qumran, RdQ 16 (1993), 153–192 und Heinz-Josef Fabry, Der Text und seine Geschichte, in: Erich Zenger u. a.,

schon relativ bald der Sache nach bekanntgegeben und konnten auch zum Gegenstand von Untersuchungen gemacht werden, ihre offizielle Publikation[27] ließ aber oft lange auf sich warten. So gibt es inzwischen zwar eine englische Übersetzung[28] der biblischen Texte aus Qumran, die offizielle Publikation ist aber noch immer nicht abgeschlossen.[29]

Die für das Alte Testament wichtigen Texte umfassen Handschriften biblischer Texte und Handschriften, die biblische Texte in Form der Pescharim auslegen oder in anderen Zusammenhängen zitieren. Angesichts der Vielfalt der Texte wird heute weithin angenommen, dass ein Teil der Texte auch von außerhalb stammt, d.h. nach Qumran mitgebracht wurde.[30] Manche Texte sind älter als die Qumrangemeinschaft.

Auch die Art, in der die Texte geschrieben wurden, ist unterschiedlich. Markant ist die Schreiberpraxis, wie sie sich bereits in 1QJes[a] zeigte, und dann in vielen weiteren Texten festgestellt wurde. Die entsprechenden Eigenarten sind wohl nicht nur für Qumran typisch, sondern wurden auch in Briefen aus der Bar-Kochba-Zeit beobachtet. „Daher sagt die Bezeichnung ‚qumranische Schreiberpraxis' nur, dass wir sie hauptsächlich aus Qumrantexten kennen, unabhängig von der Frage, ob sie auch sonst in Palästina verbreitet gewesen sein mag."[31] Ein wesentliches Kennzeichen ist die häufige Verwendung von Vokalbuchstaben. Dazu kommen Langformen für Pronomina und Suffixe, sowie Formen, die im MT (nur mehr) als Pausaformen vorkommen. Darüber hinaus gibt es Anpassungen an den Kontext bzw. an Paralleltexte und sprachliche Vereinfachungen. Diese Phänomene beruhen z.T. auf Vereinfachungen und Verdeutlichungen für die Leser, z.T. spiegeln sie sprachlich ältere Formen oder dialektale Besonderheiten.[32] M.E.

Einleitung in das Alte Testament, Stuttgart [3]1998, 37–65: 49f. Eine Liste der in den oft sehr fragmentarischen Rollen tatsächlich bezeugten alttestamentlichen bzw. apokryphen Textpassagen bieten Eugene Ulrich, Index of Passages in the Biblical Scrolls, in: Flint/Vanderkam, Fifty Years, II (Anm. 23), 649–665 bzw. Peter W. Flint, Index of Passages from the Apocrypha and Previously-known Writings [„Pseudepigrapha"], in: ebd., 666–668.

27 In der Reihe Discoveries in the Judaean Desert (DJD), Oxford 1955ff. Eine Liste der offiziellen Publikationsorte aller Texte aus Qumran und der Wüste Juda siehe: Emanuel Tov, List of the Texts from the Judaean Desert, in: Flint/Vanderkam, Fifty Years, II (Anm. 23), 669–717.

28 Martin Abegg / Peter Flint / Eugene Ulrich, The Dead Sea Scrolls Bible, San Francisco, 1999.

29 So fehlt derzeit (2000/2001) z.B. die Publikation der Texte aus den Samuelbüchern (angekündigt für DJD XVII), aber auch noch einzelner Psalmentexte (angekündigt für DJD XVI).

30 Diese Sicht ist zu unterscheiden von der unwahrscheinlichen These, dass die Texte aus den Höhlen keine Verbindung mit Qumran hätten und insgesamt(!) von anderswo stammen, etwa die ausgelagerte Tempelbibliothek aus Jerusalem darstellten.

31 Tov, THB, 89.

32 Tov, THB, 89–92. Typische Texte sind u.a.1QDtn[a], 1QJes[a], 2QEx[a.b], 4QNum[b], 4QSam[c] sowie viele der Phylakterien. „Außerdem gehören alle qumran-exklusiven Schriften, die von den Qumran-

entsprechen die Phänomene ziemlich genau dem, was man traditionell als Eigenarten der Vulgärtexte bezeichnete, wie man sie etwa im Samaritanus sehen konnte,[33] dementsprechend findet sich diese sog. qumranische Schreiberpraxis nicht zuletzt auch bei den präsamaritanischen wie auch bei protomasoretischen Texten. Interessant ist, dass durch die Qumrantexte eine Reihe von Besonderheiten bezeugt ist, die in den späteren (Ab)schriften nicht erhalten geblieben sind, etwa Anmerkungen der Schreiber, Tilgungspunkte und insbesondere die Verwendung von Punkten oder althebräischen Buchstaben für das Tetragramm oder andere Gottesbezeichnungen.[34] Andererseits sind die meisten Elemente der späteren masoretischen Textgestaltung (außer Qere) bereits in den Qumrantexten belegt.[35]

1.3 Die Textgruppen (Textfamilien)

Auf Grund des Masoretischen Textes und der Septuaginta sowie des Pentateuchs der Samaritaner wurden schon in der älteren Forschung drei große Textgruppen unterschieden bzw. vermutet: Neben dem MT die samaritanische Textform sowie die anzunehmende hebräische Vorlage der Septuaginta. Darüber hinaus ließen gewisse Differenzen insbesondere zwischen Parallelüberlieferungen wie Ps 18 und 2Sam 22 oder der Chronik und den Samuelbüchern auf weitere Divergenzen in der Textüberlieferung bzw. auch Textgestaltung schließen.

Diese Annahmen wurden durch die Qumrantexte einerseits bestätigt und andererseits eindrucksvoll differenziert und weitergeführt. Mit Tov lassen sich folgende Gruppen unterscheiden:[36]

---

leuten verfaßt worden sind, zu dieser Gruppe: 1QH, 1QM, 1QS, die Pešarim sowie die biblischen Paraphrasen und Psalmensammlungen: 4Q158, 4Q364, 4Q365 (alle drei enthalten 4QRP[= Rewritten Pentateuch]), 4QPs[a] und 11QPs[a.b]." Ebd. 90. Zu den Phänomenen im Einzelnen siehe auch das Kapitel „Schreibgewohnheiten", ebd., 169–177.

33 Vgl. dazu Würthwein, TAT (Anm. 2), 18.36.48f. Die Kategorien „Vulgärtexte" / „Nicht-vulgärtexte" verwendet dann auch Tov, THB, 158f.

34 Tov, THB, 92; vgl. die Abb. 8 (11QPs[a]). Diese Praxis ist kein Relikt älterer Zeit, sondern im Gegenteil eine Neuerung, um das Nichtaussprechen des Gottesnamens bzw. die Ersatzlesung zu signalisieren.

35 Emanuel Tov, Paratextual Elements in the Masoretic Manuscripts of the Bible Compared with the Qumran Evidence, in: Bernd Kollmann / Wolfgang Reinbold / Annette Steudel (Hg.), Antikes Judentum und Frühes Christentum, FS Hartmut Stegemann, BZNW 97, 1998, 73–83.

36 Vgl. dazu Tov, THB, 95–97 („7. Der Textstatus der Qumrantexte") und jetzt auch ders., Die biblischen Handschriften aus der Wüste Juda – eine neue Synthese, in: Ulrich Dahmen / Armin Lange / Hermann Lichtenberger, Die Textfunde vom Toten Meer und der Text der Hebräischen

„(1) In der qumranischen Schreiberpraxis geschriebene Texte." – Die in diesen Texten vorzufindenden Eigentümlichkeiten eines freien Umgangs mit biblischen Texten, von Adaptionen, aber auch Bewahrung älterer oder dialektaler Formen wurde oben bereits erwähnt. „Einige dieser Texte sind möglicherweise von protomasoretischen Texten kopiert, während andere ein komplizierteres Profil zeigen."[37] Andere Texte dieser Gruppe stehen allerdings auch dem späteren samaritanischen Text (z. B. 4QNum[b]) oder Vorlagen der Septuaginta (bzw. auch LXX und MT, wie etwa 4QSam[c] zu 2Sam 14–15) nahe. Durch ihre Schreiberpraxis treten jedoch die Beziehungen zu anderen Textformen in den Hintergrund, sodass man sie besser als eigene Gruppe betrachtet.[38] „Die in der qumranischen Praxis angefertigten Dokumente … machen etwa 20 Prozent der biblischen Handschriften aus."[39] – Insbesondere diese Gruppe von Handschriften bietet ein reiches Anschauungsmaterial für die beim Abschreiben auftretenden Veränderungen, Schreibfehler etc.

„(2) Protomasoretische (oder: protorabbinische) Texte". – Diese Texte „enthalten den Konsonantenbestand von MT, sind aber eintausend Jahre oder mehr älter als die ältesten masoretischen Kodizes. Beispielhaft für diese Texte stehen 1QJes[b] … und 4QJer[c] … sie weisen neben ihrer Übereinstimmung mit MT keine textlichen Besonderheiten auf. Zu dieser Gruppe gehören 40 Prozent der in Qumran gefundenen Texte."[40]

„(3) Präsamaritanische (oder: harmonisierende) Texte." – „Die präsamaritanischen Texte wie z. B. 4QpalaeoEx[m] und 4QNum[b], die z. T. der Septuaginta nahestehen … zeigen die charakteristischen Eigenheiten von Smr[41] mit Ausnahme seiner späten ideologischen Lesungen, weichen jedoch mitunter von Smr ab. Daher scheint einer dieser Texte dem Smr als Basis vorgelegen zu haben. … Ihre wichtigste Charakteristik ist die Präponderanz harmonisierender Lesungen."[42] Auch mehrere der Rewritten-Pentateuch-Texte[43] verwenden diese Textform.

Bibel, Neukirchen-Vluyn 2000, 1–34, bes. 14–23 („Klassifizierung der Handschriften nach ihrem Texttyp"). Vgl. Fabry, Text (Anm. 26), 52f.

37 Tov, THB, 95.

38 Tov, Handschriften (Anm. 36), 17.

39 Tov, Ebd. Die etwas unklare Angabe in Tov, THB, 95, „Ca. 25 Prozent der in der qumranischen Schreiberpraxis produzierten Texte, die oft als qumranspezifische Texte angesehen werden, enthalten biblische Texte" meint wohl dasselbe; vgl. Fabry, Text (Anm. 26), 52.

40 Tov, THB, 95.

41 An Stelle des aus der Biblia Hebraica bekannten Siglums für den samaritanischen Pentateuch (das samaritanische Schin) verwende ich im Folgenden das auch in der künftigen BHQ verwendete Siglum „Smr".

42 Tov, THB, 96.

„(4) Texte, die der rekonstruierten Vorlage von G nahestehen." – Hierher gehören Texte wie 4QJer$^{b.d}$, die „in charakteristischen Details stark an G [erinnern], besonders im Hinblick auf die Versabfolge und den kürzeren Text. Auch 4QLev^d (zugleich nahe an Smr), 4QEx^b … und 4QDtn^q … stehen – wenn auch nicht in diesem Ausmaß – G nahe, ebenso 4QSam^a (Übereinstimmungen mit G und G^{Luc} …). Übereinstimmungen mit G zeigen auch 4QDtn$^{c.h.j}$, aber diese Texte gehören zur Gruppe 5. Texte mit relativ wenigen eigenständigen Lesarten, die mit der Vorlage von G in Verbindung gebracht werden können, werden dieser Gruppe nicht zugeordnet. … Die G nahestehenden Texte machen ungefähr fünf Prozent der in Qumran gefundenen biblischen Texte aus."[44]

„(5) Unabhängige Texte." – Die hierher gehörenden Texte lassen sich keiner der genannten Gruppen zuordnen. Sie gehen zwar oft mit MT, Smr und/oder G zusammen, unterscheiden sich aber immer wieder auch deutlich oder bieten eigene, bisher unbekannte Lesarten, wie etwa 4QJos^a, 4QRi^a und 5QDtn. Eine Zwischenstellung nimmt 4QSam^a ein, der der Vorlage von G nahe steht, aber auch unabhängige Merkmale hat. „Eine besondere Gruppe bilden die unabhängigen Texte, die zu einem bestimmten Zweck geschrieben worden sind. Hier handelt es sich um ‚liturgische‘ oder ‚exzerpierte‘ Texte (vgl. 2), z. B. 4QEx^d, 4QDtn^{j-n}, viele der Psalmentexte und schließlich auch 4QHld$^{a.b}$. Insgesamt machen alle dieser Texte ein Viertel der in Qumran gefundenen aus."[45]

Was bedeuten diese Beobachtungen? Unabhängig von der Frage, wie weit diese Texte aus Qumran stammen oder welche Texte dorthin gebracht wurden, ist ihr Nebeneinander in Qumran wahrscheinlich ein Indiz für den allgemeinen Textzustand in der Zeit vom 3. Jh. v. Chr. bis zum 1. Jh. n. Chr. D. h. die Zeit des Frühjudentums war offensichtlich eine Zeit textlicher Pluralität und Vielfalt. „Da es keine Anhaltspunkte für die Gründe zur Deponierung der Schriften in den Höhlen und keine Hinweise zum unterschiedlichen Status der einzelnen Schriften innerhalb der Gemeinschaft gibt, können keine sicheren Schlüsse über die Haltung der Qumranleute zu der großen textlichen Vielfalt gezogen werden. Möglicherweise haben sie den Unterschieden zwischen den Texten keine größere Aufmerksamkeit geschenkt."[46] In einer gewissen Spannung zu dieser Beobach-

---

43 Bei den sog. Rewritten-Pentateuch-Texten handelt es sich um Zusammenstellungen von Texten, die sich gewissermaßen gegenseitig beleuchten, z. B. hat 4Q158 Gen 32 und Ex 4,24 – 26, d. h. offensichtlich zwei Erzählungen mit Gefährdung durch Gott, zusammengestellt, andererseits sind die biblischen Texte auch mit exegetischen und kommentierenden Ausführungen verbunden; vgl. Michael Segal, Biblical Exegesis in 4Q158: Techniques and Genre, Textus XIX, 1998, 45 – 62.
44 Tov, THB, 96.
45 Tov, THB, 97.
46 Tov, THB, 97.

tung steht die Aussage: „Zugleich scheint die große Anzahl protomasoretischer Texte deren autoritativen Status anzuzeigen."[47]

Kommt hier eine aus späterer Perspektive verständliche, aber zeitgenössisch noch nicht berechtigte Bevorzugung des MT zum Vorschein? Genaueres Zusehen relativiert die statistischen Angaben an einigen Punkten: Zunächst kann die Zahl für die präsamaritanische Gruppe nicht mit der Gesamtzahl der biblischen Handschriften verglichen werden, sondern nur mit der Zahl von Pentateuchhandschriften. Da die Pentateuchtexte der Höhlen 1, 4 und 11 nur jeweils ca. 1/3 der biblischen Handschriften umfassen, ist der Anteil der präsamaritanischen Texte nicht 5, sondern ca. 15 Prozent.[48] Dazu kommt, dass an anderer Stelle für die protomasoretischen Texte statt von 40 nur von 35 Prozent gesprochen und vor allem eine wesentliche Berechnungsgrundlage mitgeteilt wird: „Diese Berechnung basiert auf der Annahme, dass die meisten Handschriften, die M und Smr sowie M und G jeweils gleich[!] nahe stehen, zu M gerechnet werden sollten."[49] – Nimmt man nur je 5 Prozent solcher Texte aus der Berechnung heraus, so reduziert sich die Gruppe der protomasoretischen Texte von 35 auf ca. 25 Prozent. Das ist angesichts der 20 und 25 Prozent für die Gruppen (1) und (5) nicht allzu viel. Zudem könnte wohl einzelnes aus diesen Gruppen Smr oder G (vgl. oben bei (5) zu 4QSam[a])[50] zugeordnet werden; und nicht zuletzt berücksichtigt „die Statistik … nur präsamaritanische Handschriften, die ausschließlich Smr nahestehen. Qumranhandschriften, die Smr und M gleich nahestehen, werden zu M gezählt."[51] Insofern ist der von Tov herausgestellte Vorrang protomasoretischer Texte statistisch und damit auch sachlich kaum zu erkennen. Die Texte von Qumran spiegeln eine beachtliche Pluralität, und es scheint in der Tat so, dass diese Unterschiede keine größere Aufmerksamkeit fanden (s. o.).

Der Sachverhalt scheint sich jedoch im Lauf des 1. Jh. v. Chr. geändert zu haben, und stellt sich dann im 1. Jh. n. Chr. erheblich anders dar. Die in das 1. Jh. n. Chr. gehörenden Texte aus Massada, Wadi Murabbaᶜat[52] und Naḥal Ḥever

---

47 Tov, THB, 97.

48 So jetzt richtiger auch Tov, Handschriften (Anm. 36), 18 f.: „Für alle biblischen Bücher ließe sich der Anteil der präsamaritanischen Handschriften auf 15 Prozent hochrechnen."

49 Tov, Handschriften (Anm. 36), 18.

50 Auch das Kriterium, einen mit M übereinstimmenden Konsonantentext M – und nicht G – zuzuordnen, ist etwas einseitig, weil nicht selten G auf dem gleichen Konsonantentext basiert, aber eine andere Vokalisation voraussetzt als die späteren Masoreten; vgl. die bekannte Variante in Jer 7,3.

51 Tov, Handschriften (Anm. 36), 19.

52 So etwa die 12-Propheten-Rolle von Murabbaᶜat. Um Verwechslungen zu vermeiden, sei darauf hingewiesen, dass es sowohl aus Wadi Murabbaᶜat eine 12-Prophetenrolle (hebräisch) gibt, als auch aus Naḥal Ḥever (griechisch).

spiegeln durchgehend den protomasoretischen Text wieder; ebenso die Texte aus dem Umfeld des Bar-Kochba-Aufstandes.

1.4 Die Zuordnung der Textgruppen

Lassen sich die verschiedenen Textformen bzw. zumindest die Haupttypen bestimmten Gruppen oder Bereichen des Judentums zuordnen? Es liegt nahe, die hebräischen Vorlagen der Septuaginta (entgegen der Aussage des Aristeasbriefes) mit Ägypten zu verbinden; ein weiterer Bereich ist zweifellos Palästina und schließlich könnte noch an die babylonische Diaspora gedacht werden. Ein solches lokal orientiertes Modell wurde auf Grund von Bemerkungen von H.M. Wiener und Willam F. Albright vor allem von Frank Moore Cross wiederholt vertreten.[53] Dabei wurden Smr, M der Chronik sowie die präsamaritanischen Qumrantexte Palästina zugeordnet und M (außer Chronik) der babylonischen Diaspora. Nach Cross führte die räumliche Trennung zu einer gewissen selbständigen Entwicklung der Textfamilien der jeweiligen Region. Das merkwürdige Phänomen, dass die babylonische Tradition in Palästina zu finden ist und als masoretischer Text zur Vorherrschaft gelangte, wird mit der Rückwanderung bzw. Vertreibung von Juden aus Mesopotamien (die ihre Texte mitbrachten) und insbesondere mit dem Wirken Hillels erklärt.[54] Dieser hatte nicht nur überragende Bedeutung für die rabbinische Bewegung[55] im 1. Jh. n. Chr. und soll – wie Esra – aus Babylon gekommen sein, sondern er soll nach einem Wort aus dem babylonischen Talmud, Sukkah 20a, für die Bibel ähnliche Bedeutung wie Esra gehabt haben.[56]

---

53 Vgl. Tov, THB, 152; zuletzt Frank Moore Cross, The Fixation of the Text of the Hebrew Bible, in: ders., From Epic to Canon, Baltimore 1998, 205–218. Siehe dazu die Rez. von Siegfried Kreuzer in OLZ 95 (2000), 432–434.

54 „Taken together these data suggest that we should look to the era of Hillel and his disciples in the early first century C.E. for the initiation if not the completion of the recensional labor which fixed the Hebrew text of the Bible, the text we may fairly call the Pharisaic-Hillelite Recension, of which the Masoretic Text is a direct descendant." Cross, Fixation (Anm. 53), 217.

55 Die Nähe der protomasoretischen Texte zu rabbinischen Traditionen wird auch von Tov thematisiert. Tov übernimmt die von Cross vorgeschlagene Bezeichnung als protorabbinisch (vgl. oben [2]).

56 „When the Torah was forgotten in Israel, Ezra came up from Babylon and established it; and when it was once again forgotten, Hillel the Babylonian came up and reestablished it." Allerdings ist der auf Hillel bezogene Teil des Spruchs möglicherweise eine eher späte Ergänzung und es bleibt offen, ob gemeint ist, dass Hillel sich für die Geltung der biblischen Schriften im jüdischen Leben einsetzte oder für eine bestimmte Textform.

Diese These ist allerdings kaum aufrecht zu erhalten. Da die Textformen in Qumran vorhanden sind, müssten sie bereits zwischen dem 5. und 3. Jh. v. Chr. entstanden sein,[57] was für viele Bücher wenig Raum für ihre literarische Entstehungsgeschichte lässt. Vor allem aber spricht das Vorhandensein aller drei Textfamilien in Qumran gegen eine geographisch so weit auseinander liegende Entstehung.[58] Eher wird man umgekehrt vermuten können, dass bestimmte ältere Textformen „in geographisch oder sozial abseits liegenden Gegenden überleben [konnten]. So ist es zu erklären, dass solche früheren Editionen in die Hände der griechischen Übersetzer in Ägypten gelangten und auch in den Qumranrollen erhalten blieben."[59]

Die These lokaler Textfamilien ist in der von Cross vorgetragenen weiträumigen Form nicht zu halten. Andererseits sind gewisse Texttypen bzw. Textfamilien zu erkennen, die interne Ähnlichkeiten aufweisen und die voneinander verschieden sind. Diese Unterschiede sind am ehesten mit dem Gebrauch und der Weitergabe der Texte in bestimmten Gruppen zu erklären, so dass sich die Hypothese von Gruppentexten ergibt. In diesen Gruppen wären die biblischen Bücher in (einer) bestimmten Form(en) übernommen und tradiert worden, wobei sie (weitere) spezifische Ausprägungen, aber auch gegenseitige Beeinflussung erfuhren.

Hier stellt sich die Frage nach dem Übergang von der literarischen bzw. editorischen Gestaltung eines Buches zur Phase der (bloßen) Weitergabe (als für eine bestimmte Gemeinschaft verbindlicher, „kanonischer" Text). Kann man überhaupt von einem „Übergabe-" oder „Übernahme-Zeitpunkt" eines biblischen Buches sprechen, oder war das nicht eher „eine Art Zwischenphase zwischen Endkomposition und Beginn der Abschreibetätigkeit, die als ‚Abfassungs-Überlieferungs-Stadium' (compositional-transmissional-stage) oder ‚Autor-Schreiber-Stadium' (editorial-scribal-stage) bezeichnet werden könnte"[60]?

In diesem Zusammenhang thematisiert Tov die Frage, ob es einen einzigen „Urtext" gab, oder verschiedene,[61] wobei er „in moderater Form" der ersten

---

57 Vgl. Tov, THB, 153.

58 „Der Fund hebräischer Texte in Qumran, die G sehr nahe stehen (wie 4QJer[b.d]), widerspricht der Theorie, die G mit einem ägyptischen Lokaltext in Verbindung bringen möchte. ... Schließlich widersprechen die Textfunde von Qumran allgemein der Theorie von lokalen Textfamilien, da gerade in Qumran, das in Palästina liegt, Texte gefunden worden sind, die Merkmale aller drei postulierten Textgruppen aufweisen." Tov, THB 153.

59 Tov, THB, 155.

60 Tov, THB, 155.

61 Tov thematisiert diese Frage an Hand der bekannten gegensätzlichen Positionen von Paul de Lagarde und Paul Kahle, THB, 150–155. Allerdings hatte sich jene Diskussion nur auf die Entstehung der Septuaginta bezogen, nämlich ob es eine einzige Übersetzung der Septuaginta ge-

Möglichkeit zuneigt, indem er annimmt, dass es eine „Situation der relativen Texteinheitlichkeit" gab, die jedoch „nicht von Dauer [war], da bereits in den folgenden Generationen Abschreiber den Text stetig mehr oder weniger veränderten oder verdarben. … Veränderungen im Lauf der Textüberlieferung an verschiedenen Orten führten ebenfalls zum Verlust der Einheitlichkeit."[62]

Jedoch geschahen in der Abschreibphase „die Veränderungen durch die Abschreiber … wesentlich seltener und waren umfangmäßig geringer, denn der Umgang mit dem Text war längst nicht mehr so frei wie bei den Autoren, was an den meisten Qumrantexten deutlich wird. In diesem Stadium waren viele deutlich voneinander unterschiedene Texte im Umlauf, wie z. B. M, Smr, G und einige der Qumrantexte (S. 95 ff.). Falls die Analyse aus Abschnitt B [= THB 135 – 148] stimmt, dann stehen die Texte textgenetisch wahrscheinlich so miteinander in Verbindung, dass sie von einem gemeinsamen (‚ursprünglichen') Text abstammen. Doch ist es heute nicht mehr möglich, das vorhandene Textmaterial auf einen gemeinsamen Stammbaum zu beziehen … Dazu fehlen einerseits hinreichende Informationen, andererseits ist die Hypothese von einem einzigen gemeinsamen Text zu unsicher."[63]

Diese zu Recht vorsichtigen Überlegungen von Tov könnte man noch dahingehend ergänzen, dass die vorhandenen Hauptformen der Texte sich nicht zu einem einzigen Zeitpunkt und aus einer Grundform des „ursprünglichen" Textes verzweigt haben müssen, sondern sie können auf verschiedene Stadien eines Buches zurückgehen und sich zu verschiedenen Zeiten abgezweigt haben. Ein Beispiel wären die G-Form bzw. die entsprechenden hebr. Texte des Jeremiabuches, die eine ältere Gestalt des Jeremiabuches widerspiegeln als die Texte der masoretischen bzw. der protomasoretischen Tradition.

Von diesen Beobachtungen kann nochmals nach der möglichen Zuordnung der Textformen zu jüdischen Gruppen gefragt werden. Wenn es zu den wesentlichen Folgen der Entdeckung und Erforschung von Qumran gehört, dass das

---

geben habe, die Bearbeitungen erfuhr (Lagarde) oder ob der Septuagintatext auf verschiedene Übersetzungen, analog den verschiedenen aramäischen Targumen, zurückgeht (Kahle). Der Gegensatz wird meist zu schematisch dargestellt; so hatte etwa selbst Lagarde zwei verschiedene Übersetzungen des Richterbuches angenommen, vgl. Kahle, Genizah (Anm. 10), 248. Die Übertragung des Modells auf den hebräischen Text erscheint problematisch, weil dem hebräischen Text kein „Urtext" in anderer Sprache zugrunde liegt, sondern eine meist komplexe literarische Entstehungsgeschichte vorausgeht. Konsequenterweise relativieren und sprengen Tov's Ausführungen das Schema.

62 Tov, THB, 155.
63 Tov, THB, 156.

Frühjudentum in einer erstaunlich vielschichtigen Gestalt vor uns steht,[64] so ergab sich ähnliches für den Text des Alten Testaments. Zwar erscheint eine Lokaltexthypothese, jedenfalls in einem großräumigen Sinn (Palästina/Ägypten/Babylon), als unwahrscheinlich (s.o.), die Frage nach einer Zuordnung innerhalb Palästinas liegt aber doch nahe. Jedenfalls scheint im 1. Jh. n.Chr. eine solche Zuordnung greifbar zu werden. Der präsamaritanische Text, der nach Ausweis der Qumrantexte zunächst weit verbreitet war und für den sogar die Bezeichnung „palästinischer Text" vorgeschlagen wurde[65], trat offensichtlich durch die Verwendung bei den Samaritanern im jüdischen Bereich zurück.[66] Der protomasoretische Text scheint zunehmend eng mit der pharisäisch-rabbinischen Richtung zusammengehört zu haben (vgl. die Bezeichnung der Textgruppe als protomasoretisch/protorabbinisch). Diese Verbindung zeigt sich im Rückblick auch darin, dass schließlich der masoretische Text ebenso wie die pharisäisch-rabbinische Bewegung „siegten", bzw. richtiger gesagt, als einzige Bewegung des Judentums übrig blieben.[67]

Trotzdem wird man sich nicht zu einer konsequenten Gruppentexttheorie verleiten lassen dürfen. Dem widerspricht, dass die in anderer Hinsicht sehr exklusive Qumrangemeinschaft offensichtlich ohne Schwierigkeiten die heiligen Schriften in durchaus unterschiedlicher Textgestalt akzeptierte und benützte, und dem widerspricht auch die merkwürdige Tatsache, dass der protomasoretische Texttyp häufig in – sehr exakt geschriebenen – Handschriften mit althebräischer Schrift belegt ist, obwohl rabbinische Quellen diese paläohebräische Schrift verboten. Eine mögliche Erklärung dieser Beobachtung ist für Tov, dass die paläohebräischen Handschriften aus Qumran aus sadduzäischen Kreisen stam-

---

64 „The area of biblical studies most affected by fifty years' study of the Judean Desert Scrolls is the history of early Judaism. … The essential change has come in understanding the very nature of Judaism in the Persian and Greco-Roman period: early Judaism was, contrary to earlier views, highly diverse." James A. Sanders, The Scrolls and the Canonical Process, in: Flint/Vanderkam, Fifty Years (Anm. 23), II, 1–24.

65 Vorschlag von Frank Moore Cross, referiert bei Tov, Handschriften (Anm. 36), 18.

66 „Die samaritanische Gemeinschaft benutzte Handschriften von Smr. Da aber diese Gemeinschaft schismatisch geworden war, wurde ihr Bibeltext nicht länger als jüdisch angesehen." Tov, THB, 159.

67 Vgl. Tov, THB, 160: „Es gab wahrscheinlich keinerlei Stabilisierung … oder Standardisierung, die zu einem sogenannten ‚Sieg der protomasoretischen Familie' geführt hätte. Vielmehr war die Situation das Ergebnis verschiedener politischer und sozio-religiöser Faktoren … Nicht M triumphierte über die anderen Texte, sondern diejenigen, bei denen M gepflegt wurde, bildeten die einzige organisierte Gruppe, die die Zerstörung des zweiten Tempels überlebte. Aus diesem Grund kommt die Beschreibung der textlichen Überlieferung der Hebräischen Bibel nach dem 1. Jh. n.Chr. … einer Geschichte von M gleich."

men,[68] womit sowohl Pharisäer wie Sadduzäer den protomasoretischen Text verwendet hätten (was nicht ausschließt, dass die Sadduzäer auch die Quadratschrift verwendeten).[69] – Allerdings ist das Verbot der althebräischen Schrift erst in relativ späten Texten belegt, was die Argumentation für die Qumrantexte schwierig macht.[70]

M.E. ist eine vorsichtige Zuordnung von Texttypen zu frühjüdischen Gruppen zugleich mit einer zeitlichen Differenzierung zu verbinden: Eine ältere Phase mit konservativer Textgestaltung könnte eher eng mit dem Tempel in Jerusalem und den Priestergruppen verbunden gewesen sein. Die am Tempel vorhandenen Schriften hatten wahrscheinlich eine gewisse Leitfunktion. Hier könnten sowohl die mit der Vorlage der (älteren) Septuagintabücher verbundenen Texte wie auch die Vorlagen für den späteren protomasoretischen Text ihre Bezugstexte haben. Mit der größeren Verbreitung heiliger Schriften, nicht zuletzt im Bereich der Synagogen, und mit intensiverer Abschreibtätigkeit entstanden jene Phänomene, die in der sog. qumranischen Schreiberpraxis und in den präsamaritanisch/palästinischen Texten bzw. den sog. Vulgärtexten anzutreffen sind. Diese Phänomene finden sich auch in den Texten des samaritanischen Bereichs und wurden später – nicht zuletzt durch die zunehmende Abgrenzung – im Samaritanischen Pentateuch bewahrt.

Die Krise um das Hohepriestertum und die Religionsverfolgung zur Zeit von Antiochus IV sowie der Makkabäeraufstand brachten wohl eine erhebliche Verschiebung. Es erscheint nicht unwahrscheinlich, dass die Makkabäer und die neue Priesterschaft ihre eigenen Texte und Texttraditionen – etwa aus den Synagogen des Landes – mitbrachten bzw. dass solche Texte verstärkt verwendet wurden. Die Verschiebung zu anderen Bezugstexten könnte den Hintergrund für die Kritik an der Septuaginta und ihre Verteidigung im Aristeasbrief bilden.

Schließlich führten das Nebeneinander verschiedener Textformen und die Auseinandersetzungen zwischen den verschiedenen Gruppen zu einer Überprü-

---

68 Emmanuel Tov, The Socio-Religious Background of the Paleo-Hebrew Biblical Texts Found at Qumran, in: FS Martin Hengel, Bd. 1, Tübingen 1996, 353–374.

69 Tov, Handschriften (Anm. 36), 22; zum Problem insgesamt ebd., 21–23.

70 M.E. wäre zu überprüfen, ob das Verbot der althebräischen Schrift nicht erst eine Reaktion auf die gezielt politische Verwendung in der Bar-Kochba-Zeit (vgl. die Münzen aus der Bar-Kochba-Zeit mit der althebräischen Schrift) war. Immerhin fällt auf, dass „in mehreren in assyrischer Schrift geschriebenen Qumrantexten … die Gottesnamen und prinzipiell das Tetragramm in Paläohebräisch [oder genauer gesagt: in Neo-paläohebräisch] geschrieben [wurden], und dass noch inmitten griechischer Handschriften des 1. Jh. n.Chr. der Gottesname in althebräischer Quadratschrift steht (8HevXII und in Oxyrhynchus-Papyri)“, Tov, THB, 180. Diese breit bezeugte Praxis und das rabbinische Verbot können kaum gleichzeitig sein. Das offensichtlich spätere rabbinische Verbot ist damit für die Zuordnung der Qumrantexte noch nicht relevant.

fung der Textformen, zur Konzentration auf sorgfältig überlieferte Texte und zu einer Konvergenz des Textbestandes. Diese im 1. Jh. v. Chr. einsetzende Entwicklung mit der zunehmenden Hervorhebung des protomasoretischen Textes hatte ab dem 1. Jh. v. Chr. ihre Auswirkung u. a. in der Revision der Septuaginta hin auf den masoretischen Text und fand ihren Abschluss in der Arbeit der frühen und der späteren Masoreten.

2. Bedeutung und Erforschung der Septuaginta

Die Bedeutung der Septuaginta hat sich durch die Textfunde aus Qumran und der Wüste Juda erheblich verändert. Einerseits ist die Bedeutung der Septuaginta, d. h. bestimmter Probleme der Septuagintaforschung, für die Textkritik wesentlich geringer geworden, andererseits haben sich wichtige neue Erkenntnisse und Fragen ergeben.

Die geringere Bedeutung der Septuaginta ergibt sich daraus, dass die Qumranfunde die gute Überlieferung des masoretischen Textes über fast ein ganzes Jahrtausend hinweg erwiesen haben. Die unterschiedliche Situation vor den Qumranfunden zeigte sich etwa daran, dass die Bearbeitung der Zürcher-Bibel aus den 1930er-Jahren nicht selten die Textform der Septuaginta bevorzugte, und an der umfangreichen Erörterung der Septuagintaprobleme (einschließlich Hexapla und anderer griechischer Übersetzungen) in den Darstellungen der Textgeschichte und der Textkritik des Alten Testaments. So nahmen etwa bei Würthwein die Fragen der Septuaginta ca. 30 von 90 Seiten, d. h. 1/3 der Darstellung der Textgeschichte ein.[71] Dagegen sind in der Darstellung von Tov ca. 12 von über 100 bzw. von ca. 200 Seiten[72] der Septuaginta gewidmet. Die durchaus interessanten Fragen um die Hexapla des Origenes (um 240 n. Chr.) und Rezensionen wie die des Lukian um 300 n. Chr. behalten ihre Bedeutung für die Auslegungs- und Wirkungsgeschichte.[73]

---

71 Würthwein, TAT (Anm. 2), 51–80 aus 12–101.

72 Tov, THB. Kapitel „2. Textzeugen der Bibel" reicht von 16 bis 128, davon zur Septuaginta 112 bis 124. Die Darstellung der Textgeschichte reicht bis ca. S. 200 wo dann allerdings häufig auch G-Belege zitiert werden, sofern sie Qumrantexte stützen.

73 Repräsentativ für die neuere Septuaginta-Forschung und zugleich charakteristisch unterschiedlich sind die Gesamtdarstellungen: Sidney Jellicoe, The Septuagint and Modern Study, Oxford 1968 = Winona Lake 1993; Marguerite Harl / Gilles Dorival / Olivier Munnich, La Bible Grécque des Septantes. Du judaïsme hellénistique au christianisme ancien, Paris 1988 (2. ident. Auflage 1994; ergänzende Informationen werden angeboten unter: www.tradere.org/biblio/lxx/frame.htm); Natalio Fernández Marcos, The Septuagint in Context. Introduction to the Greek Versions of the Bible, Leiden 2000 (erste spanische Auflage Madrid 1979).

Andererseits ist durch die Funde von Qumran und der Wüste Juda die Bedeutung der Septuaginta erheblich gewachsen. Allein die Tatsache, dass im Mutterland und selbst in Qumran griechische Bibeltexte gefunden wurden, zeigt ihre große Bedeutung nicht nur in der Diaspora. Griechische Bibeltexte fanden sich vor allem zu Büchern des Pentateuch (4QLXXLev[a], [= 4Q119], 4QLXXNum [= 4Q121], 4QLXXDeut [= 4Q122], 7QpapLXXEx[= 7Q1][74]) und nicht zuletzt in Form der viel beachteten 12-Propheten-Rolle aus Naḥal Ḥever [= 8ḤevXIIgr]. Die bis ins 2. Jh. v. Chr. zurückgehenden Texte stützen die oben erwähnten ältesten Papyri und führen zur Frage der ursprünglichen Form der LXX – in der Forschung häufig als „Old Greek" bezeichnet – bzw. den frühesten Revisionen. Dadurch verlagert sich auch hier das Gewicht um einige Jahrhunderte (in diesem Fall gegenüber der Hexapla des Origenes) nach hinten; zudem wird die große Bedeutung der Septuaginta innerhalb des Judentums noch klarer.

„Von den Lederfragmenten aus Qumran ist 4QLXXLev[a] (publiziert in DJD IX) besonders bedeutend. Dieser Text ist eine freiere Übersetzung von Lev als die der anderen Handschriften. Nach Skehan enthält dieses Fragment den Originaltext von G, während alle sonstigen Texte eine nach M korrigierte Tradition wiedergeben."[75]

Es besteht weitgehend Konsens darüber, dass die eigentliche Septuaginta, nämlich der Pentateuch, in der Mitte des 3. Jh. v. Chr. übersetzt wurde, während die weiteren Teile des AT sukzessive folgten, wobei sich dieser Prozess bis ins 1. Jh. v. Chr. erstreckte und einzelne Schriften vielleicht auch in Palästina übersetzt wurden.[76]

In der älteren Forschung wurde das Problem diskutiert, wie sich die Übersetzungen des Aquila (um 125 n.Chr), Symmachus und Theodotion (beide um 200 n. Chr.) bzw. auch die Rezension des Lukian (um 300 n. Chr.) zu älteren Textformen verhalten. Auf Grund von älteren, aber mit Theodotion übereinstimmenden Zitaten (v. a. im Neuen Testament, bei Josephus und bei Justin) wurde eine ältere, prototheodotionische Rezension angenommen. Andererseits stimmt die altlateinische Übersetzung (Vetus Latina) nicht selten mit lukianischen Lesarten überein.

---

74 Auffallenderweise enthielt Höhle 7 durchwegs griechische Handschriften.

75 Tov, THB, 115; Patrick W. Skehan, The Qumran Manuscripts and Textual Criticism", VTS 4 (1957), 148–160: 159f.

76 „Da die Propheten und manche Bücher der Hagiographen in ihrer griechischen Version bereits dem Enkel von Jesus Sirach am Ende des 2. Jh. v. Chr. bekannt waren, muß man ihre Übersetzung Anfang dieses Jahrhunderts oder etwas früher ansetzen. Es gibt nur wenige explizite Belege, was die einzelnen Bücher angeht. Chr wird von Eupolemos Mitte des 2. Jh. v. Chr. zitiert, Ijob von Pseudo-Aristeas Anfang des 1. Jh. v.Chr. ... Die Übersetzung von Jes enthält Anspielungen auf historische Situationen und Ereignisse, die auf die Jahre 170–150 v.Chr. verweisen." Tov, THB, 114.

Daraus ergab sich ebenfalls die Annahme einer älteren Textform, die üblicherweise als protolukianisch bzw. als antiochenischer Text bezeichnet wird. Selbst einzelne hebräische(!) Qumrantexte stimmen offensichtlich mit lukianischen Lesarten überein (z. B. 4QSam[a]) und bestätigen so das hohe Alter lukianischer bzw. antiochenischer Lesarten.[77]

Besonders wichtig wurde die griechische Zwölfprophetenrolle von Naḥal Ḥever. Sie zeigt Lesarten, die der sog. prototheodotionischen Tradition entsprechen, und darüber hinaus etwa zehn übersetzungstechnische Besonderheiten, von denen die Wiedergabe von hebr. *gam* = „auch" mit griech. καίγε = „und auch" die auffallendste ist. Nach ihr benannte Barthélemy diese Textform als *kaíge*-Rezension.[78] Die Zwölfprophetenrolle von Naḥal Ḥever stammt aus der 2. Hälfte des 1. Jh.,[79] die *kaíge*-Rezension entstand wohl um die bzw. bis zur Mitte des 1. Jh. n. Chr.,[80] zumindest teilweise beeinflusst von damals im Judentum entwickelten exegetischen Prinzipien.[81]

Die auf dem Fund der Zwölfprophetenrolle basierende These von Barthélemy gehört in Zustimmung wie in Weiterführung und Differenzierung zu den wichtigsten Gegebenheiten der Septuagintaforschung der letzten Jahrzehnte.[82] Der wohl wichtigste Aspekt ist die völlig neue Einordnung der Septuaginta in das Judentum und in Verbindung damit ein neues Verständnis für die Hintergründe der späteren Preisgabe der Septuaginta. Hatte man zuvor die Preisgabe der Sep-

---

77 Tov, THB, 123 f. Offizielle Publikation und Diskussion der „(Paleao-Hebrew and) Greek Biblical Manuscripts" der Höhle 4 siehe Patrick W. Skehan u. a., DJD IX, Oxford 1992.

78 Dominique Barthélemy, Les d'avanciers d'Aquila, VTS 10, 1963.

79 Siehe dazu – und zu den weiteren in Naḥal Ḥever gefundenen Fragmenten – jetzt auch die offizielle Publikation Emanuel Tov / Robert A. Kraft / P. J. Parsons, The Greek Minor Prophets Scroll from Naḥal Ḥever (8ḤevXIIgr). The Seyal Collection, DJD VIII, Oxford 1990.

80 Die Angabe „Mitte des 1. Jh. v[or] Chr." bei Tov, THB, 121 ist unklar. – Auch Tov vertritt an anderer Stelle die Datierung in die erste Hälfte des 1. Jh. nach Chr., wobei die Anfänge bis in das Ende des 1. Jh. v. Chr. zurückreichen können: „Die Rezension ist früher als das Jahr 50 d. chr. Z. entstanden (wie die Schrift der Rolle und die Zitate aus *kaíge*-Theodotion im NT, dessen Alter man bestimmen kann, belegen), ja sie ist sogar anscheinend schon am Ende des 1. Jh. v.d. chr. Z. erstellt worden." Emanuel Tov, Die griechischen Bibelübersetzungen, ANRW II,20,1, Berlin 1986, 121–189, 177.

81 Genannt wird insbesondere R. Eliezer ben Jose ha-Galili, auf den die für die Wiedergabe von *gam* als καίγε relevante Regel „Inklusionen und Exklusionen" zurückgehen soll (vgl. Tov, THB, 121) sowie Hillel und sein Umfeld. Allerdings ist gegenüber einer zu weitgehenden Herleitung der Charakteristika von hermeneutischen Regeln Vorsicht angebracht; vgl. bezüglich der Verbindung von Aquila mit den exegetischen Regeln des Rabbi Akiba Lester L. Grabbe, Aquilas Translation and Rabbinic Exegesis, JJS 33 (1982), 527–536.

82 Neben Tov, THB, 121 und Tov, Übersetzungen (Anm. 80), siehe die ausführliche Darstellung bei Fernandez-Marcos, Septuagint (Anm. 73), 109–154: „The Septuagint in Jewish Tradition".

tuaginta und die Erstellung neuer Übersetzungen (Aquila, Symmachus, Theodotion) mit der Verwendung der Septuaginta im Christentum erklärt, so zeigte die *kaíge*-Rezension (ebenso wie die erst in jüngster Zeit wieder mehr beachteten alten Septuaginta-Papyri, s. o.), dass bereits innerhalb des Judentums und in vorchristlicher Zeit eine Revisionstätigkeit eingesetzt hatte. Ziel der Revisionstätigkeit war eine Anpassung an die nun beherrschend werdende masoretische Textform sowie eine noch mehr an das Hebräische angepaßte Übersetzung. Die *kaíge*-Rezension wurde damit zum Vorläufer der Arbeit von Aquila und andererseits war damit die Arbeit von Aquila eine Fortsetzung älterer Revisionstätigkeiten und keine völlige Neuübersetzung.

Schon Barthélemy hatte die Charakteristika der *kaíge*-Rezension nicht nur im Zwölfprophetenbuch von Naḥal Ḥever festgestellt, sondern darüber hinaus in anderen Schriften, etwa in der B-Version des Richterbuches und in den sog. *kaíge*-Abschnitten von Sam–Kön (2Sam 10,2–1Kön 2,11 und 1Kön 22,1–2Kön 25)[83]. Die Beobachtungen wurden von weiteren Autoren an anderen Texten ergänzt und zu einer Liste von über 90 Charakteristika der *kaíge*-Rezension erweitert. Die damit verbundenen Thesen einer großangelegten, das ganze AT umfassenden und einheitlichen Rezension sind aber wohl eine zu weit gehende Verallgemeinerung. Zu Recht wird darauf hingewiesen, dass die über 90 Charakteristika nur eine hypothetische Addition darstellen. In den einzelnen Schriften wurden nur jeweils einzelne dieser Charakteristika identifiziert und keines der Kennzeichen ist überall anzutreffen.[84] Es ist somit davon auszugehen, dass die anzunehmende Revisionstätigkeit doch wesentlich komplexer ablief. Sie setzte offensichtlich bereits im 1. Jh. v. Chr. ein, erreichte in der *kaíge*-Rezension einen Höhepunkt und kam mit Aquila zu einem gewissen Abschluss. Zugleich wird man sich die Entwicklung nicht als einlinig vorstellen dürfen. Eher liefen verschiedene Bemühungen nebeneinander; darüber hinaus könnten die jüngeren Teile der Septuaginta bereits in ihrer (Erst)übersetzung von den entsprechenden Anliegen und Prinzipien geprägt sein. Wichtig ist die Beobachtung, dass die Übersetzung der Psalmen Kennzeichen zeigt, die dann in der *kaíge*-Rezension aufgenommen und entfaltet sind. Die Übersetzung der Psalmen ist somit Vorläufer und Vorbild der

---

83 Die Abgrenzung dieser Abschnitte in Sam–Kön geht auf Henry St.J. Thackeray und James D. Shenkel zurück, vgl. Harl/Dorival/Munnich, Septantes (Anm. 73), 175 f.
84 Vgl. Tim McLay, Kaige and Septuagint Research, Textus 19, 1998, 127–139, der die 24 von Barthélemy bzw. die 96 in weiteren einschlägigen Untersuchungen herausgestellten Charakteristika auflistet (131–134) und deren Verteilung und Übereinstimmung überprüft.

kaíge-Rezension,[85] während diese bzw. deren Prinzipien ihrerseits übernommen und weitergeführt wurden.[86]

Die frühe Textgeschichte der Septuaginta spiegelt somit auf ihre Art die Mehrgestaltigkeit der hebräischen Textüberlieferung wie auch die zunehmende Tendenz zu deren Vereinheitlichung und zur Dominanz des masoretischen Textes. Die textkritische Arbeit an der Septuaginta ist damit nicht einfacher geworden: Der Wert der Septuaginta für die alttestamentliche Textkritik wurde jedoch keineswegs geringer. Insbesondere hat sich gezeigt, dass viele Abweichungen der Septuaginta nicht auf übersetzerische Freiheit zurückgehen, sondern auf eine entsprechende hebräische Vorlage. Was das für das Ziel der Textkritik bedeutet, ist unter 3. (s.u.) zu erörtern. Für die Methodik der Textkritik kann festgehalten werden, dass die Lesarten der Septuaginta besonders dort von Bedeutung sind, wo sie mit entsprechenden Varianten aus Qumrantexten Hand in Hand gehen oder wo die Varianten sich aus Phänomenen der (zu Grunde liegenden) hebräischen Textüberlieferung erklären lassen (z. B. Verwechslung ähnlicher hebräischer Buchstaben, etwa Daleth/Resch; Jod/Waw; Beth/Kaf; He/Cheth, aber auch alle sonstigen Phänomene von Textverderbnis und Textveränderung).[87]

Die große Bedeutung der Septuaginta für die alttestamentliche Textkritik wurde von Tov in einer Monographie ausführlich dargestellt und mit der Feststellung gewürdigt: Die Septuaginta enthält [nicht zuletzt, weil sie das ganze Alte Testament umfasst und damit die biblischen Texte aus Qumran erheblich übertrifft, S.K.] „more significant variants than all other textual witnesses together. Futhermore, apart from a few scrolls from Qumran, the LXX is the only source that contains a relatively large number of variants which bear on the literary criticism of the OT."[88]

---

85 Olivier Munnich, Etude lexicographique du Psautier des LXX, Paris 1982 und ders., La Septante des Psaumes et le groupe kaige, VT 33 (1983), 75 – 89.

[Zusatz 2014: Diese Einordnungen gehen praktisch immer davon aus, dass die Editionen den Urtext bieten. Der rekonstruierte Text ist aber immer auch das Ergebnis der Rekonstruktionsprinzipien des Herausgebers. Im Fall der Ausgaben des Psalmentextes in der Göttinger Ausgabe und in der sog. Handausgabe, beide von A. Rahlfs, ist der Charakter des Textes wesentlich von der Vernachlässigung des lukianischen Textes bestimmt, wodurch sich eine dem hebräischen näher stehende Textform ergab.]

86 In Reaktion auf die Diskussion hat sich Barthélemy auf vier klare Kennzeichen der *kaíge*-Rezension beschränkt: 1) Wiedergabe von *gam* durch καίγε, 2) Wiedergabe von *'ānōkî* durch ἐγώ εἰμι auch vor finitem Verbum, 3) konsequente Wiedergabe von *'îš* durch ἀνήρ, 4) Wiedergabe von *'ên* durch οὐκ ἔστι, unabhängig von der Zeitfolge. Vgl. Dominique Barthélemy, Prise de position ..., in: ders., Études d'histoire du texte de l'Ancien Testament, OBO 21, 1978, 267– 269.

87 Vgl. die zahlreichen Beispiele bei Tov, THB, 202–236 und passim.

88 Emanuel Tov, The Text-Critical Use of the Septuagint in Biblical Research, Jerusalem ²1997, 272.

Über die textkritische Dimension hinaus hat die Frage nach der Frühgeschichte der Septuaginta bzw. nach der „Old Greek" erhebliches Gewicht bekommen, insbesondere die Frage nach Ort, Bedeutung und Stellung der Septuaginta im Frühjudentum. In diesem Zusammenhang finden die Angaben des Aristeasbriefes über Veranlassung und Entstehung der Septuaginta[89] ebenso neues Interesse wie der Aristeasbrief selbst.[90] Bezüglich der Initiative für die Übersetzung ist auffallend, dass diese auch in der jüdisch-rabbinischen Tradition auf den König Talmai = Ptolemäus bezogen wird, allerdings gewissermaßen *ad personam* (Änderungen für den König).[91] Der Fortschritt in der neueren Forschung

---

89 Die Frage nach Anlass und Entstehung der Septuaginta ist nach wie vor von zwei Grundpositionen beherrscht. Auf der einen Seite steht die Auskunft des Aristeasbriefes, in dem die Initiative zur Übersetzung auf König Ptolemaios (II. Philadelphos, 283 – 246 v. Chr.) und dessen Berater und Bibliothekar Demetrios von Phaleron zurückgeführt wird. Die Übersetzung als solche sei dann von einer aus Jerusalem entsandten Gruppe von 70 bzw. 72 Übersetzern und auf der Basis von aus Jerusalem mitgebrachten Schriften durchgeführt worden. Nach Billigung der Übersetzung durch die jüdische Gemeinde wurde sie vom König approbiert und der Bibliothek zur Verfügung gestellt.

Demgegenüber wurde seit Beginn der Neuzeit (erste Zweifel bei Luis Vives, 1492–1540, konsequent bei J. Justus Scaliger, 1540 – 1609) auf den apokryphen Charakter des Briefes (daher häufig auch „Pseudoaristeas") hingewiesen und vor allem vertreten, dass die Septuaginta nicht auf Grund äußerer Veranlassung, sondern auf Grund innerer Notwendigkeiten in der jüdischen Gemeinde entstanden sei. – Detaillierte Darstellung der Theorien zur Entstehung der Septuaginta sind bei Jellicoe, Septuagint (Anm. 73), 29 – 73 und Fernandez-Marcos, Septuagint (Anm. 73), 35 – 66, Lit.) zu finden. Repräsentativ sind die knappen Sätze bei Würthwein, TAT, 53: „Aber schon das, was der Aristeasbrief selber berichtet, ist in vielem unglaubwürdig. Nicht ein Heide, wie er vorgibt, hat ihn geschrieben, sondern ein Jude, der die Weisheit und das Gesetz seines Volkes durch den Mund eines heidnischen Königs verherrlicht. Dieser Verfasser hat nicht zur Zeit des Ptolemäus Philadelphos gelebt, sondern mehr als hundert Jahre später. Ferner wurde das Gesetz nicht deshalb übersetzt, weil es ein königlicher Förderer der Wissenschaften so wünschte, sondern weil die ägyptischen Juden, die das Hebräische nicht mehr verstanden, ohne eine solche Übersetzung nicht mehr auskamen. Und schließlich geht diese Übersetzung nicht auf palästinische Juden zurück, sondern auf Glieder der alexandrinischen Diaspora, denen Griechisch die Sprache ihres Alltagslebens war."

90 Griechischer Text des Briefes u. a. in Herbert B. Swete, An Introduction to the Old Testament in Greek, Cambridge, 1914, 531– 606 (bearbeitet von Henry St. J. Thackeray). Einleitung und deutsche Übersetzung: Norbert Meisner, Aristeasbrief, JSHRZ II/1, Gütersloh 1977².

Zum literarischen Umfeld des Briefes: Nikolaus Walter, Jewish-Greek Literature of the Greek Period, Cambrigde History of Judaism, 1989, 385 – 408. Zum historischen Umfeld der Angaben des Briefes siehe Wolfgang Orth, Ptolemaios II. und die Septuaginta-Übersetzung. Die historischen Gegebenheiten zur Zeit der Entstehung der Septuaginta in Ägypten unter den Ptolemäern, in: Heinz-Joachim Fabry / Ulrich Offerhaus (Hg.), Im Brennpunkt: Die Septuaginta. Studien zur Entstehung und Bedeutung der Griechischen Bibel, BWANT 153, 2001, 97–114.

91 Vgl. dazu Guiseppe Veltri, Eine Übersetzung für den König Talmai, Texte und Studien zum Antiken Judentum 41, 1994. Für die traditionsgeschichtliche Analyse der „geänderten" Stellen und

ist, dass diese Angaben nicht einfach beiseite geschoben werden; ob mit ihnen eine unmittelbare königliche Initiative erwiesen ist, ist dagegen weniger sicher. Jedenfalls wird man die Angaben erklären müssen.[92]

Für die Revisionen der Septuaginta spielten sowohl die Verschiebungen in der hebräischen Textgrundlage des Alten Testaments an der Wende vom 2. zum 1. Jh. v. Chr. eine erhebliche Rolle, als auch die innerjüdischen politischen und theologischen Entwicklungen. Damit erscheinen auch die Verschiebungen und Dis-

---

zur Unterscheidung zwischen Septuaginta, hebräischem Text und späteren rabbinischen Interpretationen siehe besonders Karlheinz Müller, Die rabbinischen Nachrichten über die Anfänge der Septuaginta, FS Joseph Ziegler, FzB 1, 1972, 73–93.

92 Die Verschiebung hin zu einer höheren Bewertung des Briefes zeigt sich bei Fernandez-Marcos, Septuagint (Anm. 73), 63f.: „First of all, the Alexandrian Jewish sources as well as the rabbinic sources refer to the translation as a royal initiative and are silent on the motive of the liturgical or cultural needs of the Jewish community. No privately instigated translation is known before the 2nd century BCE, and it would be of the Prophets as a continuation of the Torah." Und weiter: „... it is difficult to avoid the essence of the Letter of Aristeas according to which the initiative for the undertaking came from the court of King Ptolemy."

Allerdings bleibt auf jeden Fall zuzugeben, dass die Fähigkeit zur Übersetzung in der jüdischen Gemeinde und zwar Alexandriens vorgelegen haben musste. Das Argument, dass es vor dem 2. Jh. keine privat veranlasste Übersetzung gab, ist durchaus gewichtig, aber doch nur ein *argumentum e silentio*. Zudem wäre eine von der jüdischen Gemeinde initiierte Übersetzung zwar keine königlich veranlasste, aber doch auch nicht einfach eine private. Entgegen neueren Tendenzen ist die Analogie der aramäischen Targume (= Übersetzungen!) nicht ganz zu ignorieren. Ihre Existenz ist für das 3. Jh. wahrscheinlich, wenn auch trotz der Qumranfunde (4QTgLev = 4Q156, 2. Jh. v. Chr.) nicht bewiesen.

Die Argumentation, die auf königliche Veranlassung übersetzte Thora habe als Grundlage für Rechtsprechung und Verwaltung dienen sollen, beruht auf einer relativ jungen „Analogie" (Papyrus Oxyrhynchos Nr. 3285) und teilt das Problem der in ähnlichem Sinn postulierten „persischen Reichsautorisation" der Thora, nämlich dass der Pentateuch für diesen Zweck wenig geeignet ist. Zudem befolgten soweit erkennbar in zivilen Angelegenheiten auch die Juden das Gesetz des Landes, d. h. das ägyptische Gesetz.

Es bleibt das Dilemma, dass eine innerjüdische Entstehung der LXX sehr plausibel und eine königliche Veranlassung fraglich erscheint, dass aber andererseits die eindeutigen Angaben des Aristeasbriefes und der rabbinischen Quellen nicht ignoriert werden können. – M.E. ist eine Lösung dahingehend zu suchen, dass zwar die Septuaginta innerjüdisch entstand und nicht durch eine unmittelbare Beauftragung des Königs, dass aber die durch die Ptolemäer geschaffene politische und kulturelle Situation einen wichtigen Impuls für die Anfänge der Septuaginta (und die Darstellung des Aristeasbriefes) bildete. Vgl. dazu Siegfried Kreuzer, Königliche Veranlassung, innerjüdischer Bedarf, oder ... – Beobachtungen zum Anlass der Septuaginta im 3. Jh. und zum Hintergrund des Aristeasbriefes im 2. Jh. v.Chr (in Vorbereitung [erschienen als: Entstehung und Publikation der Septuaginta im Horizont frühptolemäischer Bildungs- und Kulturpolitik; in: Im Brennpunkt: Die Septuaginta: Studien zur Entstehung und Bedeutung der Griechischen Bibel, Band 2, Kreuzer, Siegfried / Lesch, Jürgen (Hg.), Beiträge zur Wissenschaft vom Alten und Neuen Testament 161, Stuttgart, 2004, 61–75; siehe auch in diesem Band 366–383]).

kussionen in der christlichen Zeit in einem neuen Licht. Die Veränderungen und die Abkehr von der Septuaginta bildeten jedenfalls einen wesentlich längeren und vielschichtigeren Prozess, als früher zu erkennen war. Die jetzt erkennbare Entwicklung vollzog sich bis in die 2. Hälfte des 1. Jh. n. Chr. nur und danach noch immer zu einem wesentlichen Teil als innerjüdische Entwicklung.[93] Die in der neueren Forschung teilweise zu beobachtende Tendenz, auch für die Folgezeit das Verhältnis zwischen Christentum und Judentum ganz auszublenden, geht dagegen zu einseitig ins andere Extrem und ist nicht überzeugend.[94]

3. Methodik und Ziel der Textkritik

3.1 Methodik der Textkritik

Die dargestellten Textfunde und Forschungsergebnisse haben ihre Relevanz für Methodik und Ziel der Textkritik, allerdings in entgegengesetzter Richtung. Zum einen werden die bekannten Methoden und Regeln der Textkritik im Wesentlichen bestätigt. Gerade die Qumrantexte mit der Breite und Vielfalt der Textüberlieferung bestätigen die bekannten Phänomene und Ursachen für Textverderbnisse wie Buchstabenverwechslung und Buchstabenvertauschung, Hör- und Schreibfehler, falsche Worttrennungen oder -verbindungen, und Erscheinungen wie Haplographie und Dittographie infolge von Homoioarkton oder Homoioteleuton. Andererseits finden sich viele Beispiele für (absichtliche) Textveränderungen, etwa aus sprachlichen oder dogmatischen Gründen, durch Aktualisierung, durch Glossen oder durch Glättungen. Die entsprechenden Abschnitte bei Tov, THB, bieten reiches Anschauungsmaterial für die verschiedenen Möglichkeiten. Sie gehen in der Zahl weit über die Beispiele bei Würthwein, TAT, hinaus, in der Sache aber entsprechen sie den Beispielen und Möglichkeiten, wie sie seinerzeit Würthwein anführte. Damit sind aber auch die methodischen Überlegungen und

---

93 D.h. nicht zuletzt als ein interessantes Nebeneinander des Ringens um einen guten verlässlichen Text der Heiligen Schriften auf jüdischer und auf christlicher Seite. Der Gebrauch griechischer Übersetzungen des Alten Testaments, insbesondere jener des Aquila, erstreckte sich über die ganze Antike bis zur islamischen Eroberung und wirkte auch noch darüber hinaus; vgl. Fernandez-Marcos, Septuagint (Anm. 73), 121.

94 Die entsprechenden Nachrichten bei Justin und bei Origenes (der damit sein Projekt Hexapla begründete) sind schwerlich als fiktiv abzutun. Für die Auswertung des Schweigens jüdischer Quellen ist auch das Phänomen der Kontextausblendung zu beachten. In den biblischen Texten selbst ist etwa die auffallende Verwendung von ἀλείφω statt von χρίω für „salben" bei Aquila kaum anders denn als Vermeidung des Christusbegriffs zu erklären. Doch diese Fragen führen über die Textgeschichte und Textkritik des Alten Testaments hinaus.

Argumente, um die ursprüngliche Lesart herauszufinden und die Entstehung der Varianten zu erklären, im Wesentlichen die gleichen. Tov referiert die bekannten Kategorien „Externe Kriterien" bzw. „Der unterschiedliche Rang der Textquellen" (247–250) und „Interne Kriterien" (250–257), d. h. die beiden bekannten Regeln der inneren Kritik, wenn auch in etwas ungewöhnlicher Formulierung (*„Lectio difficilior praeferanda/praevalet/praestat"* bzw. *„Lectio brevior/brevis potior"*). Die Beispiele ergeben sich gemäß der Quellenlage meist aus der Gegenüberstellung von MT und Qumrantexten, nicht selten auch G bzw. Rückübersetzung aus G.

Die theoretische Diskussion der Beispiele und Regeln ist allerdings nicht immer leicht nachzuvollziehen. Manchmal findet man sich in einem „Labyrinth der Daten und Erwägungen" (S. 256), insbesondere wenn Grundsätze sehr weit ausgedehnt werden und dann als nächstes ihre Fragwürdigkeit festgestellt wird (z. B. S. 255). Merkwürdig ist auch die Wiedergabe der Regel, dass die ursprüngliche Lesart zu suchen und die Entstehung der Varianten zu erklären sei. Immerhin enthält diese „Regel" die Zielsetzung und die wesentliche Kontrollüberlegung, mit der verschiedene Entscheidungsmöglichkeiten gegeneinander abgewogen werden können. Bei Tov heißt es etwas vage: „Es wird manchmal behauptet, dass man diejenige Lesart als ursprünglich ansehen solle, die am einfachsten den Ursprung aller anderen erkläre oder aus der sich die anderen entwickelt haben können. Diese Formulierung ist wahrscheinlich zulässig, kann jedoch in der vorgetragenen Weise kaum als eine praktikable Richtlinie für die Textkritik angesehen werden, da sie sich in ihrer Allgemeinheit fast selbst überflüssig macht." Die Überlegung mag für einen Spezialisten wie Tov so selbstverständlich sein, dass sie überflüssig wirkt. Für die argumentative Begründung von Entscheidungen ist die Regel jedoch weder unpraktikabel noch überflüssig.

Die von Tov vorgeschlagene Alternative „Die Hauptaufgabe der Textkritik ist es also, die dem Kontext am meisten angemessene Lesart zu finden" (S. 257) erscheint demgegenüber schwierig. Wie definiert sich der Kontext? Was heißt angemessen? Ist ein Wort angemessen, wenn es mit dem Kontext übereinstimmt? Ist es dann nicht eher eine sekundäre Anpassung? Oder ist ein Wort angemessen, wenn es im Kontrast zum Kontext steht, also die lectio difficilior ist? Wer bestimmt, was angemessen ist? – Tov selbst gesteht im folgenden Satz sogleich ein: „Dieses Verfahren ist natürlich absolut subjektiv" (ebd.; im englischen Original „as subjective as can be"). Für einen erfahrenen Spezialisten wie Tov mag das kein Problem sein, für einen durchschnittlichen Benutzer sind solche Äußerungen weniger hilfreich.[95] Das Kapitel über „Ziel und Durchführung der Textkritik" (239–

---

95 Die Frage nach der dem Kontext angemessenen Lesart erscheint dort sinnvoll, wo es um die

242) ist zwar ein für die Sache zentrales, aber gewiss nicht das stärkste – und auch ein auffallend kurzes – Kapitel für ein Buch, das ein „Handbuch der Textkritik" zu sein beansprucht.

Ein eigenes Thema sind die Konjekturen. Bekanntlich ist die Zahl der vorgeschlagenen Konjekturen in den Ausgaben der Biblia Hebraica im Lauf des 20. Jh. von Auflage zu Auflage zurückgegangen. Das hängt mit der besseren Textgrundlage ebenso zusammen wie mit den Fortschritten in der Semitistik. Die Qumranfunde haben die gute Überlieferung des masoretischen Texte erwiesen, und andererseits sind viele Wörter, die man am Anfang des 20. Jh. nicht erklären konnte, durch die verbesserte Kenntnis der semitischen Sprachen verständlich geworden.

Trotzdem ist die prinzipielle Ablehnung von Konjekturen, wie sie bei der Hebrew University Bible durchgeführt wird und für die Biblia Hebraica Quinta ursprünglich vorgesehen war (jetzt modifiziert), nicht berechtigt. Nur Varianten in Betracht zu ziehen, die in den Handschriften bezeugt sind, setzt voraus, dass alle ursprünglichen Lesarten in der Überlieferung von Qumran (und den alten Papyri) erhalten geblieben sind, was angesichts der sehr ungleichen und auch lückenhaften Bezeugung des AT in Qumran unwahrscheinlich ist. Es setzt außerdem voraus, dass es vor Qumran keine Textverderbnisse gegeben habe, was ebenso unwahrscheinlich ist. Im Gegenteil: Gerade die Qumranfunde haben Konjekturen nicht nur überflüssig gemacht, sondern sie auch bestätigt.[96] Tov nennt einige Beispiele von Konjekturen (Emendationen), die durch Qumrantexte bestätigt wurden (Jes 17,6; 33,8; 43,8). Weiter referiert er Konjekturvorschläge zu praktisch allen Teilen des Alten Testaments und diskutiert deren Voraussetzungen und Berechtigung.[97]

Eine Konjektur ist dort erlaubt und geboten, wo keine sinnvolle Lesart bezeugt ist (insbesondere wo zu erkennen ist, dass schon die alten Tradenten oder Übersetzungen Schwierigkeiten hatten und Vermutungen anstellten). Die Konjektur muss mit bekannten Phänomenen der Textüberlieferung und Textverderbnis und mit einem möglichst geringen Maß von angenommener Textverderbnis arbeiten. Die Konjektur ist mit den Regeln und Argumenten der Textkritik zu prüfen (insbesondere, wie aus der vermuteten ursprünglichen Lesart die bezeugten verderbten Lesarten entstanden).[98]

Gesamtcharakteristik einer Textform geht, z. B. der Septuaginta(-Vorlage) eines Buches gegenüber der masoretischen Form. Allerdings besteht die Gefahr eines Zirkelschlusses.

96 Vgl. dazu auch: Harald Vocke, Kein Ende für die Textkritik der Evangelien. Qumran hat die modische Geringschätzung der Konjektur widerlegt, IKZ 27 (1998), 283–288.

97 Tov, THB, 291–305, „Kapitel 8. Emendationen".

98 Vgl. Kreuzer, Textkritik (Anm. 2), 46.

3.2 Das Ziel der Textkritik

Während die Methodik der Textkritik im Wesentlichen gleich blieb, hat sich das Ziel der Textkritik in einer bestimmten Hinsicht erheblich verändert. Gleich geblieben ist zunächst die Aufgabe, unter verschiedenen Lesarten die ursprüngliche zu suchen, d.h. das Ziel ist die älteste erreichbare Textgestalt. Dabei bleibt Textkritik auf den Bereich der in konkreten Texten bezeugten Lesarten bezogen und begrenzt. Literarkritische Erwägungen liegen jenseits der Textkritik, auch wenn textkritische Probleme oft Hinweise auf textgenetische und somit literar- und redaktionskritische Probleme sind.

Die Veränderung durch die Qumranfunde besteht nun zunächst darin, dass sich das Material für eine vergleichsweise frühe Phase der Textgeschichte erheblich vermehrt hat. Dadurch hat sich auch die Zahl jener Fälle vermehrt, in denen man auf verschiedene, aber gleichrangige Lesarten kommt, zwischen denen eine textkritisch begründete Entscheidung letztlich nicht möglich ist.

Durch das hohe Alter der Qumrantexte ist man zugleich in der Phase der Kanonisierung der Texte. Die Schriften hatten zwar einen Rang, den man bereits als kanonisch bezeichnen kann, aber ihre konkrete Textform konnte durchaus noch divergieren und offensichtlich konnten verschiedene Textformen in Qumran und wohl auch im zeitgenössischen Judentum nebeneinander stehen. Wir sind mit Qumran gewissermaßen in einer Überschneidungszone, wo einerseits die Gestalt des kanonischen Textes zumindest teilweise noch im Werden ist, und wo von der anderen Seite her die textkritische Rückfrage an eine Grenze kommt. Damit bleibt die älteste erreichbare Textgestalt das prinzipielle Anliegen der Textkritik, aber die textkritische Arbeit kann sozusagen zu verschiedenen „ältesten" Textgestalten führen.[99] Dieses Problem ist nicht ganz neu. Auch früher kannte man die hebräische und die griechische Fassung des Jeremiabuches oder die unterschiedlichen Chronologien des Pentateuch nach M, G und Smr.[100] Durch die Qumran-

---

99 Vgl. Kreuzer, Textkritik (Anm. 2), 27 f.: „Das bedeutet für die Textkritik, dass nicht immer der – wahrscheinlich – älteste Text erreicht werden kann, sondern dass die Textkritik manchmal in die Feststellung zweier, etwa gleichberechtigter Lesarten mündet. Die mit der Textkritik erreichbare Zeit ist zugleich etwa die Zeit der (sukzessiven) Kanonisierung... Insofern kann (mit Vorbehalt) als Ziel der Textkritik auch die Erreichung der (bzw. einer) kanonischen Gestalt des Textes genannt werden."
100 Siehe dazu etwa „Das chronologische System der Genesis-LXX" in Martin Rösel, Übersetzung als Vollendung der Auslegung. Studien zur Genesis-Septuaginta, BZAW 223, 1994, 129–144, bzw. Siegfried Kreuzer, Zur Priorität von Exodus 12,40 MT – Die chronologische Interpretation des Ägyptenaufenthalts in der judäischen, samaritanischen und alexandrinischen Exegese, ZAW 103 (1991), 252–258.

funde haben sich aber nicht nur diese großen Beispiele bestätigt, sondern hat sich das Phänomen auch an vielen kleineren Textdivergenzen gezeigt.

Darüber hinaus ist die Beobachtung insofern auch theologisch relevant, als in neuerer Zeit in Exegese und biblischer Theologie die Bedeutung der kanonischen Endgestalt des Textes besonders hervorgehoben wird. Die Beobachtungen aus der Textgeschichte mahnen, die Grenzen des an sich berechtigten Anliegens sogenannter kanonischer Exegese bzw. der Argumentation mit der Endgestalt zu bedenken.

3.3 Textkritik und Redaktionskritik

Durch die Qumranfunde stellt sich ein Problem, das, wie oben (3.2) gesagt, nicht ganz neu ist, das aber durch die größere Zahl von Belegen neue Bedeutung erlangt hat, nämlich das Nebeneinander verschiedener Gestalten bestimmter Bücher oder Teilen von Büchern des Alten Testaments. Die Beobachtungen berühren nicht nur die Frage der kanonischen Gestalt einer Schrift, sondern in methodischer Hinsicht das Verhältnis von Textkritik und Literarkritik bzw. Redaktionskritik. Diese Frage wurde daher in letzter Zeit verschiedentlich diskutiert, bezeichnenderweise meist in Verbindung mit in Qumran belegten verschiedenen Formen eines biblischen Textes (Jeremiabuch, Ezechielbuch, Jos 8,30 – 35, etc.).[101] Tov widmet dem Thema ein ausführliches Kapitel mit praktisch allen in Frage kommenden Texten[102] Es geht um Texte mit weiträumigen Differenzen (wie etwa Jer M und G), oder mit Differenzen in größeren oder kleineren Abschnitten (z. B. 1Sam 16 – 18) oder deren Anordnung (Jos 8,30 – 35M)[103]

Tov stellt klar, dass Sachverhalte wie das Nebeneinander der beiden Schöpfungsgeschichten und das Ineinander der zwei Versionen der Sintflutgeschichte

---

101 U.a. Rainer Stahl, Die Überlieferungsgeschichte des hebräischen Bibeltextes als Problem der Textkritik. Ein Beitrag zu gegenwärtig vorliegenden textgeschichtlichen Hypothesen und zur Frage nach dem Verhältnis von Textkritik und Literarkritik, Diss. Theol. Jena: 1977; vgl. die Anzeige der Dissertation in: ThLZ 105 (1980), 475 – 478; Ludger Schwienhorst, Die Eroberung Jerichos. Exegetische Untersuchungen zu Josua 6, SBS 122, Stuttgart 1986, 20 f.; Hermann-Josef Stipp, Das Verhältnis von Textkritik und Literarkritik in neueren alttestamentlichen Veröffentlichungen, BZ 34 (1990), 16 – 37; neuerdings: Heinz-Josef Fabry, Der Altarbau der Samaritaner – ein Produkt der Text- und Literargeschichte?, in: Dahmen/Lange/Lichtenberger, Textfunde (Anm. 36), 46 – 49.
102 Tov, THB, 259 – 290, „Kapitel 7. Textkritik und Literarkritik".
103 Tov, THB, 264 – 288, erörtert: Jer (T, G, 4QJer[b.d]); Jos (M, G); Ez (M, G); 1Sam 16 – 18 (M, G); Spr (M, G); Chronologie in Gen (M, G, Sam); unterschiedliche Überlieferungsstadien bzw. literarische Schichten in 1Sam11, Ri 6; Dtn 5; Jos (8,30 – 35M, G, 4QJos[a]); sowie unterschiedliche Anordnung der Psalmen (bes. Ps 90 – 150) in den Psalmenhandschriften von Qumran.

Fragen der Literarkritik sind, und dass Änderungen jenseits des masoretischen Textes („jenseits der Edition ..., die in M enthalten ist") rein textkritische Probleme sind.[104] Die Divergenzen in den oben genannten Texten sind als solche ein Problem der Textkritik, andererseits berühren sie Probleme des Werdens und der literarischen Gestaltung der Texte, d. h. Fragen der literarischen Analyse und der redaktionellen Gestaltung. „Daraus ergibt sich die Notwendigkeit, die Grenzlinien zwischen diesen beiden Gebieten näher zu bestimmen."[105]

Für diese Grenzlinie gibt es verschiedene Vorschläge in der Literatur. Nach Schwienhorst bezieht sich die Literarkritik auf absichtliche, die Textkritik auf unabsichtliche Änderungen.[106] Dem wird man für die Literarkritik zustimmen können, weil es bei der Komposition und Bearbeitung der Texte in der Tat um absichtliche Gestaltung geht. Für die Textkritik würden mit dieser Definition jedoch nur Textverderbnisse wie Abschreibfehler erfasst, nicht aber absichtliche Änderungen wie Zusätze, Glättungen oder Korrekturen. Gewiss wird man zusammenhängende Änderungen wie die chronologischen Angaben im Pentateuch (vgl. Anm. 99) nicht nur als Textkritik einzelner Stellen erörtern, sondern als „literarkritisches", genauer gesagt: als übergreifendes redaktionelles Konzept. Andererseits gibt es Zusätze, Glossen und etwa dogmatische Korrekturen, die der Textkritik zugehören, selbst wenn ihre Tendenz an verschiedenen Stellen erkennbar ist.[107] Der Vorschlag, die Unterscheidung von Textkritik und Literarkritik ganz aufzugeben und beides unter dem Aspekt der Textentwicklung zu analysieren und darzustellen,[108] erscheint als eine Verlegenheitslösung. Zwar geht es in der Tat bei beidem um den Bereich der Entwicklung des Textes, aber die Grundlagen und Anhaltspunkte für Analyse und Argumentation sind verschieden: Einerseits konkret vorhandene Varianten in den Texten, andererseits Folgerungen auf Grund vorwiegend inhaltlicher Differenzen wie Spannungen, Widersprüche, Doppelungen, Stilunterschiede.

Differenziert sind die „Überlegungen zum Verhältnis von Textkritik und Literarkritik" bei Heinz-Josef Fabry, indem er auf die „Pluriformität des Bibeltextes" verweist und darauf, „daß Einzelanalysen grundsätzlich an der verfügbaren Gesamtinformation gegengeprüft werden müssen."[109] „Daß Bewertungen, Ge-

---

104 Tov, THB, 264, ähnlich 259 und besonders 261 f.
105 Tov, THB, 260.
106 Schwienhorst, Josua 6 (Anm. 101), 20 f.
107 So wird man die von Tov als „qumranische Schreiberpraxis" (s. o. 1.3) bezeichneten Phänomene der Textgestaltung zumindest z.T. als absichtliche Änderungen betrachten müssen, sie sind aber doch textkritische und nicht literarkritische Phänomene.
108 Stipp, Textkritik und Literarkritik (Anm. 102).
109 Fabry, Altarbau (Anm. 102), 49.

wichtungen und erst recht Präferenzen oder sog. Vorzugslesarten zu unterbleiben haben" (ebd.) ist gewiss eine berechtigte Mahnung für eine sachgemäße Urteilsbildung; dennoch wird man bei (textkritischen) Phänomenen wie sinnstörende Abschreibfehler oder Textverderbnis gewichten und bewerten dürfen und müssen. Der weiteren Folgerung, „daß Textkritik letztlich nur eine Spielart der Literarkritik ist" (ebd.) wird man für die in den Qumrantexten bezeugte Überschneidungszone zustimmen können, und sie passt etwa für die von Fabry untersuchte unterschiedliche Stellung der Altarbaugeschichte (Jos 8,30 – 35MT) in MT, G und 4QJosᵃ. Für die frühere Zeit einerseits und die spätere Zeit anderseits gelten jedoch die oben zu Stipp genannten Unterschiede in der Methodik.

M.E. gibt es noch einen weitere Dimension für eine sinnvolle Unterscheidung, nämlich den Umfang und Sinn der Texte: Literar- bzw. Redaktionskritik hat es in der Regel mit größeren oder kleineren Sinneinheiten zu tun, Textkritik dagegen in der Regel mit Wörtern, Wortgruppen, manchmal auch Sätzen. Die unterschiedliche Stellung der Altarbaugeschichte, die unterschiedlichen Formen des Jeremiabuches oder die unterschiedlichen Anordnungen der Psalmen in verschiedenen Qumranhandschriften repräsentieren unterschiedliche literarische und theologische Konzepte bzw. Entwicklungsphasen der Texte. Das Besondere ist, dass sie in diesen Fällen durch Handschriftenfunde bezeugt sind, während sonst diese und ähnliche Phänomene mit den literarkritischen Methoden erschlossen werden müssen. Insofern geht es genaugenommen nicht um Literar-, sondern um Redaktionskritik, weil die Differenzen in der Textgestalt nicht mit literarkritischen Beobachtungen (Doppelungen, Spannungen, Widersprüche) erschlossen werden müssen, sondern durch Textzeugen belegt sind. [110]

Anderseits enthalten z. B. sowohl Jer-M und Jer-G wie die Versionen der Altarbaugeschichte neben den weiträumigen Differenzen in der Text- bzw. Buchgestaltung auch Differenzen bei einzelnen Wörtern und Begriffen, die im klassischen Sinn textkritisch zu diskutieren sind.[111]

Eine Lösung wird man am ehesten finden, wenn man sich vor Augen hält, dass die Geschichte des alttestamentlichen Textes zwei deutlich verschiedene Phasen

---

110 Es ist m. E. viel zu wenig beachtet, dass viele der hier diskutierten Phänomene ohne die Textzeugen weder literarkritisch noch textkritisch zu erkennen wären. So ist Jer-M nicht weniger kohärent als Jer-G und von Jer-M alleine wäre schwerlich auf die Form von Jer-G zurückzuschließen. Ähnliches gilt für die Stellung der Altarbaunotiz von Jos 8,30 – 35 oder andere Phänomene.

111 So wird man selbst die Ersetzung von κύριος durch das Tetragramm in althebräischer Schrift, wie sie in der Zwölfprophetenrolle von Naḥal Ḥever und in anderen Handschriften belegt ist, als Phänomen der Textüberlieferung und der Textkritik betrachten, und nicht der Literarkritik, auch wenn die Änderung weiträumig zu beobachten ist und absichtlich erfolgte.

hat, nämlich eine ältere Phase, die primär von der Textgestaltung und eine Phase, die primär von der Textüberlieferung bestimmt ist. Dementsprechend können diese Phasen mit Methoden der Literar- und Redaktionskritik einerseits und der Textkritik andererseits bearbeitet werden. Nun geht es jedoch nicht darum, zwischen diesen beiden Phasen eine Grenzlinie zu definieren, sondern sie haben eine Überschneidungszone, in der sowohl Phänomene der Textgestaltung wie der Textüberlieferung zu beobachten sind. Diese Überschneidungszone ist gekennzeichnet durch die zunehmende „kanonische" Fixierung der Texte (und damit ein Zu-Ende-Kommen der Textgestaltung) einerseits und durch die älteste erreichbare handschriftliche Bezeugung (Qumrantexte, Septuaginta) andererseits.[112]

Somit ergibt sich: Textkritik und Redaktionskritik (mit der Vorarbeit der Literarkritik) bleiben verschiedene Methoden mit unterschiedlichen Voraussetzungen und Arbeitsweisen, aber sie haben eine Überschneidungszone, in der beide Methoden ihr Recht haben, d.h. bestimmte Phänomene erklären können. Ihre Verbindung haben die Methoden darin, dass sie beide auf die Geschichte der Texte bezogen sind. Der gemeinsame Bezug auf die Geschichte des Textes zeigt sich nicht zuletzt darin, dass Phänomene der Textentstehung nicht selten ihre Nachwirkung in der Textüberlieferung haben oder dass sie Phänomene der Textüberlieferung (z.B. Harmonisierungen oder Glättungen an literarkritischen Nahtstellen) provozierten.[113]

4. Perspektiven künftiger Forschung

4.1 Quelleneditionen

Für die unmittelbare Zukunft ist vor allem und endlich der Abschluss der Publikation der Qumrantexte zu erwarten. Wie oben bereits erwähnt sind nur mehr wenige der – durchwegs schon lange angekündigten – offiziellen Erstpublikationen der „Discoveries in the Judean Desert" ausständig. Zwar sind die Texte

---

112 Die Vorgänge in dieser Überschneidungszone verliefen wahrscheinlich nicht einheitlich, sondern buchspezifisch, je nach Eigenart und Geltung des betreffenden Buches und den in der jeweiligen Zeit akzeptierten Regeln für den Umgang mit den Schriften. Für die aus den (Qumrantexten und) der Septuaginta erkennbaren Besonderheiten des Josuabuches siehe Martin Rösel, Die Septuaginta-Version der Josua-Buches, in: Fabry/Offerhaus, Brennpunkt (Anm. 91), 197–212.
113 Vgl. Kreuzer, Textkritik (Anm. 2), 46: „Viele textkritische Probleme sind nicht die Folge zufälliger Abschreibfehler oder Textverderbnisse, sondern eine Nachwirkung literarkritischer und redaktionsgeschichtlicher Gegebenheiten, d.h. der Entstehungsgeschichte des Textes. Manche textkritischen Probleme leiten daher zu diesen weiteren Arbeitsschritten über, und manche Entscheidungen können erst von dort her geklärt werden."

bekannt, denn es wurden praktisch alle noch nicht offiziell publizierten Texte auch bisher schon (z. T. schon vor Jahrzehnten) in diversen Veröffentlichungen – meist von den beauftragten Bearbeitern – vorweg publiziert und diskutiert. Viele Einzelheiten blieben aber doch unklar oder unbekannt. Mit der offiziellen Publikation aller Texte wird ein „demokratischer" Zustand erreicht sein, wo allen Mitgliedern der wissenschaftlichen Gemeinschaft der Zugang und damit die wissenschaftlicher Arbeit an den Texten in gleicher Weise möglich sein wird.

Zugleich wird damit keineswegs das Ende der Forschung an den Texten erreicht sein. Neue Methoden werden auch die Erkenntnisse über die Schriftrollen weiterführen. So könnten etwa Genanalysen des Leders die Zusammengehörigkeit von Fragmenten, vielleicht auch ihre relative Chronologie klären helfen. Verfeinerte Methoden der Radiokarbonanalyse scheinen dazu angetan, Datierungen zu präzisieren oder da und dort auch zu ändern.[114]

Auch wenn das Material wesentlich jünger ist als die Qumrantexte, so sind wohl auch in den Schriften aus der Kairoer Genizah noch Entdeckungen zur alttestamentlichen Textgeschichte zu machen. Zwar hat seinerzeit Paul Kahle die Arbeit der frühen Masoreten und die Anfänge der babylonischen Punktation dargestellt, aber die Texttypen sind noch kaum erforscht. Die Vielzahl der Texttypen in Qumran gibt Anlass zu analogen Fragen. Vielleicht lassen sich an Hand der Genizah-Texte nicht nur Aussagen über die babylonische Punktation, sondern auch über die babylonische Textform – m.a.W. über den tatsächlichen babylonischen Lokaltext – machen.

Überraschende Entdeckungen zur Textgeschichte könnten sich auch bei den zahlreichen Texten in der Bibliothek von Leningrad ergeben.

4.2 Kritische Texteditionen

Ein nicht geringes Maß an Quellenpublikation steckt auch in den laufenden bzw. vorgesehenen kritischen Texteditionen. Hier ist vor allem die große kritische Ausgabe der Göttinger Septuaginta[115] zu nennen. Im Rahmen dieses Jahrhun-

---

114 Vgl. dazu die Beiträge unter „Technical Studies", in: Flint/Vanderkam, Fifty Years (Anm. 23), I, 325 – 544 und unter „Technology", in: The Provo International Conference on the Dead Sea Scrolls. Technological Innovations, new Texts and Reformulated issues, StTDJ 30, 1999, 5 – 43. Dass die neuen Radiokarbontests die paläographischen Datierungen zwar weithin, aber nicht durchwegs bestätigten, zeigt Rick Van de Water, Reconsidering palaeographic and radiocarbon dating of the Dead Sea scrolls, RdQ 19 (2000), 423 – 439.
115 Septuaginta. Vetus Testamentum Graecum Auctoritate Academiae Scientiarum Gottingensis, Göttingen 1931 ff.

dertprojekts ist nun vor allem die Edition der Geschichtsbücher zu erwarten. Bei diesen allerdings besonders komplexen und schwierigen Büchern (Jos, Ri, Sam, Kön!) wird neben den innergriechischen Problemen das Verhältnis zwischen dem in der Septuagintaforschungsstelle vorbereiteten handschriftlichen Material einerseits und den Qumrantexten andererseits spannend und ergiebig sein. Allein schon die Tatsache, dass derzeit weltweit ca. ein halbes Dutzend Übersetzungen der Septuaginta erarbeitet werden (s.u. 4.3), zeigt die Bedeutung dieser einzigen (neueren) wissenschaftlichen Edition der Septuaginta und die Dringlichkeit ihrer Fortführung.

Neben diesem Projekt steht die weniger bekannte aber nicht minder komplexe Arbeit an der Vetus Latina.[116] Diese hat auch im Zeitalter der Qumranfunde nicht zuletzt darin große Bedeutung, dass sie weithin ein guter Zeuge für die vorhexaplarische Form der Septuaginta ist und damit – wenn auch indirekt – ebenfalls in einem bestimmten Verhältnis zu den hebräischen Textformen steht.

Für den hebräischen Text sind die Hebrew University Bible (HUB) und die künftige Biblia Hebraica Quinta (BHQ) zu nennen. Das Hebrew University Bible Project wurde im Blick auf den Aleppokodex gegründet. Diese besonders wertvolle, aber nicht mehr vollständig erhaltene Handschrift (s. o.) sollte die Grundlage einer Ausgabe werden, die die Biblia Hebraica (damals noch Biblia Hebraica Kittel 3. bzw. 7. Aufl.) an Materialfülle bei weitem übertreffen sollte.[117] Die HUB ist eine diplomatische Wiedergabe des Aleppokodex, wobei der Obertext frei ist von textkritischen Zeichen. Der textkritische Apparat besteht aus vier verschiedenen Apparaten: Die alten Übersetzungen (ohne Rückübersetzungsvorschläge in das Hebräische) – hebräische Texte aus der Zeit des zweiten Tempels (Wüste Juda, rabbinische Literatur) – mittelalterliche Kodizes mit Differenzen im Konsonantentext – mittelalterliche Kodizes mit Differenzen in der Vokalisation und Akzentuierung; dazu kommt noch ein Anmerkungsapparat. Wesentliches Prinzip ist, dass Varianten nicht bewertet, sondern nur nach Kategorien klassifiziert werden und dass keine Konjekturen berücksichtigt werden. Das sehr anspruchsvolle und umfangreiche Projekt ist bisher nur für Jesaja (Sample Edition 1965; abgeschlossen 1995) und Jeremia (abgeschlossen 1997) realisiert.[118]

Die Biblia Hebraica war in den Jahren 1967 bis 1977 neu bearbeitet als Biblia Hebraica Stuttgartensia (BHS) erschienen. In ihr waren die in BH³ enthaltenen

---

116 Vetus Latina. Die Reste der altlateinischen Bibel nach Petrus Sabatier neu gesammelt und herausgegeben von der Erzabtei Beuron, Freiburg im Breisgau 1949 ff.

117 Begleitend dazu wurde die Reihe „Textus" initiiert, in deren erstem Band von 1960 das HUBP vom (damaligen) Herausgeber Moshe Goshen-Gottstein, beschrieben wurde.

118 Moshe Goshen-Gottstein, The Book of Isaiah, HUB, Jerusalem 1995; Chaim Rabin/Shemaryahu Talmon/Emanuel Tov, The Book of Jeremiah, HUB, Jerusalem 1997; vgl. Tov, THB, 311 f.

zwei Apparate („wichtige" und „weniger wichtige" Varianten) wieder zu einem Apparat zusammengefasst und die Zahl der zitierten Varianten reduziert worden. Andererseits bot BHS die (damals bekannten und) relevanten Varianten der Qumrantexte sowie ein Verweissystem auf die Masora Magna[119].

Die derzeit laufende Neubearbeitung wird als Biblia Hebraica Quinta (BHQ) gezählt. Sie wird wie BHS eine diplomatische Wiedergabe des Kodex Leningradensis, der noch immer ältesten vollständigen Handschrift des Alten Testaments, sein. In den Editionsprinzipien nähert sie sich etwas den Editionsprinzipien der HUB an. So waren keine Verweiszeichen im Obertext vorgesehen und die metrische Setzung von Texten soll eingeschränkt werden. Die Zahl der im Apparat angegebenen Varianten soll (noch) geringer sein als in BHS, andererseits sollen diese ausführlicher belegt werden. Bei den Belegen werden neben den ältesten Textzeugen verstärkt auch Belege aus der (jüdischen) Literatur und Exegese zitiert. Die Ausschließung von Konjekturen wurde inzwischen etwas gelockert. Die Apparatsprache soll einfacher sein als in BHS (d. h. weniger Abkürzungen verwenden) und Erklärungen des Befundes, aber nur wenige Bewertungen enthalten. Begriffe und Abkürzungen des Apparates werden nicht mehr vom Lateinischen, sondern vom Englischen ausgehen. Eine prinzipielle Neuerung ist, dass es neben der Textedition der BHQ einen Kommentar geben soll, in dem die textkritischen Fragen diskutiert werden. Ob der Umfang des gebotenen Materials sowie des Gesamtwerkes für Studierende bewältigbar sein wird, wird sich erst an Hand der ersten Lieferungen abschätzen lassen. Bisher wurden nur einzelne Probetexte bekannt, in denen sich noch erhebliche Änderungen des Konzepts und des Layouts spiegeln, so dass eine genauere Vorstellung und Diskussion derzeit noch nicht möglich ist.

Eine markante Besonderheit der BHQ ist, dass sie nicht mehr wie die BHS eine im wesentlichen protestantisch-mitteleuropäische Leistung darstellt, sondern eine – religiös wie geographisch – ökumenische Arbeit mit einem nur sehr geringen deutschen bzw. deutschsprachigen Anteil (ursprünglich kein, derzeit zwei Bearbeiter) sein wird.[120] Ersteres wird man begrüßen, letzteres mag man bedauern. Allerdings ist der deutsche Sprachraum wohl noch immer jener Bereich (außerhalb des Judentums), in dem am meisten Hebräisch gelernt und im Studium gefordert und verwendet wird.

---

119 Bezogen auf: Gérard E. Weil (ed.), Massorah gedolah iuxta codicem Leningradensem B 19 a, Bd. 1, Rom 1971.

120 Für eine Liste der Bearbeiter und eine Darstellung des (inzwischen allerdings teilweise modifizierten) Konzepts siehe Adrian Schenker, Eine Neuausgabe der Biblia Hebraica, ZAH 9 (1996), 58 – 61.

Letztlich stellt sich die Frage nach der Zielgruppe. Die ausführliche Wiedergabe des tiberiensisch-masoretischen Materials (ursprünglich als erster Apparat im Textband vorgesehen, jetzt in den Kommentar verlagert) ist zwar für die jüdische Tradition interessant, liegt aber jenseits des eigentlich textkritischen Interesses.[121] Die Ergänzung durch einen Kommentar entspricht eher dem Anliegen der Hilfestellung für Bibelübersetzer.[122] Aus der Perspektive des akademischen Lehrers des Alten Testaments bleibt der Wunsch, dass die BHQ das textkritisch relevante Material bietet und dass die Gestaltung so erfolgt, dass sie weiterhin eine möglichst hohe Verbreitung und Benützung bei den Studierenden findet.

Etwas ganz Neues ist der Versuch, auch für das hebräische Alte Testament keine diplomatische Ausgabe vorzulegen, sondern eine echte kritische Ausgabe, d. h. mit einem kritisch rekonstruierten Obertext, wie es für das Neue Testament selbstverständlich und bei der Göttinger Septuaginta der Fall ist. Ein erster Versuch wurde von Ronald S. Hendel für Gen 1–11 gemacht,[123] das Projekt insgesamt soll als „Oxford Hebrew Bible" erscheinen. Mit einer solchen Ausgabe wird echtes Neuland betreten und sie würde einen erheblichen Fortschritt bedeuten. Faktisch wäre es eine Lösung von der Dominanz des masoretischen Textes, was durchaus dem durch Qumran erreichten Textbefund und Forschungsstand entsprechen würde.

Allerdings stehen diesem Projekt erhebliche Schwierigkeiten entgegen: Zunächst die Ungleichheit und Lückenhaftigkeit der nichtmasoretischen Textüberlieferung. Die Qumrantexte decken bei weitem nicht das ganze Alte Testament ab, wodurch in vielen Bereichen die wichtigen textkritischen Alternativen fehlen. Weiter gibt es zwar einen bedeutsamen und vollständigen Zeugen für eine vormasoretische Textform, nämlich die Septuaginta, diese ist aber nicht hebräisch. Wie weit ist es möglich auf den hebräischen Text zurückzuschließen? Kann eine

---

121 Das entsprechende Anliegen wird besonders durch die HUB berücksichtigt, neuerdings aber auch durch eine Ausgabe des Codex Leningradensis ohne kritischen Apparat, aber dafür mit masoretischem Material und teilweisen Adaptionen für liturgischen Gebrauch: Aron Dotan (Ed.), Biblia Hebraica Leningradensia, 2001. Aus der Beschreibung: „The *BHL* includes features that suit it for research, classroom, and liturgical use... In addition to being a scientific edition, it was originally commissioned in Israel to follow the necessary adaptations that qualify it for Jewish liturgical use, such as divisions into weekly portions and their subdivisions for synagogue reading." BHL entlastet vielleicht die zu vielschichtigen Erwartungen an BHQ.
122 Vgl. Preliminary and Interim Report on the Hebrew Old Testament Text Project, United Bible Societies, Stuttgart (ca. 1970 ff.) bzw. Dominique Barthélemy, Critique textuelle de l'Ancien Testament. Rapport final du Comité pour l'Analyse Textuelle de l'Ancien Testament Hébreu institué par l'Alliance Biblique Universelle, OBO 50/1–3, Fribourg 1982–1992.
123 Ronald S. Hendel, The Text of Genesis 1–11. Textual Studies and Critical Edition, 1998; siehe dazu die Rez. von Martin Rösel in ThLZ 124, 1998, 710–712.

Rückübersetzung (einschließlich Vokalisation)[124] in den Obertext einer kritischen Ausgabe gesetzt werden? Schließlich stellt sich das Problem der Textfassung: So bietet etwa Jer-LXX weithin die ältere Fassung gegenüber Jer-MT. Konsequenterweise müsste die Vorlage bzw. der ins Hebräische rückübersetzte Text der Septuaginta des Jeremiabuches in den Obertext. Abgesehen von der praktischen Schwierigkeit ist es aber der masoretische Text, der – zumindest für die hebräische Fassung des Jeremiabuches – kanonisiert wurde. Kann man der älteren Form gegenüber der kanonischen den Vorzug geben? Oder wählt man – ähnlich wie es Rahlfs für Ri-LXX und Dan-LXX machte – den Ausweg, beide Formen nebeneinander zu stellen? Das wäre aber nicht mehr der eigentliche Sinn einer kritischen Ausgabe. – Jedenfalls kann man gespannt sein, wie und mit welchen Begründungen diese Probleme gelöst werden.

4.3 Übersetzungen der Septuaginta

An dieser Stelle ist nicht auf Bibelübersetzungen allgemein einzugehen, sondern auf die vorwiegend wissenschaftlich motivierten Projekte von Übersetzungen der Septuaginta. Aus der erstaunlichen Vielzahl von Übersetzungen, die derzeit laufen (von einer „Übersetzung" ins Neugriechische bis hin zu einer Übersetzung ins Japanische), seien hier nur drei herausgegriffen.

Schon älter ist die „International Organisation of Septuagint and Cognate Studies" (IOSCS), die ihre Kongresse zunächst in Verbindung mit der Society of Biblical Literature, dann auch mit der International Organization for the Study of Old Testament" (IOSOT) hielt.[125] Auf dem Hintergrund dieser Arbeit erwuchs der Plan einer „New English Translation of the Septuagint" (NETS), von der nun ein erster Band, nämlich die Übersetzung der Psalmen, vorliegt.[126] NETS versteht die Septuaginta in erster Linie als Übersetzung eines hebräischen Originals (gegenüber einem Verständnis der Septuaginta als eigener Größe). Das bedeutet, dass natürlich der griechische Text als solcher übersetzt wird, dass er aber von der

---

124 Viele Varianten der Septuaginta setzen den gleichen Konsonantentext, aber eine andere Vokalisation voraus; z. B. Jer 7,3 MT und LXX.
125 Publikation der Vorträge in der Reihe „Septuagint and Cognate Studies". Hompage der IOSCS: http://ccat.sas.upenn.edu/ioscs/. Mitteilungsblatt ist das „Bulletin of the IOSCS", zuletzt Jg. 33 (2000), ersch. 2001.
126 Albert Pietersma, The Psalms. A New English Translation of the Septuagint and Other Greek Translations Traditionally Included under That Title, Oxford 2000. Informationen und Richtlinien auf der Homepage: http://ccat.sas.upenn.edu/nets/. Zum Kommentar: http://ccat.sas.upenn.edu/ioscs/commentary/prospectus.html.

hebräischen Vorlage her verstanden wird. Dieser Voraussetzung wird man, vor allem für die vorderen Teile des hebräischen Kanons, im Prinzip zustimmen können; allerdings weicht die Vorlage nicht selten vom uns bekannten hebräischen Text ab, und bei den jüngeren Schriften gibt es erhebliche Unterschiede oder gar keine hebräische Vorlage. Die schwierige Frage der Zielgruppe und des Sprachniveaus einer Übersetzung wird bei NETS durch ausdrückliche Anlehnung an eine vorhandene englische Übersetzung, nämlich an die New Revised Standard Version (NRSV) von 1989, gelöst. Diese auch pragmatisch hilfreiche Lösung wird mit der oben erwähnten Voraussetzung verbunden: Wenn sich die Septuaginta bewusst eng an die hebräische Vorlage hält, dann kann sich analog auch eine Übersetzung der Septuaginta eng an eine Übersetzung des hebräischen Textes halten. Für den praktischen Gebrauch bedeutet das, dass man durch Vergleich die Abweichungen des Septuagintatextes erkennen kann, sofern man eine NRSV besitzt und daneben legt. Ohne diesen synoptischen Vergleich ist der Text ziemlich unauffällig. Die Fußnoten bieten nur sehr knappe Notizen zum Textbestand, d.h Hinweise auf Fehlen oder Vorhandensein von Wörtern in Handschriften oder Editionen, aber praktisch keine weiteren Erläuterungen sprachlicher oder inhaltlicher Art. – Ob das eine Konsequenz aus der so engen Rückbindung des Griechischen an das Hebräische ist, oder bleibt hier allzu viel den geplanten Kommentarbänden vorbehalten?

Die andere Voraussetzung der französischen Septuaginta-Übersetzung zeigt sich schon in ihrem Namen: „La Bible d'Alexandrie".[127] Dieses Projekt wurde initiiert und wird geleitet von Mme. Marguerite Harl, die auch den ersten Band (Genesis, 1986) erarbeitete.[128] Die Initiatorin und die ersten Mitarbeiter kommen von der Patristik her. So ist es ihr Anliegen, die Septuaginta als eigenständige, griechische Größe („Bibel von Alexandrien") und nicht mit Blick *à mont*, d. h. zum Berg bzw. zum Ursprung, sondern *à val*, d. h. talabwärts zur Rezeption und Wirkung, zur Kenntnis zu nehmen. Während bei NETS nur wenige und ganz knappe Fußnoten zu finden sind, bietet BdA ausführliche Anmerkungen, die manchmal mehr als die Hälfte der Seite umfassen. Dazu kommen noch ausführliche Einleitungen. BdA bietet somit ergiebige Informationen über die Textgeschichte des jeweiligen Buches, über sprachliche und inhaltliche Eigenheiten und nicht zuletzt über die frühe Rezeption bei den Kirchenvätern. Dass die konkrete Bearbeitung nicht nur von den Prinzipien geprägt ist, sondern ebenso von der jeweiligen Person, zeigt sich auch hier. Vor allem in den Bänden jenseits des Pentateuchs hat

---

127 Harl, Marguerite (ed.), La Bible d'Alexandrie. Traduction et annotation des livres de la Septante, Paris 1986 ff.

128 In Verbindung mit ihr sind zu nennen: Gilles Dorival und Olivier Munnich, vgl. Harl/Dorival/Munnich, Septantes (Anm. 73).

der Bezug auf den hebräischen Text zunehmendes Gewicht, was nicht zuletzt in der Natur der Sache liegt. Insgesamt sind die Bände der BdA nicht nur eine durchaus gelungene Übersetzung, sondern praktisch kleine Kommentare zur Septuaginta und insbesondere Sammelbecken und Fundgrube der Septuagintaforschung. Die Bände sind zudem sorgfältig ediert und durch Register gut erschlossen.

Die deutsche Übersetzung „Septuaginta deutsch. Das griechische Alte Testament in Übersetzung" (LXX.D) wurde initiiert von Martin Karrer und Wolfgang Kraus, die auch die Hauptherausgeber sind. Vorgesehen sind ein Übersetzungsband und ein etwa gleich starker Band mit Erläuterungen.[129] Während der Übersetzungsband nur knappe Einleitungen und Fußnoten mit höchstens 10 % des Textumfangs haben wird, bietet der Erläuterungsband ausführlichere Einleitungen zum jeweiligen Buch und – soweit im gegebenen Rahmen möglich – die Diskussion der Probleme und Begründung der Übersetzung. Die Übersetzung erfolgt in gehobene deutsche Alltagssprache, wobei Besonderheiten und Auffälligkeiten im Griechischen auch im Deutschen erkennbar sein sollen bzw. dürfen. Die Schriften der Septuaginta sollen dabei wiedergegeben werden als ein Werk mit weithin hebräischer Grundlage, aber doch als ein Werk der griechischen Sprache in und für eine griechisch sprechende Umgebung. Bei einer Übersetzung in einem Band stellt sich – anders als bei den vielteiligen anderen Übersetzungsprojekten – die Frage nach dem Umfang. Dieser soll identisch sein mit der „Handausgabe" von Alfred Rahlfs. Die griechische Textgrundlage ist der Text der Göttinger Septuaginta, soweit sie vorhanden ist, darüber hinaus der Text von Rahlfs. Bei Differenzen zwischen beiden soll die abweichende Textform in der Fußnote wiedergegeben werden; d. h. sowohl Göttinger Septuaginta als auch Rahlfs sind durchgehend übersetzt und nachvollziehbar. Gravierende textkritische Alternativen werden ebenfalls in einer Fußnote erwähnt, während die eigentliche textkritische Diskussion im Begleitband erfolgt. Eine Besonderheit der deutschen Übersetzung wird sein, dass die Differenzen des griechischen gegenüber dem hebräischen Text durch Kursivierung (bzw. dort, wo M länger ist, durch [+]) kenntlich gemacht werden.[130] Durch diese Kennzeichnung wird die Eigengestalt der Septuaginta unmittelbar evident.

Während auch die englische und die französische Übersetzung letzten Endes auf eine nicht geringe Zahl von Übersetzern kommen werden, hat sich bei der deutschen Übersetzung auf Grund des Prinzips, dass weithin je eine Person mit

---

129 Für Beschreibung des Projekts und Richtlinien sowie Herausgeber und Übersetzer siehe die Homepage: www.Septuagintaforschung.de.

130 „Hebräischer Text" ist in diesem Zusammenhang als masoretischer (und masoretisch vokalisierter) Text definiert, da der Konsonantentext verschiedene Auffassungen zulässt.

alttestamentlich-hebraistischer und mit gräzistischer Kompetenz zusammenarbeiten, eine Zahl von etwas über siebzig Mitarbeitern ergeben. Gewiss wird es keine einfache Aufgabe sein, die Übersetzer und ihre Übersetzungen zu einem – so weit wie nötig – konvergenten Ergebnis zusammenzuführen, aber die breite und engagierte Beteiligung an diesem Projekt ist zugleich auch ein hoffnungsvolles Zeichen und ein enormer Impuls für neues wissenschaftliches Interesse am Text und an der Textgeschichte des Alten Testaments.

4.4 Künftige Entdeckungen?

In den historischen Wissenschaften ergeben sich die wichtigsten Impulse und Fortschritte aus dem Fund neuer Texte und Quellen. Erst recht gilt das für die Wissenschaft der Textgeschichte selbst. Die Texte aus der Kairoer Genizah und der Leningrader Bibliothek, besonders die Texte aus Qumran und der Wüste Juda haben jeweils zu neuen Perspektiven und Möglichkeiten geführt. Gewiss wird auch die Zukunft neue Quellen und neue Perspektiven bringen. Ob es nochmals zu ähnlich bedeutenden Funden wie den Qumranfunden kommt, mag man bezweifeln, weil die in klimatischer Hinsicht in Frage kommenden Gebiete inzwischen doch sehr gründlich abgesucht wurden und andererseits, weil durch die Qumranfunde die formative Periode des alttestamentlichen Textes zwar keineswegs vollständig aber wohl doch repräsentativ erfasst ist. Wirklich aufregende Funde würden wohl eher in die literarische Vorgeschichte der alttestamentlichen Schriften führen, wie etwa die Silberröllchen aus Ketef Hinnom bei Jerusalem mit ihrer Vorform (oder: Kurzform?) des aaronitischen Segens.[131] Aber auch bescheidenere Funde werden ihre Bedeutung haben, sei es zur Klärung des bisherigen Bildes, sei es für ganz unerwartete Einsichten oder Probleme. Offen bleibt, was gefunden wird, offen bleibt auch wann und wo, sei es in einem der „biblischen" Länder oder unter den unerforschten Schätzen eines Museums. Wahrscheinlich ist, dass Neues gefunden wird.

Sicher aber ist, dass auch an den vorhandenen Texten noch vieles zu erforschen ist, und sicher ist auch, dass die aufs erste scheinbar so trockene Textgeschichte und mit ihr die Textkritik ein faszinierendes Feld ist und ein Spiegel für die in den Texten bezeugte Sache und deren Verständnis.

---

131 Siehe die Abb. bei Tov, THB, 313 und Kreuzer, Textkritik (Anm. 2), 29.

Der hebräische Text des Alten Testaments – Neuere Forschungen und ihre Vermittlung

Dominique Barthélemy, Les Devanciers d'Aquila (VTS 10), Brill Leiden 1963, XIV + 272 S. – *Beate Ego / Armin Lange / Hermann Lichtenberger,* Biblia Qumranrica. Bd. 3: Minor Prophets, Brill Leiden 2004, XXV + 195 S. – *Karl Elliger / Hans Peter Rüger u. a.,* Biblia Hebraica Stuttgartensia, Deutsche Bibelgesellschaft Stuttgart 1967–1977, 5. verb. Aufl. 1997 (= 2007), LV + 1574 S. – *Alexander Achilles Fischer,* Der Text des Alten Testaments. Neubearbeitung der Einführung in die Biblia Hebraica, Deutsche Bibelgesellschaft Stuttgart 2009, IX + 379 S. – *Martin Karrer / Wolfgang Kraus,* Septuaginta Deutsch. Erläuterungen und Kommentare, Bd. I und II, Deutsche Bibelgesellschaft Stuttgart 2011, XXXIV + XXVI* + 3151 S. – *Wolfgang Kraus / Martin Karrer,* Septuaginta Deutsch. Das Alte Testament in deutscher Übersetzung, Deutsche Bibelgesellschaft Stuttgart ²2010, XXVIII + 1514 S. – *Siegfried Kreuzer,* Text, Textgeschichte und Textkritik des Alten Testaments. Zum Stand der Forschung an der Wende des Jahrhunderts: ThLZ 127 (2002), 127–156. – *ders.,* Textkritik, in: ders. u. a., Proseminar I. Altes Testament, Kohlhammer Stuttgart ²2005, 26–48. – *ders.,* Papyrus 967 – Bemerkungen zu seiner buchtechnischen, textgeschichtlichen und kanongeschichtlichen Bedeutung, in: Die Septuaginta. Texte, Kontexte, Lebenswelten (WUNT 219), J.C.B. Mohr Tübingen 2008, 65–81. – *Armin Lange,* Handbuch der Textfunde vom Toten Meer, Bd. 1: Die Handschriften biblischer Bücher von Qumran und den anderen Fundorten (HTTM1), J.C.B. Mohr Tübingen 2009, XVI + 583 S. – *Adrian Schenker u. a.* (Hg.), Biblia Hebraica Quinta, Deutsche Bibelgesellschaft Stuttgart 2004 ff. – *Emanuel Tov,* Der Text der Hebräischen Bibel: Handbuch der Textkritik (übersetzt von Heinz-Josef Fabry u. a.), Kohlhammer Stuttgart 1997, XXXIV + 376 S. – *ders.,* Textual Criticism of the Hebrew Bible, 3rd. ed., revised and expanded, Minneapolis, MN, 2012, LVIII + 481 S. – *Eugene Ulrich,* The Biblical Qumran Scrolls (VTS 134), Brill Leiden 2010. – *Ernst Würthwein,* Der Text des Alten Testaments. eine Einführung in die Biblia Hebraica, Deutsche Bibelgesellschaft Stuttgart (1952) ⁵1988, 261 S.

Während die Diskussion um literarische und exegetische Fragen oder theologische Intentionen der verschiedenen Schriften des Alten Testaments viel Aufmerksamkeit erfährt, werden die Fragen des zu Grunde liegenden Textes oft als einfach gegeben betrachtet. Aber auch bei der Erforschung des Textes des Alten Testaments gibt es neue Entdeckungen und wichtige Entwicklungen. Bevor wir darauf eingehen, wie diese Entwicklungen in den beiden neueren Lehrbüchern von Alexander A. Fischer und von Emanuel Tov präsentiert werden, seien zunächst die wichtigsten Entwicklungen genannt.

1. Neuere Entwicklungen zum Text des Alten Testaments

1.1 Der zweifellos wichtigste Textfund ist die Entdeckung der Schriften aus den Höhlen von Qumran und der Wüste Juda. Nachdem lange Zeit die gruppenspezifischen Schriften im Zentrum des Interesses standen, wurde schließlich doch auch die Bedeutung der biblischen Texte erkannt (bzw. nach den ersten Diskussionen in den 1950er- und 60er-Jahren auch wieder entdeckt). Die wichtigste Erkenntnis ist die Beobachtung der Mehrgestaltigkeit des hebräischen Textes in der frühjüdischen Zeit. (Das wusste man im Prinzip auch schon früher auf Grund des Nebeneinanders von MT, Septuaginta und Samaritanus, aber nun wurde deutlich, dass ein erheblicher Teil der Differenzen nicht auf die Samaritaner bzw. auf die Übersetzer der Septuaginta zurückgeht, sondern bereits im Frühjudentum und in den hebräischen Texten vorhanden war). Diese Entdeckung ist von prinzipieller Bedeutung für den hebräischen Text, sie hat aber auch die Wahrnehmung der Septuaginta und des samaritanischen Textes verändert.

1.2 Eine wichtige Beobachtung ist, dass die Septuaginta schon in vorchristlicher Zeit hebraisierend bearbeitet wurde. Das ändert nicht nur die Wahrnehmung der jüngeren jüdischen Übersetzungen aus dem 2. Jh., sondern auch die alte Erklärung, dass diese Übersetzungen entstanden, weil die Septuaginta von den Christen verwendet wurde.

Für die textgeschichtliche Arbeit bedeutet diese Bearbeitung, dass immer wieder zu fragen ist, ob man die ältere oder die isomorph-hebraisierend bearbeitete Textform (Es geht dabei um die sog. kaige-Rezension [Barthélemy, Les Devanciers] bzw. eine mildere Formen der Bearbeitung, die man als semi-kaige bezeichnen könnte) vor sich hat.

1.3 Viele Beobachtungen weisen darauf hin, dass der masoretische Text des Mittelalters, wie er im Kodex Leningradensis und im Aleppokodex vorliegt, die zu Grunde liegende antike Textform sehr gut wiedergibt, dass aber auch dieser (proto-)masoretische Text nicht nur zufällige Fehler, sondern auch bewusste und konzeptionelle („literarische") Änderungen enthält.

1.4 Insgesamt hat sich, vor allem durch die Qumranfunde, die für die textgeschichtliche Forschung relevante Phase nach vorne verlagert. Die wichtigsten Entwicklungen zum Text des Alten Testaments haben sich bereits in frühjüdischer und vorchristlicher Zeit vollzogen.

1.5 Die neueren Erkenntnisse führten auch zu der Frage, ob eine diplomatische Edition die einzige Möglichkeit einer „Biblia Hebraica" ist, oder ob man auch eine eklektische Ausgabe versuchen kann und soll.

2. Neuere Quellenausgaben und Hilfsmittel

In neuerer Zeit ist eine Reihe von Editionen und Hilfsmitteln erschienen, die eine wichtige Grundlage und Ergänzung für textgeschichtliche und textkritische Forschungen darstellen.

2.1 Wie erwähnt sind die biblischen Texte aus Qumran von enormer Bedeutung für das aktuelle Bild der Textgeschichte und für die textkritische Arbeit an einzelnen Texten. Auch wenn die Edition der Qumrantexte 2005 mit den Samueltexten endlich abgeschlossen ist und in Band XXXIX der Discoveries in the Judaean Desert (DJD) ein ausgezeichnetes Register vorliegt, so ist es doch mühsam, die in den DJD-Bänden verstreuten biblischen Texte aufzusuchen. Hier ist die Zusammenstellung der Biblical Qumran Scrolls (BQS) von Eugene Ulrich, erschienen 2010 als VTS 134, eine große Hilfe. In BQS werden die Texte so wie in DJD wiedergegeben. D.h. man sieht die Zeileneinteilung der Manuskripte, man sieht, was zu lesen ist und was ergänzt wurde, und es sind die paratextlichen Elemente vermerkt. Ebenfalls übernommen ist die textkritische Diskussion. Lediglich die einleitenden Beschreibungen der Handschrift einschl. der Frage der Entstehungszeit sind nicht übernommen. Die Belege sind nicht nach Handschriften, sondern in der Reihenfolge des biblischen Textes geordnet. Dadurch kann man sehr rasch sehen, zu welchen Stellen es überhaupt Belege aus Qumran gibt und wie diese aussehen bzw. auch, in welchem Zustand sie sind. Bei Jesaja und bei den Psalmen ist darauf zu achten, dass die große Rolle (1QJes[a] bzw. 11QPs[a]) und die kleinen Fragmente separat geboten werden.

2.2 Vom Konzept her einerseits größer, andererseits kleiner ist die von Beate Ego u. a. herausgegebene Biblia Qumranica, von der bisher der Band zum Zwölfprophetenbuch erschienen ist. Darin werden synoptisch neben dem masoretischen Text die Texte aus Qumran sowie weitere antike Texte und der Septuagintatext dargeboten. Hier gibt es, weil ja die verschiedenen Texte selbst aufgeführt sind, zwar einzelne Bemerkungen aber keinen Apparat. Das ist besonders bei der Septuaginta zu beachten, die nach der Göttinger Ausgabe zitiert ist, wobei Josef Ziegler sich (entgegen den üblichen Regeln) meistens für die dem MT nahe stehende Lesart entschied.

2.3 Ein wichtiges Hilfsmittel zu den Qumrantexten ist das Handbuch zu den Textfunden vom Toten Meer, Bd. 1: Die Handschriften biblischer Bücher von Qumran und den anderen Fundorten, 2009, von Armin Lange. Hier wird der Textbestand zu jedem der alttestamentlichen Bücher genau erfasst und beschrieben. Zu vielen der Bücher wird auch ein Stemma der verschiedenen Handschriften, einschließlich der Septuaginta und, sofern relevant, auch anderer Übersetzungen geboten. Die Stemmata zeigen auf ihre Art, wie sehr sich die textgeschichtliche und auch die textkritische Diskussion in die frühjüdische Zeit verlagert hat.

2.4 Ebenfalls ein wichtiges Hilfsmittel auch für den hebräischen Text sind die von Martin Karrer und Wolfgang Kraus herausgegebenen Bände von Septuaginta Deutsch. Die Übersetzung (LXX.D) gibt durch Kursivierung bzw. durch [+] zu erkennen, wo ein Unterschied zum hebräischen Text vorliegt. Da viele Differenzen auf eine andere hebräische Vorlage zurückgehen, ergeben sich zugleich Hinweise auf die hebräische Textgeschichte. Im Erläuterungs- und Kommentarband (LXX.E) werden zu sehr vielen Stellen die möglichen hebräischen Vorlagen erörtert, wobei viele Vorschläge gemacht werden, die in der Biblia Hebraica (noch) nicht genannt sind. Im Handbuch zur Septuaginta, Bd. 1, Einleitung in die Septuaginta (LXX.H1) wird der Bezug zur hebräischen Vorlage thematisiert und damit zumindest zum Teil auch die Eigenart des hebräischen Textes.

2.5 An dieser Stelle ist auch die von Adrian Schenker herausgegebene Biblia Hebraica Quinta (BHQ) zu erwähnen. Die Neubearbeitung der Biblia Hebraica ist vor allem durch die Qumranfunde veranlasst, die allerdings soweit damals möglich auch schon in die Biblia Hebraica Stuttgartensia (BHS) eingearbeitet worden waren. Ein weiterer wichtiger Impuls wurde die Begeisterung für den Masoretischen Text, die ebenfalls durch die Qumranfunde ausgelöst wurde, sowie offensichtlich auch das Hebrew University Bible Project, das auf dem 1956 wieder aufgetauchten Aleppokodex basiert, der ca. 100 Jahre älter ist als der Kodex Leningradensis, bei dem aber jetzt fast der ganze Pentateuch verloren ist. Die Hochschätzung der masoretischen Handschriften zeigt sich darin, dass in BHQ der Leningradensis im Obertext inklusive der Schreibfehler wiedergegeben wird, und dass andererseits die bekannten textkritischen Verweiszeichen (die hochgestellten Buchstaben wie [a] oder [b-b] etc.) aus dem „heiligen" Text verbannt wurden, wodurch nicht nur das Arbeiten mühsamer sondern auch der Apparat länger wurde. Positiv ist, dass ein neues vereinfachtes Siglensystem eingeführt wurde, das im Prinzip die einzelnen Textgruppen mit einem Buchstaben und die einzelnen Handschriften mit einem hochgestellten Index kennzeichnet (z. B. M^L für Masoretischer Text, Kodex Leningradensis). Den einzelnen Varianten ist ein Stichwort beigegeben, das die wahrscheinliche Entstehung erklärt, z. B. ditt = Dittographie. Die bisher erschienenen Einzelbände enthalten neben dem Text mit Apparat auch eine Einleitung, einen textkritischen Kommentar und eine Erklärung der Kleinen und der Großen Masora.

Symptomatisch erscheint, dass syrische Lesarten nicht mehr in Umschrift sondern in syrischer Schrift wiedergegeben werden (obwohl dies in den ursprünglichen Richtlinien nicht so festgelegt war). Insgesamt wird der Gelehrte gut bedient, während es für die Studierenden nicht einfacher wird. (Das entspricht der Gegebenheit, dass m.W. nur mehr zwei Bearbeiter aus dem deutschen Sprachraum kommen und dass weltweit gesehen Hebräischkenntnisse bei den Studierenden eher eine Ausnahme geworden sind).

3. Der „neue Würthwein": Alexander Achilles Fischer, Der Text des Alten Testaments

Wohl allen Studierenden der Theologie ist *Ernst Würthweins* „Der Text des Alten Testaments" ein Begriff. Spätestens bei der Anfertigung der Proseminararbeit musste man darin nachlesen. Würthweins Werk erschien 1952 als Begleitbuch zur Biblia Hebraica und letztmals 1988 in fünfter Auflage. Würthwein hat sein Werk immer wieder aktualisiert und z. B. die Bedeutung der Qumrantexte erklärt oder für die Septuaginta die Ergebnisse bezüglich der hebraisierenden („kaige"-)Rezension berücksichtigt. Nachdem Ernst Würthwein 1996 in hohem Alter verstorben war, war nun eine Neubearbeitung überfällig. Fischer hat sich dieser Aufgabe unterzogen, wobei er einerseits die Kontinuität wahrt (siehe den Untertitel), andererseits aber nicht nur aktualisiert, sondern auch erweitert (gegenüber 261 jetzt 379 Seiten). Insgesamt bleibt das Buch in seinem Aufbau gleich. Die großen Hauptteile sind: A. Der hebräische Text der Bibel (S. 5 – 111), B. Die alten Übersetzungen (S. 113 – 184) und C. Die Textkritik (S. 185 – 245). Es folgen D. Bildtafeln (S. 247 – 343) und ein Anhang mit Glossar zur Textkritik, den Abkürzungen von BHS und BHQ sowie Literaturverzeichnis und Register (S. 345 – 379).

Der erste Teil beginnt wie bei Würthwein mit Schrift, Sprache und Schreibmaterial. Diese Zuordnung passt für Sprache und Schrift, die Ausführungen zum Schreibmaterial bis hin zu Rolle und Kodex gelten aber nicht nur für die hebräischen Texte.

Die Darstellung ist anschaulich und bezieht auch neueste Forschungen mit ein (bis hin zu Hartmut Stegemanns These, dass man in Qumran das Leder für die Schriften selber mit Hilfe der Salze vom Toten Meer produziert habe). Bei der Entwicklung zum Kodex könnte man Papyrus 967 erwähnen, der den Übergang sehr schön repräsentiert (Kreuzer, p967).

Zum Masoretischen Text geht Fischer stark auf die entstehungsgeschichtlichen Diskussionen zum Kanon ein. Ob man sagen kann, dass „‚heilige Schriften' im frühen Judentum noch keine kanonische Größe bezeichneten, sondern als ‚Schriften des Heiligtums' gesehen wurden" (23) erscheint mir gerade auch angesichts von Qumran nicht so sicher.

Fischer referiert die bekannte Diskussion um die Heiligkeit von Kohelet und Hoheslied. Wenn es keine Synode von Jamnia gab, wäre zu überlegen, ob man nicht auch auf diese Überschrift (26) verzichten und z. B. von Lehrhausdiskussionen in Jamnia oder von Diskussionen über die Abgrenzung des Kanons sprechen soll. Übrigens geht die Bezeichnung „Synode von Jamnia" auf Heinrich Graetz zurück, der damit den christlichen Lesern seiner vielbändigen Geschichte Israels (1853 – 1875) die Bedeutung des Geschehens in Jamnia vermitteln wollte.

Zur Sache würde ich fragen, ob bzw. wie die „allgemeine und als verbindlich betrachtete Anerkennung autoritativer Schriften" (27) wirklich von der Festlegung eines Kanons zu unterscheiden ist (zumal der Kanongedanke im Hellenismus durchaus bekannt war und sich andererseits die Kanonfrage bei einzelnen Rollen anders darstellt als bei einem gebundenen Kodex). Bezüglich der Fixierung des Textes sagt Fischer allerdings zu Recht, dass „der sog. ‚kanonische Endtext' bezogen auf die hebräische Textgestalt des Alten Testaments keine historische Größe, sondern eine dogmatische Festlegung" ist (27).

Die Bemerkungen zu Überlieferung und Konjekturen folgen dem klassischen Modell. Die Vokalisation des Qere von *Jhwh* ohne Choläm (יְהוָה) wird von *Sch^ema* (aram.: der Name) her erklärt, was dann als *Adonaj* oder als *Ha-Schem* gelesen werden soll. M.E. ist es richtiger, die Auslassung des Choläm in der Ersatzlesung als nochmaligen Hinweis auf die Heiligkeit zu verstehen und die Lesung *Sch^ema* als sekundäre Deutung. Bei den Sebirin (Meinungen) gibt es die Diskussion, ob sie (wie Qere) gelesen oder nicht gelesen werden sollen. F. folgt der Meinung, dass die Sebirin eine Variante referieren, die nicht gelesen werden soll (so auch Tov, Textual Criticism, s.u.), er vermerkt aber m. E. zu Recht, dass diese Deutung nicht zu allen Belegen passt. Hier wie auch bei den anderen Kategorien könnte die Zahl der Fälle genannt werden, die übrigens in den verschiedenen Handschriften unterschiedlich ist.

F. erörtert ausführlich die Aktivitäten der Masoreten, nicht zuletzt die verschiedenen Vokalisationssysteme. Der Satz „Daraus folgt mit Bestimmtheit, dass die Textkritik nicht vom vokalisierten, sondern vom reinen Konsonantentext auszugehen hat" ist nicht falsch, erscheint mir jedoch zu pointiert. Denn einerseits lassen sich die Aspekte meistens doch nicht trennen (nicht erst die Punktation, auch schon die häufige Pleneschreibung zeigte die Vokale an) und andererseits gehen die Lesetraditionen (wie man häufig bei der Septuaginta sehen kann), oft schon in die Antike zurück.

Die Beschreibung der drei Funktionen der masoretischen Akzente ist übersichtlich und hilfreich. Bei der im 16. Jh. eingeführten Verszählung ist der Begriff „Durchnummerierung" hilfreich, weil ja die Abgrenzung der Verse durch Sof Pasuk alt ist. (Übrigens gab es schon zur Zeit Luthers eine Zählung der Verse in den Psalmen, die dann in den Drucken von Robertus Stephanus in Genf zunächst auf das Neue Testament, dann auf die ganze Bibel angewandt wurde. Die Bezeichnung der Einheiten als ‚Verse' kommt von der ursprünglichen Anwendung auf poetische Texte, die dann verallgemeinert wurde).

Dass viele Konkordanzhinweise der Masora „heutzutage … mit Hilfe eines Computerprogramms recherchiert werden" können (47), ist richtig, es ging aber auch schon mit gedruckten Konkordanzen. F. bietet einen schönen Überblick über die wichtigsten mittelalterlichen [hebräischen!] Bibelhandschriften (51–56). Den

Kodex Petropolitanus Babylonicus sollte man aber m. E. nicht hinten anhängen, sondern wie die anderen Handschriften in der chronologischen Reihenfolge einordnen.

Bei der Kairoer Geniza wird erfreulicherweise nicht mehr der Begriff Rumpelkammer verwendet (so noch bei Würthwein, Text, 13: „eine Art Rumpelkammer"). M.E. wäre Archiv die beste Bezeichnung. Bezüglich der Auffindung folgt F. leider der alten Geschichte, dass die Geniza 1896 zufällig gefunden wurde. Dieser typischen Entdeckersage steht heute die Information gegenüber, dass die Kairoer jüdische Gemeinde schon in den 1860er-Jahren begonnen hatte, Manuskripte zu verkaufen (Stefan C. Reif: A Jewish Archive from Old Cairo, 2000, und Phyllis Lambent [Hg.]. Fortifications and the Synagogue: The Fortress of Babylon and the Ben Esra Synagogue, London 1994; vgl. Kreuzer, Text, 128–130); möglicherweise hatte schon Firkowitsch den Kodex Leningradensis aus Kairo geholt).

Schließlich bespricht F. die wissenschaftlichen Textausgaben: Biblia Hebraica Stuttgartensia (mit einigen Bemerkungen zur Kittelbibel), Biblia Hebraica Quinta, Hebrew University Bible Project, sowie die geplante Oxford Hebrew Bible, die eine eklektische Ausgabe sein wird (und neuerdings in „The Scholars Hebrew Bible" umbenannt wurde; Initiator und Hauptherausgeber ist Ronald Hendel).

Ein umfangreicher Abschnitt gilt den Bibelhandschriften vom Toten Meer (68–95). F. erörtert nicht nur die Texte, sondern auch die Siedlung (einschl. eines Planes) und die (zur Zeit der Abfassung des Buches wieder aufgeflammte) Diskussion um ihre Funktion (und die These von H. Stegemann, Die Essener, Qumran, Johannes der Täufer und Jesus 1993, zuletzt 2007, dass man gleich neben Qumran, mit Hilfe der Salze aus dem Toten Meer, das Leder für die Rollen erzeugt habe). F. benennt die Zitierweise für die Handschriften, beschäftigt sich aber auch mit der Datierung durch die C^{14}-Methode und durch Paläographie und benennt das Phänomen der sog. qumranischen Schreiberpraxis (mit dem berechtigten Hinweis, dass die Bezeichnung nicht besagt, dass man nur in Qumran so geschrieben habe). Es folgen Angaben zum Bestand der biblischen Handschriften sowie deren Gesamtzahl und Zustand und eine Liste mit den Nummern und den biblischen Büchern (4Q28 = 4QDtn^a usw.). Die Hinweise zum mühsamen Auffinden in den DJD-Bänden sind jetzt durch die oben erwähnte Zusammenstellung durch E. Ulrich in BQS nur mehr ergänzend nötig.

Anschließend werden sechs verschiedene, repräsentativ ausgewählte Handschriften genauer vorgestellt und wird der Ertrag der biblischen Handschriften aus Qumran für unsere Kenntnis der Textgeschichte festgehalten. Es folgt noch das Thema der Klassifizierung der Texte. Gegenüber Emanuel Tov, der von 5 Gruppen sprach (proto-MT, protosamaritanisch, Vorlagetexte der Septuaginta, non-aligned texts und Texte in qumranischer Schreiberpraxis) folgt F. soweit ich sehe meiner Kritik (Kreuzer, Text, 132–135), dass die Kategorie Schreiberpraxis auf einer anderen Ebene liegt als die inhaltliche Bestimmung nach der Nähe zu den bekannten Texttraditionen von MT, Septuaginta und Samaritanus. Die Zahlenangaben zu denen auch F. sagt, dass es sich nur um Orientierungswerte handeln kann (90) würde ich weiterhin mit großer Skepsis betrachten. Abgesehen davon, dass man für einen Vergleich mit dem samaritanischen Texttyp nur die Pentateuchtexte heranziehen darf (was in der Literatur nicht immer beachtet wurde), spielt nicht nur ein gewisses Maß an Subjektivität eine Rolle, sondern auch die Definition. So bietet F. eine Tabelle, die für die protomasoretischen Texte 50 % und für die „nicht-masoretischen G-Vorlagetexte" nur 5 % benennt. Dabei werden Septuagintatexte mit Übereinstimmungen mit MT automatisch MT zugeschlagen. Wie würde umgekehrt die Statistik für „nicht-Septuaginta masoretische Texte" (also für jene Texte, die nicht mit anderen übereinstimmen, sondern nur spezifisch masoretisch sind) aussehen? – Doch insgesamt bietet dieses Kapitel eine schöne und informative Übersicht zu Qumran und den dort gefundenen Bibelhandschriften, die allerdings teilweise über das hinausgeht, was für die Textkritik notwendig ist, weil der textkritische Wert einer Lesart nicht von den allgemeinen Zuordnungen sondern von ihrem konkreten Inhalt abhängt.

Etwas kürzer ist das Kapitel über den Samaritanischen Pentateuch (96–111) Auch hier holt F. weit aus und beginnt mit der Geschichte der Samaritaner und dem Tempel auf dem Garizim. Dabei werden auch die neueren Grabungen auf dem Garizim und der Nachweis eines Tempels bereits für das 5. Jh. erwähnt. Die rezente Legende, dass die Bezeichnung Samaritaner nicht mit dem Namen der Stadt bzw. des Landes Samaria zusammenhängt, sondern mit šāmar = behüten, bewahren, im Sinn von „Bewahrer der göttlichen Thora" hätte F. nicht unkommentiert wiedergeben sollen. Wesentlich für die Textgeschichte ist, dass das Schisma offensichtlich erst gegen Ende des 2. Jh. v. Chr. erfolgte, wozu auch passt, dass es in Qumran in Handschriften des 2. Jh. einen ganz ähnlichen Texttyp gibt (bei F. als präsamaritanisch bezeichnet). Diese Texte lassen erkennen, dass viele der scheinbaren Besonderheiten des Samaritanus, insbesondere die harmonisierende Tendenz, allgemeiner verbreitet waren (übrigens auch in den Vorlagen der Septuaginta; S.K.; siehe dazu z.B. E. und H. Eshel, the Samaritan Pentateuch's Compilation ..., in: FS E. Tov, VTS 94, 2003, 215–240). Die Zahl der spezifisch samaritanischen Ergänzungen bzw. Korrekturen ist damit wesentlich geringer als lange Zeit behauptet (es bleiben vor allem Stellen wie die Ergänzung des Gebots der Gottesverehrung auf dem Garizim in Ex 20).

Teil B behandelt die alten Übersetzungen, zuerst – entsprechend der Bedeutung für die Textkritik – die Septuaginta, dann die übrigen Übersetzungen. Merkwürdigerweise beginnt F. die Erörterung der Septuaginta mit der Kanonfrage, wobei er vom Osterfestbrief des Athanasius von Alexandrien von 376 n. Chr. ausgeht. F. will dabei zwischen Septuaginta als Kanon und Septuaginta als Text (um den es im Folgenden gehen soll; 116) unterscheiden. Dass bei der „Kanon-übersicht" die Bücher der hebräischen Bibel mit den Bezeichnungen der Bu-ber'schen Übersetzung wiedergegeben werden („Gesang der Gesänge", „Ver-sammler" etc.) ist etwas überraschend (bietet aber für Studierende vielleicht eine kleine Begegnung mit dieser kaum mehr bekannten Übersetzung).

Dass „Old Greek" im Englischen nicht einfach für Septuaginta steht, sondern deren ältesten Text bezeichnet, wird zu wenig deutlich (116). Auch die Wiedergabe mit „altüberlieferter Septuagintatext" (ebd.) ist zu unspezifisch, denn „Old Greek" meint nicht einen alten sondern den ältesten Text der Septuaginta.

Zu Recht verweist F. darauf, dass die Septuaginta „sowohl möglichst treue Wiedergaben des hebräischen Grundtextes enthält, als auch eigenständige … Neuinterpretationen" (118), was für die Textkritik zu beachten ist. Es folgt die übliche Diskussion des Aristeasbriefes und der Erweiterung der Entstehungsge-schichte zu einer Übersetzungslegende, durch die die göttliche Inspiration zum Ausdruck kommt. Die folgende Aussage: „Durch das Inspirationswunder verfügte die Kirche fortan über einen göttlich autorisierten Bibeltext. Die Septuaginta ist endgültig zu einem christlichen Buch geworden" (121) ist jedoch problematisch. Dieser Satz überspringt, dass der wunderhafte Aspekt schon bei Philo von Alex-andrien vorhanden ist und eine wesentliche Legitimation seiner Exegesen des griechischen Textes darstellt. Zunächst und auch weit in die christliche Zeit hinein war die Septuaginta die heilige Schrift des griechisch sprechenden Judentums in der Diaspora und – wie die griechischen Texte aus der Wüste Juda zeigen – auch in Palästina.

Unter „Frühe Textgeschichte" erörtert F. Besonderheiten einzelner Bücher, u. a. die Differenzen in 1Sam 17 f. und im Jeremiabuch. Vieles ist gut und informativ; einzelnes erscheint problematisch. So sind die beiden (in Rahlfs) wiedergege-nen Texte Richter A und B nicht zwei verschiedene Übersetzungen, sondern Richter B ist die kaige-Rezension des älteren A-Textes (121 f.; der A-Text ist dabei nicht der Kodex Alexandrinus sondern der von Rahlfs rekonstruierte Text). Die Wiedergabe der Tabelle zur Entstehungszeit und zum Profil der einzelnen Über-setzungen aus dem Buch von Folker Siegert (123) ist unglücklich, weil dort nicht zwischen ursprünglicher Übersetzung („Old Greek") und hebraisierender Bear-beitung unterschieden wird.

Unter „Frühe Textzeugen" werden einige der griechischen Texte aus Qumran und Naḥal Ḥever sowie Papyrus [Rylands] Greek 458 und Papyrus Fouad 266 beschrieben. Das weckt immerhin das Bewusstsein, dass es Texte gibt, die we-sentlich älter sind als die großen Kodizes, die bei Rahlfs aber auch in der Göttinger Ausgabe im Vordergrund stehen.

Unter „Die jüdischen Rezensionen" wird zunächst die kaige-Rezension erör-tert, dann Aquila, Theodotion und Symmachus, wobei Aquila auch als Übersetzung bezeichnet wird. Die Bedeutung der kaige-Rezension sollte noch etwas deutlicher hervorgehoben sein; nicht zuletzt auch, dass mit ihr die Revision der Septuaginta schon in vorchristlicher Zeit und damit aus innerjüdischen Gründen des Schriftverständnisses und der Hermeneutik begann. Das ist immerhin auch von Bedeutung für die Einordnung der jüngeren jüdischen Übersetzungen.

Zu Recht wird Aquila als die wirkungsvollste Konkurrenzübersetzung bezeichnet (130). Das stimmt zwar für die spätere Zeit, ob sie das schon von ihrer Entstehung her war, ist aber weniger sicher, auch wenn offensichtlich christlich besetzte Begriffe vermieden wurden. Antike jüdische Inschriften verwendeten offensichtlich gern den Aquilatext, der andererseits auch auf christlicher Seite wegen seiner Genauigkeit herangezogen wurde.

Die Hexapla wird sehr informativ dargestellt. Wichtig ist der Hinweis auf die unterschiedliche Zählweise der Spalten, je nachdem, ob man auch die hebräischen Spalten mitzählt oder nur die griechischen (Quinta, Sexta etc.).

Die folgende Überschrift lautet „Der Antiochenische Text (Lukianische Rezension)", d. h. F. spricht nicht von „den christlichen Revisionen", sondern (nur) von der lukianischen Rezension (die hesychianische Rezension wird nur kurz am Ende erwähnt, da sie in den Texten nicht verifiziert werden konnte und die Annahme weithin aufgegeben ist). Die Beschreibung entspricht einem heute weit verbreiteten Kompromiss, der einerseits an der Annahme einer lukianischen Rezension um 300 n.Chr. festhält, andererseits die protolukianischen Elemente des Textes stärker hervorhebt. Leider kommt auch hier wie schon bei der kaige-Rezension der Name Dominique Barthélemy nicht vor, obwohl dieser es war, der die kaige-Rezension identifiziert und ihr den Namen gegeben hatte.

Barthélemy hatte allerdings als andere Seite der Medaille festgestellt, dass der lukianische bzw. antiochenische Text (jedenfalls in Samuel-Könige, wohl aber auch darüber hinaus) mehr oder weniger die Old Greek ist und dass die Annahme einer lukianischen Rezension aufzugeben ist. (Zu diesem Ergebnis kam, auf einem etwas anderen Weg, auch Siegfried Kreuzer in mehreren Untersuchungen). Darüber hinaus wird zunehmend gesehen, dass auch in den sog. nicht-kaige-Abschnitten von Samuel und Könige sowie in vielen anderen Schriften eine, wenn auch etwas mildere hebraisierende Überarbeitung erfolgte, die nicht nur semantisch sondern auch formal (isomorph), z. B. in der Wortfolge, an den Bezugstext anpasste. Ein deutlicherer Hinweis auf das Phänomen würde auch das in BHS häufige Siglum G* (ursprüngliche Lesart der Septuaginta) besser verständlich machen.

Bei den „weiteren Übersetzungen" werden zunächst die aramäischen Targume sehr informativ behandelt, wobei die Targume aus Qumran mit vorgestellt werden. Bei der syrischen Übersetzung geht F. von einer Übersetzung aus dem Hebräischen und zwar schon von jüdischer Seite aus, verweist aber auf eine längere und komplexe Entstehungsgeschichte (165). Ob die sich dann ergebende frühe Datierung (vor der römischen Eroberung durch Trajan) wirklich gegen eine Entstehung im Königreich von Adiabene (so die ältere Literatur nach Josephus, Antiquitates XX, 17–96) spricht, erscheint mir nicht so eindeutig. Dass ein Herrscherhaus, das das Judentum angenommen hatte, die heiligen Schriften in der Landessprache haben will, ist durchaus plausibel. Gewiss ging es dabei nur um die Anfänge, die dann auch unter römischer Herrschaft oder auch an anderen Orten (Edessa, Nisibis?) fortgesetzt werden konnten. Deutlich abgehoben werden die Arbeiten von Paul von Tella (die sog. Syrohexaplaris) und von Jakob von Edessa aus dem 7. Jh.

Bei der lateinischen Übersetzung fällt auf, dass zuerst die Vulgata behandelt wird und dann erst die Vetus Latina, die für die Textkritik mindestens so große Bedeutung hat (vgl. die zahlreichen Nennungen im Apparat der BHS), auch wenn sie nur unvollständig überliefert ist. Bei den Handschriften wären auch noch die im Apparat der BHS zu den Geschichtsbüchern häufig genannten Fragmente L 91–95 zu erwähnen.

Die übrigen Übersetzungen (Koptisch, Äthiopisch, Armenisch, Arabisch) werden, entsprechend ihrer geringeren Bedeutung, nur kurz angesprochen. Gut ist der Hinweis, dass diese Handschriften zwar für die Textkritik des hebräischen Textes von geringerer Bedeutung sind, dass es sich aber „bei ihnen um bedeutsame Leistungen [handelt], die das kulturelle Schaffen im Orient zu dieser Zeit beleuchten" (182). – Insgesamt merkt man in diesem Bereich die starke Orientierung an E. Tov's Text der Hebräischen Bibel (s.u.).

Der dritte große Teil des Buches erörtert schließlich „Die Textkritik". Unter Ziel und Aufgabe der Textkritik wird zunächst das Problem von Urtext und Endtext und damit auch die Frage der Abgrenzung zwischen Textkritik und Literarkritik erörtert. Diese zeitweise sehr emotional diskutierte Frage klärt sich wohl dahingehend, dass es eine Übergangszone gibt, d. h. dass wir durch die Qumranfunde mit der Textkritik in eine Phase zurückkommen, in der zum Teil auch noch eine literarische Gestaltung erfolgte. Diese Fragen bestimmen zugleich auch die Zielsetzung der Textkritik. F. erörtert dazu die Definitionen von Alfred Jepsen, Odil Hannes Steck, Reinhard Wonneberger, Siegfried Kreuzer und Ernst Würthwein und bleibt seinerseits bei einer eher allgemeinen Beschreibung der Aufgabe (197–201). Separat ausführlich erörtert werden dann noch Konjekturen und Konjekturalkritik (201–204).

Ausführlich und mit entsprechenden Beispielen werden die verschiedenen Möglichkeiten von Textverderbnissen und Textänderungen dargestellt. Schließlich folgt unter der Überschrift „Die Methode der Textkritik" eine Beschreibung des konkreten Vorgehens, angefangen von der „Dechiffrierung des Apparats" (220 – 226) hin zu Äußerer und Innerer Textkritik.

F. schließt mit einem Loblied auf die Bedeutung und auch theologische Relevanz der Textkritik und endet mit dem Schlusssatz des Buches von Würthwein, dass „die Bemühung um den Buchstaben … echte theologische Relevanz" hat (243).

4. Emanuel Tov, Textkritik der Hebräischen Bibel / Textual Criticism of the Hebrew Bible

Emanuel Tov, geboren in Amsterdam und Professsor an der Hebrew University in Jerusalem ist zweifellos ein Doyen der Textgeschichte der Hebräischen Bibel. Eines seiner ersten Werke war „The Text-Critical Use of the Septuagint in Biblical Research" (1981) und zuletzt war er der Hauptherausgeber der „Discoveries in the Judaean Desert", die er 2005 endlich zu einem erfolgreichen Abschluss brachte. Die erste Auflage des hier zu besprechenden Werkes erschien 1989 auf Hebräisch und 1992 in Englisch. Die zweite englische Auflage von 2001 war demgegenüber nur wenig verändert. Eine deutsche Übersetzung mit dem Titel „Der Text der Hebräischen Bibel: Handbuch der Textkritik" (1997; übersetzt unter der Ägide von Heinz-Josef Fabry) brachte eine Reihe von Aktualisierungen des Autors mit ein. Die nun vorliegende dritte Auflage von 2012 ist nicht nur überarbeitet sondern auch erheblich erweitert und umfasst 481 eng bedruckte Seiten. Es ist damit das wohl umfangreichste und aktuellste (englischsprachige) Kompendium zum Thema. Abgesehen vom Haupttext enthält es ein einfangreiches Literaturverzeichnis und eine enorme Menge an Literaturangaben in den Fußnoten sowie 32 (vorwiegend auf hebräische Texte bezogene) Abbildungen.

Der Aufbau des Buches erschließt sich gut in seinen Grundzügen, ist aber dann im Detail doch sehr komplex. Es umfasst folgende zehn Kapitel: 1: Introduction (1– 22); 2. Textual Witnesses (23–154); 3. History of the Biblical Text (155–190); 4. Copying and Transmitting the Biblical Text (191–262); 5. Theory and Praxis of Textual Criticism (263–268); 6. Evaluation of Readings (269–282); 7. Textual and Literary Criticism (283–326); 8. Conjectural Emendation (327–340); 9. Scholarly and Non-Scholarly Editions (341–376); 10. Computer Assisted Tools for Textual Criticism (377–382). Die auffallend unterschiedliche Länge der Kapitel ergibt sich zum Teil aus den Themen, zum Teil wohl auch aus dem Wachstum des Buches. Viele Probleme und Beobachtungen spielen in verschiedenen Zusammenhängen eine Rolle. Diese sind meist durch Querverweise erschlossen. Hier helfen auch das detaillierte Inhaltsverzeichnis und nicht zuletzt die umfangreichen Register.

Ein besonderes Kennzeichen dieses opus magnum ist die Erschließung der Forschungsgeschichte. T. nennt oft die Anfänge bestimmter Fragestellungen im 16. und 17. Jh., er verweist auf wichtige ältere Beiträge (z. B. wiederholt Carl Heinrich Cornill, aber auch Brian Walton, Otto Thenius und natürlich Julius Wellhausen) und nicht zuletzt ist er auch bestens vertraut mit den jüdischen Quellen der Antike und des Mittelalters.

Die „Introduction" zeigt die Notwendigkeit textkritischer Arbeit und präsentiert Tov's Verständnis eines „Modern Approach to Textual Criticism" (17–19), der im Wesentlichen durch die Qumranfunde ermöglicht und notwendig wurde. Erst danach folgt der Rückblick in die Forschungsgeschichte. Im Prinzip werden in dieser Einleitung schon die wesentlichen Fragen angerissen. Bezeichnender Weise gibt es auch einen kleinen Passus zur „Subjectivity of This Book" (22). In diesem Sinn findet sich auch im Buch immer wieder beides: Eine breite Darstellung der Forschungsgeschichte und der verschiedenen Meinungen, aber auch klare Bewertungen und Positionen.

Das umfangreichste Kapitel ist „2. Textual Witnesses". Hier werden die Textzeugen des hebräischen und samaritanischen Textes, die Qumrantexte sowie „Additional Witnesses" (Silberröllchen mit dem Aaronitischen Segen; der Papyrus Nash, die Severusrolle und auch verlorene Texte) besprochen. Dem folgen die Übersetzungen, zunächst mit allgemeinen Bemerkungen zu ihrer Relevanz für die Textkritik (scil. des hebräischen Textes) und danach die einzelnen Übersetzungen (Septuaginta, Revisionen der Septuaginta), Targume, Peschitta, Vulgata, arabische Übersetzung; die Vetus Latina wird nur kurz auf S. 133 f. genannt).

Unter „Revisions of the Septuagint" werden – m. E. sachgemäß – alle späteren griechischen Textformen zusammengefasst: Pre-Hexaplaric Revisions (kaige-Theodotion, Aquila, Symmachus), Hexapla und Post-Hexplaric Revisions (Lukian; die von Hieronymus neben der lukianischen Revision genannte Hesychianische Rezension wird in Übereinstimmung mit dem derzeitigen Forschungsstand gar nicht erst erwähnt und fehlt auch im Register).

Das ganze Kapitel ist, wie auch die Überschrift andeutet, weniger auf die Textgeschichte konzentriert, sondern vor allem auf die Beschreibung der Textzeugen mit ihren jeweiligen Textformen. Insofern findet sich hier eine Fülle von Beispielen für unterschiedliche Lesarten, sei es der Qumrantexte gegenüber MT, sei es des Samaritanus, anderer hebräischer Texte und natürlich auch der Septuaginta bzw. deren anzunehmender hebräischer Vorlage.

Bei den Qumrantexten hat nun auch T. die Kategorie „Qumran Scribal Practice" (100 – 105) von der inhaltlichen Klassifizierung nach MT-ähnlichen, Samaritanus-ähnlichen, Septuaginta-Vorlage und Non-Aligned texts (107–110) getrennt (vgl. Kreuzer, Text, 132–138).

Bei den Übersetzungen bringt T. nur knappe Bemerkungen zu deren Entstehung oder Hintergründen, sondern konzentriert sich ganz auf die Relevanz für die Textkritik „The analysis below focuses on the text-critical importance"; 128). T. bringt zunächst eine Reihe von Beispielen, in welcher Weise sich zeitgenössische Exegese bzw. das zeitgenössische Verständnis der Texte in den Übersetzungen niederschlägt. Danach werden auch die wichtigsten Handschriften vorgestellt und es gibt einen umfangreichen Abschnitt über die Differenzen zwischen MT und LXX-Form der verschiedenen Bücher.

Die „Revisions of the Septuagint" werden relativ kurz behandelt (je ca. 1 Seite). T. hält an der Verbindung der kaige-Rezension mit dem Namen Theodotion (aber nicht mit dem historischen Theodotion des 2. Jh.s) fest und spricht daher von kaige-Theodotion, datiert aber diese Revision, wie jetzt auf Grund der paläographischen Datierung der Naḥal Ḥever Rolle auch sonst allgemein angenommen, in das 1. Jh. v.Chr. „The presumed early date of *kaige*-Th, the middle of the 1st century BCE, eliminates the need for an assumed proto-Theodotionic translation" (143) (wie sie früher auf Grund des Vorkommens theodotionischer Lesarten in Texten des 1. Jh., z.B. im Neuen Testament, postuliert worden war). Die Bemerkung: „Textcritical value: The text of *kaige*-Th reflects M" (143) würde ich etwas offener formulieren. Sie gilt weithin, z.B. in 2Sam, dagegen hat *kaige* in 2Kön einen von MT etwas verschiedenen Bezugstext (siehe dazu das unterschiedliche Ausmaß an Kursivierungen und $^+$ in LXX.D).

Mit der Revision des Lukian (um 300 n.Chr.) ist ein schwieriges und umstrittenes Thema angesprochen. Ähnlich wie bei Theodotion gibt es das Problem, dass lukianische Lesarten schon lange vor Lukian, nämlich schon bei Josephus, im Neuen Testament und in der Vetus Latina, bezeugt sind. Während Rahlfs und andere die erwähnten Übereinstimmungen als späte sekundäre Einflüsse beiseite schoben, ist das bei den Übereinstimmungen mit den Qumranfunden nicht mehr möglich. Barthélemy hatte in Verbindung mit der Identifikation der kaige-Revision den sog. Lukianischen bzw. Antiochenischen Text als deren Grundlage identifiziert und praktisch als die alte Septuaginta („la vielle septante", Barthélemy, Devanciers, 127) wenn auch mit Textverderbnissen im Lauf der Überlieferung, identifiziert. Das würde nicht nur zum Verzicht auf die Annahme einer lukianischen Rezension (zumindest in dem üblicherweise angenommenen Ausmaß) führen, sondern auch zu einer anderen Charakterisierung der ursprünglichen Übersetzung, nämlich im Sinn einer sachlich getreuen aber sprachlich besseren Übersetzung (was in vielen Fällen zugleich auch Rückwirkungen auf die Rekonstruktion der hebräischen Textgeschichte hätte). Leider wurde in der folgenden

Forschung zwar die kaige-Rezension rezipiert, nicht aber deren Kehrseite, die Neubewertung des Lukianischen bzw. Antiochenischen Textes.

T. folgt hier in seiner Darstellung noch dem oft vertretenen Kompromiss, die lukianische Rezension beizubehalten, aber einen hohen Anteil an protolukianischem Text zu erlauben. In diesem Zusammenhang ist neuerdings auch die Nähe zwischen lukianischem Text und 4QSam^a umstritten (147; allerdings verwendete der von T. dafür erwähnte Beitrag von R.J. Saley eine Methodik, die bei analoger Anwendung auch für MT nur minimale Übereinstimmungen ergeben würde).

Bei den verschiedenen Fragen der Entwicklung des (hebräischen) Textes erörtert T. auch die These von der Vereinheitlichung des hebräischen Textes bzw. der Durchsetzung des masoretischen Textes nach 70 n. Chr. („The Myth of Stabilization of the Text of Hebrew Scripture"; 174 – 180). Seine dezidiert vorgetragene These ist, kurz gesagt, dass der protemasoretische Text schon längere Zeit konstant überliefert wurde und dass nach 70 n. Chr. keine Vereinheitlichung erfolgte, sondern dass die anderen Textformen ihre Trägerkreise verloren hatten. Wie sich diese durchaus plausible These dazu verhält, dass m.W. auch schon in den Qumrantexten ab dem 1. Jh. v. Chr. vorwiegend die masoretischen Texte abgeschrieben und verwendet wurden, wäre zu überlegen. Lag es vielleicht doch auch an der Qualität des masoretischen Textes oder (/und) stand eine Autorität wie die Tempelbibliothek dahinter?

Im Kap. 4 wird die Tradierung des biblischen Textes erörtert, und zwar sowohl im Blick auf Schreibmaterial und Schreiberpraxis als auch auf die im Lauf der Zeit bis hin zu dem mittelalterlichen Masoreten erfolgte Gestaltung des Textes und die dabei erfolgten absichtlichen und unabsichtlichen Änderungen des Textes (Schreibfehler, Buchstabenverwechslungen etc.), die ihrerseits die Grundlage für die textkritische Argumentation darstellen. Auch hier gibt es eine Fülle von Beispielen, mit denen zugleich viele wichtige und markante Fälle der alttestamentlichen Textgeschichte erörtert werden.

Kap. 5 „Theorie and Praxis in Textual Criticism" ist erstaunlich kurz (263 – 268) und hat praktisch in Kap. 6. „Evaluation of Readings (269 – 282) seine Fortsetzung. In Kap. 5 wird die Aufgabe der Textkritik faktisch als nur deskriptiv beschrieben: „In the light of this discussion it is now possible to formulate the aims and method of the textual criticism of the Bible. The study of the biblical text involves an investigation of its development, copying and transmission, and the creation of readings over the centuries." (265). Für die „Evaluation of readings" erörtert T. (wiederum mit vielen Beispielen) die klassischen Kategorien von Äußerer und Innerer Textkritik (External Criteria, Internal Criteria) mit den bekannten Regeln, die allerdings alle ihre diversen Ausnahmen haben (ein Abschreibfehler ist zwar vielleicht die *lectio difficilior,* aber nicht der ältere Text; Texte wachsen nicht nur an, sondern können auch absichtlich oder unabsichtlich [z. B. durch Homoioteleuton] kürzer werden, sodass auch die *lectio brevior* nicht immer der ältere Text ist). T. kommt zu der „Regel", dass es um die Wahl der für den Kontext angemessensten Lesart geht: „Therefore it is the choice of the most contextually appropriate reading, that is the main task of the textual critic." (281; so auch schon früher und auch in der deutschen Ausgabe). Mit diesem Kriterium wird freilich Textkritik zur Kunst, die schwer zu erlernen ist. Außerdem: Wird damit nicht eine vielleicht sperrige aber originale Lesart ausgeschieden und der Text eingeebnet? Natürlich weiß T. selbst: „This procedure is as subjective as can be", aber er wendet sich damit ausdrücklich gegen einen in Lehrbüchern oft vertretenen zu großen Optimismus (Fn. 37). Was bleibt? *„Common sense,* rather than textual theories, is the main guide, although abstract rules are sometimes also helpful." (281) – Auf diesem Hintergrund scheint mir die Zielsetzung und Regel, dass die älteste Lesart zu suchen und die Entstehung der Varianten zu erklären ist (Kreuzer, Textkritik, 26) noch immer angemessen, sofern man sie mit „common sense" verfolgt und sich der Subjektivität bewusst ist.

Auch bei Tov werden Konjekturen in einem eigenen Kapitel abgehandelt (Kap. 8) und hier wie auch in Kap. 9 „Scholarly and Non-Scholarly Editions" und in Kap. 10 „Computer-Assisted Tools" schöpft er aus dem reichen Fundus seiner Kenntnisse und Erfahrungen.

5. Fazit

Der Beitrag soll verdeutlicht haben, in welch lebendiger Entwicklung sich das Feld der Textgeschichte und Textkritik des Alten Testaments bzw. der Hebrew Bible befindet. Insbesondere die Qumranfunde haben wesentliche Impulse gegeben und zum Teil ganz neue Perspektiven eröffnet, aber auch andere Textfunde, neue Editionen und auch Übersetzungsprojekte haben das Interesse am biblischen Text und seiner Geschichte neu belebt. – Wenn bzw. weil, wie es Würthwein im Schlusssatz seine Buches formuliert, „die Bemühung um den Buchstaben ... echte theologische Relevanz" hat, ist zu wünschen, dass diese neuen Forschungen auch in der Exegese und im Ganzen der Theologie wahrgenommen werden.

Die hier vorgestellten Bücher wollen dazu ihren je eigenen Beitrag leisten. Beide vermitteln auf ihre Art den aktuellen Stand der Forschung und auch die Erkenntnis, dass vieles im Fluss ist. Beide Bücher sind umfangreicher geworden als ihre Vorgänger. Das Buch von Fischer ist wie sein Vorgänger stärker an Studierenden orientiert, das Buch von Tov stärker an gelehrten Leserinnen und Lesern. Beide erfüllen ihren jeweiligen Zweck für die Disziplin der Textgeschichte. Der Disziplin insgesamt wie auch der künftigen Ausgabe der Biblia Hebraica ist zu wünschen, dass sie die Gelehrten erreicht, aber dass sie auch die Studierenden gewinnt.

Von der Vielfalt zur Einheitlichkeit –
Wie kam es zur Vorherrschaft des
masoretischen Textes?

Der sogenannte masoretische Text ist heute sowohl in den wissenschaftlich wie in den praktisch oder liturgisch orientierten Ausgaben des hebräischen Alten Testaments die vorherrschende bzw. ausschließlich gebrauchte Textform. Diese beherrschende Stellung hat der masoretische Text aber nicht erst in der Neuzeit oder seit dem Mittelalter, sondern – wenn man die unvokalisierten Vorstufen mit einbezieht – praktisch seit ca. 2000 Jahren.[1] Dieses Faktum ist keineswegs so selbstverständlich, wie es scheint, zumal wir wissen, dass die Schriften des Alten Testaments in frühjüdischer Zeit in verschiedenen Formen im Umlauf und als autoritativ bzw. „kanonisch" anerkannt waren. Auch wenn das katastrophale Ende des jüdischen Krieges mit der Zerstörung Jerusalems und des Tempels und das damit verbundene Ende der zelotischen und apokalyptischen Strömungen des Judentums bzw. die Dominanz der pharisäischen Richtung die Dominanz des masoretischen Textes besiegelt haben mögen,[2] so setzte doch diese Dominanz wesentlich früher ein, nämlich spätestens im 1. Jh. v.Chr. Somit stellt sich die Frage, wodurch diese Vorherrschaft des masoretischen Textes ausgelöst und propagiert wurde.

Im Folgenden soll zunächst das Bild der textgeschichtlichen Entwicklung in der frühjüdischen Zeit skizziert und dann eine Lösung für das dargestellte Problem vorgetragen werden.

---

1 Zur Textgeschichte des Alten Testaments und als Hintergrund für die folgenden Erörterungen siehe: E. Würthwein: Der Text des Alten Testaments, Stuttgart ⁴1973; E. Tov, Der Text der hebräischen Bibel. Handbuch der Textkritik, Stuttgart 1997; S. Kreuzer, Text, Textgeschichte und Textkritik des Alten Testaments. Zum Stand der Forschung an der Wende des Jahrhunderts, ThLZ 127 (2002), 127–156 (in diesem Band 293–336).

2 In diesem Sinn betont formuliert bei E. Tov, Text, 160: „Es gab wahrscheinlich keinerlei Stabilisierung ... oder Standardisierung, die zu einem sogenannten 'Sieg der protomasoretischen Familie' geführt hätte. Vielmehr war die Situation das Ergebnis verschiedener politischer und sozio-religiöser Faktoren ... Nicht M triumphierte über die anderen Texte, sondern diejenigen, bei denen M gepflegt wurde, bildeten die einzige organisierte Gruppe, die die Zerstörung des Zweiten Tempels überlebte".

Allerdings scheint es wichtig, auch die Entwicklungen außerhalb des Mutterlandes zu beachten. So haben insbesondere die katastrophalen Folgen der jüdischen Aufstände in Ägypten zu analogen Entwicklungen in der Diaspora, jedenfalls in der ägyptischen Diaspora, geführt. Vgl. J. Maier, Das Judentum. Von der Biblischen Zeit bis zur Moderne, Bindlach ³1988, 240–248, „Die Diaspora bis zu den Aufständen 115/117 n.Chr.".

1. Die Entwicklung des Textes des Alten Testaments

1.1 Die Vielfalt der Textformen

Dass der Text der alttestamentlichen Schriften in der hellenistisch/frühjüdischen Zeit nicht nur in einer Form existierte, war auch schon in der Zeit vor den Qumranfunden bekannt. Die markantesten Belege dafür bot die Septuaginta, etwa am Beispiel des Jeremiabuches, dessen griechischer Text bekanntlich um etwa 1/8 kürzer ist, als der hebräisch-masoretische Text. Da LXX-Jer in den übereinstimmenden Partien eine sehr genaue Übersetzung des hebräischen Textes bietet, ist anzunehmen, dass nicht die Übersetzer den Text verkürzten, sondern dass sie eine entsprechend kürzere hebräische Vorlage hatten. Darüber hinaus war – gemäß den allgemeinen Erfahrungen der Textgeschichte – anzunehmen, dass diese hebräische Vorlage nicht eine Kürzung des masoretischen Textes ist, sondern umgekehrt, dass der masoretische Text des Jeremiabuches eine erweiterte Neubearbeitung einer älteren Form des Jeremiabuches darstellt.[3] Ähnliche Beobachtungen konnte man an anderen Büchern bzw. Buchteilen machen.[4] Nicht nur die Septuaginta, auch der Samaritanische Pentateuch repräsentiert offensichtlich eine eigene, vom masoretischen Text zu unterscheidende hebräische Texttradition. Wenn man von den typisch samaritanischen Korrekturen wie insbesondere der Eintragung des Garizim[5] absieht, bleiben eine Reihe von Differenzen, die auf einen eigenen Texttyp schließen lassen, insbesondere, wenn solche Varianten mit der LXX zusammen gehen. Ein markantes Beispiel dafür ist Ex 12,40, die Angabe über die Dauer des Ägyptenaufenthaltes der Israeliten.[6] Während der MT die Dauer von 430 Jahren auf die Zeit in Ägypten bezieht, ergänzen sowohl die LXX wie der Samaritanus „und in Kanaan", d. h. sie beziehen die Zeit der Erzväter mit ein und haben somit (an dieser Stelle) eine kürzere Chronologie des Pentateuch. Auf Grund der massiven Konflikte zwischen Jerusalem und Samaria und insbesondere in Folge der Maßnahmen von Johannes Hyrkan (Eroberung Sichems und Entweihung

---

3 P.-M. Bogaert, Le livre de Jérémie en perspective – les deux rédactions antiques selon les travaux en cours, RB 101 (1994), 363–406, and Emanuel Tov, The Literary History of the Book of Jeremiah in the Light of Its Textual History, in: Jeffrey H. Tigay (ed.), Empirical Models for Biblical Criticism, Philadelphia 1985, 211–237.
4 Etwa Josua, Ezechiel, 1Sam 16–18. Zu diesen und zu weiteren Texten vgl. Tov, Text, 264–281.
5 Ergänzung zum Dekalog in Ex 20 und Dtn 5; perfektische statt futurische Formulierung der Erwählungsaussage in Dtn 12,5.14 etc. Vgl. F. Dexinger, Das Garizimgebot im Dekalog der Samaritaner, in: FS W. Kornfeld, Wien 1977, 111–113.
6 Vgl. dazu: S. Kreuzer, Zur Priorität von Exodus 12,40 MT – Die chronologische Interpretation des Ägyptenaufenthalts in der judäischen, samaritanischen und alexandrinischen Exegese, ZAW 103 (1991), 252–258 (in diesem Band 169–176).

des Heiligtums auf dem Garizim) ist anzunehmen, dass eine solche gemeinsame Texttradition in vormakkabäische Zeit zurückgehen muss.

An dieser Stelle könnte man auch noch darauf hinweisen, dass das bekannte Phänomen von Ketib und Qere wahrscheinlich nicht nur Verbesserungsvorschläge der Masoreten enthält, sondern dass in diesen Lesevorschlägen bzw. –anweisungen auch alternative Lesarten und damit Texttraditionen bewahrt wurden.

Dieses klassische Bild von drei verschiedenen Haupttypen des hebräischen Textes wurde durch die Qumranfunde bestätigt und erweitert. Die Qumranfunde bestätigen einerseits den masoretischen Text und erweisen so seine Genauigkeit und gute Qualität,[7] andererseits bestätigten sie das Bild einer komplexen hebräischen Überlieferung, indem Texte gefunden wurden, die der Vorlage der LXX oder dem samaritanischen Texttypus nahe stehen, oder indem sie weitere, bis dahin nicht belegte Textformen bieten.[8]

1.2 Verschiebung und Vereinheitlichung der Textbasis

Die Verschiebung und Vereinheitlichung der Textbasis lässt sich an verschiedenen Phänomenen beobachten und festmachen. Beginnen wir mit einem Blick auf die Septuaginta, deren Text nicht nur – wo vorhanden – auf der hebräischen Vorlage basiert, sondern deren Text immer im Bezug zum hebräischen Text überliefert und betrachtet wurde. Das alte Bild war, dass die Septuaginta ab der Mitte des 3. und im Lauf des 2. Jh.s v. Chr. übersetzt wurde, und dass dann im Lauf des 2. Jh.s n. Chr. der inzwischen von den Christen verwendeten Septuaginta neue jüdische Übersetzungen gegenübergestellt wurden. Diese neuen Übersetzungen waren die Übersetzungen des Aquila, des Symmachus und des Theodotion, die nicht nur dem masoretischen Text folgten, sondern – so insbesondere Aquila – dabei auch neue,

---

7 Diese Beobachtung trug nicht nur zur Euphorie über die Qumrantexte bei, sondern auch zu der heute weithin selbstverständlichen Bevorzugung des masoretischen Textes. Der Umschwung wird deutlich, wenn man sich vor Augen hält, dass die um 1930 revidierte, bis heute als besonders wissenschaftlich geltende, Zürcher Bibel in Zweifelsfällen häufig der LXX folgte.

8 Für einen Versuch der Klassifizierung der Texttypen siehe Tov, Text, 95–97, und E. Tov, Die biblischen Handschriften aus der Wüste Juda – eine neue Synthese, in: U. Dahmen / A. Lange / H. Lichtenberger, Die Textfunde vom Toten Meer und der Text der Hebräischen Bibel, Neukirchen-Vluyn 2000, 1–34, bes. 14–23. Für eine Diskussion s. Kreuzer, Text, 132–135.

Die von Tov herausgestellten fünf Typen liegen eigentlich auf zwei Ebenen: Einerseits handelt es sich um inhaltlich definierte Gruppen, die Vorläufer der drei klassischen Texttypen darstellen, andererseits geht es um die „Schreiberpraxis", wobei die sog. „qumranische" Schreiberpraxis im Wesentlichen den Kennzeichen der sog. Vulgärtexte entspricht. Die fünfte Gruppe mit gemischten und/oder zusätzlichen Kennzeichen rundet das Bild der Vielfalt der Texttraditionen ab.

z.T. sehr formalistische Übersetzungsprinzipien anwandten. Ein gewisses Echo auf das Faktum, dass nun ein anderer, nämlich der masoretische Text die normative Grundlage war, findet sich in den jüdisch-christlichen Disputationen des 2. Jh.s wechselseitig erhobenen Vorwürfen, die jeweils andere Seite hätte den Text geändert.[9] Andererseits schien die Vermeidung gewisser christlich bedeutsamer Begriffe wie etwa χρίω, salben, und χριστός, Gesalbter (stattdessen z.B. bei Aquila: ἀλείφω, salben), ein klarer Beleg dafür, dass diese neuen Übersetzungen auf Grund der „Vereinnahmung" der LXX durch die Christen erstellt wurden.

Dieses klassische Bild hatte allerdings eine Schwierigkeit, nämlich dass sogenannte theodotionische Lesarten bereits im Neuen Testament zu finden waren, während Theodotion erst im 2. Jh. n.Chr. lebte. Auf Grund dieser Beobachtung wurde die Theorie einer sog. prototheodotionischen Übersetzung bzw. Überarbeitung entwickelt. Diese prototheodotionische Übersetzung musste schon in der ersten Hälfte des 1. Jh.s n.Chr. existiert haben und konnte nicht durch die Auseinandersetzung mit den Christen veranlasst gewesen sein, sondern musste aus anderen Gründen entstanden sein.

Dieses Problem wurde nun durch die Qumranfunde bzw. durch einen in der Umgebung von Qumran gefundenen Text erheblich weiter geführt. Durch den sensationellen Fund einer griechischen Zwölfprophetenrolle in Naḥal Ḥever – sensationell alleine schon deswegen, weil damit deutlich wurde, dass auch in Palästina das Alte Testament auf Griechisch gelesen wurde[10] – ergab sich ein neues Bild der Textgeschichte. Die Zwölfprophetenrolle von Naḥal Ḥever belegt eine Revision des alten griechischen Textes der LXX („Old Greek") auf der Basis des masoretischen Textes. Diese Revision hin zum masoretischen Text war zugleich verbunden mit gewissen Übersetzungsprinzipien, die in erheblichem Maß ausgangssprachlich orientiert waren, d.h. die gewisse Phänomene der hebräischen Sprache wie auch der zeitgenössischen Interpretation im Griechischen erkennbar machen sollten. Zu ersteren gehörte, dass die Langform des hebräischen Personalpronomens der 1. Person (אנכי) immer mit εγώ εἰμί wiedergegeben wurde, auch dann, wenn ein finites Verb folgte. Zu letzteren gehörte, dass die hebr. Partikel גם, auch, immer mit καίγε wiedergegeben wurde, d.h. so als ob im He-

---

9 Besonders bei Justin, Dialog, 71–73; vgl. dazu: M. Hengel, Die Septuaginta als christliche Schriftensammlung, ihre Vorgeschichte und das Problem ihres Kanons, in: M. Hengel / A.M. Schwemer, Die Septuaginta zwischen Judentum und Christentum, WUNT 72, Tübingen 1994, 182–284; bes. 192f.: „Die Berufung auf die Siebzig und der Vorwurf der Schriftverfälschung".
10 Weitere griechische Texte wurden vor allem in der Höhle VII von Qumran gefunden; zu diesen Texten und deren möglichem Inhalt vgl. J. Maier, Die Qumran-Essener. Die Texte vom Toten Meer, Bd. 1, München 1995, 322–326.

bräischen וגם, wᵉgam, und auch, stünde. Auf Grund dieser Besonderheit nannte D. Barthélemy, der Bearbeiter und Herausgeber der Zwölfprophetenrolle, die hier vorliegende Revision der Septuaginta die kaige-Revision.[11] Die Zwölfprophetenrolle von Naḥal Ḥever ist spätestens in die 1. Hälfte des 1. Jh. n. Chr., eher noch in das 1. Jh. v. Chr., zu datieren.[12] Die in ihr enthaltene Textform muss mindestens ebenso alt oder älter sein.

Abgesehen von aller sonstigen Bedeutung der Zwölfprophetenrolle von Naḥal Ḥever [13] haben wir somit einen klaren Beleg für eine Revision der Septuaginta hin auf den (proto)masoretischen Text, und zwar etwa um die Zeitenwende. Das bedeutet aber, dass der (proto)masoretische Text zu dieser Zeit eine normative Stellung innehatte bzw. in der Zeit davor erlangt hatte. Dieses Bild wird inzwischen gestützt durch weitere griechische Texte aus Qumran (7QLXXEx; 4QLXXNum) und aus Ägypten (Papyrus Oxyrhynchus 1007; Papyrus Rylands Greek 458), die ebenfalls eine Revisionstätigkeit hin zum masoretischen Text belegen.[14] Ein weiterer Beleg für eine frühe, noch jüdische Rezension sind die sog. kaige-Abschnitte der Samuel- und Königsbücher (2Sam 10,2 – 1Kön 2,11; 1Kön 22,1 – 2Kön 25).

Damit ergibt sich ein neues Gesamtbild nicht nur der Geschichte der Septuaginta, sondern auch ihres hebräischen Bezugstextes: Es stehen sich nicht mehr die ur-

---

11 D. Barthélemy, Les d'avanciers d'Aquila, VTS 10, Leiden 1963. Gegenüber der später zeitweise ausufernden Diskussion ist festzuhalten, dass Barthélemy etwas vorsichtiger von einer „groupe kaige" gesprochen hatte und dass er sich auf vier klare Kennzeichen beschränkte, siehe: D. Barthélemy, Prise de position …, in: D. Barthélemy, Étude d'histoire du texte du l'Ancien Testament, OBO 21, 1978, 267 – 269.

12 Auf Grund der von Barthélemy hergestellten Verbindung der kaige-Revision mit bestimmten rabbinischen Auslegungsregeln tendierte er zu einer relativ späten Datierung. Dagegen wird die Zwölfprophetenrolle von Naḥal Ḥever paläographisch in das 1. Jh. v. Chr. datiert, vgl. etwa L. Greenspoon, Recensions, Revisions, Rabbinics: Dominique Bartélemy and Early Developments in the Greek Traditions, Textus 15 (1990), 153 – 167. Neuere Forschungen, insbesondere O. Munnich, La Septante des Psaumes et le groupe kaige, VT 33 (1983), 75 – 89, stellten die Beziehungen der kaige-Revision zur Übersetzungstechnik bestimmter Bücher, insbesondere der Psalmen heraus. „As a result, it does not seem to be so tied to the exegetical rules of the rabbinat as Barthélemy claimed, and in terms of dating, it can already be detected towards the close of the 1ˢᵗ century BCE." N. Fernández Marcos, The Septuagint in Context. Introduction to the Greek Versions of the Bible, Leiden 2000, 152.

13 Z.B. eine neue Erklärung für das Phänomen der sog. prototheodotionischen Lesarten.

14 Vgl. Tov, Text, 120. Dagegen weicht 4QLXXLevᵃ von MT ab und repräsentiert vermutlich die ursprüngliche Septuaginta (Old Greek), so bereits P. Skehan, The Qumran Manuscripts and Textual Criticism, VTS 4, 1957, 159 – 160, und neuerdings Eugene Ulrich, The Septuagint Manuscripts from Qumran: A Reappraisal of Their Value, in: ders., the Dead Sea Scrolls and the Origins of the Bible, Grand Rapids/Leiden 1999, 165 – 183.

sprüngliche Septuaginta („Old Greek"; mit einer – zumindest teilweise – anderen hebräischen Vorlage als der masoretische Text) und die neuen (jüdischen) Übersetzungen des 2. Jh. n. Chr. gegenüber, sondern wir haben einen kontinuierlichen Revisionsprozess vor uns, der bereits im 1. Jh. v. Chr. belegt ist und in der kaige-Rezension deutlich erkennbar wird, an den die jüdischen Übersetzungen des 2. Jh.s n. Chr. anknüpfen und der sich zur Hexapla des Origenes fortsetzt, ja der in der Arbeit des Hieronymus noch eine Nachgeschichte hat. Dieser Revisionsprozess lässt sich durchgehend verstehen als eine Revision hin zum hebräischen Text, und zwar in Form des masoretischen Textes,[15] der bereits im 1. Jh. v. Chr. seine dominierende Stellung erlangt hatte.

2. Die Entwicklung zur Dominanz des masoretischen Textes

2.1 Texttypen und Trägergruppen

Zur Klärung des Hintergrundes für die Dominanz des masoretischen Textes müssen wir uns nochmals den Texttypen zuwenden und nach den damit verbundenen Trägerkreisen fragen. Die Hauptttypen des hebräischen Textes wurden in der Forschung in verschiedener Weise zugeordnet. Frank Moore Cross vertrat – in Weiterführung einer These von W.M.F. Albright[16] – wiederholt eine regionale Zuordnung der Texte, wobei er die Vorlage der Septuaginta mit Alexandrien verband, die prae-samaritanische mit Palästina und den masoretischen Text mit Babylon, von wo ihn Rabbi Hillel mitgebracht und in Palästina zur Geltung gebracht haben soll. Dieses Bild wurde von ihm später – nicht zuletzt auf Grund jener Qumrantexte, die der Vorlage der Septuaginta nahe stehen – dahingehend modifiziert, dass auch die hebräische Vorlage der Septuaginta aus Palästina stammte, aber dann nach Ägypten gebracht worden war.[17] Gegenüber dieser geographisch

---

15 Wir sprechen hier pauschal vom masoretischen Text. Das ist in diesem Zusammenhang berechtigt. Trotzdem sei darauf hingewiesen, dass auch der masoretische Text eine gewisse Entwicklung und eine gewisse Bandbreite hat. Die Entwicklung zeigt sich einerseits in der Vorgeschichte, wie sie etwa an den beiden Fassungen des Jeremiabuches erkennbar wird, andererseits daran, dass an der masoretischen Textform wohl auch bewusst und sorgfältig textkritisch gearbeitet wurde (bis hin zu den Tiqqune Sopherim und zu Ketib und Qere). Die Bandbreite zeigt sich einerseits an der unterschiedlichen Qualität des Textes in den verschiedenen Büchern, andererseits an den faktischen Doppelüberlieferungen bei Ketib und Qere.
16 W.F. Albright, New Light on Early Recensions of the Hebrew Bible, BASOR 140 (1955), 27–33.
17 F.M. Cross, The contribution of the Qumran Discoveries to the Study of the Biblical Text, IEJ 16 (1966), 81–95; ähnlich zuletzt: F.M. Cross, The Fixation of the Text of the Hebrew Bible, in: ders., From Epic to Canon. History and Literature in Ancient Israel, Baltimore/London, 1998, 205–218.

geprägten ‚local-text-theory' vertrat S. Talmon eine vor allem soziologisch orientierte Theorie, die sich ebenfalls auf die drei Haupttypen konzentriert: Der Grundgedanke ist, dass die drei Texttraditionen in drei verschiedenen religiösen Gruppen rezipiert waren: Der masoretische Text bei den (auf Jerusalem orientierten) Juden, der Samaritanus bei den Samaritanern und die Septuaginta bei den Christen.[18] Dieses Bild stimmt für die spätere Zeit, es lässt aber offen, wo die hebräischen Vorlagen der Septuaginta zu ihrer Zeit vorhanden waren bzw. von wem sie verwendet wurden.

Wie die oben erwähnten Klassifizierungen von E. Tov zeigen, ist das klassische Bild durch die Qumrantexte nicht aufgehoben, aber doch erweitert und aufgelockert, auch wenn es etwas rhetorisch übertrieben ist, wenn er sagt, „dass man von einer nahezu unbegrenzten Zahl von Texten sprechen muß".[19] Wichtig ist die Beobachtung, dass es nicht nur innerhalb, sondern auch zwischen diesen Textgruppen Beziehungen und Beeinflussungen gab.

M.E. ist neben der Frage nach den Trägergruppen stärker als bisher auch die diachrone Perspektive zu berücksichtigen. So ist etwa die hebräische Vorlage von LXX-Jeremia älter als der masoretische Text des Jeremiabuches, auch wenn später beide Textformen nebeneinander existiert haben werden und vielleicht sogar beide Formen nebeneinander ‚kanonischen' Rang gehabt haben mögen.[20] Immerhin gelangten beide Textformen nach Qumran, wo sie offensichtlich nebeneinander verwendet wurden. Andererseits gelangte die ältere Form schon früh auch nach Ägypten, wo sie die Vorlage von LXX-Jer bildete. Wahrscheinlich kam dieser Text aus Jerusalem, vielleicht aus dem Jerusalemer Tempel bzw. der Tempelbibliothek nach Ägypten. Die enge Beziehung der ägyptischen Diaspora mit Jerusalem und dem Jerusalemer Tempel ist schon in den Elephantine-Papyri bezeugt und später auch im Aristeasbrief vorausgesetzt.

Allerdings existierten wohl auch in Jerusalem und am Jerusalemer Tempel bzw. dessen Bibliothek verschiedene Texte und Textformen nebeneinander, was sich nicht nur aus Gestaltungswillen, sondern auch schlicht aus dem Vorgang des Abschreibens ergab.

---

18 S. Talmon, The Old Testament Text, in: P.R. Ackroyd / C.F. Evans (Hg.), The Cambridge History of the Bible, Bd. 1, 1970, 159–199. Vgl. Tov, Text, 134.

19 Tov, Text, 134. Wie der Kontext zeigt, meint Tov auch in diesem Satz Textgruppen und nicht einzelne Texte.

20 P.-M. Bogaert, Jérémie, 363–406, nimmt an, dass die ältere Form des Jeremiabuches im 3. Jh. kanonischen Status erlangt hatte, und dass die protomasoretische Ausgestaltung des Buches ebenfalls noch im 3. Jh. erfolgte.

2.2 Besonderheiten des masoretischen Textes

Auch wenn der masoretische Text des Jeremiabuches jünger und etwa in den Samuelbüchern vielfach verderbt ist, so repräsentiert im Allgemeinen auch der masoretische Text eine gute alte Texttradition. Er hat erheblich weniger Kennzeichen sogenannter Vulgärtexte als etwa die prae-samaritanische Tradition, und häufig lässt sich die Priorität der masoretischen Textform aufzeigen, etwa bei den Genealogien in Gen 5, bei der Interpretation der 430 Jahre des Ägyptenaufenthaltes,[21] oder beim Kontext des Liedes der Hanna in 1Sam 2[22].

Zugleich ist der masoretische Text deutlich überarbeitet. Das zeigt sich insbesondere an seinem chronologischen System. Sowohl ältere Autoren, wie A. Jepsen,[23] als auch jüngere Autoren wie J. Hughes,[24] K. Koch[25] oder M. Rösel[26] haben gezeigt, dass die ursprüngliche Chronologie des Pentateuch und der historischen Bücher auf die Einweihung des salomonischen Tempels abzielte, nämlich im Jahr 2.800 nach der Schöpfung. Dass die Einweihung des Tempels das Ziel bildete, wird bestätigt durch die Tatsache, dass die samaritanische Chronologie ebenfalls auf die Errichtung des Tempels abzielt, allerdings auf jene des Tempels auf dem Garizim.[27]

Das chronologische System der Septuaginta ist komplex, weil es einerseits die Jahre in den Genealogien der Urgeschichte dehnt, dagegen andere Perioden verkürzt. Wahrscheinlich versucht diese Chronologie für die ältere Zeit Kompatibilität mit ägyptischen chronologischen Vorstellungen herzustellen, während sie für die jüngere Zeit auf die Wiedereinweihung des Tempels nach dem babylonischen Exil zielt.[28]

Auch der masoretische Text hat ein neues chronologisches System, und auch er zielt auf eine Tempelweihe, nämlich auf die Wiedereinweihung des Tempels

---

21 S.o., Anm. 6.

22 Es lässt sich zeigen, dass die erzählerischen Inkonsequenzen, die durch die Einfügung des Liedes der Hanna entstanden, im masoretischen Text am besten bewahrt sind, während sie in 4QSam[a] (= 4Q51) und in der Septuaginta geglättet sind.

23 A. Jepsen, Zur Chronologie des Priesterkodex, ZAW 47 (1929), 251–255.

24 J. Hughes, Secrets of the Time. Myth and history in biblical chronology, JSOT.S 66, Sheffield 1990.

25 K. Koch, Sabbatstruktur der Geschichte (1983), in: K. Koch, Vor der Wende der Zeiten. Beiträge zur apokalyptischen Literatur, Gesammelte Aufsätze 3, Neukirchen-Vluyn 1996, 45–76; 68 f.

26 M. Rösel, Übersetzung als Vollendung der Auslegung. Studien zur Genesis-Septuaginta, BZAW 223, 1994.

27 „Die Chronologie des Samaritanus hat offensichtlich das Jahr 2800 als Datum für die Gründung des Heiligtums auf dem Garizim im Blick...“, M. Rösel, Übersetzung, 135.

28 M. Rösel, Übersetzung, 136–148.

nach der syrisch-hellenistischen Krise im Jahr 164 v. Chr. (als dem Jahr 4000 nach der Schöpfung).

2.3 Die Herrschaft der Makkabäer als Hintergrund für den Aufstieg des masoretischen Textes

Das gemeinsame Ziel der chronologischen Systeme ist die Einweihung des bedeutendsten, zentralen Heiligtums. Während bei den Jerusalemer Traditionen[29] Kontinuität zwischen erstem und zweiten Tempel vorausgesetzt ist,[30] kommt es in der hellenistischen Krise des 2. Jh.s zu einer bedeutenden Veränderung: Die zadokidische Priesterschaft hatte sich dem Hellenismus angepasst, den Glauben der Väter preisgegeben und sich der Verehrung des Zeus angeschlossen bzw. zumindest die Identifikation von Jhwh mit Zeus zugelassen. Im Gegenzug führte der Aufstand der Makkabäer nicht nur zur Wiederherstellung der Jhwh-Verehrung und des traditionellen Tempelkultes im Jahr 164 v. Chr., sondern in weiterer Folge auch zur Installation einer neuen Priesterschaft am Jerusalemer Tempel. Mit dem Makkabäer bzw. Hasmonäer Jonathan waren ab 152 königliche und priesterliche Funktionen in einer Hand vereint. „Er [Jonathan] residierte zunächst in Michmas, siedelte jedoch 152 v. Chr. nach Jerusalem über und wurde dort Hoherpriester – der erste in einer langen Reihe hasmonäischer Hoherpriester, die bis hinab in herodianische Zeiten reicht. Alsbald erhielt er auch die Insignien politischer Macht und legte sozusagen den Grundstein zum hasmonäischen Königtum."[31]

Wie oben dargestellt, wurde das Jahr 164 v. Chr. als Datum der Wiedereinweihung des Tempels zum Zielpunkt der geänderten Chronologie des masoretischen Textes. Diese Änderung erfolgte gewiss nicht unmittelbar nach 164, sondern wahrscheinlich etwas später, als die hasmonäische Herrschaft und das hasmonäische Hohepriestertum etabliert waren. „... die hasmonäische Priesterschaft hat die für sie grundlegende Bedeutung der Neugewinnung des Tempels in das Zahlensystem der Tora eingetragen. Vielleicht sind es sogar die hasmonäischen Fürsten selbst, die ihr Regiment als Anbruch einer messianischen Zeit für Israel dadurch aus der Heiligen Schrift legitimierten?"[32] Diese Adaption des

---

29 Beim Garizim stellte sich das Problem offensichtlich nicht.

30 Vgl. das Geschichtsbild der Chronik, wo – sowohl baulich wie institutionell – die nachexilischen Gegebenheiten schon durch David und Salomo etabliert wurden.

31 Donner, Geschichte Israels, ²1995, 486.

32 Klaus Koch, Sabbatstruktur der Geschichte. Die sogenannte Zehn-Wochen-Apokalypse (1Hen 93,1–10; 91,11–17) und das Ringen um die alttestamentlichen Chronologien im späten Israelitentum, in: ders., Beiträge zur apokalyptischen Literatur, Gesammelte Aufsätze Bd. 3, 1996, 68.

chronologischen System wird nicht unmittelbar nach 164. v. Chr. erfolgt sein, sondern nach der faktischen Etablierung der hasmonäischen Herrschaft und vor allem des hasmonäischen Hohepriestertums, d. h. nach 152 v. Chr., andererseits aber auch nicht zu weit davon entfernt. Somit ist am ehesten an den Zeitraum zwischen 150 und 120 v. Chr. zu denken.

Wie gesagt bietet der proto-masoretische Text eine gute alte Tradition, die in vielen Fällen ebenso alt oder älter ist als die anderen Texttraditionen. Der wesentliche Punkt ist die Neugestaltung des chronologischen Systems und ihr Bezug zur makkabäischen Revolte.[33] Offenbar brachten die Makkabäer sozusagen die ihnen vertraute Form des biblischen Textes mit, und dieser Text erhielt dann von Jerusalem aus seine dominante Stellung.

Dass die Verbreitung des masoretischen Textes von Jerusalem aus dem Bereich bzw. der Bibliothek des Jerusalemer Tempels erfolgte, ergibt sich aus dem auf den Tempel zielenden chronologischen System des masoretischen Textes und aus dem Faktum der relativ rasch erreichten und praktisch vollständigen Dominanz dieser Textform. Von wo aus sonst hätte diese alsbaldige und weitgehende Durchsetzung des masoretischen Textes erfolgen können? Einzig von der Autorität des Tempels her lässt sich die relativ rasche und praktisch vollständige Durchsetzung des masoretischen Textes erklären.

2.4 Der Aristeasbrief als Zeugnis für die neue Situation

Das erreichte Ergebnis findet eine Bestätigung durch den Aristeasbrief.[34] Bei der Bezugnahme auf den Aristeasbrief sind zwei Ebenen zu unterscheiden: Die eine Ebene ist die erzählte Welt, nämlich die Entstehung der Septuaginta in der Mitte des 3. Jh. v. Chr. Die historische Relevanz dieser Ebene ist umstritten, alleine schon deswegen, weil der Aristeasbrief deutlich fiktiv ist und aus wesentlich späterer Zeit stammt. Die andere Ebene ist die Zeit des Erzählers bzw. Autors des Briefes. Of-

---

33 Möglicherweise sind auch andere Textänderungen bzw. Lesarten mit den Makkabäern bzw. Hasmonäern zu verbinden, z. B. Am 9,12: In dem bekannten Text über die Wiederaufrichtung der zerfallenen Hütte Davids heißt es: „... sodass sie den Rest Edoms besitzen, und (den Rest) aller Nationen die bei meinem Namen gerufen sind, spricht Jhwh, der das tun wird." Die LXX liest τῶν ανθρωπων, womit אדם, 'adam, an Stelle von אדום, 'edom, vorausgesetzt ist. Den Rest Edoms zu besitzen, passt zwar zur Wiedererrichtung der davidischen Herrschaft, ist aber im Rahmen dieser eher universalen Ankündigung auffallend punktuell. Die Lesart 'adam bzw. των ανθρωπων passt besser zum parallelen Begriff der Nationen. Die Lesart 'edom, wie sie im masoretischen Text durch die Hinzufügung des ו als mater lectionis angezeigt wird, würde dagegen gut zur hasmonäischen Eroberung Edoms im Jahr 128 v. Chr. passen.
34 Für den Text des Briefes siehe N. Meisner, Aristeasbrief, JSHRZ II/1, Gütersloh ²1977.

fensichtlich schrieb der unbekannte Verfasser, also „Pseudo-Aristeas", in einem
erheblichen zeitlichen Abstand von den von ihm erzählten Ereignissen. Die
wichtigsten sprachlichen und inhaltlichen Indizien sprechen für eine Entstehung
in der 2. Hälfte des 2. Jh. v. Chr. und zwar wahrscheinlich um 120 v. Chr.[35].

Der Aristeasbrief beschreibt die großartigen Ereignisse um die Entstehung der
Septuaginta. Diese Übersetzung des heiligen Schriften des Judentums wurde zwar
in Alexandrien, dem geistig-kulturellen Zentrum der damaligen Welt, initiiert und
auch erstellt, aber legitimiert und ermöglicht ist sie von Jerusalem her: Der Ho-
hepriester in Jerusalem begrüßt das königliche Ansinnen einer Übersetzung und
legitimiert das Projekt. Er – und das heißt: der Jerusalemer Tempel – stellt die
wertvollen Handschriften zur Verfügung, die die Textgrundlage bilden, und es
sind Jerusalemer Gelehrte, die die Übersetzung in Alexandrien durchführen. Diese
großartige Beschreibung ihrer Entstehung dient aber eigentlich bereits der Verteidigung der Septuaginta. Offensichtlich wurde die Septuaginta zur Zeit des
Pseudoaristeas in Frage gestellt. Gegen die Kritik wird ausdrücklich die hohe
Qualität der Übersetzung festgestellt. Sie wurde von der Gemeinde in Alexandria
ausdrücklich anerkannt und andererseits auch vom König und seinen Gelehrten in
ihrer Qualität gelobt.

Für eine Diskussion in Alexandrien würden diese Aussagen eigentlich genügen. Das Hauptgewicht der Verteidigung wird aber auffallenderweise auf Jerusalem gelegt: von dort aus wird das Projekt legitimiert, von dort kommt die
Textgrundlage und von dort kommen die Übersetzer. Historisch gesehen ist es am
wahrscheinlichsten, dass die Übersetzung von Übersetzern angefertigt wurde, die
im Bereich der Zielsprache lebten, d. h. durch griechisch sprechende Juden in
Alexandria, und zwar auf der Basis von in der jüdischen Gemeinde Alexandriens
vorhandenen und anerkannten Handschriften. Das Herbeiholen von Handschriften und Übersetzern aus Jerusalem ist demgegenüber wenig wahrscheinlich
und eines der Hauptargumente gegen die Historizität des Berichtes. Offensichtlich
gehören diese Aussagen so wie die ausdrückliche Legitimation durch den Ho-
hepriester wesentlich zur Verteidigungslinie des Pseudoaristeas. Daraus lässt sich
aber umgekehrt schließen: Die Kritik an der Septuaginta kam aus Jerusalem und
bezog sich nicht nur auf die Qualität der Übersetzung als solche, sondern auch auf
die Textgrundlage. Offensichtlich entdeckte man in der Zeit des Pseudoaristeas,
d. h. um etwa 120 v. Chr., Unterschiede zwischen den im Umlauf befindlichen
Septuagintatexten und dem nun vorherrschenden hebräischen, d. h. dem maso-

---

35 So Meisner, Aristeasbrief; E. Bickerman, Zur Datierung des Pseudo-Aristeas, ZNW 29 (1930),
280 – 296 = Arbeiten zur Geschichte des Antiken Judentums und Urchristentums 9, Leiden 1976,
109 – 136, datierte etwas früher auf zwischen 145 und 127 v. Chr.; O. Murray, Aristeasbrief, RAC.S 1,
2001, 574 nimmt andererseits „gegen Ende des 2. Jh. v.C." an.

retischen, Text. Vermutlich entzündeten sich die Beobachtungen und die Diskussionen zunächst weniger am Übersetzungsstil, sondern an unmittelbar evidenten Beobachtungen wie unterschiedlicher Textbestand bei einzelnen Büchern und divergierenden Zahlenangaben. Jedenfalls führten die Beobachtungen zu Kritik an der ursprünglichen Septuaginta, und Pseudoaristeas verteidigt die Septuaginta durch den Hinweis auf die Herkunft der Texte und der Übersetzer aus Jerusalem und durch den Hinweis auf die hohepriesterliche Legitimation der Übersetzung. – Diese Beobachtungen bestätigen das Bild, dass der masoretische Text in Folge des makkabäisch-hasmonäischen Königtums und Hohepriestertums seine Vorherrschaft und Verbreitung erlangte.

3. Ergebnis

Während in der frühjüdischen Zeit zunächst eine Vielfalt der hebräischen Textformen des Alten Testaments bestand, ist ab dem 1. Jh. v. Chr. klar die Dominanz des (proto)masoretischen Textes zu erkennen. Die Vorherrschaft des masoretischen Textes entstand in Folge der Ereignisse der Makkabäerzeit und durch das hasmonäische Königtum und Hohepriestertum.

Der Hinweis auf die zeitgeschichtlichen Ereignisse wurde zumindest in Form einer geänderten Chronologie, und auch durch weitere Textänderungen in den masoretischen Text eintragen.[36] Die dominante Stellung des masoretischen Textes und die Unterschiede im Textbestand führten zu Kritik an der Septuaginta. Das Faktum und die Art der Verteidigung der Septuaginta im (Pseudo)aristeasbrief um etwa 120 v. Chr. bestätigen das vorgetragene Bild der textgeschichtlichen Entwicklung.

---

36 Diese Eintragungen, z. B. die andere Lesung in Am 9,12, müssen nicht mit der Änderung des chronologischen Systems zusammenfallen, sondern könnten auch sukzessive erfolgt sein.

Entstehung und Publikation der Septuaginta im Horizont frühptolemäischer Bildungs- und Kulturpolitik

1. Die beiden Grundthesen zur Entstehung der Septuaginta

Die Frage nach Anlaß und Entstehung der Septuaginta ist von zwei Grundpositionen beherrscht. Auf der einen Seite steht die Auskunft des Aristeasbriefes[1], wonach die Initiative zur Übersetzung auf König Ptolemaios (II. Philadelphos, 283–246 v.Chr.) und dessen Berater und Bibliothekar Demetrios von Phaleron zurückging. Die Übersetzung selbst wurde dann von einer aus Jerusalem entsandten Gruppe von 70 bzw. 72 Übersetzern und auf der Basis von aus Jerusalem mitgebrachten hebräischen Handschriften durchgeführt. Nach dem Aristeasbrief wurde die fertige Übersetzung zwar zunächst auch von der jüdischen Gemeinde gebilligt, aber die eigentliche Approbation wurde – entsprechend der königlichen Beauftragung – vom König ausgesprochen, wobei dieser nicht nur die Qualität der Übersetzung würdigt, sondern auch dem Inhalt der Schrift höchste Bewunderung und Anerkennung zollt. Dieser Abschluss entspricht insofern dem Anfang, als die Initiative zur Übersetzung ja letztlich der Zugänglichkeit des Inhalts der jüdischen heiligen Schriften galt.

Demgegenüber wurde seit Beginn der Neuzeit auf den apokryphen Charakter des Briefes (daher häufig auch „Pseudoaristeas") hingewiesen[2] und vor allem

---

1 Griechischer Text u. a. in H.B. Swete, An Introduction to the Old Testament in Greek, Cambridge, 1914, 531–606 (bearbeitet von H.St.J. Thackeray). Deutsche Übersetzung mit ausführlicher Einleitung bei N. Meisner, Aristeasbrief, JSHRZ II/I, Gütersloh 1973, 35–85; jüngste Diskussion und Literatur bei Murray, Aristeasbrief. [Zum Brief siehe jetzt auch [Kai Broderson,] Zur Legende von der Übersetzung der Septuaginta, LXX.D, Stuttgart Für eine neuere Übersetzung und Erläuterungen siehe]

Zum literarischen Umfeld des Briefes: N. Walter, Jewish-Greek Literature of the Greek Period, Cambridge History of Judaism, 1989, 385–408 sowie zum weiteren Zusammenhang: G.P. Verbrugghe / J.M. Wickersham, Berossos und Manetho.

2 Erste Zweifel bei Luis Vives, 1492–1540 und J. Justus Scaliger, 1540–1609). Detaillierte Diskussion und Forschungsgeschichte zum Brief und zu den Theorien der Entstehung der Septuaginta bei S. Jellicoe, Septuagint, 29–73 und M. Harle / G. Dorival / O. Munnich und N. Fernandez Marcos, Septuagint, 35–66 (Lit.).

Von Bedeutung für die Analyse und Datierung des Briefes sind vor allem die Untersuchungen von E. Bickermann, Datierung, sowie N. Meisner, Untersuchungen, und W. Schmidt, Fälschung. Schmidt klammert die Frage der Entstehung der LXX aus und bezieht sich nur auf die Abfassung des Briefes und der darin (scheinbar) zitierten Dokumente, wobei er mit guten Gründen und

vertreten, dass die Septuaginta nicht auf Grund äußerer Veranlassung sondern auf Grund innerer Notwendigkeiten in der jüdischen Gemeinde entstanden sei. Repräsentativ – vor allem für die Wahrnehmung des Problems in der deutschsprachigen Forschung – sind die knappen Sätze bei Würthwein: „Aber schon das, was der Aristeasbrief selber berichtet, ist in vielem unglaubwürdig. Nicht ein Heide, wie er vorgibt, hat ihn geschrieben, sondern ein Jude, der die Weisheit und das Gesetz seines Volkes durch den Mund eines heidnischen Königs verherrlicht. Dieser Verfasser hat nicht zur Zeit des Ptolemäus Philadelphos gelebt, sondern mehr als hundert Jahre später. Ferner wurde das Gesetz nicht deshalb übersetzt, weil es ein königlicher Förderer der Wissenschaften so wünschte, sondern weil die ägyptischen Juden, die das Hebräische nicht mehr verstanden, ohne eine solche Übersetzung nicht mehr auskamen. Und schließlich geht diese Übersetzung nicht auf palästinische Juden zurück, sondern auf Glieder der alexandrinischen Diaspora, denen Griechisch die Sprache ihres Alltagslebens war."[3]

Bei der Analyse und Bewertung dieser beiden Grundthesen sind verschiedene Ebenen zu unterscheiden. So stellt zwar der Nachweis der Pseudonymität des Aristeasbriefes den Quellenwert seiner Aussagen in Frage, diese Infragestellung ist aber für sich noch kein positives Argument für die Gegenthese.[4] Andererseits basiert die These einer rein innerjüdischen Veranlassung auf Plausibilitätsargumenten im Rahmen eines zwar wahrscheinlichen, aber letztlich doch nur erschlossenen Geschichtsbildes. Die Faktoren und Argumente sind somit je für sich zu prüfen und zu bewerten, und nicht zuletzt muss die Möglichkeit für eine gegenüber den bisherigen Thesen differenzierte Antwort offen bleiben.

---

weitgehender Zustimmung zu Meisner den Entstehungszeitraum auf 125–114 v. Chr. (oder eventuell kurz danach) einengen kann.

Ein nochmaliger Vergleich der einschlägigen Quellen bestätigt zudem die Annahme, dass die ursprüngliche Form des Namens Aristaios lautete und die Form Aristeas auf Kontexteinfluss und Verwechslung zurückgeht, W. Schmidt, 21 f. Angesichts der standardmäßigen Verwendung, etwa auch in den neuesten Lexika, bleibe ich hier bei der geläufigen Namensform.

3 E. Würthwein, Text, 53.

4 Methodisch problematisch ist es auch, Aussagen des Briefes gegeneinander auszuspielen, vgl. Orth, Ptolemaios, 105: „Das Argument, die [im Brief berichtete] Zustimmung der Juden zur Textvorlage spreche dafür, dass diese Übersetzung ganz allein Sache der Juden gewesen sei, ist schon deshalb problematisch, weil hier eine Aussage des Aristaios-Texts (Ptolemaios als Initiator) dadurch widerlegt werden soll, dass man eine andere Aussage (Juden als Genehmigungsgremium) wortwörtlich für korrekt hält."

2. Die Tradition von einer bibliothekarisch-königlichen Initiative zur Übersetzung der Thora

Die Tradition der Entstehung der Septuaginta auf Grund einer Initiative des ptolemäischen Königs hat ihr hauptsächliches Zeugnis im Aristeasbrief und in offensichtlich davon abhängigen Darstellungen, wie etwa bei Josephus, Ant XXX. Ein Zusammenhang mit dem Ptolemäerkönig findet sich aber auch in rabbinischen und talmudischen Zeugnissen, auch wenn dort die Septuaginta bzw. ihre Entstehung kritischer oder später auch negativ gesehen wird und bestimmte Textvarianten als dem König Talmai (= Ptolemäus) zuliebe formuliert erklärt werden.[5] Schließlich berichtet Philo von Alexandrien noch anfangs des 1. Jh.s n. Chr. von einem alljährlichen Freudenfest auf der Insel Pharos zum Gedenken an die Übersetzung der Septuaginta, zu dem auch die nichtjüdischen Mitbewohner eingeladen waren (Phil. Mos. II 41 f.).[6]

Die Tradition von der Initiative eines heidnischen Königs für die Übersetzung der heiligen Schrift der jüdischen Gemeinschaft ist überraschend und ungewöhnlich und erschien später dann auch problematisch. Gerade wenn man annimmt, dass die Septuaginta aus rein innerjüdischen Gründen und Bedürfnissen entstand und verwendet wurde, ist es kaum erklärbar, warum man eine Initiative des heidnischen Königs erfunden haben soll.[7] – So besteht zunächst die Aufgabe, sich mit den Traditionen des Aristeasbriefes und dem darin gezeichneten Bild auseinander zu setzen, auch wenn der Brief pseudonym ist und mehr als ein

---

5 Vgl. dazu G. Veltri, Übersetzung. Für die traditionsgeschichtliche Analyse der einschlägigen Stellen und zur Unterscheidung ihres Bezugs auf die Septuaginta, auf den hebräischen Text oder auf spätere rabbinische Interpretationen siehe besonders K. Müller, Nachrichten, 73–93.

6 Vgl. H.-J. Gehrke, Das sozial- und religionsgeschichtliche Umfeld der Septuaginta, in: S. Kreuzer / J.P. Lesch (Hg.), Im Brennpunkt: Die Septuaginta, BWANT 161, Stuttgart 2004, 44–60.

7 Gerade wenn der rein innerjüdische Bedarf und Gebrauch als ganz selbstverständlich herausgestellt wird, spitzt sich diese Frage zu. Vgl. etwa F. Siegert, Einführung, 29: „Am evidentesten ist das Interesse der Juden selbst, ihr Gesetz auch in griechischer Sprache lesen zu können; schließlich war die Weitergabe der Tora ein Gebot der Tora (Dtn 6,6). Daneben oder auch bald danach haben Juden der Diaspora die Übersetzung für ihre Synagogen nötig gehabt, sobald denn der Brauch aufkam, bei den Gebetszusammenkünften [...] daraus vorzulesen. [...] Wahrscheinlich haben beide Dinge einander verstärkt, die Toraübersetzung den Synagogengottesdienst und der Synagogengottesdienst den Gebrauch der Tora [...]. Jedenfalls ist, von der Rezeption her gesehen, die Septuaginta bis zum Aufkommen des Christentums ein rein jüdische Angelegenheit gewesen." – Gerade wenn die Septuaginta eine solche rein innerjüdische Angelegenheit war, stellt sich umso mehr die Frage, wie es dann zur Behauptung einer heidnisch-königlichen Initiative für die Übersetzung kommen und wie sich diese Nachricht dann so exklusiv und unbestritten durchsetzen konnte.

Jahrhundert später, d. h. wahrscheinlich um etwa 125 v. Chr. und auf dem Hintergrund der Makkabäerzeit entstand.[8]

Durch die Verbindung der Septuaginta mit Ptolemaios II. Philadelphos wird eine zeitliche Einordnung der griechischen Übersetzung der Thora[9] etwa in die Mitte des dritten Jh. v. Chr. behauptet. Diese zeitliche Einordnung der Anfänge der Septuaginta ist zutreffend: Die Nennung der griechischen Übersetzung nicht nur des Gesetzes, sondern auch der Propheten und der Schriften im Prolog von Ben Sira (7) wie auch die Funde von Septuagintamanuskripten aus dem 2. Jh. v. Chr.[10] bestätigen, dass die Anfänge der Septuaginta in der Tat in der Mitte des 3. Jh. anzusetzen sind.

Nach der Darstellung des Aristeasbriefes steht die königliche Initiative zur Übersetzung im Zusammenhang mit dem Aufbau der alexandrinischen Bibliothek, von wo der eigentliche Impuls ausgeht. Zwar ist die Verbindung von Ptolemaios II. Philadelphos mit dem königlichen Bibliothekar Demetrios von Phaleron ziemlich sicher falsch,[11] weil Demetrios in der Nachfolgfrage nach Ptolemaios I auf die falsche Person gesetzt hatte und er das Land verlassen musste.[12] Demetrios war aber an den Planungen für die Bibliothek beteiligt gewesen, und er selbst wie auch schon sein Lehrer Theophrast hatten Interesse an fremden Traditionen, insbesondere Rechtsordnungen, und deren Sammlung.[13] Abgesehen von der anachronistischen Einordnung des Demetrios ist im Aristeasbrief die Gesamtsituation am ptolemäischen Königshof in dieser Zeit durchaus zutreffend dargestellt: Die verschiedenen Diadochenherrscher versuchten auf je verschiedene Weise sich als die wahren Nachfolger Alexanders zu

---

8 Vgl. dazu besonders N. Meisner, Aristeasbrief, W. Schmidt, Fälschung, und Murray, Aristeasbrief.

9 Um diese und noch nicht um das ganze Alte Testament geht es im Aristeasbrief.

10 „Dies stimmt mit der frühen Datierung einiger Papyrus- und Lederfragmente der Tora aus Qumran und Ägypten gegen Mitte oder Ende des 2. Jh. v. Chr. (4QLXXLevᵃ, 4QLXXNum, Pap. Fouad 266, Pap. Rylands Gk 458) überein." E. Tov, Text, 114.

11 Anders neuerdings wieder N. Collins, Library, die bei ihrer Prüfung aller antiken Nachrichten zum Ergebnis kommt, dass die Nachricht über einen Konflikt zwischen Ptolemaios II. und Demetrios erst am Anfang des 1. Jh. entstanden sei, woraus sich für sie ergibt: „Demetrius of Phalerum was a trusted employee of Ptolemy II" (Überschrift zu chapter three, 58–81).

12 Orth, Ptolemaios, 108–110; zu Person und Werk des Demetrios siehe jetzt W.W. Fortenbaugh / E. Sutrumpf, Demetrius.

13 W. Orth, Ptolemaios, 108–110; für Theophrast wird zudem die Beschäftigung mit Palästina und dem Judentum berichtet, ebd.

erweisen, wobei sich die Ptolemäer als Förderer der Künste, der Wissenschaft und der Kultur profilierten.[14]

Im Umkreis von Museion und Bibliothek beschäftigte man sich mit berühmten Texten und Traditionen der damaligen Weltkultur wie auch – nicht zuletzt im Sinn der Akzeptanz der ptolemäischen Herrschaft bei den Einheimischen – mit den Traditionen der ägyptischen Geschichte. Dabei wurden nicht nur die Werke Homers und Hesiods ediert und kommentiert, sondern auch orientalische Texte und Traditionen bis hin zum Werk Zoroasters[15] aufgenommen und übersetzt, und nicht zuletzt geht Manethos um 280 v.Chr. verfasste Darstellung der ägyptischen Geschichte ihrerseits auf ägyptische Quellen zurück und basiert damit auch auf einer Form von Übersetzung.[16] Neben dem zeitgenössischen Bildungsinteresse, das auf dem Hintergrund des Völker und Kulturen umspannenden Alexanderreiches bzw. der hellenistischen Oikumene nur allzu verständlich ist, und auch abgesehen von der spezifischen Profilierung der frühen Ptolemäer durch Museion und Bibliothek, stellte sich auch die Aufgabe der Berücksichtigung der einheimischen Kulturen durch die zunächst fremden ptolemäischen Herrscher. Dies galt besonders für die ägyptische Bevölkerung, was sich in der Errichtung zahlreicher Tempel und in der Abfassung der erwähnten Geschichte Ägyptens von Manetho niederschlug. Ähnliche Bemühungen und Interessen sind aber auch gegenüber anderen Bevölkerungsgruppen – und damit auch gegenüber der großen jüdischen Gemeinschaft – durchaus nicht unwahrscheinlich. Diese Interessen mussten keineswegs einseitig bleiben. So übte Manetho durch die Ausgestaltung und Verbreitung des Serapiskultes erheblichen Einfluss auf die hellenistische Religion aus.[17]

Ein in diesem Zusammenhang häufig diskutiertes, aber doch eigenes Problem stellt die Übersetzung von Rechtstraditionen dar. Offensichtlich wurden unter den Ptolemäern nicht nur neue Erlasse mehrsprachig publiziert, sondern wurden auch vorhandene Rechtstexte übersetzt. Beleg dafür ist ein demotischer Gesetzescodex aus Hermopolis, der durch einen Papyrus aus dem 3. Jh. v.Chr. bekannt ist. Der 1978 publizierte Papyrus 3285 aus Band 46 der Oxyrhynchuspapyri bietet offensichtlich eine griechische Übersetzung eines Teiles dieses demotischen Kodex. Zwar stammt P 3285 erst aus der Zeit nach 150 n.Chr., aber der Herausgeber J.R. Rea

---

14 W. Orth, Ptolemaios. Siehe auch G. Hölbl, Geschichte, 64–66: „4.3 Alexandrinische Gelehrsamkeit" und C. Jacob / F. Polignac, Universalité.

15 Plinius der Ältere berichtet in seiner Naturgeschichte XXX 2,4, dass Hermippos, ein Gelehrter des 3. Jh. v.Chr., Bemerkungen zum Werk des Zoroaster verfasst habe, was deren Übersetzung ins Griechische voraussetzt; vgl. W. Orth, Ptolemaios, 107.

16 W.G. Wadell, Manetho; G.P. Verbrugghe / J.M. Wickersham, Berossos and Manetho.

17 G. Hölbl, Ptolemäerreich, 93 f.; W.G. Wadell, Manetho.

nimmt an, dass die zugrunde liegende Übersetzung in frühptolemäischer Zeit entstand.[18]

Nachdem schon L. Rost 1970 auf Grund der im Aristeasbrief erwähnten doppelten Beglaubigung der Übersetzung auf eine staatliche Anerkennung des jüdischen Gesetzes geschlossen hatte,[19] wurde P 3285 vor allem von J. Mélèze-Modrzejewski zur Unterstützung der These, dass die LXX auf Grund königlicher Veranlassung für juristische Zwecke entstanden sei, herangezogen.[20] Auch wenn es eine umfangreichere Übersetzungstätigkeit für juristische Zwecke in frühptolemäischer Zeit gegeben haben mag, so bleibt doch einerseits die Frage, ob eine solche Praxis über die ägyptische Bevölkerung, deren Rechtstraditionen gewiss nicht ignoriert werden konnten, auch auf die jüdische Minderheit ausgedehnt und damit für diese eine eigene Rechtssprechung geschaffen wurde; andererseits stellt sich die Frage, ob der Pentateuch überhaupt für einen solchen Zweck geeignet war.[21] Jedenfalls sind Spuren einer – frühen – entsprechenden Bezugnahme nicht wirklich nachgewiesen,[22] und der Verweis auf ein Gesetz der Väter kann genauso gut auf Gewohnheitsrecht der jüdischen Bevölkerung anspielen, wie auf die Septuaginta als Rechtskodex. Darüber hinaus ist eine eventuelle spätere Bezugnahme auf juristische Passagen der Septuaginta[23] nicht gleichzusetzen mit der Frage, ob die Übersetzung auch schon für diesen Zweck erstellt wurde.

Auch wenn man sich in Alexandria sowohl aus Gründen der Rechtspflege wie auch im Zusammenhang des Bildungsanliegens im Umfeld der Bibliothek mit Rechtstraditionen beschäftigte,[24] so ist damit doch noch nicht gesagt, dass königliche Interessen und/oder praktische Anforderungen der Rechtsprechung den Anlass zur Übersetzung der Thora gegeben haben. Zudem ist zu beachten, dass die Rede vom Nomos im Aristeasbrief zwar gewiss eine Brücke zu zeitgenössischen

---

18 J.R. Rea, The Oxyrhynchus Papyri, XLVI, London 1978.

19 L. Rost, Vermutungen, 1970.

20 J. Mélèze-Modrzejewski, Livres sacrés; ders., Les Juifs d'Ègypte; ders., Jewish Law.

21 Im Grunde wiederholt sich hier das Problem der These einer persischen Reichsautorisation des Pentateuch, wenn auch mit einem interessanten Unterschied: Bei Esra ist die Verbindung mit dem persischen Königshof unbestritten, aber das Gesetz nicht in der Verwaltungssprache des Reiches abgefasst, während die Septuaginta immerhin eine Übersetzung in die Sprache des Herrscherhauses darstellt.

22 Vgl. die differenzierte Diskussion bei M. Harl / G. Dorival / O. Munnich, Septante, 73–76.

23 Eine solche spätere Bezugnahme liegt vielleicht in dem in Papyrus Herakleopolis P.Polit. Iud. 4 aus der Zeit 143–132 v. Chr. bezeugten Streitfall um einen Scheidebrief vor. Vgl. dazu Cowey, Papyri, der von einer deutlichen Änderung der rechtlichen Gegebenheiten durch die Einrichtung der Politeumata um die Mitte des 2. Jh. v. Chr. spricht.

24 In den späteren Inhaltsverzeichnissen der Bibliothek, den Pinakes des Kallimachos, wird eine Abteilung Rechtsbücher genannt.

juristischen und philosophisch/weisheitlichen Vorstellungen schlagen will,[25] dass diese Rede vom Nomos aber von der jüdischen Bezeichnung des Pentateuchs als Thora und von den zeitgenössischen Interessen des Briefes am Ende des 2. Jh. geprägt ist. – Eine spezifisch juristische Veranlassung der Septuaginta erscheint somit wenig wahrscheinlich. Dagegen erweist sich das allgemeine geistige und kulturpolitische Klima der Zeit als sehr offen und interessiert an geistigen Traditionen des eigenen wie auch fremder Länder.

Insgesamt wird man sagen können, dass trotz aller Färbung durch die Zeit und die Intentionen und trotz konkreter Fehler des pseudonymen Verfassers wichtige Züge der frühptolemäischen Zeit zutreffend dargestellt sind. Allerdings ist mit der zutreffenden Beschreibung des kulturpolitischen Umfeldes noch kein Nachweis einer persönlichen Initiative des Königs gegeben.

3. Die Entstehung der Septuaginta aus innerjüdischen Notwendigkeiten

Die in der Neuzeit vorherrschend gewordene Sicht der Entstehung der Septuaginta gründet sich auf die Annahme bzw. den Nachweis innerjüdischer Notwendigkeiten. Der oben zitierte Satz von Würthwein ist dafür repräsentativ: „Ferner wurde das Gesetz nicht deshalb übersetzt, weil es ein königlicher Förderer der Wissenschaften so wünschte, sondern weil die ägyptischen Juden, die das Hebräische nicht mehr verstanden, ohne eine solche Übersetzung nicht mehr auskamen." Dass die Juden Alexandriens bzw. Ägyptens im dritten Jahrhundert das Hebräische nicht mehr verstanden, ist in der Tat anzunehmen.[26] Dieser Sachverhalt galt selbst für die Juden in Palästina, wo in der persischen Zeit das Aramäische zur Umgangssprache geworden war.

Schwieriger ist die Klärung des konkreten Bedarfs. Wofür wurde die Übersetzung gebraucht? Die insbesondere von Paul Kahle[27] vertretene Erklärung zieht eine Parallele zu den aramäischen Targumen, die den Eindruck erwecken, dass sie gewissermaßen in mehreren Anläufen im Zusammenhang synagogaler Lesung entstanden. Wenn auch der targumische Charakter im Sinn von Kahle, d. h. die

---

25 In diesem Zusammenhang ist es interessant, an die im Brief so wichtige Gestalt des Demetrius zu erinnern, der sich durch rechtsvergleichenden Studien hervorgetan hatte und diese später in Athen fortsetzte; vgl. dazu Orth, Ptolemaios, und W. Fortenbaugh / E. Sutrumpf, Demetrius of Phalerum.

26 Dafür spricht auch, dass selbst die ab dem 3. Jh. v.Chr. belegten Synagogeninschriften aus Ägypten griechisch abgefasst sind; vgl. F. Siegert, Einführung, 25.

27 P. Kahle, Untersuchungen, 1915; ders., Genizah, 1962.

ursprüngliche Existenz mehrerer Übersetzungen, die dann erst vereinheitlicht wurden, nicht wirklich nachzuweisen ist und die entsprechenden Phänomene anders erklärt werden können,[28] so bleibt die Annahme des Bedarfs für synagogale Lesungen durchaus plausibel. Allerdings ist die Frage, ob einzelne Perikopen oder fortlaufende Texte gelesen wurden. Dass die Heiligen Schriften regelmäßig in der Synagoge gelesen wurden, wird etwa in Apg 15,21 als uralter Brauch bezeichnet, wobei allerdings offen bleibt, was diese Aussage vom Ende des 1. Jh. n. Chr. (vgl. Apg 13,15a) für das 3. Jh. v. Chr. bedeutet. Bei aller Plausibilität des Gebrauchs der Heiligen Schriften in den synagogalen Versammlungen bleibt doch das Problem, „daß die Annahme, die Pentateuch-LXX sei primär für den Gebrauch im Gottesdienst übersetzt worden, nicht wirklich zu belegen ist."[29] Nicht unwichtig ist, dass im Pentateuch selbst die regelmäßige Verlesung des biblischen Textes in der Gemeinde (Dtn 31,10–13) und andererseits die familiäre Unterweisung (Ex 12,26 f.; Dtn 6,6–9.20–25) gefordert wird.

Auch die gottesdienstliche Lesung, erst recht aber die familiäre Unterweisung machen nur Sinn bzw. sind nur möglich, wenn die Inhalte verstanden werden. Die Aufgabe der familiären und gemeindlichen Unterweisung, die zweifellos gerade in der Diaspora eine große Rolle zur Wahrung der Identität spielte, ist ein weiterer wichtiger Faktor für die Übersetzung der Heiligen Schriften. In diesem Zusammenhang ist nicht zuletzt auch die Frage halachischer und haggadischer Studien anzuschließen, für die über kurz oder lang ebenfalls eine Übersetzung notwendig geworden sein muss, und die auch vereinzelt ihre Spuren hinterlassen haben;[30] allerdings bleibt es schwierig zu entscheiden, ob solche Differenzierungen auf die Übersetzung oder nicht doch schon auf die hebräische Vorlage zurückgehen. – Insgesamt gibt es also eine Reihe von Gründen, die auf die Notwendigkeit einer Übersetzung auf Grund interner Notwendigkeiten in der jüdischen Gemeinde hinweisen.

Dass bei dieser Entstehung der Septuaginta jüdische Übersetzer aus Alexandrien die wesentliche Rolle spielten, ist von der Situation wie von der notwendigen griechischen Sprachkompetenz her eo ipso anzunehmen. Zugleich

---

28 Vgl. N. Fernández Marcos, Septuagint, 53–57.
29 M. Rösel, Übersetzung, 257. Vgl. N. Fernández-Marcos, Septuagint, 63: „First of all, the Alexandrian Jewish sources as well as the rabbinic sources refer to the translation as a royal initiative and are silent on the motive of the liturgical or cultural needs of the Jewish community. No privately instigated translation is known before the 2nd century BCE, and it would be of the Prophets as a continuation of the Torah."
30 Etwa Ex 21,22 wo bei der Bestimmung bezüglich des Abgangs eines Foetus anders als im masoretischen Text nach Entwicklungsstadium differenziert wird. Freilich muss auch hier offen bleiben, ob die Textvariante auf die Übersetzer oder auf eine entsprechende hebräische Vorlage zurückgeht.

bedurfte es auch einer gewissen hebräischen Sprachkompetenz und gewiss auch einer Vertrautheit mit den Inhalten. Beides führt auf enge Kontakte mit dem Mutterland, sei es durch eigene Kontakte, d. h. Aufenthalte in Palästina, oder durch Beteiligung von Personen mit entsprechenden Kenntnissen am Übersetzungsprozess. Ähnliches gilt auch für die Textgrundlage. Gewiss besaßen die jüdischen Gemeinden in Ägypten hebräische Schriftrollen, zumindest der Thora, die die Grundlage für die Übersetzung bildeten. Diese Texte mussten letzten Endes aus Palästina, konkret wohl aus Jerusalem bzw. dem Umfeld des Tempels gekommen sein,[31] auch wenn die benutzten Manuskripte vielleicht bereits in Ägypten erstellte Abschriften waren.

4. Eine neue Perspektive zu Anlass und Verbreitung der Septuaginta

So plausibel die Entstehung der Septuaginta aus innerjüdischen Notwendigkeiten ist, so bleibt doch ein gravierendes Problem, nämlich dass alle diesbezüglichen Nachrichten von einer äußeren Veranlassung sprechen. Diese Tradition ist gerade insofern historisch sehr widerständig, als ihre sekundäre Entstehung kaum plausibel zu machen ist. Wie ist es denkbar, dass eine erfundene Geschichte von der Übersetzung der heiligen Schriften auf Grund des Wunsches des heidnischen Königs bzw. seines Bibliothekars sich dermaßen rasch und vollständig verbreiten und akzeptiert werden konnte, zumal es ja dann auch Informationen über die eigentliche Entstehungsgeschichte gegeben haben musste? Diese Frage gilt auch und erst recht, wenn der Aristeasbrief erst ein Produkt der zweiten Hälfte des 2. Jh.s ist. Insofern ist die Aufdeckung der Pseudonymität des Aristeasbriefes kein wirklich entscheidendes Argument für die Frage der Veranlassung und Entstehung der Septuaginta und hat das teilweise und neuerdings verstärkt zu beobachtende Festhalten an der Sicht des Aristeasbriefes[32] durchaus gute Gründe. Andererseits wird es dabei bleiben müssen, dass jedenfalls die großartige Aus-

---

31 Durch die Qumranfunde zeigte sich, dass die allermeisten Besonderheiten der (hebräischen Vorlage der) Septuaginta nicht auf alexandrinische Sonderentwicklungen oder Freiheiten der Übersetzer zurückgehen, sondern auf Eigenheiten der Textüberlieferung im Mutterland. Vgl. dazu u. a. E. Tov, Text, 155 (im Zusammenhang der Diskussion verschiedener Textformen): „Der ältere Texte konnte in geographisch oder sozial abseits liegenden Gegenden überleben. So ist es zu erklären, dass solche früheren Editionen in die Hände der griechischen Übersetzer in Ägypten gelangten und auch in den Qumranrollen erhalten blieben.".
32 Siehe etwa N. Fernández Marcos, Septuagint, sowie M. Harl, Septantes, und P. Bogaert, Septante.

schmückung des Geschehens, insbesondere der große Aufwand des Königs für eine Jerusalemer Übersetzerdelegation bis hin zum Gastmahl und wohl auch die königliche Approbation, so gut wie sicher nicht historisch sein können und auf Pseudoaristeas und/oder die vorauslaufende jüdische Tradition zurückgehen.[33]

Wie aber ist dann die Tradition von der königlichen Initiative für die Übersetzung der heiligen Schriften zu erklären? Für eine Antwort ist zunächst zu unterscheiden zwischen älteren Traditionen und den spezifischen Anliegen und Problemen des Pseudoaristeas und seiner Zeit. Betrachtet man den Aristeasbrief in seiner Gesamtheit, so bildet die Geschichte von der Veranlassung und Übersetzung der Septuaginta bis hin zu abschließenden Beglaubigung zwar die Rahmenhandlung des Briefes, aber keineswegs die Hauptmasse des Textes. Der Brief ist vielmehr ganz wesentlich bestimmt vom Symposion sowie den Reden und Erlässen, in denen die zeitgenössischen Probleme und die Anliegen des Verfassers ihren Ausdruck finden. [34] Dabei geht es keineswegs nur um die Stellung der Juden in Ägypten und um die Anerkennung jüdischer Weisheit, sondern wesentlich auch um die Jerusalemer Perspektiven und Erwartungen an die jüdische Diaspora sowie deren Reaktionen darauf. Diese Fragen bis hin zur Frage, an wen sich der Brief letzten Endes richtet, sind hier nicht zu thematisieren.[35] Die Beobachtung, dass die Rahmenhandlung von der Entstehung der Septuaginta zum Aufhänger der aktuellen Anliegen des Verfassers wird, zeigt, dass die Grundtradition bekannt gewesen sein muss und dadurch zum Transportmittel für die aktuellen Anliegen werden konnte.

Als eine dieser älteren Traditionen wird man die oben herausgestellten Erinnerungen an die frühptolemäischen Unternehmungen um Museion und Bibliothek und die damit verbundene kulturpolitische Situation ansehen können. Diese kulturpolitische Situation war eng mit dem persönlichen Interesse des Königs verbunden, wie sich nicht nur aus der Errichtung von Museion und Bibliothek ergibt, sondern auch aus den Einladungen an die berühmtesten Ge-

---

33 Die auf die Spitze getriebene These von N.L. Collins, Library, dass die Erstellung bzw. Fertigstellung der Septuaginta das krönende und legitimierende Ereignis zum Regierungsantritt von Ptomelaios II. gewesen sei, zeigt in sich, wie unwahrscheinlich eine solche Annahme ist.
34 Ähnlich auch G. Veltri, Aristeasbrief, 727: „Doch nicht die Übers[etzung] ist der Hauptgegenstand der Erzählung des A[risteasbriefes], sondern die ihm [sc. dem König] von den Übersetzern beim Symposium vermittelte ‚Lehre'.“
35 Siehe dazu die Referate und Positionen bei S. Jellicoe, Septuagint; N. Meisner, Aristeasbrief, und Murray, Aristeasbrief.

lehrten der Zeit und der intensiven Erwerbstätigkeit von Handschriften auf den Büchermärkten in Athen und auf Rhodos.[36]

In diesem geistigen Klima ging es nicht einfach um abstrakte Gelehrsamkeit, sondern um Prestige und Anerkennung; und zwar einerseits im großen Rahmen der Diadochenreiche nach Alexander, in dem sich die Ptolemäer als die geistigen und kulturellen Erben präsentieren wollten. Daraus resultierte das Bemühen um die Kenntnisnahme und Sammlung der Geschichts-, Kultur- und Rechtstraditionen. Analoges galt andererseits aber auch nach innen hin: Die Wahrnehmung eines Volkes oder einer Bevölkerungsgruppe vollzog sich wesentlich durch die Wahrnehmung der historischen und geistesgeschichtlichen Traditionen. Dieses Anliegen zeigt sich besonders im Werk des Manetho. Durch seine Geschichte Ägyptens wurde die faszinierende, aber doch rätselhafte Welt Ägyptens für die griechische Bevölkerungsgruppe zugänglich und erhielt sie Bedeutung und Anerkennung. Darüber hinaus konnte Manetho durch die Form seiner historischen Darstellung nicht nur das hohe Alter der ägyptischen Kultur aufzeigen, sondern im Spiegel der Geschichte konnte er auch aktuelle Probleme und das ägyptische Selbstverständnis dazu andeuten. Letzteres zeigt sich etwa an der Darstellung des Verhältnisses zu ausländischen Eroberern, angefangen von den Hyksos über die Assyrer bis hin zu den Persern. In diesem Zusammenhang stehen nicht zuletzt auch die bekannten negativen Äußerungen über Mose und damit über die Juden und deren zum Teil befremdliche Gebräuche.[37]

Auch für die nicht unbeträchtliche und zu allen Schichten gehörende jüdische Bevölkerung Ägyptens und Alexandriens[38] muss diese bildungs- und kulturpolitische Situation eine enorme Herausforderung bedeutet haben; – und auch die Juden mussten Interesse daran haben, ihre Geschichte und ihre Traditionen in diesem Umfeld und in eigenständiger, positiver Weise zur Geltung zu bringen. M.E. liegt hier ein entscheidender Punkt wenn nicht für die Entstehung, so jedenfalls für die Publikation der Septuaginta. Zwar ist das Gespräch zwischen Demetrios und Ptolemaios im Aristeasbrief fiktiv, aber es veranschaulicht genau die geistige und kulturpolitische Situation, durch die auch das Judentum in Alexandria herausgefordert war.

---

36 Siehe G. Hölbl, Ptolemäerreich, 64 f. Die Nachricht über die Beschlagnahmung von Handschriften bezieht dagegen sich auf Ptolemaios III. Euergetes (ebd.), sie bestätigt aber das auch über Ptolemaios II. hinaus anhaltende große Bemühen um den Ausbau der Bibliothek.

37 Fragment 54, zitiert bei Josephus, Contra Apionem, I, 26–31 (Mose/Osarsiph und seine Gesetze). Auch hier ist bezeichnend, dass Kultur und Religion über das Thema Gesetze und Gesetzgebung zum Ausdruck gebracht werden.

38 Siehe dazu H.-J. Gehrke, Umfeld.

Dieses gesellschaftliche Milieu verlangte von den Juden, ihre entsprechenden Traditionen zur Geltung zu bringen, und das heißt konkret, ihre heilige Schrift in griechischer Sprache zur Verfügung zu haben und in die Bibliothek aufgenommen zu sehen. M.a.W.: Auch wenn es keine unmittelbare bibliothekarisch/königliche Initiative gegeben haben wird, so bildete doch die vom König und der Bibliothek geschaffene bildungs- und kulturpolitische Situation wahrscheinlich den entscheidenden Impuls für die Bekanntmachung der Septuaginta, und d. h. dann wohl auch für das Bemühen, die Septuaginta in der Bibliothek Aufnahme finden zu lassen. Im Unterschied zur Darstellung des Aristeasbriefes wäre dieses Bemühen nicht auf einen spezifischen Wunsch des Königs zurückgegangen, sondern auf die bildungs- und kulturpolitische Situation, auf die man von jüdische Seite reagierte, wobei nicht auszuschließen ist, dass diese Initiative in der Bibliothek und vielleicht auch vom König durchaus positiv aufgenommen und eventuell auch erwidert wurde.

Dass die durch die bildungs- und kulturpolitischen Aktivitäten der frühen Ptolemäer indirekt veranlasste „Publikation" der Septuaginta bald als königliche Initiative und als abschließende königliche Approbation gesehen und dargestellt wurde, ist bei der damals üblichen – und im Orient weithin zu beobachtenden – Personalisierung politischer Vorgänge durchaus naheliegend. Auch wenn diese Sicht ein jüdischer Wunschgedanke gewesen sein mag, so drückt sich darin eben der Stolz auf die eigene Tradition aus, und ebenso das Bedürfnis nach offizieller Anerkennung.

5. Zum Umfang der ersten „Septuaginta"

Über die Frage des Anlasses hinaus ist schließlich die Frage nach dem übersetzten bzw. besser: nach dem publizierten Text aufzugreifen. Bekanntlich wurde der Begriff der Septuaginta später auf das ganze Alte Testament ausgeweitet, während sich für den Aristeasbrief die Übersetzungsleistung der Siebzig wahrscheinlich auf den Pentateuch bezog. Allerdings kann man fragen, ob nicht diese Erweiterungstendenz auch schon im Aristeasbrief vorliegt, und die Rede vom Nomos zwar das Verständnis von Thora zur Zeit des Aristeasbriefes wiedergibt, historisch aber zu differenzieren ist. Jedenfalls wurde und wird bei der Erforschung der Septuaginta immer wieder deutlich, dass der Pentateuch sprachlich keineswegs ebenmäßig übersetzt ist, sondern dass von Buch zu Buch auffallende Unterschiede bestehen und dass auch die Reihenfolge bei der Übersetzung offensichtlich nicht einfach von vorne nach hinten, d. h. von der Genesis zum Deuteronomium, verlief. So wurde offensichtlich Dtn vor Lev/Num übersetzt.[39] Vor allem aber fällt auf, dass im Buch Genesis am Anfang eine sprachlich sehr gute Übersetzung vorliegt, während das folgende Buch Exodus sprachlich deutlich abfällt. Demgegenüber würde man bei einer fortlaufenden Übersetzungstätigkeit doch eher mit einem Gewinn an Erfahrung und damit einer Steigerung der Qualität rechnen.

Wie lässt sich diese offensichtliche Disparatheit der Übersetzungen im Pentateuch erklären? Während es sich vielleicht begründen lässt, dass für halachische Zwecke eine Übersetzung des Deuteronomiums wichtiger war als die Übersetzung von Levitikus/Numeri, wird man für Genesis und Exodus wohl doch davon ausgehen müssen, dass man mit dem Übersetzungsvorgang am Anfang, d.h. mit der Genesis, begann. Wenn dem so ist, dann lässt sich die bessere Qualität der Genesis entweder durch unterschiedlich qualifizierte Übersetzer erklären, oder aber durch eine Überarbeitung.

Die Annahme einer (sprachlichen) Überarbeitung der Genesis wird unterstützt durch eine deutliche sachliche Korrektur, nämlich eine Verlängerung im chronologischen System. Mit der gegenüber MT und Samaritanus gedehnten Chronologie wäre Mizrajim, der genealogische Repräsentant Ägyptens (Gen 10,6), gut 3000 Jahre vor der Zeit der Übersetzer einzuordnen; diese Angabe ist kompatibel mit der ägyptischen Chronologie, wie sie Manetho ca. 280 v. Chr. publiziert hatte.[40] Diese Korrektur passt bestens in die oben dargestellte geistige Situation zur Zeit der Entstehung der Septuaginta und lässt sich darüber hinaus als Reaktion auf zeitgenössische Vorstellungen, d. h. konkret als Reaktion auf die ägyptische Geschichte des Manetho verstehen.[41] Über das allgemein anerkannte Faktum, dass die Septuagintachronologie geändert wurde, hinaus nimmt Rösel bei seiner Re-

---

39 Siehe dazu C. den Hertog, Chronologie.

40 Siehe dazu M. Rösel, Übersetzung, 129–144, „Das chronologische System der Genesis-LXX", bes. 142–144. Rösel verbindet das bekannte Phänomen der höheren Zahlen in der (Urgeschichte der) Genesis mit der Überlegung, dass zunächst nur die Chronologie der Genesis adaptiert wurde und für den weiteren Verlauf noch die ursprüngliche Chronologie des hebräischen Textes vorausgesetzt ist. Daraus ergibt sich ein *annus mundi* von 5000 für die Einweihung des Tempels. „Der rekonstruierten LXX-Chronologie zufolge geschah die Flut 2857 Jahre vor dem Tempelbau. Setzt man die Zeit des Übersetzers ca. 280 Jahre nach dem Baubeginn des zweiten Tempels an, so wäre seine alexandrinische Gegenwart ungefähr auf das Jahr 3135–3140 nach der Flut zu datieren, diese Zahl würde den Widerspruch zwischen den ägyptischen und den biblischen Überlieferungen vermeiden." (144).

41 So auch M. Rösel: „Möglicherweise ist aber auch mit einem Einfluss der Arbeit Manethos zu rechnen. Den *Ägyptiaca* zufolge haben die historischen Pharaonen Ägyptens seit ca. 2000 Jahren regiert. Diese Zahl widerspricht aber einer kurzen oder mittleren Chronologie der biblischen Geschichte, nach der Mizraim (Gen 10,6) erst nach der Flut Ägypten gründete." (144).

konstruktion an, dass die neue Chronologie der Genesis zunächst noch mit der traditionellen Chronologie der weiteren Geschichtsbücher verbunden war. Das passt bestens zur hier vorgetragenen Annahme, dass die Genesis für sich bearbeitet wurde.

Auch in übersetzungstechnisch/inhaltlicher Hinsicht kam Rösel auf Grund älterer Hinweise[42] und vor allem auf Grund seiner eigenen Beobachtungen zum Ergebnis einer Eigenständigkeit der Genesis-Septuaginta, und dass die Genesis nicht nur – wie auf jeden Fall wahrscheinlich ist – zuerst, sondern zunächst für sich übersetzt wurde. Die Genesis-Septuaginta atmet „durchweg den Geist eines hellenistischen Judentums, das sich darum bemüht, das eigene Erbe unter den denkerischen Bedingungen der Umwelt auszusagen ..." Die Beobachtungen weisen „auf ein geistiges Klima, das es im Alexandrien des dritten vorchristlichen Jahrhunderts vor allem im Umkreis der Einrichtungen des Museion und der Bibliothek gegeben hat."[43] Rösel versteht „die Genesis-Septuaginta als ein Produkt eigenständiger jüdischer Denkbemühungen ..., die sich z.B. in den Anfängen eines alexandrinischen Schulwesens ereignet haben mag", und als solche verdankt sie „ihre Entstehung dem Interesse gebildeter Kreise des alexandrinischen Judentums daran, die heilige Schrift in der aktuell gesprochenen Sprache verfügbar zu haben, zunächst wohl für Schulzwecke, dann aber möglicherweise auch für Diskussionen im Horizont von Bibliothek und Museion."[44] – Auch Rösel sieht einen Bezug der Übersetzer zur zeitgenössischen hellenistischen Kultur und vor allem nimmt er auf Grund der hohen Qualität der Genesis-Septuaginta faktisch eine gewisse Zweistufigkeit der Übersetzungstätigkeit an, und.

Beim Bezug zur hellenistischen Kultur denkt Rösel entsprechend dem Schwerpunkt seiner Untersuchung bei Gen 1–11 vor allem an Diskussionen zu Fragen der Entstehung und des Bestandes der Welt. Dieser Bezug lässt sich noch weiter führen und auf die ganze Genesis ausdehnen: Die Genesis enthält nicht nur die Urgeschichte mit ihrer Darstellung der Entstehung der Welt und der Menschheit, sondern auch die Erzvätererzählungen mit ihrem beachtlichen Internationalismus und insbesondere die Josefsgeschichte. Diese berichtet zwar auch von manchen Konflikten und Verwirrungen, und auch davon, dass schon die Vorfahren – so wie mancher Jude in hellenistischer Zeit – auf Grund von Hungersnot (Gen 12;42) oder wie Josef als Sklave (Gen 37 ff.) nach Ägypten gekommen war, vor allem aber endet sie damit, dass ein Israelit – auf Grund seiner Weisheit und seiner Verdienste für das Land – die höchste Stellung am ägyptischen Königshof innehat und dass die Is-

---

42 M. Rösel verweist vor allem auf Arbeiten von M. Johannessohn und E. Tov; siehe M. Rösel, Übersetzung, 10 f. und Anm. 5.

43 M. Rösel, Übersetzung, 257.

44 M. Rösel, Übersetzung, 258 f.

raeliten vom Pharao eingeladen werden, in Ägypten sesshaft zu werden („lass sie am besten Ort des Landes wohnen", Gen 37,6). Die Genesis ist ein Buch, das den Bogen spannt von den Anfängen der Welt und der Völker bis hin zu einem ehrenvollen Platz der Vorfahren in Ägypten. – Was konnte man sich aus jüdischer Perspektive in frühptolemäischer Zeit Besseres vorstellen und womit konnte man sich im Horizont von Museion, Bibliothek und Königshof besser präsentieren?

6. Ergebnis

Die Beobachtungen und Analysen führen zu folgendem Bild über die Anfänge der Septuaginta:

1) Die Anfänge einer Übersetzung der hebräischen Heiligen Schriften ins Griechische liegen sehr wahrscheinlich in Bedürfnissen und Notwendigkeiten der jüdischen Gemeinden in Ägypten und insbesondere in Alexandrien begründet, auch wenn es darüber keine expliziten Nachrichten gibt. Die Frage, ob diese Bedürfnisse gottesdienstlich-liturgischer oder halachisch-rechtlicher Art waren oder aus einem Schul- und Studienbetrieb erwuchsen, ist wahrscheinlich nicht alternativ zu entscheiden, sondern war je nach biblischem Buch unterschiedlich akzentuiert, wobei anzunehmen ist, dass ein (mit der Synagoge verbundener) Schul- und Studienbetrieb jener grundlegende Bereich war, in dem die notwendigen Kenntnisse und Fähigkeiten zur Übersetzung gepflegt und entwickelt wurden.

2) Die Erkenntnis der Pseudonymität des Aristeasbriefes entscheidet nicht eo ipso die Frage der Entstehung der Septuaginta, vielmehr ist zu prüfen, was auf die Situation der Entstehungszeit und die Intentionen des pseudonymen Autors zurückgeht und welche älteren Informationen verwertet sind. Eine entsprechende Überprüfung führt zu dem Ergebnis, dass trotz des Irrtums bei der Zuordnung des Bibliothekars Demetrius und trotz der weitreichenden Ausschmückung etwa der königlichen Interessen und Aufwendungen die bildungs- und kulturpolitische Situation mit ihrer von Museion und Bibliothek und den ersten Ptolemäern ausgehenden Strahlkraft und Sogwirkung zutreffend dargestellt ist. Auch wenn es das Gespräch zwischen Demetrius und Ptolemaios so nicht gegeben hat, wird doch in dieser Personifizierung die zeitgenössische Situation zutreffend zum Ausdruck gebracht. Eben diese – durch die Bibliothek und den König geschaffene – bildungs- und kulturpolitische Situation war die Herausforderung – und damit indirekt gewissermaßen die Aufforderung – wohl nicht zur ersten Übersetzung der Heiligen Schriften, aber doch zu ihrer Überarbeitung und zur „Veröffentlichung" für nichtjüdisches Publikum.

3) Der Terminus Septuaginta bzw. die Leistung der Siebzig wurde bekanntlich später auf das ganze Alte Testament erweitert, während der Aristeasbrief zunächst wohl nur den Nomos / die Thora im Sinn des Pentateuch meinte. Im Gegenzug zu dieser Tendenz zur Erweiterung ist zu fragen, ob nicht auch die Übersetzung und Publikation der einzelnen Bücher des Pentateuchs differenzierter erfolgte. Die Untersuchungen zur Übersetzungstechnik weisen auf besondere Qualität der Genesis-Septuaginta, die wohl nicht aus der Erstübersetzung, sondern eher aus einer sorgfältigen Bearbeitung resultierte. Die Annahme einer besonderen und separaten Bearbeitung wird gestützt durch die Eigenständigkeit des chronologischen Systems der Genesis-Septuaginta. Die Eigenständigkeit der Genesis erhält eine besondere Bedeutung auf Grund ihres Inhalts und Erzählbogens: Dieser umfasst einerseits Aussagen zur Entstehung der Welt und der Völker und führt andererseits bis hin zur – vom Pharao selbst vorgeschlagenen – Ansiedlung der Israeliten in Ägypten und zur Einsetzung eines Israeliten in das höchste Amt am Königshof.

4) Gerade die Genesis bot somit in besonderer Weise Inhalte, mit denen man von jüdischer Seite auf die bildungs- und kulturpolitische Herausforderung der frühen Ptolemäerzeit antworten konnte. So erscheint es wahrscheinlich, dass die Genesis jener Text war, dessen griechische Übersetzung bereits für innerjüdische Zwecke vorlag, mit dessen Überarbeitung und Publikation aber die jüdische Gemeinde auf die bildungs- und sozialpolitischen Herausforderungen der frühptolemäischen Zeit reagierte und mit dem sie sowohl den hohen Rang ihrer Traditionen dokumentierten wie auch ihre Präsenz und Bedeutung in Ägypten legitimieren konnte. Diese durch die Kulturpolitik der frühen Ptolemäerkönige veranlasste Überarbeitung und „Veröffentlichung" der Genesis und der Wunsch nach Akzeptanz und Anerkennung der jüdischen Ursprungsgeschichte waren jene Gegebenheiten, die in der dem Aristeasbrief zu Grunde liegenden Tradition personalisiert als unmittelbare bibliothekarisch-königliche Initiative und Anerkennung dargestellt und entfaltet wurden.

7. Literatur

Bickerman, E., Zur Datierung des Pseudo-Aristeas, ZNW 29 (1930), 280–296 = AGJU 9 (Leiden 1976), 109–136.

Collins, J.J., Between Athens and Jerusalem: Jewish identity in the Hellenistic Diaspora (Grand Rapids 2002).

Collins, N.L., The Library in Alexandria & the Bible in Greek, VTS LXXXII (Leiden 2000).

Cowey, J.M.S., Das ägyptische Judentum in hellenistischer Zeit – neue Erkenntnisse aus jüngst veröffentlichten Papyri, in: Siegfried Kreuzer / Jürgen Peter Lesch (Hg.), Im Brennpunkt:

Die Septuaginta. Studien zur Entstehung und Bedeutung der Griechischen Bibel II, BWANT 161 (Stuttgart 2003), 24–43.

Den Hertog, C., Erwägungen zur relativen Chronologie der Bücher Levitikus und Deuteronomium innerhalb der Pentateuchübersetzung, in: Siegfried Kreuzer / Jürgen Peter Lesch (Hg.), Im Brennpunkt: Die Septuaginta. Studien zur Entstehung und Bedeutung der Griechischen Bibel II, BWANT 161 (Stuttgart 2003), 216–228.

Fernández Marcos, N., The Septuagint in Context. Introduction to the Greek Versions of the Bible (Leiden 2000).

Fortenbaugh, W.W. / Sutrumpf E., Demetrius of Phalerum: Text, Translation and Discussion (New Brunswick / London 2000).

Gehrke, H.-J., Das sozial- und religionsgeschichtliche Umfeld der Septuaginta, in: Siegfried Kreuzer / Jürgen Peter Lesch (Hg.), Im Brennpunkt: Die Septuaginta. Studien zur Entstehung und Bedeutung der Griechischen Bibel II, BWANT 161 (Stuttgart 2003), 44–60.

Harl, M. / Dorival, G. / Munnich, O., La Bible Greque des Septantes. Du judaisme hellénistique au christianisme ancien (Paris 1988 =1942).

Hölbl, G., Geschichte des Ptolemäerreiches. Politik Ideologie und religiöse Kultur von Alexander dem Großen bis zur römischen Eroberung (Darmstadt 1994).

Jacob, C. / Polignac, F. de, Alexandrie IIIe siècle av. J.-C. Tous les savoirs du monde ou le rêve de l'universalité des Ptolémées (Paris 1992).

Jellicoe, S., The Septuagint and Modern Study (Oxford 1968 = Winona Lake 1993).

Kahle, P., Untersuchungen zur Geschichte des Pentateuchtextes, TSK 88 (1915), 399–439.

Kahle, P., Die Kairoer Genizah (Berlin 1962).

Kasher, A., The Jews in Hellenistic and Roman Egypt: The struggle for equal rights (Tübingen 1995).

Kreuzer, S., Text, Textgeschichte und Textkritik des Alten Testaments. Zum Stand der Forschung an der Wende des Jahrhunderts, ThLZ 127 (2002), 127–156.

Meisner, N., Untersuchungen zum Aristeasbrief (Diss. Berlin 1972).

Meisner, N., Aristeasbrief, JSHRZ II/1 (Gütersloh 1973).

Mélèze-Modrzejewski, J., Livres sacrés et justice lagide, Acta Universitatis Lodziensis, Folia iuridica2 l, 1986, 11–44.

Mélèze -Modrzejewski, J., Les Juifs d'Égypte, de Ramsès II à Hadrien (Paris 1992).

Mélèze -Modrzejewski, J., Jewish Law and Hellenistic Legal Practice in the Light of Greek Papyri from Egypt, in: N. S. Hecht / B.S. Jackson / S.M. Passamaneck / D. Piatelli / A.M. Rabello (Hg.), An Introduction to the History and Sources of Jewish Law (Oxford 1996), 75–99.

Müller, K, Die rabbinischen Nachrichten über die Anfänge der Septuaginta, FS Joseph Ziegler, FzB 1 (Würzburg 1972), 73–93.

Murray, O., Aristeasbrief [1981], RAC.S 1 (Stuttgart 2001), 573–587.

Orth, W., Ptolemaios II. und die Septuaginta-Übersetzung, in: Heinz-Joachim Fabry / Ulrich Offerhaus (Hg.), Im Brennpunkt: Die Septuaginta. Studien zur Entstehung und Bedeutung der Griechischen Bibel, BWANT 153 (Stuttgart 2001), 97–114.

Rea, J.R., The Oxyrhynchus Papyri, Part XLVI, Egypt Exploration Society (London 1978).

Rösel, M, Übersetzung als Vollendung der Auslegung. Studien zur Genesis-Septuaginta, BZAW 223 (Berlin 1994).

Rost, L., Vermutungen über den Anlass zur griechischen Übersetzung der Thora, FS H.J. Stoebe, AThANT 59 (Zürich 1970), 39–44.

Schmidt, W., Untersuchungen zur Fälschung historischer Dokumente bei Pseudo-Aristaios, Habelts Dissertationsdrucke. Reihe Klassische Philologie 37 (Bonn 1986).

Siegert, F., Zwischen Hebräischer Bibel und Altem Testament. Eine Einführung in die Septuaginta, Münsteraner Judaistische Studien 9 (Münster 2001).

Siegert, F., Register zur Einführung in die Septuaginta. Mit einem Kapitel zur Wirkungsgeschichte, Münsteraner Judaistische Studien 13 (Münster 2003).

Susemihl, F., Geschichte der griechischen Litteratur in der Alexandrinerzeit (Leipzig 1891–1892 = Hildesheim 1965).

Swete, H.B., An Introduction to the Old Testament in Greek (Cambridge 1914).

Tov, E., Der Text der hebräischen Bibel (Stuttgart 1997).

Veltri, G., Eine Tora für den König Talmai, Texte und Studien zum antiken Judentum 41 (Tübingen 1994).

Veltri, G., Aristeasbrief, RGG⁴ 1 (Tübingen 1998), 726 f.

Verbrugghe, G.P. / Wickersham, J.M., Berossos and Manetho, introduced and translated: Native Traditions in Ancient Mesopotamia and Egypt (Ann Arbor, Michigan 1996).

Wadell, W.G., Manetho, The Loeb Classical Library 350 (Cambridge, MA / London 1940 = 1980).

Walter, N, Jewish-Greek Literature of the Greek Period, Cambrigde History of Judaism (Cambridge 1989), 385–408.

Textformen, Urtext und Bearbeitungen in der Septuaginta der Königebücher

Die Septuagintaforschung ist ein weites Feld mit einer Vielzahl von Themen, Fragestellungen und Forschungsmethoden. Das Rahmenthema der in diesem Kongressband dokumentierten Tagung „die Septuaginta – Entstehung, Sprache und Geschichte" benennt nur einige der Aspekte, die in der Septuagintaforschung eine wesentliche Rolle spielen.

So interessant diese Vielfalt ist, so bedeutet sie doch zugleich auch, dass die im Folgenden erörterten Fragestellungen in unterschiedlichem Ausmaß bekannt und geläufig sind. Auch aus diesem Grund werde ich an einigen Punkten zunächst etwas weiter ausholen und einige Grundinformationen benennen, auf denen dann die Einzelargumentation aufbaut. Dass mein Vortrag sich vor allem im Bereich der Geschichtsbücher bewegt, mag damit entschuldigt aber auch begründet sein, dass in diesem Bereich meine Hauptaufgabe und auch mein Forschungsschwerpunkt im Rahmen von Septuaginta-deutsch liegen. Das wird natürlich für andere wiederum bedeuten, dass ich zwar nicht Euros, aber doch Eulen nach Athen tragen werde.

1. Der Text der Königbücher und seine Erforschung

Während der Septuaginta-Text des Pentateuch anscheinend recht homogen überliefert ist,[1] gibt es bei den Geschichtsbüchern eine Reihe von Besonderheiten und Problemen, die zum Teil in der Edition von Rahlfs unmittelbar zu erkennen sind, und andere, die durch die Qumranfunde und die Neuedition von Handschriften in ein neues Licht getreten sind.

---

1 Dies ist jedenfalls der Eindruck, den die Editionen und die Überblickswerke zur Septuaginta vermitteln. Im Einzelnen könnten sich jedoch auch hier zumindest gewisse Verschiebungen ergeben, wenn in Zukunft die Zitate (siehe z. B. die Beiträge von Christoph Kugelmeier, Voces biblicae oder voces communes? Zum Sprachgebrauch der Septuaginta im Lichte neuerer Papyrusforschungen, in: Wolfgang Kraus / Martin Karrer (Hg.), Die Septuaginta – Texte, Theologien, Einflüsse, WUNT 252, Tübingen 2010, 340–356; und Gert Steyn, Can we reconstruct an early text form of the LXX from the quotations of Philo from Alexandria and the New Testament?, [jetzt in: Siegfried Kreuzer / Martin Meiser / Marcus Sigismund (Hg.), die Septuaginta – Entstehung, Sprache, Geschichte, WUNT 286, Tübingen 2014, 444–464]) und auch die Tochterübersetzungen (etwa die Sahidische, auf die Melvin Peters in verschiedenen Beiträgen hingewiesen hat) stärker berücksichtigt werden.

Die in der Handausgabe von Rahlfs unmittelbar erkennbaren Probleme sind die Doppeltexte in Josua und Richter: Während Rahlfs im Josuabuch nur einzelne Abschnitte (15,21b–62; 18,22–19,45) synoptisch nebeneinander gesetzt hat, bietet er im Richterbuch durchgehend zwei Versionen, den A-Text und den B-Text. Dabei steht der A-Text zwar dem Kodex A, also Alexandrinus, weithin nahe, ist aber nicht mit diesem identisch, sondern ist die von Rahlfs rekonstruierte älteste Textgestalt des Richterbuches. Dagegen ist der B-Text tatsächlich eine Wiedergabe des Kodex B, also des Vaticanus, wobei in den Fußnoten lediglich die Schreiberkorrekturen im Kodex sowie gelegentliche Konjekturen von Ra[hlfs] (1,11; 21,22) vermerkt sind.

Mit diesem Nebeneinander von zwei Textformen nimmt Rahlfs eine alte Beobachtung auf, die auch in der Ausgabe von Brooke/McLean bereits angezeigt war, dort allerdings nur referierend durch besondere Hervorhebung des Textes des Alexandrinus neben dem Leittext des Vaticanus.[2] Rahlfs ging jedoch einen Schritt weiter und stellte vor bzw. über den Text des Kodex Vaticanus (B-Text) den A-Text. Indem der A-Text bei Rahlfs der rekonstruierte und d. h. der älteste (erreichbare) Text der Septuaginta, ist, ergibt sich, dass der Text des Vaticanus ein überarbeiteter und damit sekundärer Text ist.

Dieser Text wird seit den Arbeiten von Dominique Barthélemy[3] als kaige-Text bezeichnet. Namengebend ist dabei das von Barthélemy herausgestellte Phänomen, dass in dieser Rezension das hebräische Wort גם, „auch", so übersetzt wird, als ob וגם, „und auch", da stünde. Daneben gibt es andere Phänomene, die eigentlich noch signifikanter sind, vor allem die unterschiedliche Wiedergabe des Personalpronomens der 1. Pers. Sg., nämlich אני und אנכי. Dabei wird die kurze Form אני mit ἐγώ wiedergegeben, die lange Form אנכי mit ἐγώ εἰμι, selbst wenn dann ein finites Verb folgt. Diese und weitere Eigenheiten zeigen, dass es der kaige-Rezension darum geht, Besonderheiten des hebr. Text im Griechischen erkennbar zu machen oder zumindest durchscheinen zu lassen. Im Sinn dieser isomorphen Wiedergabe bemüht sich die kaige-Rezension[4] auch um möglichst

---

2 Zur Erklärung des Verfahrens siehe Alan England Brooke / Norman McLean, Joshua, Judges and Ruth, Cambridge 1917, V. Diese besondere Berücksichtigung des Textes des Alexandrinus geht vermutlich auf Johannes Ernestus Grabe, Epistola Ad Clarissimum Virum, Dn. Joannem Millium … Qua ostenditur, Libri Iudicum Genuinam LXX. Interpretum Versionem eam esse, quam MS. Codex Alexandrinus exhibit, London 1705, zurück.
3 Besonders Dominique Barthélemy, Les Devanciers d'Aquila (VT.S 10), Leiden 1963.
4 Die vor allem im englischsprachigen Bereich diskutierte Frage, ob die kaige-Bearbeitung eine (gezielte und einheitliche) ‚recension' oder (nur) eine (weniger intensive und einheitliche) ‚revision' darstellt, ist vor allem eine Frage der Definition: Einerseits ist sie zweifellos eine gezielte Bearbeitung nach bestimmten exegetischen und hermeneutischen Kriterien und damit (sofern man so definieren will) eine Rezension, andererseits ist sie keineswegs starr,

konkordante Übersetzung, so wird z. B. hebr. אִישׁ, Mann, immer mit ἀνήρ wiedergegeben, auch wo es die Bedeutung von ἕκαστος hat. Das Bemühen um Nähe zur Ausgangssprache zeigt sich etwa auch darin, dass hebr. שׁופָר, das Widderhorn, nicht funktional mit σάλπιγξ, Trompete übersetzt wird, sondern materiell äquivalent mit κερατίνη, Horn.

Andererseits hat diese Rezension auch manche Besonderheiten der älteren Übersetzung wieder aufgehoben. So wurde in der ursprünglichen Septuaginta, der sog. Old Greek (OG), dem Namen des Gottes Baal ein weiblicher Artikel vorangestellt, um die Vermeidung des Baalnamens und eine Ersatzlesung mit αἰσχύνη, Schande, anzuzeigen. Diese ab Ri 2 zu findenden Leseweise wurde von der kaige-Rezension zurück korrigiert. Ebenso wurde – allerdings nur in Teilen des Richterbuches – die merkwürdige Bezeichnung der Philister als ἀλλόφυλοι, Fremdstämmige, zurückgenommen und stattdessen das übliche Φιλιστιιμ verwendet.

Mit der Wiedergabe von zwei Texten und der Voranstellung des kritisch rekonstruierten A-Textes hat Rahlfs faktisch gezeigt, dass der Kodex Vaticanus bei all seiner Bedeutung keineswegs überall den ältesten Text bietet, sondern – jedenfalls im Richterbuch – eine sekundäre Bearbeitung. Dagegen verwendete Rahlfs für die Rekonstruktion des ältesten Textes nicht nur den Kodex Alexandrinus, sondern weitere Handschriften und nicht selten auch den sog. lukianischen Text. Trotz dieser Gegebenheiten hat Rahlfs in seinem kritischen Text der Samuel- und Königebücher bzw. 1–4 Königtümer im Wesentlichen den Kodex Vaticanus wiedergegeben, wobei er, wie auch schon in seiner 1911 erschienen Untersuchung über Lucians Text der Königebücher, den Text des Kodex Vaticanus als älteste und der ursprünglichen Septuaginta am nächsten stehende Textform betrachtete, der gegenüber alles andere jünger und sekundär ist. Rahlfs hat auch in seiner Handausgabe von 1935 nicht die damals schon bekannte, auf Thackeray 1907 und 1921, zurückgehende Unterscheidung verschiedener Texttypen in 1–4 Kgt kenntlich gemacht. Thackeray hatte zwei deutlich unterschiedene Übersetzungsweisen herausgearbeitet, die sich auf vier Abschnitte in den Büchern der Königtümer verteilen. In Aufnahme der Bezeichnung von 1–4Kgt mit griechischen Buchstaben ergaben sich folgende Teile, die er auch unterschiedlichen Phasen der Entstehung zuordnete:

Zunächst die frühere Übersetzung, bestehend aus α = 1Sam und ββ = 2Sam 1,1–11,1 sowie γγ = 1Kön 2,12–21,43. Dem folgte eine zweite Phase, der er die übrigen Abschnitt zuordnete, also: βγ = 2Sam 11,2–1Kön 2,11 und γδ = 1Kön 22,1–2Kön 25,30.

---

sondern besitzt auch eine gewisse Flexibilität, so dass man sie als Revision bezeichnen kann. Weil zudem die kaige-Rezension in den verschiedenen Schriften des Alten Testaments etwas unterschiedlich ist, sprach Barthélemy vorsichtiger Weise von einer ‚groupe kaige'.

Diese Einteilung ist seither generell anerkannt, allerdings mit einer Modifikation am Anfang des βγ-Abschnittes, der nach James D. Shenkel[5] schon in 2Sam 10,1 beginnt. Nicht anerkannt ist die von Thackeray angenommene Zweistufigkeit der Übersetzung. Vielmehr ist anzunehmen dass auch die frühe Übersetzung alle Teile von Sam und Könige umfasste, und dass andererseits auch die jetzt nur in βγ und γδ erhaltene Übersetzung vollständig war.

		nicht-kaige-Abschnitt	kaige-Abschnitt
α		1Sam	
ββ		2Sam 1,1 – 10[11],1	
	βγ		2Sam 10[11],2 – 1Kön 2,11
γγ		1Kön 2,12 – 21,43	
	γδ		1Kön 22,1 – 2Kön 25,30

Für diese Annahme sprechen insbesondere die Forschungen von D. Barthélemy, Les Devanciers d'Aquila, 1963. Barthélemy hatte an Hand der 12-Propheten-Rolle aus Naḥal Ḥever gezeigt, dass im 1. Jh. v. Chr. oder in der ersten Hälfte des 1. Jh.s n. Chr. eine hebraisierende Bearbeitung der alten Septuaginta, eben die erwähnte kaige-Rezension, stattgefunden hat, und dass es sich dabei um eine Bearbeitung und nicht um eine Neuübersetzung handelte. Details brauche ich hierzu nicht weiter zu nennen. Zu erwähnen ist aber, dass Barthélemy wie schon oben erwähnt nicht einfach, wie es weithin üblich geworden ist, von der kaige-Rezension sprach, sondern etwas vorsichtiger von einer „groupe kaige". Damit trug er der Beobachtung Rechnung, dass die kaige-Bearbeitung zwar einen gemeinsamen Geist atmet, nämlich das Bemühen um möglichst große auch formale Entsprechung zum hebr. Urtext, dass aber die Durchführung nicht strikt einheitlich erfolgte, sondern in einer gewissen Bandbreite. Selbst innerhalb eines Buches konnte es dabei Unterschiede geben, wie z. B. auch gewisse Differenzen innerhalb der Naḥal Ḥever Rolle zeigen.

Kommen wir von da zurück zu 1– 4 Kgt. Bei der Arbeit von Barthélemy zeigt es sich, dass der Text in den von Thackeray abgegrenzten Abschnitten βγ und γδ genau die Charakteristika der kaige-Rezension zeigt, dass also hier – jedenfalls im Kodex Vaticanus und damit auch in der Handausgabe von Rahlfs – eine hebraisierende Bearbeitung und nicht der ursprüngliche Text der Septuaginta vorliegt. Diese Feststellung ist heute im Wesentlichen unbestritten.

---

5 James Donald Shenkel, Chronology and Recensional Development in the Greek Text of Kings, Cambridge, Mass., 1968, bes. 117– 120.

Anders verhält es sich jedoch im Bereich von α, ββ und γγ, also in den nicht-kaige-Abschnitten. In diesen Bereichen hat der Kodex Vaticanus und mit diesem weithin übereinstimmend die Ausgabe von Rahlfs einen besseren, d.h. älteren Text, der der ursprünglichen Septuaginta bzw. der Old Greek nahe steht.

Gegenüber diesen beiden, im Wesentlichen durch den Kodex Vaticanus re-präsentierten Textbereichen und Textformen gibt es nun eine weitere Textform, die in 1–4 durchgehend vorhanden ist und zugleich in der Forschung extrem unterschiedlich beurteilt wird, nämlich den sog. Lukianischen bzw. Antiocheni-schen Text. Die Bezeichnung geht zurück auf eine Bemerkung bei Hieronymus in der Vorrede zur Chronik, der für seine Zeit von drei großen Texttypen sprach,[6] von denen er einen, nämlich den in Syrien und Kleinasien verbreiteten Texttyp mit dem Märtyrer Lukian (gest. 312) in Verbindung brachte. Dieser Texttyp, der auch den späteren byzantinischen Mehrheitstext wesentlich prägte, unterscheidet sich von dem im Vaticanus vorhandenen Text in praktisch jedem Vers. Auf Grund der Tatsache, dass man in der Forschung den Kodex Vaticanus als den ältesten und besten Text betrachtete, und wohl auch in Analogie zur – allerdings explizit be-zeugten – hexaplarischen Rezension des Origenes wurde aus der hieronymiani-schen Erwähnung eines mit Lukian verbundenen Texttyps in der Forschung eine lukianische Rezension. Diese lukianische Rezension wäre um 300 n.Chr. von Lukian (oder in seinem Umfeld) als eine weitreichende Bearbeitung des über-kommenen Septuagintatextes durchgeführt worden.

Während dieser lukianische Text durch die syrischen Kirchenschriftsteller, insbesondere durch Chrysostomos und durch die Kommentare des Theodoret von Cyrrhos bekannt war, wurde er in der handschriftlichen Überlieferung erst 1863 durch Antonio M. Ceriani identifiziert, was durch die Edition von Holmes/Parsons ermöglicht wurde, in der erstmals die entsprechenden Handschriften erfasst waren.[7] Es ist eine interessante Randnotiz der Forschungsgeschichte, dass es Julius Wellhausen war, der als erster vorschlug, dass man diese Handschriften doch in einer eigenen Ausgabe publizieren sollte. Wellhausen war am Ende seiner berühmten Untersuchung zum Text der Samuelbücher[8] auf diese Handschriften

---

6 So vor allem in der Vorrede zur Chronik, die in den Vulgataausgaben bequem zugänglich ist: „Alexandria et Aegyptus in Septuaginta suis Hesychium laudat auctorem, Constanti-nopolis usque Antiochiam Luciani martyris exemplaria probat, mediae inter has provinciae palestinos codices legunt, quos ab Origene elaboratos Eusebius et Pamphilius vulgaverunt, totusque orbis hac inter se trifaria varietate conpugnat." Hieronymus, Vorwort zur Chronik, in: Robert Weber / Roger Gryson, Biblia Sacra iuxta Vulgatam Versionem, Stuttgart 2007.
7 Im System von Holmes-Parsons (und später von Rahlfs) die Handschriften 19, 82, 93 und 108; die Hs. 127 kam erst später dazu und wurde dann bei Holmes-Parsons im Anhang pu-bliziert.
8 Julius Wellhausen, Der Text der Bücher Samuelis, Göttingen 1871, 223 f.

hingewiesen worden und er freute sich ganz offensichtlich, dass diese Handschriften nicht nur viele seiner Entscheidungen sondern sogar viele seiner Konjekturen bestätigten.

Offensichtlich war nicht nur Wellhausen von der Bedeutung des Lukianischen Textes überzeugt, sondern auch sein Göttinger Kollege Paul Anton de Lagarde. Jedenfalls erklärt es sich so am besten, dass Lagarde seine große textkritische Arbeit mit einer Edition des lukianischen Textes begann. Allerdings war Lagardes Edition überhastet und ist wenig brauchbar. Eine wirklich verlässliche Edition des lukianischen bzw. antiochenischen Textes wurde erst in den 1980er und 1990er-Jahren in Madrid durchgeführt, nämlich von Natalio Fernandez Marcos und José Ramon Busto Saiz, die zu den Büchern Samuel, Könige und Chronik nicht nur die einschlägigen Handschriften und die Zitate bei Theodoret edierten, sondern dazu auch die Zitate aus Josephus sowie die entsprechenden biblischen Texte aus Qumran und die erhaltenen Fragmente der Vetus Latina, sodass nun eine verlässliche Arbeitsgrundlage vorhanden ist.[9]

Zu einer ganz anderen Bewertung als Wellhausen und Lagarde kam dessen großer Schüler und Nachfolger, nämlich Alfred Rahlfs. Vor Rahlfs hatten sich die Bedeutung und das zumindest partiell hohe Alter des Lukianischen Textes dadurch nahe gelegt, dass neutestamentliche Zitate aus dem Alten Testament oft mit dem Lukianischen Text übereinstimmten. Zudem hatte Adam Mez 1890 in einem Vergleich mit den Bibelzitaten bei Josephus gezeigt, dass auch diese oft mit dem lukianischen Text übereinstimmten.[10]

Rahlfs verfolgt demgegenüber eine ganz andere Linie. In seiner großen, 1911 erschienen Untersuchung des lukianischen Textes von 1 und 2Kön minimierte er konsequent die Bedeutung dieser Beobachtungen.[11] Die Nähe des Lukianischen Texte zu neutestamentlichen Zitaten erklärte er als sekundäre Beeinflussung der Lukianischen Handschriften durch die neutestamentliche Überlieferung und die Übereinstimmungen mit Josephus wurden von ihm soweit wegerklärt, dass nur einzelne Übereinstimmungen in den Namensformen übrig blieben. Entgegen den eingangs geschilderten Beobachtungen zum dort sekundären Vaticanus-Text des Richterbuches ging Rahlfs unhinterfragt davon aus, dass der Text des Kodex

---

9 Zu erwähnen ist auch Ausgabe von Bernard A. Taylor, The Lucianic Manuscripts of 1 Reigns – Volume 1. Majority Text; Volume 2. Analysis. Atlanta, Ga, 1992, 1993, die als Mehrheitstext konzipiert ist.

10 Adam Mez, Die Bibel des Josephus – untersucht für Buch V–VII der Archäologie, Basel 1895. Mez' Ergebnisse wurden von Henry St. John Thackeray, Josephus, the Man and the Historian, New York 1929, klar bestätigt.

11 Alfred Rahlfs, Septuaginta-Studien. III, Lucians Rezension der Königsbücher, Göttingen 1911 = Göttingen ²1965.

Vaticanus in den Königebüchern die älteste erreichbare Textform repräsentiert und dass die Differenzen im Wesentlichen auf die lukianische Rezensionstätigkeit zurückgehen.

Was sind die Kennzeichen des lukianischen Textes bzw. der lukianischen Rezension? Gegenüber dem Vaticanustext hat der lukianische Text zweifellos ein besseres Griechisch und ist besser lesbar. Dazu tragen insbesondere Hinzufügungen des Artikels bei, sowie die Nennung redender oder handelnder Personen anstelle der bloßen Personalpronomina. Außerdem wählt der lukianische Text oft andere Worte und hat er eine Tendenz zu attisierender Sprache. – Jedoch gibt es auch ein großes Problem: All diese Eigenheiten sind unregelmäßig und widersprüchlich: Lukian fügt nicht nur erklärende Wörter oder den Artikel hinzu, sondern oft streicht er sie auch. Diese Widersprüchlichkeit verstand Rahlfs nicht als Problemanzeige für seine Theorie, sondern er machte daraus ein weiteres Kennzeichen der lukianischen Rezension bzw. Lukians selber: Lukian habe unregelmäßig und widersprüchlich gearbeitet, mit den Worten von Rahlfs: „der Hauptcharakterzug dieser Rezension ist das Fehlen eines klaren Prinzips".[12] Ganz ähnlich sagt Ziegler im Rahmen seiner Bearbeitung des Jeremiabuches über Lukian: „Konsequenz war nicht seine Stärke".[13]

Diese Abwertung des Lukianischen Textes hatte weitreichende Folgen für die Texterstellung in Rahlfs' Handausgabe, nicht nur bei Samuel, Könige und Chronik, sondern etwa auch in den Psalmen. Darüber hinaus hat seine Sicht andere Autoren beeinflusst, so auch viele der Bearbeiter in der Göttinger Ausgabe, z. B. Joseph Ziegler bei den Propheten oder Hanhart bei 2Esdras.

Interessanter Weise kamen auch neuere Autoren, etwa Sebastian P. Brock 1966 (bzw. 1996) zu 1Sam[14] sowie Bernhard Taylor, 1991 und 1992 bei seiner Edition des lukianischen Textes[15] als Mehrheitsausgabe, zu einem ähnlichen Urteil wie Rahlfs: Hinzufügung von Artikeln, Ergänzung erklärender Wörter, aber auch: Unregelmäßigkeit in all diesen Dingen. Auch dabei ist immer vorausgesetzt, dass der Kodex Vaticanus den ältesten Septuagintatext repräsentiert und die Differenzen auf Lukian zurückgehen.

Diese Sicht der Dinge wurde durch die Qumrantexte in Frage gestellt. Schon relativ früh, nämlich in den 1950er-Jahren wurde die Samuelrolle aus Qumran

---

12 Rahlfs, Lucians Rezension, 293.
13 Joseph Ziegler, Beiträge zur Jeremias-Septuaginta (MSU 6), Göttingen 1958, 162.
14 Sebastian P. Brock, The Recensions of the Septuaginta Version of I Samuel [1966], Torino 1996.
15 B. Taylor, The Lucianic Manuscripts of 1 Reigns, 1992, 1993.

bekannt,[16] auch wenn ihre reguläre Publikation erst 2005 erfolgte. Schon Frank Moore Cross und dann auch Eugene Ulrich zeigten, dass 4QSam^a bzw. auch 4QSam^{c}[17] der anzunehmenden hebr. Vorlage des lukianischen Textes sehr nahe stehen und oft genau entsprechen. Damit konnte man eigentlich auch die Evidenz von Josephus und der neutestamentlichen Zitate sowie der Vetus Latina, die ja aus dem 2. Jh. stammte und somit vorlukianisch war, nicht mehr beiseite schieben. Barthélemy kam in seiner berühmten Untersuchung der Dodekapropheton-Rolle von Naḥal Ḥever zu ähnlichen Ergebnissen: Für ihn war der lukianische bzw. Antiochenische Text der einzige, der nicht von der kaige-Rezension erfasst war, und den er daher als den ältesten und ursprünglichsten betrachtete, wobei natürlich auch der Lukianische Text in seiner Überlieferung nicht von Fehlern und Textverderbnissen verschont blieb. Mit den Worten von Barthélemy: Der Antiochenische Text ist „la Septante ancienne plus ou moins abâtardie ou corrompue".[18]

Es lohnt sich, sich Barthélemy's Weg zu dieser Erkenntnis zu vergegenwärtigen: Wenn, wie seine Untersuchung ergab, der kaige-Text eine Bearbeitung ist, dann stellt sich die Frage, ob der vorausliegende Text – und damit praktisch die ursprüngliche Septuaginta – noch erhalten oder verloren ist. Der Vergleich mit dem antiochenischen Text zeigte ihm, dass die beiden Texte (kaige-Text des Kodex Vaticanus und Antiochenischer Text) nicht unabhängig voneinander sind, sondern zusammengehören. Bei der weiteren Analyse kam er zum Ergebnis, dass der Antiochenische Text nicht vom kaige-Text abhängt, sondern dass es sich umgekehrt verhält. Somit repräsentiert der Antiochenische Text die OG, wenn auch mit im Zuge der Überlieferung entstandenen Verderbnissen („la Septante ancienne, plus ou moins abâtardie et corrompue").

Freilich blieb diese Sicht nicht unbestritten. S.P. Brock hatte ziemlich früh, nämlich 1965, noch parallel zu Entstehung seiner Dissertation,[19] einen Gegenvortrag gehalten mit dem Titel „Lukian redivivus".[20] Darin vertrat er sowohl für die

---

16 Frank Moore Cross, A New Qumran Biblical Fragment Related to the Original Hebrew Underlying the Septuagint, BASOR 132 (1953), 15 – 26.

17 Eugene Ulrich, 4QSam^a and Septuagintal Research, BIOSCS 8 (1975), 24 – 39; ders., The Qumran Text of Samuel and Josephus, HSM 19, 1978; ders., 4QSam^c: A Fragmentary Manuscript of 2 Samuel 14 – 15 from the Scribe of the Serek Hayyaḥad (1QS)", BASOR 235 (1979), 1 – 25.

18 Barthélemy, Les Devanciers, 127.

19 Sebastian P. Brock, The recensions of the Septuagint version of I Samuel, Diss. Oxford 1966, printed Turin 1996.

20 S.P. Brock, Lucian redivivus (1965/1968); siehe dazu Siegfried Kreuzer, 'Lukian redivivus' or Barthélemy and beyond?, in: Congress Volume Helsinki 2010, SCS 44, Atlanta 2013, 243 – 261.

nicht-kaige-Abschnitte als auch für die kaige-Abschnitte die alte Meinung, dass der Lukianische Text prinzipiell sekundär ist.

Diese Meinung wird heute kaum mehr so vertreten. Weithin ist anerkannt, dass jedenfalls in den kaige-Abschnitten der antiochenische Text der ältere und dass die kaige-Revision sekundär ist. Trotzdem wird im Einzelnen dieses höhere Alter oft nur dort zugestanden, wo ein Beleg aus Qumran, Josephus oder Vetus Latina vorliegt, während an den anderen Stelle der Text als spät gilt. Erst recht gilt das für die nicht-kaige-Bereiche, wo der Text des Vaticanus weiterhin oft mehr oder weniger mit der Old Greek gleichgesetzt wird.

Diese Ansicht führt meistens dazu, dass das höhere Alter des Antiochenischen Textes jeweils neu bewiesen werden muss, während sonst immer die Sekundarität des Ant vorausgesetzt wird. – Abgesehen von der methodischen Fraglichkeit einer solchen einseitigen Voraussetzung führt das zu einer merkwürdigen Konsequenz: Faktisch bedeutet das nämlich: Dort, wo wir zufällig ein Qumranfragment, oder ein Josephuszitat oder ein Fragment der Vetus Latina haben, ist der antiochenische Text alt, dort wo wir keine solchen Belege haben, ist er jung. M.a.W.: Der Antiochenische Text müsste genau dort innere Bruchlinien haben, wo Josephus einen Bibeltext zitiert, wo uns zufällig Vetus Latina Fragmente erhalten geblieben sind, und wo die im 20. Jh. gefundenen Qumranfragmente Lücken haben. Eine solche Voraussetzung ist nicht wirklich nachvollziehbar.

Auch die Annahme, dass der Antiochenische Text genau entlang der Grenzlinien innerhalb des Kodex Vaticanus, also zwischen kaige- und nicht-kaige-Abschnitten, seinen Charakter ändert, ist fraglich. Es gibt auch keine inhaltlichen Anzeichen dafür und ein solcher Unterschied wurde bisher in der Forschung auch nicht behauptet. Es gibt jedoch zwischen den kaige- und den nicht-kaige-Abschnitte tatsächlich einen Unterschied, aber dieser besteht nicht innerhalb des Antiochenischen Textes, sondern im Verhältnis zum Text des Kodex Vaticanus. Dieser steht im nicht-kaige-Abschnitt der ursprünglichen Septuaginta näher und damit automatisch auch dem Antiochenischen Text. Somit gibt es in den nicht-kaige-Abschnitten zwei alte Textformen, die der ursprünglichen Septuaginta bzw. der Old Greek relativ nahe stehen. Die spannende Frage ist, welche der beiden Textformen die ältere bzw. ursprünglichere ist. Diese Frage ist nicht pauschal oder a priori zu entscheiden, sondern durch sorgfältige Einzeldiskussion mit den klassischen Argumenten der Textkritik. – Genau das ist Gegenstand unseres Wuppertaler Forschungsprojektes zu den Samuelbüchern. Wir konzentrieren uns dabei auf 2Sam, weil wir da beides nebeneinander haben: Den kaige-Abschnitt des Kodex Vaticanus ab 2Sam 10 und den nicht-kaige-Abschnitt in 2Sam 1–9.

Es ist hier nicht die Zeit und der Ort, die Ergebnisse dieser Untersuchungen im Detail ausbreiten, aber doch so viel, um wenigstens einen Aspekt nennen: Wie zu erwarten stimmen der Text des Vaticanus und der Antiochenische Text in den nicht-kaige-Abschnitten zu einem großen Teil genau überein. Es gibt aber auch fast keinen Vers, in dem nicht auch Differenzen vorliegen. Diese Differenzen lassen sich fast durchwegs als hebraisierend-isomorphe Bearbeitung erklären, d. h. auch in diesem Bereich repräsentiert der Text des Kodex Vaticanus eine wenn auch mildere Bearbeitung infolge der er jünger ist als der Antiochenische Text. Im Grunde gilt auch für diesen Bereich die von Barthélemy formulierte Kennzeichnung des Antiochenischen Textes, nämlich: Die alte Septuaginta, wenn auch mit einzelnen Textverderbnissen.[21] Diese isomorph-hebraisierende Bearbeitung des vom Kodex Vaticanus in den nicht-kaige-Abschnitten gebotenen Textes könnte man dagegen als semi-kaige-Bearbeitung bezeichnen.

Zur Kontrolle könnte man fragen, ob es sich bei diesen hebraisierend bearbeiteten Stellen wirklich um eine Bearbeitung handelt oder vielleicht um eine Kontamination aus kaige-Handschriften, die ja vermutlich auch für den Bereich der nicht-kaige-Abschnitte des Kodex Vaticanus existierten, auch wenn sie uns nicht erhalten sind. Die Häufigkeit und das durchgehende Vorhandensein der Bearbeitung sprechen aber doch für eine tatsächliche Bearbeitung und nicht für punktuelle Kontaminationen. Damit ist nicht ausgeschlossen, dass es neben der durchgehenden Bearbeitung auch punktuelle Kontaminationen gab.

2. Ein Beispiel für Revision im nicht-kaige-Bereich

Als Beispiel für eine Revision auch im nicht-kaige-Text des Vaticanus möchte ich einen Text aus 3Kgt wählen, nämlich 3Kgt 19,18. Es geht um Elia am Horeb und seine Klage, dass er allein als Jahwe treu übrig geblieben ist. Demgegenüber belehrt ihn Jahwe, dass es immerhin 7.000 Israeliten gibt, die nicht den Gott Baal verehren und nicht ihre Knie vor Baal gebeugt haben. Diese Stelle wird im NT zitiert, nämlich in Römer 11,4. Sie ist die einzige, wo Baal im Neuen Testament vorkommt. Das Merkwürdige ist nun, dass der zweifellos männliche Gott Baal hier mit weiblichem Artikel genannt wird. Diese Besonderheit entspricht der Übersetzungstechnik der ursprünglichen Septuaginta, wie sie sich ab dem Richterbuch sehr schön erkennen lässt. Dort wird ab Ri 2,13 der Baalname im Singular wie im Plural und in den verschiedenen Kasus mit weiblichem Artikel versehen. Das Phänomen von Baal mit weiblichem Artikel wurde in verschiedener Weise erklärt. Die m. E. überzeugendste Erklärung ist, dass wir es hier mit einer Ersatzlesung zu tun haben. So wie auch im Hebräischen verschiedentlich der Name Baal durch בשת, Schande, ersetzt wurde – man denke an den Namen Ischbaal, der zu Isch-

---

21 Vgl. oben, Fn. 18.

boschät geändert wurde –, so wurde offensichtlich auch im Griechischen der Baalsname vermieden und durch αἰσχύνη ersetzt. Der feminine Artikel ist ein Hinweis, dass nicht Baal sondern αἰσχύνη zu lesen ist.

Wie auch immer man das Phänomen erklärt, deutlich ist, dass die kaige-Rezension diese Lesepraxis aufgegeben hat und wieder den männlichen Artikel verwendet. Das ist im Richterbuch, aber auch in den Büchern der Königtümer klar zu erkennen. Auch an der Bezugstelle von Röm 11,4 ist dies zu sehen. Der Rahlfstext von 3Kgt 19,18 liest so wie der Kodex Vaticanus Baal mit Artikel maskulinum. Der Antiochenische Text liest jedoch den Artikel femininum. d. h. der Antiochenische Text hat hier die ältere Lesart bewahrt. Paulus kennt und zitiert offensichtlich noch die ältere Lesart.

Nun könnte man einwenden: Das ist doch sehr punktuell. Das ist richtig, ändert aber nichts am eindeutigen Sachverhalt, dass hier der Ant die ältere Form hat, während Kodex Vaticanus überarbeitet und damit sekundär ist.

Röm 11,4	1Kön / 3Kgt 19,18 Antiochenischer Text (Madrid)	1Kön / 3Kgt 19,18 (Rahlfs)
⁴ ἀλλὰ τί λέγει αὐτῷ ὁ χρηματισμός; κατέλιπον ἐμαυτῷ ἑπτακισχιλίους ἄνδρας, οἵτινες οὐκ ἔκαμψαν γόνυ τῇ Βάαλ.	¹⁸ καὶ καταλείψω ἐξ Ισραηλ ἑπτὰ χιλιάδας ἀνδρῶν πάντα τὰ γόνατα ἃ οὐκ ἔκαμψαν γόνυ τῇ Βααλ, καὶ πᾶν στόμα ὃ οὐ προσεκύνησεν αὐτῷ	¹⁸ καὶ καταλείψεις ἐν Ισραηλ ἑπτὰ χιλιάδας ἀνδρῶν πάντα γόνατα ἃ οὐκ ὤκλασαν γόνυ τῷ Βααλ καὶ πᾶν στόμα ὃ οὐ προσεκύνησεν αὐτῷ

αὐτῷ] αὐτῇ 127

Der Sachverhalt ist aber doch etwas breiter. Es geht nicht nur um den Baalsnamen, sondern auch andere Wörter in 3Kgt 19,18 sind verschieden. Rahlfs hat in seinem Beitrag von 1911 unsere Stelle diskutiert und wie auch an anderen Stellen die Lesarten des antiochenischen Textes als Einfluss aus dem NT abgetan. Dabei verschweigt allerdings Rahlfs „die Baal" (auch in der Handausgabe wird die Variante nicht erwähnt, obwohl im Kontext laufend lukianische Lesarten zitiert werden). – Man muss wohl doch annehmen, weil sie nicht ins Schema passte: Die häufigen Belege in den Geschichtsbüchern für Baal mit femininen Artikel kann man nicht sämtlich als Einfluss der singulären Stelle Röm 11 erklären, sondern sie sind ein Kennzeichen der ursprünglichen Septuaginta. Wenn aber „die Baal" des Antiochenischen Textes von 3Kgt 19,18 ursprünglich ist, dann sind es wohl auch die anderen, mit Röm 11,4 übereinstimmenden Wörter, und dann ist der Text des Vaticanus nicht nur beim Baalsnamen sondern auch bei den anderen Varianten des zitierten Verses sekundär. Das bedeutet aber auch, dass die in diesem Vers zu beobachtende Bearbeitung kein punktueller Eingriff beim Artikel des Baalnamens ist, sondern eine breitere Bearbeitung widerspiegelt.

Natürlich ist dieses Beispiel kein Beweis, dass der Antiochenische Text überall die Priorität habe. Aber es ist doch ein Beweis dafür, dass die pauschale Annahme der Priorität des Vaticanus-Textes nicht gerechtfertigt ist, und dass die angeblichen Beweise und Selbstverständlichkeiten dringend der Überprüfung bedürfen.

Mit dem Beispiel aus 3Kgt nähern wir uns dem Text, den ich nun noch besprechen möchte, nämlich 4Kgt 7.

3. Textformen und Bearbeitung in 4Kgt 7

Dieser Abschnitt steht im Zusammenhang der Elisaerzählungen und der Aramäerkriege. Kap. 6 berichtet von der schrecklichen Hungersnot in der Stadt Samaria auf Grund der Belagerung durch die Aramäer bzw. Syrer. Kap. 7 berichtet von der überraschenden Wende und beginnt mit dem Wort des Propheten an den vom König geschickten Offizier, der dem Propheten die Schuld an der Notlage gibt. Auf diesen Vorwurf antwortet nun Elisa.

> Zur Synopse ist noch zu sagen, dass der hebräische Text bewusst vokalisiert wiedergegeben ist: Natürlich hatten die Septuagintaübersetzer keinen Text mit masoretischen Vokalzeichen, aber der hebräische Text war insofern immer ein vokalisierter Text, als er gelesen wurde und mit einer bestimmten Lesetradition verbunden war. Andererseits verhindert die Vokalisation die Illusion, dass ein Text ohne Vokale automatisch der antike Text gewesen wäre. Nicht zuletzt ist der vokalisierte Text benutzerfreundlicher.
>
> Die zweite Spalte enthält den Text des Kodex Vaticanus und dazu die Differenzen des Textes von Rahlfs. Rahlfs folgt zwar im Wesentlichen dem Vaticanus, manchmal aber doch anderen Handschriften, nicht selten auch lukianischen Handschriften, was den Vergleich erschwert.
>
> Die dritte Spalte bietet den Text der Madrider Ausgabe des Lukianischen bzw. Antiochenischen Textes. Am Ende der Verse ist jeweils weiteres, für den Vergleich wichtiges Material hinzugefügt, und zwar ebenfalls nach der Madrider Ausgabe.

Betrachten wir die ersten beiden Verse: In V. 1 finden wir zunächst eine typische semantische Differenz, die man nur schwer begründen kann: B liest λέγει, Ant εἶπεν. Außerdem hat Ant einen Artikel vor λόγον. Interessant ist Zeile 5: Diese fehlt im Vaticanus. Rahlfs begründet das Fehlen als Haplographie und fügt die Worte ohne weitere Angabe ein. Die Einfügung entspricht fast genau dem Ant Text, aber mit einer kleinen Variation, nämlich δίμετρον gegenüber δύο μέτρα. Die Lesart des Ant ist nach Brooke-McLean allerdings breit bezeugt. Es scheint hier in der Tat ein Fehler im Vaticanus bzw. dessen Vorlage vorzuliegen. Auch die Korrektoren von A und B haben den Fehler gesehen und geändert. Zwar könnte man auch an eine Haplographie schon in der hebr. Vorlage denken, aber angesichts der breiten Überlieferung des längeren Textes ist das unwahrscheinlich.

Dieses Bild wird auch von Josephus bestätigt. Dieser hat zwar als Maßangabe an Stelle von μέτρον das aus dem Aramäischen stammende Wort σάτον, aber er spricht genauso wie der Ant von zwei Dingen, von Gerste und von Feinmehl, wenn auch in der umgekehrten Reihenfolge. Auch der Text des Ambrosius entspricht dem Ant.

Der geringe Unterschied zwischen den δύο μέτρα des Ant und dem δίμετρον des Rahlfs- bzw. des kaige-Textes ist vielleicht als formale Anpassung an das Hebräische zu erklären, wo ebenfalls nur *ein* Wort vorkommt.

Eine weitere Differenz ist, dass Vaticanus die Stadttore Samarias im Plural hat, während Ant – so wie MT – nur von einem Stadttor spricht. Angesichts der engen Anlehnung des kaige-Textes an den hebr. Bezugstext könnte man annehmen, dass die Vorlage Plural hatte. Das könnte auf eine Verdoppelung bzw. Verwechslung י / ר also שׁערי zurückgehen.

Synopse zu 4Kgt 7,1–2

MT		B [Rahlfs]	Ant
¹ וַיֹּאמֶר אֱלִישָׁע	1	¹ καὶ εἶπεν Ελισαιε	¹ καὶ εἶπεν Ἐλισσαῖε
שִׁמְעוּ דְּבַר־יְהוָה		ἄκουσον λόγον κυρίου	Ἄκουσον <u>τὸν</u> λόγον Κυρίου·
כֹּה| אָמַר יְהוָה		τάδε <u>λέγει</u> κύριος	τάδε <u>εἶπε</u> Κύριος
כָּעֵת| מָחָר		ὡς ἡ ὥρα αὕτη αὔριον	Ὡς ἡ ὥρα αὕτη αὔριον,
סְאָה־סֹלֶת בְּשֶׁקֶל		μέτρον σεμιδάλεως σίκλου	μέτρον σεμιδάλεως σίκλου,
<u>וְסָאתַיִם שְׂעֹרִים</u>		[Ra+ καὶ δίμετρον κριθῶν	<u>καὶ δύο μέτρα κριθῶν</u>
<u>בְּשֶׁקֶל</u>		σίκλου]	<u>σίκλου</u>
בְּשַׁעַר שֹׁמְרוֹן:		ἐν <u>ταῖς πύλαις</u> Σαμαρείας	ἐν <u>τῇ πύλῃ</u> Σαμαρείας.

7,1 Σίκλου δύο κριθῆς σάτα… σεμιδάλεως σάτον σίκλου Jos
AJ IX 71
Hac hora die crastina mensura semilaginis siclo, et duae
mensurae hordei siclo in porta Samariae Am[brosius de]
off[iciis] 1. 3

MT		B [Rahlfs]	Ant
² וַיַּעַן הַשָּׁלִישׁ	2	² καὶ ἀπεκρίθη ὁ τριστάτης	² καὶ ἀπεκρίθη ὁ τριστάτης
			<u>ὁ ἀπεσταλμένος,</u>
אֲשֶׁר־לַמֶּלֶךְ נִשְׁעָן		ἐφ'ὃν <u>ὁ βασιλεὺς</u>	ἐφ' ὃν ἐπανεπαύετο <u>ὁ βασιλεὺς</u>
		ἐπανεπαύετο	
עַל־יָדוֹ		ἐπὶ τὴν χεῖρα αὐτοῦ	ἐπὶ <u>τῆς</u> χειρὸς αὐτοῦ,
אֶת־אִישׁ הָאֱלֹהִים		τῷ <u>Ελισαιε</u>	τῷ <u>ἀνθρώπῳ τοῦ θεοῦ</u>
וַיֹּאמַר		καὶ εἶπεν	καὶ εἶπεν
הִנֵּה יְהוָה עֹשֶׂה		<u>ἰδοὺ</u> ποιήσει κύριος	Καὶ ἐὰν Κύριος ποιήσῃ

אֲרֻבּוֹת בַּשָּׁמַיִם	καταρράκτας ἐν οὐρανῷ	καταρράκτας ἐν <u>τῷ</u> οὐρανῷ,
הֲיִהְיֶה הַדָּבָר הַזֶּה	μὴ ἔσται τὸ ῥῆμα τοῦτο	<u>εἰ</u> ἔσται τὸ ῥῆμα τοῦτο.
וַיֹּאמֶר	καὶ <u>Ελισαιε</u> εἶπεν	καὶ εἶπεν <u>αὐτῷ Ἐλισσαῖε</u>
הִנְּכָה רֹאֶה	ἰδοὺ [Ra + σὺ] ὄψῃ	Ἰδοὺ <u>δὴ</u> σὺ ὄψῃ
בְּעֵינֶיךָ	<u>τοῖς</u> ὀφθαλμοῖς [Ra + σου]	<u>ἐν</u> ὀφθαλμοῖς σου,
וּמִשָּׁם לֹא תֹאכֵל:	καὶ ἐκεῖθεν <u>οὐ</u> φάγῃ	καὶ ἐκεῖθεν <u>οὐ μὴ</u> φάγῃς.

In quo repausabat rex in manu illius L₉₁₋₉₅

In V. 2 haben wir zunächst ein Plus in Z. 2. Der Drittoberste wird genauer identifiziert als der Abgesandte. Auch das scheint wieder typisch für Lukian zu sein, der gerne ein erklärendes Wort hinzufügt. Schwieriger ist die folgende Zeile. Zunächst stimmen beide mit dem ὁ βασιλεύς im Nominativ und als Subjekt des Nebensatzes überein. Dagegen hat der MT לַמֶּלֶךְ im Dativ, was syntaktisch eigentlich nicht geht. Hier scheint ein Schreibfehler vorzuliegen mit der Verwechslung von ה und ל. Diese Annahme wird auch dadurch unterstützt, dass nicht nur die Versionen sondern auch einige hebr. Hss. den Artikel haben (vgl. den Apparat der BHS).

Es gibt aber auch eine Differenz: ὁ βασιλεὺς steht in Ant nach dem Verbum, im Vaticanus jedoch davor. Die Reihenfolge des Ant mag etwas flüssigeres Griechisch sein, aber der Unterschied ist gering. Eher liegt im kaige-Text eine Anpassung an die hebr. Wortfolge vor. Diese Annahme wird durch die Vetus Latina bestätigt. Die Vetus Latina, die ihrer Vorlage in der Regel sehr eng folgt, hat dieselbe Wortstellung wie Ant, die deshalb alt ist. Dagegen passt die genaue formale Anpassung gut zur Arbeitsweise der kaige-Rezension. Dieselbe Beobachtung gilt für die übernächste Zeile. Καὶ ἐὰν Κύριος ist eine sachlich gut entsprechende Wiedergabe des hebräischen Textes. Kaige erklärt sich dagegen wieder als genaue formale Anpassung an das hebr. הִנֵּה. Allerdings ist zuzugeben, dass die Wortfolge ποιήσει κύριος nicht dem MT entspricht. Hier müsste man annehmen, dass Lukian an den MT anpasste, was allerdings seiner sonstigen Tendenz zu etwas freierer Wiedergabe nicht entspricht, oder man kommt wieder zur Erklärung, dass kaige einen anderen Bezugstext als MT hatte. – Leider besitzen wir keinen Qumrantext zu dieser Stelle, aber bei den vorhandenen Samuelrollen gibt es häufig solche Varianten in der Wortfolge.

Interessant ist auch der Schluss des Verses: Ohne die Ergänzung von Rahlfs lautet der Text: „Siehe, du wirst mit den Augen sehen, aber du wirst dort nicht essen." Der Gegensatz liegt auf sehen, aber nichts essen. Dagegen ist im MT und im Ant das „du" stärker betont: Um es auszudrücken müsste man übersetzen: „Du selbst wirst es mit deinen Augen sehen, aber du wirst nicht essen." Wieder ist Ant dem MT näher und scheint kaige einen etwas anderen Bezugstext, nämlich ohne die Personalpronomina, zu haben.

Gehen wir von da zurück zur 4. bzw. 5. Zeile. Hier hat Ant mit τῷ ἀνθρώπῳ τοῦ θεοῦ wieder die Entsprechung zum MT, während Vaticanus den Namen τῷ Ελισαιε liest. Dieser Eigenname ist auch Ant nicht unbekannt, noch im gleichen Vers kommt dort Ελισαιε vor. Hier ist es schwierig, die Priorität zu entscheiden. Allerdings kommt dasselbe Phänomen auch in Kap. 6 vor. Dort wird Ant von Vetus Latina gestützt, so dass die Lesart jedenfalls nicht erst auf Lukian zurückgeht.

Interessanter Weise haben Ant und Rahlfs bzw. Vaticanus an dieser Stelle den Eigennamen gemeinsam, während in MT nur וַיֹּאמֶר steht. Ant und Ra hatten somit gemeinsam einen etwas anderen hebräischen Bezugstext. Ant hat darüber hinaus noch den Dativ αὐτῷ. Dies könnte zwar eine freie Hinzufügung sein, genauso wahrscheinlich ist aber, dass Ant eine Vorlage hatte, in der וַיֹּאמֶר אֱלִישָׁע stand.

Fassen wir zusammen, so ergibt sich zunächst die interessante Beobachtung, dass hier in 4Kgt der Ant dem MT sehr nahe steht. Das ist anders als in den Samuelbüchern. Dort hatte Ant die beste Entsprechung in 4QSamᵃ, während die kaige-Rezension einen Bezugstext hatte, der MT sehr nahe stand, auch wenn er mit diesem nicht völlig identisch war. – Dass es sich in 4Kgt anders verhält, ist übrigens nicht nur an diesen beiden Versen gewonnen, sondern hat eine breitere Basis aus meiner Arbeit.[22]

Im klassischen Bild von der späten lukianischen Bearbeitung würde man annehmen, dass Lukian seinen griechischen Text an Hand des masoretischen Text oder einer entsprechenden, ziemlich wortwörtlichen griechischen Übersetzung bearbeitete. Das hat zumindest das Problem, dass Lukian einerseits frei übersetzte und dass er gleichzeitig sehr wörtlich an das Hebräische angepasst hätte, eine der typischen Spannungen des klassischen Bildes von Lukian. Dass das so nicht haltbar ist, zeigen die Übereinstimmungen mit Qumran und Vetus Latina. Qumran bezeugt eine mögliche hebräische Vorlage, Vetus Latina beweist, dass der antiochenische Text spätestens im 2. Jh. vorhanden war.

Gehen wir noch zu einigen weiteren Versen:

Synopse zu 4Kgt 7,3.4.6

וְאַרְבָּעָה אֲנָשִׁים ³	3	³ καὶ τέσσαρες <u>ἄνδρες</u>	³ καὶ τέσσαρες ἦσαν
הָיוּ מְצֹרָעִים		ἦσαν <u>λεπροὶ</u>	<u>λεπροὶ ἄνδρες</u>
פֶּתַח הַשָּׁעַר		παρὰ <u>τὴν</u> θύραν <u>τῆς πόλεως</u>	παρὰ <u>τὴν</u> θύραν <u>τῆς πόλεως</u>,
וַיֹּאמְרוּ אִישׁ		καὶ εἶπεν <u>ἀνὴρ</u>	καὶ εἶπεν <u>ἕκαστος</u>
אֶל־רֵעֵהוּ		πρὸς τὸν πλησίον αὐτοῦ	πρὸς τὸν πλησίον αὐτοῦ

---

22 Dieser Sachverhalt lässt sich auch an den unterschiedlichen Kursivierungen in Septuaginta-Deutsch im Übersetzungsband (LXX.D) erkennen.

		תִּ ἡμεῖς καθήμεθα ὧδε	Τί ἡμεῖς καθήμεθα
מָה אֲנַחְנוּ יֹשְׁבִים			
פֹּה עַד־מָתְנוּ:		ἕως ἀποθάνωμεν	ἕως ἂν ἀποθάνωμεν;
אִם־אָמַרְנוּ נָבוֹא ⁴	4	⁴ ἐὰν εἴπωμεν εἰσέλθωμεν	⁴ ἐὰν εἴπωμεν Εἰσέλθωμεν
הָעִיר		εἰς τὴν πόλιν	εἰς τὴν πόλιν,
וְהָרָעָב בָּעִיר		καὶ ὁ λιμὸς ἐν τῇ πόλει	καὶ ὁ λιμὸς ἐν τῇ πόλει,
וָמַתְנוּ שָׁם		καὶ ἀποθανούμεθα ἐκεῖ	καὶ ἀποθανούμεθα·
וְאִם־יָשַׁבְנוּ פֹה		καὶ ἐὰν καθίσωμεν ὧδε	καὶ ἐὰν καθίσωμεν ὧδε,
וָמַתְנוּ		καὶ ἀποθανούμεθα	ἀποθανούμεθα.
וְעַתָּה לְכוּ וְנִפְּלָה		καὶ νῦν δεῦτε καὶ ἐμπέσωμεν	καὶ νῦν δεῦτε καὶ ἐμπέσωμεν
אֶל־מַחֲנֵה אֲרָם		εἰς τὴν παρεμβολὴν Συρίας	εἰς τὴν παρεμβολὴν Συρίας,
אִם־יְחַיֻּנוּ		ἐὰν ζωογονήσωσιν ἡμᾶς	καὶ ἐὰν ζωογονήσωσιν ἡμᾶς,
נִחְיֶה		καὶ ζησόμεθα	καὶ ζησόμεθα,
וְאִם־יְמִיתֻנוּ		καὶ ἐὰν θανατώσωσιν ἡμᾶς	καὶ ἐὰν θανατώσωσιν ἡμᾶς,
וָמָתְנוּ:		καὶ ἀποθανούμεθα	ἀποθανούμεθα.
וַאדֹנָי ⁶	6	⁶ καὶ κύριος	⁶ καὶ ὁ θεὸς
הִשְׁמִיעַ		ἀκουστὴν ἐποίησεν	ἀκουστὴν ἐποίησε
אֶת־מַחֲנֵה אֲרָם		τὴν παρεμβολὴν Συρίας	τὴν παρεμβολὴν Συρίας
קוֹל רֶכֶב קוֹל סוּס		φωνὴν ἅρματος καὶ φωνὴν	φωνὴν ἁρμάτων καὶ φωνὴν
קוֹל		ἵππου [Ra: + καὶ] φωνὴν	ἵππων καὶ φωνὴν
חַיִל גָּדוֹל		δυνάμεως μεγάλης	δυνάμεως μεγάλης.
וַיֹּאמְרוּ אִישׁ אֶל־		καὶ εἶπεν ἀνὴρ πρὸς τὸν	καὶ εἶπεν ἀνὴρ πρὸς τὸν
אָחִיו		ἀδελφὸν αὐτοῦ	πλησίον αὐτοῦ
הִנֵּה שָׂכַר־עָלֵינוּ		νῦν ἐμισθώσατο ἐφ᾽ ἡμᾶς	Ἰδοὺ μεμίσθωται ἐφ᾽ ἡμᾶς
מֶלֶךְ יִשְׂרָאֵל אֶת־		βασιλεὺς Ισραηλ	βασιλεὺς Ἰσραὴλ
מַלְכֵי הַחִתִּים וְאֶת־		τοὺς βασιλέας τῶν Χετταίων	τοὺς βασιλεῖς τῶν χετταίων
מַלְכֵי		καὶ τοὺς βασιλέας	καὶ τοὺς βασιλεῖς
מִצְרָיִם		Αἰγύπτου	Αἰγύπτου [82: τῶν Αἰγυπτίων]
לָבוֹא עָלֵינוּ:		τοῦ ἐλθεῖν πρὸς [Ra: ἐφ᾽] ἡμᾶς	τοῦ ἐλθεῖν ἐφ᾽ἡμᾶς.

Κτύπον ἁρμάτων καὶ ἵππων Jos AJ IX 76

In V. 3 ist hebr. אִישׁ, Mensch, in Ant entsprechend seiner Bedeutung in zweifacher Weise wiedergegeben: in Z. 1 in seiner üblichen Bedeutung Mann bzw. Männer, ἄνδρες, in Z. 3 mit ἕκαστος, ein jeder. In Vaticanus bzw. in kaige ist ἕκαστος im Sinn der einheitlichen Wiedergabe zu ἀνήρ geändert. Das ist eines der typischen Kennzeichen der kaige Rezension.[23]

In Z. 1 ist zudem die Wortfolge umgestellt. Während die Wortfolge in Ant nicht unbedingt besseres Griechisch ist (womit das Argument entfällt, dass Lukian sprachliche verbessert habe), erklärt sich die Wortfolge im kaige-Text als Anpassung an die hebräische Wortfolge.

---

23 Siehe schon Barthélemy, Les Devanciers, 48–54: „Élimination de ‚chacun'".

Interessant sind die beiden letzten Zeilen: Während man ἕως ἄν in Z. 7 nach der traditionellen These als lukianische Ergänzung interpretieren würde, müsste man in Z. 6 eine Streichung des ὧδε annehmen. Das wäre ein typisches Beispiel für die angebliche Uneinheitlichkeit und Widersprüchlichkeit der Arbeit Lukians. Einfacher ist auch hier, dass kaige an den hebräischen Wortlaut angepasst hat: Einerseits wurde eine Entsprechung für hebr. פֹּה geschaffen, andererseits wurde ἄν getilgt, weil es keine Entsprechung im hebräischen Text hatte.

Analoges findet sich in V. 4: In Z. 4 haben beide Versionen ὧδε, weil im Hebr. פֹּה vorhanden ist. In Z. 3 wird das hebr. שָׁם in kaige mit ἐκεῖ wiedergegeben. Der Ant hat keine Entsprechung. Nach dem traditionellen Modell würde man wieder eine Unregelmäßigkeit Lukians annehmen. Einfacher ist die Erklärung, dass kaige an den hebr. Text angepasst hat.

Dasselbe Phänomen liegt auch bezüglich der beiden καί in Z. 5 und der letzten Zeile vor: Ant hat jeweils kein καί, während kaige in Entsprechung zum hebr. Text ein καί einfügt.

Das bestätigt sich im Vergleich mit V. 6, Z. 5: Dort hat Ant καὶ φωνὴν. Nach traditioneller Meinung hätte Lukian hier ein καί hinzugefügt, während er in V. 4 die beiden καί gestrichen hatte. Lukian ist eben nach Meinung von Rahlfs aber auch von Ziegler und von Brock inkonsequent und widersprüchlich.[24] – Einfacher und vor allem konsistent ist auch hier die Erklärung, dass jeweils die kaige-Rezension formal genau an den hebr. Text anpasste.

Aus Zeitgründen nenne ich nur noch einige einzelne Beispiele: In V. 6, Z. 1 liest Ant ὁ θεός, während kaige κύριος hat. Kaige stimmt mit dem MT überein. Aber auch der Ant hat vermutlich nicht von sich aus geändert sondern folgte seiner hebr. Vorlage. Jedenfalls vermerkt die Biblia Hebraica hebr. Handschriften, die hier יהוה lasen; d. h. MT hat die Ersatzlesung אֲדוֹנִי, während die Vorlage von Ant vermutlich die Ersatzlesung אלהים hatte.

Auch für das καί in Z. 4: gibt es hebr. Handschriften, die genau entsprechend וקוֹל lesen (siehe BHS). Das erinnert an eine Tatsache, die oft vergessen wird: Der masoretische Text, den wir haben, ist nur ein masoretischer Text unter mehreren. Bei aller Bedeutung des Kodex Leningradensis, er ist nur ein mittelalterlicher Kodex neben mehreren anderen. Weder beim hebräischen Text noch bei den griechischen Texten kann man einfach auf eine Standardedition zurückgehen, sondern man muss immer auch die Handschriften berücksichtigen.

Eine Differenz in der hebr. Vorlage liegt sicher auch in V. 6, Z. 6/7 vor: hier hat kaige τὸν ἀδελφόν αὐτοῦ in genauer Entsprechung zu אָחִיו, sein Bruder. Ant hat dagegen τὸν πλησίον αὐτοῦ. Das kann man als sachliche Korrektur betrachten,

---

24 Siehe oben, bei Fn. 12 und 13.

denn die Männer sind keine Brüder im engeren Sinn. Diese Korrektur findet sich allerdings auch schon in hebr. Handschriften (siehe BHS). Insofern geht die Korrektur nicht auf Ant oder Lukian zurück, sondern auf die hebr. Vorlage. Vermutlich ebenfalls auf einen anderen hebr. Text geht die Differenz zwischen νῦν und Ἰδού in der nächsten Zeile zurück. Hier entspricht Ant dem הנה des MT. Angesichts der Wortwörtlichkeit des kaige-Textes kann man annehmen, dass in dessen Vorlage nicht הנה stand, sondern עתה, jetzt.

Interessant ist auch das Zitat aus Josephus. Es stimmt mit dem Plural der Wagen und Pferde im Ant überein, bestätigt also das Alter der Lesart. Ant gibt sinngemäß richtig wieder, während sich kaige wieder als formalistische Anpassung an den Singular des hebr. Textes erklärt.

Die leprakranken Männer machen sich auf den Weg in das aramäische Heerlager und finden dort zwar keine Menschen vor, aber reichliche Beute: V. 8.

Synopse zu 4Kgt 7,8

⁸ וַיָּבֹאוּ הַמְצֹרָעִים הָאֵלֶּה	8	⁸ καὶ εἰσῆλθον οἱ λεπροὶ οὗτοι	⁸ καὶ ἦλθον οἱ λεπροὶ οὗτοι <u>εἰς τὰ σκηνώματα</u>
עַד־קְצֵה הַמַּחֲנֶה וַיָּבֹאוּ אֶל־אֹהֶל אֶחָד וַיֹּאכְלוּ וַיִּשְׁתּוּ		ἕως μέρους τῆς παρεμβολῆς καὶ εἰσῆλθον εἰς <u>σκηνὴν</u> μίαν καὶ ἔφαγον καὶ ἔπιον	ἕως μέρους τῆς παρεμβολῆς καὶ εἰσῆλθον εἰς <u>σκήνωμα</u> ἕν καὶ ἔφαγον καὶ ἔπιον
וַיִּשְׂאוּ מִשָּׁם כֶּסֶף וְזָהָב וּבְגָדִים וַיֵּלְכוּ וַיַּטְמִנוּ		καὶ ἦραν ἐκεῖθεν ἀργύριον καὶ χρυσίον καὶ ἱματισμὸν καὶ <u>ἐπορεύθησαν</u> καὶ ἐπέστρεψαν	καὶ ἦραν ἐκεῖθεν ἀργύριον καὶ χρυσίον καὶ ἱματισμόν, καὶ <u>ἀπῆλθον</u> καὶ <u>κατέκρυψαν.</u> <u>καὶ ἐπιστρέψαντες οἱ λεπροὶ</u>
וַיָּשֻׁבוּ וַיָּבֹאוּ אֶל־אֹהֶל אַחֵר		καὶ εἰσῆλθον εἰς σκηνὴν ἄλλην	<u>οὗτοι</u> εἰσῆλθον εἰς σκηνὴν ἄλλην
וַיִּשְׂאוּ מִשָּׁם וַיֵּלְכוּ וַיַּטְמִנוּ׃		καὶ ἔλαβον <u>ἐκεῖθεν</u> καὶ ἐπορεύθησαν καὶ κατέκρυψαν	καὶ ἔλαβον <u>ἄρσιν αὐτῶν</u> καὶ ἀπῆλθον καὶ κατέκρυψαν.

ἄρσιν αὐτῶν] משאום 6Q4 frs. 10–14 sic scriptum pro משא
κατέκρυψαν] Ἔξω τῆς παρεμβολῆς ἔκρυψαν Jos AJ IX 79

Z. 10 und 11 stimmen zunächst überein: καὶ εἰσῆλθον εἰς σκηνὴν ἄλλην καὶ ἔλαβον, unterscheiden sich dann aber mit ἐκεῖθεν bzw. ἄρσιν αὐτῶν. kaige entspricht genau dem MT. Dagegen findet sich ἄρσιν αὐτῶν nur in Ant. Auch das ist jedoch keine freie Ergänzung; Mitten in V. 8 beginnt eines der wenigen Fragmente aus Qumran mit einem Text von 2Kön, nämlich 6Q4. Darin wird die Lesart von Ant bestätigt: משא, von der Wurzel נשא, aufheben, tragen, also: das was man aufhebt und mitnimmt, entspricht genau griech. ἄρσις, und zwar sogar auch mit genau entsprechender Wortbildung von αἱρέω aufheben, tragen. Der Unterschied ist lediglich das א, dessen Lesung mit dunklem Vokal durch das ו verdeutlicht wurde. Auf jeden Fall zeigt der Beleg aus Qumran, dass die antiochenische Lesart alt ist und vermutlich die Old Greek darstellt. Kaige hat demgegenüber an משם angepasst, wie es im MT bezeugt ist. Die zu Grunde liegenden hebräischen Textformen unterscheiden sich hier nur minimal.

Interessant ist das Plus in Z. 2. Hinter εἰς τὰ σκηνώματα scheint eine Variante zu האלה zu stehen, nämlich אהלה (אהל mit ה-locale), was vom Kontext her sinngemäß mit dem Plural, wiedergegeben wurde. Ant hatte möglicherweise beides vor sich, vielleicht als Text und Korrekturzusatz oder ähnlich wie ein späteres Ketib und Qere. Kaige hat dann wohl zur einfachen Lesart seiner hebr. Vorlage (MT) korrigiert.

Die hier dargestellten Phänomene finden sich in ähnlicher Weise in den weiteren Versen bzw. generell in diesen Texten.

Nur kurz hinweisen möchte ich auf V. 13. Dort liegt im MT eine Dittographie vor. Dass diese Wiederholung in beiden griechischen Versionen fehlt, ist ein Hinweis darauf, dass die Dittographie jünger ist. Auch hier gibt es hebr. Handschriften, die diese Dittographie nicht haben (vgl. BHS).

Zuletzt noch einmal ein Beleg aus Qumran. In V. 15, letzte Zeile, hat Ant ein Plus: Der König, dem der Sachverhalt gemeldet wird, wird ausdrücklich als der König Israels bezeichnet. Nach traditioneller Anschauung wieder ein typisches Kennzeichen der Arbeit Lukians, der erklärende Wörter hinzugefügt haben soll. Der Beleg aus Qumran zeigt, dass dies schon im Hebräischen zu finden war und dass auch hier der Ant seiner Vorlage entspricht.

4. Zusammenfassung: Ergebnisse und Fragen

1) Sowohl der Antiochenische Text als auch der kaige-Text beziehen sich eng auf ihre hebräische Vorlage.

Diese Entsprechung ist bei beiden Texten so gut, dass in der Regel auf die hebräische Vorlage zurückgeschlossen werden kann, was auch durch die – hier leider spärlichen – Belege aus Qumran bestätigt wird.

2) Beide griechischen Textformen geben den hebräischen Text entsprechend ihren hermeneutischen Prinzipien wieder: Der Antiochenische Text folgt seiner hebräischen Vorlage der Sache nach durchaus eng, bemüht sich aber auch um gutes, zumindest ein gut verständliches Griechisch. Der kaige-Text bemüht sich dagegen um eine enge formale Entsprechung zum Hebräischen die zudem mit einer möglichst konkordanten Wiedergabe (z. B. איש – ἀνήρ) verbunden wird, im Zweifelsfall auf Kosten der Verständlichkeit.

3) Wie die Analyse zeigt, ist der Antiochenische Text gegenüber dem kaige-Text ursprünglich. Der kaige-Text stellt demgegenüber eine Überarbeitung dar, die einerseits einen etwas anderen hebr. Bezugstext hat, die aber vor allem durch ihre hermeneutischen Prinzipien geprägt ist, die wiederum mit dem frühjüdischen Schriftverständnis zusammenhängen. Hierbei zeigen sich im γδ-Abschnitt die gleichen Phänomene wie im βγ-Abschnitt und wie sie Barthélemy allgemein für die kaige-Gruppe aufgezeigt hatte.

4) Sowohl die Funde aus Qumran als auch die Zitate bei Josephus und nicht zuletzt die Vetus Latina bezeugen, dass der Antiochenische Text mit seinen Charaktistika lange vor Lukian existierte. Im Grunde erweist sich auch für 4 Kgt die Meinung von Barthélemy als zutreffend, dass der Antiochenische Text die ursprüngliche Septuaginta bzw. die sog. Old Greek repräsentiert, wenn auch mit einzelnen Textverderbnissen.[25]

5) Es ist anzunehmen, dass die Charakteristika des Antiochenischen Textes nicht nur in den kaige-Abschnitten zutreffen, sondern auch in den nicht-kaige-Abschnitten. Allerdings ist dort auch der Text des Vaticanus näher an der Old Greek. Somit stellt sich für die nicht-kaige-Abschnitte die Frage nach dem Verhältnis der beiden Textformen anders als im kaige-Bereich, nämlich als die Frage nach dem Verhältnis zweier alter Textformen, die beide der Old Greek nahe stehen. Diese Frage ist ohne Vor-Urteile neu zu prüfen. Beispiele wie 3Kgt 19,18 und Textanalysen, wie wir sie hier in Wuppertal zu 2Sam 1 ff. durchführen, zeigen, dass die im Kodex Vaticanus überlieferte Textform auch in den nicht-kaige-Abschnitten eine, wenn auch mildere, Bearbeitung erfahren hat, die man als semi-kaige-Bearbeitung bezeichnen kann.

---

25 Damit ist eine frühe, sog. protolukianische Revision wie andererseits auch eine späte Bearbeitung durch Lukian oder zu dessen Zeit (um 300 n. Chr.) keineswegs a priori ausgeschlossen, aber diese Bearbeitungen dürfen nicht einfach postuliert, sondern müssen nachgewiesen werden.

Insgesamt scheint es mir, dass die Annahme einer Lukianischen Rezension um 300 n. Chr. – ähnlich wie die Suche nach einer Hesychianischen Rezension – aufzugeben ist. Der sog. Lukianische Text ist der in Antiochien bis hin nach Konstantinopel verbreitete Text. Es ist daran zu erinnern, dass Hieronymus nicht von Rezensionen sprach, sondern von Textformen, die er mit bestimmten Autoritäten verband, für den in Syrien verbreiteten Text eben mit Lukian. Die Unterschiede zwischen den Texttypen gehen aber nicht automatisch auf eine Rezension durch diesen Lukian zurück, sondern sie können genauso gut schon früher und an anderer Stelle entstanden sein. Die von Barthélemy und einigen anderen Forschern und hier mit einem neuen methodischen Zugang dargelegte Evidenz zeigt, dass die Differenz der Textformen nicht auf Lukian zurückgeht, sondern auf eine viel frühere Phase, nämlich die kaige-Rezension des 1. Jh.s v. Chr., während der in Antiochien tradierte Text im Wesentlichen die Old Greek bewahrt hat.

Der Antiochenische Text der Septuaginta in seiner Bezeugung und seiner Bedeutung

Die Erforschung der Septuaginta umfasst ein breites Spektrum von Fragestellungen, angefangen von Fragen der eigentlichen Übersetzung über die Textgeschichte bis hin zu den Editionen. Die unterschiedlichen Fragestellungen sind naturgemäß geprägt von ihrer Forschungsgeschichte. Wie in anderen Wissenschaften gibt es auch in der Septuagintaforschung nicht nur neue Beobachtungen, sondern auch traditionelle Perspektiven und Positionen, die die Forschung prägen. Dabei gibt es beides: Erkenntnisse, die nicht wirklich widerlegt, sondern nur vergessen wurden, aber auch Positionen, die unhinterfragt zu selbstverständlichen Voraussetzungen und geradezu zu Axiomen avancierten. Diese Beobachtung gilt insbesondere auch für den sogenannten Antiochenischen bzw. Lukianischen Text und die weithin als selbstverständlich angenommene lukianische Rezension. Insofern ist es angemessen, mit einem Überblick auf die Forschungsgeschichte einzusteigen und von da zum aktuellen Stand und zu neuen Perspektiven weiter zu gehen.

1. Septuagintaforschung im Spiegel der Texteditionen: Die Dominanz des Kodex Vaticanus

Ein wesentlicher Teil der Septuagintaforschung ist die Geschichte der Editionen. In den Editionen spiegelt sich das Textverständnis der jeweiligen Herausgeber und andererseits haben die konkreten Editionen einen enormen Einfluss auf die Forschung. Blicken wir auf die Editionen der Septuaginta seit der Einführung des Buchdrucks, so ist eine erste Beobachtung, dass der Kodex Vaticanus von früh an eine enorme Bedeutung hatte. Die wichtigsten sozusagen „vor-vaticanischen" Editionen der Septuaginta waren die Aldina von 1518 und die Complutensische Polyglotte, deren Bände von 1514 bis 1517 gedruckt und dann ab 1520 publiziert wurden. Die Geschichte dieser Polyglotte braucht hier nicht im Detail dargestellt zu werden. Sie wurde in wesentlichen schon im 19. Jh. von Franz Delitzsch erhellt.[1] Die Ergebnisse wurden von Seamus O'Connell weitergeführt, dessen Buch mit

---

1 *F. Delitzsch*, Studien zur Entstehungsgeschichte der Polyglottenbibel des Cardinals Ximenes, Leipzig 1871, und *ders.*, Fortgesetzte Studien zur Entstehungsgeschichte der Complutensischen Polyglotte, Leipzig 1886.

dem Titel „From most ancient sources" 2006 erschien.[2] Für die Frage nach dem Antiochenischen bzw. lukianischen Text ist hier nur interessant, dass für diese Polyglotte in den Geschichtsbüchern offensichtlich jene Handschrift benutzt wurde, die später die Nummer 108 erhielt und die ein wichtiger Zeuge des Lukianischen Textes ist.

Die praktisch parallel zu Complutense erarbeitete Aldina erschien 1518 in Venedig in der Druckerei des Aldinus und basierte auf in Venedig vorhandenen Handschriften, vor allem auf der Handschrift 68.

Schon die vom (späteren) Papst Sixtus V. 1578 veranlasste und herausgegebene, 1587 erschienene Sixtina verwendete aber den Kodex Vaticanus. Wie schon Lagarde feststellte und Rahlfs bestätigte, ist die Sixtina im Wesentlichen eine Weiterführung der Aldina, deren Text vom Kodex Vaticanus her korrigiert wurde. Die Bedeutung des Kodex Vaticanus wurde im Zuge der Vorbereitungen für die Sixtina erkannt. Swete schrieb dazu: „Search was made in the libraries of Italy as well as in the Vatican for MSS. of the LXX., but the result of these enquiries satisfied the editors of the superiority of the great Vatican Codex (B = cod. Vat. gr. 1209) over all other known codices, and it was accordingly taken as the basis of the new edition."[3]

Diese Wertschätzung des Kodex Vaticanus blieb über die folgenden Jahrhunderte erhalten. Praktisch alle Septuagintaausgaben der Neuzeit gaben direkt oder indirekt über die Sixtina den Text des Kodex Vaticanus im Obertext wieder. Der wesentliche Unterschied war nur, dass der textkritische Apparat durch Hinzuziehung weiterer Handschriften zunehmend anwuchs. Auch die großen Editionen des 19. und des 20. Jh.s, Holmes/Parsons 1798–1827[4] und Brooke/McLean 1906–1940[5] ebenso wie die Handausgabe von Swete 1887–1894[6] waren im Wesentlichen diplomatische Editionen, wenn auch mit einem immer umfangreicher werdenden Apparat. Die einzige Ausnahme in dieser langen Geschichte war die Edition von Johannes Ernestus Grabe, der seiner 1709–1720 erschienenen Ausgabe den Kodex Alexandrinus zu Grunde legte.[7]

---

2 S. O'Connell, From Most Ancient Sources. The Nature and Text-Critical Use of the Greek Old Testament Text of the Complutensian Polyglot Bible (OBO 215), Fribourg/Göttingen 2006.

3 H.B. Swete, An Introduction to the Old Testament in Greek, Cambridge 1900, 181.

4 R. Holmes / J. Parsons, Vetus Testamentum Graecum cum variis lectionibus, Oxford 1798–1827.

5 A.E Brooke / N. McLean / H.S.J. Thackeray, The Old Testament in Greek According to the Text of Codex Vaticanus, Cambridge 1906–1940.

6 H.B. Swete, The Old Testament in Greek according to the Septuagint, Cambridge 1887–1894.

7 Grabe hatte 1705 die Priorität des Kodex Alexandrinus für das Richterbuch vertreten: J. E. Grabe, Epistola Ad Clarissimum Virum, Dn. Joannem Millium, … Qua Ostenditur, Libri Judicum Genuinam LXX. Interpretum Versionem eam esse, quam Ms. codex Alexandrinus exhibet, Oxford 1705. Darauf geht die Hervorhebung des Alexandrinus-Textes in Brooke-McLean und in weiterer

Die Dominanz des Kodex Vaticanus setzte sich aber auch in den kritischen Editionen weiter fort. Bekanntlich legte Rahlfs seiner sog. Handausgabe die Kodices B, S[8] und A zu Grunde, wobei er weit überwiegend dem Vaticanus folgte. Dasselbe gilt im Wesentlichen auch für die Göttinger Ausgabe, angefangen von der Rahlfs'schen Psalmenausgabe von 1931 bis hin zur Bearbeitung des Buches Ruth durch Udo Quast 2006.

Nur gelegentlich gab es Zweifel an dieser Priorität des Vaticanus. So plädierte Albert Pietersma vor allem auf Grund des damals neu zugänglich gewordenen Papyrus Bodmer XXIV für eine andere Bewertung der Textzeugen in den Psalmen.[9] Auch von John William Wevers gibt es eine interessante Äußerung. Bekanntlich publizierte Wevers in seinen Notes zu den Büchern des Pentateuch eine Liste von Stellen, wo er anders entscheiden würde, als er es zuvor bei der Textedition gemacht hatte. Wiederholt begründet Wevers seine neue Entscheidung mit früherer Überschätzung des Kodex Vaticanus.

Rückfragen hatten sich allerdings auch schon im Zusammenhang der Identifikation antiochenischer bzw. lukianischer Handschriften in den 1860er-Jahren ergeben und insbesondere im 20. Jh. im Zuge der Entdeckung der Qumranschriften und die Auswertung der Naḥal Ḥever-Rolle durch Dominique Barthélemy.

2. Die Identifikation des Lukianischen/Antiochenischen Textes in den Handschriften und seine Bewertung

Vom Lukianischen Text hat bekanntlich Hieronymus zum ersten Mal gesprochen. Die wichtigste Stelle findet sich im Prolog zum Buch der Chronik. Sie ist in jeder Vulgata-Ausgabe bequem zugänglich. Hieronymus spricht von der trifaria varietas, von einer dreifachen Varietät der Septuaginta, die in unterschiedlichen Regionen des damaligen griechischen Sprachraumes verbreitet sei. Dabei verbindet er den ägyptischen Text mit Hesychius, den in Palästina verbreiteten Text mit Origenes und den im Kirchengebiet von Antiochien bis hin zur Reichshauptstadt Byzanz gebräuchlichen Text verbindet er mit dem Märtyrer Lukian, wobei er schreibt: „Constantinopolis usque Antiochiam Luciani martyris exemplaria probat".

Folge die Rekonstruktion eines A-Textes gegenüber dem B-Text in der Handausgabe von Rahlfs, 1935 zurück.

8 Dadurch, dass Codex Sinaiticus im Alten Testament erhebliche Lücken hat, bleiben für weite Teile, gerade auch für die Geschichtsbücher im Wesentlichen B und A.

9 A. Pietersma, Two Manuscripts of the Greek Psalter in the Chester Beatty Library Dublin (AnBib 77), Rome 1978, 16 – 37; siehe jetzt *ders.*, The Present State of the Critical Text of the Greek Psalter (MSU XXIV), Göttingen 2000, 21.28 f.

Von da her ergibt sich die Bezeichnung als Lukianischer bzw. Antiochenischer Text. Die moderne Forschung hat diese Zuordnung und diese Bezeichnung aufgenommen. Es lohnt sich aber, sich einen kleinen jedoch wichtigen Unterschied bewusst zu machen: Hieronymus sprach von Textformen und ihrer Verbreitung. Die moderne Forschung dagegen spricht von Rezensionen. Das liegt in der Logik der Sache, denn irgendwie müssen die Unterschiede ja entstanden sein, und gewiss war dabei auch das Bild von der Rezensionsarbeit des Origenes von Einfluss. Aber trotzdem ergibt sich mit dieser Rede von Rezension eine neue Dynamik, die bei Hieronymus noch nicht vorlag.[10]

Der Lukianische bzw. Antiochenische Text war jener Text, den die antiochenischen Väter in ihren Kommentaren zitierten oder den sie ihren Predigten zu Grund legten. Insofern war dieser Text über die Jahrhunderte hinweg nicht unbekannt. Dennoch ergab sich im 19. Jh. eine neue Situation, als die ersten Handschriften des lukianischen Textes identifiziert werden konnten. Dies wurde durch die Ausgabe von Holmes-Parsons möglich und geschah 1863 durch A. Ceriani, der die Übereinstimmung der Handschriften 19, 82, 93 und 108 untereinander und mit dem Text der antiochenischen Autoren Chrysostomus (344/349 – 407 n. Chr.) und Theodoret von Cyrrhos (ca. 393 – 466 n. Chr.) feststellte.[11]

Hier ist eine interessante Notiz von Julius Wellhausen am Ende seiner grundlegenden Untersuchung zum Text der Samuelbücher von 1871 zu nennen. Darin erwähnt Wellhausen, dass er auf die Handschriften des lukianischen Textes hingewiesen worden war. Mit verständlicher Begeisterung berichtet er davon, dass die vier lukianischen Handschriften häufig seine Konjekturen bestätigten, und er schlug vor, diese vier Handschriften separat herauszugeben.[12] Bekanntlich hat Paul de Lagarde genau das versucht, wobei allerdings seine Ausgabe von 1883 insofern ein Fehlschlag war, als sie mit problematischen Prämissen und vor allem übereilt erfolgte. Zudem enthielt seine Ausgabe keinen kritischen Apparat, sodass die Entscheidungen nicht nachprüfbar waren. Es lohnt sich aber trotzdem, sich das Konzept von Lagarde bewusst zu machen. Für die Herstellung des Urtextes der Septuaginta ging er praktisch von der oben erwähnten Bemerkung des Hierony-

---

10 Zurückhaltend gegenüber der Rede von Rezension war H. Dörrie, in seinem Beitrag: Zur Geschichte der Septuaginta im Jahrhundert Konstantins, ZNW 39 (1940), 57–110. Dort diskutierte er ausführlich die vier einschlägigen, untereinander nicht ganz kompatiblen Bemerkungen des Hieronymus zu Lukian und kam zu dem Ergebnis, dass der lukianische Text nicht „eine beabsichtigte Rezension, sondern eine geschichtlich gewordene, in sich uneinheitliche Textform" darstellt (S. 105).

11 Zur Forschungsgeschichte siehe *J.-H. Kim*, Die hebräischen und griechischen Textformen der Samuel- und Königebücher Studien zur Textgeschichte ausgehend von 2Sam 15,1–19 (BZAW 394), Berlin 2009, 7–11.

12 *J. Wellhausen*, Der Text der Bücher Samuelis, Göttingen 1871.

mus über die dreifache Textgestalt aus. Lagarde wollte zunächst diese drei Textformen rekonstruieren und von da aus zur ursprünglichen Septuaginta zurückkommen. Es ist wohl kein Zufall, sondern drückt wahrscheinlich seine Erwartungen aus, dass er seine Arbeit mit dem lukianischen Text begann.

Ganz anders optierte Lagarde's Schüler und Nachfolger Alfred Rahlfs. Von
grundlegender Bedeutung wurden seine beiden Untersuchungen zu den Psalmen
und zum Text der Königebücher, die 1907 bzw. 1911 erschienen.[13] Diese beiden
Untersuchungen prägten die Septuagintaforschung für etwa 50 Jahre fast vollständig und weithin auch noch heute.

In „Lucians Recension der Königebücher" von 1911 untersucht Rahlfs zunächst sehr detailliert 1Kön 1 und betrachtet dann die weiteren Kapitel eher in
großen Zügen. Nach heutiger Begrifflichkeit begann er damit seine Untersuchung
mit einem kaige-Text und hatte er im Weiteren einen nicht-kaige-Text und ab 1Kön
22 bis 2Kön 25 wieder einen kaige-Text vor sich. Rahlfs analysierte die Übersetzungsweise, die er vor allem im Blick auf 2Kön, also den kaige-Text, als manchmal
geradezu „stumpfsinnig genau" bezeichnete.[14] Rahlfs folgte den zeitgenössischen
Voraussetzungen, nämlich dass er vom Kodex Vaticanus als dem ältesten Text
ausging und die Differenzen als – wie auch der Titel der Beitrags lautet – Lucians
Recension betrachtete.

Rahlfs untersuchte aber auch die weiteren Textzeugen, d. h. die Vetus Latina
und Autoren aus der vorlukianischen Zeit, d. h. aus der Zeit vor 300 n. Chr., die den
lateinischen Text zitierten. Rahlfs kannte auch die Untersuchung von Adolf Mez
von 1896, der den griechischen Text der Antiquitates von Josephus mit dem Text
der Samuelbücher verglichen hatte.[15] Sowohl der Text der Antiquitates als auch
die Vetus Latina stimmten an vielen Stellen mit dem lukianischen Text überein.
Diese Übereinstimmung bedeutete eigentlich, dass der lukianische Text weithin
vorlukianisch sein muss. Offensichtlich wollte Rahlfs dieses Ergebnis aber nicht
wahrhaben. Nach Kräften schob er die Evidenz aus Josephus und der Vetus Latina
beiseite. Das wichtigste Argument war die Annahme einer sekundären Beeinflussung der Überlieferung. D.h. Rahlfs erklärte die Übereinstimmungen mit der
Annahme, dass der lukianische Text die Überlieferung der Vetus Latina, aber auch
die Überlieferung des Josephustextes geprägt habe. Übereinstimmungen des lukianischen Textes mit Septuagintazitaten im NT erklärte er dagegen als Rückwirkung aus dem Neuen Testament in die Septuagintaüberlieferung. Mit dieser

---

13 A. *Rahlfs*, Der Text des LXX-Psalters, Septuaginta-Studien II, Göttingen 1907; *ders.*, Lucians
Rezension der Königsbücher (Septuagintastudien III; Göttingen, 1911; = Nachdruck 1965). Beide
Texte in A. *Rahlfs*, Septuagintastudien I–III, 2. Aufl. Göttingen 1965.
14 *Rahlfs*, Lucians Rezension, 293: Das Buch 2Kön ist „oft stumpfsinnig genau übersetzt".
15 A. *Mez*, Die Bibel des Josephus, untersucht für Buch V bis VII der Archäologie, Basel 1895.

zweifachen Argumentation gelingt es Rahlfs, fast alle Evidenz für einen proto-lukianischen Text beiseite zu schieben. So bleiben z. B. von den Übereinstim-mungen mit Josephus praktisch nur einige spezielle Namensformen. Allerdings bleibt festzuhalten, dass auch Rahlfs von einem wenn auch kleinen protolukia-nischen Anteil im lukianischen Text spricht.

Das Entscheidende ist aber die lukianische Rezension. Welche Kennzeichen hat nun diese Rezension? Rahlfs benennt im Wesentlichen zwei Elemente, die bis heute anerkannt sind. Diese sind die Hinzufügung des Artikels und die Hinzu-fügung erklärender und identifizierender Wörter. Letzteres bedeutet etwa, dass an Stelle der Personalpronomina die Namen der entsprechenden Personen genannt werden. Diese beiden von Rahlfs herausgearbeiteten Kennzeichen der lukiani-schen Rezension wurden von vielen anderen übernommen bzw. auch in anderen Texten entdeckt. So stellte z. B. Josef Ziegler bei seiner Bearbeitung des Jeremia-buches und der anderen prophetischen Bücher genau dasselbe fest: Hinzufügung des Artikels und Hinzufügung erklärender Wörter.[16] Ebenfalls zu diesem Ergebnis kam Sebastian P. Brock bei seiner 1966 abgeschlossenen Untersuchung von 1Sam. Brock erklärte diese Änderungen nicht nur wie Rahlfs aus dem Bemühen, die Gräzität des Textes zu verbessern, sondern dahingehend, dass damit ein zum Vorlesen geeigneter Text hergestellt werden sollte.[17]

Bei diesen Interpretationen ist immer vorausgesetzt, dass der lukianische Text der jüngste Text ist, während insbesondere Kodex Vaticanus aber auch der he-xaplarische Text des Origenes älter sind.[18] Demzufolge sind alle Besonderheiten des lukianischen Textes Kennzeichen der lukianischen Rezension.

Nun gibt es freilich ein Problem: Beim Lukianischen Text gibt es nicht nur die Hinzufügung des Artikels und erklärender Wörter, sondern häufig ist es auch umgekehrt, dass der Artikel oder ein erklärendes Wort gestrichen wird. Dieses Problem fiel natürlich auch schon Rahlfs auf. Er verstand es aber nicht als Anfrage an seine Analyse, sondern er machte daraus ein weiteres Kennzeichen der lu-kianischen Rezension, nämlich als Inkonsequenz bei seiner Bearbeitung; mit den Worten von Rahlfs: „Denn der Hauptcharakterzug dieser Rezension ist das Fehlen

---

16 *J. Ziegler*, Beiträge zur Jeremias-Septuaginta (MSU VI), Göttingen 1958; insbes. 114–169 = Kap. 4: „Der Artikel in der Ier.-LXX".
17 *S.P. Brock*, The Recensions of the Septuagint version of 1 Samuel, Oxford 1966 = Turin 1996.
18 Bezüglich der Hexapla wurde und wird auch gerne mit den Übereinstimmungen mit Sym-machus argumentiert: Wenn Lukian und Symmachus (exklusiv) übereinstimmen, so habe Lukian dies aus der Hexapla übernommen; z.B. *F. Siegert*, Zwischen Hebräischer Bibel und Alten Tes-tament. Eine Einführung in die Septuaginta (MJS 9), 2001, 89f. – Die alternative Erklärungs-möglichkeit, nämlich dass solche – auch exklusiven – Übereinstimmungen auf die ursprüngliche Septuaginta zurückgehen können, wird praktisch nie erwogen.

eines klaren Prinzips."[19] Auch diese Charakteristik wurde in die Forschung übernommen. Ziegler sagt beim Jeremiabuch über Lukian kurz und bündig: „Konsequenz war nicht seine Stärke."[20]

Auf eigenwillige Art löste Brock das Problem der Unregelmäßigkeiten: Er interpretierte nur die „recurrent variants", d. h. jene Belege, die eine konsistente Revision aufweisen, während er die „non recurrent variants", also jene Varianten, die nicht ins Schema passen, einfach beiseite ließ.[21] – Brock hatte offensichtlich realisiert, dass die angebliche Inkonsequenz Lukians, die noch dazu praktisch durchwegs zu finden ist („... are found over the whole of ms tradition"!), eine kritische Anfrage an die traditionelle Analyse bedeutet. Die gegenläufige Evidenz aber einfach zu streichen, und so den Text „consistent or nearly consistent" zu machen, ist keine wissenschaftlich akzeptable Vorgangsweise.

Die bisher besprochenen Phänomene sind am folgenden Text aus 2Sam 15 sehr gut zu erkennen: In V. 2, Z. 8 zeigt der Antiochenische Text mit τῶν φυλῶν τοῦ Ἰσραὴλ die bekannte Ergänzung des Artikels, ebenso V. 5, Z. 2: τὸν ἄνδρα, ebenso V. 6, Z. 7 τῶν ἀνδρῶν τοῦ Ἰσραήλ und V. 10, Z. 3 τὰς φυλὰς τοῦ Ἰσραήλ. Allerdings gibt es in V. 10 auch das Gegenteil, in Z. 6 sind offensichtlich die im Text von B τὴν φωνὴν τῆς κερατίνης vorhandenen Artikel getilgt: φωνήν σάλπιγγος.

In V. 2, Z. 5 f. scheint das – allerdings sehr an hebräische Ausdrucksweise anklingende – καὶ ἀπεκρίνατο ὁ ἀνήρ gegen MT hinzugefügt zu sein, während in V. 10, Z. 9 βασιλεὺς getilgt ist.

---

19 *Rahlfs*, Lukians Rezension, 293.

20 *Ziegler*, Jeremias-Septuaginta, 162.

21 *Brock*, Recensions, 254: „The features which have been discussed do not of course by any means cover the whole range of this type of variant, but it is hoped that all cases where *L* shows evidence of consistent, or nearly consistent, revision, have been included." Ähnlich Seite 255: „Of the less consistent variants of this type in *L*, it has only been possible for reasons of space, to give a selection. Non-recurrent variants like these are found over the whole of the ms tradition and present less interest."

Textsynopse 1: 2Sam 15,2.5 f.10[22]

MT		KR (Rahlfs bzw. B)	Ant (Madrider Edition)
וַיִּקְרָא	2	καὶ ἐβόησεν	καὶ ἐκάλει
אַבְשָׁלוֹם אֵלָיו		πρὸς αὐτὸν Αβεσσαλωμ	αὐτὸν Ἀβεσσαλὼμ
וַיֹּאמֶר		καὶ ἔλεγεν αὐτῷ	καὶ ἔλεγεν αὐτῷ
אֵי־מִזֶּה עִיר אָתָּה		ἐκ ποίας πόλεως σὺ εἶ	Ἐκ ποίας πόλεως εἶ σύ;
			καὶ ἀπεκρίνατο
וַיֹּאמֶר		καὶ εἶπεν [ὁ ἀνήρ >B]	ὁ ἀνήρ καὶ ἔλεγεν
מֵאַחַד		ἐκ μιᾶς	Ἐκ μιᾶς
שִׁבְטֵי־יִשְׂרָאֵל		φυλῶν Ισραηλ	τῶν φυλῶν τοῦ Ἰσραὴλ
עַבְדֶּךָ׃		ὁ δοῦλός σου	ὁ δοῦλός σου.
וְהָיָה	5	καὶ ἐγένετο	καὶ ἐγίνετο
בִּקְרָב־אִישׁ		ἐν τῷ ἐγγίζειν ἄνδρα	ἐπὶ τῷ προσάγειν τὸν ἄνδρα
לְהִשְׁתַּחֲוֹת לוֹ		τοῦ προσκυνῆσαι αὐτῷ	τοῦ προσκυνεῖν αὐτῷ,
וְשָׁלַח אֶת־יָדוֹ		καὶ ἐξέτεινεν τὴν χεῖρα αὐτοῦ	καὶ ἐξέτεινε τὴν χεῖρα αὐτοῦ
וְהֶחֱזִיק לוֹ		καὶ ἐπελαμβάνετο αὐτοῦ	καὶ ἐπελαμβάνετο αὐτοῦ
וְנָשַׁק לוֹ׃		καὶ κατεφίλησεν αὐτόν	καὶ κατεφίλει αὐτόν.
וַיַּעַשׂ אַבְשָׁלוֹם	6	καὶ ἐποίησεν Αβεσσαλωμ	καὶ ἐποίει Ἀβεσσαλὼμ
כַּדָּבָר הַזֶּה		κατὰ τὸ ῥῆμα τοῦτο	κατὰ τὸ ῥῆμα τοῦτο
לְכָל־יִשְׂרָאֵל		παντὶ Ισραηλ	παντὶ Ἰσραὴλ
אֲשֶׁר־יָבֹאוּ		τοῖς παραγινομένοις εἰς	τοῖς παραγινομένοις εἰς
לַמִּשְׁפָּט		κρίσιν πρὸς τὸν	κρίσιν πρὸς τὸν
אֶל־הַמֶּלֶךְ		βασιλέα	βασιλέα,
וַיְגַנֵּב אַבְשָׁלוֹם		καὶ ἰδιοποιεῖτο Αβεσσαλωμ	καὶ ἰδιοποιεῖτο Ἀβεσσαλὼμ
אֶת־לֵב אַנְשֵׁי		τὴν καρδίαν	τὰς καρδίας
יִשְׂרָאֵל׃		ἀνδρῶν Ισραηλ	πάντων τῶν ἀνδρῶν
			τοῦ Ἰσραήλ.
וַיִּשְׁלַח אַבְשָׁלוֹם	10	καὶ ἀπέστειλεν	καὶ ἀπέστειλεν
מְרַגְּלִים		Αβεσσαλωμ	Ἀβεσσαλὼμ
		κατασκόπους	κατασκόπους
בְּכָל־שִׁבְטֵי		ἐν πάσαις φυλαῖς	εἰς πάσας τὰς φυλὰς
יִשְׂרָאֵל		Ισραηλ	τοῦ Ἰσραὴλ
לֵאמֹר		λέγων	λέγων
כְּשָׁמְעֲכֶם		ἐν τῷ ἀκοῦσαι ὑμᾶς	Ἐν τῷ ἀκοῦσαι ὑμᾶς
אֶת־קוֹל הַשֹּׁפָר		τὴν φωνὴν τῆς κερατίνης	φωνὴν σάλπιγγος,

---

22 Hier und in den folgenden Synopsen beruhen die unterschiedlichen Schreibungen (ει-ι) bei den Namen und beim beweglichen Ny nicht auf den Handschriften sondern auf den editorischen Konventionen der Madrider Edition des Ant. Insbesondere die einem Kodex noch sehr naheste- hende Handschrift 127 lässt annehmen, dass die Orthographie des Ant derjenigen von B (und meist auch A) sehr nahe stand (vgl. dazu *Kim*, Textformen, 89–94 an Hand des beweglichen Ny).

וַאֲמַרְתֶּם	καὶ ἐρεῖτε	καὶ ἐρεῖτε
מָלַךְ	βεβασίλευκεν βασιλεὺς	Βεβασίλευκεν
אַבְשָׁלוֹם	Αβεσσαλωμ	Ἀβεσσαλὼμ
בְּחֶבְרוֹן:	ἐν Χεβρων	ἐν Χεβρών

3. Qumran und die Folgen für die Septuaginta und den Antiochenischen Text

Etwa zu der Zeit als Rahlfs den lukianischen Text untersuchte, beschäftigte sich auch Henry St. John Thackeray mit den Samuel- und Königbüchern, und zwar ebenfalls auf Basis des Kodex Vaticanus. Thackeray beobachtete markante Unterschiede in der Übersetzungsweise.[23] Im Anschluss an die griechische Zählung der vier Bücher der Königtümer unterschied er vier Abschnitte:

α' für 1Kgt,
ββ' für 2Kgt 1,1 – 11,1
              βγ' für 2Kgt 11,2 – 3Kgt 2,11
γγ' für 3Kgt 2,12 – 21,43
              γδ' für 3Kgt 22,1 – 4Kgt 25,30

Thackeray nahm an, dass die Abschnitte α', ββ' und γγ' zuerst übersetzt wurden und dass die Abschnitte βγ' und γδ', die in „asiatischem, stark manieriertem Stil" übersetzt wurden, erst später dazu kamen. Dabei identifizierte er bereits im Wesentlichen jene Kennzeichen, die später Barthélemy für die kaige-Rezension benannte (s.u.), u. a.: ἀνήρ für איש; κερατίνη für hebr. שופר; καιγε für גם; ἐγώ εἰμι für אנכי, sowie Vermeidung des Präsens historicum.[24]

Während diese Zweistufigkeit der Entstehung keine große Akzeptanz fand und heute hinfällig ist, hat die Unterscheidung der Übersetzungsstile und die Abgrenzung der Abschnitte bleibende Bedeutung erhalten.[25] Zu dieser Abgrenzung ist allerdings festzuhalten, dass sie sich in dieser Form nur im Kodex Vaticanus findet[26]. Der Wechsel ist nicht aus unterschiedlichen Zeiten der Überset-

---

23 *H.St.J. Thackeray*, „The Greek Translators of the Four Books of Kings", JTS 8 (1907), 262–266; *ders.*, The Septuagint and Jewish Worship, London 1921.

24 *Thackeray*, Worship, 114 f.

25 Lediglich der Anfang von βγ' ist umstritten. J.D. Shenkel (Chronology and Recensional Development in the Greek Text of Kings, Cambridge/Massachusetts, 1968, bes. 117–120, erkannte die Besonderheiten der Übersetzung schon ab 2Kgt 10,1.

26 Sowie, zumindest teilweise ähnlich, im Kodex Sinaiticus.

zung zu erklären, sondern aus der Zusammenstellung des Kodex Vaticanus (oder eines älteren Vorgängers) aus Rollen mit unterschiedlichem Texttyp.

Im Gefolge der Qumranfunde wurde 1952 in Naḥal Ḥever eine Rolle mit dem griechischen Text des Dodekapropheton entdeckt. Diese wurde von Dominique Barthélemy schon 1953 publiziert und dann zur Grundlage seiner bahnbrechenden Studie „Les Devanciers d'Aquila" von 1963.[27] Abgesehen von der überraschenden Tatsache, dass auch in Palästina das Alte Testament in griechischer Sprache verwendet wurde und dass es eine rein innerjüdische Revision der Septuaginta schon in vorchristlicher Zeit gegeben hatte, war es die wichtigste Erkenntnis, dass hier eine Textform vorlag, die genau dem hebraisierenden Texttyp entsprach, wie ihn Thackeray für die Abschnitte βγ' und γδ' von 1–4 Königtümer herausgestellt hatte. Im Vergleich mit den sonst bekannten Textformen und durch Bezug auf das zeitgenössische rabbinische Textverständnis und die dementsprechenden Auslegungsregeln konnte Barthélemy zeigen, dass hier keine Erstübersetzung sondern eine Revision des älteren Septuagintatextes vorlag. Auf Grund der angenommenen Bezüge zu den Auslegungsregeln des Jonathan Ben 'Uzziel ordnete Barthélemy diese Revision in das 1. Jh. n. Chr. ein und bezeichnete sie nach einem ihrer Kennzeichen als kaige-Bearbeitung.[28] Damit war erwiesen, dass es schon eine innerjüdische, vom christlichen Gebrauch der Septuaginta unabhängige Revisionsarbeit gegeben hatte und die praktisch auf dem Weg hin zur extrem formalistischen Übersetzung des Aquila lag, weshalb Barthélemy von den Vorläufern („les devanciers") des Aquila sprach.

Während dieser Teil der Arbeit von Barthélemy – einzig mit der Ausnahme, dass die kaige-Bearbeitung auf Grund des Alters der Handschrift jetzt schon in das 1. Jh. v. Chr. datiert wird[29] – voll anerkannt ist, ist der andere Teil seiner Arbeit, nämlich seine Neubewertung des lukianischen Textes kaum wirksam geworden bzw. weithin unbekannt.

Barthélemy hatte die logische Frage gestellt: Wenn der kaige-Text eine Überarbeitung ist, wo ist die ältere Vorlage des Textes? Ist dieser Text verloren oder ist er noch erhalten, und wenn ja, wo? In einem sorgfältigen Vergleich der Texte

---

27 *D. Barthélemy*, Les Devanciers d'Aquila. Première Publication intégrale du text des fragments du Dodécaprophéton trouvés dans le désert de Juda, précédée d'une étude sur les traductions et recensions grecques de la bible réalisées au premier siècle de notre ère sous l'influence du Rabbinat palestinien (VTS 10), Leiden 1963.

28 Genau genommen sprach Barthélemy von der groupe kaige, weil die Bearbeitung zwar bewusst und gezielt erfolgte, es aber andererseits gewisse Unterschiede zwischen den so bearbeiteten Büchern der Septuaginta gibt.

29 Siehe dazu die jetzt vorliegende offizielle Publikation *E. Tov / R.A. Kraft*, The Greek Minor Prophets Scroll from Naḥal Ḥever (8ḤevXIIgr) (DJD VIII), Oxford 1990; reprinted with corrections 1995.

kommt Barthélemy zu dem Ergebnis, dass jedenfalls für die Bücher der Königtümer diese ältere Grundlage im lukianischen bzw. antiochenischen Text vorliegt.
Die Überschriften der entsprechenden Abschnitte bringen die Fragestellung und
auch das Ergebnis seiner diesbezüglichen Untersuchung klar zum Ausdruck:

Unter der Überschrift „Relations entre la Septante et la recension kaige pour la
section βγ des Règnes" (91) stellt er zunächst fest, dass der antiochenische und der
palästinische (= kaige-)Text die gleiche Grundlage haben: „Identité de base entre
la forme antiochienne et la forme palestinienne du texte grec." (92) Diese (die
palästinische) Form unterscheidet sich grundlegend durch ihre viel größere Treue
zum hebräischen Text: „La forme palestinienne diffère essentiellement par un
souci de plus grande fidélité au texte hebraïque." (102) Andererseits kann der
antiochenische Text nicht aus dem kaige-Text entstanden sein. „La forme antiochienne ne peut être issue de la forme palestinienne par abâtardissement." (110)
Daraus folgt, dass es falsch ist, eine lukianische Rezension anzunehmen: „La
prétendue ‚recension lucianique'" (126) und dass der antiochenische Text praktisch die ursprüngliche Septuaginta repräsentiert, wenn auch mit Textverderbnissen: „Mais ne considérons pas ce ‚texte antiochien' comme le fruit d'une recension autonome ou, pour employer le language ancien, comme constituant une
‚édition' speciale. C'est essentiellement la Septante ancienne, plus ou moins
abâtardie et corrompue." (127).

Die Konsequenz ist also nicht nur die Entdeckung einer neuen Rezension,
nämlich der kaige-Rezension, sondern ein neues Gesamtbild, in dem sich auch der
Ort des Lukianischen bzw. Antiochenischen Textes gravierend ändert. Dieser ist
nicht das Ergebnis einer späten lukianischen Redaktion, sondern er repräsentiert
die ursprüngliche Septuaginta, wenn auch mit manchen im Zuge der Überlieferung entstandenen Fehlern und Textverderbnissen.

Barthélemys Fazit über den Antiochenischen Text als „la vielle septante, plus
ou moins abâtardie et corrumpue" wird zwar heute manchmal zitiert, aber dann
auch immer zugleich in Frage gestellt. So stehen wir vor der merkwürdigen Situation, dass seit bald 50 Jahren Barthélemys kaige-Rezension akzeptiert ist, dass
aber das, was für ihn die andere Seite der Medaille war, praktisch ignoriert wird.

M.E. gibt es zwei Gründe dafür. Der eine ist sprachlicher Art. Die Untersuchung von Barthélemy ist französisch geschrieben und zwar in einem an-
spruchsvollen Französisch. Die Folge ist, dass zwar Barthélemys Buch fast in jeder
Bibliographie genannt wird, dass es aber selten detailliert gelesen wird.

Der andere Grund liegt in einem kleinen Aufsatz von Sebastian P. Brock, der
1968 erschien und der auf einen Vortrag in Oxford 1965 zurückgeht. Damals war
Brock gerade dabei, seine Dissertation zu 1Sam abzuschließen, die dann 1966
offiziell angenommen wurde. Da war nun das Buch von Barthélemy dazwischen
gekommen. Barthélemys Erkenntnisse hätten erhebliche Änderungen am Ansatz

und an den Ergebnissen von Brocks Untersuchung erfordert. In diesem Kontext war Brocks Vortrag praktisch eine Verteidigung seiner Dissertation. Brocks Aufsatz umfasst nur 6 Seiten und bringt nur wenige Beispiele, die zudem fast durchwegs jenseits des Textes von Barthélemy liegen. Trotzdem hat er dazu geführt, dass Barthélemys Erkenntnisse praktisch halbiert, d. h. auf die kaige-Rezension reduziert, wurden.

4. Die Verteidigung des traditionellen Bildes und die Kompromisse mit der Qumranforschung

Der Titel des Aufsatzes von Brock lautet „Lukian redivivus"[30] und genau darum geht es: Indem Barthélemy den lukianischen Text als die Old Greek erklärt hatte, war die lukianische Rezension hinfällig geworden. Diese lukianische Rezension wollte Brock verteidigen bzw. wiederbeleben. Brock referiert zunächst das Buch von Barthélemy, und zwar im Blick auf die kaige-Rezension durchaus zustimmend, kommt aber dann auch gleich zu seiner Position, dass der antiochenische Text trotzdem ein rezensioneller Text bleibt:

> "It should be said at once that his main point, that the Antiochene text has escaped this hebraising revision which influenced the rest of the tradition, seems entirely convincing, and it would be hard to over-emphasize the importance of this discovery. *What I wish to stress here, however, is that Ant. still remains a recensional text, even though it has escaped the Palestinian revision which Barthélemy so brilliantly isolated.*" (S. 177; Kursivierung S.K.)

Ant als rezensioneller Text, das ist genau "Lucian redivivus". Zur Verteidigung seiner Position geht Brock kaum auf die Textanalysen Barthélemys ein, sondern er bringt vor allem einige Beispiele aus seinem Bereich, d. h. aus 1Sam und aus dem nicht-kaige-Abschnitt von 2Sam.

Zuerst erwähnt er kurz das alte Argument mit der attisierenden Sprache.

> "a minor but quite definitely recensional feature in Ant., namely the preference for Attic, as against Hellenistic, grammatical forms. One of the most obvious examples for this is the regular replacement in Ant. of Hellenistic εἶπα etc. by εἶπον etc. Now this feature is found in, and often confined to, so-called Lucianic manuscripts of a very wide range of books. There could be no clearer sign of recensional activity at work. It is found, for example, just as much in Kms α (= 1Kgdms), where, according to Barthélemy, the Palestinian recension is not traceable, as in Kms αβ." (S. 177)

---

30 *S.P. Brock*, Lucian Redivivus. Some Reflections on Barthélemy's Les Devanciers d'Aquila, in: F.L. Cross, Studia Evangelica, Vol. V, Papers presented to the Third International Congress on New Testament Studies held at Christ Church, Oxford, 1965 (TU 103), Berlin 1968, 176 – 181.

In weiterer Folge relativiert er allerdings selbst dieses Argument, weil er weiß, dass attisch nicht nur für die Zeit Lukians ein literarisches Ideal war, sondern genauso auch schon in vorchristlicher Zeit. – Das könnte man in vielfacher Weise unterstreichen.

> "Despite the very large number of instances of lexical variation between Ant. and the main tradition throughout Kms and elsewhere, it is surprisingly hard to find any consistency or motivation for change, whether it be on the part of Ant, or not. On the negative side, it can be said that, except in one or two cases, the dictates of the Atticist lexicographers do not seem to have played any great part in the choice of words used." (S. 178)

Dann kommt Brock zu seinen speziellen Argumenten, die er besonders auf das Nebeneinander zwischen kaige- und nicht-kaige-Abschnitten bezieht.

> "This very fact that the Palestinian recension did not affect Kms α is important in evaluating the character of Ant. in Kms βγ, for the five manuscripts which provide the Antiochene text in fly also provide a text at variance with the rest of the tradition in Kms α, and at variance often in the same sort of way as in fly. This of course raises a problem, for the variant text of Ant. in Kms α cannot be attributed to the non-influence (to use an ugly term) of the hebraising Palestinian recension, since there is no trace of this in this book. The obvious inference is that the distinctive text of Ant. in both Kms α and Kms βγ is partly (and only partly) the product of recensional activity." (S. 178)

Dann erwähnt er ein entsprechendes Beispiel, nämlich die zwei unterschiedlichen Übersetzungen von ביהוה נשבעתי in 2Kgt 19,7(8) mit ἐν κυρίῳ (ὤμοσα) in Pal. [= kaige] und κατὰ τοῦ κυρίου in Ant und folgert daraus: „At first sight it looks as if Pal. is bringing Ant. closer to the Hebrew, yet in fact Ant. must be secondary since the same change is also found twice in 1Kms[31]: it is evidently a recensional characteristic of the Antiochene text." (S. 178)

Diese Folgerung („Ant. must be secondary since the same change is also found twice in 1Kms") ist überraschend und nicht sehr klar. Die setzt voraus, dass Ant spät ist, und dass B der älteste Text ist. Allerdings: Brock hat insofern Recht: Wenn Ant im βγ-Abschnitt spät ist, dann muss er auch im α-Abschnitt spät sein. Aber dasselbe Argument gilt auch anders herum: Wenn Ant im βγ-Abschnitt alt ist und der Old Greek nahe steht, dann wird dasselbe auch im α-Abschnitt sein. – Die sprachlichen Beobachtungen zeigen, dass Ant in den verschiedenen Bereichen die gleichen Kennzeichen hat. Aber die Folgerung von Brock beweist nicht das Alter von Ant an sich.

---

31 In the footnote: „1Kms 24,22; 28,10; once again in βγ at 3Kms 1,17."

In anderer Hinsicht hat Brock allerdings recht: Die beiden Varianten zeigen, dass in der Tat ein Unterschied vorliegt und eine der beiden sekundär sein muss.[32] Diese Beobachtung ist aber nicht im Bereich des Ant zu klären, sondern im Bereich des B-Textes: Der B-Text steht zwar im nicht-kaige-Text der Old Greek wesentlich näher, aber er könnte trotzdem ebenfalls eine – wenn auch mildere – hebraisierende Bearbeitung erfahren habe, oder es könnte sich um eine Kontamination, einen Quereinfluss aus einem kaige-Text, handeln. (Mehr zu diesem Beispiel s.u.).

Als weiteres Argument bringt Brock die unterschiedliche Wiedergabe der Frage השלום, „ist Frieden?" im Sinn von „geht es gut?" und die Wiedergabe der Eidesformel in 2Kgt 11,11. (S. 179) In beiden Fällen gibt Brock zu, dass sie schwierig zu entscheiden sind. Seine Argumentation ist etwas kompliziert. Brock hat sicher recht, dass Ant die bessere griechisch Wiedergabe bietet. Die Folgerung, dass Ant daher der jüngere Text sein muss, ist aber willkürlich. Warum kann nicht die Old Greek eine einigermaßen gute Übersetzung gewesen sein, die in Ant bewahrt wurde? Dass Ant die bessere Übersetzung bietet, ist kein Beweis für eine späte Datierung.

Brock bringt noch ein weiteres Beispiel, nämlich die unterschiedliche Wiedergabe von הטוב בעיניך:

> "A different and more frequent type of case does not involve any Hebrew variant. As an example I take 2Kgdms 19,38 (39). MT has הטוב בעיניך, for which Pal. has the literal τὸ ἀγαθὸν ἐν ὀφθαλμοῖς σου, while Ant gives τὸ ἀρεστὸν ἐνώπιόν σου. At first sight once again this would seem to be an obvious case of the influence of the Hebraising recension on Pal., but on further investigation doubts arise. Usage elsewhere is unfortunately problematic and cannot decide the issue. But if one looks at the rendering of the same Hebrew phrase in 1Kms, the tables are turned and suspicion shifts on to Ant. In this book הטוב בעיניך is normally rendered τὸ ἀγαθὸν ἐνώπιόν, but Ant. regularly substitutes ἀρεστόν[33] for ἀγαθόν. In 1Kms ἀγαθόν cannot be due to the Palestinian recension, since it is not to be found in this book; and even, supposing for a moment that it were, one would *then* have expected ἐνώπιόν to be altered to ἐν ὀφθαλμοῖς[34], as well as ἀρεστόν for ἀγαθόν. The conclusion must be that ἀγαθόν, at least, of Ant. is secondary in βγ. ἀρεστόν > ἀγαθόν is simply a recensional feature of Ant." (S. 179–180)

Auch dieses Statement ist sehr kompliziert. Wenn wir die beiden Möglichkeiten in eine Tabelle bringen, wird es übersichtlicher. Im Sinne von Barthélemy wäre die Situation folgendermaßen:

---

32 At least if there have not been two different translations. But because of the similarities of the two text types, this can be excluded and (to my knowledge) has never been contended for.
33 Fn: "1Kms 1,23; 3,18; 11,10; 14,36.40."
34 Fn: "So regularly in Pal. in βγ."

	1 Kgdms	2 Kgdms 19,38(39) and Pal. throughout
Hebrew	הטוב בעיניך	הטוב בעיניך
Ant	τὸ ἀρεστὸν ἐνώπιόν σου	τὸ ἀρεστὸν ἐνώπιόν σου
B (non-kaige)	τὸ ἀγαθόν ἐνώπιόν σου	
B (Pal. / kaige)		τὸ ἀγαθὸν ἐν ὀφθαλμοῖς σου

Das bedeutet: Ant ist der älteste Text (mehr oder weniger Old Greek) und Ant hat identische Charakteristik in beiden Bereichen, kaige- und nicht-kaige-Abschnitt.

Die palästinische Rezension (= kaige) adaptiert genau an den hebräischen Wortlaut. Im nicht-kaige-Abschnitt ist der Text von B älter, er liest ἐνώπιόν so wie Ant bzw. die ursprüngliche Septuaginta, aber er verwendet ἀγαθόν anstatt ἀρεστὸν. Das könnte so erklärt werden, dass im von B überlieferten Text hier ein erster Schritt einer Bearbeitung in Richtung einer formalistischen Anpassung an das Hebräische vornimmt.[35]

Brock dagegen benennt zwar die Differenz zwischen dem kaige- und dem nicht-kaige-Abschnitt, aber argumentiert folgendermaßen: Nach Barthélemy hat Pal. (bzw. kaige) zu τὸ ἀγαθὸν ἐν ὀφθαλμοῖς σου, geändert. Nun steht aber ἀγαθόν auch in 1Kgt, darum kann ἀγαθόν nicht die Palästinische Rezension sein (weil es diese ja in 1Kgt nicht gibt), zumal man sonst auch noch ἐν ὀφθαλμοῖς erwarten müsste. – Weil beides nicht der Fall ist (aber siehe ἐν ὀφθαλμοῖς in 1Kgt 1,23!) behauptet Brock, dass Ant. spät sein muss. In einer Tabelle stellt sich Brock's Meinung folgendermaßen dar:

	1 Kgdms	2 Kgdms 19,38(39) and Pal. throughout
Hebrew	הטוב בעיניך	הטוב בעיניך
B	ἀγαθόν ἐνώπιόν	τὸ ἀγαθὸν ἐν ὀφθαλμοῖς σου
Ant	τὸ ἀρεστὸν ἐνώπιόν σου	τὸ ἀρεστὸν ἐνώπιόν σου

Dieses Schema ist nicht unmöglich. Aber es erklärt nicht die Differenz innerhalb von B. – Brocks Argumentation ist ein falscher Syllogismus, denn er springt von der Differenz innerhalb von B zu einer Datierung von Ant. Das eigentliche Problem, nämlich der semantische Unterschied innerhalb von B fällt unter den Tisch. Wenn Brock den Unterschied innerhalb von B erklären wollte, käme er notwen-

---

35 Brock nennt die Belege, z. B. ἐν ὀφθαλμοῖς in 1Kgt 1,23, zitiert sie aber nicht.

diger Weise auf eine Unterscheidung von zwei Ebenen (sei es durch unterschiedliche Übersetzungstechnik oder durch Revision). Das würde zu einer ähnlichen Differenzierung innerhalb von B führen, wie bei Barthélemy – Auch hier muss man sagen: Brocks Ansicht ist nicht unmöglich, aber die bloße Möglichkeit ist kein Beweis gegen die andere Lösung.

Insgesamt ist festzustellen: Brocks Beispiele sind sehr punktuell. Die Erklärung der Beispiele erfolgt sehr einseitig und willkürlich. Einzelne Fälle sind eine mögliche Alternative, aber die bloße Möglichkeit ist kein Beweis gegen Barthélemy. Bei genauerem Hinsehen sind Brocks Beispiele eher ein Beweis für Barthélemy und seine Sicht des Ant und des kaige-Textes.[36] Sie zeigen jedenfalls deutlich, dass der Text des Kodex Vaticanus in den nicht-kaige-Abschnitten zwar der Old Greek nahe steht, aber keineswegs identisch ist, sondern ebenfalls eine, vielleicht auch mehrere Bearbeitungen erfahren hat.

Betrachtet man den kleinen Aufsatz von Brock, dann kann man nur erstaunt sein, welche Wirkung er hatte und dass er niemals genauer überprüft wurde. Vermutlich ging es nicht nur um die Sachargumentation, sondern Brocks Beitrag wirkte auch deswegen überzeugend, weil er das gewohnte Bild bestätigte. Faktisch führte Brocks Vortrag zu einer Halbierung des Bildes von Barthélemy: Während für Barthélemy die kaige-rezension und die Bewertung des Ant als Repräsentant der Old Greek zwei Seiten einer Medaille waren, ging die zweite Seite faktisch verloren. Insbesondere führte Brocks Vortrag dazu, dass jedenfalls für die nicht-kaige-Abschnitte die Priorität des Kodex Vaticanus eine Selbstverständlichkeit blieb.

Diese forschungsgeschichtliche Situation hatte auch ihre Auswirkung auf die Wahrnehmung der Qumrantexte. Die große Bedeutung der biblischen Texte aus Qumran muss hier nicht weiter dargestellt werden. Auch nicht die Bedeutung der Samuelrollen, insbesondere von 4QSamᵃ für die Samuelbücher. Die Texte aus Qumran haben für die Diskussion um den Antiochenischen Text bzw. die Lukianische Rezension insofern besondere Bedeutung, als Übereinstimmungen zwischen dem Ant und Qumrantexten nicht als sekundäre Einflüsse beiseite geschoben werden können. Während man Übereinstimmungen zwischen Ant und

---

36 Das von Brock ausgehend von 2Kgt 19,38 präsentierte Beispiel mit der Wiedergabe von הטוב בעיניך kann an Hand der von ihm selbst genannten Belege noch weitere geführt werden: Wenn Ant alt ist, dann erklärt sich wie oben dargelegt ἀγαθόν (statt ἀρεστὸν) im B-Text von 1Kgt 1,23; 3,18; 11,10; 14,36.40 als semantische Anpassung an hebräisch טוב. Interessanter Weise steht in 1Kgt 1,23 (B-Text) nicht ἐνώπιόν sondern, sozusagen einen Schritt weiter, ebenfalls die kaige-Wiedergabe ἐν ὀφθαλμοῖς. Während der Wechsel zu ἀγαθόν wie eine milde hebraisierende Bearbeitung ausschaut, wirkt der Fall von ἐν ὀφθαλμοῖς in 1,23 wie ein Quereinfluss oder eine Kontamination aus einem kaige-Manuskript; oder die Wortwahl resultiert daraus, dass der Schreiber sozusagen diesen „biblischen" Ausdruck im Kopf hatte.

Vetus Latina oder zwischen Ant und Josephus oder zwischen Ant und dem Neuen Testament als sekundäre Beeinflussung betrachten kann, so wie es Rahlfs getan hat, ist dies bei den Qumrantexten nicht möglich.

Insofern haben jene Qumranforscher, die sich mit den biblischen Texten und mit dem antiochenischen Text beschäftigen, einen großen Schritt in Richtung Old Greek vollzogen. Allerdings blieben die meisten zugleich dem alten Bild des lukianischen Textes verhaftet. D.h. sie gingen meist weiterhin von einer lukianischen Rezension aus, schätzten aber den Anteil des protolukianischen Gutes höher ein.

Häufig führte das auch dazu, dass dort, wo es einen Beleg aus Qumran gibt, der protolukianische Charakter und damit ein alter Anteil des Textes zugegeben wurde, dass aber die übrigen Passagen des Textes weiterhin einer lukianischen Rezension zugerechnet werden. Dadurch ist man scheinbar auf der sicheren Seite, allerdings impliziert eine solche Aufteilung faktisch, dass der lukianische Text eine Mischung von verschiedenen Textformen und verschiedenen Altersstufen ist und dass die Grenzen ausgerechnet dort verlaufen, wo wir zufällig ein Qumranfragment haben oder ein Zitat aus Josephus oder einige Zeilen der Vetus Latina. – Eine solche Koinzidenz bzw. eine solche Zerstückelung einer Textform ist nicht nur unwahrscheinlich sondern faktisch unmöglich. Die Gemeinsamkeiten einer Textform müssen sich mindestens auf mehrere Kapitel erstrecken. Insofern haben die Qumrantexte nicht nur einzelne Belege für einen vorlukianischen Anteil im Ant geliefert, sondern sie sind von Bedeutung für den ganzen Text.

5. Neue Kriterien für die Beurteilung des Antiochenischen Textes und der kaige-Rezension

Auf einem ganz anderen Weg als bisher diskutiert, habe ich in den vergangenen Jahren neue Kriterien für die Frage nach der ältesten Textform entwickelt. Ich habe dazu in den vergangenen Jahren mehrere Beiträge publiziert und die Analysen auf verschiedene Texte ausgedehnt.[37] – Wichtig ist mir an dieser Stelle darauf hin-

---

37 *S. Kreuzer*, Towards the Old Greek. New Criteria for the Evaluation of the Recensions of the Septuagint (especially the Antiochene/Lucianic Text and the Kaige-Recension), in: Congress Volume Lubljana 2007 (SCS 55), Atlanta 2008, 239–253; *ders.*, Das frühjüdische Textverständnis und die Septuaginta-Versionen der Samuelbücher. Ein Beitrag zur textgeschichtlichen und übersetzungstechnischen Bewertung des Antiochenischen Textes und der *Kaige*-Rezension an Hand von 2Sam 15,1–12 (Strasbourg 2004), in: W. Kraus / O. Munnich (Hg.), La Septante en Allemagne et en France. Septuaginta Deutsch und Bible d'Alexandrie (OBO 238), Fribourg/Göttingen 2009, 3–28; *ders.*, Textformen und Bearbeitungen. Kriterien zur Frage der ältesten Textgestalt,

zuweisen, dass ich zu meinen Beobachtungen von ganz anderer Seite her ge-kommen bin. Meine Frage war nicht nach dem Antiochenischen Text und ur-sprünglich auch nicht nach der Old Greek.

Der eigentliche Anlass war eine Beobachtung zum kaige-Text: Wenn man die hebraisierende Bearbeitung der kaige-Rezension genauer betrachtet, dann erkennt man, dass sie eigentlich kein gutes bzw. kein richtiges Hebräisch anstrebt, sondern dass es neben den inhaltlichen auch um formale Entsprechungen geht. Diese Bearbeitungstechnik hängt offensichtlich mit dem zeitgenössischen Schriftverständnis zusammen. Ein wesentlicher Aspekt dieses frühjüdischen Schriftverständnisses ist, dass nicht nur der Inhalt von Bedeutung ist, sondern auch jedes formale Element. Für die Übersetzungs- bzw. Revisionstechnik be-deutet das, dass auch formale Elemente des hebr. Textes in der griechischen Übersetzung erkennbar sein sollen. Gerade das, was unwichtig scheint, ist von Bedeutung, denn sonst stünde es nicht da. Ein markantes Beispiel dafür ist die Wiedergabe des Personalpronomens der 1. Person: Die Kurzform אני und die Langform אנכי sind eigentlich gleichbedeutend. Aber – so die hermeneutische Voraussetzung – gerade weil es beides gibt, muss es doch relevant sein. Daher wird אני mit ἐγώ wiedergegeben, und אנכי mit ἐγώ εἰμι, selbst dann, wenn ein finites Verb folgt. Dieses ἐγώ εἰμι ist demzufolge auch keine Verstärkung etc., sondern ein Indikator und Rückverweis auf den hebräischen Bezugstext. Ent-sprechendes gilt für andere Dinge, etwa die Wiedergabe der hebr. Determination. Eine determinierte Genitivverbindung wird in der Regel im Griechischen mit Ar-tikel wiedergegeben. Interessanter Weise wird im kaige-Text ein Artikel nur dort gesetzt (oder beibehalten), wo es eine sichtbare Entsprechung im Hebräischen gibt. Wo der hebräische Text keinen Artikel oder ein vergleichbares Element[38] hat, wird auch kein griechischer Artikel gesetzt oder erhalten.

Betrachten wir von da aus noch einmal den oben vorgestellten Text aus 2Sam 15 mit seiner – nach klassischer Sicht gegebenen – unregelmäßigen lukianischen Bearbeitung. Wenn man probeweise die von Barthélemy vorgeschlagene Per-spektive und Arbeitsweise übernimmt und vom lukianischen Text als dem älteren ausgeht, dann ergibt sich eine überraschende Lösung und Erklärung: Die

---

insbesondere des Septuagintatextes, anhand von 2 Samuel 12, in: P. Hugo / A. Schenker (Hg.), Archaeology of the Books of Samuel. The Entangling of the Textual and Literary History (VTS 132), Leiden: Brill 2010, 91–115; *ders.*, Translation and Recensions: Old Greek, Kaige, and Antiochene Text in Samuel and Reigns, BIOSCS 42 (2009), 34–51.

38 Ein vergleichbares Element kann z.B. die nota accusativi darstellen. Diese hat zudem insofern analoge Bedeutung wie der Artikel, weil die nota accusativi nur bei determiniertem Objekt steht, und insofern so wie auch der Artikel Determination anzeigt (wenn auch nicht, so wie es der Artikel tut, Determination bewirkt).

scheinbare Unregelmäßigkeit bei der Ergänzung oder Streichung des Artikels und erklärender Wörter verschwindet. Dagegen ergibt sich eine konsistente Erklärung des kaige-Textes als redaktionelle Bearbeitung im Sinn einer möglichst isomorphen Wiedergabe des hebräischen Bezugstextes im Griechischen. Im Einzelnen ergibt sich:

In V. 2, Z. 8 hat Ant bzw. die Old Greek die durch den Eigennamen determinierte Genitivverbindung, dagegen hat kaige in formaler Anpassung – weil ja in שִׁבְטֵי־יִשְׂרָאֵל kein Artikel zu sehen ist, die beiden griechischen Artikel gestrichen. Ebenso ist in V. 5 Z. 2 der Artikel bei ἄνδρα getilgt und in V. 10, Z. 3 die beiden Artikel aus τὰς φυλὰς τοῦ Ἰσραὴλ, weil dort zwar Determination, aber kein sichtbarer Artikel vorliegt. Aus dieser Perspektive erklärt sich aber auch die scheinbare lukianische Streichung des Artikels in V. 10, Z. 6, nämlich ebenfalls als isomorphe Anpassung an den hebr. Bezugstext אֶת־קוֹל הַשֹּׁפָר, der mit dem Artikel und der nota accusativi die nötigen Vorgaben aufweist, weswegen kaige den Artikel ergänzt. Außerdem ist, wie schon Barthélemy gezeigt hat,[39] κερατίνη ein typisches Wort der kaige-Rezension

Bei den Fällen, wo die Artikel in Ant und kaige gleich sind, gab es die entsprechenden Anhaltspunkte im hebräischen Text, sodass es für kaige keinen Anlass zur Änderung gab. Auffallend ist die Übereinstimmung der beiden griechischen Versionen bei αὐτῷ in V. 2, Z. 3 gegen MT. Dies spricht dafür, dass schon die OG dieses Wort hatte und lässt angesichts der sonstigen Genauigkeit vermuten, dass eine vom MT verschiedene Vorlage anzunehmen ist, und zwar nicht nur für OG sondern auch noch für kaige.

וַיִּקְרָא	2	καὶ ἐβόησεν	καὶ ἐκάλει
אַבְשָׁלוֹם אֵלָיו		πρὸς αὐτὸν Αβεσσαλωμ	αὐτὸν Ἀβεσσαλὼμ
וַיֹּאמֶר		καὶ ἔλεγεν αὐτῷ	καὶ ἔλεγεν αὐτῷ
אֵי־מִזֶּה עִיר אַתָּה		ἐκ ποίας πόλεως σὺ εἶ	Ἐκ ποίας πόλεως εἶ σύ;
			καὶ ἀπεκρίνατο
וַיֹּאמֶר		καὶ εἶπεν [ὁ ἀνήρ >B]	ὁ ἀνήρ καὶ ἔλεγεν
מֵאַחַד		ἐκ μιᾶς	Ἐκ μιᾶς
שִׁבְטֵי־יִשְׂרָאֵל		φυλῶν Ισραηλ	τῶν φυλῶν τοῦ Ἰσραὴλ
עַבְדֶּךָ׃		ὁ δοῦλός σου	ὁ δοῦλός σου.
וְהָיָה	5	καὶ ἐγένετο	καὶ ἐγίνετο
בִּקְרָב־אִישׁ		ἐν τῷ ἐγγίζειν ἄνδρα	ἐπὶ τῷ προσάγειν τὸν ἄνδρα
לְהִשְׁתַּחֲוֹת לוֹ.		τοῦ προσκυνῆσαι αὐτῷ	τοῦ προσκυνεῖν αὐτῷ,
וְשָׁלַח אֶת־יָדוֹ		καὶ ἐξέτεινεν τὴν χεῖρα αὐτοῦ	καὶ ἐξέτεινε τὴν χεῖρα αὐτοῦ
וְהֶחֱזִיק לוֹ		καὶ ἐπελαμβάνετο αὐτοῦ	καὶ ἐπελαμβάνετο αὐτοῦ

---

39 D. *Barthélemy*, Les Devanciers, 60 – 63: „III.4. Distinction du cor et de la trompette".

וַיִּשְׁלַח	10	καὶ ἀπέστειλεν	καὶ ἀπέστειλεν
אַבְשָׁלוֹם		Αβεσσαλωμ	Ἀβεσσαλὼμ
מְרַגְּלִים		κατασκόπους	κατασκόπους
בְּכָל־שִׁבְטֵי		ἐν πάσαις φυλαῖς	εἰς πάσας τὰς φυλὰς
יִשְׂרָאֵל		Ισραηλ	τοῦ Ἰσραὴλ
לֵאמֹר		λέγων	λέγων
כְּשָׁמְעֲכֶם		ἐν τῷ ἀκοῦσαι ὑμᾶς	Ἐν τῷ ἀκοῦσαι ὑμᾶς
אֶת־קוֹל הַשֹּׁפָר		τὴν φωνὴν τῆς κερατίνης	φωνὴν σάλπιγγος,
וַאֲמַרְתֶּם		καὶ ἐρεῖτε	καὶ ἐρεῖτε
מָלַךְ		βεβασίλευκεν βασιλεὺς	Βεβασίλευκεν
אַבְשָׁלוֹם;		Αβεσσαλωμ	Ἀβεσσαλὼμ
בְּחֶבְרוֹן:		ἐν Χεβρων	ἐν Χεβρών

Für die sprachliche Eigenart der Textformen bedeutet das: Die ursprüngliche Septuaginta hat sich zwar eng an den hebräischen Text gehalten, diesen aber mit einer gewissen Freiheit und durchaus unter Berücksichtigung der hebräischen und griechischen Grammatik gestaltet. So sind etwa determinierte Objekte einer Genitivverbindung soweit möglich auch im Griechischen mit Artikel wiedergegeben. Dagegen wird in der kaige-Rezension eine formale Anpassung an die hebräische Vorlage durchgeführt: Der griechische Artikel wird dort beibehalten oder ergänzt, wo auch im Hebräischen ein Artikel sichtbar ist. Dort, wo aber kein Artikel (oder gleichwertiges Graphem) zu sehen ist, wird er auch im Griechischen gestrichen.

Diese Beobachtungen führten dazu, dass sich die von Rahlfs, von Ziegler und anderen festgestellte Unregelmäßigkeit und Widersprüchlich der angeblichen lukianischen Rezension als Scheinproblem erweist. Zugleich ergibt sich damit, dass der antiochenische Text in der Tat – wie es Barthélemy entdeckt hatte – praktisch die alte Septuaginta / Old Greek repräsentiert (wenn auch natürlich mit manchen Veränderungen und Verderbnissen, die im Zug der Überlieferung entstanden).[40]

An dieser Stelle sei noch einmal eine Bemerkung zur Frage von Redaktionen im Antiochenischen Text gemacht: Trotz der hier gezeigten Beobachtungen und Erklärungen ist nicht ausgeschlossen, dass es so etwas wie eine protolukianische Rezension gab und vielleicht auch eine lukianische Rezension, aber sie können nicht sehr umfangreich gewesen sein, und – am wichtigsten – beides ist nachzuweisen und nicht nur zu postulieren.

---

40 Vgl. die oben erwähnte Feststellung von *Barthélemy*, Les Devanciers, 127: Der Antiochenische Text ist „essentiellement la Septante ancienne, plus ou moins abâtardie et corrompue."

6. Der Antiochenische Text im nicht-kaige-Bereich

Wie oben in der Forschungsgeschichte dargestellt, bleibt die spannende Frage nach den Gegebenheiten im nicht-kaige-Bereich. In diesem Bereich steht der Text des Kodex Vaticanus anerkanntermaßen der ursprünglichen Septuaginta näher bzw. er wird von manchen faktisch damit gleich gesetzt. Wenn sowohl Ant wie auch B der ursprünglichen Septuaginta nahe stehen, ergibt sich, dass auch Ant und B hier näher zueinander stehen als im kaige-Bereich. Das Verhältnis von B, Ant und OG lässt sich nach drei Möglichkeiten erklären: 1) Die beiden Textformen gehen auf unterschiedliche „Septuagintas"[41] zurück. 2) Beide Textformen gehen auf eine gemeinsame Basis zurück, sind aber (leicht) überarbeitet. 3) Eine Textform steht der OG näher oder ist mit ihr identisch, die andere Textform ist eine Bearbeitung der ersten. In diesem Fall ist die Frage, welche der beiden die ursprüngliche Form ist und welche die sekundäre Bearbeitung.

Betrachten wir dazu einige Verse aus dem nicht-kaige-Bereich von 2Samuel. Wir wählen 2Sam 2,5 – 8, wo ein etwas größeres Qumranfragment vorhanden ist.

2Sam 2,5

MT		B / (A)[42]	Ant[ed]
וַיִּשְׁלַח דָּוִד	1	καὶ ἀπέστειλεν Δαυεὶδ	καὶ ἀπέστειλε Δαυὶδ
מַלְאָכִים	2	ἀγγέλους	ἀγγέλους
אֶל־אַנְשֵׁי	3	πρὸς τοὺς ἡγουμένους	πρὸς ἡγεμόνας
יָבֵישׁ גִּלְעָד	4	Ἰαβεὶς τῆς Γαλααδείτιδος,	Ἰαβὶς τῆς Γαλααδίτιδος,
וַיֹּאמֶר אֲלֵיהֶם	5	(καὶ εἶπεν πρὸς αὐτούς	καὶ εἶπε πρὸς αὐτούς
בְּרֻכִים אַתֶּם לַיהוָה	6	Εὐλογημένοι ὑμεῖς τῷ κυρίῳ,	Εὐλογημένοι ὑμεῖς τῷ κυρίῳ
אֲשֶׁר עֲשִׂיתֶם הַחֶסֶד	7	ὅτι πεποιήκατε τὸ ἔλεος	ὅτι πεποιήκατε ἔλεον
הַזֶּה	8	τοῦ θεοῦ	
עִם־אֲדֹנֵיכֶם	9	ἐπὶ τὸν κύριον ὑμῶν	ἐπὶ τὸν κύριον ὑμῶν,
עִם־שָׁאוּל	10	Σαούλ,	ἐπὶ τὸν Σαούλ,
וַתִּקְבְּרוּ אֹתוֹ:	11	καὶ ἐθάψατε αὐτόν.)	καὶ ἐθάψατε αὐτόν.

4QSam[a]	[אנשי יביש גלעד ויאמר אלי]הֹם ברוכים [אתם ליהוה אשר][5]
	[עשיתם חסד האלוהים הז]ה על אדניכ]ם עם שאול משיח יהוה]
	[ותקברו אתו ⁶ועתה יעש י]הֹוֹה אתכם חֹ]סֹד ואמת וגם אנכי]

---

41 Eine solche Möglichkeit hat E. Tov, Lucian and Proto-Lucian, RB 79 (1972), 101–113, erwogen: Der vorlukianische Text „contained either *the* Old Greek translation or any Old Greek translation." (103)
42 Der in Klammer stehende Versteil fehlt im Kodex Vaticanus wegen Beschädigung des Blattes. Er ist in Brooke-McLean aus Kodex Alexandrinus bzw. als Mehrheitstext ergänzt.

Zunächst ist die große Ähnlichkeit von B (bzw. A, s. Fn. 42) und Ant festzustellen. Die beiden Textformen sind nicht unabhängig voneinander, sondern hängen eng zusammen oder haben eine gemeinsame Grundlage. Trotzdem gibt es auch Differenzen und zwar nicht nur zwischen den griechischen Textformen, sondern auch gegenüber den hebräischen. Die deutlichste Differenz liegt in Z. 8 vor, wo (A) gegen Ant und gegen MT aber mit 4QSamᵃ von einer Gottes-Gnadentat spricht. Nach klassischer Ansicht hätte hier Lukian den Bezug auf Gott gestrichen, was sehr unwahrscheinlich ist. Eher erklärt sich Ant als die ursprüngliche lectio brevior. Ant entspricht somit OG,[43] wobei es offen bleiben mag, ob diese der hebr. Vorlage genau entsprach (d. h. ohne הזה) oder ob diese wie MT, also mit הזה, lautete und Ant die im Kontext überflüssige Betonung „diese" weg ließ. B hat offensichtlich an den längeren, in Qumran bezeugten (die Rekonstruktion ist hier aus Platzgründen eindeutig) Text angepasst.

In Z. 7 und Z. 10 liegt eine gegenläufige Situation bezüglich des Artikels vor. Nach traditioneller Interpretation (s. o.) hätte Lukian in Z. 10 den Artikel ergänzt, in Z. 7 jedoch gestrichen. Näher als diese Widersprüchlichkeit im gleichen Vers liegt die Erklärung, dass in beiden Fällen formal an den hebr. Bezugstext angepasst wurde. Ant bzw. OG hat in beiden Fällen gut Griechisch übersetzt. Interessanter Weise ist in Z. 9 bei beiden Textformen der Artikel vorhanden. Auf Grund der Determination durch das Personalpronomen im Hebräischen ist das grammatisch korrekt. Dass in (A) der Artikel stehen blieb, zeigt, dass die isomorphe Bearbeitung hier (noch) nicht so streng erfolgte wie in kaige.

Auffallend ist, dass in Z. 9 in B wie in Ant die Präposition ἐπί steht. Das ist für עם nicht unmöglich, zu erwarten wäre jedoch על. Genau das ist interessanter Weise in 4QSamᵃ mit[ם] אדניכ[ם] על bezeugt. Die Übereinstimmung von B und Ant zeigt, dass hier OG vorliegt. In Z. 10 lautete die Präposition in der Vorlage wahrscheinlich ebenfalls על.[44]

Der Wechsel von ἔλεος und ἔλεον (Z. 7) wurde schon von Rahlfs vermerkt, allerdings nur bei 1Kön 2,7 und neben Änderungen des Geschlechts bei einigen anderen Wörtern.[45] Das Substantiv wurde im klassischen (attischen) Griechisch als Maskulinum verwendet, im hellenistischen Griechisch als Neutrum. Bei den 21 Belegen in Sam–Kön gibt es eine klare Verteilung auf die Maskulin- und die

---

43 Wenn man diese Konsequenz vermeiden möchte, müsste man nicht nur eine andere OG-Textform postulieren, sondern auch eine protolukianische Bearbeitung. Für beides gibt es keine Grundlage, sondern beides wäre nur ein Postulat um eine traditionelle Annahme zu verteidigen.
44 Dasselbe ist allein schon aus Gründen der Parallelität auch vor שאול anzunehmen. Die Rekonstruktion ist hier sicher falsch.
45 *Rahlfs*, Lukians Rezension, 281.

Neutrum-Form:[46] In B bzw. im Rahlfs-Text gibt es nur das Neutrum, im Ant außer in 2Sam 16,17, wo aber eine Unsicherheit vorliegt, nur das Maskulinum. Insofern könnte Ant hier die OG bewahren und hätte sich in B bzw. in der Mehrheitsüberlieferung die hellenistische Form durchgesetzt.

Außer im Ant von Sam–Kön kommt in der Septuaginta (nach Kodex Vaticanus bzw. der Konkordanz von Hatch-Redpath) die Neutrum-Form von ἔλεος 333 Mal vor, die Maskulin-Form nur 20 Mal, davon 17 Mal im Akkusativ, und zwar nur an einzelnen, meist eher späten Stellen.[47] Kim vermutet (für diese Stellen?) ein Schreibversehen. Bei Sam–Kön scheint aber doch ein Konzept dahinter zu stehen. Das könnte zwar auch eine späte „lukianische" Bearbeitung sein, aber dann würde man doch eine größere Zahl von Belegen erwarten. Allerdings ist zu beachten, dass die o.g. Zahlen von den Editionen abhängen, in denen die antiochenischen bzw. lukianischen Lesarten nur ausnahmsweise im Obertext stehen, sondern – wenn überhaupt – meist nur im Apparat auftauchen. Insofern müsste der Frage auf breiter Basis in den Bänden der Göttinger Ausgabe nachgegangen werden, was hier nicht möglich ist. Eine Überprüfung für die Chronik an Hand der Madrider Ausgabe ergibt den merkwürdigen Befund, dass im Ant von 14 Belegen vier die maskuline Form verwenden (1Chr 17,13; 19,2 [2x]; 2Chr 1,8). Das sieht jedenfalls nicht nach einem typischen redaktionellen Merkmal aus. Da die meisten Neutrum-Formen in liturgisch geprägten Wendungen stehen, könnte man eher annehmen, dass die Maskulinum-Form die ältere ist, die von den liturgisch geprägten Wendungen und/oder in der weiteren Überlieferung überlagert wurde. Auch die Charakterisierung als „attisch" entscheidet nicht bzw. spricht eher für die ältere Zeit: Das Bemühen um attische Sprache (für Literatur) war im Alexandrien des 3. und 2. Jh. v.Chr. mindestens so ausgeprägt wie in Syrien um 300 n.Chr.

In Z. 4 haben beide, B und Ant, die Landschaftsbezeichnung „die Gileaditis". Auch das ist die OG. Die Bezeichnung kommt in Jos 13,11 und 17,1 vor, sowie in Ri 10,8 (A-Text); 1Sam 11,3 (Ant); 31,11 (Ant); 2Sam 2,4.5.9; 1Chr 26,31, mehrmals in 1Makk 5 und an anderen Stellen. In Ri 10,8 ist die Bezeichnung im B-Text (= kaige-Text) durch die isomorphe Wiedergabe Γαλααδ ersetzt; in 1Sam 11,3 durch „Israel", womit auch ein anderes Textverständnis gegeben ist. In 1Sam 31,11; 2Sam 2,4.5.9[48] haben Ant und B „Gileaditis" und somit OG.[49]

---

46 Vgl. die Aufstellung bei *Kim*, Textformen, 148 f.

47 Vgl. *Kim*, Textformen, 148 f.

48 Trotz der Lücke ist anzunehmen, dass B (ebenso wie es A, M und N = V tun) in V. 9 ebenso las wie in V. 4.5.

49 In 2Chr 18,2.3 liegt der Fall interessanter Weise umgekehrt, dort haben B und auch A und N die „Gileaditis" bewahrt, während Ant (allerdings nur durch zwei Handschriften bezeugt) „Galaad"

Dass in Z. 3 von den ἡγεμόνας bzw. den ἡγουμένους die Rede ist, ist sachgemäß, allerdings als Wiedergabe von איש singulär.[50] Dass auch 4QSamᵃ אנשי liest, schließt eine andere hebr. Vorlage nicht aus, macht sie aber auch nicht wahrscheinlicher. Vermutlich übersetzte OG relativ frei und änderte vielleicht die B-Tradition zum Partizipium mit Artikel.

2Sam 2,6

MT		B / (A)[51]	Ant^ed
וְעַתָּ֞ה יַֽעַשׂ־יְהוָ֧ה	1	καὶ νῦν ποιήσαι Κύριος	καὶ νῦν ποιήσαι Κύριος
עִמָּכֶ֛ם	2	μεθ' ὑμῶν	μεθ' ὑμῶν
חֶ֥סֶד וֶאֱמֶ֖ת	3	ἔλεος καὶ ἀλήθειαν,	ἔλεον καὶ ἀλήθειαν,
וְגַ֣ם אָנֹכִ֗י אֶֽעֱשֶׂה֙	4	καί γε ἐγὼ δὲ ποιήσω	καί ἐγὼ δὲ ποιήσω
אִתְּכֶם֙ הַטּוֹבָ֣ה הַזֹּ֔את	5	μεθ' ὑμῶν τὸ ἀγαθὸν τοῦτο,	μεθ' ὑμῶν τὰ ἀγαθὰ ταῦτα,
אֲשֶׁ֥ר עֲשִׂיתֶ֖ם	6	ὅτι ἐποιήσατε	ὅτι ἐποιήσατε
הַדָּבָ֥ר הַזֶּֽה׃	7	τὸ ῥῆμα τοῦτο.	τὸν λόγον τοῦτον.

4QSamᵃ   [ותקברו אתו ⁶ ועתה יעש י]הוה אתכם ח[סד ואמת וגם אנכי]
[אעשה אתכם הטובה ה]זֹ֗את אשר] עשיתם את הדבר הזה]

Auch hier zeigt die weitgehende Identität der beiden Textformen, dass sie einen gemeinsamen Ursprung haben. Zu Z. 2 fällt auf, dass 4QSamᵃ אתכם liest, was aber faktisch gleichbedeutend ist; bemerkenswert ist aber doch, dass in Z. 5 auch MT אתכם hat, was so wie in Z. 2 mit μεθ' ὑμῶν übersetzt ist. Die Differenz in Z. 3 zwischen ἔλεος und ἔλεον wurde bei V. 5 ausführlich diskutiert. Z.3 bietet einen markanten Unterschied, indem B nicht nur καί sondern καί γε liest, also das namengebende Element der kaige-Rezension verwendet. Allerdings steht es hier nicht für bloßes גם sondern für וגם, wofür es die genaue Entsprechung ist. Insofern haben wir hier noch nicht die kaige-Rezension im eigentlichen Sinn vor uns, aber doch eine isomorphe Anpassung und insofern gewissermaßen „semi-kaige". Dass Ant hier wieder OG ist, bestätigt sich auch insofern, als es eigentlich keinen Grund für eine Streichung des

---

liest. Dagegen hat die Vetus Latina in V. 2 „in Ramaa Gileaditi" bewahrt. In V. 5 hat dann auch B nur mehr „Galaad".

50 Siehe dazu *E. Hatch / H.A. Redpath* (edd.), A Concordance to the Septuagint and the other Greek Versions of the OT (including the Apocryphal Books), Oxford 1898–1906 (repr. Grand Rapids ²1998), 602f., und – für den Ant – *N. Fernández Marcos / M.V. Spottorno Diaz-Caro / J.M. Caitas Reillo*, Indice Griego-Hebreo del texto antioqueno en los libros historicos. Volumen I: Indice general; Volumen II: Indice de nombres propios (TECC 75), Madrid 2005, s.v.
51 Der in Klammer stehende Versteil fehlt im Kodex Vaticanus wegen Beschädigung des Blattes. Er ist in Brooke-McLean aus Kodex Alexandrinus bzw. als Mehrheitstext ergänzt.

γε gibt. Auch die Differenz in Z. 5 erklärt sich in diesem Sinn: Das singularische τὸ ἀγαθὸν τοῦτο erklärt sich als Anpassung an den Wortlaut von MT.

Exkurs: ῥῆμα und λόγος als Wiedergabe von דבר in 2Samuel

Die Differenz zwischen ῥῆμα und λόγος in Z. 7 ist nicht leicht zu entscheiden, weil beide Wörter in beiden Textformen eine große Bedeutungsbreite (von Wort im engeren Sinn bis hin zu Sache, Angelegenheit etc., und für Worte Gottes ebenso wie für Worte von Menschen) haben und der Wechsel in beiden Richtungen erfolgt. Zu 2Sam ergibt sich folgende Übersicht zu den Belegen für die Wiedergabe von דבר durch ῥῆμα oder λόγος:

λόγος		ῥῆμα	
Ant^ed	Rahlfs = B	Ant^ed	Rahlfs = B
1,4;	1,4;		
2,6			2,6;
3,8.13.17;	3, 8.13;	3,11;	3, 11
	(17: εἶπεν);		
7,17.21.	7,17.21 [sic O';	7,4.25;	7,4.25;
28;	B: δοῦλον].28;		
11,	11,18.19.	11,18.19.22.25;	11,11.22.25.
(27: πράγμα)			27;
12,(6: πράγμα)	12,9;	12,12;	12,6 (cf. MT).12.
14.21;			14.21;
13,21;	13,21.22.35;	13,33.35;	13,20.33;
14,3.13.15.17.19.	14,3.13.17.19.	14,3.12.15.18.	14,3.12.15.15.18.
20.20;	20.21.22;	21.22;	20;
15,3.28;	15,3;	15,6.11.35.36;	15,6.11.28.35.36;
(16,23:	16,23;		
καθὼς ἐρωτᾷ τις)			
17,4;	17,4.6;	17,6.6.19;	17,6.19;
18,13;	18,13;		
19,30.43;	19,12.30.43.	19,11(MT V.12).	19,11;
	44.44.44;	44.44.44;	
20,17.21;	20,17.18.21;		
22,1;	22,1;	22,31;	22,31;
23,1;	23,1.2;		
	24,3.4.11.19;	24,3.4.11.13.19;	24,13;
25,7.14.	1Kön 1,7.14;	25,27;	1Kön 1,27
	2,4	26,4	

In der Tabelle markiert sind jene Stellen, wo der Begriff in der jeweils anderen Textform nicht vorkommt. Kursiv geschrieben sind Stellen mit Pluralformen.

Es ergeben sich folgende Differenzen: An Stelle von λόγος in Ant findet sich ῥῆμα in B an folgenden Stellen: 2,6; 12,14.21; 14,15.20; 15,28. Andererseits hat an folgenden Stellen Ant ῥῆμα und B λόγος: 11,18.19; 13,35; 14,21.22; 17,6; 24,3.4.11.19 (wobei in V. 13 ῥῆμα in beiden Textformen vorliegt bzw. erhalten bleibt); 26,4 (= 1Kön 2,4 in Rahlfs). Die Bewegung erfolgt in beiden Richtungen. Auch in inhaltlicher Hinsicht lässt sich kein klarer Trend erkennen. Auffallend ist, dass zwar auch im nicht-kaige-Bereich beide Wörter verwendet werden, dass aber eine Änderung in diesem Bereich nur in 2,6 vorkommt (bei 3,17 B steht wahrscheinlich eine verbale Form des Wortes, d. h. וידבר statt ודבר, dahinter), während sie im kaige-Bereich häufig geschieht, allerdings in beide Richtungen. Da im kaige-Bereich der Text von B die kaige-Rezension darstellt, kann man davon ausgehen, dass auch der Wechsel zwischen ῥῆμα und λόγος durch die kaige-Rezension erfolgt sein wird. Dabei wurde der Wortlaut zum Teil beibehalten, zum Teil geändert.

Genaueres Zusehen lässt aber doch auch gewisse Tendenzen erkennen: In 11,27 und 12,6 hat Ant die freiere Wiedergabe πρᾶγμα, während B jeweils wörtlich mit ῥῆμα wiedergibt. In 16,23 sagt Ant über den Rat Ahitophels, dass er gewesen sei, wie wenn jemand Gott befragt, während B wieder wörtlich mit Nomen wiedergibt, in diesem Fall mit λόγος. An diesen beiden Stellen ist für B eine gewisse Tendenz zu λόγος für Wort und ῥῆμα für Angelegenheit, Sachverhalt, zu erkennen. Das würde zu ῥῆμα in 12,14.21 und 14,15.20 und 15,28 passen, während mit λόγος bei 11,18 f. stärker an die Nachrichten über den Stand der Dinge gedacht wäre. Interessant ist 17,6: Dort wird von den beiden ῥῆμα des Ant in B eines beibehalten und eines zu λόγος geändert, was durchaus zur Sache bzw. zur genannten Unterscheidung passt. Auffallend ist auch, dass von den fünf Vorkommen von ῥῆμα in 2Sam 24 vier zu λόγος geändert werden, während in V. 13 ῥῆμα bleibt. Das passt dazu, dass in V. 13 der Sachverhalt gemeint ist, während an den anderen Stellen teils explizit vom Wort (insbesondere Wort Gottes in V. 11 und Wort des Propheten Gad in V. 19) die Rede ist. – Freilich könnten viele der Änderungen auch in der umgekehrten Richtung erklärt werden. Dann müsste man aber diese Belege aus der sonstigen Arbeit der kaige-Rezension herausnehmen und eine eigene Rezension postulieren, die jedoch nur diese beiden Begriffe bearbeitet hätte, was nicht sehr überzeugend ist. Deutlich für eine Anpassung durch kaige spricht 12,9: Hier betrifft die Entehrung durch das Handeln Davids nicht den Herrn sondern das Wort des Herrn. Diese Ergänzung erfolgt in Anpassung an MT. Dass sie mit λόγος erfolgt, entspricht der oben dargelegten Tendenz. Dass die Bearbeitung als Teil der kaige-Bearbeitung erfolgte, ist schließlich auch von 26,4 bzw. 1Kön 2,4 her wahrscheinlich. Dort ändert kaige nicht nur den Begriff, sondern passt ihn auch an den Singular des masoretischen Textes an.

Dafür, dass OG einen hebräischen Begriff mit zwei griechischen Wörtern übersetzt hat und dass die kaige-Rezension diese Doppelheit beibehalten und zum Teil nach eigener Vorstellung akzentuiert hat, gibt es eine Parallele, nämlich die Wiedergabe von עֶבֶד mit παῖς und mit δοῦλος. Während OG relational und nach Redesituation unterschied, wobei sie δοῦλος vor allem als demütig-höfliche Selbstbezeichnung und παῖς im allgemeineren Sinn für „die Leute" (z. B. des Königs) verwendete, hat die kaige-Rezension die beiden Bezeichnungen nach Status unterschieden.[52]

Insgesamt führen die Beobachtungen dazu, dass in 2,6 die Priorität bei Ant liegt, während B zu ῥῆμα änderte. Dass B den Artikel beibehalten hat, passt nicht nur zur griechischen Grammatik, sondern auch dazu, dass mit der nota accusativi ein dem Artikel entsprechendes formales Element vorliegt.[53]

2Sam 2,7

MT		B	Ant^ed
וְעַתָּה	1	καὶ νῦν	καὶ νῦν
תֶּחֱזַקְנָה	2	κραταιούσθωσαν	κραταιούσθωσαν
יְדֵיכֶם	3	αἱ χεῖρες ὑμῶν	αἱ χεῖρες ὑμῶν
וִהְיוּ לִבְנֵי־חַיִל	4	καὶ γίνεσθε εἰς υἱοὺς	καὶ γίνεσθε εἰς υἱοὺς δυνατούς,
כִּי־מֵת	5	δυνατούς, ὅτι τέθνηκεν	ὅτι τέθνηκε
אֲדֹנֵיכֶם שָׁאוּל	6	ὁ κύριος ὑμῶν Σαούλ,	Σαοὺλ ὁ κύριος ὑμῶν
וְגַם־אֹתִי	7	καί γε ἐμὲ	καὶ ὅτι ἐμὲ
מָשְׁחוּ בֵית־יְהוּדָה	8	κέχρικεν ὁ οἶκος Ἰούδα	κέχρικεν ὁ οἶκος Ἰούδα
לְמֶלֶךְ עֲלֵיהֶם: פ	9	ἐφ᾽ἑαυτὸν εἰς βασιλέα.	ἐφ᾽ἑαυτοῖς εἰς βασιλέα.
			[Ms 127: εφ εαυτους]
4QSam^a		[וזעתה תחזקנה ידיכם ו]היו לבני חיל[כי מת אדניכם שאול]	
		[וגם אתי משחו בית יהודה]עליהם ל[מלך vacat]	

Auch hier zeigt die weitgehende Identität von B und Ant die enge Zusammenge-hörigkeit der beiden Textformen. Unterschiede bestehen fast nur in der Wortfolge. In Z. 6 hat B an die Wortfolge von MT angepasst (für eine Anpassung durch Ant in

---

52 Siehe dazu *J.-H. Kim*, Die Wiedergabe von עֶבֶד mit δοῦλος oder παῖς in der Septuaginta der Samuel- und Königebücher, in: W. Kraus / M. Karrer / M. Meiser (Hg.), Die Septuaginta – Texte, Theologien und Einflüsse (WUNT 252), Tübingen 2010, 391–403.
53 Vgl. Fn. 38 und oben bei 2Sam 15,10 zur Funktion der nota accusativi.

der umgekehrten Richtung gibt es keinen erkennbaren Grund). καί γε in Z. 7 ist das bekannte Kennzeichen der kaige-Rezension, allerdings gilt auch hier wie in V.6, dass וְגַם auch schon für sich mit καί γε wiedergegeben werden kann. Auffallend ist aber doch die genaue Anpassung an den hebr. Text, während in Ant bzw. wohl doch wieder OG parallel zu Z. 5 mit ὅτι fortgesetzt wird. Leider liegen für Z. 6 und 7 die entsprechenden Wörter im rekonstruierten Bereich von 4QSamª, sodass nicht gesagt werden kann, welche Wortfolge oder welche Konjunktion (וכי/וגם) dort wirklich vorlag. In Zeile 9 stimmt die Wortfolge von Ant und B gegen MT überein und entspricht somit OG. Diese Wortfolge wird auch von 4QSamª bestätigt. MT weicht zwar in der Wortfolge ab, stimmt aber mit dem Plural von עליהם mit 4QSamª und Ant überein. Somit repräsentiert Ant auch hier OG, während sich die singularische Lesart von B als Anpassung an den Singular בית יהודה erklärt.[54]

2Sam 2,8

MT		B	Ant[ed]
וְאַבְנֵר בֶּן־נֵר	1	Καὶ Αβεννὴρ υἱὸς Νήρ	καὶ Αβεννὴρ υἱὸς Νήρ,
שַׂר־צָבָא אֲשֶׁר לְשָׁאוּל	2	ἀρχιστράτηγος τοῦ Σαοὺλ	ἀρχιστράτηγος Σαούλ,
לָקַח אֶת־אִישׁ בֹּשֶׁת	3	ἔλαβεν τὸν Ἰεβόσθε[c]	καὶ ἔλαβε τὸν Ἰσβάαλ[c]
בֶּן־שָׁאוּל	4	υἱὸν Σαοὺλ	υἱὸν τοῦ Σαοὺλ
וַיַּעֲבִרֵהוּ	5	καὶ ἀνεβίβασεν αὐτὸν	καὶ διεβίβασεν αὐτὸν
	6	ἐκ τῆς παρεμβολῆς	ἐκ τῆς παρεμβολῆς.
מַחֲנָיִם׃	7	εἰς Μαναέμ,	
4QSamª		[ואבנר בן נר]שר הצבא א[שר לשאול לקח את] [8] *vacat*]	
		[איש בשת בן שאול וי]עֹבֹּ[רה]ו מחנ]ים[9] וימלכהו על הגלעד]	

Wiederum bestätigt die große Nähe der beiden Texte ihren gemeinsamen Ursprung. Gemeinsam und somit OG ist auch die fälschliche Auflösung des Ortsnamens Machanajim/Manaem als ἐκ τῆς παρεμβολῆς. Diese Lesart muss ein weiteres מ, also ממחנים voraussetzen. B hat dagegen auch noch die Wiedergabe des Ortsnamens und bietet damit faktisch eine Doppelwiedergabe des hebr. Textes.

---

54 Der Dativ in Ant[ed] ist grammatisch korrekt bzw. möglich. Interessanter Weise hat aber Ms 127 den Akkusativ. Angesichts der sonstigen Bedeutung dieser Handschrift könnte man, entgegen den Madrider Herausgebern, die dem Mehrheitstext folgen, Ms 127 für ursprünglich halten, was dann noch besser die Form von B erklärt. Die Änderung zum Dativ in den drei anderen Handschriften wäre dann im Zuge der Überlieferung entstanden.

Diese findet sich auch schon in der Sahidischen Übersetzung[55] Andererseits ist die kürzere Lesart der OG weit verbreitet und liegt neben dem Ant auch in den Kodices A und V, einige griechischen Handschriften und in der Armenischen Übersetzung vor.

Josephus, AJ VII, 9 hat διαβιβάζει πρὸς τοὺς πέραν τοῦ Ἰορδάνου womit er die Ortsangabe umschreibt. Vor allem aber stimmt er mit dem Verbum des Ant überein (Z. 5), das er damit als alt erweist und das neben Ant auch in V bezeugt ist. B ändert und denkt mit ἀνεβίβασεν offenbar mehr an das Hinaufgehen nach Gilead. Die OG hatte offensichtlich noch eine Vorlage mit dem Namenselement בעל ('Ιοβάαλ) an Stelle der dogmatisch bedingten Korrektur zu בשׁת, wie es in 'Ιεβόσθε entsprechend MT vorausgesetzt ist. Ms 19, 82, 108 und 127 haben allerdings Memphibosthe; nur Ms 93 hat Isbaal, was allerdings auch von Vetus Latina, VL 91–95, bestätigt wird.

Für Z. 2–4 ist die Artikelsetzung zu erörtern. Nach der traditionellen Theorie hätte Lukian den Artikel in Z. 4 hinzugefügt, während er den in Zeile 2 vorhandenen Artikel gestrichen hätte und ihn in Z. 3 unverändert ließ. Eine konsistente Erklärung ergibt sich jedoch aus dem Phänomen der isomorphen Anpassung: In Z. 2 liegen mit אשׁר ל Grapheme vor, die einen Artikel rechtfertigen. Dagegen liegt in Z. 4 zwar eine determinierte Genitivverbindung vor, die in Ant bzw. OG zur Setzung des Artikels führte, jedoch ist kein Graphem vorhanden, so dass der Artikel im B-Text getilgt wurde. In Z. 3 wiederum ist der Artikel in B beibehalten, weil mit der nota accusativi ein dem Artikel adäquates Graphem vorliegt.[56] Schließlich ist noch das καί in Z. 3 anzusprechen. In Ant liegt eine etwas andere Auffassung der Syntax vor („Abenner ... war der oberste Feldherr Sauls, und er nahm ...“). B passte dagegen genau an MT an und tilgte das καί.

Insgesamt zeigt die Analyse dieser Verse aus dem nicht-kaige-Abschnitt von 2Sam, dass auch hier so wie im kaige-Bereich der Antiochenische Text im Wesentlichen die Old Greek repräsentiert und dass der vom Kodex Vaticanus überlieferte Text auch in diesem Bereich eine, wenn auch mildere isomorph-hebraisierende Bearbeitung erfahren hat. Da diese Bearbeitung die gleiche Tendenz hat wie die kaige-Rezension, kann man sie als semi-kaige-Bearbeitung bezeichnen.

---

55 „And Abenner, the son of Ner, the *chief general* of Saoul, took Iebousthe, Saoul's son, (and) brought him out of the *camp* up to Manaam." *J. Drescher*, The Sahidic (Coptic) version of Kingdoms I, II (Samuel I, II), Scriptores Coptici 36 (CSCO 314), Louvain 1970, 80.
56 Siehe dazu in Fn. 38 und oben bei V. 6.

7. Ergebnis und Folgerungen

1) Die Erforschung des Antiochenischen Textes ist besonders stark geprägt von traditionellen Vorstellungen. Zu diesen traditionellen Prägungen gehört das hohe Gewicht, das dem Kodex Vaticanus als ältestem (fast) vollständigen Zeugen der Septuaginta zugemessen wird. Zu diesen traditionellen Prägungen gehört auch die geringe Bewertung des Antiochenischen/Lukianischen Textes bzw. die Annahme einer weitgehenden lukianischen Rezension, wie sie seit Rahlfs weithin unhinterfragt tradiert und bis in die Editionen vorausgesetzt wird.

2) Die Entdeckung der kaige-Rezension hatte bei Barthélemy auch eine Neubewertung des Antiochenischen Textes zur Folge. Barthélemy zeigte, jedenfalls für Samuel–Könige, dass der Ant von der kaige-Rezension vorausgesetzt wird und somit der Ant älter als die kaige-Rezension ist und zeitlich wie sachlich der Old Greek sehr nahe steht. Beides sind zwei Seiten einer Medaille

3) Insbesondere durch Brock wurde die Erkenntnis Barthélemys aufgespalten, so dass seither zwar die kaige-Rezension weithin akzeptiert ist, die damit verbundene (Neu-)bewertung des antiochenischen Textes jedoch unter den Tisch fiel.

4) Die biblischen Texte aus Qumran führten vor allem zu Erkenntnis der Vielgestaltigkeit der biblischen Texte in frühjüdischer Zeit und zu einer Neubewertung des antiochenischen Textes, und zwar sowohl auf Grund konkreter Übereinstimmungen als auch im Blick auf bestimmte mit dem Ant übereinstimmende allgemeine Kennzeichen der Texte (insbesondere der sog. Vulgärtexte). Das Festhalten an der traditionellen Sicht bezüglich des lukianischen Textes und einer umfangreichen lukianischen Rezension um 300 n. Chr. steht in Konflikt mit diesen neuen Erkenntnissen und führte vielfach zu Kompromissmodellen.

5) Das Verhältnis zwischen dem Antiochenischen Text als wichtigstem Zeugen für die Old Greek und dem kaige-Text, wie er vor allem in den entsprechenden Teilen des Kodex Vaticanus bezeugt ist, kann durch Berücksichtigung des frühjüdischen Textverständnisses und der zeitgenössischen Hermeneutik konsistent erklärt werden. Diese konsistente Erklärung – gegenüber der Annahme uneinheitlicher und widersprüchlicher Bearbeitung durch eine späte lukianische Rezension – ist ein wesentliches Argument zur Erklärung der Textentwicklung und für die Frage der Priorität.

6) Die Diskussion isolierter Begriffe und Wendungen ist bei der Frage der Priorität von Textformen problematisch. Einerseits ist es richtig, dass Entscheidungen nicht von übergeordneten Theorien her getroffen werden dürfen, andererseits ist aber die single-case-Methode fragwürdig, weil sie scheinbar jeden einzelnen Fall für sich beurteilt, dabei faktisch aber doch nicht ohne vorher gewonnene Gewichtungen und Bewertungen auskommt. – Insofern ist die Inter-

pretation zusammenhängender Texte methodisch zu bevorzugen gegenüber unzusammenhängenden Einzelfällen und auch gegenüber statistischen Angaben.

7) Für statistische und auch semantische Zusammenhänge ist zu beachten, dass die daraus abgeleitete Nähe oder Ferne von Texten zunächst zeitneutral sind und für sich alleine nichts über die Richtung der Beziehung sagen. Statistische Verhältnisbestimmungen chronologisch auszuwerten, führt zu Zirkelschlüssen. So ist z. B. das häufig zu findende Argument, dass eine (exklusive) Übereinstimmung zwischen antiochenischem Text und Symmachus ein Beweis für die Übernahme aus der Hexapla und damit eine späte lukianische Redaktion sei, unzutreffend. Mindestens genauso gut möglich und wahrscheinlich ist, dass eine solche Übereinstimmung auf die gemeinsame Grundlage in der OG zurückgeht.

8) Die hier vorgestellten Untersuchungen führen zu dem Ergebnis, dass die ursprüngliche Septuaginta (Old Greek) in großer Breite eine isomorph-hebraisierende Bearbeitung erfahren hat, die sich nicht nur in den (seit Barthélemy so genannten) kaige-Texten niederschlägt, sondern dass es daneben bzw. davor eine ähnliche, wenn auch mildere semi-kaige-Bearbeitung gab. In beiden Bearbeitungen schlägt sich eine neue Phase des frühjüdischen Schriftverständnisses nieder, in dem die Septuaginta auch in formaler Hinsicht enger an die (zum jeweiligen Zeitpunkt autoritativen) hebräischen Bezugstexte herangeführt wurde. Diese Bearbeitung betrifft nicht nur die Geschichtsbücher und die Prophetenbücher, sondern sehr wahrscheinlich auch andere Schriften wie etwa die Psalmen. Diese jüngere Stufe des Septuagintatextes dominiert auch die handschriftliche Überlieferung und – vor allem über den Kodex Vaticanus – auch die Editionen des Septuagintatextes.

9) Dass die Septuagintaüberlieferung (mindestens) zwei Phasen der Textgeschichte enthält, nämlich die ursprüngliche Septuaginta bzw. die Old Greek und eine isomorph hebraisierende Bearbeitung, ist seit der Identifikation der kaige-Rezension zumindest für die kaige-Texte weithin akzeptiert. Dieses Bild ist durch die hier aufgezeigte semi-kaige-Bearbeitung zu ergänzen. Es bleibt aber auf jeden Fall die Unterscheidung zwischen der ursprünglichen Septuaginta und einer weiteren Phase der Textgeschichte. Damit ergibt sich auch eine Zweistufigkeit der Verbreitung der Septuaginta. Zunächst verbreitete sich die ursprüngliche Septuaginta (Old Greek) in der griechisch sprechenden jüdischen Diaspora. Dieser ersten Phase folgte eine zweite, in der sich die semi-kaige- und die kaige-Textform verbreiteten, und zwar – zumindest für den kaige-Text sehr wahrscheinlich – von Palästina aus.[57]

---

57 Vgl. Barthélemys Rede von der „palästinischen Rezension". Es ist darüber hinaus wohl nicht

10) Diese Ausbreitung der Septuaginta in zwei Wellen führte dazu, dass die Old Greek in den Randgebieten ihrer Verbreitung länger erhalten blieb, sei es direkt, d. h. auf Griechisch, durch den antiochenischen Text in Syrien, sei es indirekt durch die älteren Tochterübersetzungen, d. h. vor allem die Vetus Latina im Westen und durch die Sahidisch-Koptische Übersetzung im Süden. Diese Textformen unvoreingenommen zu erforschen, ist die Aufgabe, die ansteht.

8. Literatur

D. Barthélemy, Les Devanciers d'Aquila. Première Publication intégrale du text des fragments du Dodécaprophéton trouvés dans le désert de Juda, précédée d'une étude sur les traductions et recensions grecques de la bible réalisées au premier siècle de notre ère sous l'influence du Rabbinat palestinien (VTS 10), Leiden 1963.

S. P. Brock, Lucian Redivivus. Some Reflections on Barthélemy's Les Devanciers d'Aquila, in: F.L. Cross, Studia Evangelica, Vol. V, Papers presented to the Third International Congress on New Testament Studies held at Christ Church, Oxford, 1965 (TU 103), Berlin 1968, 176–181.

Ders., The Recensions of the Septuagint version of 1 Samuel, Oxford 1966 = Turin 1996.

A.E Brooke / N. McLean / H.S.J. Thackeray, The Old Testament in Greek According to the Text of Codex Vaticanus, Cambridge 1906–1940.

S. O'Connell, From Most Ancient Sources. The Nature and Text-Critical Use of the Greek Old Testament Text of the Complutensian Polyglot Bible (OBO 215), Fribourg/Göttingen 2006.

F. Delitzsch, Fortgesetzte Studien zur Entstehungsgeschichte der Complutensischen Polyglotte, Leipzig 1886.

Ders., Studien zur Entstehungsgeschichte der Polyglottenbibel des Cardinals Ximenes, Leipzig 1871.

H. Dörrie, Zur Geschichte der Septuaginta im Jahrhundert Konstantins, ZNW 39 (1940) 57–110.

J. Drescher, The Sahidic (Coptic) version of Kingdoms I, II (Samuel I, II), Scriptores Coptici 36 (CSCO 314), Louvain 1970.

J.E. Grabe, Epistola Ad Clarissimum Virum, Dn. Joannem Millium, ... Qua Ostenditur, Libri Judicum Genuinam LXX. Interpretum Versionem eam esse, quam Ms. codex Alexandrinus exhibet, Oxford 1705.

E. Hatch / H.A. Redpath (edd.), A Concordance to the Septuagint and the other Greek Versions of the OT (including the Apocryphal Books), Oxford 1898–1906 (repr. Grand Rapids ²1998).

R. Holmes / J. Parsons, Vetus Testamentum Graecum cum variis lectionibus, Oxford 1798–1827.

J.-H. Kim, Die hebräischen und griechischen Textformen der Samuel- und Königebücher Studien zur Textgeschichte ausgehend von 2Sam 15,1–19,9 (BZAW 394), Berlin 2009.

---

zufällig, dass der beste und umfangreichste Zeuge des kaige- aber auch des semi-kaige-Textes, nämlich der Kodex Vaticanus, wahrscheinlich aus Palästina stammt.

J.-H. Kim, Die Wiedergabe von עֶבֶד mit δοῦλος oder παῖς in der Septuaginta der Samuel- und Königebücher, in: W. Kraus / M. Karrer / M. Meiser (Hg.), Die Septuaginta – Texte, Theologien und Einflüsse (WUNT 252), Tübingen 2010, 391–403.

S. Kreuzer, Das frühjüdische Textverständnis und die Septuaginta-Versionen der Samuelbücher. Ein Beitrag zur textgeschichtlichen und übersetzungstechnischen Bewertung des Antiochenischen Textes und der *Kaige*-Rezension an Hand von 2Sam 15,1–12 (Strasbourg 2004), in: W. Kraus / O. Munnich (Hg.), La Septante en Allemagne et en France. Septuaginta Deutsch und Bible d'Alexandrie (OBO 238), Fribourg/Göttingen 2009, 3–28.

Ders., Textformen und Bearbeitungen. Kriterien zur Frage der ältesten Textgestalt, insbesondere des Septuagintatextes, anhand von 2 Samuel 12, in: P. Hugo / A. Schenker (Hg.), Archaeology of the Books of Samuel. The Entangling of the Textual and Literary History (VTS 132), Leiden 2010, 91–115.

Ders., Towards the Old Greek. New Criteria for the Evaluation of the Recensions of the Septuagint (especially the Antiochene/Lucianic Text and the Kaige-Recension), in: Congress Volume Lubljana 2007 (SCS 55), Atlanta 2008, 239–253.

Ders., Translation and Recensions: Old Greek, Kaige, and Antiochene Text in Samuel and Reigns, BIOSCS 42 (2009), 34–51.

N. Fernández Marcos / M. V. Spottorno Diaz-Caro / J.M. Caitas Reillo, Indice Griego-Hebreo del texto antioqueno en los libros historicos. Volumen I: Indice general; Volumen II: Indice de nombres propios (TECC 75), Madrid 2005.

A. Mez, Die Bibel des Josephus, untersucht für Buch V bis VII der Archäologie, Basel 1895.

A. Pietersma, The Present State of the Critical Text of the Greek Psalter (MSU XXIV), Göttingen 2000.

Ders., Two Manuscripts of the Greek Psalter in the Chester Beatty Library Dublin (AnBib 77), Rome 1978.

A. Rahlfs, Septuagintastudien I–III, Göttingen ²1965 (darin: II. Der Text des LXX-Psalters; III. Lucians Rezension der Königsbücher).

J. D. Shenkel, Chronology and Recensional Development in the Greek Text of Kings, Cambridge/Massachusetts 1968.

F. Siegert, Zwischen Hebräischer Bibel und alten Testament. Eine Einführung in die Septuaginta (MJS 9), Münster 2001.

H.B. Swete, An Introduction to the Old Testament in Greek, Cambridge 1900.

Ders., The Old Testament in Greek according to the Septuagint, Cambridge 1887–1894.

H.St.J. Thackeray, „The Greek Translators of the Four Books of Kings", JTS 8 (1907), 262–266.

Ders., The Septuagint and Jewish Worship, London 1921.

E. Tov / R.A. Kraft, The Greek Minor Prophets Scroll from Naḥal Ḥever (8ḤevXIIgr) (DJD VIII), Oxford 1990; reprinted with corrections 1995.

Ders., Lucian and Proto-Lucian, RB 79 (1972), 101–113

J. Wellhausen, Der Text der Bücher Samuelis, Göttingen 1871.

J. Ziegler, Beiträge zur Jeremias-Septuaginta (MSU VI), Göttingen 1958.

Papyrus 967
Bemerkungen zu seiner buchtechnischen, textgeschichtlichen und kanongeschichtlichen Bedeutung

Der Papyrus 967 ist einer der berühmtesten Papyri mit Text der Septuaginta. Trotz seiner Berühmtheit ist er aber doch in seiner konkreten Bedeutung weniger bekannt, zudem sind manche Aspekte seiner Bedeutung noch gar nicht angesprochen. Der folgende Beitrag möchte einige Aspekte seiner Bedeutung herausstellen und damit zur weiteren Berücksichtigung und Erforschung anregen.

I. Fund, Aufbewahrung und Inhalt von p967

Der Papyrus wurde 1931 zusammen mit anderen Papyri in oder bei Aphroditopolis in Ägypten gefunden. Der Papyrus umfasste ursprünglich 236 Seiten auf denen der Text der alttestamentlichen Bücher Ezechiel und Daniel (einschließlich Bel et Draco und Susanna) sowie das Buch Esther wiedergegeben war. Der Papyrus wird auf ca. 200 n.Chr. datiert,[1] d.h. er gibt den Septuagintatext jedenfalls in einer vorhexaplarischen Textform wieder. p967 ist somit einer der ältesten und umfangreichsten Zeugen des Septuagintatextes.

Infolge der Umstände seiner Erwerbung kam der Papyrus in verschiedene Museen.[2]

Dublin, Chester-Beatty Library; Chester-Beatty Papyri IX und X (die Daniel-Blätter wurden ursprünglich als eigener Papyrus betrachtet und erhielten dadurch die Nr. X):
Blatt 10 – 17 je obere Hälfte: Chester Beatty IX,
Blatt 71 – 83 je obere Hälfte: Chester Beatty X,
Blatt 102 – 109 je obere Hälfte: Chester Beatty IX.
Madrid, CSIC (Fonds Photiades), P. Matr. bibl. 1:
Blatt 33.38 – 39.46 – 52, jeweils vollständig.
Montserrat, SBO, P.Monts./II (früher: Barcelona, Fund – S. Lucas Evang., P. Barc.), Inv.42.43;
Blatt 7, untere Hälfte,
Blatt 91, obere Hälfte.

---

1 Er gehört entweder noch in das 2. bzw. spätestens in das erste Viertel des 3. Jh. n.Chr.; vgl. A. Rahlfs / D. FRAENKEL, Verzeichnis der griechischen Handschriften des Alten Testaments, Bd. 1: Die Überlieferung bis zum VIII. Jahrhundert, Göttingen 2004, 98 – 103, und die dort genannte Literatur.
2 Vgl. die Angaben bei Rahlfs/Fraenkel, Verzeichnis, 99 f.

Köln, Institut für Altertumswissenschaft, Papyrologia Colonensia, P. Colon. theol. 3–40;
(umfangreichster Teil des Papyrus, 33 halbe und 28 ganze Blätter):
Blatt 10–17.20.22.7 1–77.79–83, jeweils untere Hälfte,
Blatt 90.92–101, jeweils obere Hälfte,
Blatt 18–19.21.29.53–70, 84–89, jeweils vollständig.
Princeton, University Library, John Scheide Biblical Papyri Collection; Papyrus Scheide 3:
Blatt 20 + 22, jeweils obere Hälfte,
Blatt 23–28.30–32.34–37.40–45, jeweils vollständig.

Die Blätter enthalten folgende Texte:

Blatt 10–61 Ezechiel (ab Ez 11,25)
Blatt 62–93r Daniel
Blatt 93v–95 Bel et Draco
Blatt 96–98 Susanna
Blatt 99–109 Esther (bis Esth 8,6).[3]

Der Papyrus ist inzwischen in allen seinen Teilen publiziert. Zu den in Köln aufbewahrten Teilen ist zu erwähnen, dass deren sämtliche Seiten auch in sehr schönen Farbabbildungen auf der Seite der „Papyrologia Colonensia" der Universität Köln im Internet zugänglich sind.[4]

II. Die buchtechnische Bedeutung des p967

Der p967 ist schon in buchtechnischer Hinsicht sehr interessant. Mit seiner Entstehung um 200 n. Chr. wie auch in seiner Form dokumentiert er die Entwicklung zum Kodex. Der Papyrus wurde angefertigt, indem 59 Papyrusblätter von einigermaßen „normalem" Format (d. h. ca. 25 x 34,5 cm) aufeinander gelegt und in der Mitte gefaltet wurden. Durch diese Faltung entstand ein Buch mit 118 Blättern bzw. 236 Seiten. Eigentlich ist das noch kein gebundener Kodex, sondern von der Machart her noch ein dickes Heft. Aus dieser Entstehung erklärt sich auch das schmale Format der einzelnen Seiten mit ca. 34,5 cm Höhe aber nur 12,5 bis 13 cm Breite (siehe Abb. 1 und Abb. 3)[5]. Die Blätter sind am oberen Rand in der Mitte

---

3 Für eine genaue Aufstellung, welche Verse aus Ezechiel, Daniel und Esther erhalten sind, siehe Rahlfs/Fraenkel, Verzeichnis, 100–102, sowie die im Literaturverzeichnis genannten Editionen. Das Schicksal der ersten und letzten 9 Blätter ist unbekannt.
4 Internetadresse: www.uni-koeln.de/phil-fak/ifa/NRWakademie/papyrologie/PTheol1.html (18. 8. 2007).
5 Für die Abbildungserlaubnis danke ich dem Kurator der Kölner Papyrussammlung, Herrn Dr. Robert Daniel.

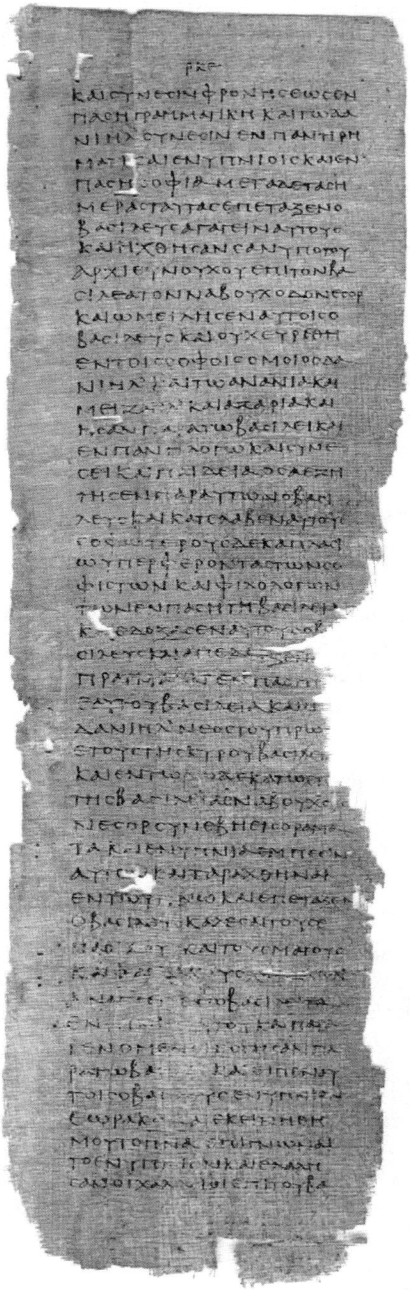

Abb. 1: p967 Blatt 16,10 recto, Seite 125; Dan 1,17 – 2,4

nummeriert. Auch wenn nicht alle Blätter erhalten sind, ergibt sich der Umfang daraus, dass die Seiten 118/119 die Mitte bilden.[6]

p967 gibt uns damit einen Einblick in den Stand der buchtechnischen Entwicklung um 200 n. Chr.: Bekanntlich wurden umfangreichere Texte lange Zeit auf Rollen geschrieben und die Schreibung auf Schriftrollen blieb auch noch längere Zeit üblich. Kürzere Texte wie Briefe, Eingaben, Rechtsentscheide wurde dagegen auf einzelnen Blättern geschrieben. Diese Blätter wurden oft von einer Rolle abgeschnitten und zwar je nach Bedarf in unterschiedlicher Breite.[7] Die Anfänge der Kodexform entstanden offensichtlich dadurch, dass man mehrere solcher Blätter aufeinander legte, sie zu einem Heft faltete und dieses Heft im Bund zusammennähte. Der p967 mit seinen 118 Blättern markiert wohl die Obergrenze des Umfangs für dieses Verfahren.[8] Der nächste Schritt war dann, dass man mehrere solcher Hefte mit einem Buchrücken verband. Dabei konnten die einzelnen „Hefte" wesentlich dünner sein bzw. aus weniger Blättern bestehen, weil sie ja durch den Buchrücken in fast beliebiger Zahl verbunden werden konnten.

Da der p967 zwei prophetische Bücher (und Esther) umfasste, ist es wahrscheinlich, dass er Teil einer mehrbändigen „Bibelausgabe" (oder zumindest einer Prophetenausgabe) war.[9] Man kann sich gut vorstellen, dass das Nebeneinander mehrerer solcher „Bände" bzw. Hefte, die vielleicht in einem gemeinsamen Umschlag aufbewahrt wurden, zur Idee führte, die einzelnen Hefte mit dem Umschlag zu verbinden, womit aus dem „Umschlag" der Buchrücken und die beiden Buchdeckel wurden, wie sie dann in ausgereifter Form in den großen Kodices des 4. Jh.s vorliegen.

Zu p967 ist noch festzuhalten, dass die längliche Form seiner Blätter leider zu einem Problem führte. Viele Seiten sind in der Mitte auseinandergerissen (siehe z. B. Abb. 2). Möglicherweise geht das nicht auf absichtliche Beschädigung zurück,

---

6 Die Mitte ergibt sich daraus, dass hier die Reihenfolge der Beschriftung von Vorder- und Rückseite der Blätter wechselt, d. h. bis S. 118 (ριη) verso vor recto, ab S. 119 (ριθ) recto vor verso.

7 So wurden z. B. die Papyri aus dem Politeuma der Juden von Herakleopolis offensichtlich von Rollen mit der Standardhöhe von 30 bis 32 cm abgeschnitten, woraus sich ihre relativ konstante Höhe aber deutlich wechselnde Breite erklärt. Vgl. J.M.S. Cowley / K. Maresch, Urkunden des Politeuma der Juden von Herakleopolis (144/3 – 1,33/2 v. Chr.) (P. Polit. Iud.). Papyri aus den Sammlungen von Heidelberg, Köln, München und Wien, Papyrologia Colonensia 29, Wiesbaden 2001, 33 sowie die Abbildungen dieser Papyri auf der Homepage der „Papyrologia Colonensia" (siehe Fn. 4).

8 Eine buchtechnische Vorstufe repräsentieren Schøyen MS 2649 = p830 und MS 2648 = p816, die vermutlich jeweils ein Buch umfassen (Josua bzw. Exodus).

9 Ähnliches ist übrigens auch für die etwa zeitgleichen Papyri Schøyen anzunehmen, von denen einer zumindest Exodus und der andere zumindest Josua umfasste, und die beide denselben Schreiber hatten.

sondern auf unsachgemäße, zu starke Einschnürung in einem Bündel von Papyri, wobei die Schnur im Lauf der Zeit viele Seiten durchtrennte.

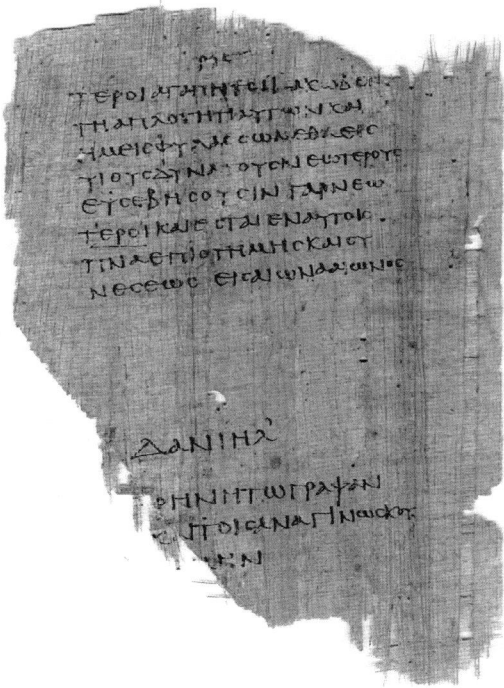

Abb. 2: p967 – Blatt 37 verso, Seite 196; Susanna 62a–b + Subscriptio „Daniel"

III. Besonderheiten der Schreibertradition

Schreibertechnisch ist festzustellen, dass der Papyrus von zwei unterschiedlichen Händen geschrieben wurde. Ein erster Schreiber schrieb Ezechiel, ein anderer dann Daniel und Esther. Der Ezechielteil hat große, quadratische Buchstaben, die eng zusammenstehen. Daniel und Esther haben schmalere und etwas unregelmäßige Buchstaben die etwas lockerer stehen und mehr Zeilenabstand haben sowie eine schmalere Kolumne bilden.[10] Die Zahl der Zeilen pro Seite beträgt

---

10 Siehe dazu die Editionen und die Abb. im Internet (siehe oben, Fn. 4) sowie die Beschreibung bei Rahlfs/Fraenkel, Verzeichnis, 98 f. (Die Angabe bei J. Haelst, Catalogue des Papyrus Littéraire

durchschnittlich 42 Zeilen. Die beiden Schreiberhände sind in der Schrift deutlich verschieden. Dass innerhalb des einen, wenn auch mehr als zweihundert Seiten umfassenden Papyrus der Schreiber wechselt, ist zumindest bemerkenswert. Evident ist, dass man aus dieser Unterscheidung der Schreiber keine inhaltlichen bzw. kanongeschichtlichen Schlüsse ziehen kann, ebenso wenig wie aus der Beobachtung, dass in den Schøyen-Papyri[11] offensichtlich derselbe Schreiber Exodus und Josua schrieb und in Qumran 4QSam^c und die Sektenregel vom gleichen Schreiber[12] geschrieben wurden.

Gemeinsam ist beiden Teilen, dass sie jeweils eine Subscriptio haben. D.h. das Buch Ezechiel endet auf Blatt 16,8 verso mit der Inhalts- bzw. Titelangabe „Ezekiel"; ebenso endet das Buch Daniel mit der Subscriptio „Daniel" und zwar nach Susanna 62b auf Blatt 37 verso. Interessant ist, dass die Subscriptio des Danielbuches mit einem Segenswunsch für den Schreiber (Singular!) und die Leser verbunden ist: „Friede, dem der geschrieben hat und den Lesenden". Darauf, und dass auf Ezechiel und Daniel auch noch Esther folgt, ist weiter unten zurückzukommen.

In der Regel wird p967 als christlicher Kodex betrachtet, und zwar auf Grund der nomina sacra-Schreibung. Allerdings ist dieses Kriterium nicht so eindeutig wie oft angenommen, denn es gibt auch (wahrscheinlich) jüdische Texte mit Abkürzung für θεός und κύριος sowie z.B auch die Inschrift einer jüdischen oder samaritanischen Synagoge in Thessalonich, in der κύριος in abgekürzter Form vorkommt.[13] Unabhängig von dieser Frage der Schreiberpraxis enthält der Papyrus jedenfalls, wie wir sehen werden, eine Reihe alter, vorchristlicher Besonderheiten der Textform.

IV. Visionenzählung und Kapitelnummerierung

Eine auffallende Besonderheit des p967 ist die Zählung der Kapitel im Danieltext. Bekanntlich ist die übliche Meinung, dass die Kapitelzählung um 1200 n.Chr. von

---

Juifs et Chrétiens, Paris 1976, 116, „Écriture d'*Ez.* et *Dan.* différente de celle d'*Esther*" ist unzutreffend.)

11 D.h. MS 2649 (8 Blätter aus Leviticus) = p830 und MS 2648 (6 Blätter aus Josua) = p816; vgl. Rahlfs/Fraenkel, Verzeichnis, 274.

12 Vgl. dazu u.a. E. Ulrich, 4QSam^c, in: Qumran Cave 4/XII: 1–2 Samuel (DJD XVII), hg.v. F.M. Cross u.a., Oxford 2005, 247–267, hier 247.

13 M.V. Spottorno / Díaz Caro, The Divine Name in Ezekiel Papyrus 967, in: La Septuaginta en la investigation contemporanea (Textos y Estudios „Cardinal Cisneros" 34), hg.v. Natalio Fernández Marcos, Madrid 1985, 213–218, hier 215.

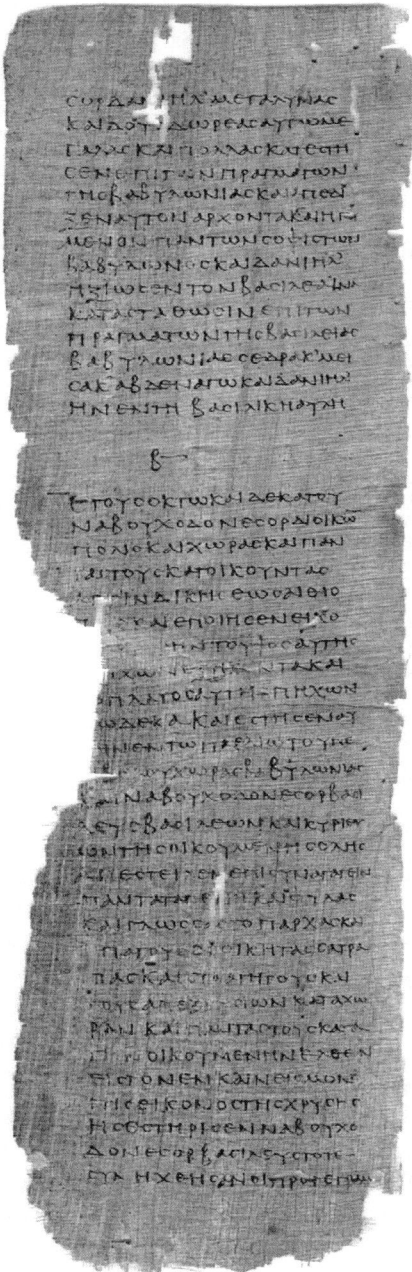

Abb. 3: p967 – Blatt 16,13 verso, Seite 132;
Dan 2,48 – 3,3

Erzbischof Stephan Langton, damals Paris, später London, in die Vulgata eingeführt wurde und von da aus in den griechischen und hebräischen Text übernommen wurde. Nun finden sich in p967 zwischen den Kapiteln des Danielbuches Zahlen in Form griechischer Buchstaben. Diese Zahlen wurden nicht nachträglich hinzugefügt, sondern sie waren bereits im Originaltext eingetragen. Das ergibt sich aus den Spatien in denen die Zahlen stehen (siehe z. B. Abb. 3). Und zwar wurden die Ziffern offensichtlich so wie der titulus in Subscriptio, also jeweils am Ende hinzugefügt.

Allerdings fehlt die Ziffer „1". Zwischen erstem und zweitem Kapitel schließt der Text unmittelbar an (siehe Abb. 1). Offensichtlich vergaß der Schreiber beim ersten Kapitel, eine Ziffer einzufügen, aber dann erfolgt eine regelmäßige Nummerierung, und zwar beginnend mit „2" (Beta). Zwischen c. 2 und 3 steht ein Beta (siehe Abb. 3), zwischen c. 3 und 4 Gamma, nach c. 4 ein Delta (siehe Abb. 4) usw. Leider sind die Ziffern nur bis zum Ende von c. 10 erhalten. Bei den weiteren Kapiteln ist ausgerechnet das jeweilige Kapitelende nicht erhalten. – Haben wir nun mit diesen Ziffern die Anfänge der Kapitelzählung vor uns, immerhin tausend Jahre vor Langton? Gewiss ist, dass die ganze Frage der Abschnittgliederung in den biblischen Schriften differenzierter zu untersuchen ist und dass es eine lange Entwicklung der Paragraphen- und der Abschnittsgliederung gibt, und auch, dass die Kapiteleinteilung offensichtlich eine Vorgeschichte hat. Auffallend ist aber auch, dass innerhalb desselben Papyrus, wenn auch verteilt auf unterschiedliche Schreiberhände, Daniel eine Zählung hat, während Ezechiel keine Zählung hat.

Betrachtet man die Zählung für sich, so könnte man in ihr auch eine Zählung der Visionen des Danielbuches sehen. Diese Zählung wäre dann nicht in Subscriptio, sondern in Superscriptio erfolgt. Einen Hinweis in Richtung Visionenzählung gibt der Kodex Alexandrinus, der beim Danielbuch ebenfalls eine Zählung hat, wobei mit der jeweiligen Zahl ausdrücklich das Wort ὅρασις genannt ist. Allerdings dokumentiert der Alexandrinus bereits eine längere Entwicklung. Die Besonderheit ist nämlich, dass im Alexandrinus Kap. 2 mit β, Kap. 1 aber nicht mit α, sondern mit β' gezählt wird, und dass die im Alexandrinus vorangehende Susannageschichte als ὅρασις 1 bezeichnet wird. Hier ist deutlich, dass durch die Voranstellung – und Zählung – von Susanna ein Problem entstand, das mit der Verlegenheitszählung von Kap. 1 als β' gelöst wurde. Zugleich zeigt sich, dass auch schon vor der Voranstellung von Susanna und der Bezeichnung von Susanna als ὅρασις (!) Daniel 1 – das ebenfalls keine Vision ist – die Ziffer 1 erhalten hatte. Trotz der Bezeichnung als ὅρασις war also die Zählung im Kodex Alexandrinus und seiner Vorlage keine reine Visionenzählung mehr, sondern faktisch eine Abschnitts- bzw. Kapitelzählung. Das gilt offensichtlich auch schon für p967. Da sowohl die Inhaltsangabe „Daniel" als auch die Nummerierungen auf den

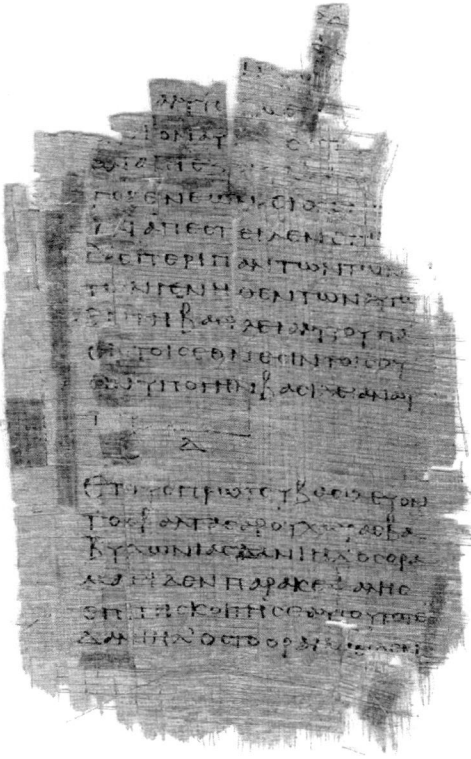

Abb. 4: p967 – Blatt 22 recto, Seite 151; Daniel 4,34c (37) – 7,1

Schreiber des Danieltextes zurückgehen, wird man auch die Nummerierungen als Subscriptio auffassen müssen und dann beginnt die Zählung mit Kap. 1.[14]

Möglicherweise ist das Fehlen einer Nummer 1 kein Schreiberversehen, sondern ein Indiz der Entwicklung von der strengen Visionen- hin zu einer umfassenden Abschnitts- bzw. Kapitelzählung: Die Entwicklung hätte dann mit einer Visionenzählung im eigentlichen Sinn begonnen.[15] Dann wurde, vielleicht im

---

14 So auch K. Treu, Christliche Papyri II, AFP 20 (1970), 150–152, hier 151.
15 Leider ist der Übergang von Kap 11 zu 12, die eine durchgehende Vision bilden, nicht erhalten und auch nicht das Ende von Kap. 12. Rahlfs/Fraenkel, Verzeichnis, 102, spricht vielleicht zu selbstverständlich von der Kapitelzählung und nimmt für das Ende von Bel et Draco die Zahl 13 und entsprechende Leerzeilen vor Susanna an. Allerdings werden in der Tat in Handschriften solche Zählungen geboten, vor allem in der dem Kodex Alexandrinus nahe stehenden Handschrift

Sinne des Verständnisses aller Taten Daniels als prophetisch, auch die Erzählung von Dan 1 mitgezählt, aber noch nicht explizit nummeriert. Diese Art der Zählung war wohl schon Bestandteil der Vorlage des p967 und gehörte damit mindestens in das 2. Jh. n. Chr. Die Visionenzählung ihrerseits muss dann nochmals älter sein. Sie geht vielleicht schon ins 1. Jh. n. Chr. und damit eventuell schon auf jüdische Schreiber zurück.[16] Auf jeden Fall bietet p967 – neben der ebenfalls diskutierenswerten Paragraphengliederung[17] – einen interessanten Einblick in die Entstehung der biblischen Abschnittsgliederung und Abschnittszählung und gibt Anlass, diese in größerem Umfang zu untersuchen.

V. Textgeschichtliche Besonderheiten des p967

Mit der zuletzt angesprochenen Frage der Visionen- bzw. Abschnittszählung haben wir bereits auch inhaltliche Fragen berührt, denen wir uns nun explizit, wenngleich auch nur exemplarisch, zuwenden. Der Papyrus 967 hat an verschiedenen Stellen Unterschiede in der Reihenfolge und auch Differenzen – vor allem Minusse – gegenüber dem hebräischen Text aber auch gegenüber anderen griechischen Handschriften. Wir besprechen hier vor allem die beiden großen Umstellungen in Ez und Dan sowie das Minus in Ez und eine besonders interessante Variante im Menschensohnwort von Dan 7,13.

5.1 Die Umstellung von Ez 37 und das Minus in Ez 36,23bβ–38

In p967 folgt Ez 37 nicht auf c. 36, sondern erst auf c. 38; außerdem hat c. 36 einen kürzeren Text. Es fehlen V. 23 (εν τω) bis 38. Die Umstellung von Ez 37 ist gut erklärbar: Der hebräische Text der letzten Kapitel des Ezechielbuches spiegelt offensichtlich einen gewissen Wachstumsprozess. Ez 36 mit der Beschreibung

---

106 und in der äthiopischen Übersetzung; siehe dazu die Nachweise in J. Ziegler / O. Munnich / D. Fraenkel, Susanna, Daniel, Bel et Draco (Septuaginta Gottingensis 16/2), Göttingen ²1999.

16 Ein analoges Phänomen der Zählung von Abschnitten bzw. gleichartigen Texten im 1. Jh. n. Chr. setzt offensichtlich Apg 13,33 (mit den bekannten Varianten in der Zählung als zweiter oder als erster Psalm) voraus, wenn dort ein Psalm mit einer Zahl identifiziert wird.

17 Diese ist vor allem in Ezechiel zu beobachten. Eine mit der Texterstellung verbundene erste Gliederung erfolgte durch Spatien und leicht ausgestellte Initialbuchstaben, eine weitere, nachträglich eingeführte Gliederung verwendete Punkte und Doppelstriche. Daniel enthält dagegen nur diverse sekundäre Markierungen. Zu den Gliederungssignalen siehe: E.J. Revell, A Note on Papyrus 967, StPap 15 (1976), 131–136. Ein Vergleich dieser Gliederungssignale mit der masoretischen Gliederung steht noch aus.

eines endzeitlichen Konfliktes und des Eingreifens Gottes für Israel wird gefolgt von der Vision der Wiederbelebung des Gottesvolkes in Ez 37. Danach folgen Ez 38 und 39 mit dem endzeitlichen Kampf gegen Gog und Magog und diesen beiden Kapiteln folgt schließlich die große Vision über die endzeitlichen bzw. dann heilszeitlichen Gegebenheiten des um den Tempel und die Gottesstadt strukturierten Gottesvolkes im heiligen Land Israel. Wenn diese Reihenfolge in p967 dergestalt geändert ist, dass Ez 37 nach dem endzeitlichen Kampf von Ez 38 f. eingeordnet wird, so liegt dem offensichtlich ein neues Verständnis der Vision von der Auferweckung der Totengebeine zu Grunde, nämlich im Sinn der am Ende der Zeit erfolgenden (individuellen) Auferstehung. Während der Konflikt mit Gog und Magog zu den letzten zeitlich/endzeitlichen Ereignissen gehört, steht die Auferstehung der Toten am Ende der Zeit und am Übergang zu Gottes ewigem Heil. Diese Anordnung der Kapitel kann auf die Übersetzer zurückgehen, sie kann aber auch schon in der hebräischen Vorlage erfolgt sein. Denn die Frage nach dem Verständnis der Endzeit und nach der Abfolge ihrer Ereignisse war eine im Frühjudentum virulente Frage, das zeigen die Qumrantexte in aller Deutlichkeit. Anders als beim Sprachenwechsel des Danielbuches (s.u. zur Umstellung von Dan 7 f.) haben wir hier kein Indiz für einen Vorgang erst in der griechischen Überlieferung.[18] [19]

---

18 M.V. Spottorno, La Omisión de Ez. 36,23b–38 y la transposición de capítulos en el papiro 967, EM 50 (1982), 93–98, erklärt die Umstellungen als rein paläographisch bedingt, was allerdings schwer nachvollziehbar ist; siehe auch Abschnitt 5.2 zur Umstellung von Dan 7 und 8.

19 Die Reihenfolge des p967 ist auch in einem der ältesten und besten Manuskripte der Vetus Latina, nämlich im Codex Wirceburgensis bezeugt (siehe E. Ranke, Par Palimpsestorum Wirceburgensium. Antiquissimae Veteris Testamenti Versionis Latinae Fragmenta, Wien 1871). Allerdings ist diese in der Literatur häufig zu findende Aussage etwas einzuschränken. Der Codex Wirceburgensis ist ein Palimpsest, dessen Blätter aus zwei Codices gewonnen wurden, einem Pentateuchkodex und einem Prophetenkodex. Beide wurden – wohl für das Abschaben der Erstbeschriftung – aufgelöst. Jeweils nur ein Teil der Blätter wurde für den neuen Kodex verwendet (dadurch ist nur ein Teil des biblischen Textes erhalten) und zwar in bunter Reihenfolge, weil ja der alte Text nicht mehr vorhanden war bzw. keine Rolle mehr spielte. Sichere Aussagen sind daher nur dort zu machen, wo ein Kapitelübergang (oder ein Plus oder Minus im Text) auf einer Seite erfolgt. Dies ist der Fall auf der S. 108 (nach der jetzigen Zählung bei Ranke), wo Ez 37,28 von 40,1 gefolgt wird. Dagegen fehlen die Blätter mit dem Text zwischen 35,5 und 37,19, sodass über den Bestand dazwischen nichts gesagt werden kann, auch wenn wahrscheinlich c. 38 und 39 dazwischen standen. (Dass bei Ranke das Blatt mit Ez 38,5–20 erst nach 42,18 folgt, hat editorische Gründe, weil er den klaren Zusammenhang der Blätter von Ez 37,19 bis 42,18 nicht zerreißen konnte, und Ranke vor Kenntnis von p967 noch keinen Grund hatte, Ez 38 vor 37 einzuordnen. Allerdings ist es auch sozusagen kodeximmanent wahrscheinlicher, Ez 38 vor 37 und 40–42 einzuordnen, als in die zufällige Überlieferungslücke zwischen 42,18 und 45,1).

Neben der Umstellung von Ez 37 fällt auf, dass p967 am Ende von Ez 36 ein umfangreiches Minus hat. Es fehlen die Verse 36,23–38. Dieses Minus könnte natürlich auf eine Auslassung – dann am ehesten durch die Übersetzer – zurückgehen. Angesichts der an sich sehr genauen Übersetzung des Ezechielbuches ist es aber ebenso wahrscheinlich, dass der Passus in der hebräischen Vorlage fehlte. Möglicherweise handelt es sich um eine erst spätere Ergänzung im hebräischen Text, die dann Bestandteil des masoretischen Textes wurde. Jedenfalls erscheint es wahrscheinlicher, dass p967 die alte Form der ursprünglichen Septuaginta (die sog. Old Greek) bezeugt, als dass es sich um eine innergriechische Veränderung handelt. Jene griechischen Handschriften, die dagegen mit dem hebräischen d.h. masoretischen Text übereinstimmen, bezeugen wohl einen jüngeren, revidierten Septuagintatext.[20]

5.2 Die Umstellung von Dan 7 und 8 vor Dan 5 und 6

Die andere große Umstellung in p967 ist die abweichende Stellung von Dan 7 und 8 unmittelbar nach Dan 4. (siehe Abb. 4 mit Δ = „4" am Ende von Dan 4 und dem

Ob im Codex Wirceburgensis Ez 36, 23–38 vorhanden war, lässt sich auch nicht durch Umfangberechnung feststellen, weil diese Verse ziemlich genau die Textmenge eines Kodexblattes ergeben, und man nicht sagen kann, wie viele Blätter des ursprünglichen Kodex verloren gingen oder von Haus aus nicht vorhanden waren (eine Paginierung des ursprünglichen Kodex ist nicht mehr vorhanden oder existierte nicht).

20 Zu den Fragen der Textentwicklung im Ezechielbuch siehe künftig: Septuaginta Deutsch, Bd. II, Erläuterungen, zu Ezechiel. Im Sinn der Ursprünglichkeit des Textes von p967 votiert auch J. Lust, Ezekiel 36–40 in the Oldest Greek Manuscript, CBQ 43 (1981), 517–533. J. Lust, The Order of the Final Events in Revelation and in Ezekiel, in: L'Apocalypse johannique et l'Apocalyptique dans le Nouveau Testament (BEThL 53), hg.v. J. Lambrecht, Leuven 1980, 179–183, vertritt darüber hinaus die Meinung, dass die in p967 bezeugte ursprüngliche Abfolge des Textes auch bei der Abfolge der endzeitlichen Ereignissen von Offb 20–22 vorausgesetzt ist; siehe dazu auch J. Lambrecht, Final Judgments and Ultimate Blessings: The Climactic Visions of Revelation 20,11–21,8, Biblica 81 (2000), 362–385, hier 366f.: „In the oldest manuscript of Ezekiel, i.e., the recently discovered Greek Papyrus 967 (late 2nd or early 3rd cent.), as well as in the best manuscript of the Vetus Latina, the Codex Wirceburgensis, chapter 37 follows chapters 38–39. This arrangement would provide an even more striking general parallelism between Rev 19,17–20,10 (battle against the two beasts and the dragon) and Ezek 38–39 (final battle against Gog of Magog), and between Rev 20,11–15 (judgment after resurrection) and Ezek 37 (revival of the dry bones)". (Für den Verweis auf Ez 38–39 im Codex Wirceburgensis siehe jedoch die Einschränkung oben in Fn. 19). Zur Frage des Verhältnisses von Ezechiel und Offenbarung siehe jetzt auch M. Karrer, Von der Apokalypse zu Ezechiel. Der Ezechieltext der Apokalypse, in: Das Ezechielbuch in der Johannesoffenbarung (BThSt 76), hg.v. D. Sänger, Neukirchen-Vluyn 2006, 84–120 (dort auch weitere Literatur und Diskussion).

unmittelbar anschließenden Text von Dan 7). Auch diese Umstellung ist gut als eine Änderung der Septuaginta, sei es der ersten Übersetzer oder sei es früher Bearbeiter, zu erklären. Bekanntlich ist in Daniel bei gut begründeter inhaltlicher Reihenfolge der Visionen die Reihenfolge der babylonischen und persischen Herrscher problematisch: Während in Dan 5 am Ende von Belsazars Gastmahl dieser getötet wird, und in 6,1 Darius aus Medien das Reich übernommen hat, werden die Visionen von Dan 7 und 8 in das erste bzw. dritte Jahr Belsazars datiert. Dieses Problem ist in der von p967 bezeugten Form des Septuagintatextes korrigiert: Die beiden Visionen aus der Zeit Belsazars (c. 7 und 8) werden vor Belsazars Tod (c. 5) eingeordnet. Dieses Interesse an einer historisch richtigen Reihenfolge und damit eine entsprechende Umstellung könnte man zwar auch schon für die hebräisch/aramäische Überlieferung annehmen. Allerdings würde die Reihenfolge Dan 1–4; 7–8; 5–6; 9–12 bei c. 8/5 und c. 6/9 zu je einem zusätzlichen Sprachwechsel von hebräisch zu aramäisch und dann wieder zu hebräisch führen, was unwahrscheinlich ist. Andererseits ist es angesichts des christlichen Interesses am Menschensohn wenig wahrscheinlich, dass Dan 7 von seiner Schlussstellung innerhalb der Visionen von Dan 2 bis 7 entfernt und vor Dan 5 f. gesetzt worden wäre. Insofern wird man die Umstellung auf die Übersetzer oder auf die früheste jüdische Überlieferung des griechischen Danielbuches zurückführen können.[21] Demgegenüber wird man jene griechische Form des Danielbuches, die mit der hebräisch/aramäischen Form übereinstimmt (die sog. th- bzw. Theodotion-

---

21 O. Munnich, Texte massorétique et Septante dans le livre de Daniel, in: The Earliest Test of the Hebrew Bible (SBL.SCS 52), hg. v. A. Schenker, Atlanta 2003, 93–120, hält die Reihenfolge von p967 für ursprünglich (S. 116–120). Er betrachtet dabei Dan 5 f. als innere Ergänzung des Danielbuches im Unterschied zu Susanna und Bel und Draco, die eine äußere (und jüngere) Ergänzung darstellen sollen. Die erhalten gebliebene (masoretische) Form bzw. Reihenfolge der Kapitel des Danielbuches sei demgegenüber historisierend und stimme mit einer Tendenz mit der jüdischen Tradition überein, in der nach 2Makk 9,17 von einer Konversion des Nebukadnezar berichtet wird (S. 119). Außerdem zeigt die Darstellung Nebukadnezars in Dan 4 im griechischen Text von p967 eine Angleichung an Antiochus IV (S. 117. 119, im Anschluss an Bogaert). Die letztere Beobachtung gibt möglicherweise einen terminus a quo für das Alter der Übersetzung bzw. vorsichtiger gesagt: für das Alter der in p967 bezeugten Form des griechischen Danieltextes, sie besagt aber nichts über das Alter des hebräischen Textes. 2Makk wiederum ist Auslegungsgeschichte, die schwerlich für eine Datierung des ausgelegten Textes verwendbar ist. Soweit ich sehe geht Munnich nicht auf das Problem des bei seiner These entstehenden doppelten Sprachenwechsels ein. Worüber aber Konsens besteht, ist, dass die Änderung der Kapitelfolge auf jüdische Exegese zurückgeht, und zwar wahrscheinlich in das 2. Jh. v. Chr.

Form), als jüngere Revision und Anpassung an die hebräische Vorlage verstehen können.[22]

5.3 Die Variante im Menschensohnwort Dan 7,13

Von den verschiedenen Varianten des griechischen Textes in p967 sei abschließend die vielleicht theologisch interessanteste und wirkungsgeschichtlich bedeutendste herausgestellt, nämlich das Menschensohnwort in Dan 7,13.[23] Das die Reiche der Tiere ablösende endzeitliche Kommen des Menschensohns zum Gericht wird bekanntlich im aramäischen Text folgendermaßen beschrieben: „Siehe, es kam einer mit den Wolken des Himmels wie eines Menschen Sohn und gelangte bis zu dem Uralten (wörtl.: zum Alten der Tage)."

Dieser Text ist in der verbreiteten Form des griechischen Danieltextes, dem sog. th-Text praktisch wortwörtlich wiedergegeben. Dieser Text wird bei Rahlfs als eine der beiden Textformen des Danielbuches geboten und bei Ziegler – und auch wieder bei Ziegler/Munnich/Fraenkel – in der Göttinger Ausgabe als die älteste Form wiedergegeben. Dagegen hatte Rahlfs die nur in Ms 88 (aus dem 10. Jh.) und in der Syrohexaplaris gebotene Lesart als ursprünglichen Text der Septuaginta wiedergegeben.

Diese Lesart wird jetzt durch p967 gestützt, den Rahlfs noch nicht kannte. p967 bietet folgenden Text (Abb. 5, Zeile 6 bis 4 von unten): ηρχετο ως υιος ανθρωπου και ως παλαιος ημερω(ν) παρην. D.h.: „es kam einer wie ein Menschensohn und *wie* ein Uralter (wörtl.: Alter der Tage) war er da." M.a.W.: Nach p967 bzw. der ursprünglichen Septuaginta handelt es sich nicht um zwei Gestalten, sondern um eine, der beide Eigenschaften zugeschrieben werden, nämlich das Aussehen wie ein Mensch und das Uralt-Sein.

Diese Lesart der Septuaginta ist theologisch durchaus gut zu erklären. Die Septuaginta hat vielfach die Tendenz, alles Geschehen auf den einen und einzigen Gott zu konzentrieren. Was auch immer der traditionsgeschichtliche Hintergrund

---

22 Im Codex Wirceburgensis (s. o. Fn. 19) ist die Reihenfolge offensichtlich (wieder) die übliche, dem masoretischen Text entsprechende. Jedenfalls ist der Übergang von Dan 8 zu 9 auf einer Seite erhalten.

Interessant am Codex Wirceburgensis ist auch, dass zu Daniel sowohl eine Subscriptio vorliegt (so auch zu Ezechiel), als auch eine Superscriptio. Diese Superscriptio zeigt zudem, dass hier Daniel (anders als p967) bereits so wie im Alexandrinus mit der Susannaerzählung begann. Wie die Platzierung der Subscriptio deutlich macht, endete mit Daniel der Kodex.

23 Für den Hinweis auf die Bedeutung dieser Variante, insbesondere für Offb 1,12–16, danke ich meinem Kollegen Prof. Dr. Martin Karrer.

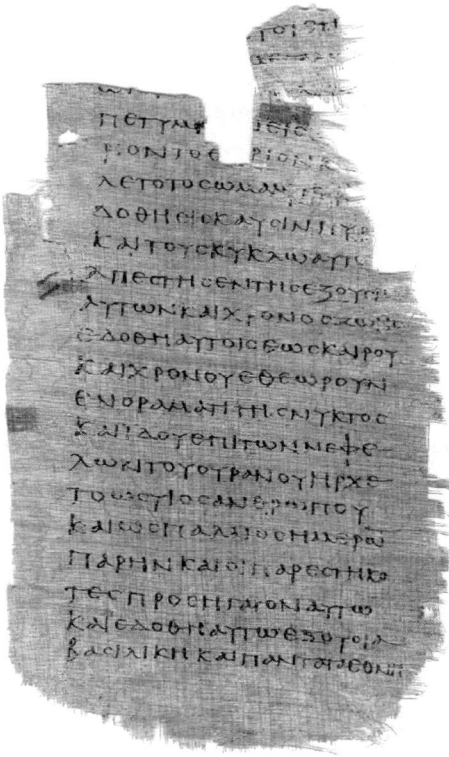

Abb. 5: p967 – Blatt 23 recto, Seite 153; Daniel 7,12–14

von Dan 7,13 f. ist, die Menschensohngestalt als himmlischer Richter neben Gott ist theologisch nicht unproblematisch. In ihrer streng monotheistischen Tendenz identifizieren die Septuagintaübersetzer die Gestalt des Menschensohnes als Richter und diejenige Gottes, der – wie es in den Propheten und nicht zuletzt in den Psalmen deutlich wird – allein der Richter ist und sein kann, als ein und denselben. Dabei wird mit dem „wie" zugleich die Distanz gegenüber zu direkter Beschreibung Gottes gewahrt: Es kam einer „wie der Sohn eines Menschen und wie ein Alter der Tage."

Auch hier wird man deutlich sagen können, dass es sich nicht um eine christliche Textänderung handelt. Die Christen hatten mit dem Nebeneinander von Menschensohn und Gott und der Einsetzung des Menschensohnes durch Gott zum Richter gerade keine Schwierigkeit, ganz im Gegenteil (vgl. die entsprechenden Aussagen in den synoptischen Apokalypsen).

Allerdings hat diese Lesart der ursprünglichen Septuaginta an einer Stelle doch ihre Wirkung auch im christlichen Bereich gehabt, nämlich in der Christusvision von Offb 1,12–16, wo Christus, der Menschensohn und Richter, als himmlische Gestalt überraschender Weise mit Zügen eines Uralten dargestellt wird. „... sein Haupt aber und sein Haar war weiß wie weiße Wolle, wie der Schnee, ...“ (V. 14). Diese merkwürdige Beschreibung ist offensichtlich geprägt von Dan 7 im Sinn des Verständnisses von p967 bzw. der ursprünglichen Septuaginta.[24] Andererseits ist Offb 1,14 damit ein Textzeuge für diese Form des Septuagintatextes, die ziemlich sicher die ursprüngliche ist, während die th-Form als Revision hin auf den aramäischen Text von Dan 7 zu erklären sind.[25]

Nur als Ausblick sei auf die weitreichende Wirkungsgeschichte dieser Lesart hingewiesen: Wenn über den Portalen mittelalterlicher Kirchen Christus als der vom Himmel kommende Richter als (ur)alt dargestellt wird, so ist das zunächst eine Aufnahme von Offb 1,14, aber über Offb 1 ist es letztlich ein Echo auf die ursprüngliche Septuaginta, wie sie in p967 bezeugt ist.

VI. Der Abschlusswunsch und die Stellung des Estherbuches als Hinweis auf die Kanonsform

Wie oben schon angesprochen schließt der Danieltext nicht nur mit der Subscriptio des Titels sondern auch mit einem Segenswunsch für den Schreiber und die Leser:

δανιηλ

ειρηνη τω γραψαν
τι και τοις αναγινωσκου
σιν α]μην

---

24 Auf diesen Zusammenhang hatte schon J. Lust, Dan 7,13 and the Septuagint, EThL 54 (1978), 62–69, hingewiesen. P.-M. Bogaert, Relecture et refonte historicisante du Livre de Daniel attestees par la premiere version grecque (Papyrus 967), in: Etudes sur le judaisme hellénistique. Congrès de Strasbourg (1983), hg.v. R. Kuntzmann / J. Schlosser (Lectio divina 119), Paris 1984, 197–224, hier 206, stimmte zu: „L'auteur de l'Apocalypse johannique (1,13 et 14) suit o' sur ce point.“
25 Die Beobachtungen gewinnen zusätzliches Gewicht durch die oben erwähnte Entsprechung der Endereignisse von Offb 20–22 und der Abfolge von Ez 36–40 in p967.
Dass auch bei (Ziegler/)Munnich(/Fraenkel), Daniel, die Lesart ἕως entgegen den drei Textzeugen p967, 88 und Syh bevorzugt wird, ist überraschend: Sie folgen dabei Zitaten aus Tertullian und Cyprian sowie der Ausgabe von C. Segaar, Utrecht 1775. Allerdings ist zu bedenken, dass der th-Text schon ins 1. Jh. zurückgeht und gerade beim Menschsohnwort mit einer breiten Überlieferung der mit dem masoretischen Text übereinstimmenden Fassung zu rechnen ist. Insofern haben zwei wenn auch frühe Kirchenväterzitate bei diesem Text nur geringes Gewicht.

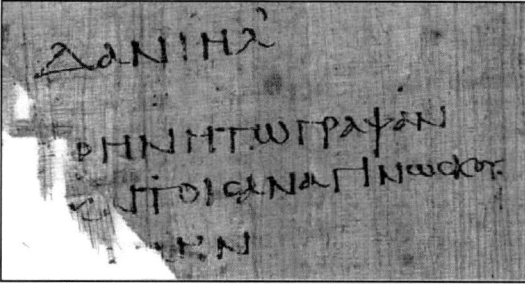

Abb. 6: p967 – Blatt 37 verso, Seite 196; Subscriptio Daniel und Friedenswunsch

„Friede dem, der geschrieben hat,
und den Lesenden.
Amen."

Dass ein solcher Wunsch nicht auch am Ende von Ezechiel[26] steht, ist nicht verwunderlich, auch wenn dort ein anderer Schreiber schrieb, denn es handelt sich
wohl nicht um einen Wunsch, der an jedes biblische Buch angefügt wurde,
sondern eher um einen den Papyrus bzw. noch wahrscheinlicher den ganzen
Kanon abschließenden Wunsch. Da in p967 noch Esther folgt, ist der Ab-
schlusswunsch an dieser Stelle ungewöhnlich, zumal es sich um denselben
Schreiber handelt. Der Schreiber hätte den Wunsch wohl nicht inmitten seiner
Tätigkeit eingefügt, sondern am Ende. Daraus ergibt sich aber, dass der Segenswunsch an dieser Stelle traditionell war.[27]

Das passt auch gut zum Gesamtbild, denn mit Daniel endet üblicherweise der
Septuagintakanon. Inhaltlich ist das bestens begründet, denn das Danielbuch
thematisiert den Ablauf und das Ende der Weltgeschichte. Sobald man Daniel den
Propheten zuordnet, ist es nur logisch und konsequent, so zu verfahren.

Übrigens ist auch diese chronologische Anordnung des Kanons nicht unbe-
dingt erst ein Ergebnis der christlichen Rezeption der Septuaginta. Bereits in Ben
Sira [38,34;] 39,1 wird mit den Begriffen „Gesetz des Höchsten", „Weisheit der
Alten" und „Prophetie" anscheinend auf die heiligen Schriften in der dann von der

---

26 Der Text von Ezechiel endet auf Seite 122 des Papyrus, etwa in der Mitte, mit der Subscriptio.
Der folgende Teil der unteren Hälfte des Blattes ist leer. Der Text von Daniel beginnt auf der
folgenden Seite 123.
27 Nach Ausweis der Belege für die unterschiedlichen Schlussbemerkungen bei Ziegler/Mun-
nich/Fraenkel, Daniel, ist p967 der einzige Text, der einen solchen Friedenswunsch hat. Auch
diese Singularität spricht dafür, dass ein Hinwies auf einen überkommenen Abschluss des Kanons
(oder zumindest des prophetischen Kanonteiles) vorliegt.

Septuaginta her bekannten Reihenfolge Bezug genommen.[28] Die Septuaginta-Anordnung ist also nicht so jung, wie meist angenommen. Folgt man der zitierten Stelle bei Ben Sira, dann gab es diese Anordnung schon in der ersten Hälfte des 2. Jh. v. Chr., und zwar in Jerusalem und für die hebräischen(!) Texte. Die berühmte Stelle im Prolog des Enkels ist demgegenüber ca. 60 Jahre jünger, so wie auch der andere frühe Beleg für die Einteilung in Thora – Propheten – Schriften, nämlich 4QMMT. Es ist also damit zu rechnen, dass es schon im 2. Jh. v. Chr. verschiedene Ansätze für die Reihenfolge der heiligen Schriften gab, wobei auf jeden Fall der Pentateuch und die älteren Geschichtsbücher Josua bis Könige als durchgehender Erzählzusammenhang den Grundstock bildeten.

So sehr p967 mit seinem Abschlusssegen nach Daniel ein Zeuge für die Reihenfolge des Septuagintakanons ist, so auffallend ist, dass sich daran noch der Text von Esther anschließt. Diese Reihenfolge ist sehr ungewöhnlich und sonst nur noch in Ms 311 und im Kodex Alexandrinus bezeugt. Dort folgen auf Esther jeweils Judith und Tobith, während im Weiteren Unterschiede bestehen.[29] Besonders interessant ist das Verzeichnis des Amphilochios von Ikonium vom Ende

---

28 Vgl. dazu S. Kreuzer, „Gemeinsam die Schrift lesen" – Aspekte jüdischen Schriftverständnisses, in: ders. / F. Ueberschaer, „Gemeinsame Bibel – Gemeinsame Sendung". 25 Jahre Rheinischer Synodalbeschluss zur Erneuerung des Verhältnisses von Christen und Juden (VKHW.NF 9), Neukirchen-Vluyn 2006, 173–203, 180. Zwar ist es auch möglich, den Text anders zu gliedern. So geht P. Brandt, Endgestalten des Kanons. Das Arrangement der Schriften Israels in der jüdischen und christlichen Bibel (BBB 131), Berlin 2001, 70, Fn. 234, von fünf Stichworten aus, die er dann als Entsprechung zu fünf Buchgruppen betrachtet. Hierbei steht aber doch die in späteren Codices und Listen z. T. zu findende Einteilung in Buchgruppen im Hintergrund. Syntaktisch ist eher eine Dreiteilung zu erkennen, wobei die anschließenden Aussagen explikativ sind.

Dass der Enkel im Prolog demgegenüber die dann vorherrschend gewordene „masoretische" Einteilung hat, ist kein Problem. Zwischen dem Ben Sira und seinem Enkel liegt die Zäsur des Makkabäeraufstandes und der Etablierung des hasmonäischen König- und Priestertums. Viele Indizien weisen darauf hin, dass um 150 der Umschwung zu später als masoretisch identifizierbaren Positionen erfolgte. Vgl. S. Kreuzer, Von der Vielfalt zur Einheitlichkeit. Wie kam es zur Vorherrschaft des masoretischen Textes?, in: Horizonte biblischer Texte. FS Joseph M. Oesch (OBO 196), Fribourg/Göttingen 2003, 117–129, und S. Kreuzer, From ‚Old Greek' to the recensions. Who and what caused the change of the Hebrew reference-text of the Septuagint?, in: Septuagint Research. Issues and Challenges in the Study of Greek Jewish Scripture, ed. W. Kraus/R.G. Wooden (SCSt 53), Atlanta 2006, 225–237, sowie jetzt auch A. Schenker, Älteste Textgeschichte der Königsbücher. Die hebräische Vorlage der ursprünglichen Septuaginta als Älteste Textform der Königsbücher (OBO 199), Fribourg/Göttingen 2004. Dabei kann offen bleiben, ob es zur Zeit von Ben Sira nur das in Sir 39 bezeugte „Arrangement" der Schriften gab oder daneben auch das spätere „masoretische".

29 Siehe die Aufstellungen bei Brandt, Endgestalten, 182f.

des 4. Jh.s, in dem Esther am Ende des Alten Testaments steht.[30] Dieses Verzeichnis ist älter als Ms 311 und der Kodex Alexandrinus und steht somit p967 zeitlich näher. So scheint Esther in p967 einen Anhang an den mit Dan abgeschlossenen Kanon darzustellen. Wir hätten dann in p967 noch eine Widerspiegelung der umstrittenen Bedeutung bzw. der deuterokanonischen Stellung von Esther[31], bevor das Buch im hebräisch-masoretischen Kanon seinen Ort bei den Megillot und im griechischen Kanon bei den Geschichtsbüchern fand. Zudem wird es einige Zeit gedauert haben, bis das aus der östlichen Diaspora stammende Purimfest – und mit ihm das Estherbuch – auch in der westlichen, griechisch sprechenden Diaspora übernommen wurde.

Wenn dem so ist, dann könnte p967 der letzte Band einer mehrbändigen Bibelausgabe gewesen sein, die die unbestritten kanonischen Schriften mit hebräischer Grundlage in griechischer Übersetzung bot, und zwar mit einem Text, der der ursprünglichen Septuaginta noch recht nahe stand und dem die noch neue und umstrittene Schrift Esther angehängt worden war. Alternativ könnte Esther eine anschließende Zusammenstellung deuterokanonischer Schriften eröffnet haben; dann wäre in dieser „Bibelausgabe" auf p967 wohl zumindest noch ein weiterer Teilband angeschlossen. Letzteres muss Vermutung bleiben.[32]

Auf jeden Fall ist aber deutlich, dass der abschließende Segenswunsch nach dem Danielbuch eine ältere Form des Septuagintakanons bezeugt, der mit den prophetischen Büchern, konkret mit Daniel, abschloss und der wahrscheinlich nur die Schriften mit hebräischer Grundlage umfasste. Diesen Schriften mit hebräischer Grundlage wurden offensichtlich umstrittene Schriften wie Esther bzw.

---

30 „Deshalb werde ich dir die von Gott eingegebenen Bücher einzeln nennen. Damit du sie wohlgeordnet lernst, will ich zunächst die des Alten Testamentes nennen. Der Pentateuch enthält Schöpfung, Exodus, Leviticus in der Mitte, danach Numeri, Deuteronomium. Füge diesen Jesus und Richter hinzu, dann Ruth und vier Bücher Könige, sowie das Zwiegespann der Chronik. Darauf Esra erstes und zweites Buch. Der Reihe nach will ich dir fünf poetische Bücher nennen: [Hiob, Psalmen, Sprüche, Prediger, Lied der Lieder] ... Füge zu diesen die zwölf Propheten [Hos, Am, Mi, Joel, Obd, Jona, Nah, Hab, Zeph, Hag, Sach, Mal] ... Nach diesen lerne die vier Propheten kennen: Als freimütigen Sprecher den großen Isaias, den mitleidenden Ieremias und den geheimnisvollen Iezekiel, zuletzt Daniel, dieser in Wort und Tat der weiseste. Manche rechnen auch noch Esther hinzu. Nun kommt die Reihe an die Bücher des Neuen Testaments ..." (Zeile 264–289); E. Oberg, Das Lehrgedicht des Amphilochios von Ikonion (JAC 16), 1973, 67–97, hier 93–95.

31 Vgl. dazu auch die Diskussion, ob Esther in Qumran bekannt war und/oder verwendet wurde.

32 Beispiele wären die beiden erwähnten Handschriften: In Ms 311 folgen Judith, Tobith und 1–3 Makkabäer, also durchwegs späte Schriften, während Hiob, Psalmen sowie Sprüche und die weiteren „Schriften" zwischen Geschichts- und Prophetenbüchern stehen. Im Kodex Alexandrinus folgen dagegen die Prophetischen Bücher unmittelbar auf die Geschichtsbücher (einschl. Chronik), während mit Esther-Judith-Tobith die Reihe der Schriften eröffnet wird.

später dann vielleicht Schriften ohne hebräische Grundlage als eigener Kanonteil angefügt.

Der Papyrus 967 bietet somit einen interessanten Einblick in die buchtechnische sowie in die textgeschichtliche und kanongeschichtliche Entwicklung des biblischen Textes. Zugleich stellen sich Fragen, die der weiteren Erforschung bedürfen.

Verzeichnis der Erstveröffentlichungen

1. Geschichte und Deutung der Geschichte

1.10 **Mose – Echnaton – Manetho und die 13 Jahre des Osarsiph. Beobachtungen zur „Mosaischen Unterscheidung" und zur „Entzifferung einer Gedächtnisspur",**
in: Sören Asmus / Manfred Schulze (Hg.), „Wir haben doch alle denselben Gott" Eintracht, Zwietracht und Vielfalt der Religionen, FS Friedrich Huber, VKHW 8, Neukirchen-Vluyn 2006, 25 – 37.

1.11 **Zur Priorität von Exodus 12,40 MT – Die chronologische Interpretation des Ägyptenaufenthalts in der judäischen, samaritanischen und alexandrinischen Exegese,**
Zeitschrift für die alttestamentliche Wissenschaft 103 (1991), 252 – 258.

2. Archäologisches

2.1 **Die Ausgrabungen in Tell Ta͑annek / Taanach,**
in: Siegfried Kreuzer (Hg.), Taanach / Tell Ta͑annek. 100 Jahre Forschungen zur Archäologie, zur Geschichte, zu den Fundobjekten und zu den Keilschrifttexten, Wiener Alttestamentliche Studien 5, Wien/Frankfurt 2006, 13 – 34.

2.2 **Die Keilschrifttexte von Taanach / Tell Ta͑annek,** zusammen mit Wayne Horowitz / Takayoshi Oshima,
in: Siegfried Kreuzer (Hg.), Taanach / Tell Ta͑annek. 100 Jahre Forschungen zur Archäologie, zur Geschichte, zu den Fundobjekten und zu den Keilschrifttexten, Wiener Alttestamentliche Studien 5, Wien/Frankfurt 2006, 85 – 99.

2.3 **Die Bildkomposition des Rollsiegels TT 13 aus Taanach,** in: Taanach / Tell Ta͑annek. 100 Jahre Forschungen zur Archäologie, zur Geschichte, zu den Fundobjekten und zu den Keilschrifttexten, Siegfried Kreuzer (Hg.), Wiener Alttestamentliche Studien 5, Wien/Frankfurt 2006, 71–74.

2.4 **Alois Musils Beitrag zur Bibelwissenschaft,** Erstveröffentlichung.

3. Sprache und Text des Alten Testaments

3.1 **Zur Bedeutung und Etymologie von hištaḥᵃwah/ yštḥwy,**
Vetus Testamentum 35 (1985), S. 39 – 60

3.2 **„So wahr ich lebe ..." Schwurformel und Gottesschwur in der prophetischen Verkündigung,**
in: Peter Mommer (Hg.), Gottes Recht als Lebensraum, FS für Hans Jochen Boecker, Neukirchen-Vluyn 1993, 179 – 196.

3.3 **Text, Textgeschichte und Textkritik des Alten Testaments. Zum Stand der Forschung an der Wende des Jahrhunderts,**
Theologische Literaturzeitung 127 (2002), 127–156.

3.4 **Der hebräische Text des Alten Testaments – Erforschung und Vermittlung,**
Erstveröffentlichung (eine kürzere Fassung erscheint in Verkündigung und Forschung, 60 [2015])

3.5 **Von der Vielfalt zur Einheitlichkeit. Wie kam es zur Vorherrschaft des masoretischen Textes?,**
in: Georg Fischer / Andreas Vonach (Hg.), Horizonte biblischer Texte. Festschrift für Joseph M. Oesch, Orbis Biblicus et Orientalis 196, Fribourg/Göttingen 2003, 117–129.

3.6 **Entstehung und Publikation der Septuaginta im Horizont frühptolemäischer Bildungs- und Kulturpolitik,**
in: Im Brennpunkt: Siegfried Kreuzer / Jürgen Lesch (Hg.), Die Septuaginta: Studien zur Entstehung und Bedeutung der Griechischen Bibel, Band 2, Beiträge zur Wissenschaft vom Alten und Neuen Testament 161, Kohlhammer, Stuttgart, 2004, 61–75.

3.7 **Textformen, Urtext und Bearbeitungen in der Septuaginta der Königebücher,** in: Siegfried Kreuzer / Martin Meiser / Mmarcus Sigismund (Hg.), Die Septuaginta – Entstehung, Sprache, Geschichte, Internationale Fachtagung Wuppertal 2010, WUNT 286, Tübingen 2012, 18–37.

3.8 **Der Antiochenische Text der Septuaginta. Forschungsgeschichte und eine neue Perspektive,**
in: Siegfried Kreuzer / Marcus Sigismund (Hg.), Der Antiochenische Text der Septuaginta in seiner Bezeugung und seiner Bedeutung, De Septuaginta Investigationes (DSI) 4, Göttingen 2013, 23–56.

3.9 **Papyrus 967 – Bemerkungen zu seiner buchtechnischen, textgeschichtlichen und kanongeschichtlichen Bedeutung,**
in: Wolfgang Kraus / Martin Karrer / Martin Meiser (hg.), Die Septuaginta. Texte, Kontexte, Lebenswelten, Tagung Wuppertal 2006, WUNT 219, Tübingen 2008, 65–81.

Register

1. Texte und Quellen

1.2 Texte aus der Umwelt des Alten Testaments

2. Sachen, Namen, Orte, Landschaften, Völker

2.2 Namen (Personen der Antike und Götternamen)

2.3 Orte, Landschaften, Völker

3. Moderne Autoren (ab 1700)